中国循环经济年鉴

2016

总第 9 卷

张 勇 主编

北 京
冶 金 工 业 出 版 社
2017

内容简介

为全面记载我国循环经济的发展历程，促进经济发展方式的转变，建设资源节约型和环境友好型社会，由国家发展和改革委员会副主任张勇主编，国务院有关部委局、行业协会和各省、区市发改委、工信委共同参与编辑出版大型典籍《中国循环经济年鉴》。

《中国循环经济年鉴 2016》主要载述2015年重要论述，国家相关法律法规、政策文件、规划方案，科技支撑、试点示范，国务院各部委局、重点行业与各省（区、市）、试点单位循环经济发展状况、经验、成效，专题报告、大事记以及有关数据资料，内容丰富、详实，图文并茂，具有权威性、可靠性和较高的实用价值。

《中国循环经济年鉴 2016》可作为各级党政机关、企事业单位、高等院校、科研院所专家学者及有关人员在进行决策与规划制定、科研、教学、管理等的重要依据和查考、借鉴。

图书在版编目（CIP）数据

中国循环经济年鉴. 2016 / 张勇主编. — 北京：冶金工业出版社, 2017.4
ISBN 978-7-5024-7481-2

Ⅰ. ①中… Ⅱ. ①张… Ⅲ. ①自然资源－资源经济学－中国－2016－年鉴 Ⅳ. ①F124.5-54

中国版本图书馆CIP数据核字(2017)第041318号

出 版 人 谭学余
地　址 北京市东城区嵩祝院北巷39号 邮编 100009 电话 (010)64027926
网　址 www.cnmip.com.cn 电子信箱 yjcbs@cnmip.com.cn
责任编辑 曾 媛　美术编辑 孔令刚　版式设计 孔令刚
责任校对 张 之
ISBN 978-7-5024-7481-2
冶金工业出版社出版发行；各地新华书店经销；廊坊市长岭印务有限公司印刷
2017年4月第1版，2017年4月第1次印刷
210mm×297mm；30印张；56彩页；1243千字；418页
380.00元
冶金工业出版社 投稿电话 (010)64027932 投稿信箱 tougao@cnmip.com.cn
冶金工业出版社营销中心 电话 (010)64044283 传真 (010)64027893
冶金书店 地址 北京市东四西大街46号（100010） 电话 (010)65289081（兼传真）
冶金工业出版社天猫旗舰店 yjgycbs.tmall.com

（本书如有印装质量问题，本社发行部负责退换）

发展循环经济是提高资源利用效率的必由之路。

循环利用是转变经济发展模式的要求，全国都应该走这样的路。

——习近平在青海考察时的谈话

2015年10月28～29日 中共十八届五中全会首次提出“创新、协调、绿色、开放、共享”发展理念， 把“绿色发展”列入“五大发展理念”

2015年10月11日，国务院决定推进海绵城市建设

2015年12月21日，发展循环经济工作部际联席会议召开

2015年2月，工业和信息化部在全国工业企业开展工业绿色发展专项行动

2015年5月，“中国制造2025”战略规划突出绿色制造

工业领域实施煤炭清洁高效利用行动计划

2015年10月20日，全国推进农用地膜综合利用现场会在兰州召开

2015中国循环经济发展论坛举办

燃煤电厂开展超低排放和节能改造

2015年11月，环保部启动加快推动生活方式绿色化行动

《中国循环经济年鉴》编辑委员会

诸大建 同济大学可持续发展与管理研究所所长
齐建国 中国循环经济与环境评估预测中心主任
周宏春 国务院发展研究中心社会发展研究部副巡视员
杨春平 国家发改委循环经济研究中心主任
王吉位 中国有色金属工业协会再生金属分会秘书长
张玉梅 北京市发展和改革委员会资源节约和环境保护处处长
田国栋 天津市发展和改革委员会环资气候处处长
黄建梅 河北省发展和改革委员会环资处调研员
王红亚 山西省发展和改革委员会资源节约和环境保护处处长
迟瑞平 内蒙古自治区发展和改革委员会资源节约和环境保护处处长
吕继辉 吉林省发展和改革委员会资源节约和环境保护处处长
孙力扬 黑龙江省发展和改革委员会资源节约和环境保护处处长
开　恳 上海市发展和改革委员会资源节约和环境保护处副处长
韩兵祥 江苏省经济和信息化委员会节能与综合利用处副调研员
史佩钊 山东省经济和信息化委员会循环经济与清洁生产处处长
洪小波 江西省发展和改革委员会资源节约和环境保护处处长
谭怀生 湖南省发展和改革委员会资源节约和环境保护处处长
吴万洲 广西壮族自治区发展和改革委员会资源节约和环境保护处处长
王秀好 海南省工业和信息化厅节能与资源综合利用处处长
曾义平 四川省发展和改革委员会资源节约和环境保护处处长
王代良 贵州省发展和改革委员会资源节约和环境保护处处长
索朗卓嘎 西藏自治区发展和改革委员会资源节约和环境保护处处长
王社宁 甘肃省发展和改革委员会资源节约和环境保护处处长
黄建雄 青海省发展和改革委员会资源节约和环境保护处处长
麦欣甫 宁夏回族自治区经济和信息化委员会节能与综合利用处处长
马　缨 新疆维吾尔自治区发展和改革委员会资源节约和环境保护处处长
张晓青 新疆建设兵团发展和改革委员会资源节约和环境保护处处长
李文杰 深圳市发展和改革委员会能源与循环经济处副处长
成英俊 大连市发展和改革委员会资源节约和环境保护处处长
吴开斌 陕西华电榆横煤电有限责任公司董事长、党委书记
季昆森 安徽省循环经济研究院院长
韩　冰 北京现代循环经济研究院副院长
芶在坪 北京现代循环经济研究院副院长
刘兴利 北京现代循环经济研究院原院长
王林森 北京现代循环经济研究院原副院长
侯　静 北京现代循环经济研究院院长助理
徐怡珊 中国环境监测总站高级工程师

《中国循环经济年鉴》编辑部

编辑部地址：北京市东城区北三环东路37号华世隆国际公寓B座410室

邮　　编：100029

电　　话：（010）84119310（兼传真）

电 子 邮 箱：gzp1616@126.com

编辑说明

一、《中国循环经济年鉴》是全面记载我国循环经济发展历程的大型典籍工具书，坚持以习近平总书记为核心的党中央提出的绿色发展理念，推动绿色发展、循环发展、低碳发展，建设生态文明和美丽中国。

二、《中国循环经济年鉴》从2008年出版发行以来，受到了各方面的欢迎和赞许，给了我们继续努力编辑出版《中国循环经济年鉴》以巨大鼓舞和鞭策。

三、《中国循环经济年鉴 2016》内容是2015年度中国循环经济的发展状况，采用文章、条目、报表和图片相结合的体例。

四、《中国循环经济年鉴 2016》具有一些明显特点，如载入的事件、信息、数据、资料、图片等都来自官方和公开出版物，具有权威性、真实性；内容比较全面、系统、完整，从中央到地方，以至企业、园区、各个行业、领域，言论、重大活动和事件、法规、政策、科技、典型案例，多层次、全方位，涉及循环经济的方方面面，丰富、翔实；收录了反映我国循环经济的图片，具有较强的可视性、生动性和可读性。

五、《中国循环经济年鉴 2016》载入了循环经济试点单位实践经验，从而增加了交流和借鉴的价值。

六、《中国循环经济年鉴 2016》在编辑出版过程中，得到了国务院有关部委（局），各省、市、自治区、计划单列市，国家各重点行业及其协会、循环经济试点单位的大力支持，在此深表感谢！

七、《中国循环经济年鉴》编辑部设在北京现代循环经济研究院。

八、由于缺乏经验和水平所限，存在的疏漏乃至错误，敬请不吝指正。

Preface

The Chinese Circular Economy Yearbook is a large-sized reference book to comprehensively record recycle economy history in our country. It adheres to the philosphy of green growth proposed by the general secretary of the CPC Central Committee Xi Jinping and promotes green growth, circular economy, low carbon economy, the consrtuction of ecological civilization and bertuful China.

Since Chinese Circular Economy Yearbook is published for the first time in 2008, it is always welcomed and praised. Those compliments strongly encourage us to keep making endeavors to edit Chinese Circular Economy Yearbook.

The Chinese Circular Economy Yearbook 2016 records the development of Chinese Circular Economy in 2015 with the text mode combining with articles, entries, forms and pictures.

The Chinese Circular Economy Yearbook 2016 has some distinct characteristics, such as all the affairs, information, data, materials and pictures inside coming from official resources or publications with authority and reality; It is comprehensive, systematic and full content covers from the central government to local government and enterprises, industrial parks, every industries, areas, speeches, important events and affairs, laws, policies, sciences and typical cases; It involves in every aspects of the recycle economy from different levels and all orientations; It collects nearly portraying the recycle economy in our country and hence it is interesting to see and read.

The Chinese Circular Economy Yearbook 2016 records experiences from recycle economy experimental units which enhances its reference value.

During the edition of the Yearbook, it is highly appreciated for the strong support from the ministries and commissions of the State Department, every province, cities, municipalities and cities specifically designated in the state plan, Guiyang City, the Development and Reform Commission of Xinjiang Production and Construction Corps of CPLA, every national important industries and their associations, recycle economy experimental units.

The newsroom of the Yearbook is located in Beijing Modern Recycle Economy Academy (010-84119310, gzp1616@126.com).

Due to limited experiences and level, please don’t hesitate to let us know if there’s any omission and error.

目　录

重要论述

中共中央总书记、国家主席习近平重要论述

在云南考察工作时谈话

新农村建设一定要走符合农村实际的路子，遵循乡村自身发展规律，充分体现农村特点，注意乡土味道，保留乡村风貌，留得住青山绿水，记得住乡愁。经济要发展，但不能以破坏生态环境为代价。生态环境保护是一个长期任务，要久久为功。一定要把洱海保护好，让“苍山不墨千秋画，洱海无弦万古琴”的自然美景永驻人间。

要把生态环境保护放在更加突出位置，像保护眼睛一样保护生态环境，像对待生命一样对待生态环境，在生态环境保护上一定要算大账、算长远账、算整体账、算综合账，不能因小失大、顾此失彼、寅吃卯粮、急功近利。

（2015年1月20日）

参加十二届全国人大三次会议江西代表团审议时的讲话

要把生态环境保护放在更加突出位置，环境就是民生，青山就是美丽，蓝天也是幸福。要着力推动生态环境保护，像保护眼睛一样保护生态环境，像对待生命一样对待生态环境。对破坏生态环境的行为，不能手软，不能下不为例。

在江西代表团讨论会上的发言

环境就是民生，青山就是美丽，蓝天也是幸福。要像保护眼睛一样保护生态环境，像对待生命一样对待生态环境，把不损害生态环境作为发展的底线。

妩媚的青山，浩淼的鄱阳，不仅属于江西人民也属于全国人民，要走一条经济发展和生态文明相辅相成、相得益彰的路子，努力打造生态文明建设的“江西样板”。

生态等到污染了、破坏了再来建设，那就迟了。对于那些破坏生态环境的行为，绝不能手软，不能搞下不为例，要防止形成破窗效应。

（2015年3月10日）

同出席博鳌亚洲论坛年会的企业家代表座谈时的谈话

中国的绿色机遇在扩大。我们要走绿色发展道路，让资源节约、环境友好成为主流的生产生活方式。我们正在推进能源生产和消费革命，优化能源结构，落实节能优先方针，推动重点领域节能。

（2015年3月29日）

参加首都义务植树活动时谈话

经过新中国成立以来特别是近30多年来不断植树造林，我们国家树更多了、山更青了、地更绿了。中国在植树造林方面为人类作出了重要贡献。同时，我们也要看到，与全面建成小康社会奋斗目标相比，与人民群众对美好生态环境的期盼相比，生态欠债依然很大，环境问题依然严峻，缺林少绿依然是一个迫切需要解决的重大现实问题。我们必须强化绿色意识，加强生态恢复、生态保护。这是个历史性的时刻。

绿化祖国，改善生态，人人有责。要积极调整产业结构，从见缝插绿、建设每一块绿地做起，从爱惜每滴水、节约每粒粮食做起，身体力行推动资源节约型、环境友好型社会建设，推动人与自然和谐发展。

（2015年4月3日）

在华东7省市党委主要负责同志座谈会上的讲话

协调发展、绿色发展既是理念又是举措，务必政策到位、落实到位。要科学布局生产空间、生活空间、生态空间，扎实推进生态环境保护，让良好生态环境成为人民生活质量的增长点，成为展现我国良好形象的发力点。

（2015年5月27日）

在贵州考察时的讲话

要正确处理发展和生态环境保护的关系，在生态文明建设体制机制改革方面先行先试，把提出的行动计划扎扎实实落实到行动上，实现发展和生态环境保护协同推进。

（2015年6月16日至18日）

在中央全面深化改革领导小组第十四次会议上的讲话

要把环境问题突出、重大环境事件频发、环境保护责任落实不力的地方作为先期督察对象，近期要把大气、水、土壤污染防治和推进生态文明建设作为重中之重，重点督察贯彻党中央决策部署、解决突出环境问题、落实环境保护主体责任的情况。

形成政府主导、部门协同、社会参与、公众监督的新格局”，“推动领导干部守法守纪、守规尽责，促进自然资源资产节约集约利用和生态环境安全。

（2015年7月1日）

在吉林考察时的讲话

要大力推进生态文明建设，强化综合治理措施，落实目标责任，推进清洁生产，扩大绿色植被，让天更蓝、山更绿、水更清、生态环境更美好。

（2015年7月16日至18日）

参加在第七十届联合国大会一般性辩论时的讲话

我们要构筑尊崇自然、绿色发展的生态体系。人类可以利用自然、改造自然，但归根结底是自然的一部分，必须呵护自然，不能凌驾于自然之上。我们要解决好工业文明带来的矛盾，以人与自然和谐相处为目标，实现世界的可持续发展和人的全面发展。

建设生态文明关乎人类未来。国际社会应该携手同行，共谋全球生态文明建设之路，牢固树立尊重自然、顺应

自然、保护自然的意识，坚持走绿色、低碳、循环、可持续发展之路。在这方面，中国责无旁贷，将继续作出自己的贡献。同时，我们敦促发达国家承担历史性责任，兑现减排承诺，并帮助发展中国家减缓和适应气候变化。

（2015年9月28日，纽约）

关于《中共中央关于制定国民经济和社会发展第十三个五年规划的建议》的说明

“十三五”时期我国发展，既要看速度，也要看增量，更要看质量，要着力实现有质量、有效益、没水分、可持续的增长，着力在转变经济发展方式、优化经济结构、改善生态环境、提高发展质量和效益中实现经济增长。

关于实行能源和水资源消耗、建设用地等总量和强度双控行动。推进生态文明建设，解决资源约束趋紧、环境污染严重、生态系统退化的问题，必须采取一些硬措施，真抓实干才能见效。实行能源和水资源消耗、建设用地等总量和强度双控行动，就是一项硬措施。这就是说，既要控制总量，也要控制单位国内生产总值能源消耗、水资源消耗、建设用地的强度。这项工作做好了，既能节约能源和水土资源，从源头上减少污染物排放，也能倒逼经济发展方式转变，提高我国经济发展绿色水平。

“十一五”规划首次把单位国内生产总值能源消耗强度作为约束性指标，“十二五”规划提出合理控制能源消费总量。现在看，这样做既是必要的，也是有效的。根据当前资源环境面临的严峻形势，在继续实行能源消费总量和消耗强度双控的基础上，水资源和建设用地也要实施总量和强度双控，作为约束性指标，建立目标责任制，合理分解落实。要研究建立双控的市场化机制，建立预算管理制度、有偿使用和交易制度，更多用市场手段实现双控目标。

（2015年11月3日）

在新加坡国立大学发表演讲

我们将牢固树立创新、协调、绿色、开放、共享的发展理念。坚持绿色发展，就是要坚持节约资源和保护环境的基本国策，坚持可持续发展，形成人与自然和谐发展现代化建设新格局，为全球生态安全作出新贡献。

（2015年11月7日）

在亚太经合组织工商领导人峰会上发表主旨演讲

我们将把生态文明建设融入经济社会发展各方面和全过程，致力于实现可持续发展。我们将全面提高适应气候变化能力，坚持节约资源和保护环境的基本国策，建设天蓝、地绿、水清的美丽中国。

（2015年11月18日）

中共中央政治局常委、国务院总理李克强重要论述

在第十二届全国人民代表大会第三次会议上的政府工作报告

新的一年是全面深化改革的关键之年，是全面推进依法治国的开局之年，也是稳增长调结构的紧要之年。政府工作的总体要求是：高举中国特色社会主义伟大旗帜，以邓小平理论、“三个代表”重要思想、科学发展观为指导，全面贯彻党的十八大和十八届三中、四中全会精神，贯彻落实习近平总书记系列重要讲话精神，按照“四个全面”战略布局，主动适应和引领经济发展新常态，坚持稳中求进工作总基调，保持经济运行在合理区间，着力提高经济发展质量和效益，把转方式调结构放到更加重要位置，狠抓改革攻坚，突出创新驱动，强化风险防控，加强民生保障，处理好改革发展稳定关系，全面推进社会主义经济建设、政治建设、文化建设、社会建设、生态文明建设，促进经济平稳健康发展和社会和谐稳定。

今年经济社会发展的主要预期目标是：国内生产总值增长7%左右……能耗强度下降3.1%以上，主要污染物排放继续减少。

打好节能减排和环境治理攻坚战。环境污染是民生之患、民心之痛，要铁腕治理。今年，二氧化碳排放强度要降低3.1%以上，化学需氧量、氨氮排放都要减少2%左右，二氧化硫、氮氧化物排放要分别减少3%左右和5%左右。深入实施大气污染防治行动计划，实行区域联防联控，加强煤炭清洁高效利用，推动燃煤电厂超低排放改造，促进重点区域煤炭消费零增长。推广新能源汽车，治理机动车尾气，提高油品标准和质量，在重点区域内重点城市全面供应国五标准车用汽柴油。2005年底前注册营运的黄标车今年要全部淘汰。积极应对气候变化，扩大碳排放权交易试点。实施水污染防治行动计划，加强江河湖海水污染、水污染源和农业面源污染治理，实行从水源地到水龙头全过程监管。加强土壤污染防治。推行环境污染第三方治理。做好环保税立法工作。我们一定要严格环境执法，对偷排偷放者出重拳，让其付出沉重的代价；对姑息纵容者严问责，使其受到应有的处罚。

能源生产和消费革命，关乎发展与民生。要大力发展风电、光伏发电、生物质能，积极发展水电，安全发展核电，开发利用页岩气、煤层气。控制能源消费总量，加强工业、交通、建筑等重点领域节能。积极发展循环经济，大力推进工业废物和生活垃圾资源化利用。我国节能环保市场潜力巨大，要把节能环保产业打造成新兴的支柱产业。

森林草原、江河湿地是大自然赐予人类的绿色财富，必须倍加珍惜。要推进重大生态工程建设，拓展重点生态功能区，办好生态文明先行示范区，开展国土江河综合整治试点，扩大流域上下游横向补偿机制试点，保护好三江源。扩大天然林保护范围，有序停止天然林商业性采伐。今年新增退耕还林还草66.7万公顷，造林600万公顷。生态环保贵在行动、成在坚持，我们必须紧抓不松劲，一定要实现蓝天常在、绿水长流、永续发展。

（2015年3月5日）

十二届全国人大三次会议闭幕后会见中外记者的谈话

政府在治理雾霾等环境污染方面，决心是坚定的，也下了很大的气力，但取得的成效和人们的期待还有比较大的差距。我去年在政府工作报告中说，要向雾霾等污染宣战，不达目的决不停战。治理要抓住关键，今年的要害就是要严格执行新出台的环境保护法。对违法违规排放的企业，不论是什么样的企业，坚决依法追究，甚至要让那些偷排偷放的企业承受付不起的代价。对环保执法部门要加大支持力度，包括能力建设，不允许有对执法的干扰和法外施权。环保等执法部门也要敢于担当，承担责任。对工作不到位、工作不力的也要问责，渎职失职的要依法追

究，环保法的执行不是棉花棒，是杀手锏。

治理是一个系统工程。今年报告有很大的变化，就是我们把节能减排的指标和主要经济社会发展指标排列在一起，放在了很靠前的位置。报告里从调结构到提高油品生产和使用的质量等，都和治理雾霾等环境污染相关联，这是一个需要全社会人人有责的治理行动。治理要有个过程，如果说人一时难以改变自己所处的自然环境，但是可以改变自己的行为方式。

（2015年3月15日）

在国家应对气候变化及节能减排工作领导小组会议上的讲话

应对气候变化是国际社会的共同任务，也是中国科学发展的内在要求。中国政府高度重视应对气候变化问题，把绿色低碳循环经济发展作为生态文明建设的重要内容，主动实施一系列举措，取得明显成效。2014年，我国单位国内生产总值能耗和二氧化碳排放分别比2005年下降29.9%和33.8%，“十二五”节能减排约束性指标可以顺利完成。我国已成为世界节能和利用新能源、可再生能源第一大国，为全球应对气候变化作出了实实在在的贡献。

积极应对气候变化，不仅是我国保障经济、能源、生态、粮食安全以及人民生命财产安全，促进可持续发展的重要方面，也是深度参与全球治理、打造人类命运共同体、推动共同发展的责任担当。中国作为负责任的大国，将坚持共同但有区别的责任原则、公平原则和各自能力原则，承担与自身国情、发展阶段和实际能力相符的国际义务，中国将按照2030年左右二氧化碳排放达到峰值且将努力早日达峰的目标，继续积极主动加大节能减排力度，大幅降低单位国内生产总值二氧化碳排放量，进一步提高非化石能源占一次能源消费比重和森林蓄积量，不断提高减缓和适应气候变化能力，为促进全球绿色低碳转型与发展路径创新做出自身最大努力。

中国是一个发展中国家，发展是第一要务。面对当前经济下行压力和应对气候变化等多重挑战，关键是要通过结构调整和提质升级发展，拓宽经济增长与环境改善的双赢之路。必须坚持节约资源和保护环境基本国策，实施积极应对气候变化国家战略，研究制定长期低碳发展路线图。必须坚持深化改革、创新驱动，通过大众创业、万众创新，催生新技术、新产品、新模式，壮大节能环保产业，严控高耗能、高排放行业扩张，形成节能低碳的产业体系，培育新的增长点，推动经济健康发展。必须大力实施“中国制造2025”，积极推进“互联网+”行动，提升传统产业和社会生活的智能化、绿色化水平。必须加大政府对生态环保等公共产品和基础设施投入，探索政府与社会资本合作等投融资新机制。必须在对接全球绿色低碳需求中扩大国际产能合作，倒逼我国产业迈向中高端水平。

（2015年6月12日）

主持召开国务院常务会议上的讲话

按照绿色发展要求，落实国务院大气污染防治行动计划，通过加快燃煤电厂升级改造，在全国全面推广超低排放和世界一流水平的能耗标准，是推进化石能源清洁化、改善大气质量、缓解资源约束的重要举措。会议决定，在2020年前，对燃煤机组全面实施超低排放和节能改造，使所有现役电厂每千瓦时平均煤耗低于310克、新建电厂平均煤耗低于300克，对落后产能和不符合相关强制性标准要求的坚决淘汰关停，东、中部地区要提前至2017年和2018年达标。改造完成后，每年可节约原煤约1亿吨、减少二氧化碳排放1.8亿吨，电力行业主要污染物排放总量可降低60%左右。会议要求，对超低排放和节能改造要加大政策激励，改造投入以企业为主，中央和地方予以政策扶持，并加大优惠信贷、发债等融资支持。中央财政大气污染防治专项资金向节能减排效果好的省份适度倾斜。同时，要结合“十三五”规划推出所有煤电机组均须达到的单位能耗底限标准。

（2015年12月2日）

在大连与出席夏季达沃斯论坛的中外企业家代表座谈时谈话

中国已经宣布了自主减排的目标，实现这个目标对中国压力很大，需要经过艰苦卓绝的努力。我们既然说了，就要“言必信、行必果”。

中国是一个发展中国家，但又必须转变发展方式，承担应当承担的国际责任，应对气候变化。这两者之间并非没有矛盾，我们需要找到一个平衡。中国在不断加强生态保护，尤其是加大污染排放的治理力度。与前几年比，去年节能减排的力度是最大的，今年上半年单位GDP能耗下降了5.9%，我们还会继续按这个方向推动转型发展，推动绿色发展。

（2015年9月9日）

中共中央政治局常委、国务院副总理
张高丽重要论述

在北京调研并主持召开大气污染防治工作座谈会上的讲话

党中央、国务院高度重视大气污染防治。习近平总书记强调，生态环境特别是大气、水、土壤污染严重，已成为全面建成小康社会的突出短板。扭转环境恶化、提高环境质量是广大人民群众的热切期盼，是“十三五”时期必须高度重视并切实推进的一项重要工作。李克强总理要求持续下大力气治理大气雾霾。我们要把思想认识和行动统一到党中央、国务院决策部署上来，牢固树立绿色发展理念，深刻认识大气污染治理的紧迫性、艰巨性和长期性，坚持不懈打好大气污染防治攻坚战和持久战。

要把京津冀及周边地区特别是北京作为重点的重点，针对存在的问题、薄弱环节和冬季大气污染物排放增加的情况，采取法律、经济、技术和行政等更加强化的防控手段措施。一是强化散煤污染控制，做好散煤替代工作，大力推进“煤改气”、“煤改电”及其他新能源应用。二是强化机动车管控，加快推进重型柴油车使用清洁化，推动公交、物流领域率先更换使用新能源车辆，严格机动车排放检测标准。三是强化工业企业治理，通过“关停并转”等措施，彻底解决小企业、小作坊超标排放问题。探索在京津冀执行大气污染物特别排放限值，研究实施冬季差异化排污收费政策。四是强化重污染天气应急管理，统一重污染天气预警分级标准，加强区域预警联动和监测信息共享。五是强化区域联动机制，认真实施《京津冀协同发展生态环境保护规划》，探索建立跨地区环保机构，推动区域联动治污。

大气污染防治关系人民群众的身体健康和切身利益，我们要想人民之所想，急人民之所急，忧人民之所忧，心中时刻装着人民，从严从实做好工作，努力改善环境空气质量，决不辜负人民群众的殷切期望。

有关地区和部门要全力以赴抓好强化措施落实。对工作不力、未完成空气质量改善目标的，要严肃追究问责。要把环境保护责任层层分解，落实到基层和具体责任人。加强环保信息透明公开，引导公众参与环保行动，形成共同参与、良性互动的环保工作大格局。

（2015年1月4日）

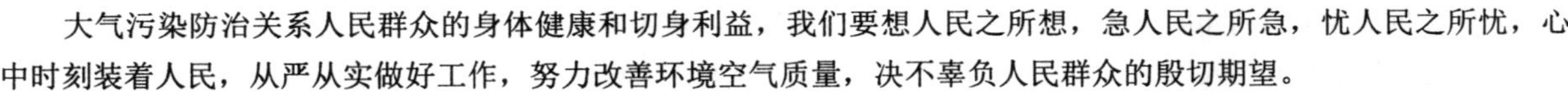

在天津主持召开推动京津冀协同发展工作座谈会时的讲话

推动京津冀协同发展工作已经进入重点突破、抓好落实的关键阶段。习近平总书记多次作出重要指示批示，全面深刻阐述疏解北京非首都功能、推动京津冀协同发展的目标、思路、方法和工作重点，我们要认真贯彻落实。李克强总理要求树立大局意识，统筹推进各项重点工作。按照党中央、国务院决策部署，京津冀协同发展领导小组加强统筹，三省市和有关部门密切配合，坚持顶层设计和务实推进同步，京津冀协同发展各项工作取得积极进展，打下了良好基础。

下一步推动京津冀协同发展，要突出重点、抓好项目，加大力度、加快节奏，确保今年实现良好开局。要抓紧完善京津冀协同发展规划纲要，制定分工方案和三年滚动实施计划，加快编制专项规划及三省市地方协同发展规划。要加快推进一批在建项目和计划新开工项目，做好项目储备，以项目建设带动重点领域率先突破，发挥重大项目对稳增长和协同发展的关键作用。要切实抓好年度重点工作任务落实，抓紧推进体制机制改革、强化创新驱动、开展试点示范等工作。要把生态文明建设摆在更加突出位置，牢固树立“绿水青山就是金山银山”的理念，更加自觉推动绿色发展、循环发展、低碳发展，联防联控环境污染，大力发展绿色经济，加快推动生产方式和生活方式绿色化。要突出核心工作，稳妥有序推动北京非首都功能疏解，加强政策引导和先行启动示范项目带动。三省市和有关部门要积极主动负起责任，完善工作督办机制，切实把各项工作抓实抓好抓出成效。

推动京津冀协同发展责任重大、使命光荣。我们要在以习近平同志为总书记的党中央坚强领导下，紧紧围绕“四个全面”战略布局，齐心协力推动京津冀协同发展，为实现“两个一百年”奋斗目标、实现中华民族伟大复兴的中国梦作出贡献。

（2015年3月27日）

在京津冀及周边地区大气污染防治协作机制第四次会议上的讲话

要认真学习贯彻习近平总书记关于生态文明建设的重要讲话和指示精神，学习李克强总理重要指示要求，按照党中央、国务院决策部署，加强协作、联防联控，在推动京津冀协同发展中有效治理大气污染。

加强大气污染防治，是推进生态文明建设的重大任务。“大气十条”出台以来，京津冀及周边地区大气污染防治协作机制有效运行，重点治理任务有所突破，大气污染防治工作责任落实体系基本形成，环境监管执法手段更加有力，基础支撑工作不断夯实，工作成效正在逐步显现。2014年京津冀及周边地区地级以上城市PM2.5平均浓度同比下降14.6%，今年1－4月份同比下降20%。但我国大气污染形势依然严峻复杂，解决这个问题是一个长期艰巨的过程。要继续落实大气污染防治行动计划，逐渐消除重污染天气，切实改善大气环境质量，不辜负人民群众殷切期望。

做好大气污染防治工作，必须全面推进、重点突破，抓住治理工作的“牛鼻子”。要坚决落实《京津冀协同发展规划纲要》，在生态环保等领域率先取得突破。全力推进燃煤控制，一手抓煤炭减量，一手抓散煤替代，强化煤炭清洁化利用。加强重点行业综合治理，大力压减过剩产能，积极推动燃煤电厂超低排放改造，大力开展工业企业挥发性有机物综合整治。强化机动车船污染控制，保持黄标车淘汰高压态势，加快油品升级进程，鼓励使用新能源汽车，开展港口应用清洁能源试点示范。加强面源污染控制，强化扬尘管控，推进秸秆综合利用。要做好重污染天气应对，建立区域应急联动机制。

各地区、有关部门和单位要落实责任、强化保障，确保目标任务圆满完成。要加强工作监督考核，定期通报各地空气质量改善情况，对不降反升的地区进行预警约谈。深化区域协作，划定大气污染防治核心区，建立对口帮扶机制。做好抗日战争胜利70周年重大纪念活动空气质量保障。严格环境执法监管，严肃查处环境违法行为。加大资金支持力度，确保政府投入用在“刀刃”上。积极推进全民参与，培育绿色生活方式，形成“同呼吸、共命运”的良好氛围。

（2015年5月19日）

在中国环境与发展国际合作委员会2015年年会开幕式上的讲话

中国政府高度重视绿色发展。中国国家主席习近平强调，绿水青山就是金山银山，保护生态环境就是保护生产力，改善生态环境就是发展生产力。李克强总理指出，良好生态环境是提升人民生活质量的重要内容，也是全面建成小康社会的应有之义。当今中国，绿色发展理念已经深入人心，保护生态环境的认识高度、政策力度、实践深度不断提高，也取得显著成绩。

“十三五”时期是中国全面建成小康社会的决胜阶段。小康全面不全面，生态环境很关键。中国将为人民提供更多优质生态产品，推动形成绿色发展方式和生活方式，协同推进人民富裕、国家富强、中国美丽。一是优化国土空间开发格局，落实主体功能区规划，构建科学合理的城市化格局、农业发展格局、生态安全格局、自然岸线格局，有度有序利用自然。二是全面节约和高效利用资源，对能源和水资源消耗、建设用地等实行总量和强度双控，实施全民节能行动计划，建设安全、清洁、低碳、高效的现代能源体系，推动绿色低碳循环发展。三是加大环境治理力度，打好大气、水、土壤污染防治“三大战役”，坚持城乡环境治理并重，实现环境质量总体改善。四是坚持保护优先、自然恢复为主，实施山水林田湖生态保护和修复工程，打造国家生态廊道和生物多样性保护网络，筑牢生态安全屏障。五是健全生态文明法律法规，严格生态环境监管制度和政绩考核制度，加快建立系统完整的生态文明制度体系，引导、规范和约束各类开发、利用、保护自然资源的行为。六是积极推进国际交流合作，努力承担负责任大国应尽的国际义务。中国愿意与相关各方一道，共同推动气候变化巴黎大会达成全面、均衡、有力度的新协议，成为全球气候治理进程中的一个里程碑。

（2015年11月9日，北京）

文论

以科技创新推动循环经济发展

徐匡迪

党的十八大将生态文明建设纳入中国特色社会主义事业“五位一体”总体布局，要求推进绿色循环低碳发展，加快建设生态文明；党的十八届五中全会确立了“创新、协调、绿色、开放、共享的”五大发展理念，提出建立绿色低碳循环产业体系。

发展循环经济是建设生态文明的重要途径。近十年来，我国循环经济从理论到实践都取得了重大进展，特别是在重点行业和领域取得了较好的经济和环境效益，在缓解资源约束、保护生态环境、应对气候变化、稳定扩大就业、促进绿色转型，建设生态文明等方面发挥了重要作用。

我国经济发展方式总体上仍然比较粗放，2014年，我国经济总量约占全球的12.9%，却消耗了全球21.5%的能源、49.5%的钢、49%的铜、60%的水泥，高消耗带来严重环境污染，我国排放的二氧化硫、氮氧化物总量和碳排放量均已居世界第一。要从根本上解决经济发展与资源环境的矛盾，必须通过不断的科技创新，降低单位产出的能源资源消耗，推进资源的循环利用，以最少的资源消耗、最小的环境代价，实现经济的可持续发展。

以京唐钢铁厂为例，通过科技创新，发展循环经济，建设可循环钢铁厂，使钢铁厂从单一的钢铁生产者和污染大户转变为循环经济的大平台，具备三大功能:即优质洁净钢生产平台、高效能源转化过程、各种固体废物和粉尘近零排放和综合利用的循环经济基地。综合能耗已降到618kgce/t，通过干法除尘，封闭回收焦炉、高炉、转炉等高温含能废气用于发电，使一座年产近千万吨的钢厂自发电率达到94.1%；利用发电余热，采用MED（即低温多效）工艺——使用低品质热源（65-72℃、0.35ata的发电乏蒸汽）进行海水淡化，造水比高，每吨蒸汽可生产9.8吨淡水——日产淡水100万吨，年节约地表水资源2400万吨，年产工业盐7200吨；与此同时，实现了固体废弃物资源化利用，含铁固废利用率为91.7%、非铁粉尘利用率为100%、炉渣的利用率为100%。

再如苏州工业园，2013年实施循环化改造后，相比2010年，工业增加值增长了29.4%；能源产出率提高了16.8%；土地产出率提高了48%；单位工业增加值用水量降低26.3%；工业固体废物综合利用率达99.5%。对于传统产业来讲，实施循环化改造，有效降低了能耗物耗，降低了成本，提高了竞争力；同时，在创新驱动下，资源循环利用还催生了新兴产业，创造了大量就业岗位，近十年来，我国资源循环利用产业以每年约15%的速度增长，2015年末产值达2万亿元，解决就业近3000万人。

目前，我国一方面重要资源对外依存度高，如原油、铁矿石、铜等分别高达56.4%、66.5%和71%，资源安全面临挑战；另一方面，固体废弃物“围城”，在“城市矿山”中蕴藏着丰富的资源，以废旧线路板为例，每吨线路板和每吨手机分别含大约200克和300克黄金，而自然金矿的平均品位只有5克/吨，废线路板的“含金量”是金矿石的40至60倍。目前全球每年废旧电脑提炼黄金的总量已经超过从矿石开采中提炼的黄金。高效、清洁地开发“城市矿山”就离不开科技和体制创新。

2000年以来，日本资源利用率提高了70%，产品回收率提高了50%，废物最终处置量降低了59%。德国钢铁行业95%的矿渣被利用，建筑废物回收率达到90%，包装纸、废旧玻璃回收率达到80%，废旧汽车再利用率超过80%，仅垃圾再利用每年就可创造价值420亿欧元。去年，欧盟制定了发展循环经济一揽子方案，计划到2020年，生活垃圾回收率达到65%、包装物回收率达到75%，垃圾最终处置率降低到10%。据预测，在全欧洲推行循环经济模式，可节约成本1.8万亿欧元，增加6.5%的GDP和近百万就业岗位。

必须看到，我国循环经济发展水平与国际先进水平仍存在很大差距，总体资源利用率低，核心装备依赖进口、再生产品处于国际资源大循环的低端。

“十三五”时期，我国发展仍处于可以大有作为的重要战略机遇期，国家正在着力推进“供给侧结构性改革”、“一带一路建设”、“京津冀协同发展”、“中国制造2025”、“互联网+”等重大战略，为循环经济发展带来了难得历史机遇。我们要借力新一轮技术革命浪潮，完善技术创新体系，推动循环经济发展再上新台阶。

（徐匡迪：第十届全国政协副主席，中国工程院原院长，在2016中国循环经济发展论坛上的致辞）

在全国发展改革系统资源节约和环境保护工作电视电话会议的讲话（节录）

张 勇

2015年环资系统认真落实党中央、国务院的决策部署，加强战略谋划和宏观统筹，聚焦突出问题，推动机制创新，激发市场活力，全年单位国内生产总值能耗下降5.6%，超额完成全年及“十二五”目标任务，成为新常态下的新亮点。

新常态下环资工作面临的新机遇、新挑战、新任务，做好环资工作的原则，一是调适理念、转变思维，牢固树立新资源观。要推动资源节约集约循环利用，用最少的资源环境成本取得更大的经济社会效益；二是围绕中心、服务大局，在供给侧改革中发挥生力军作用。要围绕去产能、去库存、去杠杆、降成本、补短板等重点任务，精准发力、主动作为；三是转变职能、创新方法，发挥市场在资源配置中的决定性作用。要深入推进简政放权、放管结合、优化服务，促进环保成本内部化，打好政策组合拳，形成推动绿色发展的内生动力；四是以人为本、注重实效，让人民群众更有获得感。要加强环境质量管理，强化排污者主体责任，推动区域流域联防联控等，切实解决群众关心的环境质量问题。

2016年环资工作要落实创新、协调、绿色、开放、共享发展理念，高举生态文明大旗，紧扣绿色发展主线，在落实中谋划、在谋划中落实，确保“十三五”开好局、起好步。

一是精心部署“十三五”。谋划好环资领域“十三五”时期的重大工程、重大项目、重要举措、重大政策。

二是全面推进生态文明建设。制定生态文明建设目标评价考核办法，抓好先行示范，建立统一规范的国家生态文明实验区。

三是深入推进节能降耗。开展全民节能行动，实行能耗总量和强度双控，落实目标责任，制定用能权有偿使用和交易制度试点方案，完善节能法规标准。

四是大力发展循环经济。实施循环发展引领行动计划，制定生产者责任延伸制度方案，推动节水型社会建设和非常规水资源利用，加快节水制度创新。

五是解决突出环境问题。加快城镇污水垃圾处理设施建设，落实大气、水、土壤污染防治三大行动计划，制定培育环境治理和生态保护市场主体的意见，深化第三方污染治理试点。

六是加强项目管理。用好中央预算内投资、专项建设基金，加快项目储备库建设，强化项目日常监管。

七是加快发展节能环保产业，促进节能环保产品和服务质量的整体提升。

八是强化系统联动和队伍建设，打造一支忠诚干净担当的环资队伍。

（张勇:国家发展和改革委员会副主任，2015年3月31日）

大力推进绿色化 加快建设生态文明

张 勇

从实现全面建成小康社会目标的战略高度，深刻阐述了推进绿色循环低碳发展，建设生态文明的重要性，从空间布局、生产方式、生活方式、价值理念、制度体系、先行先试等六个方面提出了推进绿色化的思路和措施。

目前我国正处于小康社会关键时期，我国进入必须加快建设生态文明的历史阶段，十八大以来以习近平总书记为领导的党中央提出一系列新思想、新要求，今年国务院相继印发了关于生态文明的意见，明确了生态文明建设的总体要求、基本原则、主要目标和重点任务，以及制度体系建设和体制改革方向，是当前和今后一个时期推动我国建设的纲领性文件。

刚刚结束的十八届五中全会提出要将环境质量总量改善作为全面建设小康社会新的目标要求，坚持绿色发展、坚持走生产发展、生态良好的文明发展道路，促进人与自然的和谐共存。中央的精神为“十三五”时期推进了建设，一部人类发展史就是人与自然的关系史，我们要时刻牢记地球不仅是我们这代人的地球，既是我们继承祖先

的，也要我们传给后代，深刻领会五中全会关于人与自然和谐相处，就要求我们必须从中华民族有序发展的高度，按照中央的要求把坚持绿色发展、循环发展、低碳发展作为基本途径，把生态文明建设融入生态、政治、文化，推进农业现代化、现代化，这是一场深远的、全方位的系统变革，因此今天的论坛以绿色化的背景为主题具有深刻意义。

绿色化，本质上要求提高布局、生产方式、生活方式、价值理念等绿色化程度，下一步我们要重点做好以下几个方面的工作：

第一，构建绿色空间和产业布局。布局的不合理是造成资源环境的重要原因，我们要着重把资源环境承载能力作为先决条件，在空间布局上坚定不移的实施主体战略，健全规划体系，科学合理布局和整治生产空间、生活空间、生态空间。向比较优势的地区集中，对不同项目实现差别化市场准入政策，在城镇化过程中要构建合理的城镇化宏观布局，推动城镇化发展由外延扩张向内涵提升式转变，建设绿色生态城区，在新农村建设中要加快美丽乡村建设，使生态文明建设向农村延伸，惠及广大人民群众。

第二，提高绿色化程度。要把调结构、转方式作为推进生态文明建设的主攻方向和关键环节，切实推动绿色循环低碳发展，加快构建资源消耗低、环境污染少的产业结构，要加快生产方式绿色化，推动建立绿色低碳循环发展产业体系，积极化解产能过剩矛盾，推行清洁生产和生态设计，要培育壮大绿色产业不仅既为生态文明建设提供坚实的技术支撑和产业基础，还要形成新的经济增长点，这都具有重要意义和积极作用。

第三，推进生活方式绿色化。生态文明建设与人民群众联系最直接的领域就是消费，促进生活方式的绿色化、促进生活方式绿色转型不仅可以保护环境，更重要的是推动消费方式和产业结构加快升级，这对于我国当前的经济发展尤为重要，要加快居民生活方式和消费模式向绿色低碳的方向转变，抵制不合理消费，引导消费者购买节能新能源汽车等产品，倡导绿色出行和绿色休闲模式，减少一次性产品的使用，深入开展反浪费行动。

第四，推行绿色价值理念。理念是实践与行动的先导，推进生态文明建设一定要转变观念，理念先行，要大力弘扬社会主义文明内涵，树立尊重自然、顺应自然、保护自然的理念，使生态文明教育深入千家万户。

第五，健全生态文明制度体系。只有依靠最严格的制度、最健全的法制，深入推进生态文明体制改革才能为生态文明建设提供可靠的保障。要按照源头预防、过程控制、损害赔偿、责任追究的思路，引导规范和约束各类开发和利用保护资源的行为，用制度保护和治理生态的环境。

第六，做好生态文明先行现实。生态文明建设需要加强顶层设计与地方实践相结合，按照党中央国务院的部属，以制度建设为核心任务。

从发展的全过程解决资源浪费引起的环境污染问题，这是实现资源利用方式根本转变的重要抓手，也是实现绿色转型的重要途径，大力推进绿色化，循环经济可以大有作用，中国循环经济协会成立以来做了大量卓有成效的工作，为推进生态文明建设发挥了重要的作用，希望协会再接再厉，更好地发挥政府参谋助手作用，发挥政府与企业联系的桥梁与纽带作用。

建设生态文明关系民族的未来，要深入贯彻五中全会精神，按照党中央国务院的部署，为推进加快建设美丽中国做出新的重大贡献。

（张勇：国家发展和改革委员会副主任，2015年11月11日在“2015中国循环经济发展论坛”开幕式上的讲话）

探索循环经济发展的新动能

解振华

循环经济是实现资源节约、环境保护、经济增长有机统一的经济发展模式，可从源头和生产过程解决我国可持续发展面临的资源环境约束。发展循环经济是建设生态文明，促进经济绿色转型的重要途径。因此，探讨理念与实践创新、制度创新、机制创新、技术创新、模式创新，探索循环经济发展的新动能，很有意义，也很有必要。

2016中国循环经济发展论坛用实际行动落实党中央提出的“创新、协调、绿色、开放、共享”五大发展理念。就创新引领循环经济发展提出几点建议：

一要坚定绿色低碳循环发展的信心和决心。改革开放以来，我国经济发展取得了重大成绩，但这些成绩很大程度上是资源的浪费、高消耗、高排放等不可持续的发展方式，造成了严重的环境污染、生态破坏。所以，要实现我国“两个百年”的目标和中华民族的永续发展，必须加强生态文明建设，大力发展绿色经济、低碳经济和循环经济。

二要树立新的资源观。我国资源禀赋不足，人均占有资源的水平较低，资源的产出率、能源的利用效率与世界先进国家相比还有较大的差距。2015年，我国经济总量占全球的比重为13%，但能源的消耗却占全球的近20%，水泥、钢铁、氧化铝、精炼铜等消费分别占全世界的一半以上。随着我国工业化、城镇化、信息化、农业现代化过程和人民生活水平的不断提高，对资源的刚性需求在不断增长，所以我国有限的资源延续传统发展方式和传统的技术是根本不可能支撑长期发展的无限需求。目前，不光是我国，就是世界如果延续传统的发展方式和传统的技术，地球上的资源也不可能支撑人类无限的需求。因此，我国必须发展循环经济，提高资源的产出率，要节约资源，减少资源能源的浪费，提高资源能源的利用效率，同时充分利用再生资源，也就是要“变废为宝”。

三要深化绿色、低碳、循环发展的协同效应。“十二五”期间，我国通过节约、节能提高能源利用效率，发展可再生资源，调整产业结构，优化能源结构，实现了单位GDP能耗下降18.2%，单位GDP的二氧化氮排放量下降了20%，累计实现节能8.6亿吨标准煤，相当于减少二氧化氮19.3亿吨，循环经济成果显著。按照统计测算，“十二五”期间，我国资源产出率提高了16.4%，其中每回收利用一吨废旧物资，平均节约自然资源4.2亿吨，折算节能能源1.4吨标准煤，相当于减排二氧化氮3.18吨，减少6到10吨的垃圾处理量。所以，再制造产品与常规生产的产品相比较，节约成本50%、减少能耗60%、减少原材料70%、减少污染的排放80%。如果我国能够发展循环经济，把资源节约利用率折算成减碳量，根据不同产品资源节约循环利用量折算成减碳量，使其作为我国碳交易市场的交易产品，这将扩大循环经济的经济效益。

四要创新技术机制。发展循环经济在体制机制、商业模式、关键技术等方面要进行大胆创新，要激发循环经济的新动能。一是机制创新。要建立健全以资源产出率、循环利用率为核心的循环经济评价体系和考核制度，形成发展循环经济的激励和约束机制。二是模式创新。要创新商业模式，建立完善再生资源回收体系，提高再生资源的回收规范化组织化的水平，核心的就是让体系内的所有参与方都要在经济上有利可图，这样循环经济才能够可持续。三是技术创新。技术创新是资源可持续、产业能链接的关键。要把循环经济的重大关键技术，纳入到各级政府和企业科技发展计划中，鼓励建设循环经济工程中心，通过大量的技术创新增强资源循环利用的可行性，降低减量化和再生利用的成本，取得良好的经济效益、资源效益和环境效益。

五要坚持合作。循环经济将越来越成为多双边国际合作的热点领域，现在搞应对气候变化，我国跟各个国家的双边合作和区域合作当中，不光是节能、提高能效，循环经济已经纳入到一个非常重要的领域。今后，我国循环经济要坚持开放，增强多双边合作的议题设置和议题的推动能力，要结合“一带一路”战略的实施，加强循环经济的理念模式、关键技术和装备的国际交流和进出口贸易。配合基础设施建设、产能合作，鼓励国内资源循环利用企业到海外投资合作，扩大全球合作的规模，促进各国发展方式的转变。

六要发展共享和分享经济。创新消费理念，大力发展分享经济，把分享经济作为优化供给结构、引导绿色发展的新领域，延长产品的生产周期，提高资源的利用效率。支持闲置房屋、车辆、闲置物品的分享使用，发展分享办公、分享储蓄、分享信息，提高闲置资产的利用效率。创新商业模式，大力发展社会租赁产业，推动服务外包式的产业服务，培育专业的循环型生产服务企业，改变传统产品的提供模式，提高产品维护专业化的水平。鼓励专业分享平台的建设，完善信息安全保障措施和信用评价机制，逐渐实现分享商品、信息、服务的在线交易，提高资源循环产业的发展水平，扩大行业就业容量，提升行业的就业质量。

（解振华：全国政协人口资源环境委员会副主任、中国气候变化事务特别代表、国家发展和改革委员会原副主任，在2016中国循环经济发展论坛上的演讲节录）

大力发展生态循环农业

韩长赋

党的十八届五中全会提出创新、协调、绿色、开放、共享的发展新理念。习近平总书记多次强调，要像保护眼睛一样保护生态环境，像对待生命一样对待生态环境。

党的十八届五中全会提出创新、协调、绿色、开放、共享的发展新理念。习近平总书记多次强调，要像保护眼睛一样保护生态环境，像对待生命一样对待生态环境。我们要坚定不移地贯彻落实党的十八届五中全会和习近平总书记重要讲话精神，把建设生态循环农业放在大力推进农业现代化、加快转变农业发展方式的突出位置，进一步增强紧迫感责任感，推动现代农业走上可持续发展之路。

进一步提高对发展生态循环农业重大意义的认识

近年来，我国现代农业建设加快推进，取得了巨大成就，但农业保供给、保收入、保安全、保生态的压力越来越大，农业发展已经到了必须加快转变发展方式，更加注重合理利用资源、更加注重保护生态环境、更加注重推进可持续发展的历史新阶段，发展生态循环农业意义重大、势在必行。

汲取传统农业精华，传承农耕文明，迫切需要继承发展生态循环农业。农耕文明是中华文明的基石，我国五千年传统农业始终秉承协调和谐的三才观、趋时避害的农时观、辨土施肥的地力观、御欲尚俭的节约观、变废为宝的循环观，稻田系统、桑基鱼塘、轮作互补、庭院经济等传统的生态循环模式，更是我国历经千载而“地力常壮”的主要原因。自20世纪50年代以来，以美国为代表的高投资、高能耗的“石油农业”快速发展，土地产出率和劳动生产率大幅提高，但化肥、农药等化学物质的长期过量使用导致土壤退化、生物多样性破坏、环境污染加重，近年来许多发达国家开始转向发展生态循环农业。我国正处在传统农业向现代农业转型的关键时期，必须在汲取传统农业精华和借鉴国外经验教训的基础上，大力发展生态循环农业，运用高新技术、科学管理、现代装备等现代文明成果改造传统农业。

破解发展难题，加快现代农业建设，迫切需要大力发展生态循环农业。党的十八届五中全会提出，要大力推进农业现代化，促进新型工业化、信息化、城镇化、农业现代化同步发展。当前我国农业现代化发展依然滞后，是“四化同步”的短腿。资源环境两道“紧箍咒”越绷越紧，农业区域布局与资源禀赋不尽匹配，粮经饲结构不合理，种养业结合不紧、循环不畅，生产、加工、流通、消费融合不够。受农业生产成本“地板”和农产品价格“天花板”双重挤压，农业比较效益持续下降。“天育物有时，地生财有限”，应对农业发展新挑战，必须大力发展生态循环农业，促进农业增产、农民增收和绿水青山良性循环。

贯彻落实发展新理念，推进生态文明建设，迫切需要加快发展生态循环农业。今年，中央印发了《关于加快推进生态文明建设的意见》和《生态文明体制改革总体方案》，这是国家层面第一次专门就生态文明建设作出全面部署。农作物是绿色生命，农业生产本身就是固碳过程，发展生态循环农业，就是建设美丽中国的“生态屏障”。贯彻落实创新、协调、绿色、开放、共享的发展新理念，将生态循环农业作为现代农业发展的重要形态，不仅是农业发展理念的创新，也是相关政策、制度、技术的创新，将为农业发展提供新动力、拓展新空间，有利于延伸产业链和价值链，有利于促进种养加销游一体、生产生活生态协调。

认真总结生态循环农业建设成就

近年来，我们适应新形势，对发展生态循环农业作了积极探索，取得了明显成效。

初步建立了生态循环农业发展的制度框架。国家先后出台了《循环经济促进法》《清洁生产促进法》《畜禽规模养殖污染防治条例》等法律，实行最严格的耕地保护制度和节约用地制度、最严格的水资源管理制度和草原生态保护补助奖励制度，实行良种、农机具、农资、节水灌溉等补贴。全国21个省份出台了农业生态环境保护规章，11个省份出台了耕地质量保护规章，13个省份出台了农村可再生能源规章，农业资源环境保护法制建设不断加强，制度不断完善。

进一步强化了规划引导。农业部会同有关部门先后印发了《全国农业可持续发展规划(2015-2030年)》《农业环境突出问题治理总体规划(2014-2018年)》，农业部出台了《关于打好农业面源污染防治攻坚战的实施意见》，对发展生态循环农业进行全面部署。浙江（ 农用地、 商住地、 工业地）省制定了《关于加快发展现代生态循环

农业的意见》，安徽（ 农用地、 商住地、 工业地）省制定了《现代生态农业产业化建设方案》，江苏（ 农用地、 商住地、 工业地）省制定了《生态循环农业示范建设方案》，部省联动、多部门互动的工作推进机制初步形成。

实施了一批重点工程。在继续开展测土配方施肥、草原生态保护等工程项目的基础上，启动畜禽粪污等农业农村废弃物综合利用项目和东北黑土地保护利用试点，实施区域生态循环农业建设试点项目。在湖南（ 农用地、 商住地、 工业地）长株潭地区实施重金属污染耕地修复试点，在河北（ 农用地、 商住地、 工业地）启动地下水超采区综合治理试点，在新疆（ 农用地、 商住地、 工业地）、甘肃（ 农用地、 商住地、 工业地）等西北地区支持以县市为单位推进地膜回收利用。

初步构建了生态循环农业示范带动体系。自上世纪80年代以来，先后2批建成国家级生态农业示范县100余个，带动省级生态农业示范县500多个，探索形成了“猪-沼-果”、稻鱼共生、林果间作等一大批典型模式。近年来，在全国相继支持2个生态循环农业试点省、10个循环农业示范市、283个国家现代农业示范区和1100个美丽乡村建设，初步形成省、市(县)、乡、村、基地五级生态循环农业示范带动体系。各地也积极开展试点示范，浙江省建设省级生态循环农业示范县17个、示范区88个、示范企业101个，江苏省启动11个生态循环农业示范县(市、区)建设，山东（ 农用地、 商住地、 工业地）省确定了16个生态农业和农村新能源示范县。

探索推广了一批技术模式。围绕“一控两减三基本”的目标任务，探索形成了一些好的模式。在控制用水上，河北省制定了主要农作物水肥一体化技术标准和实施规范，2014年推广面积720万亩，亩均节水40%-60%，节肥20%-30%。在化肥减量增效上，安徽省重点推进玉米、蔬菜、水果化肥使用零增长行动，大力推广种肥同播、水肥一体、适期施肥等新技术，推进秸秆还田、增施有机肥、种植绿肥等。在农药减量控害上，江西（ 农用地、 商住地、 工业地）省把农药使用量零增长纳入生态文明先行示范区建设的重要内容和考核指标，实施公共植保防灾减灾、专业化统防统治、绿色植保农药减量、法治植保执法护农等专项行动。在畜禽粪污综合利用上，湖北（ 农用地、 商住地、 工业地）省推广自我消纳、基地对接、集中收处等粪污利用方式，推进畜牧业与种植业、农村生态建设互动协调发展。在地膜综合利用上，甘肃省制定了加厚地膜生产标准，开展地膜综合利用试点示范，废旧地膜回收利用率达到75.4%。在秸秆综合利用上，江苏省通过政府、企业、农户共同参与、市场化运作，初步形成了秸秆多元利用的发展格局。

突出重点、加强协调 全力推进生态循环农业迈上新台阶

新时期发展生态循环农业，总的要求是认真贯彻落实党的十八届五中全会精神和中央关于生态文明建设的决策部署，以大力推进农业现代化为目标，以加快转变农业发展方式为主线，以保障国家粮食安全和促进农民持续较快增收为首要任务，着力推进农业资源利用节约化、生产过程清洁化、产业链条生态化、废弃物利用资源化，促进农业绿色发展。当前和今后一个时期，要重点抓好五大任务。

第一，坚持统筹兼顾，优化产业结构。进一步优化农业区域布局，探索建立粮食生产功能区和重要农产品生产保护区，加大对农产品主产区和重点生态功能区的转移支付力度。优化调整种养结构，大力发展草食畜牧业，支持苜蓿和青贮玉米等饲草料种植，开展粮改饲和种养结合型循环农业试点。开展稻田综合种养技术示范，推广稻鱼共生、鱼菜共生等新模式。借力“互联网+”，开发农业多种功能，促进一二三产业融合发展。

第二，坚持减量优先，推进农业清洁生产。推广节水农业技术，提高自然降水和灌溉用水利用率。推进测土配方施肥，改进施肥方式，鼓励使用有机肥、生物肥料和种植绿肥。推广高效低毒低残留农药、生物农药和先进施药机械，推进病虫害统防统治和绿色防控。开展畜禽规模养殖场改造，推进畜禽清洁养殖。推广节油、节电等机械技术，降低农业装备耗能，因地制宜发展沼气工程，大力推广清洁能源。

第三，坚持循环利用，推进农业废弃物资源化。大力推行标准化规模养殖，因地制宜推广畜禽粪污综合利用技术模式，探索规模养殖粪污的第三方治理、PPP模式等机制。加大秸秆深翻还田、炭化还田改土、以村为单位的成型燃料代煤等示范推广，启动一批秸秆全量化利用试点县建设。加快地膜标准修订，鼓励使用加厚地膜，开展农田残膜回收区域性示范，逐步健全回收加工网络。继续推进农村沼气工程，发展农村可再生能源。

第四，坚持用养结合，推进耕地质量保护与提升。抓紧完成106个重点城市永久基本农田划定任务。因地制宜开展生态型复合种植，采用间套轮作、保护性耕作、粮草轮作、增施有机肥等方式，促进种地养地结合。探索实行耕地轮作休耕试点。建立耕地质量调查监测体系，健全耕地质量调查、监测、评价、信息发布制度。加快推进全国农产品产地环境监测调查，建立预警机制，推进污染耕地治理修复和种植结构调整试点示范。

第五，坚持开发保护并重，推进农业资源养护。稳步推进退耕还林还草工作，继续实施京津风沙源草地治理、三江源生态保护与建设等工程，开展草原自然保护区建设和南方草地综合治理。加强水生生物自然保护区和水产种质资源保护区建设，严格取缔“绝户网”，推进水产养殖生态系统修复。加强野生动植物自然保护区建设，开展濒危动植物物种专项救护，完善野生动植物资源和农业外来入侵生物监测预警体系。

生态循环农业建设是一项长期任务、系统工程。各级农业部门要增强主体意识，以高度负责的态度，切实把这项工作抓紧抓实，抓出成效。要因地制宜细化实化各项目标任务，加强与发改、财政、环保等部门沟通，形成强大工作合力。加强政策创设，加快形成以绿色发展为导向的补贴制度，创新投资方式，发挥财政资金“四两拨千斤”的作用，引导金融资本、社会资本等参与建设。继续强化试点省、示范市、县、村、场建设，以新型经营主体为载体，建设一批技术试验示范基地。大力开展清洁生产、废弃物资源化利用等关键技术研发，推动信息技术与生态循环农业各环节融合。支持新型经营主体开展畜禽养殖污染治理、地膜农作物秸秆回收加工、有机肥生产等服务，鼓励规模经营主体采用绩效合同服务等方式引入第三方治理。及时总结宣传推介好做法、好经验，通过培训等多种方式帮助农民树立生态循环发展理念。

（韩长赋：农业部部长，2015年11月26日，农业日报）

中国循环经济取得的十大成就

赵家荣

一、循环经济战略地位日益凸显

2005年，国务院印发了《关于加快发展循环经济的若干意见》，提出我国推动循环经济发展的指导思想、基本原则、主要目标、重点任务和政策措施，这是我国循环经济发展史上第一个纲领性文件，具有里程碑意义。“十一五”和“十二五”规划将发展循环经济作为建设资源节约型、环境友好型社会的重大任务。党的十七大将循环经济形成较大规模作为全面建设小康社会的新要求。党的十八大将发展循环经济的地位和作用提到新的战略高度，把资源循环利用体系初步建立作为2020年全面建成小康社会目标之一，要求经济发展方式转变更多依靠节约资源和循环经济推动，要求着力推进绿色发展、循环发展、低碳发展，加快建设生态文明。党中央、国务院《关于加快推进生态文明建设的意见》，进一步明确“坚持把绿色循环低碳发展作为生态文明建设的基本途径”，发展循环经济提到了前所未有的战略高度。

二、循环经济法规体系初步建立

2008年8月，第十一届全国人大常委会第四次会议审议通过了《中华人民共和国循环经济促进法》，并于2009年1月1日起施行，该法明确了发展循环经济是国家经济社会发展的一项重大战略，确立了循环经济减量化、再利用、资源化，减量化优先的原则，并作出一系列的制度安排。2009年，国务院发布了《废弃电器电子产品回收处理管理条例》，这是循环经济促进法实施后出台的第一个行政法规，在废弃电器电子产品领域建立了生产者责任延伸制，先后发布了两批实施目录，共14种产品。有关部门还先后出台了《再生资源回收利用管理办法》，修订了粉煤灰、煤矸石综合利用管理办法等，一些地方发布了循环经济促进条例，初步形成了由国家法律、行政法规、部门规章和地方法规构成的循环经济法律法规体系。

三、循环经济规划引领作用增强

2012年国务院印发了《循环经济发展战略和近期行动计划》，这是我国循环经济领域第一个国家级的专项规划，明确了“十二五”发展循环经济的总体思路、主要目标、重点任务和保障措施。之前，国务院还先后批复了甘肃省和青海省柴达木循环经济试验区循环经济发展规划。在国家规划引领下，各地区制定了本地区循环经济发展规划，有关部门相继发布了重点领域循环经济发展规划，如发布了矿产资源综合利用、大宗工业固废综合利用、再生资源回收体系建设、海水淡化产业化等专项规划。2014年和2015年国家发改委会同有关部门先后印发了循环经济年度推进计划，2015年工信部印发了《京津冀周边地区工业资源综合利用产业协同发展行动计划》。

四、循环经济试点示范成效显著

2006年开始，国家在省市、园区、重点行业、重点领域开展了两批国家循环经济示范试点，总结和凝练了60个可复制、可推广的循环经济典型模式案例。有关部门先后开展了资源综合利用、园区循环化改造、城市矿产示范基地建设、再制造产业化、大宗固废综合利用、再生资源回收体系建设、餐厨废弃物资源化利用、水泥窑协同处置生活垃圾、工业产品生态设计及循环经济示范市县等试点。通过示范试点，循环经济理念广泛传播，技术装备水平显著提高，政策机制不断完善，商业模式不断创新，引领各行业、各领域、各个层面循环经济向纵深发展，如推进企业间、相关产业间共生耦合，企业循环式生产，园区循环式发展，产业循环式组合，使资源得到循环高效利用，努力实现资源消耗最小化，环境风险最低化，经济效益最大化。

五、循环经济试点示范成效显著

2006年开始，国家在省市、园区、重点行业、重点领域开展了两批国家循环经济示范试点，总结和凝练了60个可复制、可推广的循环经济典型模式案例。有关部门先后开展了资源综合利用、园区循环化改造、城市矿产示范基地建设、再制造产业化、大宗固废综合利用、再生资源回收体系建设、餐厨废弃物资源化利用、水泥窑协同处置生活垃圾、工业产品生态设计及循环经济示范市县等试点。通过示范试点，循环经济理念广泛传播，技术装备水平显著提高，政策机制不断完善，商业模式不断创新，引领各行业、各领域、各个层面循环经济向纵深发展，如推进企业间、相关产业间共生耦合，企业循环式生产，园区循环式发展，产业循环式组合，使资源得到循环高效利用，努力实现资源消耗最小化，环境风险最低化，经济效益最大化。

六、循环经济技术创新取得突破

在清洁生产、矿产资源综合利用、固体废物综合利用、资源再生利用、再制造、垃圾资源化、农林废弃物资源化利用等领域开发了一大批具有自主知识产权的先进技术，有的获国家科技进步奖、国家技术发明奖、国家级工业大奖，一些技术填补了国内空白，并迅速实现产业化。如复杂难处理镍钴资源高效利用关键技术与应用、典型尾矿资源清洁高效利用技术、纳米复合电刷镀再制造技术、废弃钴镍材料循环再造技术、有机废物生物强化腐殖化技术，有些技术达到了国际领先水平，形成了产学研用相结合的资源循环利用技术创新体系。

七、资源循环利用产业体系基本形成

一是工业资源综合利用产业，重点是矿产资源综合利用、工业固体废物综合利用、热能及废气回收利用。二是农林废弃物资源化利用产业，重点是农作物秸秆综合利用、农田残膜和灌溉器材回收利用、畜禽粪污资源化利用、林业“三剩物”综合利用、农林牧渔加工副产物资源化利用。三是资源再生利用与再制造产业，重点是废金属、废弃电器电子产品、报废汽车、废电池、废塑料、废橡胶、废轮胎等再生利用以及汽车零部件、机电产品等再制造产业。四是垃圾资源化产业，重点是生活垃圾、建筑垃圾、餐厨垃圾资源化利用产业。五是水循环利用产业，重点是污水再生利用、海水淡化、苦咸水利用产业。这五大产业构成了资源循环利用产业体系的主体，技术、装备、管理水平不断提升，服务能力明显增强，产业规模不断扩大。

八、循环经济新兴产业方兴未艾

发展循环经济催生出新的产业，如再制造产业，包括汽车发动机、变速箱、起动机、电动机等零部件再制造；工程机械、机床、煤机、盾构机、医疗器械、手机、复印和打印机耗材等机电产品再制造，目前我国再制造企业已达500家以上；废弃电器电子产品、报废汽车资源化利用已形成规模；我国生活垃圾发电产业已有较高的产业集中度，近几年，建筑垃圾、餐厨废弃物资源化利用产业化正在逐步形成，这些新兴产业有着广阔的发展前景，是新的经济增长点。随着技术进步和管理水平的提高，商业化模式不断创新，特别是近两年积极探索互联网+回收体系，改变了传统的经营模式，利用APP、网站、微信、400电话等，实现居民线上交投与回收人员线下回收的深度融合。

九、循环经济政策机制不断完善

一是价格和收费政策，如实行了差别电价、惩罚性电价、阶梯式水价、生物质发电上网优惠电价，垃圾处理收费等。二是财政政策，国家设立了循环经济发展专项资金，累计安排136亿元，用于支持园区循环化改造、城市矿产示范基地、餐厨废弃物资源化利用等循环经济重点项目；2005-2014年十年间，中央预算内固定资产投资共安排426亿元资金，用于支持循环经济和资源节约项目；国家对列入863、973和科技支撑计划的循环经济重大科技开发项目给予补助；建立了废弃电器电子产品处理基金，对列入目录的产品回收处理给予补贴。三是税收政策，国家对资源综合利用产品和劳务实行减免增值税和企业所得税优惠，对一次性木筷增收消费税等政策。四是金融政策，循环经济列入绿色信贷、绿色证券、绿色债券、绿色保险的支持范围。五是产业政策,国家从产业布局、准入门槛、技术标准以及投资、价格、财税、金融、进出口等方面，制定了一系列推动产业结构调整的政策，有力地促进了循环经济发展。随着改革的不断深入，推动循环经济发展的市场化机制将加快形成。

十、循环经济能力建设得到加强

循环经济理论研究不断深入，生态设计、全生命周期管理、产业共生、“城市矿产”开发等理念的提出和深化，引领循环经济发展的实践。国家统计局发布了循环经济指数，开展资源产出率统计试点，研究循环经济统计指标体系，建立和完善相关统计制度。循环经济宣传不断强化，全民意识大幅度提升，国家先后批复了30个循环经济教育示范基地，依托先进典型，发挥宣传引导、教育培训的作用。一些高等院校设立了循环经济学院或开设循环经济课程，一些智库等研究机构设立专门机构研究循环经济。循环经济相关领域技术研究中心、工程实验室先后落成并投入运营。有关机构研究建立循环经济标准体系，发布相关标准，协会标准试点开始启动。循环经济社会组织不断完善，成立了中国循环经济协会和相关行业协会，发挥桥梁和纽带作用。

十一、发展循环经济取得显著的经济、环境和社会效益

根据国家统计局的报告，2013年，我国循环经济发展指数为137.6%，比2005年提高37.6个点，年均提高4个点。根据有关行业协会统计，2014年，我国资源循环利用产业产值达1.5万亿元，从业人员2000万人，回收和循环利用各种废弃物和再生资源近2.5亿吨，与利用原生资源相比，节能近2亿吨标准煤，减少废水排放90亿吨，减少固体废物排放11.5亿吨。2005-2014年，我国累计利用工业固体废弃物20.4亿吨，废钢7.9亿吨，再生铜、再生铝、再生铅、再生锌四种再生有色金属8085万吨，废塑料1.88亿吨，废纸6.03亿吨。“十二五”前四年，我国资源产出率提高10%左右，单位GDP能耗下降13.4%，单位工业增加值用水量下降24%。发展循环经济对于缓解资源约束，保护生态环境，调整产业结构，促进经济增长，稳定扩大就业，推动绿色转型发展，建设生态文明发挥了重要作用。

实践证明：循环经济是对大量生产、大量消费、大量废弃的传统粗放型发展方式的根本变革；是实现资源永续利用，确保我国资源战略安全的重要保障；是从源头预防环境污染，有效化解环境风险的有效途径；是推动绿色转型发展，建设生态文明，实现全面建成小康社会目标和中华民族伟大复兴中国梦的必然选择！

（赵家荣：时为中国循环经济协会理事长，国家发展和改革委员会原副秘书长）

生态投资就是最大的有效投资

胡鞍钢

“十三五”规划中，我国首先提出绿色发展的核心目标，实际上就是生态环境总体改善。当前，我国经济由生产要素驱动向创新驱动转变，从利用模式创新的后发优势向自主创新的先发优势转变，有利于促进我国生态环境进入新的阶段，可以称之为生态赤字缩小，甚至某些局部地区出现生态盈余的时代。

人类的发展逻辑有一个从必然王国到自由王国的过程，从1750年到未来的2050年，应该大体经历三个阶段：第一个是黑色发展阶段，第二个是可持续发展阶段，第三个是绿色发展阶段。其中，绿色发展是天人互益，并且关键是互益，其本质是对未来进行自然资本的投资。比如说，我国国民经济账户今后将把环境保护、基础设施包括环境运行费用和循环经济费用，正式纳入地区生产总值，等于在一个国家进行生态投资，形成生态资本，为“后人乘凉”奠定基础。因此，可以把绿色发展界定为经济、社会、生态三位一体的新型发展道路，以合理的消耗、低消耗、低排放、生态资本不断增加为主要特征，以绿色创新为基本路径，以积累绿色财富特别是生态财富和增加人类福祉为根本目标，以实现人类之间、人与自然之间的和谐为根本宗旨。

从黑色发展到绿色发展，要求经济系统从经济增长最大化转向净福利最大化，生态系统从生态赤字转向生态盈余，那么社会系统就应该从不公平的发展转向公平发展。因此，实际上绿色发展就是绿色增长、绿色福利、绿色财富的交集的并集，并且随着这样的生态函数要素，包括对自然投资要素的不断扩张而不断发展。形象地讲，绿色发展就是“前人种树、后人乘凉”，从这个意义上来看，绿色发展就是科学发展观。

当前，我国基本上告别了从上世纪50年代中期开始的重工业化以及在过去20年特别是过去15年再度重工业化的过程，开始进入到服务业化的黄金时期。在过去20年或者25年的过程中，我国迅速成为世界最大的碳排放国，现在正在进行一场真正意义上的能源革命，即所谓的绿色能源革命。因此，除了是从核能、水能、太阳能、风能，包括现在未被统计的生物质能源的发展，都进入了一个新的发展阶段。

我国从可持续发展到绿色发展的20多年过程中，完成了一个从引进学习到自主创新的过程。第一、强调实现人与自然的全面、整体的发展；第二、强调尊重适应自然规律的科学、理性的发展；第三、强调充分发挥人的主观能动性的自觉、自律的发展。从这个意义上讲，绿色发展是科学发展观，也是“两山论”，既要绿水青山，又要金山银山。就“十三五”而言，最典型的就是“绿色发展规划”。“十三五”规划中，我国绿色发展的“八大工程”是世界未来最大的投资规模的绿色投资，具有全局性、公益性、基础性，而且都是针对我国生态环境的薄弱环节，又是具有带动性、外溢性的有效投资。

我国要强化有效投资，其中最大的投资应该是生态投资。但是，现在核算计算的政绩“指挥棒”需要调整，即在新的国民经济核算统计中，将环境保护、环境设施包括循环经济的设备、基础设施以及运行费作为地区生产总值，有可能激发地方、企业、科研机构进行绿色投资。总而言之，有效投资就是利用资本的替代性特别是物质资本、科技资本、人力资本对生态系统进行长期、持续的、稳定的生态投资，从而起到“前人种树、后人乘凉”的绿色发展、绿色投资、绿色就业、绿色消费、绿色创新的综合性作用，为下一个五年乃至更长时期的经济、社会、生态三大系统永续发展夯实基础。

（胡鞍钢：著名经济学家、清华大学国情研究院院长，在2016中国循环经济发展论坛上的演讲节录）

循环经济发展进入新阶段

诸大建

2016年看来理所当然是循环经济年。中国，2006年把循环经济纳入“十一五”规划进行体制化推进，到现在有了10年经历。

学术严谨但是敏锐的Nature杂志发表这组循环经济系列文章，肯定是循环经济主流化的重要信号。不过首先需要说明，把循环经济认为是回收利用废弃物的垃圾经济，这是严重的误导。如果循环经济只是现在已经有许多人在做的废弃物回收利用，就没有新经济的变革意义了。其实，搞循环经济的意义，恰恰是要改变经济模式把废弃物从我们的生产和消费流程中淘汰出去，实现一个低废弃物甚至是零废弃物的社会，而不是保留现有经济模式不变继续大量产生废弃物然后去循环利用。按照我的理解，变革意义上的循环经济有三个从高到下的循环，一是服务的循环，强调不卖产品卖服务，正在崛起的产品分享经济属于循环经济的这类表现；二是产品的循环，强调通过再制造等方式延长产品和部件的寿命周期；三是废物的循环，不同于传统的废弃物回收再利用，循环经济强调上向式循环而不是下降性循环，例如用废料制造物质材料质量更高的衣服，而不是变成质量递减的再生资源。

循环经济新模式，从1966年有朦胧的思想到现在的体制推进和理论整合，其发展可以粗略分出三个阶段。

（1）1966年到1992年主要是循环经济的思想萌芽和初步探索阶段。

1966年美国经济学家Boulding发表了一篇畅想性的短文，认为地球作为封闭的物质系统是有物理极限的，传统的强调经济增长无极限的牛仔经济不可能持续下去，需要转向新的在地球极限内追求繁荣的宇宙飞船经济，而实现宇宙飞船经济的思路就是通过闭环的物质流创造增长的价值流。1976年瑞士有经济思维的建筑师Stahel提出了功能服务经济的概念，强调了通过延长产品寿命和产品服务系统走向循环经济的思想。而循环经济的英文词Circular Economy则是由英国经济学家Pearce于1989年首先提出以便区别于垃圾经济的Recycling，虽然他没有对循环经济与垃圾经济的区别进行细化表述。

（2）1992到2010年是循环经济的理论模型发散式研究与表述阶段。

理论背景是联合国在巴西里约通过可持续发展战略，人们认识到经济增长存在物理极限是客观的现实而不是虚幻的想法。先行者开始思考如何走出新古典经济学推崇的牛仔经济或线性经济模式，提出了具有各种替代意义的循环经济新模式。其中有代表性的是Stahel的绩效经济与湖泊经济（2006），Braungart和McDonald的从摇篮到摇篮经济（2002），Pauli的蓝色经济（2011），以及稍微早一些的产业生态学等。这些新经济的倡导者最近几年已经频繁来到中国推介思想，寻找理论运用的机会。

（3）2010年以来循环经济发展出现了新的动向正在进入第三阶段。

主要的动力来自英国的Ellen McArthur基金会，他们聚集全球研究循环经济的主要理论家和推行循环经济的创新型企业家，做了两方面的推进工作。一方面要把到现在为止的各种循环经济思想、学派和模型整合成为系统的理论，提升循环经济的理论成果和科学含量；另一方面要通过循环经济世界100强活动，使循环经济在企业层面成为现实和潮流。2012年，在EMF和麦肯锡、埃森哲等联手推动下，世界经济论坛决定把循环经济作为第四次工业革命的重要内容进行推进，为此专门成立了循环经济全球议程理事会。2015年欧盟推出了全新的循环经济推进方案。可以说，Nature杂志文章反映的就是当前的新进展新趋势。老友Stahel为这个系列写了有综合意义的首篇文章，发表后他第一时间邮件告诉我，说我们正处在经济发展推陈出新的时代，有许多事情可以做。

值得指出的是，在欧美有关循环经济的研究停留在学者思考和概念模型的第二阶段中，中国学者和中国政府为循环经济走向深入和推广起了关键性的推动作用。一方面，1998年以来包括笔者在内的一些中国学者对欧美的循环经济研究进行理论整合和推介，写了大量有关循环经济的文章，引起了政府、企业和学术界的注意。另一方面，决策者发现循环经济超越传统的末端污染治理，具有从经济源头实现绿色发展的意义，可以成为深化生态文明的重要环节。中国迅即成为世界上第一个用体制力量推动循环经济发展的国家，标志性的工作是2006年开始的中国“十一五”计划大规模推动循环经济各种试点，以及2008年通过国家级的循环经济促进法并于2009年实行。可以说正是中国的循环经济运动影响了循环经济运动在全球的新一波展开。

（诸大健，同济大学可持续发展与新型城镇化智库主任。2016年《世界科学》杂志）

坚持绿色发展

任理轩

绿色是生命的象征、大自然的底色。今天，绿色更代表了美好生活的希望、人民群众的期盼。民有所呼，党有所应。在党的十八届五中全会上，习近平同志提出创新、协调、绿色、开放、共享“五大发展理念”，将绿色发展作为关系我国发展全局的一个重要理念，作为“十三五”乃至更长时期我国经济社会发展的一个基本理念，体现了我们党对经济社会发展规律认识的深化，将指引我们更好实现人民富裕、国家富强、中国美丽、人与自然和谐，实现中华民族永续发展。

关系我国发展全局的科学发展理念

理念作为思想理论的“头”，是规律性认识的凝练与升华。绿色发展理念是马克思主义生态文明理论同我国经济社会发展实际相结合的创新理念，是深刻体现新阶段我国经济社会发展规律的重大理念。

准确把握我国经济社会发展阶段性特征的科学发展理念。科学发展理念是理性反思时代问题得出的科学结论。当今中国，多年经济高速增长铸就了世界第二大经济体的“中国奇迹”，也积累了一系列深层次矛盾和问题。其中，一个突出矛盾和问题是：资源环境承载力逼近极限，高投入、高消耗、高污染的传统发展方式已不可持续。习近平同志强调，单纯依靠刺激政策和政府对经济大规模直接干预的增长，只治标、不治本，而建立在大量资源消耗、环境污染基础上的增长则更难以持久。粗放型发展方式不但使我国能源、资源不堪重负，而且造成大范围雾霾、水体污染、土壤重金属超标等突出环境问题。种种情况表明：全面建成小康社会，最大瓶颈制约是资源环境，最大“心头之患”也是资源环境。绿色发展理念以人与自然和谐为价值取向，以绿色低碳循环为主要原则，以生态文明建设为基本抓手。绿色发展理念的提出，体现了我们党对我国经济社会发展阶段性特征的科学把握。走绿色低碳循环发展之路，是突破资源环境瓶颈制约、消除党和人民“心头之患”的必然要求，是调整经济结构、转变发展方式、实现可持续发展的必然选择。

准确把握世界生态文明发展潮流的科学发展理念。科学发展理念是准确把握时代的思想结晶，是时代精神的内核。当今时代，“环球同此凉热”，各国已成为唇齿相依的生态命运共同体。一个时期以来，全球温室气体排放、臭氧层破坏、化学污染、总悬浮微粒超标以及生物多样性减少等问题日益严重，全球生态安全遭遇前所未有的威胁。建设生态文明成为发展潮流所向，成为越来越多国家和人民的共识。我们党对此有着深刻体认。习近平同志指出，“建设生态文明关乎人类未来。国际社会应该携手同行，共谋全球生态文明建设之路”。以此为认识基点，我们党不但就推进生态文明建设作出系统的顶层设计与具体部署，而且将其上升到党和国家发展战略的高度，鲜明提出绿色发展理念。在这样的高度定位生态文明建设，并将绿色发展作为理念写入发展战略、发展规划，这在马克思主义政党史上是第一次，在当今世界各国的执政党中也是少见的，充分体现了我们党作为马克思主义先进政党的胸怀视野，充分彰显了我们党作为负责任大国执政党的使命担当。为维护全球生态安全，我国积极参与国际绿色经济规则和全球可持续发展目标制定，积极参与国际绿色科技交流。在最近召开的气候变化巴黎大会上，习近平同志向与会各国领导人介绍了我国生态文明建设的规划与实践，着重强调绿色发展理念，得到普遍认可和赞誉。

准确把握生态文明建设规律的科学发展理念。科学发展理念建立在深入认识把握发展规律的基础上。党的十八大以来，习近平同志立足推进我国社会主义现代化建设的时代使命，洞悉从工业文明到生态文明跃迁的发展大势和客观规律，就促进人与自然和谐发展提出一系列新思想、新观点、新论断，凝聚形成绿色发展理念，推动了马克思主义生态文明理论在当代中国的创新发展。强调“生态兴则文明兴，生态衰则文明衰”，科学揭示生态兴衰决定文明兴衰的发展规律，实现了马克思主义生态观的与时俱进；强调“保护生态环境就是保护生产力，改善生态环境就是发展生产力”，为马克思主义自然生产力理论注入新的时代内涵；强调把生态文明建设放在现代化建设全局的突出地位，融入经济建设、政治建设、文化建设、社会建设各方面和全过程，并从树立生态观念、完善生态制度、维护生态安全、优化生态环境，形成节约资源和保护环境的空间格局、产业结构、生产方式、生活方式等方面，对推进生态文明建设作出系统论述、提出明确要求。在这些规律性认识的基础上，党的十八届五中全会《建议》提出“五大发展理念”，成为关系我国发展全局的理念集合体。其中，绿色发展理念与其他四大发展理念相互贯通、相互促进，是我们党关于生态文明建设、社会主义现代化建设规律性认识的最新成果，具有重大意义。

推进绿色发展，建设美丽中国

发展理念具有战略性、纲领性、引领性。发展是我们党执政兴国的第一要务。绿色发展理念作为我们党科学把握发展规律的创新理念，明确了新形势下完成第一要务的重点领域和有力抓手，为我们党切实担当起新时期执政兴国使命指明了前进方向。

推进绿色富国。富国为强国之基，资源环境为富国之本。绿色发展理念鲜明提出绿色富国的重大命题，彰显了我们党对新时期富国之道的科学把握。绿色低碳循环发展是当今时代科技革命和产业变革的方向，是最有前途的发展领域；节能环保产业是方兴未艾的朝阳产业，我国在这方面潜力巨大，可以形成很多新的经济增长点。推进绿色发展、绿色富国，将促进发展模式从低成本要素投入、高生态环境代价的粗放模式向创新发展和绿色发展双轮驱动模式转变，能源资源利用从低效率、高排放向高效、绿色、安全转型，节能环保产业将实现快速发展，循环经济将进一步推进，产业集群绿色升级进程将进一步加快，绿色、智慧技术将加速扩散和应用，从而推动绿色制造业和绿色服务业兴起，实现“既要金山银山，又要绿水青山”。综合来看，绿色发展已成为我国走新型工业化道路、调整优化经济结构、转变经济发展方式的重要动力，成为推动中国走向富强的有力支撑。

推进绿色惠民。治政之要在于安民，安民必先惠民。绿色发展理念以绿色惠民为基本价值取向，彰显了我们党对新时期惠民之道的深刻认识。习近平同志指出，良好生态环境是最公平的公共产品，是最普惠的民生福祉。生态环境一头连着人民群众生活质量，一头连着社会和谐稳定；保护生态环境就是保障民生，改善生态环境就是改善民生。随着经济社会发展和人民生活水平提高，人们对生态环境的要求越来越高，生态环境质量在幸福指数中的地位不断凸显。但是，当前我国生态环境质量还不尽如人意，成为影响人们生活质量的一块短板。生态环境恶化已成为突出的民生问题，搞不好还可能演变成社会政治问题，“这里面有很大的政治”。坚持绿色发展、绿色惠民，为人民提供干净的水、清新的空气、安全的食品、优美的环境，关系最广大人民的根本利益，关系中华民族发展的长远利益，是我们党新时期增进民生福祉的科学抉择。

推进绿色生产。绿色生产方式是绿色发展理念的基础支撑、主要载体，直接决定绿色发展的成效和美丽中国的成色，是我们党执政兴国需要解决的重大课题。面对人与自然的突出矛盾和资源环境的瓶颈制约，只有大幅提高经济绿色化程度，推动形成绿色生产方式，才能走出一条经济增长与碧水蓝天相伴的康庄大道。推动形成绿色生产方式，就是努力构建科技含量高、资源消耗低、环境污染少的产业结构，加快发展绿色产业，形成经济社会发展新的增长点。绿色产业包括环保产业、清洁生产产业、绿色服务业等，致力于提供少污染甚至无污染、有益于人类健康的清洁产品和服务。发展绿色产业，要求尽量避免使用有害原料，减少生产过程中的材料和能源浪费，提高资源利用率，减少废弃物排放量，加强废弃物处理，促进从产品设计、生产开发到产品包装、产品分销的整个产业链绿色化，以实现生态系统和经济系统良性循环，实现经济效益、生态效益、社会效益有机统一。

建设美丽中国。“不谋万世者不足谋一时”。引领执政兴国伟业的发展理念，既立足当下、规划现实蓝图，又着眼长远、勾勒未来规划。习近平同志指出，走向生态文明新时代，建设美丽中国，是实现中华民族伟大复兴中国梦的重要内容。从“盼温饱”到“盼环保”，从“求生存”到“求生态”，绿色正在装点当代中国人的新梦想。绿色发展理念以建设美丽中国为奋斗目标，不仅明确了我国当前发展的重要目标取向，而且丰富了中国梦的美好蓝图。坚持绿色发展、建设美丽中国，为当代中国人和我们的子孙后代留下天蓝、地绿、水清的生产生活环境，是新时期我们党执政兴国的重大责任和使命。为此，我们党提出坚持节约资源和保护环境的基本国策，坚定走生产发展、生活富裕、生态良好的文明发展道路，加快建设资源节约型、环境友好型社会。绿色发展理念的提出和践行，将为建设美丽中国插上腾飞的翅膀，使包含美丽中国这一重要内容的中国梦飞得更高、飞得更远。

绿色发展人人有责、人人共享

乐民之乐者，民亦乐其乐；忧民之忧者，民亦忧其忧。绿色发展理念洞悉发展规律、深察民生福祉、彰显执政担当，是全体人民在发展问题上的“最大公约数”之一。绿色发展人人有责、人人共享，要求我们在价值取向、思维方式、生活方式上实现全面刷新和深刻变革，在身体力行中走向生态文明新时代。

形成绿色价值取向。价值取向决定价值标准和价值选择，是理念的重要组成部分。什么是绿色价值取向？习近平同志关于“绿水青山”与“金山银山”关系三个言简意赅的重要论断，对此作了生动阐释和系统说明。“绿水青山就是金山银山”，强调优美的生态环境就是生产力、就是社会财富，凸显了生态环境在经济社会发展中的重要价值。“既要金山银山，又要绿水青山”，强调生态环境和经济社会发展相辅相成、不可偏废，要把生态优美和经济增长“双赢”作为科学发展的重要价值标准。“宁要绿水青山，不要金山银山”，强调绿水青山是比金山银山更基

础、更宝贵的财富；当生态环境保护与经济社会发展产生冲突时，必须把保护生态环境作为优先选择。坚持绿色发展，需要我们形成绿色价值取向，正确处理经济发展同生态环境保护的关系，牢固树立保护生态环境就是保护生产力、改善生态环境就是发展生产力的理念，更加自觉地推动绿色发展、低碳发展、循环发展，绝不以牺牲生态环境为代价换取一时的经济增长。

形成绿色思维方式。思维方式是理念的延伸和具体化，直接影响人们对事物的认识、分析和判断，影响人们认识和实践的成效。树立和践行绿色发展理念，要求我们形成绿色思维方式。具体说来，应形成“绿色”问题思维，坚持问题导向，抓住影响绿色发展的关键问题深入分析思考，着力解决生态保护和环境治理中的一系列突出问题；形成“绿色”创新思维，用新方法处理生态文明建设中的新问题，克服先污染后治理、注重末端治理的旧思维、老路子；形成“绿色”底线思维，推动经济社会发展既考虑满足当代人的需要，又顾及子孙后代的需要，不突破环境承载能力底线；形成“绿色”法治思维，用法治思维和法治方式谋划绿色发展，以科学立法、严格执法、公正司法、全民守法引领、规范、促进、保障生态文明建设；形成“绿色”系统思维，把生态文明建设放到中国特色社会主义“五位一体”总布局中来把握，把绿色发展作为系统工程科学谋划、统筹推进，避免顾此失彼、单兵突进。

形成绿色生活方式。绿色生活方式与我们每个人的生活息息相关，体现我们对绿色发展理念的认同度、践行力，对绿色发展和生态文明的最终实现具有基础意义、关键作用。习近平同志要求，要像保护眼睛一样保护生态环境，像对待生命一样对待生态环境。也就是说，保护环境，人人有责；绿色发展，人人应为。这个“应为”，就是倡导和践行勤俭节约、绿色低碳、文明健康的生活方式与消费模式。推动形成绿色生活方式，需要我们坚持节约优先，强化集约意识，在衣、食、住、行、游等方面形成节约集约的行动自觉；倡导环境友好型消费，推广绿色服装、提倡绿色饮食、鼓励绿色居住、普及绿色出行、发展绿色旅游，抵制和反对各种形式的奢侈浪费、不合理消费。促进生活方式绿色化，时时可做、处处可为。大到购买节能与新能源汽车、高能效家电、节水型器具等节能环保产品，小到减少塑料购物袋、餐盒等一次性用品使用，以至随手关灯、拧紧水龙头，都是在践行绿色生活方式和消费理念，都是在为绿色发展作贡献。绿色发展是理念，更是实践；需要坐而谋，更需起而行。只要我们坚持知行合一、从我做起，坚持步步为营、久久为功，就一定能换来蓝天常在、青山常在、绿水常在，就一定能开创社会主义生态文明新时代、赢得中华民族永续发展的美好未来。

（《人民日报》2015年12月22日）

综合报告

工业节能减排、循环经济与综合利用2015年度报告

工业和信息化部节能与综合利用司

2015年，工业节能与综合利用工作深入贯彻了十八届三中、四中全会精神，按照中央经济工作会议和全国工业和信息化工作会议部署，以工业绿色发展专项行动为抓手，以试点示范、目录标准、节能监管为切入点，着力抓好节能节水、清洁生产和资源综合利用等各项工作。到2015年底，全国规模以上工业万元增加值能耗下降了4%以上，万元工业增加值用水量下降了5.6%，大宗工业固体废物综合利用率得到进一步提高，重点行业主要污染物排放强度明显下降，“十二五”工业节能减排与综合利用目标任务全面完成。其中，煤炭消耗减少了400万吨，京津冀及周边地区、长三角等重点工业企业实施了清洁生产技术改造，全年削减二氧化硫7万吨、氮氧化物6万吨、工业烟（粉）尘4万吨、挥发性有机物2万吨。

一、进一步实施了工业绿色发展专项行动

（一）重点行业清洁生产和结构优化，减少大气污染物排放

实施《工业领域煤炭清洁高效利用行动计划》，推动焦化、煤化工等重点行业及工业炉窑（锅炉）设备煤炭清洁高效利用。在水泥、平板玻璃等行业实施能效“领跑者”制度。配合有关部门对地方能耗总量控制和煤炭消费减量替代进行考核，指导督促大气污染防治重点企业实施清洁生产。

（二）数字能效推进计划

发布了钢铁、石油和化工、建材、有色金属、轻工行业企业能源管理中心建设实施方案，建设了一批企业能源管理中心，完成了钢铁、建材、石化等200家企业能源管理中心项目验收工作，新启动了100家项目的建设工作。

建立了覆盖2000家以上重点用能企业的全国工业节能监测分析平台，并推动省级系统对接联网，完善平台建设和数据传输标准，实现对试点地区工业能耗数据的动态监控及预警预测。

开展绿色数据中心建设，工业和信息化部联合国家机关事务管理局、国家能源局制定了《国家绿色数据中心试点工作方案》，围绕生产制造、能源、电信、互联网、公共机构、金融等重点应用领域选择了一批代表性强、工作基础好、管理水平高的数据中心，启动了30家绿色数据中心试点创建工作，推广了40项数据中心节能减排技术，提升试点数据中心节能环保水平。

（三）组织推进京津冀地区工业资源综合利用协同发展

组织实施了京津冀及周边地区工业资源综合利用协同发展行动计划，初步建立了京津冀及周边地区工业资源综合利用协同发展机制，完善产业链。指导地方政府制定相关具体实施方案，推进尾矿、废石、粉煤灰、电子电器废弃物等协同利用，实现了京津冀及周边地区尾矿、冶炼渣等工业固废综合利用量约6000万吨/年。

二、重大规划法规标准和政策制订与实施

（一）节能减排技术改造

在高耗能行业能效提升、节水减污、重要资源高效开发利用三个方向实施了一批绿色制造新技术新工艺工程，支持钢铁、有色金属、建材、化工、纺织行业实施节能、清洁生产及资源循环利用技术改造。实施水污染及大气污染防治领域技术改造及装备产业化示范。支持水泥窑协同处置城市垃圾及危险废物技术改造。试点推进钢铁、纺织、造纸等高耗水行业节水治污技术改造。

（二）制定工业绿色发展战略规划

组织编制“十三五”工业绿色发展规划，并严格实施《2015年工业绿色发展专项行动实施方案》，树立了工业绿色发展战略，按照全生命周期理念，构建高效、低耗、清洁的绿色制造产业体系。研究符合中央财政预算体制改革方向，支持工业节能与综合利用发展的政策思路。针对绿色科技创新引领工程，协调重大工程和示范项目创建。

（三）加强法规建设

按照深化改革依法行政的要求，继续推进法规研究制订，加强相关行业准入管理。研究制定了《工业节能管理办法》、《电器电子产品有害物质限制使用管理办法》、《工业资源综合利用管理暂行办法》及《重点用能企业能源管理岗位管理办法》等法规，积极配合有关部门修订《节约能源法》。

（四）绿色工业试点示范

组织开展了“两型”企业试点创建与验收工作。落实区域工业绿色转型发展试点城市实施方案，督导试点城市落实重点任务和保障措施。会同发展改革委完成了国家低碳工业园区试点方案评审，研究制定国家低碳工业园区管理办法。发布了《关于加快推进工业园区绿色发展的指导意见》，推动工业园区绿色发展。

（五）节能环保技术标准提升

培育重点行业节能、清洁生产、资源综合利用技术支撑中心和能效评估中心，建立绿色工业评价支撑体系。在电石、铁合金等行业开展贯标试点工作。完善并制定了节水型企业评价标准及取水定额标准。

三、着重工业节能降耗

（一）推广节能技术产品应用

持续开展家电和工业品“能效之星”产品评价，编制和发布了高耗能落后机电设备淘汰目录和先进节能技术产品推荐目录。推进了东莞、镇江等电机系统改造区域试点和水泥等重点用能行业电机系统改造试点。实施变压器能效提升计划，推动企业生产和使用非晶合金等高能效变压器。

（二）加强节能管理

推动重点用能企业健全能源管理负责人和管理机构，完善节能评估等能源管理制度，提高能源统计、审计能力。编制和发布了《全国工业能效指南（2015年版）》，开展能效对标达标活动。开展各地区节能管理干部、重点用能企业能源管理岗位和负责人培训。推进南京等工业能效提升培训基地建设。

（三）强化工业节能监察

制定发布了《2015年工业节能监察工作计划》，围绕电石铁合金行业能耗限额标准贯标、电机能效提升、燃煤锅炉等开展专项监察工作。推动健全工业节能监察体系，组织开展节能监察培训，加强节能监察机构队伍建设，完善节能监察制度。

（四）完善节能政策措施

推进利用能耗环保标准淘汰落后产能。运用标准、价格等手段，实施电解铝及水泥行业差异化电价，研究制定了电解铝电耗水平核查规范。制定了“绿色工厂”标准体系、评价体系。创新节能市场化改造及金融支持模式，在长三角及周边地区建立区域尝试开展节能量交易机制。

四、推进工业节水

（一）健全节水管理机制

发布了一批高耗水工艺技术装备淘汰目录，推动强制淘汰。在缺水地区推行高耗水行业用水效率约束性机制。根据国务院水污染防治工作部署，制定了工业领域相关落实方案。配合有关部门开展最严格水资源管理制度落实及工业用水效率约束性指标考核。

（二）实施工业水效提升计划

开展水平衡测试和固定资产投资项目水效评估工作。推进工业节水重大示范工程建设。制订冷却、洗涤等终端用水装备水效标准、节水设计规范，推动水效标识管理。制订啤酒、氯碱等节水型企业评价标准及麻纺织、合成氨等取水定额标准，逐步健全了节水标准体系。

五、实施清洁生产水平提升计划

（一）规范清洁生产审核与效果评估

发布了《工业清洁生产审核规范》、《工业清洁生产实施效果评估规范》，指导工业企业依法实施清洁生产审核和效果评价。组建清洁生产产业联盟，整合技术承担单位、金融机构等资源，推广先进清洁生产技术。

（二）持续推进再生铅行业规范管理和高风险污染物削减工程

按照再生铅行业准入要求，继续开展再生铅行业准入管理，公告通过审查的企业名单。加大电池行业清洁生产推行力度，协调环境保护部、商务部、发展改革委等部门，共同开展了电池行业资源化利用工作。指导地方按照编制的高风险污染物削减落实方案，组织企业实施汞削减、铅削减和高毒农药替代工程。

（三）开展生态设计示范试点

组织开展工业产品生态设计示范企业试点工作，并进行征集与筛选。研究制定生态设计产品评价管理办法，制定重点产品生态设计评价标准，开展相应的试评价。

（四）加强有毒有害污染控制

组织修订了《国家鼓励的有毒有害原料（产品）替代目录（2012年版）》。发布了汽车有害物质和可回收利用

率管理的公告，印发汽车车内挥发性有机污染物控制技术政策。

六、继续推进工业资源循环利用

（一）深入推进工业固体废物综合利用。

开展工业固体废物综合利用基地建设评估验收，启动了第二批试点。湖北省创建资源综合利用示范省，山西、内蒙实施尾矿、粉煤灰等大宗工业固废资源综合利用重大示范工程。开展水泥窑协同处置生活垃圾试点，制定行业规范条件。

（二）全面推动再生资源综合利用

推进战略稀贵金属回收利用试点。研究并制定了再生资源产业发展指导意见、废旧新能源汽车动力电池等行业规范条件。实施废钢铁、废有色金属等资源再生利用重大示范工程。编制建筑垃圾资源化利用先进技术与装备目录、建筑垃圾资源化产业发展专项规划。开展废旧轮胎翻新产品认定。

（三）加大废弃电器电子产品资源化利用

针对电器电子领域生产者责任延伸试点工作，树立了标杆企业。制定废弃电器电子产品资源化利用评估规范及产业发展行动计划，并研究制定相关标准。

（四）发展机电产品再制造产业

针对第一批再制造试点开展验收工作，深化试点示范，建设再制造产业集聚区。继续实施《内燃机再制造推进计划》，开展重点领域再制造技术交流。推动了再制造认定产品纳入“以旧换再”支持政策。

（五）深化甲醇汽车试点

在试点省市推进甲醇汽车车型公告，在技术数据采集和评价方面，开展了甲醇汽车排放、环境影响、安全等专项评价。推进甲醇汽车标准体系建设，制定甲醇汽车加注体系建设规范，完善了甲醇汽车生产及运行管理制度。

七、培育发展节能环保产业

（一）开展节能环保示范工程建设

发布了《加快发展节能环保产业行动计划》，落实重大节能技术与装备、重大环保技术及装备、重大资源循环利用示范工程实施方案，推进节能环保重大技术工程、重大装备产业化应用示范工程和节能环保产业园区建设。

（二）培育节能环保装备制造及服务业

实施高效锅炉系统产业化示范工程，培育高效锅炉制造基地。依据《国家鼓励发展的重大环保技术装备目录》，落实依托单位，推广技术装备应用。推动成立节能服务公司产业联盟，开展中韩工业节能主管部门和节能服务产业交流。培育能源审计、节能评估、节能诊断、清洁生产审核等第三方服务机构，研究推动环境污染第三方治理，探索工业企业污染治理新模式。

（撰稿：工业和信息化部节能与综合利用司）

农业领域循环经济2015年度报告

农业部科技教育司

2015年，农业部按照建设资源节约型、环境友好型社会要求，遵循“减量化、资源化、再利用”的循环经济理念，以保护农业资源、减少投入品使用、推进农业废弃物资源化利用为手段，大力推进农业发展方式转变，有效破解农业可持续发展的资源环境约束，农业生态文明建设取得积极成效。

一、加强农业生物资源保护

（一）推进农业野生植物保护与利用

2015年，农业部继续开展农业野生植物原生境保护，新建原生境保护区8处，新增保护面积28164亩，组织对已建成的182个原生境保护点进行日常管理与监测。印发《国家重点保护农业野生植物资源调查方案》，组织各省对97个物种重点分布区开展资源调查，涉及300余个县级行政单位及大别山、太行山、三峡库区等重点区域，拍摄了大量的图像资料，对615个分布点进行了定位和信息采集。强化优异资源和基因的鉴定评价与利用，筛选出抗稻瘟病野生稻、抗重金属污染野生苎麻、野生大豆、野生苹果等一批优异农业野生植物资源。

（二）深入开展草原生态保护建设

2015年国家继续加强草原生态保护建设力度。一是中央财政投入169.49亿元草原补奖资金，在河北、山西、内蒙古等13个省区继续落实草原生态保护补助奖励政策；投入20亿元资金在内蒙古、辽宁、西藏、甘肃等地继续实施退牧还草工程，扩大工程实施范围，启动了已垦草原、黑土滩和毒害草退化草地治理试点；投入4.49亿元资金实施京津风沙源草地治理工程。二是国家投入3亿元资金继续实施南方现代草地畜牧业推进行动，在保护生态环境的前提下，合理开发利用南方草山草地资源。三是投入近10亿元在全国37个县（市、区、旗、团场），开展草牧业试验试点，重点进行粮改饲、种养结合、一二三产融合及金融服务支撑等试点示范。2015年，全国落实承包草原面积2.87亿公顷，占全国草原总面积的73.2%；禁牧草原面积1.02亿公顷，草畜平衡面积1.71亿公顷，划定基本草原2.27亿公顷；全国草原综合植被盖度达到54%，全国重点天然草原的平均牲畜超载率为13.5%，较上年下降1.7个百分点；草原工程区植被盖度比非工程区平均高出11个百分点，高度平均增加53.1%；全国天然草原鲜草总产量10.28亿吨，较上年增加0.57%，其中退牧还草工程区草原植被盖度较非工程区高出9个百分点，高度、鲜草产量分别增加48.0%、40.2%。

二、推广应用清洁型农业生产技术

（一）实施保护性耕作

2015年中央投入资金3000万元，在东北一熟区、黄淮海两熟区、西北地区、南方水旱轮作区、南方双季稻区、南方丘陵山区、北方生态脆弱区、盐渍土壤区开展保护性耕作，实施项目县39个、试验监测基地10个。涵盖玉米、小麦、水稻、大豆、马铃薯、油菜、棉花等主要农作物和牧草生产。2015年，全国新增保护性耕作技术推广应用面积1100万亩，实施保护性耕作面积达1.4亿亩，可以减少农田风蚀7000万吨，减少扬尘1680万吨以上，减少CO2排放569.18-1185.06万吨。保护性耕作以机械化秸秆还田覆盖、免耕播种和深松为主要内容，实施保护性耕作，推动了各项技术的大面积推广应用。截至2015年底，全国机械化秸秆还田面积达6.91亿亩，机械化免耕播种面积2.1亿亩，机械深松面积2亿亩，在促进农作物秸秆综合利用，遏制秸秆焚烧，改良保护土壤，节约生产成本，促进农作物增产等方面发挥了显著作用。

（二）持续开展渔业节能减排技术试验示范

2015年，农业部继续组织开展渔业节能减排工作。在辽宁、河北、天津、浙江、山东等地开展渔船节能示范与推广，设计研发了40余种玻璃钢新船型，推广建造249艘，示范推广渔船节能环保渔机1000余台（套），开展LED节能灯示范应用，集鱼灯节能普遍达到50%以上。在江苏、山西、福建、湖北、四川等开展淡水池塘工程化循环水生态养殖、鱼菜共生、养殖排泄物及残饵收集等技术示范，示范池塘鱼类排泄物及残饵收集率在30%以上、节水率70%以上，实现水产养殖节本增效，污染物排放量减少，经济效益提高20%以上。开展水产品加工综合利用现状调研，总结了虾壳制备氨基葡萄糖盐酸盐的高值化综合加工利用技术、鳗鱼综合加工利用与节能减排技术和罗非鱼头、鱼排、内脏加工制备调味基料的加工技术等3项适合推广的水产品综合加工利用技术与节能减排生产模式，其中罗非鱼原料利用率可达70%以上。收集整理国内为渔业节能减排信息，宣传渔业节能减排技术。编印《渔业节能减排通讯》4期。在中国渔业装备与工程科技信息网上开设“节能减排专栏”，发布有关政策法规和国内外节能减排动态信息140余条。与《科学养鱼》杂志合作，编辑两期渔业节能减排专栏。编辑或编译《渔业节能减排知识普及与成功宣传手册》《我国渔船排放情况的调研报告》《国家海洋渔业船舶与装备研究实验基地项目建议书》和《国内外渔业节能减排研发进展报告》《日本渔船之节能》等。在2015年全国科技周和科普日活动中，开展渔业节能减排进社区进学校活动，扩大渔业节能减排宣传范围。

（三）大力发展农村清洁能源

2015年，全国农村能源建设成效显著，沼气数量稳步增长、功能不断拓展、服务体系日益完善。目前，全国沼气用户已达4410.63万户，沼气工程11.1万处，年总产气量148.66亿立方米；农村太阳能热水器推广面积达到8232.98万平方米、太阳房2549.37万平方米，太阳灶232.71万台；推广省柴节煤炉灶炕1.65亿台，还开展了秸秆沼气集中供气、秸秆气化和秸秆固化成型示范。通过这些技术的推广，年节能0.87亿吨标准煤当量，可减排二氧化碳2.13亿吨。农村能源建设取得了显著的经济、社会和生态环境效益，受到社会各界的广泛关注和农民群众的普遍欢迎，已经成为发展低碳农业、推动农村生态文明建设和创建“美丽乡村”的重要抓手。

三、推进农业废弃物资源化利用

（一）推动规模化畜禽养殖污染防治

2015年在畜禽养殖主产区新创建410个，累计创建了3929个国家级畜禽养殖标准化示范场，发挥示范场辐射带动作用，提升了畜牧业生产标准化水平。2015年，农业部、财政部在河北、内蒙古、江苏等9省（区、市）实施畜禽粪污资源化利用试点项目。印发《农业部办公厅关于配合做好畜禽养殖禁养区划定工作的通知》，要求各地处理好畜牧业生产与环境保护的关系，积极配合做好禁养区划定工作，及时了解并报送禁养区划定情况。在湖北仙桃组织召开了全国畜禽标准化规模养殖暨粪污综合利用现场会。印发《农业部关于促进南方水网地区生猪养殖布局调整优化的指导意见》对珠江三角洲水网区、长江三角洲水网区、长江中游水网区、淮河下游水网区、丹江口库区等五个重点水网区域的特征及主要任务作出一定的规划。

（二）推进农业清洁生产示范建设

2015年，继续在河北、辽宁、吉林、黑龙江、山东、甘肃、新疆和新疆生产建设兵团的49个县（区、兵团）实施地膜回收利用为主要内容的农业清洁生产示范项目。继续在北京、天津、河北、吉林、山东、湖南、广西、重庆、贵州、甘肃等10省市开展农业清洁生产技术示范点建设，积极探索实用的农业清洁生产技术模式。支持新疆、甘肃两省区各100万，用于开展农田地膜污染防治试点示范，推广标准地膜，建立回收体系，实施机械改造及回收作业等工作，积极探索农田残膜污染综合防治的有效机制。在全国11个省（市、区）的典型用膜区域，针对不同种植作物开展一定面积的可降解地膜应用对比试验，对20多家企业生产的可降解地膜田间应用效果进行分析。

（三）推动农作物秸秆资源化利用

为积极推进农作物秸秆资源化利用，我国积极推广秸秆成型燃料、秸秆气化、秸秆炭化、秸秆液化和秸秆发电等技术，不仅产生了大量的可再生能源，减少了对环境的影响，而且提高了农作物秸秆的综合利用水平。2015年，国家发展改革委、农业部实施秸秆综合利用项目，中央投资7.5亿元，重点支持京津冀等地区开展秸秆还田、养畜、秸秆沼气、秸秆代木、秸秆炭化等方面工作。截至2015年底，我国累计建成秸秆固化成型燃料厂1190处，年产量493.49多万吨；累计建成秸秆热解气化集中供气工程795处、秸秆沼气集中供气工程458处；已累计建设秸秆炭化工程106处，年产秸秆炭16.28万吨。

四、典型案例

（一）浙江省现代生态循环农业发展试点省

建设工作稳步推进

2014年4月28日，我部批复同意浙江作为全国唯一的现代生态循环农业发展试点省。一年多来，浙江省坚持顶层设计与基层实践并重，建设工作稳步推进。

1.　锚定目标任务，制定实施三年行动计划。以“绿水青

山就是金山银山”为试点省发展理念，锚定“一控两减四基本”目标，即到2017年，实现农业用水总量控制，化肥和化学农药用量分别减6%和9%，畜禽养殖排泄物及死亡动物基本实现资源化利用或无害化处理，农作物秸秆基本实现资源化利用，农业投入品废弃包装物及废弃农膜基本实现资源化利用或无害化处置，农业“两区”土壤污染加重趋势基本得到扭转。据此制定三年行动计划（2015-2017年），组织实施“十百千万”推进、畜禽养殖污染治理、化肥农药减量、清洁田园推进、农业节水、产品优质化等六大行动，配套制定系列实施意见或方案。

2.　突出引领带动，布局打造先行示范龙头。对26个欠

发达县“摘帽”，不再考核GDP总量，大力发展生态农业，打造生态循环农业先行区和绿色农产品主产区。构

筑“主体小循环、园区中循环、县域大循环”体系，加快发展高效生态农业、打造农业“两区”绿色发展升级版纳入试点省建设布局，突出示范引领，坚持点、线、面一体联动，统筹布局推进生态循环农业示范主体、示范园区、示范县建设。全省布局创建生态循环示范园区110个、示范主体1030个、生态牧场10000个以上。

3. 强化控源治污，全力推进农业面源污染治理。按照“五

水共治”和农业面源污染治理攻坚战的总体要求，一是对畜禽养殖场进行再摸底、再派发，强化“一场一策”治理方案落实，确保年底前全面完成治理、明年一季度前全面完成达标验收。二是以农业“两区”和大宗作物为重点，进一步明确化肥、农药减量增效目标、路径和措施，制定技术方案。1-6月，已减化肥18722吨、农药2018吨，分别占年度目标任务的62.3%、53.5%。三是认真做好土壤污染防治前期工作，目前已完成全省11个地市77个县（市、区）国控单元土壤样品的采集、制样和检测。

4. 加快创新机制，探索构建循环利用有效模式。立足县

域统筹和环境承载容量，积极探索创新农业废弃物无害化处理、资源化利用技术和模式，推动构筑县域、园区、主体大中小循环的链接机制。成立部省专家组组成的试点省建设专家指导组，举办全省农业水环境治理暨现代生态循环农业创新大赛，总结提炼各地技术模式47项，遴选出十大技术创新模式在全省推广应用。初步形成“一体系一模式一体制”循环利用模式，即“政策激励+监督考核”为核心的秸秆收集、利用和禁焚体系，“集中回收+环保处置”的农药废弃物包装物回收处置模式，“集中处理+保险联动”的死亡动物无害化处理运行机制。

（二）湖北省多措并举推进化肥使用零增长行动

湖北省认真落实“到2020年化肥使用量零增长行动”要求，以“增产施肥、经济施肥、环保施肥”为指导，以“南菜北运”基地化肥减量增效试点为突破口，以“精、调、改、替、提”为技术路线，以财政项目资金整合为保障，全力推进化肥零增长行动。截至目前，全省平均每亩减施化肥用量1.45公斤，肥料利用率提高了1.6个百分点。

一是加强组织领导，及时宣传发动。按照农业部打好农业面源污染攻坚战提出的“一控两减三基本”农业环境治理总体要求，由省农业厅统筹协调相关职能单位，制定了相应的行动指导意见，并成立了由教学、科研院所、推广单位组成的技术指导组。各级农业部门也形成了相应的领导协调及技术力量，采取上下联动、多方协作的工作机制，明确分工、强化责任。积极联系湖北日报、湖北电视台、农村新报等新闻媒体，广泛宣传零增长行动的意义、要求和措施。

二是创新配方肥服务方式，推广精确施肥技术。经过多年探索与实践，总结出合作社组织推广、板块基地服务、定点企业直供、农技服务推动、智能终端配肥和手机APP终端培肥等多种应用模式，统一规范配方肥标识，有效促进了配方肥下地。组织有关科研、企业、推广单位联合攻关，调整了不同作物肥料配方、施肥量，逐步推广控释肥料、机械施肥、化肥深施、水肥一体化等肥料品种与施用技术。全省先后认定配方肥定点加工企业89家、建配方肥配送中心1072个，乡村专供点3736个及终端配肥网点266个，全省配方肥施用量占化肥总用量的比例由2005年的19.4%提升到35.5%。

三是充分利用有机肥资源，替代化肥。针对秸秆焚烧严重、利用率低的问题，湖北省立法全面禁止露天焚烧秸秆，推进秸秆综合利用。在省人大推动下，环保、农业、公安等部门相互配合，初步形成了以全省秸秆还田肥料化应用为主，区域特色农业饲料化、基料化、能源化为辅的综合利用途径。加大农机农艺融合力度，大力推进秸秆机械还田、绿肥种植等技术；推广畜禽粪便干湿分离技术，收集畜禽粪便用以生产有机肥。全省有机肥资源总养分约150万吨，实际利用不足40%，替代化肥潜力巨大。

四是加强耕地质量管理与建设，提高肥料利用率。导致肥料施用量过大、利用率低下的一个重要因素就是耕地质量状况低下，保水保肥性能差。为此，湖北省以贯彻落实《耕地质量保护条例》、《湖北省土壤污染防治条例》为根本保障，以领导自然资源资产离任审计为契机，以“藏粮于地、藏粮于技”为指导，在全省范围内开展耕地质量保护与提升行动，强化耕地质量建设。通过改良障碍性耕地、培肥地力等措施技术措施，提高耕地保肥保水能力，促进耕地质量健康发展，提高肥料利用率。

五是强化试验示范，充分展示推动。2016年全省举办水稻、棉花、蔬菜、茶叶等作物测土配方施肥示范样板2218个，示范面积242.5万亩，进行粮棉油等大田作物、蔬菜果树茶叶等经济作物节肥增效等田间试验692个，示范带动效果明显。

（撰稿：曹子祎、习斌、尹建锋、李垚奎、强少杰、邹奎、王国占、郭薇、李宏健、张梦佳、彭学可、马猛，农业部科技教育司资源环境处）

中国再生资源回收行业发展报告（2016）

商务部流通业发展司　中国物资再生协会

一、行业发展基本状况

2015年是“十二五”的收官之年，也是我国经济结构调整的关键时期，受国内外经济形势影响，国内再生资源市场震荡不强，呈疲软状态，主要品种再生资源价格持续下跌，再生资源回收利用企业利润持续走低。

（一）　总体分析

1.回收总量基本情况

截至2015年底，我国废钢铁、废有色金属、废塑料、废轮胎、废纸、废弃电器电子产品、报废汽车、报废船舶、废玻璃、废电池十大类别的再生资源回收总量约为2.46亿吨，同比增长0.3%。其中，增幅最大的是报废汽车；降幅最大的是报废船舶。

表1　2014-2015年我国主要再生资源类别回收利用表

序号	名　称	单位	2014年	2015年	同比增长%
1	废钢铁①	万吨	15230	14380	-5.6
	大型钢铁企业	万吨	8830	8330	-5.7
	其他行业	万吨	6400	6050	-5.5
2	废有色金属②	万吨	798	876	9.8
3	废塑料	万吨	2000	1800	-10.0
4	废纸	万吨	4419	4832	9.3
5	废轮胎	万吨	430	500.6	16.4
	翻新	万吨	50	28.6	-42.8
	再利用	万吨	380	473	24.5
6	废弃电器电子产品				
	数量	万台	13583	15274	12.4
	重量	万吨	313.5	348	11.0
7	报废汽车				
	数量	万辆	220	277.5	26.1
	重量	万吨	322	871.9	170.8
8	报废船舶				
	数量	艘	142	102	-28.2
	重量	万轻吨	109	91	-16.5
9	废玻璃	万吨	855	850	-0.6
10	废电池（铅酸除外）	万吨	9.5	10	5.3
11	合计（重量）	万吨	24470.6	24550.4	0.3

注①：2013年以前公布的废钢铁回收量数据主要是大型钢铁企业的数据，自2014年起，将中小型钢铁企业回收的废钢铁、铸造和锻造行业使用的废钢铁数量纳入统计范围。

注②：2013年以前公布的废有色金属回收量中没有统计热镀锌渣、锌灰、烟道灰、瓦斯泥灰中废锌的相关数据，自2014年起，将从热镀锌渣、锌灰、烟道灰、瓦斯泥灰中回收的废锌数量纳入统计范围。

2. 回收总值基本情况

2015年，我国十大品种再生资源回收总值为5149.4亿元，受主要品种价格持续走低影响，同比下降20.1%。其中报废船舶降幅最大，同比下降47.2%；报废汽车增幅最大，同比增长85%。

表2　2014-2015年我国主要再生资源类别回收价值表　　单位：亿元

序号	名　称	2014年	2015年	同比增长%
1	废钢铁	3122.15	1984.4	-36.4
2	废有色金属	1324.68	1395.6	5.4
3	废塑料	1100	810.0	-26.4
4	废纸	616	642.7	4.3
5	废轮胎	68.8	65.1	-5.4
6	废弃电器电子产品	78.4	78.3	-0.1
7	报废船舶	21.8	11.5	-47.2
8	报废汽车	66	122.1	85.0
9	废玻璃	25.7	21.3	-17.1
10	废电池（铅酸除外）	19.8	18.5	-6.6
11	回收总值	6446.9	5149.4	-20.1

3. 主要品种进口基本情况

2015年，我国废钢铁、废有色金属、废塑料、废纸、报废船舶五大类别的再生资源共进口4168.8万吨，同比增长0.9%。其中降幅最大的是报废船舶，同比下降15.3%。只有废纸进口略有增长，增幅为6.4%。

表3　2014-2015年我国主要再生资源进口情况表

序号	名称	单位	2014年	2015年	同比增长%
1	废钢铁	万吨	256	233	-9.0
2	废有色金属	万吨	618.1	576.7	-6.7
3	废塑料	万吨	825.4	735.4	-10.9
4	废纸	万吨	2752	2928	6.4
5	报废船舶	万轻吨	85	72	-15.3
6	合计（重量）	万吨	4132.4	4168.8	0.9

备注：1、废有色金属进口是指含铝废料、含铜废料、含锌废料

2、我国进口废有色金属实物量按36%的比例折算。

1. 回收行业开始探索PPP模式

为发挥政府投资的引导带动作用，加大民间投资的融资支持，营造公平竞争的投资环境，进一步放宽民间资本市场准入，国家在能源、交通运输、水利、环境保护等公共服务领域，鼓励采用政府和社会资本合作（PPP）模式，吸引社会资本参与，为广大人民群众提供优质高效的公共服务。2015年，再生资源回收利用领域开始尝试PPP模式。湖北省宜昌市供销社吉信资产经营有限公司与广东致顺化工环保设备有限公司通过PPP模式，开展再生资源

回收利用项目的合作。PPP模式有利于改革创新再生资源回收行业公共服务供给机制，拓宽投融资渠道，充分调动社会资本参与再生资源回收利用项目建设的积极性，提高再生资源回收、处理等过程公共服务水平，在一定程度完善了财政补贴机制，满足居民的环保要求，提升企业的运作效率。

2.两网融合模式崭露头角

近年来，再生资源回收价格持续下跌，"拾荒"大军和个体户的积极性逐渐下降，回收市场呈现"利大抢收、利小不收"的局面，再生资源回收难度越来越大。垃圾清运与再生资源回收系统的协同发展被提上议事日程。通过两网协同融合，加强生活垃圾分类回收与再生资源回收有效衔接，能够充分发挥两个系统优势，提高生活垃圾在回收、分拣、处理等环节的运作效率，大幅提升再生资源回收率，减少垃圾填埋量。另外，两网融合还加速社会客观认识再生资源回收利用意义，正确推进生活垃圾源头分类，引导全社会关注生活废弃物的全过程环境管理，共同推进生态文明建设，建设美丽中国。目前，以苏州为代表的一些城市，在垃圾分类、垃圾减量及再生资源回收处理方面形成了自己的特色模式。

3.信息技术应用更加广泛

2015年7月4日，国务院发布《国务院关于积极推进"互联网+"行动的指导意见》（国发〔2015〕40号），充分发挥互联网的驱动创新作用，引导再生资源回收行业向信息化、自动化、智能化方向发展，促进再生资源交易透明化、便利化。互联网企业利用互联网、大数据开展信息采集、数据分析、流向监控，通过二维码等物联网技术跟踪产品及废弃物流向，逐步整合物流资源，梳理回收渠道，优化回收网点布局，使需求方能够快速获得服务匹配，实现上下游企业间的智能化物流，完善再生资源回收体系。典型互联网企业代表，如淘绿、爱回收、回收哥、绿猫、再生活、帮到家、绿色地球、旧货郎等，利用互联网搭建在线交易平台，促使再生资源交易市场由线下向线上线下结合转型升级，减少了回收环节，降低了回收成本，提升了企业竞争力。

4.资本入局助力转型升级

2015年，国企、上市公司大举进军再生资源行业，行业竞争加剧，企业逆势整合。通过兼并重组，企业优化资金、技术、人才、管理等要素配置，加强与下游应用企业及高校科研院所的合作，调整再生资源的产品结构，走专业化、差异化发展之路，不断拓展产品应用领域和市场规模。经过发展改革，龙头企业整合当地资源，提升再生资源加工水平，提高分拣加工产品的附加值，削减产能，化解过剩产能，逐步改善产品销售疲软、价格持续下跌的行业形势。2015年，葛洲坝集团旗下子公司绿园科技与大连环嘉集团签署合作协议，共同出资设立葛洲坝环嘉再生资源有限公司，注册资本为10亿元。中国再生资源开发有限公司与秦岭水泥重大资产重组事项获得中国证监会核准，中再生正式借壳秦岭水泥实现上市，公司主营业务调整为电子废弃物的拆解处置。格林美、桑德环境、东江环保等上市公司通过区域性并购继续焕发活力，针对废弃电器电子产品的回收利用，改进处理技术，将拆解后的电器元件经简单处理循环利用，在废弃电器电子产品爆发的时期打造经济新增长点，为企业带来新的发展机遇。

（三） 各主要品种分析

1.废钢铁回收情况分析

2015年，我国粗钢产量80382万吨，同比下降2.35%，是1981年以来首次出现负增长。由于国际金融危机的影响仍在延续，世界经济增长乏力，大宗商品价格起伏波动，特别是铁矿石价格的大幅下滑，2015年我国进口铁矿石95272万吨，同比增长2%，创历史新高，对外依存度已超过80%。钢铁企业在困境中继续采取多用铁矿石，减少废钢铁比例的炼钢工艺，致使废钢铁消耗量出现负增长。

2015年，我国回收废钢铁为14380万吨，同比下降5.6%。其中，重点大型钢铁企业回收废钢铁8330万吨，同比下降5.7%；其他行业回收废钢铁6050万吨，同比下降5.5%。废钢铁价格大幅下降，平均降幅为30%左右，下滑幅度之大是历史罕见的。2015年我国进口废钢233万吨，同比下降9%，是近十年废钢进口数量最少的年份，废钢的进口量只占铁矿石进口量的2.4%。

2015年，全国炼钢废钢铁综合单耗104千克/吨钢，同比下降3千克/吨钢。其中转炉废钢铁单耗66千克/吨钢，与同期基本持平，电炉废钢铁单耗580千克/吨钢，同比下降4千克/吨钢，降幅0.7%。炼钢废钢铁消耗总量和废钢比的双降，反映出重点钢铁企业废钢铁应用量下降的局面并未彻底扭转，对废钢铁加工企业的影响仍在持续。

2.废有色金属回收情况分析

2015年，面对全球有色金属需求疲软、供应过剩及预期美元走强等不利因素，企业积极应对经营困难，有色金属行业总体运行平稳。

2015年我国十种有色金属产量为5089.9万吨，同比增长5.8%，增幅比上年收窄1.4个百分点；再生有色金属

工业主要品种（铜、铝、铅、锌）总产量约为1167万吨，同比增长1.2%，增幅低于去年。其中再生铜产量约305万吨，同比增长3.4%；再生铝产量约575万吨，同比增长1.8%；再生铅产量约150万吨，同比下降6.3%；再生锌产量137万吨，同比增长3.0%。

2015年国内主要废有色金属回收量约为876万吨，占再生金属原料供应量60%以上，其中废铜回收量约为190万吨，废铝回收量约为400万吨，废铅回收量约为150万吨，锌回收量约为136万吨。

2015年，中国进口含铜、含铝、含锌废料共计576.72万吨，进口金额113.71亿美元。其中，进口含铜废料365.85万吨，同比下降5.58%；进口含铝废料208.70万吨，同比下降9.50%；进口含锌废料2.17万吨，同比下降32.16%。含铜废料主要来自美国、香港、澳大利亚、马来西亚、德国和荷兰，主要从广州、宁波、天津、杭州和南宁等关区进口。含铝废料主要来自美国、香港、澳大利亚、马来西亚和德国，主要从广州、上海、宁波、南宁和南京等关区进口。

3.废塑料回收情况分析

受国内经济下行和国际石油价格大幅下降的影响，中国塑料加工工业表现不佳，塑料制品产量为7560.82万吨，增速由2013年的8.02%降至2015年的0.95%，国内五大通用合成树脂表观消费量为7005万吨，工程塑料类约为500万吨，国内塑料再生利用量约为2735万吨，国内废塑料回收量约为1800万吨，同比下降10%。

目前，废塑料回收利用行业规模较大，但整体质量水平较低，加上废塑料价格普遍下跌，行业利润呈下滑趋势，同时受国内外经济环境和市场需求持续低迷的影响，再生塑料与原生塑料价差进一步缩小，环保整顿导致上游原料货源减少、再生塑料生产厂家采购成本上升，加之人工等运营成本的提高，厂家盈利能力下滑，行业进入微利时代。2015年，我国废塑料回收利用企业的开工率在50%左右。废塑料回收利用企业大多是中小型企业，家庭作坊式的个体户占一定比例，在大城市周边及城乡结合部扎堆经营，基本实现了产业细化和产业链延伸。大中型废塑料加工企业以进口废塑料作为原料居多，主要分布于沿海地区。

4.废纸回收情况分析

2015年我国造纸工业在经济下行压力加大，市场信心趋弱，部分产品竞争较为激烈，企业盈利空间收窄的情况下，企业生产运行的困难增多，行业尚未完全走出困境。全国纸及纸板生产企业约2900家，纸及纸板生产量10710万吨，较上年增长2.29%；消费量10352万吨，较上年增长2.79%。

2015年，规模以上造纸生产企业2791家；主营业务收入8003亿元，同比增长2.33%；利润总额373亿元，同比增长2.90%；亏损企业有366家，占13.11%。广东、山东、浙江、江苏、福建、河北、天津、广西和海南等东部省市纸及纸板产量比例超过75.0%。

2015年，由于网购消费逐渐增多，箱板纸和瓦楞纸产量和消费量均有所增加，废箱板纸价格一度呈现上涨趋势；废报纸和废书本回收数量和价格没有明显变化。2015年，我国废纸回收量呈缓慢上涨趋势，全年回收总量为4832万吨，同比增长9.3%。

5.废轮胎回收情况分析

2015年以来，受国内经济、政策因素和国外竞争等方面的影响，我国轮胎行业面临较大下行压力。2015年全国汽车轮胎总产量为5.63亿条，其中全钢子午胎1.08亿条，半钢子午胎4.10亿条，斜交轮胎0.45亿条。

我国废轮胎回收利用行业主要是旧轮胎用于翻新，废轮胎用于制造再生橡胶、橡胶粉和热裂解。旧轮胎翻新是废旧轮胎综合利用的首选，而废轮胎的综合利用方式是废轮胎生产再生橡胶、橡胶粉和热裂解。2015年，我国废旧轮胎产生量达到3.3亿条，重量达到约1200万吨。再生橡胶产量达到438万吨，居世界第一位；橡胶粉产量达到35万吨，其中用于生产改性沥青15万吨。受天然橡胶价格和环保的影响，再生橡胶的需求量大大降低。由于国家标准《机动车运行安全技术条件》（GB7258-2012）和“三不包”（不包修、不包换、不包退）轮胎以及新轮胎降价，轮胎翻新企业近70%处于停产或半停产状态，全国翻新轮胎产品数量下滑明显，产量仅为800万标准折算条。

6.废弃电器电子产品回收情况分析

2015年，家用电冰箱累计生产8992.8万台，同比下降1.9%；房间空气调节器累计生产15649.8万台，与去年同期基本持平；家用洗衣机累计生产7274.5万台，同比增长0.7%；手机和彩色电视机的产量分别为18.1亿部和1.4亿台，同比增长7.8%和2.5%，其中智能手机和智能电视13.99亿台和8383.5万台，分别占比达到77.2%和57.9%；生产微型计算机3.1亿台，同比下降10.4%。

2015年，家电行业产销率95.0%，较2014年同期下降1.2个百分点；累计出口交货值3445.6亿元，累计同比增长0.8%。规模以上电子信息制造业实现销售产值113294.6亿元，其中内销产值61695亿元，同比增长17.3%，高于出口

交货值17.4个百分点；内销产值占销售产值比重（54.5%）超过一半，比上年提高4.6个百分点。

2015年，我国五种主要废弃电器电子产品的回收量约为15274万台，约合348万吨。其中废电视机回收量为5850万台；废电冰箱回收量为1705万台；废洗衣机回收量为1545万台；废房间空调器回收量为2432万台；废微型计算机回收量为3742万台。

截至年底，废弃电器电子产品处理企业数量达到109家。随着获得处理基金补贴企业数量的增加，废弃电器电子产品回收市场的竞争日益激烈。以电视机回收价格为例，2014年，21寸CRT电视机平均回收价为85元/台。2015年，相同尺寸的电视机平均回收价上升为95元/台。

7.报废汽车回收情况分析

随着我国经济社会持续快速发展，群众购车刚性需求旺盛，汽车保有量继续呈快速增长趋势。截止2015年末全国民用汽车保有量达到17228万辆，同比增长11.53%；新注册登记的汽车达2385万辆，同比增长9%；保有量净增1781万辆，同比增长4.34%。

2015年我国报废汽车回收拆解行业发展稳步推进，全国获得拆解资质的企业数量603家，同比增加1%；隶属回收网点2358个，同比下降3%；从业人员2.8万人。报废汽车回收网点已覆盖全国80%以上的县级行政区域。全年回收拆解报废机动车合计277.53万辆，同比增长26.1%，其中报废汽车回收量260万辆，同比增长18.18%，摩托车回收量17.53万辆，同比下降23.70%。拆解再生资源总量合计871.88万吨，同比增长170.8%。

8.报废船舶回收情况分析

受世界经济增长乏力、航运业持续低迷以及国内继续加大鼓励老旧船舶提前报废政策等因素影响，航运企业和船东继续削减过剩运力或产能，大量老旧船舶退出市场。近几年，国内拆船业拆解各类废船数量虽逐年减少，但2015年仍是历史上较好的年份之一。

2015年，国内会员拆船企业成交拆解国内外各类废船179艘，累计162.6万轻吨，与2014年相比，成交废船艘数减少28.7%，轻吨量下降16%。其中，国内废船91万轻吨，艘数同比减少28.1%，轻吨量同比下降17%；进口废船72万轻吨，艘数同比减少29.4%，轻吨量同比下降15%。

9.废玻璃回收情况分析

目前，平板玻璃行业面对产能严重过剩、市场需求不旺、下行压力加大的严峻形势，2015年我国平板玻璃产量为73862.7万重量箱，同比下降8.61%。平板玻璃行情总体以弱势震荡为主，玻璃去库存化任务依然艰巨。

我国的日用玻璃器皿行业仍处于快速成长期，未来会随着国内消费者对玻璃器皿的需求不断旺盛，整个行业仍有巨大的发展空间。至2015年，国内规模以上日用玻璃生产企业（涵盖玻璃包装容器、玻璃器皿、玻璃保温容器等日用玻璃各子行业）工业总产值要达到2200亿元左右，日用玻璃制品及玻璃包装容器产量2851.79万吨，同比增长14.07%。

受平板玻璃生产行业产量下降和日用玻璃产业快速发展共同影响，2015年我国废玻璃回收量约为850万吨，同比下降0.6%

10.废电池回收情况分析

2015年，我国电池总产量约487.65亿只，其中：锂离子电池产量55.98亿只，原电池产量422.55亿只。我国电池产量约超过世界电池总产量的一半。电池出口总量303.34亿只，同比增加8.74%。电池进口总量为45.43亿只，同比下降12.62%。

在国家和地方一系列政策推动下，我国新能源汽车销售量爆发式增长。据统计，2015年新能源汽车生产340471辆，销售331092辆，同比分别增长3.3倍和3.4倍。其中纯电动汽车产销分别完成254633辆和247482辆，同比分别增长4.2倍和4.5倍；插电式混合动力汽车产销分别完成85838辆和83610辆，同比增长1.9倍和1.8倍。据估算，2015年我国动力电池报废量累计3万吨左右。

2015年，废电池（铅酸电池除外）回收量约为10万吨，其中：废一次电池回收量约为3万吨，废二次电池回收量约为7万吨。

二、行业发展存在的问题

（一）行业竞争力不强

再生资源回收行业没有市场准入门槛，从业人员以“40、50”人员、残疾人、农民工为主，人员素质普遍较低，大部分企业多采取粗放式经营和管理方式、产业链条短、产品单一、生产工艺门槛低、增值水平低、同质化现象明显。具有一定规模的企业回收量仅占回收总量的10-20%，小企业仍有相当数量，行业小、散、差的特点明显，组织化程度低，市场竞争力较差。此外，再生资源回收企业政策依赖度高、抗风险能力差，有政策支持的领域如废弃电器电子回收拆解企业发展较好，其他缺乏政策支持的品种，一旦政策、市场或价格发生变化，企业就面临倒闭风险，不能适应市场快速发展的要求。迫切需要加大产品研发和新工艺新设备更新资金投入，提高产品品质和附加值，提升管理水平、人员培训、操作规范、应急管理能力建设，摆脱传统的家庭作坊式管理模式。

（二）行业发展不平衡

从回收网点的建设看，大部分回收站点集中在中心城区，非中心城区和乡镇农村等地站点数量很少，回收站点的覆盖率有待提高。从回收品种看，普遍存在“利大抢收，利小少收，无利不收”的现象，传统的产业废弃物，如废钢铁、废有色金属等品种回收水平较高，基本形成了较完整的回收利用产业链条，生活废弃物中废纸、废塑料等品种回收率较高，但废玻璃、废电池、废节能灯、废纺织品等品种，由于回收成本高、利用价值较低和利用水平有限等多种因素，回收率较低。从企业结构看，个体经营户是主体，且以手工作业为主，组织化程序较低，具有科技研发能力，采用现代化技术和设备，开展网上交易、精细拆解等现代业态的企业较少。

（三）行业创新能力不足

目前，我国再生资源回收企业自设或建立长期稳定合作关系的研发机构数量很少，研发能力不足。在“产学研”结合中，企业基本处于从属地位。普遍重生产轻研究开发，重引进轻消化吸收，重模仿轻创新，创新层次低，很多企业处在有“制造”无“创造”的状态。同时，再生资源回收行业技术设备的应用领域在不断扩大，国内的技术、设备质量水平远远不能满足市场需求。当前，我国正在从制造大国向创造大国迈进。党中央国务院大力推动创新发展，给大量的再生资源回收企业提供了新的发展机遇，再生资源回收企业要充分利用后金融危机中世界产业调整的格局，以强力推动自主创新为抓手，注重技术、质量、品牌等非价格因素，夯实产业发展基础，将现在大部分特别是中小型企业以手工为主的回收分选模式，转变为以自动化或人机混合的半自动化回收分选模式，实现行业从劳动密集型向技术资本密集型的转变，迅速缩小与发达国家在再生资源回收分拣领域的差距。

（四）政策支撑不配套

近年来，通过国家宏观经济政策的引导以及行业管理的逐步加强，部分大中型企业自我约束、自我发展的意识在增强，在技术、设备和工艺不断更新的基础上，产品质量得到了大幅提升，能够较好地满足下游生产用户的使用要求，成为了行业的骨干力量。但由于再生资源回收的专门性法规仅有《再生资源回收管理办法》，法律效力较低，执行难度较大，行业统计、标准工作相对滞后，再加上相关管理部门没有形成长效联动机制和有效监管，再生资源回收行业无序竞争和不正当竞争等不良现象依然存在。部分重点品种缺乏相关立法，废玻璃、废节能灯等低值品种，回收成本高、利润薄，靠市场机制难以调动企业积极性，需要政策给予支撑。此外，行业管理职权分散、缺乏合力，扶持政策和工作措施缺乏配套性。

三、行业发展趋势分析

（一） 对行业发展环境及相关因素分析

1.行业发展面临的国内外经济形势依然严峻

2016年，全球经济仍将维持弱复苏态势，区域分化格局仍难有明显改观，北美经济总体稳健，西欧稳步复苏，东欧陷入增长乱局，亚太地区新兴市场有所企稳，非洲与拉美经济有望从低迷中回升。全球金融稳定性面临压力，美元加息并持续走强主导全球走势，股票市场出现多层分化，大宗商品市场依旧低迷。

从国内经济环境看，2016年中国经济形势依然比较严峻，面临的问题和矛盾将更加错综复杂。在“新常态”下，经济发展正处在阶段更替、结构转换、模式重建、风险释放的关键期。宏观政策将保持宽松总基调，在扩大需求的同时，更加重视供给侧的管理和改革，推进减税和降低企业生产成本，加快创新和提高产品质量，使新供给更好地满足新需求。

由于原有支撑再生资源回收行业发展的因素削弱或消失，新的支撑因素尚在形成之中，所以再生资源回收行业的调整还将持续一段时间，这将对再生资源价格及回收企业经济效益的回升构成沉重压力。

2.宏观调控为行业发展创造良好环境

2016年，我国经济进入了深层次的创新改革发展新阶段，国家将以大数据战略为发展主线，加快信息技术和大数据在再生资源回收领域的渗透与应用，推进信息化与工业化深度融合，在政府调控和市场调节的双向作用下，再生资源回收行业将迎来良好的发展环境。积极稳妥化解产能过剩是2016年重点紧抓的五大任务之一，国家需调整发展战略，推动变革创新，开拓新的发展空间，加大供给侧改革力度，优化产品结构，不断开拓应用领域满足市场需求。随着粗放式发展主基调退出历史舞台，环保与节能减排的政策压力与日俱增，企业革新理念、优化成本，通

过淘汰落后产能和更换老旧设备，达到转型升级、节能减排的目的。2016年，政府将全力推动“一带一路”建设，积极拓展海外市场，深化与沿线各国经济合作，带动产品、工程设计、技术装备和劳务输出，促使再生资源实现资源、产业和市场的全球性布局，化解国内过剩产能，加速“十三五”产业转型升级，引导再生资源国际产能合作的开展。

3.政策法规带动行业转型升级

2015年，国务院印发了《中国制造2025》（国发〔2015〕28号）、《中共中央 国务院关于加快推进生态文明建设的意见》（中发〔2015〕12号）等一系列稳增长、调结构、转型升级、提质增效的方针政策，大力推进绿色发展、循环发展、低碳发展成为我国经济发展的主旋律。2015年下半年，财政部、国家税务总局出台了《资源综合利用产品和劳务增值税优惠目录》（财税〔2015〕78号）的通知，对符合行业规范条件的再生资源加工企业给予即征即退30%-70%增征税优惠政策。随着新环保法和污染物排放标准的正式施行，再生资源回收利用企业面临的环保要求将进一步提高，更严格的环保标准和监管措施有利于鼓励企业在环保装备和管理方面加大投入，有利于创造更加公平合理的市场竞争环境，有利于淘汰落后产能，更好地规范行业发展。环保部、商务部、发展改革委、海关总署、质检总局公布了《关于发布〈进口废物管理目录〉（2015年）的公告》（公告2014 第80号），对于促进我国再生资源回收利用，保护环境具有重要的作用。2015年，商务部会同发展改革委、国土资源部、住房城乡建设部、供销合作总社联合制定了《再生资源回收体系建设中长期规划（2015-2020年）》（商流通发〔2015〕21号），针对我国再生资源行业发展现状、问题及特点，明确了再生资源回收体系建设的中长期目标，部署了分类建立回收体系、完善回收节点功能、培育龙头回收企业、健全回收管理制度等工作任务。2016年，商务部会同发展改革委、工业和信息化部、环境保护部、住房城乡建设部、供销合作总社联合印发了《关于推进再生资源回收行业转型升级的意见》（商流通函〔2016〕206号），提出推广“互联网+回收”的新模式、探索两网协同发展的新机制、提高组织化的新途径、探索逆向物流的新方式、鼓励应用分拣加工新技术等推进再生资源回收行业转型升级的意见。在未来几年内，在一系列利好政策推动和市场引导下，我国再生资源回收行业将向现代化、集约化、科学化方向发展。

（二） 行业发展及各品种趋势预测

2016年是“十三五”规划开局之年，也是我国全面深化改革的关键之年，为了推动“稳增长、调结构”的经济发展进程，我国进一步简政放权，加快审批效率；加大金融体制改革力度，优化金融结构，服务实体经济；促进结构优化、扩大内需和改善民生，助力我国经济的健康、稳健发展。在宏观经济下行压力持续存在的背景下，我国继续实行积极的财政政策和稳健的货币政策。多策并举提高财政资金的使用效益、缓解地方偿债压力、促进投资。货币政策继续保持稳中偏松的导向，完善宏观审慎政策框架。

预计2016年我国再生资源回收总量将小幅下降；部分再生资源价格将维持震荡调整趋势；一买一卖的传统经营模式将难以为继，再生资源回收与社区服务结合模式、两网融合模式等新型回收模式不断涌现；兼并重组加剧，产业集中度进一步提高；互联网、大数据、二维码等信息技术被再生资源回收企业广泛应用。具体分品种看：

1.废钢铁回收趋势预测

2016年，党中央提出了创新、协调、绿色、开发、共享的发展理念，废钢铁回收行业发展面临机遇和挑战，一方面是去产能、去库存、去杠杆、降成本、补短板的任务十分繁重，另一方面绿色发展为废钢铁回收行业的提升增添了新动力。

2016年，钢铁行业化解过剩产能，企业实现脱困发展的攻坚战将全面推进，预计粗钢产量在目前的经济状况下维持在小幅下滑的水平。2016年，废钢铁回收行业的发展不会有大的起色，特别是废钢铁回收量将继续维持在较低水平。如果按7.8亿吨粗钢产量测算，炼钢废钢比为10.5—11%，将消耗废钢铁8200—8600万吨。钢铁行业落实国务院去产能的目标，不应只是量的变化，还必须实现质的提升，逐步走上绿色钢铁发展之路，在原料投入、产品结构、资源利用、工艺流程等方面实施绿色制，促进废钢铁回收行业发展取得新突破。

2.废有色金属回收趋势预测

目前，中国经济既有增长动力、也有下行压力，有色金属行业整体面临供需失衡、产业结构不合理的挑战。有色金属行业一方面面临着产能过剩、效益大幅下滑、生产成本增加、缺乏竞争力、出口结构性矛盾突出等问题，同时“一带一路”、京津冀协同发展、长江经济带等国家战略的实施，也为有色金属业发展提供新的机遇。但有色金属生产、消费、投资增长将进一步趋缓，产品价格将延续弱势震荡态势，企业经营难度依然很大。

预计2016年，我国有色金属制品使用、积蓄量不断增加。随着相关产业政策的不断推进，废有色金属回收利用市场环境将进一步优化，行业将进一步向规范化发展，但回收量增幅不会有明显提升，市场与价格短期内不会有明显改善，全球废料资源的竞争依然激烈。

3. 废塑料回收趋势预测

2016年塑料消费将缓慢增长，废塑料回收利用市场不容乐观。从目前的竞争状况来看，废塑料回收利用行业竞争压力很大，在国际贸易、下游需求、替代品、产能过剩等多种不利因素的共同打压下，竞争将越来越残酷。目前废塑料低端产品竞争白热化，价格战显著，而中高端领域未来发展空间较大。

由于原油和新料价格持续走低，废塑料市场受到冲击，行业低迷以及利润微薄之态一时难以改变。我国废塑料回收利用行业正处于升级转型期，规范废塑料回收利用行业发展秩序是当务之急。近几年。废塑料回收利用企业将向正规化、自动化、绿色化方向发展，废塑料市场也将不断趋于环保、有序化。

4. 废纸回收趋势预测

由于经济发展放缓，需求增长也会下降，加上产能的结构性、阶段性过剩问题凸显，造纸产业形势短期内难以得到有效改善，预计2016年，国内制浆造纸及纸制品行业生产和消费将会延续2015年的态势，行业总体会保持平稳，预计大宗商品价格下跌和外部金融环境收紧的现象可能有所缓解，废纸回收行业总体会保持平稳，市场可能会形成先低后高态势，整体表现应会略好于2015年。

5. 废弃电器电子产品回收趋势预测

2016年是我国废弃电器电子产品回收利用政策的调整期。废弃电器电子产品处理基金补贴标准的调整将在2016年1月1日以后实施。新增目录产品的处理企业资质认证、处理技术规范、以及基金征收和补贴标准也将在2016年发布和实施。

首批目录产品的回收处理数量将基本稳定或略有下降，随着财政部第四批获得处理资金补贴的企业名单的发布，绝大部分具有资质的处理企业已经进入废弃电器电子产品回收处理行业，处理企业间的原料竞争将进一步加剧。

6. 废轮胎回收趋势预测

2016年，我国的汽车保有量预计为1.74亿辆，废旧轮胎产生量达到约3.4亿条，重量达到约1250万吨。再生橡胶产量达到约470万吨，橡胶粉产量达到约40万吨，其中用于生产改性沥青接近18—20万吨。受《机动车运行安全技术条件》（GB7258-2012）和当前市场低迷的影响，翻新轮胎数量暂时不会有明显提升，预计仍在800万标准折算条左右浮动。

7. 报废汽车回收趋势预测

2016年是“十三五”开局之年，分析2016年国内市场经济形势，国内宏观经济增速继续减弱，市场需求复苏动力不足，尤其是我国钢铁行业仍在进行结构调整，导致钢材产能下降，废钢价格低迷不振，也将对报废汽车回收拆解销售产生不利影响。但2016年又是报废汽车回收拆解行业面临经营困难与发展机遇并存的一年，预计报废汽车回收量可达到280万辆，同比增长7.7%，企业经济效益也会进一步提升。

8. 报废船舶回收趋势预测

2016年，全球经济复苏动力与向好态势，以及影响拆船业的国内外各要素市场发展态势依然存在诸多不确定性因素，经历了过去五年艰难前行的国内拆船企业应保持清醒头脑，冷静客观地分析和把握有利和不利因素，审时度势，采取灵活且有效的经营管理措施，积极应对复杂多变的市场变化。预计2016年，国内拆船业废船拆解量仍将继续呈现下滑的态势。

9. 废玻璃回收情况分析

2016年，平板玻璃现货市场受到房地产市场连续调整和环保监管持续严格等因素影响，延续去年弱势整理的态势，行业效益继续恶化，产量将继续降低，价格整体也将呈现震荡走低的趋势。

我国日用玻璃行业，特别是日用玻璃器皿和玻璃瓶罐行业，近10年来经历了市场需求高速增长带来的快速发展。据此估算，2016年我国日用玻璃器皿和玻璃瓶罐市场规模增速将超过15%，企业产量增速将在10%左右。

预计2016年废玻璃回收量较上年将小幅下降，回收价格将震荡下跌。

10. 废电池回收情况分析

2016年，我国电池产量将小幅增加，约为490亿只。一次电池总量将小幅减少；而随着新能源汽车快速增长，带动锂离子电池产量将大幅提高。

随着3C消费类电子产品配套的锂离子电池和新能源汽车动力电池报废量逐年增多，预计到2016年我国废电池回收量将小幅增加。

中国矿产资源节约与综合利用报告（2015）摘要

（国土资源经济研究院2015年12月发布）

节约与综合利用矿产资源，是落实党的十八届五中全会“全面节约和高效利用资源”精神，加快矿业领域生态文明建设的重要举措。

当前，我国经济发展步入新常态，经济结构正从增量扩能为主转向调整存量、做优增量并举，建设资源节约型、环境友好型社会成为加快转变经济发展方式的重要着力点。由此，树立节约集约循环利用的资源观，大力推进矿产资源的节约与综合利用是我们必须长期坚持的方向。

近年来，我国已在政策发布、技术进步、标准规范、专项示范等多方面采取了系列措施，调动了企业对矿产资源合理开发和集约利用的积极性，推动节约与综合利用水平不断提高。本期特摘登中国国土资源经济研究院发布的《中国矿产资源节约与综合利用报告（2015）》，对取得的成果进行全面展示。

一、现状形势

（一）资源开采难度加大，开采回采率稳中有升

过去10多年，国内持续大规模的资源开发使得主要矿山的开采品位逐渐降低，开采深度逐渐加大，矿体形态、产状变得复杂，掘（剥）采比提高，资源开采难度总体加大，但开采回采率处于较高水平，部分矿种表现为稳中有升。如2014年，地采铁矿采出品位同比下降0.4个百分点，开采回采率同比提高2.3个百分点，贫化率同比下降0.3个百分点；煤炭薄煤层的采区回采率为85%，达到了煤炭资源合理开发利用“三率”指标的相关要求。

（二）资源选别难度加大，选矿回收水平总体向好

在原矿入选品位降低、矿物嵌布特征复杂、可选性明显下降、精矿产品等级品位差异不大的情况下，选矿回收率基本保持稳定或略有提高；在原矿入选条件不变的情况下，选矿回收率明显提高。如2013年，铜矿的入选品位同比下降0.04个百分点，选矿回收率同比却提高0.15个百分点，选矿回收水平总体较好。

（三）尾矿利用增速明显高于排放增速，但累积堆存数量巨大，综合利用大有可为

尾矿是选矿后产生的废弃物，是工业固废物的主要组成部分。自2011年以来，年排放量高达15亿吨以上。2013年，我国尾矿排放达16.49亿吨，同比增长1.7%，增长速度大幅回落；利用量为3.12亿吨，同比增长8.0%。据统计数据显示，截至2013年底，我国尾矿废石累积堆存量近600亿吨，其中废石堆存量438亿吨，铁矿开采产生废石占废石总量的45%，煤矸石和铁铜开采所产生的废石占废石总量的75%；尾矿累计堆存量为146亿吨，尾矿产生量最大的两个行业是黑色金属矿采选业和有色矿采选业，全国仅铁矿尾矿约75亿吨，占尾矿总量的51%，铁、铜、金尾矿占尾矿总量的83%，综合利用潜力巨大。2013年，综合利用率仅为18.9%，主要用于充填开采（60%）和建材（43%）。

自2011年以来，尾矿年排放量长期在15亿吨以上高位，利用增速明显高于排放增速，但受矿业市场影响，与“十一五”期间相比，利用增速出现大幅下降，亟须通过完善政策加以激励。

（四）废旧金属大量沉淀，再生有色金属产业快速发展

再生金属的回收利用，可大大减少矿产资源的开发强度，是资源循环利用的重要环节。据统计数据显示，2011～2013年，铜、铝、铅、锌再生总量连续三年突破1000万吨，产业规模不断扩大，资源综合利用水平不断提高。2013年，再生有色金属主要品种（铜、铝、铅、锌）总产量约为1073万吨，同比增长3.3%。其中，再生铜产量约275万吨，与2012年持平；再生铝产量约520万吨，同比增长8.3%；再生铅产量约150万吨，同比增长7.1%；再生锌产量128万吨，同比下降11.1%。

近年来我国废钢利用绝对数量总体呈上升趋势，但利用率却不升反降。2013年，废钢利用量8570万吨，同比增长2.0%；同期，废钢利用率11%，同比下降0.7个百分点。

（五）大宗矿产品价格下跌，部分矿产的综合利用产值回落

2006～2014年，我国经济经历了快速发展（2006～2011年GDP增速超过或接近10%）到增速放缓（2012～2014年GDP增速为7%～8%）两个阶段。经济的不同发展阶段也明显体现在矿产资源开发利用环节。2012年以来，国内经济增速放缓，大宗资源产品需求下降，价格回落；全国矿产资源（非油气）综合利用产值略有增长，但增速明显回落；部分矿种综合利用产值出现下降。2014年，全国矿产资源（非油气）综合利用产值虽高达1285亿元，但同

比仅增长2.8%，增幅与2013年持平。其中，2014年金矿、磷矿和铁矿的综合利用产值大幅下降，同比降幅分别为45.9%、61.6%和42.9%。

二、管理服务

近年来，为推进资源节约与综合利用工作，国家在政策发布、技术进步、标准规范、专项示范等多方面采取了系列措施，调动了企业对矿产资源合理开发和集约利用的积极性，推动综合利用水平不断提高。

（一）多政发力推进生态文明建设，资源节约与综合利用面临更高要求

建设生态文明涉及生态建设、资源节约、环境保护等多方面内容。为了加强生态文明建设，2014年6月至2015年5月，中共中央国务院出台了《关于加快推进生态文明建设的意见》、国务院办公厅发布《2014～2015年节能减排低碳发展行动方案》，国家发改委等联合发布了《全国生态保护与建设规划（2013～2020年）》、《2015年循环经济推进计划》等文件；2015年3月24日，中共中央总书记习近平主持中央政治局会议，审议通过并印发了《关于加快推进生态文明建设的意见》。国家多管齐下，多措并举，促进矿产资源节约与综合利用，助推生态文明建设。

（二）构建标准体系，连续发布22个矿种“三率”最低指标要求

矿产资源“三率”包括开采回采率、选矿回收率和共伴生矿产综合利用率。2015年1月，继煤炭、铁等矿产之后国土资源部发布锰、铬、铝土矿、钨、钼、硫铁矿、石墨和石棉等8个矿种的“三率”最低指标要求；6月，国土资源部又发布石油和天然气2个矿种的“三率”最低指标要求。目前，国土资源部已发布四批共22个矿种的“三率”最低指标要求，涵盖能源矿产、有色金属矿产、黑色金属矿产、非金属矿产等，基本构建形成了重要矿种的“三率”指标体系。矿产“三率”指标要求，是矿山企业开发利用矿产的“最低要求”和节约与综合利用的“红线”，将作为矿山企业矿产开发利用方案和矿山设计的依据。

为了更好地发挥“三率”指标要求在矿产资源高效开发中的作用，统一“三率”内涵和计算方法，2015年3月，国土资源部发布《矿产资源综合利用技术指标及其计算方法》（DZ/T0272-2015），于2015年4月1日起实施。该行业标准界定了固体非能源矿产资源综合利用过程中主要技术指标，即开采回采率、选矿回收率、共伴生矿产综合利用率和矿产综合利用率等术语和定义、计算方法，为全面评价资源节约与综合利用提供指南。

（三）通过综合利用示范基地建设，探索资源节约集约利用新模式

截至2014年底，矿产资源综合利用示范基地建设中央财政资金累计投入148.8亿元、企业配套投入949.87亿元。示范基地建设任务顺利推进，预期目标完成良好，实现了八大综合利用关键技术的突破，形成了九大资源开发和产业发展新模式，成功探索矿业转型升级新路径。

（四）发布新修订指标，新一轮国土资源节约集约模范县（市）创建工作启动

节约集约模范县（市）创建活动分为土地节约集约类、矿产节约集约类和综合类三种类型。在总结了前两届评选工作的基础上，2014年11月，国土资源部印发了《国土资源节约集约模范县（市）创建活动新一周期工作安排和新修订的指标标准体系》，明确2014～2016年为新一轮创建周期，重点开展六方面工作，完成四大目标。新修订的指标共有50项，包括46项考核指标和4项一票否决指标。活动自2012年启动以来，两届共产生202个模范县（市）和10个模范地级市。各地在创建中形成的45种的典型模式和79种机制，有力地推动了国土资源的节约集约利用。

（五）绿色矿山建设试点单位增至661家，35家矿山通过验收

发展绿色矿业、建设绿色矿山是生态文明建设在矿山领域的重要抓手。近年来，先后发布了发展绿色矿业、建设绿色矿山指导意见，明确了国家级绿色矿山基本条件，初步形成煤炭、石油、有色金属、冶金、化工矿产和建材非金属的绿色矿山建设标准。2014年8月，《国家级绿色矿山试点单位验收办法（试行）》印发，明确绿色矿山九大基本条件。截至2014年底，我国共分四批确定了661家国家级绿色矿山试点单位，35家矿山通过验收。

（六）连续出台技术引导政策，综合利用先进技术推广步入常态

绿色矿业新政密集发布，内容涉及环境保护、能源发展、清洁利用、资源税改革及先进技术政策引导等。包括《关于加快推进生态文明建设的意见》、新《环境保护法》、《2014～2015年节能减排低碳发展行动方案》、《煤矸石综合利用管理办法（2014年修订版）》等，矿产开发利用生态红线刚性约束更强。经不完全梳理，2014年1月至2015年5月期间的绿色矿业新政，发布法律1部，行政法规1部，部门规章5部，规划6部，政策8项。这些管理措施共同打造了新一轮矿产资源综合利用政策“组合拳”。

为促进矿产资源节约与综合利用，加快转变资源利用方式和矿业发展方式，2014年10月，《国土资源部关于〈矿产资源节约与综合利用先进适用技术推广目录（第三批）〉的公告》发布。2014年12月，国土资源部组织修订

了《矿产资源节约与综合利用鼓励、限制和淘汰技术目录》。两者均体现了经济发展和环境治理并行并重理念，矿业废弃物综合利用成为矿产资源综合利用科技创新的重要领域。

（七）矿业技术进步成果明显，但受矿业经济变化影响明显

采选业申请技术专利数量不断增加，但受矿业经济变化影响明显。1999～2014年累计申请共5.1万件。选矿领域，重选占9.6%、磁选占22.5%、浮选占6.6%，累计达38.6%；采矿方面，油气开采占13.9%、采矿或采石占13.2%、竖井平硐等占34.3%，累计达61.4%。磁选及竖井平硐领域创新活力较强。

2014年，在矿产资源高效开采、选冶和综合利用方面，共获得国家级一、二等奖7项，选矿（B03）2.21万件。其中，发明专利1.17万件、实用新型专利1.04万件；采矿（E21）3.47万件。其中，发明专利1.51万件、实用新型专利1.96万件。石油水驱提高采收率系列技术、低透气性煤层增透抽采瓦斯技术、黑白钨矿物强磁分离选别技术、磁铁矿高压辊磨干选抛尾技术、冷结晶—正浮选生产氯化钾技术、难溶性非金属含钾矿物制肥等技术的突破，有效提高了资源利用效率。

（八）技术装备目录相继发布，鼓励资源综合利用的重大装备自主研发

为加快新技术、新产品、新装备的推广应用，提高我国环保技术装备水平，引导环保产业发展，实现重大技术装备国产化的战略目标。近年，国家先后两次修改并发布了《重大技术装备自主创新指导目录（2012年版）》和《国家鼓励发展的重大环保技术装备目录（2014年版）》。

我国少数大型装备迈进了国际先进，但整体与国外露天采矿装备大型化、自动化和智能化有很大差距。高可靠性与长寿命不足，信息化水平落后，矿山先进采选技术主要集中在大中型矿山企业，适应的、高效经济的选冶技术比较缺乏。

煤炭行业循环经济2015年度报告

中国煤炭工业协会

一、煤炭行业发展概况

“十二五”时期，煤炭工业改革发展经历了不平凡的五年。面对国内外市场需求不足、经济下行压力增大等影响，煤炭行业认真贯彻落实党中央、国务院促进煤炭工业发展的一系列战略部署，坚持以提升煤炭工业的科学化水平为主攻方向，深化煤炭市场化改革，依靠创新驱动，坚决淘汰落后产能，分类有序化解过剩产能，加快结构调整和转型发展，保障国家能源安全稳定供应，有力地支撑了国民经济持续健康发展。

1、产业结构不断优化。全国煤矿总数减少，大型煤矿比重提高。“十二五”期间，全国累计淘汰落后煤矿7100处、落后产能5.5亿吨。2015年底，全国煤矿数量1.08万处，其中年产120万吨以上的大型煤矿1050处，比2010年增加400处，产量比重由58%提高到68%。大型煤矿比重不断提高，煤炭保障经济发展的能力显著增强。

大型煤炭基地建设持续推进，产业集中度进一步提高。14个大型煤炭基地产量占全国总产量的比重由2010年的87%提高到93%，提高了6个百分点。产量超过亿吨的煤炭省区达到8个，产量比重达到84.1%，比2010年提高8个百分点。前4家煤炭企业产量8.68亿吨，占全国的23.6%；前8家煤炭企业的产量达到13.1亿吨，占全国的35.5%，比2010年增加了5.4个百分点。

2、产业转型发展取得新进展。“十二五”时期，煤炭行业在转型发展方面迈出实质性步伐。煤炭市场化改革取得重大突破。从2013年开始，国家取消重点电煤合同，煤炭供需企业自主订货、协商定价，实现电煤价格并轨。煤电价格联动机制逐步完善，市场配置资源的决定性作用增强，企业的市场主体作用得到充分发挥。

煤炭市场交易规则逐步健全，交易体系不断完善。煤炭主产区、主要消费地、集散地普遍建立了区域煤炭交易中心，区域交易中心之间的联合更趋紧密。煤炭交易方式更加丰富，炼焦煤、动力煤期货成功上市，煤炭产品电子商务得到较快发展，集交易、物流、金融、信息为一体的煤炭供应链管理服务体系逐步完善。以中国煤炭价格指数为主体、区域价格指数为补充的全国煤炭价格指数体系不断完善。煤炭大数据平台建设步伐加快，煤炭经济运行分析、景气指数和行业预警定期发布，为煤炭相关方面运行、分析、决策提供重要参考。

煤炭企业不断创新发展，初步形成了以煤为主，电力、现代煤化工、清洁能源生产、新能源开发、高端装备制造、现代物流、节能环保、金融服务等相关产业横向重组、纵向延伸、融合发展的新格局。煤炭企业控股、参股电厂权益装机容量达到1.5亿千瓦，占全国火电装机容量的六分之一左右。一批大型煤炭企业非煤产值超过60%以上。

3、行业脱困升级进入新阶段。针对近年来煤炭行业生产经营困难加剧的局面，国家高度重视，建立了由国家发改委、国家能源局、国家煤监局、中国煤炭工业协会等组成的煤炭行业脱困工作联席会议机制，围绕“控制总量、减轻负担、规范进口、金融支持、改善考核、转型发展”等六个方面，先后召开40余次脱困联席会议，出台了40余个重要文件和一系列推动行业脱困的政策措施。2015年11月，国家财政部、税务总局发布《关于煤炭采掘企业增值税进项税额抵扣有关事项的通知》，明确提出对煤矿“巷道附属设备及其相关的应税货物、劳务和服务”和“用于除开拓巷道以外的其他巷道建设和掘进，或者用于巷道回填、露天煤矿生态恢复的应税货物、劳务和服务”的进项税允许抵扣。该项政策使煤炭企业实际增值税负有所降低，直接支持了煤炭行业脱困工作。

2015年，以改善供求关系为核心，以严格控制违法违规煤矿建设和生产、严格治理超能力生产、严格治理不安全生产、严格治理劣质煤生产消费等“四个严格”为重点，主要产煤省区围绕减轻企业负担、人员安置、企业转型等方面，出台了一系列政策措施。煤炭企业积极应对市场挑战，主动减产停产，降本增效，取得一定成效。经过多方努力，违法违规煤矿建设生产得到了遏制，煤炭行业化解过剩产能、行业脱困升级进入新的阶段。

4、科技创新能力显著增强。全行业共建成国家重点实验室18个，国家工程实验室7个，国家工程研究中心8个，国家工程技术研究中心4个，国家工程技术研究院1个，国家能源研发中心5个，国家能源重点试验室6个，国家级企业技术中心27个，全行业共培育成立了1个国家级、2个行业级和14个省级协同创新中心。煤炭资源开发、煤炭转化、煤矿重大灾害防治等基础理论研究取得重要进展，燃煤发电超低排放、现代煤化工等技术达到国际领先水平，特厚煤层大采高综放开采关键技术及装备、生态脆弱区煤炭现代开采地下水和地表水生态保护关键技术等攻关取得重大突破。煤炭行业科技贡献率达到49%，比“十一五”时期提高了近10个百分点。

千万吨级高产高效自动化矿井、智能矿山、绿色生态矿山、煤与瓦斯突出防治、煤层气开发利用、煤矿井下高效选煤、褐煤干燥提质、煤炭转化、煤炭综合利用等领域一批重大科技示范工程深入实施，取得阶段性进展。

二、煤炭循环经济发展取得新成效

1．深入开展生态文明煤矿创建活动。2015年4月25日，中共中央、国务院印发关于加快推进生态文明建设的意见，提出了生态文明建设的总体要求、基本原则、主要目标、主要任务等。煤炭行业将生态文明建设作为转型升级发展的重大举措，在行业内印发了“关于开展矿区生态文明创建活动的通知”，对开展生态文明创建活动进行了总体安排。推广应用绿色开采和清洁生产技术，控制和减少地表损害，以最小的生态扰动获取最大资源收益；鼓励原煤全部入选，支持煤炭分级分质利用，促进行业发展由生产销售原煤向销售商品煤、洁净煤转变。加大矿区生态环境恢复与治理力度，努力构建资源、环境和区域经济协调发展的格局。2013年以来，结合煤炭行业实际，先后开展了《生态文明煤矿评价标准》和《生态文明煤矿建设标准》研究，制定了“创建生态文明煤矿评定条件及考核办法（试行稿）”。2015年4月14日，由中国煤炭加工利用协会和山东新巨龙能源有限公司合作完成的《生态文明煤矿建设标准化研究》课题通过了中国煤炭工业协会组织的鉴定。

按照统一组织、长远规划、有序推进、试点先行的原则，在行业协会的组织下，开展了创建生态文明煤矿试点示范工作。截止2015年底，共有山西三元煤业有限公司、山西长治王庄煤业有限责任公司、山东新巨龙能源有限责任公司、同煤国电同忻煤矿有限公司、大同煤矿集团有限责任公司晋华宫矿、中煤平朔集团有限公司安太堡露天矿、徐州矿业集团郭家河煤矿等7家煤矿通过了“生态文明煤矿”专家组评定，被授予“生态文明煤矿”称号。其中，新巨龙能源有限责任公司坚持高起点定位、高境界谋划、高标准建设、高科技支撑、高效益发展原则，在实践基础上形成的“八不”理念（资源不浪费、出煤不见煤、产矸不排矸、冒落不破坏、采煤不用煤、用水不采水、沉陷不减地、土地不荒废）为生态文明煤矿建设发挥了示范引领作用。

2.煤炭清洁高效利用水平不断提高

“十二五”时期，在国家政策引导下，煤炭行业绿色、循环、低碳发展理念逐步形成，并得到深入发展。2015年3 月，国家能源局发布“关于促进煤炭工业科学发展的指导意见”，明确大力推进能源消费、供给、技术、体制革命，坚持“节约、清洁、高效”的能源战略方针，实施节约优先、立足国内、绿色低碳、创新驱动的能源发展战略，提出了优化煤炭开发布局的十条具体意见，为转变煤炭工业发展方式指明了方向。2015年2月工信部、财政部联合发布“工业领域煤炭清洁高效利用行动计划”，提出分阶段主要目标：到2017年，实现节约煤炭消耗8000万吨以上，减少烟 尘排放50万吨、二氧化硫排放60万吨、氮氧化物排放40万 吨，促进区域环境质量改善；到2020年，力争节约煤炭消耗1.6亿吨以上，减少烟尘排放100万吨、二氧化硫排放120万吨、氮氧化物80万吨。2015年4月，国家能源局发布《煤炭清洁高效利用行动计划（2015－2020年）》，明确提出了改造提升传统煤化工产业，稳步推进现代煤化工产业发展等七方面重点任务。

2015年7月， 全国煤炭行业煤电一体化发展暨燃煤超低排放发电现场会在浙江省舟山市召开，神华集团、浙能集团等单位介绍了煤电一体化、煤电联营和燃煤电厂超低排放技术示范项目运行情况。全国燃煤超低排放电厂装机达到8400万千瓦，占全国煤电总装机容量的1/10左右，正在进行超低排放改造的煤电装机超过8100万千瓦。煤炭企业从独立办电厂、到参股控股、再到战略联合等多层次、不同模式的煤电联营与一体化发展，成为推动煤炭行业由生产向生产服务型转变的重大举措。燃煤电厂超低排放技术由工程示范、到成熟推广，提高了煤炭清洁高效利用水平，拓展了煤炭消费空间，成为推动能源技术革命的重点领域。

现代煤化工项目稳步推进。2015年9月18日，山东兖矿集团承担的国家示范工程——国内首套百万吨级具有自主知识产权的未来能源煤间接液化制油项目打通全流程，产出达到欧V标准的优质油品，一次投料试车成功。该示范项目采用了50项专利技术，建成了目前世界最大的费托合成反应器，打破了国外技术垄断。项目采用的低温费托合成专利技术具有柴油选择性高、催化剂消耗低、生产强度大、能量利用效率高等优势，碳转化率为98%至99%。中国平煤神马集团积极调整结构，发展新能源、新材料为主的战略性新兴产业。在开工建设了年产1万吨锂离子电池用负极材料项目后，依托本企业炼焦煤资源优势，不断扩大硅烷生产规模，2015年12月投资10亿元建设的3000吨/年硅烷项目开工建设，目标是建设年产1.8万吨的国内最大硅烷生产基地。目前，该集团非煤产业营业收入已达到全集团营业收入的80%。

3．循环经济、节能环保取得新成绩

“十二五”时期，全行业认真贯彻节约与开发并重，节约优先的方针，节能减排与循环经济、绿色低碳、综合利用相互融合，相互促进，成为推动矿区生态文明煤矿建设的重点内容和重要途径。通过调整结构、节能技改、强化能耗管理，开展技术创新，淘汰落后装备和落后产能，企业能源效率得到提高，能耗指标稳步下降。根据部分大型煤炭企业能源消费统计分析，“十二五”时期原煤生产综合能耗、原煤生产电耗累计分别下降14.8%和14.9%。

资源节约方面，“十二五”时期重点推广了充填开采、以矸换煤技术，矿井水源热泵技术、低浓度瓦斯热利用技术等。如新汶集团利用煤矸石、粉煤灰等废弃物实施充填开采，3年采出原有生产工艺难以开采的煤炭600多万吨，减少矸石排放700多万吨，减少矸石占地近25公顷。冀中能源股份公司利用矿井水、矿井回风余热资源，利用热泵技术替代燃煤小锅炉，节约散煤，减少大气环境污染。山西晋城无烟煤集团、陕煤化集团、冀中能源峰峰集团等企业煤矿低浓度瓦斯发电技术取得很好效果。晋城低浓度瓦斯发电装机超过12万千瓦；峰峰集团大淑村、羊渠河两矿安装低浓度瓦斯发电装机超过6500千瓦，实现年节煤5200吨，企业不仅实现了节能效益，而且取得很好的经济效益和环境效益。

从资源综合利用看，据不完全统计，2015年我国矿井水涌水量约62.9亿立方米，利用42.5亿立方米，矿井水利用率67.5%，比2010年提高了8.5个百分点；煤矸石综合利用率64.2%，比2010年提高了2.8个百分点；矿井抽采瓦斯利用率47.8%，比2010年提高了8.9个百分点；土地复垦率48%，比2010年的38%提高了10个百分点。

能源管理体系建设工作开始起步。根据《“十二五”节能减排综合性工作方案》和《2014-2015年节能减排低碳发展行动方案》，《万家企业节能低碳行动实施方案》等要求，启动煤炭企业能源管理体系建设工作。一些企业已经开展了体系认证试点，取得良好成效。

合同能源管理方式广泛应用，通过节能技术服务公司引进技术和管理，在矿井水利用、瓦斯发电、电机节能改造等领域实现节能，并得到国家节能奖励资金支持。

由中国煤炭加工利用协会组织评选的2012—2013年度煤炭工业节能减排先进企业（单位）和先进个人、2012—2013年度煤炭工业十佳选煤厂、十佳选煤厂厂长和十佳选煤设备制造厂，在2015年4月10日召开的中国煤炭工业协会第四届理事会第三次会议上受到了表彰，并颁发了奖牌和证书。其中，开滦（集团）有限责任公司等65家企业（单位）被评为“2012—2013年度煤炭工业节能减排先进企业（单位）”，74名同志被评为“2012—2013年度煤炭工业节能减排先进个人”。

三、循环经济先进技术开发推广情况

1.根据国家发改委发改办高技[2013]1819号通知要求，为做好煤炭行业国家低碳创新及产业化示范工程项目的实施协调和促进工作，2015年4月在北京组织召开了“煤炭行业低碳技术创新及产业化示范工程项目实施进度交流会”。 煤炭行业11个低碳技术创新及产业化示范工程项目中，绿色、高效煤矿建设成套技术创新及产业化示范工程5项，煤矿矿井回风、矿井水源热泵项目2项，低浓度瓦斯、乏风瓦斯利用项目4项。

2.为贯彻新修订的《中华人民共和国环境保护法》，促进煤化工水处理技术应用与创新，推动我国煤化工产业健康发展，提高煤化工项目环境保护水平， 2015年4月召开“全国煤化工水处理技术发展与应用创新研讨会”。会议围绕推进煤化工项目污水治理和循环利用等技术、工艺及装备的创新与应用进行了交流研讨。

3.为落实国家“能源革命”战略要求和《煤炭清洁高效利用行动计划2015-2020》，推进煤炭利用方式转变，提高煤炭资源综合利用水平， “首届中国煤炭清洁高效转化利用产业大会”于 2015年7月18日在宁夏银川召开。会议就“十三五”期间能源领域发展方向、重点工作、煤炭清洁高效利用、低阶煤分质分级高效利用、气化技术、煤化工水处理技术、煤基多联产、煤化工产品市场竞争力及环保成本等进行了交流和研讨。

4.2015年9月18日，召开煤基精细化学品技术经济研讨会。会议围绕煤制化学品领域产品结构的优化、延伸精细化工产品链、常规煤制化学品的下游深加工等问题，进行了深入研讨。

5.2015年9月9日，煤炭行业选煤分会理事长扩大会议暨动力煤干法分选观摩研讨会在新疆乌鲁木齐召开。会议交流讨论了动力煤干法分选技术现状和应用推广案例，组织代表参观了神华新疆宽沟煤矿空气重介分选机和FGX复合式干法分选机的应用情况。宽沟煤矿尝试采用干法选煤，建成了我国第一座模块化干法选煤厂，生产出灰分4%以下的精煤产品，大幅度提高了企业效益。

6.2015年11月12日召开第二届新型煤气化与煤质专题技术研讨会暨中国煤炭加工利用协会煤转化分会年会。会议就煤气化技术对煤种、煤质的要求，新型煤气化技术开发及其经济性，先进煤气化技术应用的最新进展，煤化工示范项目企业煤种煤质管理经验，以及煤化工项目企业“三废”处理技术、废水处理技术等相关内容进行了交流研讨。

7. 2015年11月19日，召开“煤矿余热利用取代燃煤小锅炉可行性及相关建设标准研究”课题中期成果汇报会。大力推广煤矿矿井水、矿井回风等余热利用，充分利用煤矿低位热源实现矿区供热供暖进而取代矿区燃煤小锅炉是推进散煤治理和替代的有效途径，对煤炭行业绿色、循环、低碳发展具有非常重要的现实意义。

四、典型企业循环经济发展情况

1. 神华集团。该集团以“1245”清洁能源发展战略为引领，全面落实创新、协调、绿色、开放、共享理念，通过煤炭清洁开发、清洁加工、清洁运输、清洁发电、清洁转化，形成以煤为基础的清洁能源供应体系，在为社会提供清洁能源方面取得重要进展。积极落实《大气污染防治行动计划(2013—2017)》,全面实施烟气脱硫脱硝、粉尘防治和锅炉技术改造，重点推进燃煤电厂超低排放，努力减少大气污染物排放。2015年，完成29台共1773万千瓦燃煤发电机组超低排放改造。截止2015年底，累计实现47台、2465万千瓦燃煤发电机组超低排放，约占煤电装机容量的35%。全年二氧化硫和氮氧化物排放总量同比分别下降26%和32.1%。

积极落实国务院对京津冀地区大气污染防治工作要求，大力推进京津冀地区煤炭的清洁高效利用，主动参与该地区燃煤大气污染物治理行动，制订了京津冀地区大气污染防治清洁燃煤的整体解决方案。方案包括向京津冀地区提供优质清洁燃煤；对神华在京津冀地区的燃煤电厂全部实施超低排放改造；对神华现有电厂实施供热改造，扩大供热范围；针对低效中小燃煤锅炉，实施高效煤粉炉替代；提供中小型供热及工业锅炉民用洁净煤等措施。通过大力推进清洁、智能、绿色、安全、高效开采，减少煤炭生产对外部环境的扰动，为市场供应洁净煤炭，神华环保煤生产和供应被列为京津冀大气治理的重要手段之一。燃煤工业小锅炉专项治理取得显著成效，截止2015年底，累计投入专项改造资金2.1亿元，淘汰、改造346台，其中关停替代212台，节能环保改造79台，优化调整55台，实现燃煤工业锅炉的关停替代和高效清洁治理。

该集团结合实际，积极探索开发以风光为主的可再生能源，以核能为主的零碳排放能源，以页岩气为主的非常规天然气，风电、光伏、水电等可再生能源装机容量超过610万千瓦。

有序推进煤炭清洁低碳转化。2015年，新疆煤基新材料和陕西甲醇下游加工两大在建项目全面建成。经神华煤制油工艺生产的汽柴油产品，氮含量小于0.5ppm，硫含量小5ppm，达到或超过欧V标准，具有良好的环保特性。神华煤基火箭煤油、煤基喷气燃料、煤基低凝点柴油等方面的研究处于世界先进水平。与此同时，积极探索减少煤炭转化过程中产生的二氧化碳对大气的影响。建设了中国首个、全球最大的二氧化碳捕捉和封存（CCS）示范项目，该项目将二氧化碳通过捕捉压缩封存到鄂尔多斯盆地1500—2500米之间的咸水层，项目完全建成投运后，每年可减少约5100万立方米二氧化碳排放量，相当于274公顷阔叶林碳汇造林。截止2015年底，项目已累计注入二氧化碳30万吨。

建立健全能源环保体系，强化能源环境基础管理。2015年，持续推进ISO14001环境管理体系、健康安全环境管理体系（HSE）、能源管理体系、风险预控体系等标准化管理体系建设，严格执行节能环保“三同时”管理，全面管控环境风险。建成投运集监测、预警、对标为一体的节能环保在线监测平台，实现对煤炭、电力、煤化工三大板块的117家企业重点污染源的实时监测与预警。制定了《节能环保统计体系和计算方法》企业标准，涵盖综合、煤炭、电力、运输和煤制油化工等五部分，实现企业统计对标的规范化、标准化。

2015年，集团投入节能环保专项资金57.9亿元，其中节能资金21.8亿元，环保资金36.1亿元。开展了锅炉改造、变频改造、水源、地源、风源热泵改造等节能工程，除尘、脱硫、脱硝、水资源综合利用与废水防治、生态建设、排矸场治理等环保工程。

2. 中煤集团。该集团“十二五”时期持续推进“绿色中煤”建设，先后制订《绿色发展纲要》、《“十三五”节能环保规划》、《年度“绿色中煤”实施方案》构建了集团绿色发展的中长期战略、五年规划、年度计划“三位一体”战略管控体系。公司坚持“绿色、循环、低碳” 理念，通过完善标准体系、提高资源回收率、降低能源消耗、开展能源管理体系建设试点和能效对标、推进治污减排，提升绿色发展品质。通过开展绿色标准与评价体系建设，初步构建了“绿色中煤”三大主业六项绿色标准体系，其中煤炭采选（露天、井工、选煤厂）三项标准已经编制完成，矿建施工（矿建施工、矿山地面建筑施工）、煤机制造三项绿色标准已经开始试运行。

平朔矿区不断完善煤炭开采—洗选—发电—煤化工产业链，以及以复垦区土地资源利用为主线的农—林—牧—药生态产业链，持续推进绿色可持续发展。累计投入各类节能环保资金50亿元，用于矿区生态环境治理和节能改造，完成土地复垦面积4.5万亩，矿区土地复垦率达到90%以上，矿区周边造林6.2万多亩，扬土场植被覆盖率由原来的不足10%提高到95%以上。上海大屯能源公司形成综合利用煤矸石、煤泥、粉煤灰、矿井水为主的循环经济产业链，实现废弃物吃干榨净。

加强节能环保目标责任、组织管理、统计监测和考核奖惩管理体系建设。形成公司总部、二级企业、矿（厂、处）、区队（车间）四级节能环保管理网络。所属企业一、二级能源计量器具配置率达到90%以上。2015年，公司完成节能投资2600余万元，实施电机系统节能、能量系统优化、余热余压利用等节能项目20余项，全部取得预期效果。山西中煤东坡煤业公司空压机余热回收利用项目，全年减少锅炉燃煤2000余吨标准煤，减少运行费用60万元。投资9471万元，实施废水治理、烟气脱硫脱硝改造、固废治理、生态建设等项目61项。该集团在鄂尔多斯图克工业园建设的图克化肥项目，采用先进的高浓度盐水处理工艺，废水回用率达到98%，原水消耗比设计值下降29.7%，每年可节约新鲜水730.2万吨，有力地缓解了当地水资源紧缺的压力。

3.同煤集团。该集团不断完善循环经济园区规划设计，加强项目储备、科技创新、节能环保、服务管理和文化建设工作。2015年，完成了集团公司“十三五”循环经济园区发展规划初稿的编制；完成了保德铝工业循环经济园区规划的编修、评审工作。开展了60万吨烯烃项目环境影响评价的评审以及同忻4.8亿块煤矸石烧结砖、4万吨高岭土项目的论证工作。

2015年11月，漳泽电力塔山分公司2号机组超低排放技术改造工程通过山西省环保厅验收，成为全省第一台实现超低排放的60万千瓦燃煤发电机组。目前，该电厂2台60万千瓦燃煤发电机组全部实现超低排放，脱硫效率由原来的95%提高到98.93%，脱硝效率由80%提高到87.5%,除尘效率由99.96%提高到99.99%。与此同时，改造了43台工业锅炉的脱硫除尘器，完成了15座矸石山黄土覆盖绿化生态恢复治理。

“十二五”期间，该集团进一步实施固废无害化处置利用。朔州煤电“王坪—小峪”循环工业园区按照以煤为基、多元发展的思路，全面打造“煤电、建筑建材、房地产开发、机械制造加工、现代农业五大板块，初步实现产业转型、循环发展的良好势头。宏力再生工业公司建成年产1.2亿块煤矸石烧结砖、30万立方米粉煤灰加气砌块和年产2万吨的粉煤灰无机纤维生产线。以粉煤灰、炉渣、废气和煤矸石为原料，生产出煤矸石烧结砖、粉煤灰加气混凝土砌块、清水砖、清洁低硫型煤、改性粉煤灰等多种节能环保产品。塔山循环经济园区煤矸石砖厂、高岭土厂、粉煤灰砖厂、水泥厂全年消化利用煤矸石、粉煤灰、炉渣、脱硫石膏约100万吨，其余全部进行填埋、复垦、绿化等无害化处理，取得了良好的综合效益。

4.潞安集团。该集团发展循环经济，推进资源综合利用，让废弃物变为优质产品。2015年煤矸石综合利用电厂累计发电25.21亿千瓦时，利用煤矸石126.87万吨；煤矸石制砖0.73亿块，消化煤矸石24万吨；低浓度瓦斯发电厂累计发电4099万千瓦时，利用瓦斯1655万立方米。全年利用煤矸石和瓦斯共节约替代能源45.2万吨标准煤，减排二氧化碳112.8万吨。2015年该集团喷吹煤产量1500万吨，喷吹煤与焦炭置换比达到1：0.9，按生产一吨焦炭消耗140千克标准煤计算，可减少189万吨标准煤，减排二氧化碳470万吨。

2015年共投入近2亿元资金，完成环保项目53项。包括王庄煤矿北矸石山绿化工程、潞宁煤业井下水预处理系统、常村、五阳煤矿生活污水提标改造工程、容海电厂锅炉污染物综合治理等重点工程。

该集团针对潞安煤矸石山的特点与分类，探索了三种矸石山绿化治理模式：老矸石山景观化治理模式、新矸石山即排即治模式和矸石填沟造地造园模式相结合的矸石山绿化模式。截止2015年底，矸石山绿化面积58万平方米，种植乔灌木83万余株，草坪36万平方米，成活率达90%以上。

5.晋能集团。该集团通过发展循环经济，创新发展模式，实现资源利用综合化、环境保护最优化。以煤、电、清洁能源为基础，贸易物流为支撑，整合优化多元产业，在做实一次能源的同时，注重发展二次能源，实现高碳能源低碳发展、黑色煤炭绿色发展、资源型产业循环发展。积极探索煤电发展之路，通过煤电一体化，进一步延伸产业链，围绕“煤—电“主导产业，以发展工业园区的模式推进循环经济，投资建设了朔州粉煤灰综合利用工业园、王家岭循环经济园区、偏关综合物流园区、汾阳文峰循环经济园区、孝义孝龙循环经济园区。

该集团投资建设的嘉节热电联产项目是山西省首个F级“二拖一“燃气蒸汽联合循环空冷机组，全厂装机容量860MW，以天然气或煤层气为燃料，采用城市污水厂处理后的中水作为生产水源，较同类型湿冷机组节约用水量达70%以上；对全厂噪声进行综合治理，首次实现对空冷系统的全面降噪。该电厂作为太原市南部地区的主力热源点，承担该地区的集中供暖供热，解决太原南部地区约1000万平方米集中供热面积的热负荷需求，替代供热区内62台燃煤锅炉以及城中村土小锅炉3855台，全年可减少烟尘排放921吨、二氧化碳排放1594吨，具有显著的经济、环保和社会效益。

（撰稿:朱建荣，中国煤炭加工利用协会）

2015年废钢铁循环利用报告

中国废钢铁应用协会

废钢铁是节能环保的绿色铁素资源，提高废钢铁循环利用水平，对推进我国钢铁工业绿色发展，促进全社会生态文明建设具有深远的意义。

2015年是“十二五”收官之年，我国经济在错综复杂的国际形势影响下，走过了不平凡的五年。面对国内经济下行的压力，国家采取了稳增长、调结构、转方式的发展战略，用改革创新保持了中国经济的中高速增长，“十二五”我国经济发展画上了一个圆满的句号。

钢铁工业在化解过剩产能，应对低迷市场的状态下，又走过艰辛的一年。废钢铁产业饱受钢铁工业严冬的冲击，废钢铁的循环利用处于低谷期，全行业在困境中努力拼搏，为钢铁工业的绿色发展做出贡献。

一、2015年钢铁工业废钢铁循环利用和市场概况

（一） 2015年钢铁行业总体运行情况

2015年，我国粗钢产量80382万吨，同比下降2.35%，是至1981年以来首次出现负增长。生铁产量69142万吨，同比下降3.5%；钢材产量112350万吨，同比增长0.6%。

2015年，钢铁行业经济效益大幅下降，钢协会员企业实现销售收入2.89万亿元，同比下降19.1%，实现税金632.2亿元，同比下降22%，实现利润总额为亏损645.3亿元，亏顺面为50.5%。从2014年盈利225.9亿元，到2015年亏损645,3亿元，两年期间870亿元的下降幅度，是我国钢铁工业发展史上从未有过的。

2015年，我国出口钢材11240万吨，同比增长19.95%，创历史之最。出口的增长反映出我国钢铁产品国际市场竞争力的增强，同时国际贸易保护主义抬头，出口难度加大。

2015年，全球贸易低迷，大宗商品价格起伏波动，特别是铁矿石价格的大幅下滑，对我国废钢铁产业的影响很大。钢铁企业在困境中继续采取多用铁矿石，减少废钢铁比例的炼钢工艺，致使2015年废钢铁消耗量出现负增长。

为满足长流程生产工艺的需求，2015年我国进口铁矿石95272万吨，同比增长2%，创历史新高，对外依存度已超过80%。2015年进口废钢233万吨，同比下降9%，是近十年废钢进口数量最少的年份，废钢的进口量只占铁矿石进口量的2.4%

表1 2006—2015年进口铁矿石情况

类别 \ 年份	2006	2007	2008	2009	2010	2011	2012	2013	2014	2015
数量（万吨）	32632	28309	44366	62778	61864	68608	74355	81941	93251	95272
价格（美元/吨）	61	88	136	80	128	164	129	129	100	60
进口废钢占铁矿石比例（%）	16.5	12	8.1	21.8	9.5	9.9	6.7	5.4	2.7	2.4

（二） 2015年全国炼钢废钢铁消耗总量和综合单耗同步下降

“十二五”期间，继2012年炼钢废钢铁消耗量同比下降以后，2015年再次出现负增长。

根据废钢协会统计资料，2015年全国炼钢消耗废钢铁8330万吨，比2014年的8830万吨下降500万吨，降幅5.7%。全国炼钢废钢铁综合单耗104kg/吨钢，同比下降3kg/吨钢。其中转炉废钢铁单耗66kg/吨钢，与同期基本持平；电炉废钢铁单耗580kg/吨钢，同比下降4kg/吨钢，降幅0.7%。

废钢铁消耗下降不仅是由于单耗的降低，因粗钢产量的下降，使消耗量减少约200万吨。

表2 2006—2015年我国炼钢废钢铁平均消耗统计表 单位：万吨

类别＼年份	2006	2007	2008	2009	2010	2011	2012	2013	2014	2015
综合单耗（kg/t）	160	140	144	145	138	133	117	110	107	104
环比增减量（kg/t）	-18	-20	4	1	-7	-5	-16	-7	-3	-3
炼钢废钢比（%）	16	14	14.4	14.5	13.8	13.3	11.7	11	10.7	10.4
转炉单耗（kg/t）	79	75	82	76	81	80	69	67	66	66
环比增减量（kg/t）	-12	-4	7	-6	5	-1	-11	-2	-1	0
电炉单耗（kg/t）	548	549	546	658	640	623	602	559	584	580
环比增减量（kg/t）	-108	1	-3	112	-18	-17	-21	-43	25	-4

2015年，炼钢废钢铁消耗总量和废钢比的双降，反映出重点钢铁企业废钢铁应用量下降的局面并未彻底扭转，对废钢铁加工企业的影响仍在持续，实现多吃废钢，精料入炉的目标任重道远。

但电炉转炉化的发展趋势并无明显改变，造成废钢铁消耗量的减少。

表3 2006—2015年重点钢铁企业电炉热铁水消耗情况

类别＼年份	2006	2007	2008	2009	2010	2011	2012	2013	2014	2015
热铁水（kg/t）	425	416	436	484	498	499	560	577	614	581
生铁块(kg/t)	120	107	90	105	72	62	76	58	46	47
合计（kg/t）	545	523	526	589	570	561	636	635	661	628

（三） 2015年炼钢废钢铁资源减少

我国废钢铁资源由企业自产、社会采购、国外进口三大部分组成。

根据废钢协会统计资料测算，2015年，全国废钢铁资源量为8520万吨，同比减少500万吨。其中企业自产4190万吨，同比增加90万吨；社会采购4090万吨，同比减少650万吨；进口补充180万吨，与同期持平。

表4 2006—2015年我国废钢铁资源平衡情况表 单位：万吨

年份＼类别	废钢铁消耗量	废钢铁资源构成				
		企业自产量	社会采购量	进口补充量	废次材调出量	库存变化量
2006	6720	2750	3980	340	310	40
2007	6850	2780	4230	120	270	10
2008	7200	2860	4200	260	220	-100

2009	8310	3040	4580	1020	200	130
2010	8670	3300	5190	440	160	100
2011	9100	3560	5080	510	200	-150
2012	8400	3650	4420	370	150	-110
2013	8570	3850	4650	380	170	140
2014	8830	4100	4740	180	140	50
2015	8330	4190	4090	180	190	-60

2015年废钢铁资源量同比减少，主要是重点钢铁企业为降低成本，在炼钢时减少废钢铁的使用量，特别是电炉钢生产企业热铁水应用比例仍居高不下。

（四）2015年我国进口废钢处于低谷期

2015年，全国进口废钢233万吨，比同期减少23万吨，降幅9%。进口废钢资源主要来源于日本194.7万吨，美国8.1万吨，韩国8.1万吨，三国占进口总量的90.5%。

浙江、江苏两省是我国废钢进口重点省份，占全国进口总量的93%。其中浙江省进口190万吨，江苏省进口26.6万吨。

（五）2015年国内外废钢铁价格持续下滑

1.2015年国内废钢铁价格继续呈下滑趋势

“十二五”启动到收官，废钢铁价格逐年下滑。

以重型废钢铁平均采购价为例，2015年初平均价格1960/吨，年底降到1080/吨，下降880元/吨 ，降幅45%。价格下滑持续时间之长，下滑幅度之大是历史罕见的。

2015年，重型废钢一季度平均价格为1810元/吨，二季度平均价格1590元/吨,环比下降220元/吨,降幅12.2%；三季度平均价格1330元/吨，环比下降260元/吨,降幅16.4%；四季度平均价格1190元/吨，环比下降140元/吨,降幅10.5%。2015年全年平均价格1470元/吨，比2014年下降820元/吨,降幅35.8%。

炼钢生铁一季度平均价格1980元/吨，二季度平均价格1840元/吨,环比下降140元/吨，降幅7.1%；三季度平均价格1640元/吨，环比下降200元/吨，降10.9%；四季度平均价格1500元/吨，环比下降140元/吨,降幅8.5%。2015年全年平均价格1730元/吨，比2014年下降720元/吨,降幅29.4%。

2.2015年进口废钢价格跌幅较大

由于全球经济不景气，下游需求侧低迷，国际大宗原燃材料价格处于低价位运行状态。2015年，进口普通废钢平均到岸价498美元/吨，同比下降151美元/吨，降幅23.3%。我国进口普通废钢1月份为547美元/吨，到12月份已跌到399美元/吨，下降148美元/吨，降幅27.1%。

但与国内市场相比，进口废钢还远远超过国内废钢铁的价格，影响国内企业开发国外废钢资源的积极性。

（六）2015年废钢铁行业规范工作取得新进展

2015废钢铁加工行业准入工作在困境中继续发展，当期有22家废钢铁加工企业被工信部纳入规范企业。“十二五”期间，全国已有151家废钢铁加工企业跨入准入的门槛，年加工能力达到5000万吨以上。在工信部等相关部委的关注和支持下，“十二五”我国废钢铁行业的面貌发生了很大的变化，废钢铁加工配送体系日趋完善，产业化、产品化、区域化的规划目标已初步形成，为服务于绿色钢铁的发展奠定了坚实的基础。

2015年，废钢铁加工企业为应对钢铁行业不景气带来的冲击，积极探索生存发展之路。面对主流钢铁企业废钢铁消耗需求的下降，废钢铁市场价格的持续下滑，在经营规模上进行缩减，采购销售环节采取快进快出，少进快出，减少库存的经营模式。在废钢铁产品加工质量方面，注重满足钢厂的不同需求，树立共赢理念，强化服务意识，做到即保持与钢铁产业链的有效衔接，维系废钢铁市场的份额 ，又严格控制内部投入费用的支出，控制废钢铁产品的加工成本。

（七） 2015年废钢铁税收优惠政策出台

2015年，财政部、国家税务总局发布2015（78）号文件，对废钢铁加工准入企业给予即增即退30%增值税的优惠政策。尽管优惠比例与期望值差距加大，但对困境中运行的废钢铁加工企业增强了信心和看到了希望。行业的发展单靠市场的推动是行不通的，政府的关注和支持是不可缺少的重要动力，特别是在市场运行不佳的状态下，更需要政府出手助力。废钢铁加工企业应珍惜这次机遇，遵纪守法，诚信经营，利用好国家的优惠政策，促进废钢铁产业的发展。

（八） 2015年废钢铁产业发展存在的主要问题

1. 钢铁工业废钢铁循环利用量减少，影响废钢铁产业的发展。

2015年，炼钢废钢铁消耗呈现双降，仅纳入废钢协会统计的88家重点钢铁企业比同期少采购社会废钢铁约460万吨，降幅24%。造成废钢铁加工企业开工不足，经营规模缩减，企业经济效益下滑，部分企业处于停产和半停产状态，对行业规范和产业发展都带来一定的影响；

2. 在化解钢铁过剩产能时，国家对利用绿色钢铁原料废钢铁炼钢的钢铁企业没有激励政策，铁矿石炼钢的比例呈增长趋势，废钢铁炼钢比例逐年下降，“十二五”我国炼钢平均废钢比11.4%，比“十一五”下降了3.1个百分点；

3. 废钢铁增值税优惠比例较低，对缓解废钢铁加工企业的困境极其有限。即征即退的比例应大于50%。

二、“十二五”废钢铁产业的贡献

废钢铁是绿色的铁素资源，是发展绿色钢铁不可缺少的钢铁原料。多用废钢铁炼钢，减少铁矿石的比例，是最直接最有效的节能环保措施。

“十二五”期间，我国炼钢消耗废钢铁约4.3亿吨，比“十一五”的3.8亿吨增长13.2 %。用废钢铁炼钢数量约占“十二五”粗钢总量的11.4%。与铁矿石炼钢相比，用1吨废钢铁炼钢可减少1.6吨CO2的排放，可减少3吨固体废物的排放，可节省1吨原煤。“十二五”期间，用废钢铁炼钢与铁矿石炼钢相比共减少6.9亿吨CO2的排放，减少12.9亿吨固体废物的排放，节省原煤4.3亿吨。废钢铁的循环利用，对生态环境的改善有着不可替代的重要作用。

“十二五”时期，我国钢铁工业每年产生的钢铁渣已超过3亿吨。对钢铁渣的开发利用，是钢铁企业落实国家发展循环经济，实现钢铁工业绿色发展的重要任务。

“十二五”时期，我国钢铁渣的产生量约16.57亿吨，其中高炉渣11.53亿吨。钢渣5.04亿吨。钢铁渣的开发利用量 10.4亿吨，综合利用率63%。其中高炉渣利用量9.27亿吨，利用率80.4%；钢渣利用量1.13亿吨，利用率22.4%。与“十一五”相比，钢铁渣的综合利用率提高8个百分点，其中高炉渣利用率提高8个百分点，钢渣的利用率提高7.4个百分点。

三、全球废钢铁循环利用情况

表5 世界主要国家和地区废钢出口情况 单位：万吨

年份国家和地区	2006	2007	2008	2009	2010	2011	2012	2013	2014	2015
美国	1398	1664	2171	2244	2056	2437	2140	1850	1534	1298
欧盟	1008	1057	1280	1579	1900	1881	1921	1683	1686	1374
日本	765	645	534	940	647	544	846	813	735	785
俄罗斯	980	786	513	120	239	404	435	371	569	558
加拿大	314	410	408	479	515	483	425	452	452	342
澳大利亚	--	150	171	193	164	175	225	220	236	190
南非	—	75	127	114	122	144	163	173	149	127

表6　世界主要国家和地区废钢进口情况　　单位：万吨

国家地区 \ 年份	2006	2007	2008	2009	2010	2011	2012	2013	2014	2015
土耳其	1101	1714	1742	1567	1919	2146	2242	1973	1907	1625
韩国	562	689	732	780	809	863	1013	926	800	576
印度	336	301	458	534	464	618	818	564	567	671
中国	539	339	359	1369	585	677	497	447	256	233
中国台湾	446	542	554	391	536	533	496	445	427	337
美国	481	369	357	299	378	400	371	388	422	351
欧盟	729	514	481	327	365	371	341	310	314	283
加拿大	150	144	167	141	223	191	234	175	152	152
印度尼西亚	—	126	190	148	164	252	194	240	214	102
马来西亚	—	369	229	168	229	205	182	192	—	—
泰国	—	181	314	132	128	188	170	96	138	—

“十三五”我国炼钢废钢比要达到20%，从废钢铁资源的产生量可满足需求。但目前废钢铁循环利用水平与目标存在很大的差距，达到世界平均水平短期也难以实现。提升炼钢废钢比需钢铁企业和废钢铁加工企业付出很大的努力，关键是政府部门关注和支持的力度，期盼“十三五”时期，国家对废钢铁的循环利用给予更大的扶助，保证废钢比20%规划目标的顺利实现，为“十四五”炼钢废钢比达到30%创建良好的基础。

（撰稿：刘树洲，中国废钢铁应用协会）

石油和化工行业2015～2016年循环经济报告

中国石油和化学工业联合会

一、2015～2016年石油化工行业发展概况

2015年是我国“十二五”收官之年。全球经济继续深度调整，我国经济下行压力加大。面对复杂多变的国内外经济形势，石化化工行业按照党中央、国务院部署，坚定信心，沉着应对，克服重重困难，基本实现了行业经济的平稳运行，产品生产稳步增长，整体效益回升企稳，转型升级持续推进，结构调整逐步加快，能源效率继续提高，但是受国内经济增长放缓、国际油价断崖式下跌等因素影响，固定资产投资持续低迷，行业下行压力仍然较大。

产量总体增长。2015年，石化行业增加值同比增长7.2%，化工行业增加值同比增长9.3%，大部分行业生产实现了不同程度的增长。合成材料总产量1.23亿吨，增长8.2%；苯产量783.1万吨，增长6.6%；乙烯产量1714.5万吨，增长1.6%；硫酸产量8975.5万吨，同比增长4.0%；纯碱产量2591.7万吨，增长3.1%；甲醇产量4010.5万吨，增长8.3%；农药产量374.1万吨，增长2.3%；化肥总产量7627.3万吨，增长7.3%；轮胎行业受美国“双反”的影响，下降4.0%产量为9.25亿条。

效益整体下滑。2015年，全行业效益总体下滑。主营业务收入12.74万亿元，下降6.1%；利润总额6265.2亿元，下降18.3%；上缴税金1.03万亿元，增长3.7%。其中，石化行业实现主营收入3.9万亿元，同比下降20.53%；利润总额1615.6亿元，同比下降50.99%；上缴税金7107.6亿元，同比增长1.52%。化工行业实现主营收入8.84万亿元，同比增长1.9%；利润总额4603.4亿元，增幅6.3%；上缴税金2880.3亿元，增长5.1%。

结构调整逐步加快。2015年，合成材料、专用化学品、精细化学品等附加值较高的行业引领增长。其中，合成材料制造业增加值增幅达11.6%，专用化学品制造增长11.1%，涂（颜）料制造业增长9.5%，增速明显高于其他行业。基础化学原料增速明显放缓，无机化学原料产量增幅只有1.9%。产品生产增长结构进一步优化。天津港“8.12”事故之后，在中央专项建设基金的引导下，城镇人口密集区高风险危险化学品生产企业搬迁改造加速,化工生产企业进入化工园区的比例进一步提升。

能源效率继续提高。2015年，全行业重点产品能耗继续下降，行业能效明显提升。前三季度，我国吨原油加工量综合能耗下降1.0%，吨乙烯产量综合能耗下降0.1%，吨烧碱产量综合能耗下降2.0%，电石和合成氨分别下降1.1%和1.0%。石油和化工行业总能耗增长1.6%，同比回落近5个百分点，为三年来同期最低增幅。化学工业万元收入耗标煤同比下降1.1%。

二、2015～2016年石油和化工行业发展循环经济所做的主要工作

2015年， 作为资源较密集的石油和化工行业，这几年在发展循环经济上取得了长足的进步，硫酸、氯碱、电石、焦化等产业已经建立起了较为完整的循环经济产业链。

（一）建章立制，严格执行法律法规和政策文件

2014年4月24日，十二届全国人大常委会第八次会议表决通过了《环保法修订案》，新法已经于2015年1月1日施行。至此，这部中国环境领域的“基本法”，完成了25年来的首次修订。这也让环保法律与时俱进，开始服务于公众对依法建设“美丽中国”的期待。

2015年3月李克强总理在十二届全国人大三次会议的答记者问中指出，今年治理要抓住要害,也就是要严格执行新出台的《环境保护法》。强调要向雾霾宣战,不达目的却不停战。对违法违规排放的企业，不论是什么样的企业，坚决依法追究，甚至要让那些偷排偷放的企业承受付不起的代价。对环保执法部门要加大支持力度，包括能力建设，不允许有对执法的干扰和法外施权。环保等执法部门也要敢于担当，承担责任。对工作不到位、工作不力的也要问责，渎职失职的要依法追究，环保法的执行不是棉花棒，是杀手锏。

新修订的《环保法》亮点很多，其中建立 “黑名单”、违法处罚、违法成本等条款，对企业的影响非常大。比如建立“黑名单”就是将企业环境违法信息记入社会诚信档案，并向社会公布违法者名单。这无疑降低了企业形象，对企业开展信贷、上市融资、对外合作和扩大经营等都会产生巨大影响。

再如，新修订的《环保法》纳入了行政拘留、引咎辞职、区域限批等强制处罚手段，并赋予环保部门查封、扣押等权力。这严格控制了企业环保“带病”扩张，能有效限制污染蔓延。同时，环保部门有权对企业相关装置进行

查封、扣押，可直接干预非法生产和排放。而“按日计罚上不封顶”，将会让违法企业付出高昂经济代价，从而倒逼企业投入资金开展治理污染，保证达标排放。

又如，提高企业违法成本，对于没有环评、暗管排污、伪造瞒报数据、不配合监管等违法主体可立即拘留。新法对于超标排放3倍即可入刑的严厉规定，相对于老法侧重的行政处罚和最高10万元罚款，显然更有威慑力，对违法排放可长期保持高压态势。

工信部3月4日印发 《2015年工业绿色发展专项行动实施方案》，提出提升重点区域重点行业煤炭清洁高效利用水平，到2015年底，减少煤炭消耗400万吨以上，并建立京津 冀及周边地区工业资源综合利用协同发展机制，实现京津冀及周边地区尾矿、冶炼渣等工业固废综合利用量约6000万吨/年。

工信部特别提出要推进工业领域煤炭清洁高效利用，加强对重点区域工业清洁生产工作的指导。其中，指导京津冀及周边地区、长三角等重点工业企业实施清洁生产技术改造，预计全年削减二氧化硫7万吨、氮氧化物6万吨、工业烟（粉）尘4万吨。

工信部将在二季度研究制定《京津冀及周边地区工业资源综合利用协同发展行动计划》，启动区域协调发展机制，指导地方制定具体实施方案，促进京津冀及周边地区产业和生态一体化发展。

此外，工信部还将建立覆盖2000家以上重点用能企业的全国工业节能监测分析平台，实现相应区域的工业能耗数据动态监控及预警预测。并在通信、金融、电力等部门启动30家绿色数据中心试点建设。

（二）优化产业结构，着力培育战略性新兴产业

2015年，合成材料、专用化学品、精细化学品等附加值较高的行业引领增长。其中，合成材料制造业增加值增幅达 11.6%，专用化学品制造增长11.1%，涂（颜）料制造业增长9.5%，增速明显高于其他行业。基础化学原料增速明显放缓，无机化学原料产量增幅只有1.9%。产品生产增长结构进一步优化。天津港“8.12”事故之后，在中央专项建设基金的引导下，城镇人口密集区高风险危险化学品生产企业搬迁改造加速，化工生产企业进入化工园区的比例进一步提升。

产业结构优化升级是提高我国经济综合竞争力的关键举措。要加快改造提升传统产业，深入推进信息化与工业化深度融合，着力培育战略性新兴产业，大力发展服务业特别是现代服务业，积极培育新业态和新商业模式，构建现代产业发展新体系。综合国力竞争说到底是创新的竞争。要深入实施创新驱动发展战略，推动科技创新、产业创新、企业创新、市场创新、产品创新、业态创新、管理创新等，加快形成以创新为主要引领和支撑的经济体系和发展模式。

化工新材料是国家重点扶持的低碳经济领域新兴产业之一。发展化工新材料产业对国民经济各个领域，尤其是高技术及尖端技术领域具有重要支撑作用。从产业链来看，化工新材料处于中上游，上游是化工新材料所需要的关键原料，化工新材料的总体发展趋势是高性能化、多功能化、低成本化、工艺无害化、装置大型化、创新持续化。

整合资源，加快建立以市场为导向、企业为主体的“产学研用”技术创新体系，大力发展膜材料产业，以发展碳纤维及复合材料、电子化学品、推动高端工程塑料在装备中的应用为突破口，促进化工新材料进口替代。推动水溶肥的开发和应用，引导化肥工业转型升级。

（三）大力推广石油和化工企业进园区，推进石油和化工园区循环经济试点示范

2015年6月，国家发展改革委、财政部联合批复了2015年园区循环化改造示范试点园区、第六批国家“城市矿产”示范基地；国家发展改革委、财政部、住房城乡建设部联合批复了第五批餐厨废弃物资源化利用和无害化处理试点城市。

开展园区循环化改造示范试点、国家“城市矿产”示范基地建设和餐厨废弃物资源化利用和无害化处理试点是国家“十二五”规划纲要和《循环经济发展战略及近期行动计划》确定的循环经济重大工程。截至目前，国家发展改革委会同有关部门已经累计确定了五批100个园区循环化改造示范试点园区、六批49个国家“城市矿产”示范基地和五批100个餐厨废弃物资源化利用和无害化处理试点城市（区），基本完成了“十二五”确定的目标任务。

根据中国石油和化学工业联合会化工园区工作委员会所做的全国性调研统计，截至2014年底，全国重点化工园区或以石油化工为主导产业的工业园区共有381家。其中国家级化工园区（包括经济技术开发区、高新区）42家，省级化工园区221家，地市级化工园区118家。

2013年，381家化工园区的工业总产值合计超过5万亿元，占到石油和化学工业总产值（不含石油和天然气开采、化学矿采选业、专用设备制造业，下同）的44%。全国已形成石油和化学工业产值超过千亿元的超大型园区4

家，分别为南京化学工业园区、宁波化学工业区、惠州大亚湾经济技术开发区、山东齐鲁化学工业园区；产值在500亿至1000亿元的大型园区23家，100亿至500亿元的中型园区84家，产值小于100亿元的园区270家。超大型和大型园区的数量虽然仅占我国化工园区的7.1%，但二者工业总产值达到2.3万亿元，占化工园区工业总产值的46%，中小型化工园区数量占较大比重,其中大多数仍处于建设的初级阶段。

目前，全国化工园区内规模以上石油化工企业数约为1.2万家，企业入园率达到45%左右。在全国381家园区中，以上海化学工业区、惠州大亚湾经济经技术开发区、南京化学工业园区、宁波石化经济技术开发区等为代表的石油化工型园区，占到全国化工园区总数的19.7%，产值贡献比重高达45%；以泰兴、常熟、南通、张家港等为代表的各类精细化工型园区约占全国化工园区总数的30%；矿产资源型园区占全国化工园区总数38.8%，产值贡献比重为22%。其中煤化工型园区的发展尤为迅猛，以陕西榆神工业园区、宁东能源化工基地、内蒙古大路煤化工基地为代表的中西部大型煤化工园区共108家，占我国矿产资源型园区比重达到72%。

随着我国化工园区步入发展成熟期，园区管理机构按照发展循环经济和建设生态文明的要求，在吸收借鉴国际先进经验的基础上，逐步形成了5个“一体化”的建设发展理念，即原料产品项目一体化、物流信息传输一体化、公用辅助工程一体化、安全环保应急一体化和管理服务金融一体化，从物料流、储运流、能量流、危废流、资金流几个方面最大限度地发挥园区的集群化发展优势。“五个一体化”发展理念已成为全国化工园区建设管理的公认标准和方向，涌现出一批在节能环保、绿色发展方面取得优异成果的国家级示范园区，树立了良好的行业形象。

（四）石化企业加快技术创新步伐 增强转型支撑力

“十二五”以来特别是党的十八大以来，党中央高度重视科技创新，“创新驱动发展”成为国家战略，科技创新被摆在国家发展全局的核心位置。必须坚持走中国特色自主创新道路，大力实施创新驱动发展战略，成为社会各界共识。

科技创新与体制机制创新“双轮驱动”，引领着中国向创新型国家的目标迈进。我国自主创新能力大幅提高，科技整体水平从量的增长向质的提升加速转变，已步入以跟踪为主向跟踪和并跑、领跑并存的新阶段，取得大量世界先进水平的重大创新成果，涌现一批具有国际影响力的创新人才，全社会大众创业万众创新蓬勃兴起，创新成果更多惠及全体人民，创新型国家建设迈上新的历史台阶，为全面建成小康社会奠定坚实基础。

11月18日，全国石油和化工科技创新大会在北京人民大会堂隆重举行。大会对获得全国石油和化工优秀科技工作者荣誉称号的106名代表、高性能聚醚醚酮特种纤维专用料及其纤维制备与应用技术等36项技术发明奖项目、2000吨/天级全热回收两段式干煤粉加气化技术及工程应用等170项科技进步奖项目进行了表彰。

获得技术发明一等奖的高性能聚醚醚酮特种纤维专用料项目建成了国内唯一的100吨/年规模纤维生产线，使我国成为世界上第二个能够自主规模化生产聚醚醚酮特种纤维的国家；新反应型染料的创制与工业应用项目累计生产新反应型染料8000余吨，平均提高染料固色率15%，节约染料约1200吨，减少约1000吨印染废水中的染料及大量无机盐，节能减排效果显著。获得科技进步一等奖的安全高效杀菌剂噻唑锌项目，已有1个原药和5个制剂取得农药“三证”，实现了产业化和商品化；CO_2驱油与埋存关键技术实现了驱油与减排双赢，依托该项目今年底中石油在松辽盆地将达到年产油30万吨、年注入$CO_2$100万吨、年埋存量85万吨的规模。

三、2015～2016年石油和化工行业发展循环经济的典型子行业、企业和园区

（一）西固建立“四位一体”循环经济

甘肃建投建材有限公司硅酸岩分厂将粉煤灰等原料配比，然后进行搅拌、浇筑、切割、蒸压，最终形成建筑材料——加气块。这种加气块74%的原料是粉煤灰，该厂每年能消耗近15万吨粉煤灰，真正是变废为宝。这也是西固区发展循环经济的一个成功项目。

西固区是兰州市发展循环经济起步较早的一个地区，2006年3月，原甘肃省经济委员会就已经同意将西固区列为全省发展循环经济试点园区。西固区实践循环经济的基础是石油化工产业，近几年来，发展循环经济的重心也是放在建立石化产业循环生产链上，并且通过多年的努力，这一生产链条也初具规模，同时也为西固区发展循环经济奠定了坚实的经济基础。截至今年6月，全区共有16家典型性循环经济企业，其中甘肃省循环经济示范企业4户，甘肃省级循环经济试点企业2户，兰州市循环经济示范企业5户，循环经济示范企业占全区循环经济企业的69%。

今年是甘肃省实施循环经济总体规划的收官之年，也是兰州市推进甘肃省国家循环经济示范区建设工作年。西固区把发展循环经济工作作为“工作落实年”的重点内容，积极开展工业领域循环化发展，坚持走新型工业化道路，全面推行清洁生产，加快淘汰落后产能，积极培育省市级循环经济示范企业，同时以项目为支撑，全力做好企

业项目跟踪服务，依托兰州石化等大企业，大力发展化工—精细化工—化工新材料产业链、“城市矿产”再生资源综合利用产业链和新能源及能源高效利用产业链三大循环型工业产业链。

按照全市“452”循环经济发展计划，西固区通过对企业申报材料的初步核查和对生产现场的实地考察，培育并上报了4户市级示范企业，1户省级示范企业。9月份，举办了全区循环经济暨节能、节水培训班，培训范围涵盖了开展循环经济及节能节水工作的重点区直部门及重点企业。截至目前，初步建立了以减量化、再利用、资源化为特征，集循环型农业、循环型工业、循环型服务业和循环型社会“四位一体”的循环经济体系，构建3条循环工业经济产业链，实施30个重点项目，其中已完成项目16个，正在建设项目4个，前期准备项目10个。兰州石化“优化老区”，实施的炼油污水生化系统改造、催化剂污水处理装置整体改造、动力厂锅炉改造、丁苯橡胶装置尾气治理4个项目已全部完工。

按照既定目标，下一步该区将继续以完善“化工—精细化工—化工新材料循环经济产业链为总抓手。紧盯兰州石化“优化老区”项目，加大力度实施炼化结构优化调整、安全隐患治理、环保减排综合治理等重点项目，依托兰州石化资源，积极发展新能源和新材料产业，突出兰州石化作为省级循环经济示范企业的带头作用，通过调整产业结构，加大科技创新和技术改造，完善炼化副产碳四—正丁烯—甲乙酮—尾气加氢—乙烯原料的生产模式，构建以延伸石油化工下游产品为核心的石油化工循环经济产业链。并充分发挥企业在发展循环经济中的主体作用，继续巩固兰州裕隆气体有限责任公司高纯液体二氧化碳生产项目在减少温室气体排放方面的作用，实现资源在不同企业之间和不同产业之间的有效利用，挖掘工业经济增长潜力，加快建立以二次资源的再利用和再循环为重要组成部分的循环经济体系，实施煤矸石砖、粉煤灰加气块等资源综合利用项目，打造资源综合利用产业链。

（二）积极推进技术创新，强化管理，打造可盈利循环经济模式

瓮福集团拥有一项顶尖技术——从氟硅酸中提取无水氟化氢，仅这一技术就可以使沙特工厂每年获得2亿美元以上的超额收益。

在湿法磷酸、磷肥生产过程中，磷矿石中伴生的氟会以氟化氢和四氟化硅气体的形式逸出来，对环境造成极大危害，国内现行的处理方法多是将含氟气体吸收生成氟硅酸，进而加工成氟硅酸纳、氟化铝，但回收率低。瓮福集团通过技术引进和再创新，开发出了国际领先的从氟硅酸中提取无水氟化氢技术，投资5亿元建成了国内首套2万吨/年无水氟化氢装置，并陆续在国内其他磷肥项目中推广。该技术实现了磷矿伴生氟的资源化利用，同时也大大减少了氟化物的排放，获得了国际众多客户的认可。

这一技术的成功开发和应用，仅仅是瓮福集团节能降耗、资源综合利用、走循环经济之路的缩影。

瓮福集团在国内同行业中首创利用磷肥企业产生的酸性废水替代硫酸作为选矿调整剂的新工艺，形成了对瓮福及全国大部分矿种都适应的选矿技术，为磷肥行业实现酸性废水封闭循环提供了技术支撑。公司投资约1.2亿元建成一条48千米长输管线，将瓮福磷酸厂酸性废水送至350万吨/年的新龙坝选矿装置上，年均节约硫酸5万吨，综合成本每年降低约6000万元，两年即收回项目投资。该项目被中国石化联合会授予科技进步一等奖，并被列为国家循环经济示范项目。

瓮福集团还在厂区实施“清浊分流”。公司在生产过程中对设备冷却水、机封水、冷凝液等按水质用途分类回收，消除了清污混排现象，并强化废水内部循环，整合系统资源，提高了水资源利用率。公司组织技术人员攻关，将污水中的物质转化为产品。比如磷酸二铵装置高浓度的废水送到磷酸一铵装置生产一铵产品，磷酸一铵装置低浓度废水送磷酸二铵装置作尾洗补水。

在科技创新和强化管理的双重努力下，瓮福集团产品产量逐年上升，生产用水却逐步下降，新鲜取水由原来的1800立方米/小时减少到现在的650立方米/小时，减少63.9%，污水回用率达100%。磷铵产品水耗也由18.29吨/吨降到4.26吨/吨，下降76.7%。矿山选矿精矿水耗由2.5吨/吨下降到0.5吨/吨，下降80%。

在尾气资源利用方面，瓮福集团与其他单位共同开发了可资源化活性焦干法烟气脱硫技术，并于2005年建成中国第一套工业示范装置。该项目投用后，每年减少二氧化硫排放11520吨，产硫酸26000吨。目前投资9000万元的第二套烟气脱硫装置已进入试运行阶段，装置投用后每年二氧化硫削减量可增加到23040吨。

对于磷肥生产无法回避的磷石膏处理问题，瓮福集团通过生产新型建筑材料、分解制化肥化工产品等多种途径消化利用磷石膏，建成了20万吨/年水泥缓凝剂、50万平方米/年建材石膏板、1亿块/年磷石膏砖及50万吨/年磷石膏制硫铵等示范项目。同时，瓮福集团还建成了5000吨/年白炭黑项目、10万块/年粉煤灰制砖生产线、5万平方米/年黄磷炉渣生产微晶玻璃示范装置，攻克了黄磷炉渣制超微粉作筑坝材料的技术难关。

（三）兰州打造石化循环经济链

5月13日，兰州市政府日前出台《2015年兰州市工业循环经济工作方案》，方案明确，今年兰州市将投资458亿元，建立以减量化、再利用、资源化为特征的循环型工业体系，形成石油化工等11条循环经济产业链，培育100户示范企业，实施76个重点项目。

实施的重点项目包括：依托兰州石化、西北永新、蓝星等企业，继续完善化工—精细化工—化工新材料产业链；以兰州石化、科天化工等企业为依托，打造原油加工—石油化工—精细化工—化工新材料—原油及油品储运循环经济产业链；以连海地区产业集群为重点，完善煤炭开采—炭素制品、炼油、发电—冶金有色—建材循环经济产业链等。

今年，兰州市将加快新区石化产业园规划建设，推进新疆广汇1000万吨煤炭分质利用项目建设，加紧与兰州石化对接，落实500万吨兰炭消化渠道。启动实施兰州石化“优化老区”项目，实施炼化结构优化调整、安全隐患治理、环保减排综合治理等重点项目，年底建成炼油污水生化系统改造、催化剂污水处理装置整体改造、丁苯橡胶装置尾气治理等项目。

（四）循环经济助电石企业走出泥沼

当前，电石行业受油价下跌和下游PVC消费需求不足的影响，市场疲软，电石产能无法正常发挥，给企业的生产经营带来了诸多困难，有些企业甚至到了举步维艰的地步。面对下游消费需求不足和国家政策调整的双重压力，电石企业应该以开发高附加值下游产品作为突破口。

生产1吨电石可产生400标准立方米尾气，大部分电石企业把电石炉尾气初步净化后作为废热锅炉或者石灰窑燃料使用。而电石炉气中一氧化碳、氢气总含量在85%以上，完全可以作为原料用于制造甲醇、乙二醇、合成氨、二甲醚和甲酸钠等下游化工产品。

新疆天业（集团）有限公司是一家拥有循环经济产业链的电石法PVC企业，天业电石近几年累计完成了7台电石炉密闭化改造工作，把电石炉气净化后外输生产乙二醇、1，4-丁二醇，实现了炉气的高附加值利用。同时，电石生产的含钙废渣也进行了收集，经过预处理后用作水泥生产的原料，取得了不错的经济效益。

针对PVC、烧碱市场价格持续低迷的情况，电石企业只有依靠发展循环经济、开发下游高附加值产品、实现节能减排和废物利用，才能逐渐走出困境。

四、今后一段时期内石油和化工产业循环经济发展前景展望

开展循环经济是我国转变经济增长方式、实现节能减排与可持续发展目标的重要手段。产业集聚是开展循环经济的物质载体，而基于循环经济模式的招商也能促进产业园区升级。1990年以来，中国石化产业专业化程度日益加深，空间集聚程度不断提高，这种趋势确实为循环经济的应用与推广创造了必要条件。但另一方面，循环经济对园区升级的作用并未显现，这要求政府采取激励、政策和法律等多方面的支持。

（一）化工园区发展中存在的问题

我国化工园区发展迅速，但发展过程中存在以下问题。

一是布局不尽合理，区域产业雷同现象比较严重。由于缺乏针对全国或区域性的化工园区总体布局规划，部分地区化工园区布点数量过多，有的地方相隔几十公里范围内就布局若干个化工园区，导致部分地区园区分布出现“小而散”的问题，园区之间产业规划十分雷同，无法形成差异化发展。

二是缺乏科学产业规划，园区发展方向不明确，准入条件偏低。由于缺乏清晰的产业定位，部分园区招商方向不明确，未能形成梯次衔接、上下游配套、各具特色的产业链，园区集约发展、循环发展的优势没能得到充分发挥。甚至一些园区急于求成，对于一些限制类产品项目、落后工艺项目未加筛选盲目引入，为日后发展埋下隐患。

三是多头分管，相关建设规范与标准缺失，急需建立化工园区准入与退出机制。化工园区大多建在经济开发区、高新区或各类工业园区之中，相关审批和管理则根据各地方不同要求分别由商务厅、发改委、工信委负责，多头分管现象严重，无法形成统一的、有针对性的化工园区建设与管理规范，急需建立起一套指导化工园区整体规划、产业链建设、循环经济、安全生产、环境保护、技术创新、配套设施、日常监管、责任关怀等多方面工作，具有可操作性的指导意见与规范。

四是安全环保压力加大，清洁生产、循环经济发展亟待加强。由于存在布局不合理、缺乏科学规划、项目准入门槛低、管理不规范、基础设施建设滞后等一系列问题，导致部分化工园区的安全环境风险问题凸显、突发安全环境事件不断。一些规模较小或刚设立的化工园区，由于前期投入不足，基础设施建设严重滞后，或者部分设施闲置

不用、间歇运行，严重影响了环境安全以及周边社区民众的健康和信任度。

五是园区建设与管理水平参差不齐，专业管理人员不足。我国化工园区间发展水平、发展思路、管理水平、管理人员的业务素质等都存在较大差距，对规划编制、招商引资的开展形成一定制约。

总之，化工园区建设要从单纯追求“大干快上”、“招商引资”向规范发展、科学发展、绿色发展转变，更好地发挥产业聚集和绿色循环的整体效应。

（二）石油和化工产业循环经济的发展前景与政策建议

1．强化石化绿色制造

从源头上减少污染物的产生，大力使用清洁能源和原料，开发以可再生资源、废弃生物质等为原料进行化学品生产的技术。

实现生产过程的绿色化，采用先进工艺技术与设备，在新反应介质替代技术、高效催化技术、二次资源循环技术、环境保护核心技术及过程强化与先进反应与分离技术和设备等重点领域形成一批绿色工艺工程技术。

加强新技术、新设备的研发与应用，加强综合管理，使外排污水控制指标趋于自然水体；推广应用烟气除尘脱硫脱硝技术、挥发性有机物的回收和催化燃烧技术、恶臭污染控制技术、回收型烟气脱硫技术、PM 2.5和温室气体控制治理等技术；工业危险固体废弃物实现减量化、无害化和资源化处理，形成达标治理、清洁生产和循环经济的环境保护体系。

2．积极构建循环经济产业链

贯彻“绿色低碳发展”的指导方针，积极推进炼油化工与其他相关产业的融合发展，通过产业链延伸和物料互用，构建产业间循环经济产业链，建立石油、煤炭、钢铁、水资源循环以及固体废弃物再资源化循环利用的多产业循环经济产业链体系。通过物质流通、能量利用以及公用工程的有机联系，使企业内外资源得到优化配置、废弃物得到有效利用，充分发挥产业集群的规模效应和循环经济效应。

3．全面推进数字化、智能化发展

为了贯彻“两化融合”和“互联网+”的国家战略，我国石化工业要充分运用互联网、大数据、云计算等现代信息技术，全面提升自动化、数字化、模型化、集成化和智能化水平，推进数字化、智能化发展。中国石化集团在这方面起步较早，业已取得显著成效，特别是在工程建设领域积极打造数字化工厂，在生产经营领域全面深化推进智能工厂试点示范应用。

（撰稿：李永亮，中国石油和化学工业联合会发展产业部）

拆船业2015年循环经济报告

中国拆船协会

一、我国拆船业发展循环经济概况

2015年，受全球经济增长乏力，国内经济增速放缓，航运业持续低迷以及国内鼓励老旧船舶提前报废政策等因素影响，航运业淘汰老旧船舶数量较多，我国拆船业拆解废船数量和安全环保水平方面，继续位居世界前列,为国内循环利用了大量可再生金属资源，取得了较好的社会效益。受国内钢材及废钢市场价格持续低迷以及拆船环保、人工、融资成本较高等因素影响，国内拆船业经营总体继续呈现亏损。

据统计，2015年国内会员拆船企业（下称：拆船企业）成交国内外各类废船179艘162.6万轻吨（约合684万载重吨），成交废船艘数同比减少28.7%，轻吨量同比下降16%。其中，成交国内废船102艘91万轻吨，艘数同比减少28.1%，轻吨量同比下降17%；成交进口废船77艘72万轻吨，艘数同比减少29.4%，轻吨量同比下降15%。废船贸易额合计在21亿元人民币以上；上交进口关税和增值税合计约4亿元人民币。拆船数量连续七年在高位运行，成交拆解国内废船再次超过进口废船数量。受国内钢材及废钢市场价格持续低迷以及拆船环保、人工、融资成本较高等因素影响，国内拆船业已连续四年呈现亏损的状态，亏损额在5亿元人民币以上，同比增加明显，国内拆船行业继续面临严峻的考验。

（一）循环利用大量废金属再生资源

据测算，2015年拆船企业回收并循环利用废钢、有色金属等再生资源约147万吨。其中，回收利用废船板材72万吨，废钢66 万吨，各类废机电设备7.4万吨，有色金属1.5万吨。

（二）为节能减排做出新贡献

废船经过规范拆解，可获得大量多规格、少杂质、无放射物的优质废钢、有色等再生资源。众所周知，废钢是电炉炼钢的主要原料，虽然按直接生产成本计算，废钢炼钢成本要高于生铁炼钢，但是与用铁矿石和生铁炼钢相比，用废钢铁炼1吨钢可减少近1.6吨碳排放，钢铁企业多用废钢，既有利于保护资源，又有利于节约能源、减少环境污染，社会效益和综合效益十分可观。据测算，与使用铁矿石相比，用废钢炼钢可节约能源60%、减少排放废水76%、废气86%、废渣72%。换算成实物量每用1吨废钢可减少炼铁渣0.35吨，尾矿2.6吨，加上烧结焦化产生的粉尘，约减少3吨固体废物的排放。多“吃”废钢，具有较大的节能减排效果。

2015年，我国拆船业回收再生金属资源等约147万吨。从拆船回收废钢、废有色金属材料量分析，为节能减排所做的贡献（如按中国钢铁业平均铁钢比和废钢单耗测算）是：节约162万吨精矿粉；减少426万吨原生铁矿石开采；节约50万吨标煤、约 274万吨水耗、 26万吨溶剂（石灰石）；减少 6万吨废渣；节约1823万吨运力；减少182万吨二氧化碳排放。拆船业持续发展对我国环境保护、节能减排和资源循环再利用具有重要意义。

（三）落实国务院“规范发展拆船业”指示精神

2015年，拆船行业认真贯彻落实《国务院关于印发循环经济发展战略及近期行动计划的通知》、《国务院关于印发船舶工业加快结构调整促进转型升级实施方案（2013-2015年）的通知》、《绿色拆船通用规范》和商务部等八部委《关于规范发展拆船业的若干意见》，拆船业在加强行业基本建设、企业准入、废船贸易规范、企业信息管理和管理体系认证等方面开展工作。截止2015年底，拆船企业通过ISO9001质量管理体系、ISO14001环境管理体系和OHSMS18001职业健康与安全管理体系认证有27家，基本覆盖大部分重点拆船企业；获得不同级别“绿色拆船企业”称号有16家。另外，中国拆船协会于2015年9月获得ISO9001质量管理体系证书，成为国资委所联系的307家协会中第二个通过此认证的行业协会。

二、拆船业积极探索发展循环经济模式和新的安全环保项目

1．探索拆船业发展循环经济模式。拆船业一贯将废金属资源的循环再利用作为行业的重点工作。废钢船的拆解加工再利用符合“减量化、再利用、资源化”的基本原则，是发展循环经济的重要行业。

江门市新会双水拆船钢铁有限公司成立于1984年，是国内拆船历史悠久、循环利用废钢资源量较多、再制造产品种类较多、质量较好的重点拆船企业，同时是国家第一批发展循环经济试点单位。经过30多年的发展，公司从单一的拆船企业已发展为集拆船、废钢加工铸造箱角、轧制型钢、生产无缝钢管和管桩端板于一体的综合型企业。

目前公司具备生产集装箱箱角120万套/年、集装箱内角柱及各类规格型材20万吨/年、各种规格的无缝钢管10万吨/年能力；具备年拆解加工废钢船等各类再生资源100万吨/年的能力。深加工利用率为35%。2015年，公司充分利用拆船废钢大力发展循环经济，提高了废钢深加工率和附加值，全年拆解国内外废船16艘17.5万轻吨，获取可轧材废钢板约8.3万吨，废钢约7.6万吨，有色金属近0.17万吨，利用废钢生产了大量集装箱箱角、内柱和无缝钢管等延伸产品。该公司是业内最早通过ISO14001环境管理体系和OHSMS18001职业安全健康管理体系认证的单位；是首批三家获得4A级绿色拆船称号的企业之一；已通过广东省清洁生产审核验收；被授予“废钢铁加工配送中心示范基地”称号；是首批批准为符合《废钢铁加工行业准入条件》和定点拆解国内老旧船舶和单壳油轮的企业。

江门市新会双水拆船钢铁有限公司作为拆船行业在国家发展循环经济中的试验田，其开展循环经济工作的实践和经验，对拆船业研究实施循环经济发展战略和基本模式将起到积极作用。

2. 开展安全环保项目研究与推广。 由于老旧船舶所用防污漆有近一半是含有滴滴涕（DDT）成分，而DDT是国际斯德哥尔摩公约首批受控物质，为消除拆船过程中含有DDT防污漆对环境的负面影响，拆船企业在国家环保部和有关机构指导下，开展了《拆船作业中有毒有害防污漆的安全及环境无害化管理示范》项目。2015年5月，受环保部外经办委托，中国拆船协会在舟山长宏国际船舶再生利用有限公司召开“拆船作业中防污漆无害化管理示范项目成果推广会”。来自23家会员拆船船企业的代表，中国海事局、环保部污防司、浙江海事局、舟山海事局的有关领导以及中国船舶工业综合技术经济研究院的专家应邀参加了项目推广活动，取得良好效果。

3. 开展岗位专业培训。为规范废船拆解技术要求，做到关键岗位持证上岗。2015年3月，中国拆船协会与中国船舶工业安全生产培训中心共同举办了“第三期拆船业可燃性气体测试技术和动火作业审批资格”岗位培训班，共有来自近30个会员企业的51人参加了培训，并取得岗位资格证书。通过教员授课、教学互动、实操训练和考试等形式，使学员系统掌握相关专业知识和安全管理技能,培训班取得良好的效果。

4. 参与《循环经济促进法》修改工作。2015年11月，协会负责人应邀参加的全国人大环资委“循环经济法修改领导小组第二次会议”，并就拆船业发展中的行业准入、废船流向管理、规范废船交易行为、报废船舶再制造以及拆船产业的归口管理等问题作了专题汇报，并回答与会领导关心的问题。

5. 继续加大环保投入。2015年在拆船业面临较大经营困难的情况下，骨干拆船企业没有放松对安全、环保的投入，不断加强安全、环保意识，优化废钢船拆解技术和工艺，关注职工健康和劳动保障。据不完全统计，全年企业在环保安全设施方面投入近300万元人民币。

三、拆船业发展循环经济的工作计划

加强行业建设,实现规范发展。拆船业要认真贯彻落实国务院《防止拆船污染环境管理条例》关于拆船厂须编环评报告书及《船舶工业调整和振兴规划》中“规范发展拆船业，实行定点拆解”的指示精神，协助国家有关部门制订拆船业准入条件和相关行业标准，抓好产业定位，提升产业进步。

目前，我国《循环经济促进法》中，对电器电子产品回收拆解和再利用有“交售给具备条件的拆解企业”要求。拆船业呼吁国家有关部门按照生态文明建设和绿色发展的要求，对国内各类废船拆解实行统一的管理体系，改变政出多门局面，从源头抓起，清理检查、严厉打击非法拆解或私拆乱拆，切断利益链条，维护正规企业的合法权益，真正把国务院“规范发展拆船业，实行定点拆解”落到实处。

2. 强化行业自律，倡导绿色拆船，提高管理水平。要提高拆船业的循环利用率和节能减排能力；加大人员培训力度，提高队伍整体素质；强化拆船企业建立质量管理、环境管理和职业安全健康管理体系；落实《拆船业行规公约》要求，履行社会责任，建立行业诚信体系。

3. 积极推动拆船业发展循环经济。根据国家发改委《产业结构调整指导目录（2011年）》要求，研究开发拆船物资设备及零部件的深加工和再制造；确立考核拆船企业发展循环经济的指标体系；建设有利于拆船业发展的平台和网络体系；通过税收等经济杠杆，促进和鼓励拆船企业加大对下游产品的开发力度，加大国内外废船拆解物资的循环利用力度，提高废船资源的综合利用水平。

4. 落实产业政策，淘汰落后拆船方式。要彻底淘汰落后的“废旧船舶滩涂拆解工艺”，抓紧技术改造，杜绝环境污染，推广绿色拆船工艺和规范，进一步提升拆船业的环保安全管理水平。

（撰稿： 管建军，中国拆船协会）

橡胶行业循环经济2015年度报告

中国橡胶工业协会

2015年是“十二五”最后一年，青山绿水、蓝天白云，圆“美丽中国之梦”已经成为全国人民正在追求的向往，也是我国经济发展方式转变的关键阶段。

在中国橡胶工业协会正确引导下，废橡胶综合利用行业在《中国制造2025》、《中国橡胶工业强国发展战略研究》指引下，落实安全、创新、节能、环保理念。在校企科技人员和企业家们的共同努力下，为新环境保护法执行，强化结构调整，推进产业升级，推动创新驱动。倒逼废橡胶综合利用行业加快环保理念改变，淘汰“小三件”、淘汰煤焦油、改变脱硫方式、加快自动化生产工艺进程的步伐。特别是6月25日财政部、国家税务总局颁布“财税〔2015〕78号”《资源综合利用产品和劳务增值税优惠目录》”，对废橡胶综合利用行业胶粉、再生橡胶、轮胎翻新产品自2015年7月1日起享受增值税50%即征即返优惠政策，显示了国家对承担保护环境、加快绿色转型、提质增效、由大变强的废橡胶综合利用行业的认可与支持，为废橡胶综合利用产业可持续发展带来巨大的动力。

根据中国橡胶工业协会对轮胎、力车胎、胶管胶带、橡胶制品、胶鞋、乳胶、炭黑、废橡胶综合利用、橡胶机械模具、橡胶助剂、骨架材料11个分会414家重点会员企业的统计，2015年完成现价工业产值2814.64亿元，同比（下同）下降11.58%；实现销售收入2621.06亿元，下降11.30%；实现出口交货值815.69亿元，下降12.10%；出口率（值）为28.98%，与上年相比下降0.17个百分点。338家重点企业（不包括助剂、骨架）,实现利税207.48亿元，下降8.45%；实现利润125.97亿元，下降16.99%；销售收入利润率5.56%，与上年相比下降0.33个百分点；出现51家亏损企业,增加15.09%；亏损企业亏损额12.78亿元，增加53.30%；产成品库存263.78亿元，下降1.31%。

一、废橡胶综合利用行业基本情况

“十二五”期间，废橡胶综合利用产业在量化规模、资源利用率、科技创新、节能降耗及环保提升五个方面实现质的提高。在编写《中国橡胶工业强国发展战略研究》的基础上，针对企业环境、用工成本的不断提高，企业需要提高劳动效率、降低人工成本、提升产品品质，落实国家调结构、稳增长的精神，就胶粉加工、再生胶制造装备产生的安全、节能、污染隐患问题，找出差距。由单纯强调再生资源利用，转向以保护环境为基础，进一步提高对产业废弃物回收与利用的认识；编制发布《E系轮胎再生橡胶》协会自律标准，推动再生橡胶产品由关注物性指标向化学指标转移；配合中橡协完成环保部下达的《橡胶工业污染防治技术政策》编制；维护国内环境利益，明确回收处理废橡胶废旧轮胎生产胶粉、再生橡胶是为了处理我国日益增长的废橡胶废轮胎而采取的一种方式，胶粉、再生橡胶的生产其第一属性是维护国家环境安全，属于环保范畴，第二属性才是变废为宝资源循环利用。

我国是橡胶工业大国，充分利用废橡胶和废旧轮胎生产再生橡胶，弥补橡胶资源不足。“十二五”期间再生橡胶产能达到1878万吨，胶粉产能达到241万吨，与“十一五”同比，增幅60.17%、52.69%。2015年完成再生橡胶产能438万吨，废轮胎橡胶粉60万吨，翻新轮胎1500万套，按再生橡胶的橡胶烃含量45%计算，3吨再生橡胶替代1吨生胶，1.5～2吨再生合成橡胶替代1吨合成橡胶计算，仅438万吨再生橡胶就为橡胶行业提供了146万吨以上橡胶原材料，处理了600万吨以上的固体废弃物，为环境保护、弥补橡胶资源不足作出了巨大贡献。

（二）资源利用率

中国作为橡胶工业制造大国，也是橡胶资源匮乏国，80％的天然橡胶依赖进口。“十二五”期间，我国橡胶耗胶量达到2738万吨，与“十一五”同比，增幅65.81%；2015年我国汽车保有量已经超过1.6亿辆；按中国国情当年产生废旧轮胎数量超过3.3亿条左右，重量超过1200万吨。再生橡胶、胶粉、废旧轮胎原型利用、热裂解等废橡胶无害化利用率在“十二五”期间达到75%以上，比“十一五”65%，提高了10个百分点，预计“十三五”将提高15个百分点，达到90%。

（三）工艺、工装创新及节能

废旧橡胶综合利用范畴中，再生橡胶产品70%来自废旧轮胎，淘汰存在安全隐患的“小三件”应用自动化水平较高的轮胎双轴破碎机已成为趋势，并形成了对废全钢子午胎、半钢子午胎的胎体分解，骨架材料分离及全面综合利用。废旧轮胎到再生橡胶生产全过程耗能由“十一五”980KW.h降至“十二五”880KW.h,降耗11%。综合能耗作为工艺工装水平考评指标之一，已作为节能减排抓手，得到重视。

（四）环保和低碳

本产业中再资源化规模企业100%以上实现了环保综合治理，85%以上达标排放，占总数60%小规模企业在国家加大环保治理的前提下，提高了环保意识，开始配套专用环保设备，按国家制订的《轮胎翻新行业准入条件》、《废轮胎综合利用行业准入条件》、《废旧轮胎综合利用行业准入公告管理暂行办法》和正在走程序的《再生橡胶行业清洁生产评价指标体系》、《橡胶工业污染防治技术政策》进行环保达标治理和整改。

诱发再生橡胶生产“二次污染”的工艺、装备已经引起行业的高度关注，淘汰“小三件”，改变废轮胎粉碎工艺；淘汰煤焦油，制定再生胶行业自律标准;改变再生胶高温高压脱硫工艺，采用常压连续脱硫工艺的三项工作，成为产业向低碳绿色经济转化目标。

废轮胎绿色自动化粉碎生产线、硫化橡胶粉常压脱硫、联动环保再生橡胶装备及技术，结合卧式胶粉冷却干燥技术与装置，再生橡胶自动缠绕自动称量下片成套装置的应用，减少操作人员50%，节能20%，提高产量25%。

动态脱硫内冷式高效废气净化环保装置的研发成功应用，对加快完善适应国家鼓励的常压连续脱硫工艺，对现有的脱硫罐进行改造应用，避免先污染后治理重复投资，制约动态脱硫罐数量的增加缓解环境压力，为完善常压连续脱硫工艺争取时间。该装置是在罐内将胶粉进行冷却，排料温度低，对稳定再生橡胶质量提供了保证。

2010-2015年橡胶消耗量见表1，2010-2015年废橡胶处理量见表2　2010-2015年废橡胶利用主要产品见表3。

表1　2010-2015年中国橡胶消耗量

项目	2010年	2011年	2012年	2013年	2014年	2015年
天然橡胶	300	320	345	420	470	504.48
增长/%	11.1	6.67	7.81	21.7	11.9	7.3
合成橡胶	345	370	385	410	400	408.35
增长/%	8.5	7.25	4.05	6.49	-2.4	2.1
合计	645	690	730	830	870	912.83
增长/%	9.7	6.98	5.8	13.7	4.82	4.9

注：数据来源为中国橡胶工业协会测算数据。

表2 2010-2015年中国废橡胶处理量

项目	2010年	2011年	2012年	2013年	2014年	2015年
再生胶	270	300	350	380	410	438
硫化橡胶粉	30	36	40	50	55	60
合计	300	336	390	430	465	498
处理废旧轮胎	396	403.2	468	516	558	600
废旧轮胎产生量	860	970	1018	1080	1145	1200
占比例/%	46.0	41.6	46.0	47.8	48.7	50

注：数据来源为中国橡胶工业协会废橡胶综合利用分会测算数据。

表3　2010-2015年中国废橡胶利用主要产品

项目	2010年	2011年	2012年	2013年	2014年	2015年
再生胶	270	300	350	380	410	438
增长/%	8.0	11.1	16.7	8.6	7.9	6.8
硫化橡胶粉	30	36	40	50	55	60
增长/%	20.0	20.0	11.1	25.0	10.0	9.1
合计	300	336	390	430	465	498
增长/%	9.1	12.0	16.07	10.26	8.14	7.1

注：数据来源为中国橡胶工业协会废橡胶综合利用分会测算数据。

为防止废旧橡胶固体废弃物污染环境，化害为利、变废为宝；充分利用废旧橡胶生产再生胶，为中国橡胶资源匮乏弥补资源不足；合理利用再生胶含量高达50%左右的高分子橡胶烃恢复性，20%以上的炭黑含量，以及再生胶中保留着一比例的橡胶助剂含量，在确保橡胶制品满足质量指标的前提下，合理掺用再生资源的再生胶，可减少新的生胶消耗和炭黑、橡胶助剂、填充剂用量；实践三吨再生胶可替代一吨生胶应用的基本功能，实现中国特色的废橡胶综合利用在橡胶工业循环经济的再生原料、再生产品的最佳环保价值观。2015年再生胶利用率见表4。

表4　2015年再生胶利用率

行业分类	消耗比例/%	数量/万吨	节约生胶/万吨
轮胎	30.00	131.40	43.80
非轮胎	70.00	306.60	102.20
力车胎	40.00	175.20	58.40
胶管胶带	15.00	65.70	21.90
胶鞋	5.00	21.90	7.30
橡胶制品	10.00	43.80	14.60

2015年，大宗商品石油每桶价格不足40美金，天然橡胶、合成橡胶每吨价格均在万元以下徘徊，废旧轮胎回收价格每吨在500元左右，对再生胶销售与应用受到一定影响，增长幅度有所放缓，但数据显示，2015年，我国再生橡胶产量达438万吨，同比增长6.82%；胶粉产量达60万吨，同比增长9.09%；生产再生橡胶的主要材料是胶粉，438万吨再生橡胶需370万吨胶粉，连同直接应用胶粉60万吨，胶粉产量达430万吨，显示我国不仅是世界最大的再生橡胶生产国，也是世界上最大的胶粉生产国。

中橡协废橡胶综合利用分会对36家会员重点企业2015年统计分析来看，再生胶总产量同比（下同）增长3.29%；胶粉同比下降14.36%；工业增加值同比下降5.10%；销售收入同比下降15.91%，产品出口交货值同比下降29.42%；出口率（值）为3.22%，同比下降1.11%；实现利税总额比上年下降6.44%；实现利润率6.77%，同比增长1.14%。

2015年再生胶销售收入、产量以及硫化橡胶粉产量前10名企业见表5～表7，2015年再生胶及硫化橡胶粉主要经济指标完成情况见表8～表9。

从2015年36家会员单位统计同比显示，工业总产值、工业增加值由于大宗商品价格和废旧橡胶采购价的回落，销售收入的降低与胶粉、再生胶的生产原料废橡胶、废旧轮胎回收价格的跌落有着因果关系，同时也与天然胶、合成胶价格继续下滑有着直接因素，为胶粉、再生胶销售价格降低垫下了基础。从行业调研来看，广东、云南、四川、浙江、江苏等省的废旧轮胎下跌到每吨不足500元，山东、河北、河南、山西等省市，废旧轮胎回收价格也保持在每吨650元左右；相比之下，废旧轮胎价格回落也降低了企业在废旧轮胎上流动资金的占用。在企业回款难的问题上，能够通过微信、互联网进行企业间交流，自获悉个别使用再生胶，胶粉的轮胎、胶鞋企业倒闭的信息，在经营思路上有了较好的转变。避免资金流失，选择用户的诚信度、可靠度成为企业经营特别关注的课题。

产业绿色转型力度加大，《E系轮胎再生橡胶》协会自律标准的及时发布实施。随着橡胶制品企业承担社会责任的意识越来越强，煤焦油等污染系列再生胶退出历史舞台已成为现实。生产企业和应用企业都已经从再生胶表观的物性指标，转向再生胶内涵的橡胶烃、炭黑，多环芳烃及有毒有害含量，作为再生胶产品的环保质量指标。

在2015年7月1日起执行国家税收50%增值税即征即返政策的支持下，行业在全球经济遇到困难的情况下，能够坚持，并且能够获取微利，显示了废橡胶综合利用行业是国家关心和支持的橡胶工业循环经济产业。

表5　2015年再生胶主要经济技术指标完成情况

项目	单位	2015年	2014年	同比%
工业总产值（按现行价）	万元	442789.08	466589.76	-5.10
其中：再生胶产值	万元	333852.52	334813.57	-0.29
工业销售产值（按现行价）	万元	437207.73	475274.5	-8.01
产品出口交货值（现价）	万元	14279.89	20231.27	-29.42
工业增加值	万元	110697.27	116647.44	-5.10
再生胶产量（合计）	吨	784220.99	759227.61	3.29
其中：通用型再生胶产量	吨	466579.07	430104.58	8.48
特级再生胶产量	吨	216007.79	188017.13	14.89
特种再生胶产量	吨	101634.13	141105.9	-27.97

注：数据来源为中国橡胶工业协会废橡胶综合利用分会统计。

表6　2015年胶粉主要经济技术指标完成情况

项目	单位	2015年	2014年	同比%
胶粉产量（合计）	吨	255892.43	298817.42	-14.36
产品销售率	%	97.36	95.86	1.56
应收账款	万元	66542.75	69791.84	-4.66
产成品库存（按现行价）	万元	24749.46	24555.73	0.79
产品销售收入	万元	414820.82	493300.32	-15.91

实现利润总额	万元	28077.84	27769.57	1.11
实现利税总额	万元	60163.25	64301.23	-6.44
全员劳动生产率（人）	万元	15.29	15.44	-0.93

注：数据来源为中国橡胶工业协会废橡胶综合利用分会统计。

二、科技创新

组织完成了三个专家考评和鉴定活动。

1.再生橡胶自动缠绕自动称量下片成套装置。2015年1月10日，在新乡市橡塑工业有限公司现场对该公司正在运行的“再生橡胶自动缠绕自动称量下片成套装置”进行专家考评。6月10 日，通过了中国石油和化学工业联合会主持召开的科技成果鉴定。该成果解决了国内再生胶炼胶工艺自动化过程中的关键技术难题，满足三机/四机/多机一线炼胶生产线的使用要求。应用自动称量下片机后，可使再生橡胶每班产量提高25%，每生产1万吨再生胶减少操作工人达到50%；精炼工序自动化及加工温度的降低，不仅使胶片的拉伸强度、断裂伸长率等指标得到提升，还进一步提高了胶片的质量稳定性。按照2014年我国生产410万吨再生胶、新设备总功率2.5千瓦（约为国外挤出式成型机的1/10）计算，全部采用再生橡胶自动称量下片机后，可节电24600万千瓦时以上。

（二）“动态脱硫内冷式高效废气净化环保装置”。1月11日，由焦作市弘瑞橡胶有限责任公司和三泰机械制造安装有限公司联合开发的动态脱硫内冷式高效废气净化环保装置，在焦作通过分会组织的现场专家考评。专家表示，该装置是改善动态脱硫罐环保的重大创新，采用动态脱硫内冷式高效废气净化环保装置后，再生橡胶生产过程中无废水、废气排放。该装置解决了脱硫后卸压过程中高温有机废气、废水排放污染环境的难题。根据《中国橡胶强国发展战略研究》“十三五”期间，将对先污染后治理存在安全隐患的动态脱硫罐减少100%目标，首先不能再增加新的脱硫罐，对现有的脱硫罐进行改造应用，满足环境压力，是一种缓解，也是一种推动，为完善适应国家鼓励的常压连续脱硫工艺争取时间，做出了贡献。

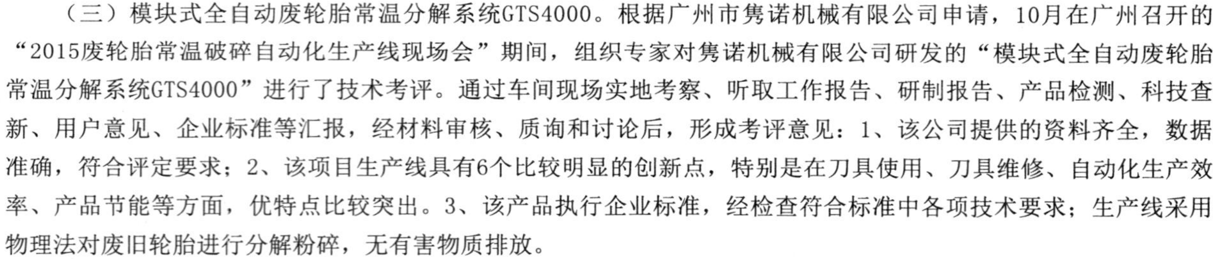

（三）模块式全自动废轮胎常温分解系统GTS4000。根据广州市隽诺机械有限公司申请，10月在广州召开的“2015废轮胎常温破碎自动化生产线现场会”期间，组织专家对隽诺机械有限公司研发的“模块式全自动废轮胎常温分解系统GTS4000”进行了技术考评。通过车间现场实地考察、听取工作报告、研制报告、产品检测、科技查新、用户意见、企业标准等汇报，经材料审核、质询和讨论后，形成考评意见：1、该公司提供的资料齐全，数据准确，符合评定要求；2、该项目生产线具有6个比较明显的创新点，特别是在刀具使用、刀具维修、自动化生产效率、产品节能等方面，优特点比较突出。3、该产品执行企业标准，经检查符合标准中各项技术要求；生产线采用物理法对废旧轮胎进行分解粉碎，无有害物质排放。

三、科技创新技术交流

4月、7月、10月、12月，分别在广州、天台、番禺、上海举办召开了“废橡胶绿色转型”、“2015全国首届废橡胶绿色应用现场会”、“2015废轮胎常温破碎自动化生产线现场会”、“2015全国废橡胶绿色利用信息与技术论坛”的产业科技创新绿色发展技术交流会议。

1.中国橡胶年会举办“废橡胶绿色转型”论坛。 4月7～10号中国橡胶年会在广州召开期间，在橡胶工业展沙龙区举办“废橡胶绿色转型”分论坛，云南富源做了《自动、节能、环保，促进产业升级》、天台荣坤做了《用环保理念打造企业绿色转型发展》、新乡橡塑做了《再生胶自动称量、切割装备，推动行业创新发展》、中胶橡胶做了《自动洁净生产工艺践行绿色环保理念》、曹庆鑫做了《用环保理念提升废橡胶行业绿色转型》等演讲。充分展示中国特色废橡胶综合利用行业的再生胶、胶粉、助剂以及加工装备机械服务世界，这届中国橡胶工业展上，分会组织了南通回力、莱芜福泉、昆明凤凰、都江堰新时代、贵州安泰、德昌金锋、上海理高、怀化华亿、中胶橡胶、台州中宏、广州联冠、江阴迈森，来自上海、江苏、浙江、山东、广东、云南、四川、贵州、湖南9个省市12家废橡胶综合利用企业参展。

2.2015全国首届废橡胶绿色应用现场会。7月8日，在天台召开了“2015全国首届废橡胶绿色应用现场会”。会上，10名代表围绕主题进行演讲。并组织代表参观了天台坤荣、玉环中宏两个企业。

3．2015废轮胎常温破碎自动化生产线现场会。10月21日，“2015废轮胎常温破碎自动化生产线现场会”在广州番禺宾馆举行。会议围绕会议主题做了演讲，并组织与会代表到广州市隽诺机械有限公司、东莞市运通环保科技

有限公司企业的设备运行生产车间进行了现场考察，了解了设备制造企业在常温破碎生产线自动化上所取得的成绩和进步。

4.2015全国废橡胶绿色利用信息与技术论坛。12月9日，中橡协废橡胶综合利用分会第十八次会员代表大会暨2015全国废橡胶绿色利用信息与技术论坛在上海龙柏饭店召开。会上，高世兴理事长做了“中橡协废橡胶综合利用分会2015年工作总结和2016年主要工作计划”的报告。会上国内外行业专家进行了技术交流。范仁德做了《关于智能制造有关认识问题的思考》、曹庆鑫做了《废橡胶综合利用行业”十三五“发展纲要进行解读》、加拿大滑铁卢大学教授Costas Tzoganakis 做了在《临界状态下的“TYROMER连续化橡胶脱硫技术”》。

四、加强调研

通过各种调研活动，了解行业发展情况，掌握行业最新动向是做好服务工作的根本保证。

1.“以机代罐”调研。根据中国橡胶工业强国发展战略，“十三五”期间实现常压连续脱硫装备应用达到100%目标，结合2014年11月26日“中橡协利字（2014）71号《关于常压连续脱硫设备制造与推广应用情况调查的通知”收集汇总的应用企业名单，于3月6日启动“中橡协利字（2015）13号”开展在全国部分省市对应用常压连续脱硫设备企业进行调研。通过调研，经过几年的探索，由于设备制造厂家不断地总结、改进、提高，常压连续脱硫机运行基本平稳，故障率明显下降。加上使用厂家对配方不断地调整试验，目前生产出的再生胶质量有较大提高，基本满足下游用户的需要。工艺方面，大家一致认为对胶粉及配合剂进行预搅拌比原来的边上胶粉边喷油质量要稳定得多。通过调研，不管是采用双螺旋还是单螺旋都可以满足生产需要，但也发现常压连续脱硫机仍存在不足之处。据粗略统计，常压连续脱硫工艺与设备已在国内外200多个厂家应用，并已取得比较好的成功。都江堰市新时代工贸有限公司、山东金山橡塑装备科技有限公司等多家企业和高校，进一步完善硫化胶粉常压连续脱硫成套设备，因设备环保、安全的脱硫方式在行业中得到近百家企业应用，还被引进到韩国、印度、马来西亚、新加坡、泰国、越南、土耳其、阿尔及利亚、加拿大、西班牙、法国和美国等众多国家。

2.废轮胎粉碎工艺专题调研。通过调了解到，中国轮胎制造为迎合国内超载超速的特殊需要，造成国内每吨废旧轮胎只有15-16条，与国外每吨达到22条左右相比，中国废旧轮胎每条重量超出国外重量达30%以上。超厚的胶层和加量的钢丝编织层引起轮胎破碎刀具使用寿命的缩短，因此刀具的使用寿命主要中轴的耐用性成为行业关注的重点。

3.企业调研。2015年分别对唐山兴宇、唐山天元、邢台首冠等80多家企业单位走访调研，宣传绿色发展理念，进行观念、技术引导。

五、“十三五”行业实现目标和政策建议

（一）“十三五”行业实现目标

环境保护。轮胎再生橡胶产品100%以上符合《环保型轮胎再生橡胶》技术规范自律标准，达到欧盟REACH法规重金属和多环芳烃含量限制要求。工业用水循环利用率达到95%、烟尘控制水平达到95%、固体废物利用达到95%、噪音实现达标。

能耗。企业整体达标率达到80%、废旧轮胎到再生橡胶总能耗控制在780kWh／吨、其中：胶粉320kWh／吨、脱硫160kWh／吨、压延300kWh／吨。

加工设备。企业80%以上使用常温联动化破碎、粉碎设备；100%使用常压连续脱硫环保设备；80%采用压延联动自动智能化设备。

用工。万吨废橡胶粉碎工艺实现3人/班、万吨硫化橡胶粉常压连续脱硫工艺实现3人/班，万吨再生橡胶压延成型工艺实现4人/班。

（二）“十三五”实现规划政策建议

落实国务院《关于加快发展节能环保产业的意见》精神，落实谁污染谁治理政策；按《废旧轮胎综合利用准入条件》要求，提高门槛；尽快建立废橡胶资源回收的准入制度，帮助有资质的企业在各地政府支持下，规范建立城市废橡胶绿色回收站，并且纳入城镇化建设发展规划，依法规范废橡胶回收机制，最终形成全国废橡胶回收利用网络体系。在完善废橡胶回收政策的基础上，采取经济补偿或税收杠杆两个政策立体式系统地执行，从根本上解决废橡胶回收环节上的发票问题，成为规范的关键。

一是加快废橡胶、废旧轮胎回收立法与回收网络建设，健全废橡胶、废旧轮胎资源循环利用回收体系；

二是解决废橡胶、废旧轮胎的利废企业进项增值税发票的问题，将废橡胶、废旧轮胎作为特殊商品予以管理，实行政府审批制度和许可证制度，使得废橡胶、废旧轮胎回收综合利用领域在法制条件下健康发展；

三是建议参照发达国家的做法，建立废橡胶、废旧轮胎处理补偿机制，对废橡胶、废旧轮胎

处理企业给予相应补贴；

四是鼓励橡胶产品生产企业承担对产生的废橡胶、废旧轮胎进行回收和利用；

五是鼓励橡胶产品生产企业对使用胶粉、再生橡胶的研究与应用给予政策支持；

六是鼓励废橡胶综合利用企业加快清洁生产、淘汰落后装备、节能减排、产业转型、开展生产自动化、智能化研发投入的支持；

七是鼓励废橡胶综合利用企业加强再生橡胶的延伸产品研发；

八是鼓励废橡胶综合利用企业加大胶粉、再生橡胶以及相关装备出口的政策鼓励、支持。

九是为鼓励废橡胶综合利用企业加快清洁生产、淘汰落后装备、节能减排、产业转型、开展生产自动化、智能化研发投入的支持，建议国家针对废橡胶综合利用行业制定鼓励、限制、淘汰目录。

（撰稿：曹庆鑫，中国橡胶工业协会废橡胶综合利用分会）

重点推进 创新发展
——2015年循环经济发展述评

《中国循环经济年鉴》编辑部

2015年是我国“十二五”规划的收官之年，也是连接“十三五”规划承上启下的一年，我国从国家层面推动循环经济发展，经历了“十一五”和“十二五”两个发展时期，整整十个年头。在这十年期间，我国循环经济发展取得了显著成效，在调整产业结构、转变发展方式、建设生态文明、促进可持续发展中发挥了重要的作用。

中国国家统计局对四个循环经济相关的主要指标从2005年以来的变化进行了分析，这些指标包括资源消耗强度(每GDP单位的资源消耗量)，废物排放强度(每GDP单位的废物排放量)，废物回用率，以及污染物处置率。至2013年的8年间，资源消耗强度和废物排放强度指标分别改善34.7%和46%。这些指标的改善清楚体现了中国经济正在实现经济增长和资源消耗(如对金属、水、能源、生物质等物质的消耗)的相对脱钩。基于城市污水处理率、城市生活垃圾无害化处理率和主要污染物去除率等二级指标计算的污染物处置率上升74.6%。而废物回收再利用进展缓慢，仅增长8.2%。在汇总这些指标的基础上，国家统计局建立了一个循环经济综合发展指数。这一指数从2005年的基数100上升到2013年的137.6。

经合组织的统计数据也表明，中国经济的资源强度从1990年的每单位GDP需用4.3公斤原材料下降到2011年的2.5公斤。2014年，我国资源循环利用产业产值达1.5万亿元，从业人员2000万人，回收和循环利用各种废弃物和再生资源近2.5亿吨，与利用原生资源相比，节能近2亿吨标准煤，减少废水排放90亿吨，减少固体废物排放11.5亿吨。2005~2014年，我国累计利用工业固体废弃物20.4亿吨，废钢7.9亿吨，再生铜、再生铝、再生铅、再生锌4种再生有色金属8085万吨，废塑料1.88亿吨，废纸6.03亿吨。

综合来看，循环经济大力提升了经济和社会效益。“十二五”前4年，我国资源产出率提高10%左右，单位GDP能耗下降13.4%，单位工业增加值用水量下降24%。2015年底，全社会再生资源回收企业达到10多万家，其中80%以上为中小企业;2015年废钢铁、废塑料、废有色金属、废纸、废轮胎、报废汽车、废弃电器电子产品7大品种回收量接近1.6亿吨，比2000年增长3倍多;回收总值将近6000亿元，与2000年相比增长12倍;其中废钢铁、废有色金属、废弃电器电子产品的回收率达到70%以上。

目前我国循环经济规模约占全国ＧＤＰ总量的２％，再生资源整体回收率从2002年的40%提高到现在的70%左右。

苏州高新区就是一个中国循环经济发展的典型案例。2005年，它被选为参加国家第一批循环经济试点的13个产业园区之一。2008年，和邻近的苏州工业园以及天津经济技术开发区一起，苏州高新区成为首批三个通过验收批准命名的国家生态工业示余个企业参与其中，进行能源、水、气的共享，以及废物在不同企业间的回收交换。而苏州范园区之一。

苏州高新区的规模远大于丹麦卡伦堡这样的位于西方国家的生态工业园。作为世界首个工业共生的样本，卡伦堡生态工业园的工业共生实践始于1980年代，目前有10高新区截至2014年有超过16000个产业活动单位，其中制造企业近4000家，主要产业包括信息技术、电子、生物科技、医疗设备等。2015年全区实现工业总产值2881亿元人民币。

循环经济发展催生了新的产业，初步形成了门类较为齐全的产业体系，成为新的经济增长点。一是再制造产业，包括汽车发动机、变速箱、起动机、电动机等零部件再制造；工程机械、机床、煤机、盾构机、医疗器械、手机、复印和打印机耗材等机电产品再制造，目前我国再制造企业已达500家以上。二是工业资源综合利用产业，重点是矿产资源综合利用、工业固体废物综合利用、热能及废气回收利用。我国废弃电器电子产品、报废汽车资源化利用已形成规模。三是农林废弃物资源化利用产业，重点是农作物秸秆综合利用、农田残膜和灌溉器材回收利用、畜禽粪污资源化利用、林业“三剩物”综合利用、农林牧渔加工副产物资源化利用。四是垃圾资源化产业，重点是生活垃圾、建筑垃圾、餐厨垃圾资源化利用产业。我国生活垃圾发电产业已有较高的产业集中度，近几年，建筑垃圾、餐厨废弃物资源化利用产业化正在逐步形成。五是水循环利用产业，重点是污水再生利用、海水淡化、苦咸水利用产业，构成资源循环利用产业体系。

一、坚持战略规划引领　多方政策扶持推动

2005年，国务院印发了《关于加快发展循环经济的若干意见》，提出我国推动循环经济发展的指导思想、基本原则、主要目标、重点任务和政策措施，这是我国循环经济发展史上第一个纲领性文件，具有里程碑的意义。党的十八大将发展循环经济的地位和作用提到新的战略高度，把资源循环利用体系初步建立作为2020年全面建成小康社会目标之一，要求经济发展方式转变为更多依靠节约资源和循环经济推动，要求着力推进绿色发展、循环发展、低碳发展，加快建设生态文明。

在涵盖2006至2010年的“十一五”规划中，包含一整章关于循环经济的内容。2008年，中国通过《循环经济促进法》，明确循环经济的相关目标应当纳入地方政府的投资和发展计划。此外，国家对诸如煤炭、钢铁、电子、化工和石化等重点行业设定了相关的行业性目标。在覆盖2011至2015年的中国“十二五”规划中，循环经济进而上升为一项国家发展战略。其中提出的主要目标包括，到2015年工业固体废物综合利用率达到72%，资源产出率(即每单位资源投入对应的经济产出)较2010年提高15%。十二五规划提出组织实施循环经济的“十百千示范”行动。这些包括资源综合利用、产业园区循环化改造、再生资源回收体系、再制造、“城市矿产”、再生资源回收体系建设等十大示范工程;创建苏州、广州等一百个循环经济示范城市;以及培育1000个循环经济示范企业和工业园区。国家“十二五”规划还明确提出要“完善再生资源回收体系，推进资源再生利用产业化”，把“再生资源回收体系示范”作为七项重点工程之一，首次将回收工作列入国民经济发展规划。2012年，发改委和财政部出台文件，要求到2015年50%以上的国家级工业园区和30%以上的省级工业园区完成以主要污染物“基本实现‘零排放’”为主要目标之一的循环化改造。

党的十八大将发展循环经济的地位和作用提到新的战略高度，把资源循环利用体系初步建立作为2020年全面建成小康社会目标之一，要求经济发展方式转变为更多依靠节约资源和循环经济推动，要求着力推进绿色发展、循环发展、低碳发展，加快建设生态文明。党中央、国务院《关于加快推进生态文明建设的意见》，进一步明确“坚持把绿色循环低碳发展作为生态文明建设的基本途径”，发展循环经济提到了前所未有的战略高度。

2012年，国务院印发了《循环经济发展战略和近期行动计划》，这是我国循环经济领域第一个国家级的专项规划，在世界上尚是首次。这一纲领性文件提出了发展循环经济的进一步目标，明确了“十二五”发展循环经济的总体思路、主要目标、重点任务和保障措施。到2015年中国的能源产出率(每能源单位产出GDP)与2010年相比提高18.5%，水资源产出率提升43%，资源循环利用产业总产值从2010年的1万亿元增加到1.8万亿元。还提出了一些行业性的相关目标，比如，在煤炭工业煤矸石综合利用率达到75%，以及在电力工业粉煤灰综合利用率达到70%等。国务院还先后批复了甘肃省和青海省柴达木循环经济试验区循环经济发展规划。在国家规划引领下，有关部门和各地区相继发布了循环经济发展规划计划。如发布了矿产资源综合利用、大宗工业固废综合利用、再生资源回收体系建设、海水淡化产业化等专项规划。国务院先后批复了甘肃省和青海省柴达木循环经济试验区循环经济发展规划。各地制定了本地区循环经济发展规划，有关部门相继发布了重点领域循环经济发展规划，如发布了矿产资源综合利用、大宗工业固废综合利用、再生资源回收体系建设、海水淡化产业化等专项规划。

按照中央的部署，国家各部委联手行动。2014年和2015年，国家发展改革委会同有关部门先后印发了循环经济年度推进计划。2015年4月14日印发《2015年循环经济推进计划》，要求以资源高效循环利用为核心，着力构建循环型产业体系，推动区域和社会层面循环经济发展；以推广循环经济典型模式为抓手，提升重点领域循环经济发展水平；大力传播循环经济理念，推行绿色生活方式；加强政策和制度供给，营造公开公平公正的政策和市场环境，进一步发挥循环经济在经济转型升级中的作用；要加快构建循环型产业体系、大力推进园区和区域循环发展、推行绿色生活方式等，其中重点提出促进生物质能发展、深化农林废弃物资源化利用。

2015年1月26日，商务部、发展改革委、国土资源部、住房城乡建设部 和供销合作总社制定的 《再生资源回收体系建设中长期规划 （2015-2020 年）》发布，规划到2020年，在全国建成一批网点布局合理、 管理规范、回收方式多元、重点品种回收率较高的回收体系示范城市，大中城市再生资源主 要品种平均回收率达到 75%以上，实现 85%以上回收人员纳入规范化管理、85% 以上社区及乡村实现回收功能的覆盖、 85%以上的再生资源进行规范化的交易和 集中处理。培育 100 家左右再生资源回收骨干企业，再生资源回收总量达到 2.2亿吨左右。行业规模化经营水平大幅提升，技术水平显著提高，规范化运行机制基本形成。2015年工信部印发了《京津冀周边地区工业资源综合利用产业协同发展行动计划》。7月3日，工信部关于工业和信息化部关于印发《京津冀及周边地区工业资源综合利用产业协同发展行动计划(2015-2017年)》的通知（工信部节〔2015〕229号）。力争到2017年，建设

10个工业固体废物综合利用协同发展示范基地，15个再生资源综合利用协同发展示范园区，50个能够支撑京津冀及周边地区工业资源综合利用协同发展格局的重点示范项目(具体园区和示范项目见附表)，培育30家龙头企业，建设一批工业资源综合利用技术创新平台，形成跨区域工业资源综合利用协同发展新模式，建成全国工业资源综合利用协同创新发展的先行示范区。实现年消纳工业固体废物4亿吨，加工利用再生资源2000万吨，总产值达到2200亿元，年减少二氧化碳排放400万吨，减少细颗粒物排放2000吨，减少化学需氧量7000吨，节水7000万立方米，减排氨氮及其他水体污染物3000吨，减少京津冀及周边地区植被破坏和土地占用5万亩。9月22日国家发展改革委、财政部、住房城乡建设部发出的《关于开展循环经济示范城市(县)建设的通知》中明确提出“建设目标：通过开展建设工作。相关城市（县）的循环型生产方式初步形成，率先构建起覆盖全社会的资源循环利用体系，各主要品种废旧商中国于1990年代开始关注循环经济。12月21日联席会议召集人、国家发展改革委副主任张勇同志主持召开发展循环经济工作部际联席会议召开全体会议。环境保护部、科技部、工业和信息化部、财政部、国土资源部、住房城乡建设部、水利部、农业部、商务部、国资委、税务总局、统计局、林业局等联席会议成员单位有关负责人及联络员参加了会议。委内环资司负责同志参加会议。各成员单位介绍了本单位“十二五”循环经济工作进展和“十三五”循环经济重点工作考虑。张勇强调，要统筹做好2016年和“十三五”时期的循环经济发展工作，加快制定《循环发展引领计划》，做好生产者责任延伸制度的总体设计，完善修订循环经济评价指标体系。同时，要继续发挥好发展循环经济工作部际联席会议制度的作用，加强统筹协调、沟通衔接、会商协作，定期对循环经济发展的重大问题进行研讨，制定年度工作任务分工，定期向国务院报送进展情况。

2015年工信部印发了《京津冀周边地区工业资源综合利用产业协同发展行动计划》。2015年7月2日，工业和信息化部节能与综合利用司在北京组织召开了“十三五”工业资源综合利用发展思路座谈会。会议在分析总结“十二五”期间行业发展态势基础上，重点围绕当前存在的主要问题和“十三五”工业资源综合利用发展思路进行了座谈交流。节能与综合利用司司长高云虎在讲话中强调，“十三五”期间，要大力规范工业资源综合利用行业市场秩序，支持和鼓励企业加强先进技术装备研发与推广应用，创新企业发展模式，积极研究制定相关配套政策，努力推动行业健康可持续发展。为加快推进工业绿色发展，谋划“十三五”机电产品再制造产业发展思路，9月25日，工信部节能与综合利用司在京组织召开了“十三五”机电产品再制造产业发展思路研讨会，装甲兵工程学院、中国内燃机工业协会等有关高校、行业协会及部分再制造企业参加会议。会上，节能与综合利用司高云虎司长介绍了落实《中国制造2025》、推进绿色制造的有关工作情况。他强调，再制造产业是绿色制造的典型形式，对于落实生态文明建设要求具有重要意义。他指出，“十三五”推进机电产品再制造产业发展要突出三个重点，一是创新驱动，从技术创新、商业模式创新等方面下功夫，拓展盈利空间。二是加强规范，建立健全再制造标准体系和管理制度，促进再制造产业健康有序发展。三是推动出台有关扶持政策，营造有利于再制造产业快速发展的市场环境。

10月31日，由中国循环经济协会主办的“2015中国循环经济发展论坛”在北京隆重开幕。本次论坛的主题是共话“十三五”：绿色化背景下的循环经济，分为主论坛和产业循环经济、资源再生利用、再制造、垃圾资源化、清洁生产五个平行分论坛，以及投融资分论坛。论坛开幕式由中国循环经济协会会长赵家荣主持。主论坛上，三位部委领导到会致辞，一位主管部门司领导、两位院士、两位经济学家、一位资深学者、一位企业家代表作了精彩演讲。来自全国人大环资委、国家发展改革委、工信部、财政部、国土资源部、环境保护部、住房与城乡建设部、交通运输部、农业部等多个部门有关司局负责同志；部分省市县政府及有关部门领导；产业园区、企业和会员单位、金融机构、研究院所；台湾地区同业协会、国际NGO在华机构，英国、德国及中国台湾地区企业代表及新闻媒体1100多人参加此次论坛。为进一步促进内燃机再制造产业的发展，落实工业和信息化部《内燃机再制造推进计划》的目标和任务，11月3日，中国内燃机工业协会在京组织召开2015再制造产业发展研讨会。工业和信息化部节能与综合利用司、赛迪研究院有关负责同志，来自汽车、工程、农机、船舶等相关行业协会、再制造相关企业、高校及科研院所等单位代表100余人参加了会议。11月4日， 全国再生资源回收暨流通领域节能工作座谈会在北京召开。会议期间，各地商务主管部门座谈交流了《再生资源回收体系建设中长期规划（2015-2020年）》贯彻落实情况、再生资源回收及流通领域节能工作情况，就《关于再生资源回收行业转型升级的意见（征求意见稿）》进行了讨论，并对下一步工作提出建议。流通业发展司有关负责同志参加会议并讲话。为推动废弃电器电子产品回收和资源化利用，提升生产者的社会责任意识，2016年1月11日，我国生产者责任延伸制度首批试点公示。工业和信息化部、财政部、商务部、科学技术部遴选出长虹、格力、海信、TCL、索伊、尊贵等15家电器电子产品生产企业以及中国通信工业协会第三方机构，作为电器电子产品生产者责任延伸首批试点单位并进行公示。

与此同时，循环经济政策机制不断完善。一是价格和收费政策，如实行了差别电价、惩罚性电价、阶梯式水价、生物质发电上网优惠电价、垃圾处理收费等。二是财政政策，国家设立了循环经济发展专项资金，累计安排136亿元，用于支持园区循环化改造、城市矿产示范基地、餐厨废弃物资源化利用等循环经济重点项目；2005~2014年十年间，中央预算内固定资产投资共安排426亿元资金，用于支持循环经济和资源节约项目；国家对列入863、973和科技支撑计划的循环经济重大科技开发项目给予补助；建立了废弃电器电子产品处理基金，对列入目录的产品回收处理给予补贴。三是税收政策，国家对资源综合利用产品和劳务实行减免增值税和企业所得税优惠，对一次性木筷征收消费税等政策。四是金融政策，循环经济列入绿色信贷、绿色证券、绿色债券、绿色保险的支持范围。五是产业政策,国家从产业布局、准入门槛、技术标准，以及投资、价格、财税、金融、进出口等方面，制定了一系列推动产业结构调整的政策，有力地促进了循环经济发展。随着改革的不断深入，推动循环经济发展的市场化机制将加快形成。

二、构建和完善循环经济法律法规体系

2008年8月，第十一届全国人大常委会第四次会议审议通过了《中华人民共和国循环经济促进法》，并于2009年1月1日起施行，该法明确了发展循环经济是国家经济社会发展的一项重大战略，确立了循环经济减量化、再利用、资源化，减量化优先的原则，并作出一系列的制度安排，标志着我国循环经济进入法制化管理轨道。2009年国务院发布了《废弃电器电子产品回收处理管理条例》，在废弃电器电子产品领域建立了生产者责任延伸制，发布两批实施目录，共14种产品；2012年国务院办公厅发布《关于建立完整的先进的废旧商品回收体系的意见》，2013年12月财政部等部门的《关于完善废弃电器电子产品处理基金等政策的通知》。有关部门还先后出台了《再生资源回收利用管理办法》，修订了粉煤灰、煤矸石综合利用管理办法等；2015年国家发展改革委等六部委联合印发了《废弃电器电子产品处理目录（2014年版）》、《关于促进生产过程协同资源化处理城市及产业废弃物工作的意见》、《重要资源循环利用工程（技术推广及装备产业化）实施方案》；实施的电子电器行业生产者责任延伸制度便是从生产的源头上使得绿色制造得以实现的导向性政策。2016年1月5日国家发展改革委、工业和信息化部、环境保护部、商务部、质检总局发布了《电动汽车动力蓄电池回收利用技术政策（2015年版）》。1月11日，为贯彻落实《循环经济促进法》，探索建立生产者责任延伸制度，引导生产者履行相关责任，按照工信部等四部委《关于组织开展电器电子产品生产者责任延伸试点的通知》要求，遴选出电器电子产品生产者责任延伸首批试点单位并对外公布。

目前，已累计发布了200多项循环经济相关国家标准。2015年3月6日，工业和信息化部节能与综合利用司还在北京组织召开节能与综合利用标准化工作座谈会，节能与综合利用司司长高云虎出席会议并讲话强调，标准化工作对推进工业绿色发展的重要性，充分肯定了相关机构在支撑工业节能与综合利用标准化工作中发挥的积极作用，并对进一步加强工业节能与综合利用标准化工作提出三点要求：一要发挥标准基础作用，支撑和引领工业绿色发展；二要落实深化改革要求，进一步完善绿色标准体系；三要围绕重点工作任务，坚持问题导向，加强工业节能与综合利用标准化工作，包括积极推进重大问题研究，认真落实工业和通信业节能与综合利用领域技术标准体系建设方案，推进重点领域标准制修订，强化标准宣贯执行，进一步规范标准化工作程序等。2016年1月1日起，全国所有新建的、已运行的生活垃圾焚烧炉必须执行新的《生活垃圾焚烧污染控制标准》（GB18485-2014）（下称“新标”）的污染物排放限值。业内人士表示，较之2001年的旧版本，新标在常规污染物、二恶英类污染物上都有更为严格的标准。“十二五”期间，我国增加了近100座垃圾焚烧发电厂，“十三五”期间，将会是按“新标”建设垃圾焚烧发电厂的高峰。

甘肃、辽宁、山西、山东、陕西、江苏、浙江、青海、深圳、大连、贵阳等一些地方发布了循环经济促进条例或法规。2011年7月22日陕西省第十一届人民代表大会常务委员会第二十四次会议通过《陕西省循环经济促进条例》（以下简称《条例》），该《条例》是国内首部省级循环经济促进条例。《条例》分为总则、管理制度、减量化、再利用和资源化、激励措施、法律责任和附则七个部分，规定了循环经济规划、总量控制、限额管理、目标责任考核等制度，细化了《循环经济促进法》的相关内容，为推动陕西省循环经济发展提供了法律保障，为完善国内循环经济法律体系迈出了重要一步。甘肃、辽宁、山西、山东、陕西、江苏都出台了循环经济促进条例。

2015年9月25日，江苏省十二届人大常委会第十八次会议高票通过了《江苏省循环经济促进条例》，将于2016年1月1日起施行。该条例在总量控制、循环经济信息服务、园区循环化改造、第三方服务、绿色交通、绿色商服、再制造等领域积极开展了制度创新，彰显了江苏循环经济发展的特色和亮点。条例的出台，对于进一步提高资源利

用效率、保护和改善环境、实现经济社会永续发展具有重要意义。被称之为更“循环”。

2015年10月19日北京市人民政府办公厅发出《北京市推进节能低碳和循环经济标准化工作实施方案(2015—2022年)》，提出到2022年，健全完善方法科学、实施有效、更新及时的标准制定修订工作机制，基本建成体现北京特色、指标水平先进、系统构成完善的节能低碳和循环经济标准体系，逐步形成政府引导、市场驱动、社会参与的标准化共治格局，实现政府主导制定的节能低碳和循环经济标准全公开、监督执法全覆盖、强制性标准全执行、推荐性标准全部鼓励采用，努力打造全国节能低碳和循环经济标准创新中心、示范基地和辐射之源，有效支撑本市节能低碳工作持续走在全国前列，区域能源消耗和碳排放强度保持国内领先。

目前，我国已初步形成了由国家法律、行政法规、部门规章和地方法规构成的循环经济法律法规体系。

三、持续推进试点示范

经国务院批准，2005年起，国家发展改革委等六部门启动了在重点行业、重点领域、产业园区和省市开展了两批国家循环经济试点，各地区结合实际开展循环经济试点，2014年对两批示范试点进行评估验收并发布了验收公告。通过试点，总结凝练出60个发展循环经济的模式案例，涌现出一大批循环经济先进典型，探索了符合我国国情的循环经济发展道路。在此先后，国家有关部门开展了资源综合利用、园区循环化改造、城市矿产示范基地建设、再制造产业化、大宗固废综合利用、再生资源回收体系建设、餐厨废弃物资源化利用、水泥窑协同处置生活垃圾、工业产品生态设计等试点。各地、各行业形成了众多的循环经济发展模式。例如，农业形成了“猪-沼-果”、“猪-沼-菜(粮)”、“牛-粪-菌-沼-肥”，“林-草-牧-菌-肥”、“猪-沼-藕-鱼”等模式以及农业-工业耦合模式，大棚养殖-废物发酵生成沼气-沼气用于照明炊事-沼液沼渣用于肥田的“四位一体”模式。新疆天业(集团)有限公司构建了产业链大循环与内部小循环相结合，初步实现了全过程少投入、资源充分利用、排放物最小化、无害化。鲁北集团在完善原有3条产业链基础上，延伸生态电业、油煤盐“三化合一”、钛白粉清洁生产3条循环经济产业链。上海化工园区的“五统一”模式得到广泛推广，重庆市在三个重点工业园区试点中，按照“上中下游产业链一体化，基础设施建设一体化，服务体系一体化，物流配送一体化，生产、生活区域、环保生态管理一体化”的要求进行项目招商、园区建设和运营管理。

开展园区循环化改造示范试点、国家“城市矿产”示范基地建设和餐厨废弃物资源化利用和无害化处理试点，是“十二五”规划纲要和《循环经济发展战略及近期行动计划》确定的循环经济重大工程。自2011年到2015年，国家发改委和财政部等部门已经累计确定了五批100个园区循环化改造示范试点园区、六批49个国家“城市矿产”示范基地和五批100个餐厨废弃物资源化利用和无害化处理试点城市（区），基本完成了“十二五”确定的目标任务。2015 12月15日，园区循环化改造“巡诊”活动在山东潍坊启动。打响了国家发展改革委开展园区循环化改造“巡诊”活动打响了“第一炮”。

再制造试点。以探索旧件回收、再制造、再制造产品流通及监管等方面的做法，形成汽车发动机、变速箱、转向机、发电机等的再制造能力。2014年国家发改委确定10家再制造产品推广试点企业，对购买公告内再制造产品并交回再制造旧件的消费者进行补贴。截止到2014年底，我国再制造试点企业已达77家。目前保守估计有100多家试点企业，3家产业示范基地，同时工信部开展了四批产品认定，接近上万种产品，产值超过100亿元。“十三五”将完善再制造产业发展的法律责任制度，引入生产者责任延伸制度，促使生产者责任向前延伸到产品设计考量可再制造性，向后延伸到产品废旧物回收和再制造的体系建设，打通制造与再制造间的融合关系，推进再制造产业链的形成。

推进国家循环经济示范城市（县）建设。2013年12月，国家发展改革委公布确立了共计19个城市和21个县入围。承接前一批工作，2016年1月6日国家发展改革委办公厅、财政部办公厅、住房城乡建设部办公厅发出《关于将天津静海县等61个地区确定为国家循环经济示范城市（县）建设地区的通知》（发改办环资[2016]36号）。至此，百家国家循环经济示范城市（县）建设全面展开。通过建设循环经济示范城市（县），构建循环型生产方式，形成循环型流通方式，推广普及绿色消费模式，推进城市建设的绿色化、循环化，健全社会层面资源循环利用体系，创新发展循环经济的体制机制。

2016年1月工信部发布机电产品再制造试点单位（第一批）六类20家企业名单。再生资源回收体系试点城市。商务部启动了第一批24个，第二批29个城市11个集散市场，第三批35个城市，计88个城市和集散市场试点，要在充分利用、合理布局、规范和整合既有回收体系基础上，结合城市规划，形成以城市社区回收站点为基础、集散市场为核心、加工利用为目的的“三位一体”的再生资源回收网络。

2015年5月12日，国家发展改革委、环境保护部、科学技术部、工业和信息化部、财政部、商务部、国家统计

局联合发布2015年第11号公告，称：国家发展改革委、环境保护部、科学技术部、工业和信息化部、财政部、商务部、国家统计局共同组织开展了国家循环经济试点示范单位的验收工作，现将通过验收的单位名单（第二批）和不通过验收的单位名单予以公布。通过试点验收的单位，可继续享受试点单位在投资、金融等方面的政策，并将在组织开展循环经济“十百千”示范行动中同等条件下优先考虑。未通过试点验收的单位，不再享受试点单位的相关政策，不得再以国家循环经济试点单位名义开展工作，公告印发后的两年内不得申请国家循环经济领域的相关示范试点和项目。

通过示范试点，政策机制不断完善，商业模式不断创新，引领各行业、各领域、各个层面循环经济向纵深发展，如推进企业间、相关产业间共生耦合，企业循环式生产，园区循环式发展，产业循环式组合，使资源得到循环高效利用，努力实现资源消耗最小化，环境风险最低化，经济效益最大化。

循环经济理念广泛传播，国家先后批复了30个循环经济教育示范基地，依托先进典型，发挥宣传引导、教育培训的作用。

四、坚持技术创新，技术支撑不断增强

技术创新是循环经济发展的关键。可以说，没有技术创新和突破，就没有循环经济的跨越发展。循环经济技术列入“十一五”、“十二五”和国家中长期科技发展规划，支持了一批关键共性技术研发。2014年12月31日国家发改委、科技部、工业和信息化部、财政部、环境保护部、商务部等6部委又联合发布了《重要资源循环利用工程（技术推广及装备产业化）实施方案》提出到2017年，基本形成适应资源循环利用产业发展的技术研发、推广和装备产业化能力，攻克一批技术障碍，技术储备能力显著增强，企业重大科技成果集成、转化能力大幅提高，掌握一批具有主导地位的关键核心技术，部分达到国际先进水平，初步形成主要资源循环利用装备的成套化生产能力。

多年来，加强循环经济共性和关键技术的研究开发、产业化示范和先进适用技术的推广应用。在清洁生产、矿产资源综合利用、固体废物综合利用、资源再生利用、再制造、垃圾资源化、农林废弃物资源化利用等领域开发了一大批具有自主知识产权的先进技术，有的获国家科技进步奖、国家技术发明奖、国家级工业大奖，一些技术填补了国内空白。如典型共伴生矿和尾矿资源清洁高效利用技术、纳米复合电刷镀再制造技术、废弃钴镍材料循环再造技术、有机废物生物强化腐殖化技术、废旧家电和报废汽车回收拆解、废电池资源化利用等，并实现了产业化，形成了产学研用相结合的资源循环利用技术创新体系。汽车零部件再制造、聚酯塑料（PET）瓶片熟料生产技术，废印制电路板环保处理及资源回收设备等一些技术达到了国际领先水平。

五、特别关注农业循环经济

农业循环经济大有可为。我国农业灌溉用水年均3300亿立方米，但是利用率仅为52%，比发达国家平均75%的利用率低23个百分点；化肥年施用量为5912万吨，利用率为33%；农药年使用量31.1万吨(折纯)，利用率为35%，利用率普遍比发达国家平均水平低20个百分点；畜禽粪便年产生量为38亿吨，有效处理率不足50%；2013年秸秆总产量为9.64亿吨，可收集量约8.19亿吨，综合利用率为76%；农膜用量为249.3万吨，但回收率不足60%，其中有10%~20%残留在土壤中。2015年4月，农业部首次公开承认，农业已超过工业成为中国最大的面源污染产业。与点源污染相比，面源污染具有较大随机性、不稳定性和复杂性，污染范围更广。

2014年11月20—21日，由国家发改委，农业部主办，全国农业循环经济现场会议于安徽阜阳召开。这是农业循环经济全国性的首次会议，具有开创性、标志性的会议。会议主要内容是贯彻落实《循环经济发展战略及近期行动计划》，总结、交流、推广农业循环经济典型经验，研究探讨发展农业循环经济的措施，加快转变农业发展方式，提高农业生态文明水平。参加会议的有各省、自治区、直辖市、计划单列市循环经济综合部门、农业部门相关负责人、农业部和国家林业局的相关司局负责人和典型企业、新闻媒体等代表共计130人。国家发展改革委解振华副主任出席会议并讲话，安徽省副省长杨振超，阜阳市委副书记、市长李平到会并致辞。会议听取了安徽省阜南县、江苏省发改委、河北省藁城县、黑龙江农垦北安管理局、北京市德清源公司、武汉光谷蓝焰公司和江苏省丹阳康乐公司代表在推动农业循环经济工作中的典型做法和经验。与会代表现场参观了阜阳市农业循环经济发展的典型企业。参会代表还就《关于加快发展农业循环经济的意见（讨论稿）》和推进秸秆综合利用的政策措施进行了深入交流和探讨，结合各地工作实际提出了意见建议，建议国家加大对地方的指导和支持力度。解振华副主任总结了几年来农业循环经济工作的有效模式，提出要进一步强化问题导向，总结经验，抓住重点环节全面推进，着力源头减量，推动节水、节地、减肥、减药，提高农业资源利用率；着力推动农业废弃物的资源化利用，加强畜禽粪污、林木废弃物、废旧农膜的回收利用，减少资源浪费和环境污染；着力强化产业系统集成，构建农业内部、农业与林业间、农业、工业、服务业间和区域的循环产业链，形成多功能大循环农业体系。

2015年初，中共中央、国务院印发的《关于加大改革创新力度加快农业现代化建设的若干意见》指出，大力开展秸秆资源化利用，加强农业生态治理，推动农业循环经济的发展。7月30日，国务院办公厅发出《关于加快转变农业发展方式的意见》（国办发〔2015〕59号），鼓励发展种养结合循环农业，大力发展节水农业，实施化肥和农药零增长行动，推进农业废弃物资源化利用。《2015年循环经济推进计划》提出要不断探索农业循环经济发展新模式，开展农业循环经济试点示范工作。

10月，国家发展改革委环资司在甘肃省兰州市召开农业循环经济座谈会，听取了部分省区发展改革委对《关于加快发展农业循环经济的意见（讨论稿）》的修改意见和建议，并就当前农作物秸秆等资源综合利用有关情况进行了深入交流和讨论。环资司马荣副司长主持会议，介绍了《意见》的起草过程和相关内容，并提出各地要高度重视此项工作，要认真总结、评估“十二五”取得的成效，存在的主要问题，提出下一步工作的政策措施，将有关内容纳入地方的“十三五”发展规划，重点加以推动。来自甘肃、新疆、河南、黑龙江等13个省（区、兵团）发展改革委负责同志参加会议。大家一致认为，加快发展农业循环经济工作，是贯彻落实党中央、国务院关于《关于加快推进生态文明建设的意见》和《生态文明体制改革总体方案》有关精神的具体体现，有利于提高农业生态文明水平，出台《意见》对指导和推动下一步工作意义重大，地方十分迫切。同时，与会代表从加强统筹协调、强化科技驱动、推进试点示范以及鼓励各地探索具有地方特色的农业循环经济模式等方面提出了建设性意见。11月8-9日，农业部在浙江省衢州市召开全国生态循环农业现场交流会，交流各地发展生态循环农业的做法和经验，研究部署今后一个时期重点任务。农业部部长韩长赋在会上指出，新时期发展生态循环农业，总的要求是认真贯彻落实党的十八届五中全会精神和中央关于生态文明建设的部署要求，牢固树立创新、协调、绿色、开放、共享发展理念，以加快推进农业现代化为中心目标，以加快转变农业发展方式为主线，以保障国家粮食安全和促进农民持续较快增收为首要任务，着力推进农业资源利用节约化、生产过程清洁化、产业链条生态化、废弃物利用资源化，走产出高效、产品安全、资源节约、环境友好的农业现代化道路。当前和今后一个时期，发展生态循环农业，要重点抓好以下任务：坚持统筹兼顾，优化产业结构；坚持减量优先，推进农业清洁生产；坚持循环利用，推进农业废弃物资源化；坚持用地养地结合，推进耕地质量保护与提升；坚持开发保护并重，推进农业资源养护。浙江省省长李强出席会议并致辞。会议由农业部副部长张桃林主持。浙江省副省长黄旭明、农业部总经济师毕美家等参加会议。浙江、四川、福建、江苏、甘肃、湖北等省代表在会上做了交流发言，会议代表还参观了浙江省生态循环农业建设现场。11月13日，由住建部、中央农办、中央文明办、发展改革委、财政部、环保部、农业部、商务部、全国爱卫办、全国妇联十部门联合出台的《全面推进农村垃圾治理的指导意见》指出，未来的治理行动将不仅仅针对农村生活垃圾，还涉及农业生产垃圾、建筑垃圾和农村工业垃圾等。《意见》提出，到2020年，全国90%以上村庄的生活垃圾得到有效治理;农村畜禽粪便基本实现资源化利用，农作物秸秆综合利用率达到85%以上，农膜回收率达到80%以上;农村地区工业危险废物无害化利用处置率达到95%。

2016年2月1日，国家发展改革委、农业部、国家林业局联合印发了《关于加快发展农业循环经济的指导意见》，提出要全面贯彻落实党中央、国务院关于大力推进生态文明建设的战略部署，加快发展农业循环经济，提高农业资源利用效率和改善农村生态环境，促进一、二、三产业融合发展，全面推动资源利用节约化、生产过程清洁化、产业链接循环化、废弃物处理资源化，增强农业可持续发展能力，加快转变农业发展方式的指导思想、遵循原则和“十三五”期间主要目标、重点领域、主要任务和保障措施等。同时，要求各地有关部门结合实际，科学谋划本区域农业循环经济发展，明确重点任务、重点工程和推进措施，加强沟通协调，研究出台支持政策。《意见》对指导和推动下一步工作意义重大。

——推进秸秆综合利用。我国每年产生相当于8、9亿吨的秸秆，相当于2亿吨粮食的营养价值。目前，全国每年约有20%的秸秆在农村腐烂或焚烧，没得到有效利用。据专家测算，如果这2亿吨的秸秆得到充分的循环利用，相当于增加了20%左右的耕地、淡水和其他农业投入品等资源，相当于现有农业经济系统增值20%。随着我国粮食产区十一连增的历史性成就，秸秆的收集量也在逐年增加。2014年预计全国秸秆的综合利率用达到78%，比上年提高2个百分点。

2015年7月26日至31日，国家发改委环资司副司长马荣带队，会同全国人大常委会办公厅、全国人大农业与农村委员会、科技部、财政部、环保部、科技部、国土资源部、农业部、银监会等8部门及我委办公厅，并特邀6名提出秸秆综合利用重点建议的全国人大代表组成联合调研组，赴黑龙江省、河南省开展秸秆综合利用与禁烧工作实地调研。调研组就秸秆资源化利用现状、收储运体系、技术装备水平、共性及难点问题等，召开4次座谈会，广泛听取当地人大代表、地方有关部门、专家、企业、农村合作社、农民等对秸秆综合利用与禁烧工作的意见和建议。实地参观了秸秆造纸、秸秆制板、秸秆饲料化利用及有机肥等产业化建设工程，深入田间了解秸秆粉碎还田、过腹还田、黄腐酸肥料水稻应用试验等情况。

8月，秸秆产业化会在内蒙古乌兰浩特市兴安盟召开。会议以“推动秸秆资源产业化，打造绿色经济增长点”为主题，主要围绕现代农业与秸秆产业化论坛、绿色金融与秸秆产业化论坛、秸秆产业化项目推介会等专题进行深入研究，涉及装备制造、现代农业、生态旅游、健康产业、秸秆综合利用等全产业链企业。内蒙古自治区副主席王玉明、农业部科教司司长唐珂出席并讲话。来自政策权威、金融机构、业界专家、各地政府、中外工商企业界领袖等400余人参会。这是中国秸秆产业领域组织召开的第一次综合性大会，具有开拓和创新意义，为凝聚智库、金融、企业与政府的力量，建立一批典型的秸秆产业化集群项目，拓展中国秸秆产业化示范基地建设，领航中国绿色农业与农业废弃物利用的绿色经济先河起到了积极推动作用。11月16日，国家发展改革委、财政部、农业部、环境保护部发出《关于进一步加快推进农作物秸秆综合利用和禁烧工作的通知》提出主要目标，力争到2020年，全国秸秆综合利用率达到85%以上；秸秆焚烧火点数或过火面积较2016年下降5%，在人口集中区域、机场周边和交通干线沿线以及地方政府划定的区域内，基本消除露天焚烧秸秆现象。“通知”强调，推动产业化发展，拓宽秸秆利用渠道；支持秸秆代木、纤维原料、清洁制浆、生物质能、商品有机肥等新技术的产业化发展，完善配套产业及下游产品开发，延伸秸秆综合利用产业链。

——发起农业面源污染攻坚战。2015年4月10日，农业部发出《关于打好农业面源污染防治攻坚战的实施意见》（农科教发〔2015〕1号），明确打好农业面源污染防治攻坚战的工作目标。力争到2020年农业面源污染加剧的趋势得到有效遏制，实现“一控两减三基本”。“一控”，即严格控制农业用水总量，大力发展节水农业，确保农业灌溉用水量保持在3720亿立方米，农田灌溉水有效利用系数达到0.55；“两减”，即减少化肥和农药使用量，实施化肥、农药零增长行动，确保测土配方施肥技术覆盖率达90%以上，农作物病虫害绿色防控覆盖率达30%以上，肥料、农药利用率均达到40%以上，全国主要农作物化肥、农药使用量实现零增长；“三基本”，即畜禽粪便、农作物秸秆、农膜基本资源化利用，大力推进农业废弃物的回收利用，确保规模畜禽养殖场（小区）配套建设废弃物处理设施比例达75%以上，秸秆综合利用率达85%以上，农膜回收率达80%以上。农业面源污染监测网络常态化、制度化运行，农业面源污染防治模式和运行机制基本建立，农业资源环境对农业可持续发展的支撑能力明显提高，农业生态文明程度明显提高。

10月20日至21日，农业部、国家发展改革委在甘肃省兰州市召开全国推进农用地膜综合利用现场会。各地农业厅、农业环保站和部分省（区、兵团）发展改革委等共160余人参加会议。国家发展改革委环资司马荣副司长、农业部科技教育司王衍亮副司长出席会议并讲话，甘肃、新疆、山东、河北四省区发展改革委、农业厅代表及有关专家、企业作了典型经验交流和发言。马荣副司长指出加快发展农业循环经济和推进农业清洁生产是实现绿色循环低碳发展、促进农业结构调整、解决农业面源污染、实现农业可持续发展的重要着力点。在农业领域要加快推动资源利用节约化、生产过程清洁化、产业链接循环化、废弃物处理资源化发展，实现农林牧多业共生的循环型生产方式，促进农业发展方式转变。王衍亮强调，地膜综合利用和污染治理是一项系统工程，各级农业部门一定要高度重视农用地膜污染治理，认真总结推广各地好的经验做法，不断加大工作力度，力争到2020年，当季农膜回收和综合利用率达到80%以上。现场会期间，组织代表实地参观了农用地膜生产企业、省级废旧农膜回收利用示范区以及地膜机械捡拾等农业机械制造企业。

——沼气工程转型升级。农村沼气工程污染、改善农村人居环境、发展现代生态农业、提高农民生活水平等在提供可再生清洁能源、防治农业面源污染和大气方面具有重要作用。近年来，中央已累计安排农村沼气工程投资364亿元，开展户用沼气、服务网点、养殖小区和联户沼气，以及大中型沼气工程等建设。目前，全国沼气用户已达到4300万户，规模化沼气工程已发展到10万处。全国农村沼气年生产量可达160亿立方米，处理粪污、秸秆、生活垃圾近20亿吨，形成年节约2600多万吨标准煤的能力，减排二氧化碳6300多万吨，生产有机沼肥4亿多吨，为农民增收节支近500多亿元。然而，随着城镇化的快速推进和农村牲畜养殖方式的变化，农村沼气建设面临着新情况、新问题，户用沼气需求和使用率下降，一些中小型沼气工程出现运行效果不佳、沼渣沼液综合利用水平不高等现象，农村沼气工程亟须转型升级。2015年中央预算内投资将支持建设日产沼气500立方米及以上的沼气工程，并支持日产生物天然气1万立方米以上的工程开展试点，预计年可新增沼气生产能力4.87亿立方米，处理150万吨农作物秸秆或800万吨畜禽鲜粪等农业有机废弃物。农业部专门发出《2015年农村沼气工程转型升级工作方案》，贯彻落实中央关于建设生态文明、做好“三农”工作的总体部署，适应农业生产方式、农村居住方式、农民用能方式的变化对农村沼气发展的新要求，积极发展规模化大型沼气工程，开展规模化生物天然气工程建设试点，推动农村沼气工程向规模发展、综合利用、科学管理、效益拉动的方向转型升级，全面发挥农村沼气工程在提供可再生清洁能源、防治农业面源污染和大气污染、改善农村人居环境、发展现代生态农业、提高农民生活水平等方面的重要作用，促进沼气事业健康持续发展。为推动沼气工程向规模发展、综合利用、科学管理、效益拉动的方向转型升级，中央对符合条件的规模化大型沼气工程、规模化生物天然气试点工程予以投资补助。其中，规模化大型沼气工程，中央对每立方米沼气生产能力投资补助1500元；规模化生物天然气工程试点，中央对每立方米生物天然气生产能力补助2500元；中央对单个项目的补助额度不超过5000万元。鼓励各地利用地方资金开展中小型沼气工程、户用沼气、沼气服务体系建设。

——建立示范园区。黑龙江尾山农场是以玉米为主的生产区，把30多万亩的玉米秸秆作为各种养殖原料，同时建设一个面积十万平方米的小区，玉米秸秆为小区居民提供集中供暖。安徽阜阳市践行循环经济理念，从政策、资金等各方面加大力度，促进秸秆综合利用，一批秸秆综合利用企业脱颖而出，快速发展，涌现出阜阳国祯生物质电厂、国能临泉生物质电厂、临泉山羊集团、阜南健生源食用菌公司、颍泉德益农业科技有限公司、安徽康桥、阜南胜天、临泉韦臣等一批秸秆资源综合利用企业，年秸秆综合利用量达到320万吨。阜阳（国祯）生物质循环利用产业园项目预计2016年投产后，仅此一个项目一年就可消化农作物秸秆195万吨（含生物质电厂30万吨），到2016年全市95%以上的农作物秸秆将得到高效转化利用、变废为宝。

六、“互联网+”浮出水面

2015年3月，李克强总理在政府工作报告中提出“制定‘互联网+’行动计划，推动移动互联网、云计算、大数据、物联网等与现代制造业相结合，促进电子商务、工业互联网和互联网金融健康发展，引导互联网企业拓展国际市场”。“互联网+”的概念在国内各行各业引起热议，同时也在循环经济领域引发了轰动。采取“互联网+”回收模式可以有效地在废旧资源再生利用企业与废旧资源供给者（广大居民）之间架起无形的桥梁，使废旧资源供需之间建立直接联系，信息更加对称透明，减少中间环节，降低废旧资源再生利用企业交易成本，促进线上交易与线下物流的统一协调。有利于建立更加高效完善的废旧资源回收网络体系，促进区域循环经济协调高效发展，将会大大提高循环经济示范县市建设的效率。《2015年循环经济推进计划》明确提出，“推动和引导回收模式创新，探索‘互联网+回收’的模式及路径，积极支持智能回收、自动回收机等新型回收方式发展。”鼓励利用互联网、大数据、物联网、信息管理公共平台等现代信息手段，开展信息采集、数据分析、流向监测，优化网点布局，实现线上回收线下物流的融合，搭建科学高效的逆向物流体系，推动企业自动化、精细化分拣技术装备升级。

2015年9月22日，国家发展改革委、财政部、住房城乡建设部发出的《关于开展循环经济示范城市(县)建设的通知》中明确要求构建“互联网+”再生资源回收利用体系，鼓励互联网企业参与搭建城市废弃物回收平台，创新再生资源回收模式，提高再生资源回收利用率和循环利用水平，深化生产系统和生活系统的循环链接。2015年3月，中国循环经济协会组织召开了资源循环利用公共服务平台建设的研讨会，谋划我国循环经济产业的“互联网+”战略布局，并正式提出建设服务于我国循环经济领域的“互联网+”公共服务平台的计划。公共服务平台的宗旨是发挥互联网、物联网、大数据的作用，推进我国再循环经济稳步健康发展。协会从2014年初就已联合清华大学、新天地环境集团、浪潮集团、白银有色集团、青岛积成电子、中再生协会等单位开始了相关课题的研究。

2016年1月21日，国家发展改革委发布了《“互联网+”绿色生态三年行动实施方案》的通知。《方案》要求充分利用互联网平台，提高再生资源交易的便捷度、透明度和灵活度，进而促进生产生活方式趋向更加绿色环保。《方案》中提出鼓励、支持回收行业利用物联网、大数据开展信息采集、数据分析、流向监测，推广“互联网+”回收新模式。《方案》的发布将大力促进循环经济示范项目的工作力度，有利于降低废弃物管理成本，是确保循环化改造有效进行的重要基础之一，也是促进再生资源行业加速发展的重要指南。《方案》“利好”“十三五”时期资源循环利用产业采用互联网、大数据的方式进行总体布局，确定重点任务，明确保障措施，完善再生资源回收利用和在线交易体系，提升再生资源回收利用行业的整体水平；推动再生资源回收行业转型升级，促进回收行业信息技术由松散粗放型向集约型、规模型和效益型方向转变，支持回收行业利用物联网、大数据开展信息传递,指导并优化回收行动，推广“互联网+回收”新模式，增强资源回收领域的竞争实力；全方位推动互联网企业积极参与搭建再生资源回收平台，广泛支持企业创新再生资源回收模式，进一步加强建设具有创新性回收平台的循环经济示范项目的工作力度，逐步改变传统回收小、散、差的状况。《方案》不只是鼓励回收行业推广“互联网+”回收新模式，还鼓励互联网企业参与搭建城市废弃物回收平台，创新再生资源回收模式。将回收平台共建作为国家循环经济示范城市（县）建设的鼓励支持方向。鼓励互联网企业积极参与各类产业园区废弃物信息平台建设，以园区循环化改造为切入点，支持一批符合条件的园区开展相关工作。

“互联网+”渐成发展趋势。近两年积极探索“互联网+”回收体系，改变了传统的经营模式，利用APP、网站、微信、400电话等，实现居民线上交投与回收人员线下回收的深度融合。

旧件是再制造产业的原料，必须充分依靠市场力量，加快构建网络化、规范化、低成本、高效率的逆向物流体系，积极将‘互联网+’与传统关联领域融合，扩展回收渠道。”对此，中国零部件再生交易网（二手熊猫网）运营总监张莹介绍说，二手熊猫网客户群分5个层次，第一汽车拆解厂、再制造企业、新建生产厂、汽车维修厂和市场中二手零售商和个人服务群体，最终可以形成整体零部件循环经济圈。

摸索进取，大胆开拓，“互联网+回收分类”创新模式。一些企业构建网上回收平台，尝试新型回收模式，出现了“绿宝”、“易回收”、“快收网”、“盈创回收”等互联网回收平台;一些企业探索新型电商模式，如中原再生资源国际交易中心在大周挂牌，打造中原地区现货电子交易中心。江苏围绕循环经济发展提升的迫切需求，公共服务平台着力打造了“一个数据中心、两大服务平台、三大服务体系、七大功能板块”框架体系。计划在2017年底前推进全部省级以上园区和特色基地平台建设及接入工作，最终形成覆盖全省的循环经济公共服务平台网络，实现城市间、园区间、企业间在循环经济发展领域的信息互通、资源共享及废弃物交易交换等。

当前，循环经济面临的最大挑战是，新常态的资源供求关系变化降低了循环经济的经济效益，对循环经济发展产生负面影响。经过10年的推进，我国循环经济发展已经进入了一个新的阶段。特别是“十三五”推进循环经济发展将会在原来示范试点经验的基础上，更加向通过体制机制创新，构建循环经济发展的长效机制方向发展。在国家宏观层面上，将会更加完善循环经济法律法规和政策体系，循环经济发展从过去关注废弃物再生和循环利用，转向将循环经济纳入生态文明建设体系，通过环境保护法律法规和政策等倒逼机制，促使循环经济成为经济发展的普适模式。实施更强的规制和引导，从制度上推进企业、居民自觉发展循环经济。一方面继续对资源循环利用实施支持政策，另一方面要通过建立健全用能权、用水权、排污权、碳排放权初始分配制度，加大环境治理力度，以提高环境质量为核心，实行最严格的环境保护制度，提高废弃物排放代价，使资源循环利用成为降低排放代价的途径，间接提高资源循环利用的比较利益。

（撰稿：孟赤兵，北京现代循环经济研究院）

地方报告

北京市循环经济2015年度报告

白 静

2015年在党中央、国务院坚强领导下，在中共北京市委直接领导下，全市上下深入贯彻习近平总书记系列重要讲话和对北京工作的重要指示精神，认真落实京津冀协同发展规划纲要和绿色发展理念，稳步推进循环经济发展，加快建设国际一流的和谐宜居之都，较好地完成了年度目标和“十二五”规划目标任务。

2015年北京节能减排力度继续增强，万元地区生产总值能耗、水耗和二氧化碳排放分别下降3.5%、3%左右和4%，生活垃圾资源化率达到56%，重要水功能区水质达标率为55%。细颗粒物（PM2.5）浓度下降5%左右。全市森林覆盖率达到42.1%，城市生态环境进一步改善。

一、加快绿色循环低碳发展，建设和谐宜居环境

（一） 大力治理大气污染。制定本市全面提升生态文明水平推进国际一流和谐宜居之都建设的实施意见和推行环境污染第三方治理实施意见，落实清洁空气行动计划84项年度重点任务，实现京能石景山热电厂和国华北京热电厂关停，全年压减燃煤500万吨以上，核心区基本实现无煤化，城六区基本取消燃煤锅炉，城乡结合部和农村地区“减煤换煤”近180万吨。淘汰老旧机动车38.9万辆，淘汰全部黄标车，新增重型柴油车实施第五阶段排放标准，放开新能源汽车配置指标，累计建成5座换电站和2.1万根充电桩，出台施工扬尘、挥发性有机物等排污收费政策，运用市场化手段促进减排。细颗粒物（PM2.5）浓度下降6.2%。

（二）垃圾污水处理能力进一步提升。高安屯二期、大工村焚烧厂、延庆垃圾综合处理中心建成投运，全市焚烧、生化处理设施能力突破1万吨/日，餐厨垃圾处理能力达到1200吨/日，全市生活垃圾资源化率达到55%，比2010年提高7.7个百分点；污水处理和再生水利用设施建设三年行动计划确定的骨干再生水厂全部开工建设，房山良乡、顺义北小营等郊区新城再生水厂建成，小城镇污水处理设施市场化建设稳步推进，全市污水处理率达到87%，比2010年提高6个百分点，再生水年利用量达到9.5亿立方米；建成小红门等污泥处理设施，房山、延庆等郊区污泥处理工程加快推进。

通州区小城镇污水处理设施市场化建设项目2015年6月启动实施。项目水厂部分涉及9个该乡镇13座污水处理厂（新建9座，委托运营4座），污水处理规模7.4万吨/天，配套管网部分涉及8个乡镇新建96.5公里污水管网和16.5公里再生水管网，由市区两级政府共同投入。项目实施对于吸引社会资本参与村镇基础设施建设，实现通州区乡镇污水处理设施全覆盖具有重要意义。

（三）清洁生产取得明显成效

大力推行清洁生产是发展循环经济、减少资源消耗、控制污染排放、推进生产方式绿色化的客观要求，也是新时期深化推进节能减排降碳工作的重要抓手。我市清洁生产工作取得了明显成效，特别是2012年本市被确定为全国唯一服务业清洁生产试点城市以来，清洁生产工作呈现“机制新、力度大、效果好”的特点，有力地支撑了全市能效水平持续提升和环境质量改善。2005年以来，已完成500多家单位清洁生产审核评估。据初步统计，已实施8000余项清洁生产方案，每年节水1000余万吨、节电2.5亿度、削减烟尘1400余吨、削减二氧化硫600余吨、削减化学需氧量500余吨，收到了明显的经济效益、环境效益和社会效益。积极组织申报清洁生产项目，目前已经批复北辰实业、京丰燃气、蒙牛乳业、安贞医院等8个清洁生产项目，节能减排效果显著。2015年，39家单位通过清洁生产审核评估。

（四）推进节能低碳和循环经济标准化工作

2015年11月，北京市出台《北京市推进节能低碳和循环经济标准化工作实施方案(2015—2022年)》。到2022年，健全完善方法科学、实施有效、更新及时的标准制定修订工作机制，基本建成体现北京特色、指标水平先进、系统构成完善的节能低碳和循环经济标准体系，逐步形成政府引导、市场驱动、社会参与的标准化共治格局，实现政府主导制定的节能低碳和循环经济标准全公开、监督执法全覆盖、强制性标准全执行、推荐性标准全部鼓励采用，努力打造全国节能低碳和循环经济标准创新中心、示范基地和辐射之源，有效支撑本市节能低碳工作持续走在全国前列，区域能源消耗和碳排放强度保持国内领先。

（五）开展2015年公共机构节能减碳工作

继续强化资源综合循环利用。在党政机关、大中小学等开展“文明餐桌”等主题实践活动。支持全市高校和党

政机关开展餐厨垃圾就地资源化处理。继续实施“绿纽扣计划进校园”活动，推进公共机构加强废旧商品回收体系建设，加强废弃资源综合利用。继续推进节水型单位创建，因地制宜加强雨水收集、废水梯级处理和再生水利用。

（六）系统抓好试点示范创建工作

总结首批23家国家节约型公共机构示范单位创建经验，组织做好第二批33家国家节约型公共机构示范单位创建工作。按照国家及本市要求，开展能效领跑者试点活动，对获得“2015年度北京市能效领跑者”称号的单位，给予奖励支持。完成100所节约型中小学示范学校年审工作和节约型高校评审工作，探索推进节能减碳达标学校认证。完成教育系统新能源与可再生能源利用每个区（县）一个示范教室建设任务。

（七） 生态绿化工程加快实施

建成丰台马家堡、海淀田村等多处城市休闲森林公园，加快推进“三山五园”地区生态环境提升、房山青龙湖森林公园建设工程，完成平原地区造林11万亩，累计完成105万亩，印发本市平原地区造林工程新增林木养护管理办法，完善林木养护监管机制，八达岭长城地区列入全国首批国家公园体制改革试点区。

（八）开展 2015北京市第三届节能环保低碳系列宣传活动

2015北京市第三届节能环保低碳系列宣传活动1月20日正式启动。活动包括节能环保大篷车、低碳达人、环保创业和绿色消费课堂等内容，主要开展“七个一”活动，即举行一场达人秀竞赛，开办一次创业大会，出版一套学生教材，开设一间绿色讲堂，组建一支大篷车队伍，举办一场节能展览，参与一次生态设计推广活动。大篷车将利用一年左右时间，以京津冀地区特别是北京市各区县为主，辐射天津、河北等周边地区，开展“节能环保低碳大篷车”巡游活动，行程超过6000公里，成为宣传节能环保低碳理念知识和技术产品的流动展示平台。让沿途市民能够零距离、多元化地体验节能环保低碳知识、技术和产品等

三、2016年主要措施工作

（一）推动环境治理攻坚

持续提升空气质量。加快华能北京热电厂新建燃气机组工程建设。完成3000蒸吨左右燃煤锅炉清洁能源改造任务，实施400个村煤改清洁能源。淘汰20万辆高排放机动车，提高公交、环卫、邮政等行业新能源车、低排放车使用比例。实施企业环保技改工程，继续减排挥发性有机物。力争完成第六阶段机动车排放标准制定，率先在京津冀地区实施《空气重污染预警会商及应急联动工作方案》，修订空气重污染应急预案，积极应对重污染天气。强化对污染物来源及雾霾成因机理等方面的研究解析，进一步提高大气污染治理措施的科学性、精准性，有针对性地完善源头治理措施，实施好年度清洁空气行动计划。

（二）提高垃圾处理和分类能力

加快垃圾处理设施建设三年实施方案项目落地，积极推进鲁家山生活垃圾焚烧厂、阿苏卫循环经济园的特许经营协议签订工作，建成海淀大工村、丰台餐厨垃圾处理厂。（下转第四版）（上接第三版）推进大兴、朝阳、海淀、丰台、房山等5座建筑垃圾资源化处置项目建设。严格规范垃圾投放，建立以提升垃圾分类减量效果、资源化利用率为导向的激励机制，继续扩大小区垃圾分类试点，制定人均垃圾产生量零增长工作方案。

（三）坚决防治水污染

加快实施水污染防治工作方案，启动实施新一轮污水处理和再生水利用设施建设三年行动计划。建成槐房、高安屯、清河第二、定福庄等再生水厂。制定农村地区污水治理规划和政策，通过市场化手段推进小城镇及农村地区污水处理设施建设，综合防治农业面源污染，建设沿河截污管网，加快消除污水直排入河现象。全市污水处理率提高至90%。

（四）继续拓展绿色生态空间

全面推进八达岭长城地区全国首批国家公园体制改革试点工作。启动西部山区旅游廊道规划，加快一道绿隔郊野公园、休闲公园建设，实施老旧公园基础设施改造和景观提升工程，研究推进楔形绿地建设，新增造林16万亩，新建城市绿地400公顷。开展湿地保护与恢复工程。重点推动通州北运河湿地等项目落地，启动房山长沟、大兴长子营等大尺度湿地森林公园建设。

（五）推进“海绵城市”建设

利用渗、蓄、滞、净、用、排等多种措施，启动中心城区雨污合流管线改造，大力实施雨洪利用工程，推进“海绵城市”建设。持续推进流域水系综合治理，全面完成1460公里中小河道治理任务，建成相对完善的流域防洪体系。建成第十水厂，研究推动海水淡化入京，多渠道保障水资源供应。

天津市循环经济2015年度报告

天津市发展和改革委员会

2015年，天津市在天津市委、市政府的领导和各区、各部门的共同努力下，按照国家发展改革委的统一部署和要求，把发展循环经济作为推进生态文明建设、促进转型升级的重要举措，精心组织，加大力度，循环型社会建设取得新进展。

一、全面推进园区循环化改造

（一）继续把推动园区循环化改造列为全市循环经济工作重点

按照“美丽天津•一号工程”清新空气行动方案中“到2017年我市50%以上的国家级、30%以上的市级园区要实施循环化改造”的工作目标，我市从2012年开始分期分批对基础条件好、产业链条清晰、改造潜力大的各类开发区实施循环化改造，逐步提高全市循环化改造园区覆盖率。为加快工作进程，制定了《推进园区循环化改造的实施意见》，组织了多次培训会，开展了摸底调研，积极争取资金支持，并建立了重点项目季报制。2015年，新增7个园区开展示范试点建设，全市累计有10个市级园区循环化改造示范试点。

（二）推进国家园区循环化改造示范试点建设

天津经济技术开发区、空港经济区作为国家循环化改造示范试点园区，依托制造业产业优势积极实施产业共生项目，推进园区绿色循环低碳发展。开发区创新循环经济管理机制，积极探索“区域产业共生网络建设”、“一般工业固体废物联单管理制度”、“工业固体废物生态管理标识活动”等做法，推进企业参与循环经济建设。目前，有60家电子通信、机械制造、食品饮料等行业的企业参加了生态管理标识活动。有248家企业加入区域产业共生网络平台，完成99组废物对接，实现减少约98.1万吨废物填埋量。同时，积极开展物质流分析，探索综合型园区循环经济建设过程中关键资源能源要素的合理使用方式。国家组织开展园区循环化改造巡诊活动时，专家组充分肯定了开发区循环化改造的工作成效。

二、深化循环经济试点示范建设

（一）推进国家“城市矿产”示范基地建设

子牙循环经济产业区是我市专门从事再生资源产业的园区，吸引290余家企业入驻，拆解加工能力超过340万吨，在发展废旧机电产品拆解处理、废旧电器电子产品处理加工、报废汽车拆解处理、废旧橡塑加工、精深加工再制造、节能环保新能源等六大产业的基础上，不断完善科技研发、商贸物流等配套体系。探索“互联网+回收”新模式，依托相关企业建立了“回收哥”APP、“百度回收站”等回收平台。引进大连再生资源交易所。成立循环经济标准化技术委员会，推进报废汽车拆解加工及废塑料回收利用循环经济标准化试点建设。

（二）静海区成功列为国家循环经济示范城区

2015年，按照国家发展改革委、财政部、住房和城乡建设部《关于将天津静海县等61个地区确定为国家循环经济示范城市（县）建设地区的通知》，我市静海区被列入国家循环经济示范城区建设范围，将在生产、流通、消费各环节，积极推行循环型生产方式和绿色生活方式，构建覆盖全区域的资源循环利用体系，为我市循环经济城镇体系建设提供典型经验。

（三）和平区被列为国家餐厨废弃物资源化利用和无害化处理试点

我市积极组织申报试点城区建设，津南区是首批试点城区之一，建设餐厨垃圾处理厂一座，设计处理能力300吨/日，已建成试运行。2015年，和平区成为第五批国家餐厨废弃物资源化利用和无害化处理试点，采用餐饮垃圾收运处理一体化模式及餐饮垃圾无害化处理工艺对区内餐饮垃圾进行处理，目前已建成4个前端收运预处理站。

三、推动各重点领域循环发展水平不断提高

（一）工业领域

积极推行清洁生产，制定年度清洁生产审核计划，对一批企业实施清洁生产强制审核。积极推进京津冀工业资源综合利用协同发展，海泰环保等4家企业纳入国家首批资源再生利用重大示范工程。主要工业固体废弃物资源综合利用率达到98%以上，达到全国领先水平。

（二）农业领域

积极推动肥料化、饲料化、能源化、工业化等秸秆综合利用，农作物秸秆综合利用率达到95%，圆满完成国家下达目标。引导涉农区县大力发展农业循环经济，探索农林牧渔多业共生的循环型农业生产方式。

（三）建筑领域

积极推进建筑垃圾资源化综合利用，学习借鉴兄弟省市经验，研究起草建筑垃圾资源化利用管理办法，积极推动首批示范项目的前期工作。

（四）生活废弃物处理领域

推动绿色回收进机关、进校园、进社区、进商场、进园区，并通过“互联网+”模式探索回收手段升级。滨海新区被列为国家首批生活垃圾分类示范城区。中新生态城作为国家首个绿色发展示范区，积极建设垃圾气力输送项目，为探索城市绿色发展提供有益模式。

四、加强循环经济的基础能力建设

（一）制定方案、细化任务，形成工作合力

落实国务院《循环经济发展战略及近期行动计划》和国家发展改革委《2015年循环经济推进计划》要求，组织制定实施《天津市2015年循环经济工作的实施意见》。

（二）做好试点自查验收及循环经济规划研究等基础工作

天津市、子牙循环经济产业区、北疆发电厂、经济技术开发区、临港经济区通过了国家七部委组织的循环经济示范试点验收。按照全市重点专项规划编制工作的总体部署，全面启动天津市循环经济发展“十三五”规划的起草工作。

（三）加大宣传力度，积极开展国际合作与交流

成功举办首届“中日韩循环经济论坛”。论坛以“城市矿山•循环子牙”为主题，就促进循环经济领域的交流合作进行了研讨，并形成《子牙行动倡议》等论坛成果。

五、积极融入国家生态文明先行示范区建设

自2014年武清区成功列入首批国家生态文明先行示范区以来，2015年我市静海区、蓟州区列入第二批示范区建设。静海区重点探索京津冀“城市矿产”协同发展的有效模式与机制。蓟州区与北京市平谷区、河北省廊坊北三县（三河、大厂、香河）联合申报成为我国首个跨区域共建生态文明先行示范区，将在创新区域联动机制以及京津冀生态文明制度建设协同模式等方面进行有益探索。

（撰稿人：唐弢、苏静，天津市发展和改革委员会环资气候处）

山西省循环经济2015年度报告

山西省发展和改革委员会

2015年是完成“十二五”规划任务的收官之年。按照山西省委省政府关于循环经济工作的部署，对全省“十二五” 时期循环经济的发展成效进行了全面的总结，制定循环经济“十三五”发展规划和相关政策，加快循环经济试点向示范转变，积极落实循环经济重点工作，全面深入推进循环经济各项工作。

一、修编《山西省循环经济“十三五”发展规划》

根据省政府及“十三五”规划协调小组的安排，《循环经济发展规划》被列为“十三五”重点专项规划之一。在总结“十二五”循环经济发展成效及存在问题的基础上，起草完成《山西省“十三五”循环经济发展规划》，并组织部分省“十三五”规划编制专家咨询委员会专家共同讨论，多次修改完善《规划》文本，形成《规划》（初稿）；在征求相关部门意见后，组织召开了《规划》论证会，并充分吸收与会部门和专家意见，形成了《规划》（送审稿）。《规划》紧紧围绕我省“六大发展”的战略要求，围绕我省循环经济的发展现状、总体要求、重点任务和保障措施提出“十三五”时期的具体发展思路。

二、制定《<山西省粉煤灰综合利用规划>实施意见》。

按照国家发展改革委对《山西省粉煤灰综合利用规划》的批复文件(发改环资[2014]2763号)及省政府的安排，由省发改委发布了《<山西省粉煤灰综合利用规划>实施意见》。指出贯彻实施《规划》，对于加快山西省资源经济转型，实现绿色、低碳、循环发展，具有十分重要的意义。针对“到2020年，我省建立完善的粉煤灰综合利用优惠政策体系，综合利用行业整体水平和装备水平得到明显提升，产业持续发展的长效机制基本形成。”的战略目标，提出了分阶段落实措施。

三、加强试点示范引领作用，培育循环经济典型模式

为充分发挥典型的示范引导和辐射带动作用，大力发展循环经济，促进循环经济形成较大规模，按照可复制、可推广、可借鉴的总体要求，省循环节约办组织相关部门及专家对全省试点单位进行了阶段性验收，在专家现场调研、资料审查、综合打分的基础上，结合全省11个地市及循环经济重点行业均衡发展情况，选出了5个县和10家企业作为第一批循环经济示范试点单位。同时，组织开展了省级园区循环化改造示范试点工作，在市县上报及专家评审的基础上，确定了临汾、孝义、交城和绛县四个经济开发区及同煤集团塔山循环经济园区为省级循环化改造示范试点园区。

四、参加2015 中国循环经济发展论坛

组织参加了由中国循环经济协会组织召开的“2015中国循环经济发展论坛”，论坛主题是，共话“十三五”绿色化背景下的循环经济。论坛分为主论坛和产业循环经济、资源再生利用、再制造、垃圾资源化、清洁生产五个平行分论坛，以及投融资分论坛。论坛重点是展望十三五、解读新政策、聚焦新热点，交流新技术、研讨新模式、分享好案例，对接好项目、促进投融资、发布新成果。

五、组织开展循环经济示范城市（县）建设的申报

按照国家发展改革委、财政部、住建部联合发布的《关于开展循环经济示范城市（县）建设的通知》（发改环资[2015]2154号）的要求，完成了“两市一县”（阳泉市、晋城市、孝义市）建设工作实施方案的评审及申报工作，其中晋城市和孝义市是2013年国家发展改革委批复确定的首批国家循环经济示范城市建设地区，根据（发改环资[2015]2154号）精神，两市对2013年国家批复的实施方案进行了修改完善，对拟实施的重点工程进行了梳理调整。

六、组织开展资源综合利用“双百工程”评估工作

根据国家发改委《关于组织开展资源综合利用“双百工程”评估工作的通知》的要求，组织对太原钢铁（集团）有限公司、朔州市和浮山县两批资源综合利用示范基地、骨干企业建设情况进行了评估，并形成评估报告。积极推进核心支撑项目的加快实施。

七、推进生态文明建设

贯彻《中共中央 国务院关于加快生态文明建设的意见》精神，省委省政府出台了《关于加快推进生态文明建设的实施方案》和《山西生态文明体制改革实施方案》，为当前和今后一个时期绘就了我省生态文明建设的顶层设计图。根据国家发改委等六部委《关于开展生态文明先行示范区建设（第一批）的通知》（发改环资[2014]1667号）文件精神，督促娄烦县、芮城县对各自《生态文明先行示范区建设方案》进行了细化，以制度创新为核心任务，进行先行先试、大胆探索，积极推进国家生态文明先行示范区建设。

（撰稿：王红亚、庞兰强，山西省发展和改革委员会资环处）

黑龙江省循环经济2015年度报告

黑龙江省发展和改革委员会

一、2015年全省循环经济工作取得积极成效

2015年是“十二五”收官之年，在党中央、国务院和省委的正确领导下，在省人大的监督和支持下，全省上下牢牢把握稳中求进工作总基调，主动适应经济发展新常态，加快推进生态文明建设，牢固树立绿色低碳发展理念，积极发展循环经济，在实现经济运行稳中向好的基础上，超额完成了2015年各项工作目标。

2015年，全省单位GDP能耗比上年下降4.01%，比计划降幅提高1.51个百分点，“十二五”期间单位GDP能耗累计下降18.95%，完成总体节能目标任务的120.5%；化学需氧量、氨氮、二氧化硫、氮氧化物排放量分别比上年下降2.19%、4.27%、3.37%、11.73%，分别比计划降幅提高2.19、3.07、3.37、10.83个百分点，“十二五”期间化学需氧量、氨氮、二氧化硫、氮氧化物排放总量累计削减率分别完成总体减排目标任务的158%、134.6%、556%、462.3%。

（一）强化责任，统一部署各项工作

一是不断加强组织领导。省政府领导多次深入实地调研并召开省政府专题会议，安排部署生态文明建设、大气污染防治三年专项行动、低质燃煤锅炉改造及小锅炉淘汰等工作并列入督办。

二是严格目标责任考核。对市（地）政府2014年度节能减排目标完成情况和措施落实情况开展评价考核，并将考核情况通报省委组织部，作为对市（地）领导班子和领导干部综合考核评价的重要内容。

三是完善顶层政策设计。省政府先后制定印发《关于促进节能环保产业发展的意见》、《关于推行环境污染第三方治理的实施意见》等重大节能减排政策，并配合省委联合印发《关于加快推进生态文明建设的实施意见》，提出了我省“十三五”期间生态文明建设的指导思想、基本原则、主要目标和保障措施。

（二）多措并举，推动产业及能源结构优化调整

一是有扶有控实施审批监管。认真执行国家产业政策，把好市场准入关，对因淘汰落后产能被各级政府关停和依照节能环保相关法律法规予以关停的企业，责令其限期办理注销登记或依法吊销营业执照；对减排工作严重滞后地区，实施区域环评限批；继续严禁安排钢铁、水泥、煤炭等产能严重过剩行业新增产能项目用地计划指标。对符合条件的节能环保产业项目，按照规定给予用地保障和优惠。

二是促进优势产业加快发展。哈尔滨锅炉厂有限责任公司“高效清洁燃煤电站锅炉”实验室获批为国内首家电站锅炉国家重点实验室，其自主研发的国内首台超超临界二次再热锅炉和高效超超临界锅炉成功投运，各项参数达到世界领先水平。积极推介我省高效节能产品走向全国，有3户企业4个型号锅炉列入国家发展改革委、质检总局《高效节能锅炉推广目录（第一批）》，占该批目录发布型号总数的五分之一；有3户企业7个型号锅炉、电机、电焊机列入工信部《节能机电设备（产品）推荐目录（第六批）》，其中2个型号节能产品被评为“能效之星”。

三是积极调整优化能源结构。2015年，全省可再生能源装机规模达到671万千瓦，占总装机容量的25.4%，比上年提高1.4个百分点；可再生能源发电量为125.6亿千瓦时，比上年增加5.6亿千瓦时，相当于节约标准煤18万吨。推行节能发电调度，将全省30万千瓦及以上火电机组利用小时数提高到4197小时，超出30万千瓦以下火电机组利用小时数348小时。

四是有效发挥经济杠杆调节作用。严格执行差别电价政策，对4户拆旧建新的水泥企业取消用电加价。推动燃煤机组脱硫、脱硝、除尘运行并达标排放，兑付环保电价加价11.1亿元，同时强化跟踪检查，共扣减收缴未按规定脱硫、脱硝、除尘电量电价1000万元。据初步统计，我省全年落实国家节能减排相关增值税税收优惠政策4.37亿元。贯彻落实国家污水处理收费政策，结合省情调整排污费征收标准，对超标超总量排放和低于标准50%排放的企业分别实行加倍和减半征收等差别化收费政策，在减排目标超额完成的基础上，全年征收排污费4.3亿元，比上年增加1331万元。

（三）以循环经济示范为引导，强化重点领域工作

一是加大示范试点争取及建设力度。成功推荐齐齐哈尔、牡丹江市列为国家第二批生态文明先行示范区，推荐齐齐哈尔高新技术产业开发区列为国家低碳工业园区试点，推荐通河县列为国家循环经济示范县（市）试点，推荐

牡丹江市经济技术开发区列为国家园区循环化改造示范试点，推荐省移动、联通云数据省分公司等7家单位列为国家绿色数据中心试点单位。同时，加快推进现有各类生态文明、节能减排示范试点和重大工程建设，力争充分发挥对我省节能减排工作的示范带动作用。

二是发挥工业节能支撑作用。继续组织工业企业实施燃煤锅炉节能减排效率提升、余热余压回收利用等节能技术改造、清洁生产示范和电机能效提升计划，淘汰燃煤小锅炉1973台；全省规模以上工业企业万元增加值能耗下降6.6%，超额完成了下降4%的年度目标任务。

三是严格建筑节能评价标准与组织实施。严格执行建筑节能标准，全省新建建筑设计和施工阶段节能标准执行率分别达到100%和99%；全省完成既有居住建筑供热计量及节能改造近1600万平方米，超额完成1500万平方米规划目标；推广绿色建筑500余万平方米，占“十二五”绿色建筑800万平方米目标任务的60%左右。

四是强化交通运输领域节能减排措施落实。严格执行道路客运实载率低于70%的线路不投放新运力的规定，交通运输效率进一步提高；坚持严把机动车登记关，对达不到“国四标准”的车辆不予登记；坚持严控机动车报废关，全年累计淘汰黄标车18.9万辆，超额完成13.9万辆的年度目标任务。

五是突出公共机构示范带动。对政府机关、高校、医院等省直200栋大型建筑水、电、热等能耗进行在线监测；申报38家国家级节约型公共机构示范单位一次性通过验收，119家省级节约型公共机构示范单位通过验收；完成“十二五”期间全省公共机构人均能耗下降15%、单位建筑面积能耗下降12%的节能目标。

六是积极发展绿色农业生产方式。累计推广测土配方施肥面积10032万亩，推进农业清洁生产，农膜等白色污染回收率达到80%；新增水稻节水控制灌溉面积269万亩，建设旱田高效节水灌溉面积673万亩；在双城、龙江等20个试点县（市、区）对10万亩耕地实施保护与质量提升，每亩施用秸秆有机肥500公斤并给予施用有机肥每亩200元的补贴支持。

七是推动重点减排工程项目建设。全省新增污水日处理能力22万吨，新增生活垃圾日处理能力2430吨；新增脱硫设施机组260万千瓦，新增脱硝设施机组782万千瓦；推进污染物减排行动计划，火电、钢铁、水泥等重点行业二氧化硫、氮氧化物和烟粉尘提标改造进度加快。

八是抓好重点流域水污染防治。松花江干流在三类水质、19个考核断面达标率达到90%以上；阿什河、呼兰河、安肇新河、讷谟尔河基本消灭劣五类水体；省辖城市建成区基本消灭黑臭水体，县级市初步完成黑臭水体整治方案编制；《兴凯湖流域水环境保护综合规划》获国家发展改革委批复。

（四）完善循环发展投入机制，增强造血功能

一是发挥财政资金引导作用。全年共投入节能减排资金20.28亿元，其中争取中央财政17.75亿元，省级财政安排2.53亿元，有力支撑了既有居住建筑节能改造、淘汰落后产能职工安置、重点领域及示范城市节能减排工程的实施。

二是探索实施生态补偿机制。2015年6月，我省印发《黑龙江省穆棱河和呼兰河流域跨行政区界水环境生态补偿办法（试行）》，依据监测考核结果，全省下半年扣缴11个市县生态补偿资金1570万元，补偿给其他7个市县1400万元。

三是有效吸引社会资本投入节能环保工程建设。我省率先在全国范围内完成公开招标的三批集中供热新建热源项目中，有11个项目开工建设并完成投资15.5亿元。截至目前，已组织完成35万千瓦光伏电站和50万千瓦风电投资主体招标工作，总投资达74亿元，市场化运作取得突破。

四是执行绿色信贷政策拓宽融资渠道。截至2015年底，全省银行业金融机构共投放绿色项目贷款789.2亿元，比上年增加110.3亿元，增长16.2%。推动省内12家节能环保企业在新三板挂牌，累计实现融资2.2亿元。

2015年，在新常态下，我省经济社会发展正处在速度变化、结构优化、动力转换的重要时期，循环经济发展工作也面临挑战，实际工作中存在的一些问题亟需在今后工作中加以解决。

一是节能减排认识仍需强化提高。“十三五”期间，我省节能减排面临进一步提高认识、调适理念、转变思维、牢固树立新资源循环发展观等挑战，相关工作措施有待细化并实现精准发力。

二是高耗能行业比重仍然过高。2015年，全省万元GDP能耗为0.7858吨标准煤，比全国平均水平（0.64吨标准煤）高出近18%；规模以上工业六大高耗能行业能耗占地区规模以上工业能耗比重为70.3%，比上年提高0.6个百分点，比重进一步上升。重点领域开展循环发展空间巨大。

三是减排工程效果未能充分发挥。部分减排工程受企业效益下滑等因素制约，实施进度滞后或建成后无法正常

运行。部分污水处理项目运行负荷偏低，受地方财力限制，污水垃圾处理设施运营费用不足，导致部分项目未能充分发挥减排效果。此外，我省缺乏农村污水垃圾处理设施，畜禽粪便较为分散难以规模化集中处理，都给减排工作带来挑战。

四是季节性大气污染治理力度仍需进一步加强。冬季燃煤供暖排放是我省现阶段大气污染治理的主要矛盾，受成本制约，可再生能源和清洁能源代替燃煤供暖难以大范围推广；尽管提高燃煤质量、提升锅炉及管网热效率有助于改善排放状况，但由于燃煤基数过大，致使冬季大气质量难以在短期内有根本好转。另外受技术工艺、资金投入、产品市场需求等因素制约，目前我省缺乏可大规模产业化复制的秸秆综合利用项目带动，禁烧措施又难以完全落实，加剧了入冬时期大气污染。

二、下步工作安排

“十三五”，为确保我省循环经济发展工作开好局、起好步，要把创新、协调、绿色、开放、共享的发展理念贯穿始终，深入贯彻落实习总书记参加我省代表团审议时的重要讲话精神，并以此为引领，切实用生态文明建设理念统筹经济社会发展，为可持续发展留足空间。继续以《关于加快推进生态文明建设的实施意见》为指导，切实把循环经济作为推进生态文明建设的重要抓手，继续强化责任，落实工作要求。同时，严格依法行政，加大节能减排执法力度，加强社会监督，切实将“绿水青山、寒地黑土、冰天雪地”变成龙江人民的“金山银山”和最大福祉。

一是深入开展大气污染防治，有序推进三年专项行动。力争淘汰10蒸吨/小时及以下燃煤小锅炉，全省万吨耗能工业企业低质燃煤锅炉完成改造；进一步淘汰黄标车及老旧机动车，油品供应部门力争完成加油站、储油库、油罐车的油气回收治理，哈尔滨市力争供应第五阶段标准车用汽、柴油；拓宽秸秆“五化”综合利用渠道和途径，疏堵结合减少秸秆直接焚烧，突出秸秆还田和能源化利用主渠道，适度提高饲料化利用水平，因地制宜谋划推动工业化项目。

二是加快推进水、土壤污染防治。继续推进重点减排工程建设，在保障县级以上城镇污水垃圾处理设施全覆盖的基础上，逐步向重点镇延伸。松花江流域水质达标率提升1-2个百分点；哈尔滨市阿什河口内作为全省唯一国控劣五类断面，氨氮年均值要控制在3.5毫克/升以下；对汇入连环湖、磨盘山、尼尔基水库等重点湖库的河流实行总磷排放控制。继续强化黑土地质量保护与提升，开展农业“三减”行动，继续支持畜禽养殖场、养殖小区进行标准化改造和污染防治设施建设改造，鼓励分散饲养向集约饲养方式转变，切实加强农业面源污染防治。

三是推动绿色低碳循环发展。强化循环经济发展理念，按照减量化、再利用、资源化，减量化优先的原则，进一步减少生产、流通、消费各环节能源资源消耗和废弃物产生。有序推动重点产业园区、重点企业进行循环化改造，提高资源产出率，树立循环经济发展典型模式，推动循环经济形成较大规模。同时做好监管，防止资源循环利用过程中产生二次污染。

四是继续优化产业及能源结构。继续淘汰一批落后产能，研究制定水泥行业等量置换实施方案。积极推行节能发电调度，强化电力需求侧管理。积极推进风能、太阳能、生物质能、地热能等新能源与可再生能源的开发利用，进一步提高非化石能源使用比重。

五是强化重点领域节能减排措施。推动工业领域煤炭清洁高效利用实施计划加快执行，启动配电变压器能效提升计划，继续组织实施工业企业节能技术改造。力争完成1000万平方米既有居住建筑节能改造，将现行居住建筑节能改造标准由50%提升到65%；进一步加大新能源汽车推广力度。

六是加大力度运用经济调节手段。进一步强化政策资金使用及监管力度，完善并实施生态补偿机制，加快推动资源循环、节能环保领域公共资源配置市场化改革。严格执行节能减排有关税收优惠政策。落实环保电价、差别电价政策并做好跟踪检查。贯彻落实国家污水处理收费政策，加强垃圾处理收费监管。实施排污许可证制度，推进排污权有偿使用和交易。进一步支持银行业实施绿色信贷，拓宽融资渠道。

（撰稿：尹中华，黑龙江省发展和改革委员会环资处）

吉林省循环经济2015年度报告

吉林省发展和改革委员会

一、2015年主要工作

（一）开展循环经济试点城市、园区循环化改造等试点申报工作，洮南市顺利通过国家循环经济试点城市评审，获得国家正式批复。近几年来，洮南依托自身特色资源优势，把着力推动循环经济建设，按照“减量化、再利用、资源化”的循环经济发展方针，重点围绕农业及农畜产品深加工、绿色能源、纺织医药等主要产业，突出农业及工业废物综合利用，以示范企业、示范项目、示范园区为引领，循环经济发展取得了显著成绩，步入快速发展阶段，资源产出、资源消耗、资源综合利用、废物排放等指标不断优化，部分指标达到国内领先水平。

（二）加快推进吉林市循环经济示范城市、吉林市化工园区循环化改造、吉林高新循环经济产业园区“城市矿产”示范基地、长春市和吉林市等餐厨废弃物资源化利用和无害化处理试点城市建设，调整了吉林化工园区循环化改造实施方案（已获得国家批复），推进了18个重大循环经济示范项目建设。开展农业清洁生产示范项目申报工作，延吉市、通榆县等2个县（市）列入国家试点，获得国家资金417万元。开展秸秆综合利用，编制了《吉林省2015年“生态能源村”试点实施方案》，在榆树市选取5个村开展了“生态能源村”试点建设。落实资源综合利用减免税政策，对全省19户企业23个产品进行了资源综合利用产品认定。

吉林化工园区按照循环经济减量化、再利用、资源化原则，统筹规划空间布局、通过技术革新调整产业结构、扎实发展循环经济产业链。吉林化工园区在循环化改造的康庄大道上，越走越宽广。吉林化工园区正致力于为其5年的循环化改造工作中：建设共享基础设施和循环化改造公共服务平台，集中建设污水处理、环境监测及保护、工业气体管廊等设施，保障各类基础共建共享。在吉林市率先实现工业污水、生活污水、污水排放100%达标，连续多年没有发生任何突发环境污染事故。推进循环经济项目改造。确定重点循环化改造项目40个，其中，粉煤灰等固废资源化利用示范项目和炭黑废水提取炭黑滤饼等8个项目可获得国家约1亿元的资金支持。示范项目建设可带动社会投资超过145亿元。修补和完善循环经济产业链。建设了总投资为25亿元的吉神公司30万吨环氧丙烷项目以及为其配套的投资为5亿元的林德公司制氢项目、投资12亿元的赢创德固赛（中国）有限公司的双氧水项目。做宽环氧乙烷产品链，建设总投资为1亿元的PEO（聚氧化乙烯）项目，该项目技术处于世界领先水平，填补国内空白。推进企业间废物交换利用，构建低碳静脉产业链。

（三）积极推进延边州“双百工程”示范基地和吉林森工集团、长春一汽综合利用有限公司等“双百工程”骨干企业建设，实施了和龙市重铸诚建筑材料有限责任公司年产12000万块煤矸石烧结砖项目等5个重大示范项目，有效提升了资源综合利用水平。

二、2016年工作安排

以试点示范建设为引领，积极发展循环经济。深化循环经济试点示范，加快推进吉林市和洮南市国家循环经济示范城市建设，完成吉林高新循环经济产业园区国家“城市矿产”示范基地、白山市和延吉市餐厨垃圾无害化处理和资源化利用试点城市中期评估。加大监督检查力度，督促吉林化工园区按照国家批复的调整方案，尽快完成循环化改造试点项目建设，确保吉林市餐厨垃圾无害化处理和资源化利用项目顺利开工建设、长春市餐厨垃圾无害化处理和资源化利用项目竣工投产。同时，抓好长春市、辽源市、通化县、敦化市、图们市、汪清县等省级循环经济试点城市建设。加快发展农业循环经济，围绕资源利用节约化、生产过程清洁化等方面，推进1-2个农业循环经济试点建设。开展秸秆资源综合利用，会同相关部门，制定《吉林省关于加快推进农作物秸秆综合利用工作的指导意见》，出台《吉林省秸秆综合利用中长期规划（2016-2025年）》，构建秸秆从产生、收集、储存、运输、利用全链条的政策支持体系，重点推进10个秸秆能源化、工业化及收储运体系项目建设，完成首批5个“生态能源村”试点工作。开展工业固体废弃物综合利用，加快推进20个煤矸石、粉煤灰、废塑料等废弃物资源化利用项目建设。积极推进延边州“双百工程”示范基地和吉林森工集团、长春一汽综合利用有限公司等2户骨干企业建设工作，完成国家下达的各类废弃物年综合利用量达到1400万吨的总体目标任务，提高资源综合利用水平。

（撰稿：吕继辉、王洪涛、张齐斌，吉林省发展和改革委员会资源节约和环境保护处）

上海市循环经济2015年度报告

上海市发展和改革委员会

2015年是“十二五”的收官之年，在市委、市政府领导的正确指引下，在国家发展改革委领导的关心支持下，上海深入贯彻落实科学发展观，紧紧围绕“十二五”规划确定的循环经济领域各项目标，认真落实节约能源资源和保护环境的基本国策，以废弃物资源化利用为核心，建立多元化、多层次的循环经济产业链，加强技术和制度创新，加强法制建设和监管，健全政策扶持、激励和保障措施，极力推进了上海市循环经济全面深化发展。

一、上海市“十二五”循环经济工作进展情况

（一）节能减排和低碳发展工作深入推进

“十二五”时期，上海市节能低碳和应对气候变化工作全面推进并取得重大进展。全市单位生产总值能源消耗和二氧化碳排放分别累计下降25.45%和28.58%，均超额完成国家下达目标。2015年全市综合能源消费总量为1.14亿吨标准煤，显著低于原定控制目标。主要用能行业和耗能产品单耗水平全面下降。同时，上海的产业结构和能源结构低碳转型成效显著。2015年全市第三产业增加值占地区生产总值的比重达到67.8%，累计实施淘汰项目4296项，相当于减少能耗439万吨标准煤。大幅削减煤炭消费总量，全面实现全市分散燃煤（重油）锅炉和窑炉的清洁能源替代，煤炭消费总量削减超过1100万吨，占一次能源消费总量的比重下降近13个百分点。风电和光伏发电爆发式增长，2015年装机容量分别达到62万千瓦和30万千瓦，分别比2010年增长2倍和14倍。天然气和外来水电核电等低碳能源的使用量大幅增加，全市天然气占一次能源比重提高3.8个百分点，非化石能源比重提高6.8个百分点。

“十二五”期间，上海大力实施节能低碳项目。累计推广节能灯796.2万只、节能家电329万台，推广应用新能源汽车5.77万辆，淘汰黄标车和老旧车40.37万辆、高耗能落后机电设备21081台、S7及以下系列变压器11530台。组织实施重点工业节能技改项目398项，实现节能量99.4万吨标准煤。完成既有公共建筑节能改造面积1335万平方米，已颁发绿色建筑标识项目面积2667万平方米。实施船舶动力装置节能技改、港口轮胎吊（RTG）油改电等153个项目，实现节能量27.13万吨标准煤。

（二）循环经济领域源头减量和末端综合利用水平不断提升

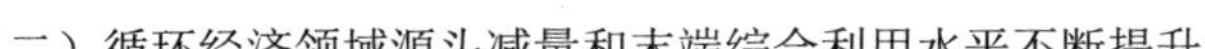

“十二五”以来，上海认真贯彻国家推进循环经济的相关政策法规，依托产业结构调整和工艺技术进步，注重源头减量、过程管理，不断提升输出端的资源节约和综合利用水平。

“十二五”期间，上海冶金渣、粉煤灰、脱硫石膏等工业固废利用率保持在96%以上；农作物秸秆综合利用率达到92%，其中机械化还田率超过60%，基本实现全面禁烧；规模化畜禽养殖场减排工程建设稳步推进，全面完成环保减排指标，畜禽粪便综合利用率超过80%；建筑垃圾处置利用逐步规范，出土和消纳动态平衡，五年累计消纳建筑垃圾5亿余吨；再制造产业方兴未艾，全是在汽车、机电、冶金等领域逐步推进工业再制造产业发展，上海临港产业再制造基地获批“国家再制造产业示范基地”；电子废弃物回收利用产业有序发展，电子废弃物回收利用率稳步增长；生活垃圾处置管理体系加快完善，源头分类减量确立上海模式，截至2015年底，全是人均生活垃圾末端处理量为0.66千克/日，比2010年底0.82千克/日下降约20%；专项垃圾分流管理不断进步，废弃油脂闭合管理体系基本建立，餐厨垃圾处置能力提升至880吨/日。

（三）节水型社会建设稳步推进

“十二五”期间，上海各项节水指标完成情况良好，预计至2015年底，万元GDP用水量可达到30立方米，万元工业增加值用水量50立方米，分别比2015年有了大幅下降；工业用水重复率由82.4%增至83.2%，各项指标均完成“十二五”规划目标。同时，节水型社会建设也取得积极的成效。继续强化计划用水和定额管理，落实各类节水措施，开展节水工程性项目建设和节水器具设备安装，通过落实各类节水措施，有效地提高了企事业单位的用水效率。

（四）再生资源回收体系建设不断完善

“十二五”期间，上海全面落实《上海市再生资源回收管理办法》，健全“再生资源”回收体系，试点开展废旧灯管、废旧服装等废旧物资回收利用。以“绿色账户”为载体，探索构建前台操作、平台管理、后台支撑的再生资源回收利用“上海模式”。同时，积极推进“两网协同”工作，作为全面深化改革、创新社会管理的有效措施，

围绕实现“五个统筹”，即统筹规划网络布局、统筹共享设施设备、统筹协作回收服务、统筹叠加激励机制、统筹策划宣传活动等，着重解决城市垃圾减量与资源增量中共同面临的瓶颈问题。通过试点，已经取得了初步的成效，同时根据试点经验，将进一步全市推广。

（五）滚动推进环保三年行动计划

“十二五”期间，上海全面完成第四、第五轮环保三年行动计划。围绕“创新驱动，转型发展”主线，坚持生态文明引领和以环境保护优化发展理念，以“削减总量、改善质量、防范风险、优化发展”为重点任务，更加注重环境质量和环境安全，更加注重解决市民关心的环境问题，更加注重科技进步和结构优化，更加注重长效机制和创新管理，为建设资源节约型、环境友好型城市奠定扎实基础。主要包括推进污染减排、强化环境风险防控、解决市民关心的环境问题，促进结构调整等四方面任务，分水环境保护、大气环境保护、固体废物处置和噪声污染控制、工业污染防治与产业机构调整、农业与农村环境保护、生态环境保护、循环经济和清洁生产等七大领域。

（六）深入推进各类循环经济试点示范项目和工程建设

“十二五”期间，上海加快协调推进上海燕龙基国家“城市矿产”示范基地项目建设；扎实推进闵行、浦东国家餐厨废弃物无害化处置和资源化利用试点工作；有序推进伟翔环保、鑫广再生、森蓝环保国家循环经济教育示范基地，深化沃尔沃等3家第二批国家汽车零部件再制造试点项目。积极推进临港地区国家再制造产业示范基地筹建工作。此外，上海还积极组织参加了国家有关部门举办的中国国际循环经济成果交易博览会，并获得广泛关注。

（七）循环经济管理能力进一步加强

一是深化研究循环经济领域政策。“十二五”期间，上海研究制定了一批促进循环经济产业发展、提升废弃物回收体系建设和资源化利用水平的政策，包括修订了《上海市循环经济发展和资源综合利用专项扶持办法》，继续加大对循环经济领域固定资产投资项目的支持，将补贴比例和上限提升至30%和1000万元；研究制定了《关于本市推进农作物秸秆综合利用实施方案》，明确对二麦、水稻和油菜等农作物秸秆机械化还田作业和资源化利用给予支持；研究制定了《上海市推进生活垃圾分类促进源头减量支持政策实施方案》，对生活垃圾分类工作的投入给予补贴，用于居住区内公共分类容器、分类收运车辆和机具和从事生活垃圾分类工作的保洁员、志愿者的工作补助等；研究制定了《上海市“十二五”规模化畜禽养殖场污染减排实施方案》，对规模化畜禽养殖场的污染减排工程固定资产投资给予支持。此外，“十二五”期间，上海还积极研究，制定出台了推进新能源和可再生能源发展、淘汰黄标车和老旧汽车、推进锅炉（炉窑）清洁能源替代、推进电厂、污水厂超量减排、推广节能减排产品等一系列政策措施，通过加大政策的引导，带动了上海市循环经济产业的深入发展。

二是加大资金支持，发挥政策效益。“十二五”期间，“循环经济项目资金”共安排近1.2亿元资金，扶持了工业、农业、城建、生活等领域循环经济项目46个，相当于节能量约50万吨标准煤，替代各类原生资源开采320万吨；“秸秆综合利用资金”共安排近4.5亿元，促进秸秆机械化还田1257万亩，秸秆综合利用43.7万吨，秸秆综合利用率达到92%，比正常实施前提高了29个百分点，有效遏制了秸秆露天焚烧现象；“生活垃圾分类减量资金”安排近2.7亿元，全面实现“十二五”规划提出的相关减量目标；“规模化畜禽养殖场污染减排工程建设补贴资金”安排近1亿元，一批减排工程通过国家环保部验收；“清洁生产扶持资金”安排近1亿元，对前期实施清洁生产审核并通过验收的项目给予支持；据统计，“十二五”期间，上海市节能减排专项资金总体投入约113.6亿元，政策资金的持续支持对各领域工作起到了强有力的推进和保障。

三是加大各项研究工作推进。上海结合自身循环经济发展中碰到的重点难点问题，加大研究力度。开展“老港循环经济产业集聚区”规划研究工作，将老港打造成具有集废弃物处置和综合利用、研发、教育、示范等多种功能、二三产业融合、具有国际先进水平的综合性固废利用基地；研究制定上海市废旧灯管税收处置试点方案，拟选择一定区域，依托现有物资回收、商业销售等市场途径开展试点，在此基础上确定适合本市的废旧灯管回收处置模式，同步开展相关配套法律法规、政策机制等研究。开展本市资源综合利用统计、监测、评价平台的研究建立工作。

四是广泛动员全社会共同参与。每年6月举办“节能宣传周”和“全国低碳日”上海主题宣传活动，发动全社会开展节能低碳示范践行。组织开展具有上海特色的贯穿全年的“城市生活、乐享低碳——市民低碳行动”，倡导绿色低碳的生活方式和消费理念。相关政府部门、市经团联、市总工会、市妇联等开展“百万家庭低碳行，垃圾分类要先行”、“无车日暨公交出行宣传周”、节能减排JJ小组、节能减排立功竞赛等系列活动。

二、“十三五”上海循环经济发展思路及2016年打算

“十二五”期间，上海环境友好型城市建设取得新进展，城市可持续发展能力进一步增强，生态宜居城市建设

迈出重要步伐。但是也存在不少问题，如处置设施严重超负荷运转、设施总量严重不足、资源综合利用水平较为初级、部分领域技术瓶颈仍未突破等问题尚未解决，常住人口持续增长和废弃物总量增长给城市运营带来的新问题和新挑战已悄然出现。

鉴于上述形势，“十三五”时期上海循环经济领域发展考虑要坚持以下三方面：一是坚持“改革推动、创新驱动”的工作原则。十八届三中全会首次提出“用制度保护生态环境”，在循环经济发展领域，上海也将加快推动存量制度改革，创新形成充分融入市场思维的各项交易制度和产权制度；二是坚持“市场调节、社会参与”的工作理念。“十三五”期间，上海将继续深化原有“借力市场、借智社会”的做法，在政府工作中注重发挥市场机制作用，给社会力量留下创新空间和参与决策和监督的空间；三是坚持“内部融合、外部联动”的工作策略。一方面，不断强化源头减量、分类回收、综合利用三大系统之间的衔接，努力形成“从废弃物到再生资源”成熟的静脉链条；另一方面，充分利用“中国制造2025”、“互联网+”、“大众创业、万众创新”、“四个中心建设”、“科技创新中心建设”等发展战略带来的全新机遇，推动循环经济的理念和做法与上述战略充分融合。

在产业发展方面，将着重开展五项任务：一是加快重点领域发展。重点提升废旧服装、建筑废弃物、污泥淤泥、餐厨垃圾和废弃食用油脂等领域的废弃物全过程监管及资源综合利用水平。大力推进再制造领域发展，重点发展绿色制造。二是完善回收体系建设。随着城市的升级和拓展，原有供销社系统为代表的物资回收体系趋于消亡，需创新构建新型的、适合当下发展要求的废弃物回收网络体系，结合生活垃圾分类网络推进“双网融合发展”。

三是发展循环经济服务业。面对经济下行压力，处理好“消费”和“消耗”的关系，建议规划从鼓励消费、降低消费中的资源消耗切入，推动整个服务型经济的发展及经济转型升级。特别是再制造与金融领域的结合。四是加大科技研发力度。在部分领域，废弃物综合利用的技术和路径尚有难点，将结合上海科创中心建设，启动若干循环经济领域的科技攻关项目，建设一批技术创新及研发基地。五是加快产业园区落地。目前，上海仍未有自己的循环经济产业集聚区，“十三五”期间，将在线上线下建成循环经济产业园区（实体虚拟园区建设结合），丰富老港资源综合利用基地功能，为循环经济发展提供空间保障。

在社会构建工程方面，着重开展三项任务：一是推进“互联网+”融合发展。将大数据、云计算、电子商务与循环经济发展结合，在循环经济领域实现“互联网+”。循环经济领域，建设统一的政府数据信息平台，鼓励一批企业开展“互联网+”与传统产业融合。二是持续推动源头减量开展。加大循环经济理念的宣传力度，促进绿色消费和包装物源头减量，推动生产生活领域实践节材、节地、节水、节能，鼓励企业开展生产者责任制工作，不断加快循环经济社会建设。三是推动社会力量不断参与。一方面，要发挥社会力量的监督作用，通过宣传的方式吸引社会关注，通过信息公开等手段，为社会力量参与监督提供保障；另一方面，要发挥社会力量的推动作用，吸引社会资本和“智”本，为循环经济领域发展提供资金和智力支持。

在制度创新工程方面，着重开展四项任务：一是建立生态惩罚性税收制度。改变单纯扶持循环经济企业的做法，设计对一次资源过度耗用主体和污染物过度排放主体惩罚性财税制度。二是创新污染物排放配额制度。以碳排放权为蓝本，以惩罚性税收制度为基础，试点各类企业的原生资源利用、污染物排放配额制度，限制企业污染物排放，促进企业不断转型升级。三是创新再生资源的交易制度。以污染物排放权配额制度为基础，建立排放权交易制度，鼓励污染物排放权的交易，允许通过再生资源的购买和使用抵扣污染物排放指标。四是完善利废企业的支持制度。现有对循环经济企业的支持主要局限于企业固定资产投资补贴，基于信息化推进，研究对循环经济企业进行按量补贴。

在配套支撑保障体系方面，着重加强四项保障：一是加强组织保障。建议由市发展改革委牵头，建立发改、财政、绿容、商务、经信、规土、建设等相关部门参与的协同合作机制。二是强化规划保障。从规划角度确保土地供应、用地政策、市政交通等综合配套对循环经济发展提供有力支持。三是加大财力保障。继续加大对循环经济领域专项、重点项目、重点企业的资金投入，鼓励循环经济支持方式的不断创新突破。四是优化政策保障。以污染物排放配额交易、循环经济价格补贴、生态惩罚性税收等领域为核心，研究制定相关政策。五是强化部市合作。一方面，继续争取对循环经济企业应有合理的税收优惠政策；另一方面，向中央政府部门呼吁梳理并统一各地循环经济领域的鼓励政策及支持方式，减少政策差异带来的竞争壁垒。

（撰稿：沈洁，上海市发展和改革委员会资源节约和环境保护处）

江苏省循环经济2015年度报告

江苏省经济和信息化委员会

一、基本概况

2015年，全省认真贯彻国家关于绿色发展的决策部署，认真落实省委省政府“深入实施六大战略、全面推进八项工程”总体部署，坚持把节能减排和发展循环经济作为促进经济发展方式转变、推动产业转型升级和建设生态文明的重要举措，扎实推进各项重点工作落实，取得明显成效。2015年全省万元地区生产总值能耗为0.46吨标准煤/万元，比上年下降6.73%，“十二五”累计降低率22.9%，完成“十二五”节能目标进度的131.1%，超额完成国家下达的18%目标；全省规模以上工业单位增加值能耗为0.65吨标准煤/万元，比上年下降7.79%，“十二五”累计降低31.1%，为全面超额完成全省节能目标任务奠定了坚实基础；2015年全省万元地区生产总值用水量为65.7立方米，较上年下降10.9%，单位工业增加值用水量为16.5立方米，较上年下降5.2%，主要节水指标位居全国先进水平。全省工业固体废弃物综合利用率达到96%以上，远高于全国平均水平。2015年，全省主要污染物化学需氧量和氨氮、二氧化硫、氮氧化物排放总量分别比2010年下降17.6%、14.6%、23.1%和27.5%，超额完成“十二五”减排任务，削减比例高于全国平均水平。

二、主要做法和举措

（一）推进重点领域、重点企业节能

突出工业、建筑、交通运输、公共机构等重点领域，深入推进万家企业节能低碳行动，大力实施能源管理体系推进计划，严格监督管理，深入挖掘节能潜力。预计全省1021家列入国家考核的“万家企业”五年累计节能2800万吨标准煤，全面超额完成国家下达节能2205万吨标煤的目标任务，截止2015年底，已有590家工业企业通过能源管理体系认证或效果评价，占万家企业中工业企业数的62%。

（二）推进重点用能设备能效提升

推进实施电机能效提升三年行动计划，制定出台《配电变压器能效提升实施方案（2015-2017）》。综合运用政策激励、节能执法和差别化电价等措施，推动落后电机淘汰、高效电机推广应用。2013-2015年，全省推广高效节能电机25.3万台、570多万千瓦，淘汰低效电机并实施电机系统改造14.4万台、330多万千瓦，全面超额完成三年工作目标，走在全国前列。

（三）推进节能长效机制建设

推进节能量交易试点，制定并报请省政府印发《项目节能量交易管理办法》，制定出台交易实施细则，筹建交易平台及网上信息系统，认定并公布了首批15家第三方节能量审核机构，从2015年7月1日开始在苏南5市先行试点，为落实高耗能新增产能实行能耗等量或减量置换提供了市场化的解决办法，江苏这一创新举措得到国家充分肯定。不断完善节能标准体系，编制完成8项产品能耗限额标准，“十二五”期间累计编制60项严于国家的产品能耗限额地方标准，其中35项能耗限额地方标准已公布实施。

（四）推进重点行业绿色化改造

突出钢铁、化工、建材、纺织、电力等重点行业，以节能、节水、废弃物资源化、源头减污为重点，持续推动重点企业绿色化改造，2015年，共支持实施300项重点项目，新增节能能力200多万吨标准煤。加强信息发布，组织开展供需对接活动，强化政策落实力度，大力推行合同能源管理。2015年共获中央财政奖励项目（节能量500吨标煤以上）46个，实现节能量约8.5万吨标准煤，项目数和节能量分别比上年增长35%和3.5%。

（五）推进清洁生产和资源循环利用

落实《江苏省重点工业行业清洁生产改造实施计划》，制定实施《高风险污染物削减行动计划》，围绕钢铁、水泥、石化、化工、涉重、农药等重点行业，推动脱硝、除尘、有机废气净化、铅削减、汞削减、高毒农药替代，24个项目建成投产。积极开展工业产品生态设计示范企业创建，莱克电气入选国家第一批试点。制定出台《关于推进再制造产业发展意见》，推进再制造产业规模化发展。推动探索园区低碳发展新模式，苏州工业园、宜兴环保科技园、泰州医药科技园低碳工业园区试点，方案通过国家组织的审查，已获工信部批复。

（六）推进重大节能环保装备产品产业化

贯彻落实省委省政府印发的《中国制造2025江苏行动纲要》，在对省内重点园区、骨干企业及高校、研究机构广泛调研的基础上，立足抢占未来技术发展的制高点，会同省发改委、科技厅、财政厅、环保厅研究编制了《江苏省重大节能环保技术装备与产品产业化推进方案》，明确了三年总体目标、关键技术研发、重大装备与产品应用示范重点方向，国家发改委门户网站全文登载，供各地借鉴参考。有重点支持了脱除PM2.5湿式电除尘、再生失活催化剂等33项重大节能环保产业化项目实施，部分装备和产品达到世界先进水平。

三、2016年工作思路、主要目标和工作重点

（一）工作思路

2016年是“十三五”的开局之年，要紧紧围绕全省工作大局，创新理念，创新机制，创新举措，加强全社会节能综合协调，扎实推进重点领域、重点行业和重点企业节能，认真贯彻执行《中国制造2025江苏行动纲要》，大力发展绿色制造，推进生产过程清洁化、资源利用高效化、环境影响最小化，促进工业绿色低碳循环和可持续发展。

（二）主要目标

单位地区生产总值能耗下降3.5%，单位工业增加值能耗下降3.9%，单位工业增加值水耗下降4.4%，工业主要污染物排放下降2%，节能环保产业主营业务收入增长10%以上。

（三）主要措施

1.做好“十三五”工作总体布局。深化研究“十三五”全省节能和工业绿色发展的有关重大问题，编制出台“十三五”节能规划、工业绿色发展规划和绿色制造工程实施方案，明确“十三五”总体目标、主攻方向和重点举措。严格落实节能目标责任，分解落实各市“十三五”节能目标和省各相关部门节能目标任务，根据国家的总体部署，做好相关制度安排。公告“十二五”各市节能目标完成情况，提请省政府表彰奖励一批节能先进市和先进单位。

2.更大力度推动节能降耗。一是实施能效领跑者制度。建立能效标杆申报评定机制，公布水泥、钢铁、烧碱、火力发电等单位产品能耗最低的生产企业名单，推动能效对标活动，通过树立标杆、政策激励，推动重点行业能效水平持续提升。二是推进终端用能产品能效提升。实施《配电变压器能效提升实施方案（2015-2017）》，综合运用政策激励，节能执法和差别电价等措施，加快高效配电变压器推广和高耗能变压器淘汰。2016年当年新增量中高效配电变压器占比达到70%。三是持续推进节能改造。突出重点行业，大力组织锅炉（窑炉），电机系统和变压器，余热余压利用，能量系统优化，煤炭、石油节约和替代，绿色照明，数据中心和基站等节能改造。四是夯实节能基础管理。持续推进重点耗能企业能源管理体系建设，再有100家重点企业通过认证（或评价）。五是继续推动节能量交易。严格固定资产投资项目节能评估和审查，按照国家和省有关政策要求，落实相关约束性条件，有效拉动市场需求，适时扩大试点范围。

3.推动实施制造业绿色化改造工程。一是生产过程清洁化改造。推进实施《重点工业行业清洁生产改造实施计划》、《高风险污染物削减行动计划》，实施一批清洁生产改造重大项目，从源头减少二氧化硫、氮氧化物、烟（粉）尘、挥发性有机物及汞、铅和高毒农药等高风险污染物产生。制定实施《工业领域煤炭清洁高效利用行动计划》，以焦化、煤化工、工业锅炉和工业炉窑为重点，积极推进工业领域煤炭清洁高效利用。二是实施能源利用高效低碳化改造。三是实施水资源高效化改造。四是实施基础制造工艺绿色化改造。加快应用清洁铸造、锻造、焊接、表面处理、切削等加工工艺，推动传统基础制造工艺绿色化、智能化发展，培育一批基础制造工艺绿色化示范工程。

4.推进资源循环化利用。一是强化工业资源综合利用。以废旧家电、稀贵金属清洁资源化、水泥窑协同处置废弃物、大宗废弃物资源化为重点，推进工业废弃物综合利用基地建设。二是培育再制造产业。以内燃机、汽车零部件、电机、工程机械及办公设备再制造为重点，培育一批具有较大规模的再制造企业。三是推进产业绿色协同链接。以推广产业耦合链接方式为重点，促进企业间链接共生、原料互换、资源共享，培育一批示范意义强、具有鲜明特色的绿色工业园区。四是推动工业绿色设计。以消费品、装备制造为重点，开展绿色设计试点示范。

5.推动节能环保产业创新发展。一是推动重大装备产品产业化。组织实施《重大节能环保装备与产品产业化推进方案》，针对节能减排重大需求，重点推进一批技术装备和产品示范应用和产业化推广。二是更大力度推进合同能源管理市场服务新机制。推动公共机构、大型公共建筑及重点用能单位优先采用合同能源管理方式实施改造。三是大力推进环保服务新业态。以环境公用设施、工业园区等领域为重点，大力推行环境污染第三方治理，提高污染治理的产业化、专业化程度。

（撰 稿 ：韩兵祥，江苏省经济和信息化委员会节能与综合利用处）

山东省循环经济2016年度报告

山东省经济和信息化委员会

2016年，在山东省委、省政府的正确领导下，在有关部门和各市的大力推动下，在社会各界的共同努力下，山东省循环经济发展取得了突破性进展，有力地推动了全省经济发展模式由高耗能、高污染、低效益型向低能耗、低排放、高效益型的转变,走出了一条适应山东省发展经济的新路子。

一、2016年工作情况

（一）坚持法规引领与示范推广相结合，大力发展循环经济

1. 全面落实省委重要改革举措。把2项省委重要改革举措作为工作重点，集中时间，集中人力，强力推进。一是出台《山东省循环经济条例》。按照山东省人大常委会、省政府2016年立法计划，遵照省政府、省人大领导的批示要求，省经信委会同省人大法工委、省政府法制办，在充分调研论证和广泛征求意见的基础上，对《条例》进行了多次修改完善，形成了《条例（草案）》。7月22日，山东省第十二届人大常委会第二十二次会议全票审议通过了《山东省循环经济条例》，并于2016年10月1日起施行，成为全国首部以“循环经济条例”命名的地方性法规。《条例》共6章54条，依据《循环经济促进法》，结合我省实际，从减量化、再利用和资源化、保障措施等几个方面设定了权利义务和法律责任。《条例》的出台，标志着我省循环经济工作进一步走向法制化、规范化和科学化，对于依法促进循环经济发展，提高资源利用效率，保护和改善环境，推进生态文明建设，具有十分重要的现实意义。二是加快推进资源节约和循环利用制度体系建设。落实《山东省人民政府办公厅关于转发省经济和信息化委建立促进资源节约和循环利用制度体系工作方案》（鲁政办字〔2015〕225号），在征求各有关部门意见的基础上，对工作方案进行了责任分工，将涉及的46项需创新的制度落实到13个省直部门，并明确了完成时限。年底进行了调度，2016年需完成的制度31个，现已完成22个。

2. 组织召开循环经济工作会议。落实张务锋副省长批示精神，2016年9月26日，省政府在潍坊市召开了全省循环经济工作会议，各市、有关省直部门、部分循环经济试点单位等180多人参加会议，这也是“十一五”以来第一次召开全省循环经济工作会议。会议现场考察了潍柴动力等4家企业，传达学习了郭树清省长重要批示，对《山东循环经济条例》进行了深入解读，通报了全省循环经济发展情况，潍坊市政府等6家单位做典型发言，省发改委等10个部门、16个市和12个试点单位进行了书面交流，张务锋副省长在讲话中，充分肯定了“十二五”时期全省循环经济发展取得的显著成效和宝贵经验，分析了循环经济发展的重要意义和难得机遇，对“十三五”时期全省循环经济工作进行了全面部署。

3. 编制《山东省循环经济“十三五”发展规划》。为指导全省循环经济快速发展，2016年初，成立了由山东大学、山东财经大学、省科学院等部门专家组成的《规划》编制起草小组，本着“不重复、不抵触、有特色”的原则，通过整理分析基础材料，深入开展调查研究，广泛征求各方面意见，召开专家论证会，先后对规划进行了多次修改完善，形成了《规划》（送审稿），经省政府同意印发实施。

4. 大力培育循环经济示范试点。充分利用国家对循环经济发展的政策支持，积极开展国家循环经济示范试点申报、建设和验收工作。2016年，国家批复聊城市、平原县、招远市为循环经济示范城市（县）建设地区。目前，全省国家循环经济示范试点总数达到44家。按照国家统一要求，组织2个试点单位完成国家终期验收和资金清算工作。其中，临沂金升有色金属产业基地通过国家“城市矿产”示范基地验收，潍坊市通过了国家餐厨废弃物资源化利用和无害化处理试点城市验收工作。这些试点的快速推进，对全省循环经济发展起到有力的带动作用。

5. 积极推广循环经济先进技术和典型经验。一是推广关键链接技术。印发了《关于公布全省循环经济关键链接技术推广目录的通知》，公布了海信集团、民和生物等36家企业的43项循环经济关键链接技术，其中涉及工业领域19项，农业领域16项，民生领域8项。二是完善循环经济典型模式案例。为充分发挥典型模式的示范推广作用，对2015年公布的48个循环经济典型模式案例进行细化充实，其中更新25个，新增19个。三是组织开展经验交流。在临沂组织召开了全省城市矿产现场经验交流会议，推广学习了国家城市矿产示范基地金升集团的好做法；在济宁组织召开了全省生物发酵行业清洁生产现场经验交流会，推广学习了国家循环经济先进单位菱花集团的好做法；在济南召开了全省生物质能现场经验交流会，推广学习了省循环经济示范单位琦泉集团的好做法。这些单位先进经验的学习和推广，对于加快行业循环经济发展，促进行业转型升级、提质增效，发挥了重要作用。

6. 加快推进再制造产业发展。向工信部推荐济南复强动力、潍柴动力再制造、豪迈机械科技、泰安大地强夯重工等4家单位申报再制造产品认定，经国家认定的再制造产品企业达到16家。2016年10月，国家发改委组织对山东能源集团大族激光再制造有限公司开展再制造试点单位验收工作。落实国家发改委来我省调研时提出的“山东再制造要先行先试、先走一步”的要求，印发了《关于对全省再制造产业发展情况进行调研的通知》，从调研情况

看，全省具有一定规模的再制造企业38家，产品涉及汽车零部件、机床、矿山机械等100余种。

7．扎实开展《条例》宣贯活动。经省政府同意，省经信委会同省政府法制办、省普法办印发《关于认真贯彻实施<山东省循环经济条例>的通知》，要求各级各部门要把学习贯彻《条例》摆在更加重要的位置，明确目标，细化措施，抓好落实。组织省电视台、省广播电台、齐鲁晚报等媒体赴临朐采访报道循环经济典型发展模式，在大众日报刊登《山东走出循环经济发展新路子》，引导公众了解、认同、践行循环经济，营造《条例》实施的良好氛围。印发《关于做好<山东省循环经济条例>培训工作的通知》，举办3期《条例》培训班，对各市经信委分管主任、节能办主任，各县经信局和重点企业负责人集中2天进行培训，邀请了省人大法工委分管主任对《条例》深入解读，国家和省循环经济领域知名专家做专题报告。

（二）坚持重点突出和全面推进相结合，深入推行清洁生产

1．认真落实省委常委会工作要点。依法推动反过度包装工作，将反过度包装纳入10月1日施行的《山东省循环经济条例》，规定“产品及其包装物设计，应当符合国家和省有关标准，优先选用生态设计方案和易回收、易拆解、易降解、少污染的材料，减少包装材料的过度使用和包装性废物的产生。禁止违反国家强制性标准对产品进行过度包装”。以《山东省循环经济条例》实施为契机，强化治理商品过度包装的宣传引导，提高公众抵制商品过度包装的自律意识，进一步推动治理商品过度包装行动计划。

2．积极推进《山东省清洁生产促进条例》的修订工作。按照省政府立法计划提出修订《山东省清洁生产促进条例》的要求，在贯彻落实上位法的同时，结合山东省煤炭清洁高效利用、散煤清洁利用综合治理、工业产品生态（绿色）设计、清洁生产审核等工作，围绕从源头削减污染、提高资源利用效率、减少大气污染排放进行调查研究，广泛征求各行业协会、政府机关、企事业单位的意见和修订建议，列明修改理据，提出修改思路和倾向性意见，待条件成熟时争取尽快提请省人大常委会审议。

3．扎实完成国家大气污染防治工作考核。落实 《山东省大气污染防治重点行业清洁生产推行方案》，省经信委会同省环保厅对重点行业清洁生产审核和技术改造项目完成情况进行督查，全省钢铁、水泥、化工、石化和有色金属冶炼等5个行业，共完成清洁生产技术改造项目292个。预计年底前，全省295家重点企业完成378个项目，可顺利完成国家下达的大气污染防治考核目标。

4．组织实施高风险污染物削减行动。按照《工业和信息化部办公厅财政部办公厅关于组织申报2016年高风险污染物削减行动计划奖励资金项目的通知》要求，省经信委会同省财政厅组织对山东超威电源有限公司清洁生产提升改造项目、山东久力工贸集团有限公司铅酸蓄电池改扩建项目实施效果进行了评估，2个项目通过国家批复，获得高风险污染物削减行动计划奖励资金1136万元。同时，组织对已获得国家奖励资金的山东康洋电源有限公司铅酸蓄电池和极板技术改造项目运行情况进行了全面评估，形成自评估报告并报送国家。会同省环保厅印发《关于对电石法聚氯乙烯生产企业高汞触媒淘汰情况进行检查的通知》，积极推动有关企业落实相关政策要求，进一步提高电石法聚氯乙烯生产行业汞污染防治水平。

5．大力开展工业产品生态设计试点创建。落实《中国制造2025》，按照《工业和信息化部关于组织开展第二批工业产品生态（绿色）设计示范企业创建工作的通知》要求，推荐龙福环能、三角轮胎等5家企业列入产品工业生态（绿色）设计试点名单。加大绿色设计产品宣传，推荐山东天野塑化有限公司生产的全生物降解地膜（可降解塑料）列入工信部首批绿色设计产品名录。

6．总结推广清洁生产先进经验和技术。贯彻落实《山东省推进工业转型升级行动计划(2015-2020年)》，引导企业加快采用先进的工艺和技术，省经信委会同省环保厅、省科技厅印发《关于组织推荐清洁生产先进技术的通知》，总结凝练并推广工业领域有利于提高资源利用效率、从源头和全过程控制和减少污染物排放的先进工艺、技术和设备。会同省环保厅、省科技厅组织专家各市上报的材料进行评审，编制印发《山东省清洁生产技术指南III》。

（三）坚持政策引导与规范管理相结合，积极开展资源综合利用

1．组织开展资源综合利用先进单位表彰。按照省评比达标表彰工作协调小组的复函要求，省经信委会同省人社厅和省公务员局联合印发了《关于组织推荐全省资源综合利用先进单位的通知》，明确了推荐范围、推荐条件和工作程序。经过各市9个部门盖章、3个部门联合上报、处内讨论、专家评审、社会公示，提报委主任办公会研究，最后确定了先进单位名单。省政府以鲁政字〔2016〕299号文件，通报表彰了80个资源综合利用先进单位，主要包括14个市（县）管理单位、57个企业和9个省直管理单位。

2．突出抓好再生资源综合利用。落实工信部废钢铁、废旧轮胎、废矿物油、废塑料等行业规范条件公告管理暂行办法，推荐龙福环能科技股份有限公司申请列入废塑料行业公告，推荐4家企业申请废列入废钢铁、废旧轮胎行业公告。工信部批复东营国安化工有限公司列入废矿物油综合利用行业公告名单，济宁力神轮胎循环利用科技有限公司列入废旧轮胎综合利用行业公告名单。截止目前，山东省列入工信部准入公告企业26家，其中废钢铁加工企业13家，废旧轮胎综合利用企业12家，废矿物油综合利用企业1家，入围数量居全国首位。按照工信部要求，对废钢铁加工已公告企业进行监督检查，其中，11家企业正常运转，2家企业（山东绿能再生资源开发有限公司、山

东省德泰再生资源有限公司）因市场原因暂时停产。截止11月，全省统计的废钢铁处理量达到141万吨，实现销售收入17亿元，利润7700万元，享受增值税减免800万元；废轮胎处理量17万吨，实现销售收入2.4亿元，利润2300万元；再生铝回收利用4.6万吨，实现销售收入4.8亿元，利润2100万元。

3．积极推进大宗工业固废综合利用。一是落实省政府领导“关于做好再生石膏综合利用，减少天然石膏矿的开采”批示精神，印发《关于抓紧报送再生石膏资源综合利用情况的通知》，对全省再生石膏产生利用情况以及存在的问题进行了摸底，形成了《关于全省再生石膏资源综合利用情况的报告》，研究提出了鼓励再生石膏利用的政策措施。二是推广资源综合利用先进技术。按照《工业和信息化部办公厅关于征集再生资源综合利用先进适用技术的通知》要求，向工信部推荐了山东天力干燥股份有限公司等9家企业的9项技术装备。三是按照《工业和信息化部办公厅关于开展工业固体废物综合利用基地建设试点验收工作的通知》要求，组织招远市对工业固体废物综合利用基地建设情况进行了全面总结，形成自评估报告，并于5月份通过了国家评审验收。

4．推荐京津冀及周边地区工业资源综合利用产业协同发展示范工程。按照《工业和信息化部办公厅关于组织申报京津冀及周边地区工业资源综合利用产业协同发展示范工程项目的通知》要求，向工信部推荐21家企业的21个项目。其中，华嘉资源综合利用有限公司的报废汽车回收拆解综合利用等10家企业的10个项目入围名单，数量居全国首位，领域涉及尾矿、粉煤灰、工业副产石膏、建筑垃圾等工业固废综合利用和报废汽车、废塑料、废矿物油等再生资源回收利用。

5．加强资源综合利用统计分析。国家和省相继取消资源综合利用认定事项后，为更加及时、准确地掌握全省资源综合利用产业发展情况，印发《关于继续做好资源综合利用统计分析工作的通知》。按季度印发全省资源综合利用产业发展情况通报，2016年1-3季度，统计的500家资源综合利用企业，共实现综合利用产品产值231亿元，利用工业固体废物4085.17万吨，同比增加1.2%，全省工业固体废物综合利用率达到85.79%，预计全年可达到86.1%。

二、2017年工作思路

2017年，山东省循环经济与清洁生产工作总的想法是：深入学习实施《山东省循环经济条例》，围绕全省循环经济工作会议精神和《山东省循环经济“十三五”发展规划》的落实，坚持以创新发展、转型升级、提质增效为导向，推动企业、园区、社会三个循环，抓好技术研发、链条延伸、模式创新、试点示范四个重点，强化政府推动、宣传引导、项目支撑、扶持服务、标准规范五项措施，全面推动循环经济与清洁生产工作再上新台阶，为促进生态文明建设做出更大贡献。重点抓好以下工作：

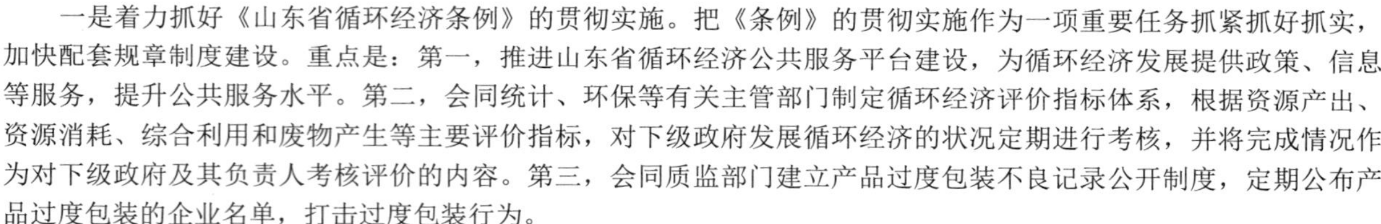

一是着力抓好《山东省循环经济条例》的贯彻实施。把《条例》的贯彻实施作为一项重要任务抓紧抓好抓实，加快配套规章制度建设。重点是：第一，推进山东省循环经济公共服务平台建设，为循环经济发展提供政策、信息等服务，提升公共服务水平。第二，会同统计、环保等有关主管部门制定循环经济评价指标体系，根据资源产出、资源消耗、综合利用和废物产生等主要评价指标，对下级政府发展循环经济的状况定期进行考核，并将完成情况作为对下级政府及其负责人考核评价的内容。第三，会同质监部门建立产品过度包装不良记录公开制度，定期公布产品过度包装的企业名单，打击过度包装行为。

二是着力抓好全省循环经济工作会议精神和《山东省循环经济“十三五”发展规划》的落实。第一，总结国家、省循环经济示范市（县）、园区循环化改造、城市矿产、餐厨废弃物资源化利用等可复制可借鉴的经验，在全省予以推广学习。第二，从农业秸秆资源化利用入手，总结分析当前我省农业循环经济好经验、好做法、好模式，适时召开现场经验交流会，促进农业循环经济快速发展。第三，发布《山东省循环经济典型模式目录》，为各行业发展循环经济提供有益借鉴。第四，加快再制造产业发展，研究制定《加快再制造产业发展的指导意见》，在发动机、汽车零部件、工程矿山机械、机床加工等领域，培育一批骨干企业，实现再制造产业做大做强。

三是着力抓好清洁生产工作。贯彻落实《清洁生产审核办法》（国家发展和改革委、环境保护部令 第38号），会同省环保厅尽快印发《山东省清洁生产审核实施细则》，依法推进清洁生产审核。主要完成“四个一批”：公布一批超过单位产品能耗限额标准，以及未完成年度或进度节能目标任务的强制审核企业名单；会同省环保厅备案一批开展清洁生产审核的咨询服务机构，并实行动态管理；评估验收一批实施强制性清洁生产审核和申请各级清洁生产、节能减排等财政资金的企业；公布一批清洁生产专家，建立省级清洁生产专家库，发布重点行业清洁生产技术指南和审核指南，组织开展清洁生产培训，为企业开展清洁生产审核提供支持。做好四个一批的同时，要加快实施《山东省大气污染防治重点行业清洁生产推行方案》，确保315家企业完成清洁生产技术改造项目425个，全面完成国家下达的大气污染防治考核目标。落实《水污染防治重点行业清洁生产技术推行方案》，推进造纸、印染等11个重点行业实施清洁生产技术改造，促进水环境质量持续改善。

四是着力抓好资源综合利用工作。加强与省财政厅、国税局、地税局的沟通配合，一方面要研究制定资源综合利用事中事后监管措施，确保资源综合利用税收优惠政策落到实处。另一方面，完善资源综合利用统计报送制度，确定统计对象，保证数据的科学、真实、准确。同时，加强对工信部废钢铁、废轮胎、废塑料、再生铝、废矿物油等已公告企业的监督管理，及时掌握其生产经营和准入条件执行情况，并积极争取更多企业列入公告名单。

（撰稿：卢玥，山东省经济和信息化委员会循环经济与清洁生产处）

江西省"十二五"循环经济报告

江西省发展和改革委员会

加快江西省生态文明建设，构建绿色循环低碳型产业体系，形成绿色生活方式，加快经济发展方式转变，建设资源节约型、环境友好型社会，实现可持续发展，是江西省社会经济发展重要组成部份。"十二五"期间，江西省把发展循环经济作为建设资源节约型、环境友好型社会的重要抓手，循环经济战略地位日益凸显。2014年，国家六部委联合批复《江西省生态文明先行示范区建设实施方案》，明确将发展循环经济作为建设生态文明的基本途径。江西省循环经济发展取得显著成效，初步构建了较为完善的循环型产业体系、资源节约利用体系、资源再生利用体系、科技创新支撑体系和示范推广体系，初步构建了企业、园区、区域和社会多层面协调推进的循环经济发展格局。

一、"十二五"循环经济发展情概况

（一）规划体系不断完善

在《江西省循环经济发展"十二五"规划》的总体部署下，江西省制定了《江西省节能减排"十二五"规划》、《江西省节能环保产业发展"十二五"规划》、《江西省城镇污水处理及再生利用设施建设"十二五"规划》、《江西省城镇生活垃圾无害化处理设施建设"十二五"规划》等相关规划。在园区循环化改造、"城市矿产"示范基地建设、资源综合利用"双百工程"、循环经济示范城市等重点区域和重点领域，结合国家和省级示范试点工作编制了建设实施方案，形成了较为完善的规划引导体系。

（二）示范试点成果显著

"十二五"期间，江西铜业集团公司等3个国家循环经济示范试点单位顺利通过验收。新获批国家节能减排财政政策综合示范城市1个，国家循环经济示范城市4个，国家级园区循环化改造示范试点4个，国家"城市矿产"示范基地3个，资源综合利用双百工程骨干企业（示范基地）4个，餐厨废弃物资源化利用和无害化处理试点城市2个，再制造试点单位1个，再生资源回收体系建设试点单位1个。此外，我省开展了省级循环经济示范试点工作，累计确定循环经济示范试点城镇18个、循环经济示范试点园区22个、循环经济示范企业68个。通过示范试点建设，带动重点领域循环经深入发展，形成了"猪--沼--果（菜、茶）"农业循环经济、共伴生矿及尾矿综合利用、工业园区循环化发展、"城市矿产"开发利用、林业循环经济、再制造产业六大循环经济发展体系。

（三）技术创新取得突破

"十二五"期间，我省首创"企业科技协同创新体"，力推"以企业为龙头、产学研用一体化"的科技创新模式，技术创新取得重要突破。在清洁生产、矿产资源综合利用、固体废物综合利用、资源再生利用和农林废弃物资源化利用等领域研发了一批具有自主知识产权的先进适用技术，硅衬底高光效GaN基蓝色发光二极管项目、铜冶炼生产全流程自动化关键技术及应用项目、车辆轮轨诱发的环境振动与噪声控制关键技术及产业化项目等获得国家科技进步奖，大极板铜电解自动化生产线成套技术及装备获得国家技术发明奖，多项技术填补了国内空白，并实现了产业化。

（四）资源环境效益显现

"十二五"时期，我省上下牢固树立"生态立省、绿色发展"理念，大力发展循环经济，资源环境效益显著。单位GDP能耗累计下降18.2%，超额完成国家下达的16%约束性目标；万元工业增加值用水量累计下降40.6%，农田灌溉水利用系数提高到0.49，均超额完成国家下达的约束性目标；化学需氧量、氨氮、二氧化硫排和氮氧化物排放量分别下降7.92%、10.47%、11.15%和15.38%，圆满完成了"十二五"规划目标。再生资源回收利用率、工业固废综合利用率、秸秆综合利用率分别达到65%、57%和85.89%，有力地提高了资源利用水平。

二、"十三五"循环经济发展的机遇挑战与目标任务

（一）机遇与挑战

"十三五"是我省全面推进生态文明建设，加快转变经济发展方式的攻坚时期，是生态文明建设的巩固提升期，也是我省加快循环经济发展的战略机遇期。发展循环经济既面临着良好机遇，也面临着严峻挑战。

2016年8月中共中央、国务院把江西省作为首批三个国家生态文明试验区之一。为加快建设国家生态文明试验区，我省提出树立“既要金山银山、更要绿水青山、绿水青山就是金山银山”的理念，努力形成节约资源和保护环境的空间开发格局、产业结构、生产方式、生活方式，保护和建设好天蓝、地绿、水净的美丽家园。这要求必须大力发展循环经济，推动企业循环式生产、产业循环式组合、园区循环化发展。

国家提出实施长江经济带发展战略，这为我省优化发展布局、加快发展步伐，与长江经济带各省（市）共同打造“长江经济走廊”和“长江绿色生态走廊”，推进江西省“发展升级、绿色崛起”提供了宝贵机遇。习总书记提出推动长江经济带发展必须走生态优先、绿色发展之路，涉及长江的一切经济活动都要以不破坏长江的生态环境为前提，共抓大保护，不搞大开发。大力发展循环经济，构建资源节约、环境友好的生态产业体系，是我省贯彻落实长江经济带发展战略的重要支撑。

当前，世界经济增速放缓，国际需求不振。国内外矛盾相互交织叠加，给循环经济发展带来了不确定性因素。传统依靠市场自发力量的循环经济发展方式面临严峻挑战，循环经济发展面临财政投入不足的问题。我省产业园区集聚化、循环化发展的体系尚不完善，产业布局还不合理，区县间发展差异较大，工农业复合型的农业循环经济发展体系尚未形成，资源循环利用产业仍处于小而散的状态，技术装备水平不高，产业集聚度较低，产业链条较短，产品附加值不高，发展循环经济的任务依然较重。

（二）总体思路与发展目标

1. 总体思路：

全面贯彻党的十八大和十八届三中、四中、五中、六中全会精神，深入落实习近平总书记系列重要讲话精神，按照“五位一体”总体布局，牢固树立“创新、协调、绿色、开放、共享”的发展理念，紧紧围绕美丽中国的“江西样板”，以加快转变经济发展方式为主线，以优化资源利用方式、提高资源产出率为导向，大力推动产业园区循环化改造，全面构建工农复合型农业循环经济产业导向，深入推进循环经济示范城市（县）建设，健全具有江西省特色的循环经济长效机制，努力形成人与自然和谐共存、经济社会可持续发展的新格局。

2. 总体目标：

——到2020年，建立起完善的循环型工业体系、农业体系、服务业体系和社会体系，产业布局更加合理，资源利用效率大幅提高，循环经济长效机制逐步完善，经济社会可持续发展能力进一步增强，形成布局合理、协调推进的循环经济发展格局。

——循环型产业体系基本形成。全面推动重点工业企业清洁生产，产业园区循环化改造比例大幅提升，循环经济产业链条更加丰富和完善，资源循环利用产业规模快速增长。围绕特色农产品和新型城镇化建设，大力推动农业循环经济发展。进一步拓展服务业循环经济发展领域，发展循环经济服务业。

——资源循环利用水平明显提高。大力推动大宗工业固体废物综合利用和农林废弃物资源化利用，积极推动垃圾分类回收，构建“两网融合”的再生资源回收利用体系，“城市矿产”开发利用加快发展，再制造产业规模和竞争力明显提高，地级市市区餐厨废弃物基本实现资源化利用和无害化处置。

——主要资源消耗强度大幅降低。资源产出率、水资源产出率指标大幅提升，万元生产总值能耗等指标达到国家要求，主要耗能产品单位综合能耗达到全国平均水平，其中铜、石化、钢铁等产品能耗达到国内先进水平。

——长效机制建设进一步完善。发挥生态文明体制改革、机制创新的牵引作用，紧紧抓住制约发展循环经济的薄弱环节和制度障碍，加快建立废弃物收费补贴机制、循环经济重点领域投资引导机制和循环经济企业融资担保机制，加强关键环节制度建设和创新，构建符合江西实际、系统完整的循环经济长效促进机制。

江西省“十三五”循环经济发展指标体系

指标名称	单位	2015年	2020年
主要资源产出率提高	%	-	比2015年提高15%
万元GDP能耗	吨标准煤/万元	0.544	完成国家下达任务
规模以上工业单位增加值能耗	吨标准煤/万元	0.681	完成国家下达任务

水资源产出率	%	-	比2015年提高40%
水资源开发利用率	%	15.5	17
非常规水资源利用率	%	0.8	1.5
矿产资源三率(开采回采、选矿回收、综合利用)(铜露采)	%	95、84、80	96、85、81
矿产资源三率(开采回采、选矿回收、综合利用)(铜硐采)	%	82.5、84、70	85、85、72.3
矿产资源三率(开采回采、选矿回收、综合利用)(钨)	%	89.1、82.1、73.2	89.5、82.5、73.8
稀土矿产资源总回收率	%	76	77.5
工业固体废物综合利用率	%	57	73
主要再生资源利用率	%	65	75
农田灌溉水利用系数	-	0.49	0.55
万元工业增加值用水量	%	-	比2015年下降33%
万元GDP用水量	%	-	比2015年下降29%
城镇污水处理设施再生水利用率	%	-	25
城镇污水集中处理率	%	80	90
建制镇生活垃圾无害化处理率	%	78	85
设区以上城市餐厨废弃物无害化处理和资源化利用率	%	-	30
秸秆综合利用率	%	85.89	89.38
农田残膜回收率	%	60	80
养殖废弃物综合利用率	%	67	85

（三）主要任务

落实“发展升级、小康提速、绿色崛起、实干兴赣”十六字方针，以构建完善的循环型工业体系、农业体系、服务业体系、社会体系为重点，加快推进生产生活方式绿色化、循环化、低碳化，形成生态与经济社会和谐共生的发展格局。

1.优化循环经济空间布局。遵照《江西省主体功能区规划》要求，充分发挥各地区位优势、产业优势和资源优势，以提高资源配置效率为重点，优化空间布局。一是建设南昌核心区，打造成全省循环经济综合管理与信息服务中心，建设园区循环化改造示范基地、工农复合型循环经济示范区、城市低值废弃物协同处理基地、水资源及中水高效利用基地、循环经济技术服务基地。二是建设以九江、景德镇、赣州、抚州、鹰潭、上饶、新余、萍乡、九江、宜春、吉安为核心的循环型工业六大集聚带。建设立体复合循环农业“四区、三基地”。建设资源循环利用产业“三区、三基地”。城市低值废弃物协同处理全覆盖。在鄱阳湖流域，重点布局中水回用体系。

2.建设循环型工业。经过多年发展，江西省初步形成了以生物医药、电子信息、汽车及零部件、航空、光伏、食品加工等为优势产业，铜冶炼及深加工、石油化工、钢铁、纺织服装、建材等为支柱产业，精钨、稀土、锂电等为特色产业的工业体系。

全面开展园区循环化改造。在石化、钢铁、有色、建材产业集聚区，构建空间布局合理、产业共生耦合、废物交换利用、污染集中治理、服务平台共享的循环化产业园区。到2020年，全部国家级园区、50%以上的省级园区实施循环化改造。推动石化产业园区和产业集聚区循环化改造。推动钢铁产业园区开展循环化改造。推动有色产业园区开展循环化改造。推动重点建材产业园区开展循环化改造。

大力推动企业循环式生产。按照全生命周期管理理念，推动生态设计、实施节能改造、控制污染物减排、强化清洁生产审核、实施绿色制造工程，推动企业循环式生产。

开展协同生产试点。推广“3R”生产法。实施绿色制造工程。

3. 建设循环型农业。全面推进农业清洁生产，开展农业面源污染治理，实施农药减量、化肥零增长行动，推动农作物秸秆、畜禽粪污、农膜等农业废弃物资源化利用，推动工农业复合型农业循环经济发展。

一是全面推进农业清洁生产。加强农业面源污染防治。实施“到2020年农药使用量零增长行动”，到2020年全省测土配方施肥技术推广覆盖率达到90%以上，化肥利用率提高到40%，减少农业面源污染和内源性污染。综合治理地膜污染，推广加厚地膜，开展废旧地膜机械化捡拾示范推广和回收利用，加快可降解地膜研发，到2020年农业主产区农膜和农药包装废弃物回收利用显著提高。综合治理养殖污染。到2020年养殖废弃物综合利用率分别达到85%以上。

二是开展工农业复合型农业循环经济示范区建设。推动农业、农村融合发展的农业循环经济发展。到2020年，选择一批条件符合的地区，建设生态循环农业示范区11个，全省农村沼气用户达到200万户。

4. 建设循环型服务业。开展服务业清洁生产审核，提升绿色产品和绿色服务供给能力，壮大循环经济服务业，开展资源循环利用第三方服务试点，多层次引导和促进绿色消费，健全循环型服务业体系。开展服务业清洁生产审核。推进服务业清洁生产审核试点。壮大循环经济服务业，开展资源循环利用第三方服务试点，引导促进绿色消费。

5. 建设循环型社会。加强城市典型废弃物资源化利用，推动再制造与维修服务产业化发展，促进生产生活系统循环链接，建设资源循环利用（静脉产业）基地，构建循环型社会。一是加强城市典型废弃物资源化利用。推动餐厨废弃物资源化利用。到2020年，设区以上的城市全部建立起餐厨废弃物单独收集处置利用体系。构建创新型再生资源回收体系，建设网点布局合理、管理规范、回收方式多元化、重点品种回收率高的再生资源回收体系示范工程。二是推动再制造与维修服务产业化发展。通过兼并重组、组合升级等方式，引导上规模的维修服务企业转化为再制造企业。三是促进生产生活系统循环链接。四是建设资源循环利用（静脉产业）基地

6. 重点工程。按照“十三五”时期我省循环经济发展的主要任务，重点实施园区循环化改造等七大工程，推动循环经济发展再上新台阶。七大工程一是园区循环化改造工程，二是工业固废综合利用工程，三是农业循环经济与清洁生产促进工程四是城市低值废弃物协同处理工程，五是资源再生利用提质升级工程，六是再制造产业规范化规模化发展工程，七是水资源循环利用工程。

（撰稿：洪小波、杨巍、康健林、刘建军、方欣、林绪强、王锐、胡晓、梁粱、许冬，江西省发展和改革委员会资源节约和环境保护处）

湖南省循环经济2015年度报告

湖南省发展和改革委员会

2015年，湖南省委、省政府认真贯彻落实“十八大”关于生态文明建设的全面部署，将循环经济作为实现资源节约、环境保护和经济增长有机统一的经济发展模式，采取一系列有效政策措施，从源头和生产过程中解决资源环境约束，努力适应经济发展新常态，大力发展循环经济，取得显著成效。

一、强化组织领导，完善制度管理体系

一是形成了一批综合研究成果。牵头起草了关于推进生态文明建设、加快环保产业发展等省委、省政府或两办印发的政策文件；启动编制了节能规划、城镇生活污水垃圾处理设施建设、节水型社会建设等“十三五”专项规划；围绕能源消费总量控制、循环经济发展、节能环保产业发展、长江黄金水道环境污染治理等主题，开展了课题研究。

二是推进了循环经济立法调研。根据省人大年度立法计划安排，组织开展了循环经济立法调研。会同省社科院组成调研组，对郴州、岳阳、衡阳、娄底等市州开展了重点调研，形成了调研报告，编印了法规资料。通过实地考察和广泛座谈，形成了《湖南省实施〈中华人民共和国循环经济促进法〉办法》文本和起草说明。该项法规已列入省人大2016年立法出台的预备项目。

三是完善了项目管理制度。针对近年审计、稽查发现的问题，加强了对中央预算内投资项目的申报把关、实施监管和提前储备。组织召开了市州环资工作会议，印发《关于做好湖南省节能循环经济和资源节约重大项目2015年中央预算内投资有关工作的通知》（湘发改环资〔2015〕377号），规范申报程序和要求，将权力责任同步下沉。建立了生态环保重大工程、中央预算内投资项目定期调度制度，每月向国家发改委环资司和委投资处报送进展情况。对2014年及其以前年度的中央预算内投资存量资金进行了全面摸底，按程序将调整方案报国家发改委进行了重新评审或备案。

二、强化节能减排，提前完成“十二五”目标任务

一是完成年度节能目标责任考核。通过精心组织，认真准备，经国家考核组对省政府2014年度节能目标责任现场评价考核，明确我省2014年度节能考核结果为完成等级，并对我省提前一年完成“十二五”节能目标提出通报表扬。

二是严格执行节能评估审查制度。将节能评估审查纳入行政许可事项、权力清单和责任清单，规范了权力运行和在线审批流程，起草了节能审查全过程监管办法。今年以来，省级共对430个项目进行节能审查，总计核减用能量约9万吨标准煤。

三是组织实施节能改造重点工程。争取2015年度中央预算内资金1.72亿元，支持33个节能技术改造和节能技术产品产业化重点工程实施。组织10个合同能源管理申报中央财政奖励资金，经第三方节能量审核机构审核，共计形成年节能量19346吨标准煤，预计可获得财政奖励资金464万元。会同省财政厅对我省“十二五”期间获得国家节能技术改造财政奖励资金的项目进行了清算，初步核算53个项目年节能量85万吨标准煤，清算后申请奖励资金9312万元。

四是积极推广重点节能技术。组织省内企业积极申报《国家重点节能低碳技术推广目录》，经组织专家评审、指导修改完善，红宇新材球磨机高效球磨综合节能技术等4项技术通过国家评审和公示。

三、强化试点示范，培育循环经济典型模式

一是积极开展试点示范创建。成功申报衡阳常宁水口山经开区为国家园区循环化改造试点，获得中央资金1.37亿元；株洲市为国家第五批餐厨废弃物资源化利用和无害化处理试点城市，获得中央资金1536万元；长沙市、安化县、安乡县列入国家第二批循环经济示范城市（县）。组织开展全省第二批循环经济试点企业和循环经济城市（县）创建，确定湖南崎丰生物科技有限公司等13家企业为第二批省级循环经济试点企业，确定衡阳、郴州、长沙等9个市（县）为第二批省级循环经济试点市（县）。

二是稳步推进试点项目实施。园区循环化改造方面，衡阳松木工业园34个支撑项目有24个开工建设，实际完成投资36亿元；岳阳绿色化工产业园11个项目有5个开工建设，完成投资2.36亿元。餐厨废弃物方面，长沙已建成餐厨垃圾无害化处理系统，与3000家大中型餐饮企业签订了收运合同，日处理餐厨垃圾330吨；衡阳市建立了数据监管平台，与113家餐厨垃圾产生单位签订了委托收运处理协议，项目预计明年投入运营。秸秆综合利用方面，21个

秸秆综合利用中央预算内投资项目，12个项目已完工，9个项在建，总投资9亿元，完成投资6.4亿元。

四、强化项目实施，推进环境修复治理

一是稳步实施湘江保护和治理“一号重点工程”。扎实推进湘江流域重金属污染治理，争取国家下达中央预算内资金1.44亿元，支持5个重金属污染治理项目实施，另有19个项目通过国家现场评审待下达资金。按照杜家毫省长7月份提出的清水塘搬迁改造“一年初见成效、三年大见成果”目标，我委密切与株洲市政府、省直有关部门和承接地政府合作，牵头成立省清水塘老工业区搬迁改造工作协调小组，先后组织召开10余次专题会议，研究解决包括省出台支持政策措施、株冶绿色改造升级项目等在内的有关工作。

二是加快城镇生活污水垃圾处理设施建设。争取中央预算内资金3.015亿元，支持全省48个污水处理设施、27个垃圾处理设施建设项目实施。争取专项建设基金4.57亿元，充实17个污水垃圾处理设施建设项目资本金。通过PPP、特许经营等模式，大力引入社会资本参与污水垃圾处理设施建设运营。全省在运污水处理设施141个，其中107个采取特许经营（第三方治理）模式；在运垃圾处理设施115个，其中28个采取特许经营（第三方治理）模式。县以上城镇生活污水处理率达到90.7%，垃圾无害化处理率达到98.7%。

三是切实加快环保产业发展。组织召开了优化环保产业政策环境工作座谈会，省领导陈肇雄、张文雄出席。发布了《湖南省鼓励实施环境污染第三方治理项目清单（第一批）》，30个项目估算总投资67.8亿元，涉及污水垃圾处理、重金属污染治理、区域环境综合整治等领域。争取中央预算内资金930万元，支持永清环保重金属稳定剂及有机物降解剂产业化项目实施。

四是积极申报国家环境污染第三方治理试点。经会同省直有关部门认真研究，赴国家发改委多次汇报衔接，成功争取株洲清水塘、湘潭竹埠港2个地区均获得国家发改委复函同意，纳入全国首批环境污染第三方治理试点范围。

（撰稿：聂仁孝、文戈，湖南省发展和改革委员会资源节约和环境保护处）

广西自治区循环经济2015年度报告

广西壮族自治区发展和改革委员会

2015年，广西自治区坚持将发展循环经济作为建设“两型”社会的一项重要任务，采取加强宏观指导、推进示范试点、强化技术支撑、完善政策体系等一系列措施，积极发展循环经济，生态环境质量得到有效改善，取得了明显效果。广西单位地区生产总值能耗0.63吨标准煤/万元，“十二五”期间累计下降18.1%，超额完成国家下达下降15%目标任务。能源消费总量9762万吨标准煤，未超出控制目标。全区化学需氧量、氨氮、二氧化硫和氮氧化物排放量分别为71.12 万吨、7.67 万吨、42.12 万吨和37.34 万吨，比2010 年分别削减11.9%、9.23%、26.39%和17.22%，超额完成“十二五”期间国家下达的目标任务。单位工业增加值用水量65立方米/万元，能源产出率1.72万元/吨标准煤，城镇污水处理率89.1%，生活垃圾无害化处理率96.5%，工业固体废物综合利用率达到65%。

一、扎实推进循环经济示范城市（县）建设

梧州市列入国家循环经济示范城市实施方案重点项目147项，总投资809.1亿元，目前已完工56项，在建91项，累计完成投资328.23亿元，占总投资的40.56%。田东县着力构建循环经济产业体系，培育发展战略性新兴产业，推进工业转型升级；加快推进国家现代农业示范区科技成果转化中心项目、国家现代农业示范区改革与建设试点（特色水果）项目建设；积极发展特色生态旅游，打造“芒乡红城四基地”，形成“引客入东”旅游营销网络，发挥百色•田东芒果活动月宣传效果。田东石化工业园区被确定为“国家循环经济教育示范基地”。2015年柳州市、富川瑶族自治县被确定为“国家循环经济示范城市(县) ” ，至此，广西共有4个城市(县)被确定为国家循环经济示范城市(县)。

二、加快推进“城市矿产”示范基地建设

梧州再生资源循环利用园区形成以再生铜、再生铝、再生塑料等再生资源循环利用为核心的循环经济产业链，示范基地建设扶持重点项目31项，已建成26项，项目建设完成率83.9%，新增资源量166.3万吨，形成集回收、拆解、加工利用为一体的资源综合利用集聚区。玉林龙潭产业园主要抓好有色金属冶炼加工的循环经济建设，以低碳环保、循环利用为目标，以重大产业项目为抓手，抓好产品的升级开发和深加工。全力推进再生资源监管区等基础设施建设，引进拆解加工企业。园区已建好标准厂房30万平方米，主干道已经竣工，并完成绿化亮化工程；污水、固废处理项目设备已经安装，达到运营条件。

三、有序推进园区循环化改造

组织11个国家级和自治区级园区编制循环化改造实施方案，并完成评审评优和批复工作。广西-东盟经济技术开发区以食品加工和生物医药产业为主导产业框架，以资源高效利用、环境保护为目标，打造资源高效循环化利用、企业生态化集聚布局、产业链条优化配置、基础设施共享化建设的大型综合性循环经济园区和产城一体化的生态工业新城。2015年，广西-东盟经济技术开发区被确定为“国家循环化改造试点园区”，计划实施循环化改造重点项目35个，总投资约22.56亿元，已开工22个项目，其中5个项目已完工，完成总投资的27%。钦州港经济技术开发区开展园区循环化改造试点示范中期自评估工作，完成《自评估报告》。鹿寨经济技术开发区按国家循环化改造示范试点实施方案有序推进，缫丝废水再生回用等8个项目已竣工。

四、发展生态农业循环经济

推广应用测土配方施肥、土壤有机质、秸秆还田、增施有机肥等节肥技术，大力开展病虫绿色防控，推广应用植保“三诱”技术和六大作物病虫害等环境友好型绿色防控技术模式，逐步实现化肥、农药使用量零增长。推广测土配方施肥技术面积达6326.4万亩，节约化肥用量10.7万吨。推广节水农业技术面积达1656.8万亩，实现节水4.97亿立方、节肥0.92万吨。秸秆还田面积达4692.35万亩，秸秆还田量1637.97万吨。抓好桂林市循环农业示范市和钦州市农业清洁生产技术示范基地建设。广西合浦东园家酒厂以酿酒业和水奶牛养殖业为核心，综合利用农产品加工废弃物，形成了“酿酒—饲料—养殖—制沼—肥料—种植—加工—餐饮—旅游”产业链，实现了农业发展的规模化、设施化和循环化，合浦东园家酒厂被确定为“国家循环经济教育示范基地”。

五、抓好资源综合利用

一是抓好糖厂废弃物综合利用。全区103家糖厂全部实现循环发展，机制糖85万吨，其中精制糖25万吨，蔗

渣、糖蜜、滤泥利用率达到100%，水循环利用达到100%。二是抓好资源综合利用“双百工程”。推进柳州市、贺州市平桂管理区国家资源综合利用“双百工程”示范基地项目建设，柳州市工业固体废物综合利用量1129万吨、综合利用率95%；资源综合利用“双百工程”骨干企业柳州钢铁（集团）有限公司冶炼渣综合利用率达到97.2 %。三是抓好城市餐厨废弃物资源化利用和无害化处理。南宁市出台了《餐厨垃圾管理专项整治工作实施方案》，成立餐厨垃圾管理办公室，组织开展餐厨垃圾签约、执法、宣传大行动，餐厨废弃物集中收集率达78%，收运量达到181吨/天，餐厨废弃物统一收运覆盖率达到95%以上。梧州市建立城市餐厨废弃物资源再生利用体系，加快推进餐厨处理厂、污泥处理厂等项目建设。北海市印发了《餐厨废弃物资源化利用和无害化处理设施建设规划》，组织实施餐厨废弃物资源化利用和无害化处理设施建设项目。

六、开展工业循环经济企业评优推优工作

围绕降低大气污染物排放强度，促进大气环境质量持续改善目标，组织编制《广西大气污染防治重点工业行业清洁生产技术推行方案》，推进钢铁、有色金属、石化、水泥等重点工业行业企业实施清洁生产技术改造项目实施。广西柳工机械股份公司等6家企业被评为广西清洁生产企业。对211个自治区工业循环经济试点单位和制糖、电解铝、火电、新型干法旋窑水泥、林板、化工生产企业开展循环经济实施成效评估考核与指标核定工作，广西凤糖生化股份有限公司柳城糖厂等25个企业被评为自治区工业循环经济先进企业。组织推荐广西3家企业申报国家生态设计示范企业。

七、积极推进生态文明示范区建设

印发实施玉林市、富川瑶族自治县生态文明先行示范区实施方案。玉林市规划建设生态农业、循环利用及新能源、生态旅游服务业、生态建设与环境保护等四大类共62个项目，总投资269.9亿元。富川瑶族自治县规划建设生态农业、生态修复、生态旅游服务业、循环及其他工业、城乡基础设施、美丽乡村六大类共84个项目，总投资167.47亿元；2015年开工建设项目33个，总投资57.6亿元，完成年度投资28.6亿元。桂林市、马山县被确定为国家第二批生态文明示范区。

（撰稿：唐志扬，广西壮族自治区发展和改革委员会资源节约和环境保护处）

海南省循环经济2015年度报告

海南省工业和信息化厅

2015年是“十二五”规划的收官之年，在省委、省政府的领导下，全省循环经济工作始终以党的十八大以及十八届三中、四中、五中全会精神为指导，扎实推进循环经济发展和资源综合利用工作，将其作为生态省建设和绿色崛起战略的重要抓手和举措，取得了一定成效。

一、主要成效

（一）资源利用效率明显提升

与去年相比，2015年，全省能源产出率和水资源产出率分别为16917.6元/吨和77.9元/吨，分别提高了1.29%和0.26%；单位国内生产总值能耗、万元工业增加值能耗、万元工业增加值用水量分别下降1.27%、0.56%、15.8%。农田灌溉水有效利用系数达到0.563，超额完成预计目标。工业固体废物综合利用率达89%，水泥散装率和新型墙体材料应用比例分别达到44%和75%。

（二）生态环境质量保持良好

在实现经济持续快速发展的同时，生态文明建设得到进一步强化，全省生态环境继续保持全国领先水平，大气、河湖和近海海域水体等质量保持全国一流。优良的生态环境是海南发展的坚实依托。

（三）发展方式得到优化

通过调整产业结构，推进资源综合利用，发展方式逐步实现了由资源依赖型向资源效益型转变。同时，通过大力发展以旅游业为龙头的现代服务业、高新技术产业及战略性新兴产业，推动产业结构优化，2015年第三产业比重由2014年的51.9%提高到53.3%。

二、主要作法

（一）统筹规划，全面推进

“十二五”期间，按照减量化、再利用、资源化和减量化优先的原则，坚持统筹规划、重点突破、全面推进相结合，强调规划引领，制定实施《海南省“十二五”节能减排综合性工作方案》、《海南省循环经济发展规划及近期行动计划》、《海南省“十二五”清洁生产推行规划》、《海南省大中型沼气工程及畜禽养殖小区建设项目规划》《海南省节能减排综合示范试点实施方案》等，统筹安排部署全省节能减排与循环经济发展，全面推进工业、农业、建筑废弃物及生活垃圾、餐厨垃圾、可再生能源等的有效处置和综合利用。

（二）项目引领，重点突破

针对海南经济总量小、人口少，废弃物量相对少而散等特点，我省推进循环经济与综合利用工作坚持项目示范引领、重点突破、再普及推广，重点开展了以下几个方面的工作。

1.推进工业废弃物综合利用。以水泥、墙材、商混等项目为重点，促进粉煤灰、煤矸石、尾矿贫矿、工业副产石膏、碱渣等工业固体废物的综合利用。全省年产粉煤灰70万吨、脱硫石膏24万吨、碱渣6万吨，基本全部利用；废弃铁矿渣及尾矿、贫矿年处理能力400万吨；金海浆纸厂年处理制浆废液240万吨，建成240兆瓦综合利用机组。2015年全省工业固体废物年综合利用量达800多万吨，比“十一五”期末增加300万吨，工业固废综合利用率达到89%。

2.推进农业废弃物综合利用。以沼气、有机肥料等项目为重点，推进农业、养殖业废弃物的综合利用。目前，全省农村沼气用户达41.8万户，占全省总农户的39.3%，占全省宜建沼气用户的63.6%。在全国率先完成建立省、市县、乡镇、村沼气四级服务网络，基本实现全省沼气用户服务的全覆盖。另外，依托规模化畜禽养殖场或橡胶加工厂建设大型沼气工程220个，依托畜禽养殖厂建设养殖小区沼气工程1209处，集中供气农户8.8万余户。

3.推进林业废弃物综合利用。以人造板、生物质成型颗粒等项目为重点，推进林业三剩物、次小薪材的综合利用。已建成圣大木业等7家人造板、福佳能源等2家生物质颗粒生产企业，年处理林业剩余物约42万方。

4.推进生活垃圾和餐厨垃圾的处置及利用。以生活垃圾焚烧发电、餐厨垃圾处理、车用沼气等项目为重点，推进生活垃圾和餐厨垃圾的综合利用。已建成海口、三亚、琼海、文昌4个垃圾焚烧发电厂，日处理垃圾2200吨，发电装机90兆瓦，海口、三亚两个项目正在建设二期工程。三亚餐厨垃圾处理项目作为国家试点已于2015年4月建成

投运，年处理垃圾3.65万吨，主要产品为饲料、生物柴油、甘油等。神州沼气新能源示范项目一期工程（澄迈沼气工厂）于2014年建成投产，以农作物秸杆、禽畜粪便等为原料，日产车用沼气1.67万立方米，该项目近日列入财政部第二批政府和社会资本合作示范（PPP）项目，海口市将以该项目为依托建设餐厨垃圾无害化处理工程。

5.推动企业清洁生产。“十二五”期间，全省累计完成84家企业清洁生产审核评估，28家企业通过清洁生产验收。共实施清洁生产审核方案3073项，这些方案实施后，年可实现节水1546.85万吨、节能6.94万吨标煤，减少废水排放1204.92万吨、COD排放3403.98吨、氨氮排放量150.93吨、NO_X排放量3306.53吨、SO_2排放量2070.05吨。

6.推进电力资源综合利用。针对海南省电网峰谷差大、用冷量多等特点，大力推进蓄能型集中供冷，通过移峰填谷，提高电力资源利用效率。亚龙湾冰蓄冷区域供冷站被列为国家节能示范工程，规划供冷面积40万平方米，满负荷后可削减电网峰值负荷约3500kW，三亚海棠湾、美安科技新城等园区供冷站建设正在推进之中。

7.推进节能降耗和淘汰落后产能。落实过硬措施，严格目标责任，强化监督检查，在国家相关政策支持下，我省2015年单位国内生产总值能耗比2010年下降10.4%，完成“十二五”节能目标任务。大力淘汰落后产能，“十二五”共淘汰落后产能炼钢8万吨、造纸5.65万吨、水泥熟料及磨机314万吨，提前3年完成了国家下达的“十二五”淘汰落后产能任务。

8.大力发展新能源和可再生能源。大力发展太阳能、风能、水能、生物质能、核能等新能源与可再生能源，建成屯昌20MW农业太阳能光伏发电、文昌风电厂、临高20万吨生物柴油等一批可再生能源示范项目。昌江核电1号机组于2015年11月并网发电。截止到2015年底，全省清洁能源统调发电装机共计283.5万千瓦，占全省统调发电装机的48.29%；可再生能源统调发电装机共计146.1万千瓦，占全省统调发电装机的24.89%。

9.推进试点示范引领。组织三批共30家单位省循环经济示范试点单位创建工作，为各领域推进循环经济发展提供模式和样板;洋浦经济开发区被列为国家循环化改造示范试点园区，老城经济开发区获国家首批低碳工业园区试点。

（三）政策支持，完善机制

1.财政资金扶持。省节能专项资金按照项目总投资额的10%对资源综合利用重点项目给予支持，“十二五”以来共支持项目17个，安排补助资金约1亿元。

2.落实税收优惠政策。“十二五”期间，共完成了52家企业（项目）资源综合利用认定，为企业落实综合利用税收优惠约1.2亿元/年。今年年初，国家取消资源综合利用认定管理制度后，工信、税务、财政等部门加强协调，按照国家要求，保障国家税收优惠政策的持续落实。

3.完善法规标准体系。颁布实施了《海南省节能监察暂行办法》，出台了炼油、纸浆、甲醇、天然橡胶、甘蔗制糖、宾馆酒店、商场、超市、水产品加工等多项地方能耗限额标准。刚刚颁布的《海南省节约能源条例》明确提出，电网企业应当优先安排可再生能源、资源综合利用发电机组等并网发电，推行农作物秸秆、农产品加工剩余物和林木次小薪材等废弃资源的综合利用，鼓励和支持发展蓄能型供冷产业等内容。

建设再生资源回收体系。海口和三亚分别列入国家第二批、第三批再生资源回收体系建设试点，两市政府努力推进试点工作。海口市1个报废汽车项目、3个分拣中心项目和1个集散市场项目已完成验收，229个回收网点项目和再生资源公共信息平台项目申报验收。

三、典型单位案例

海南神州新能源建设开发有限公司——海南神州新能源建设开发有限公司主要进行沼气与新能源及其相关产品的综合开发，是从事新能源的环保企业，也是海南省建设国际旅游岛重点鼓励的节能企业。该项目年处理有机垃圾27万吨，日产压缩车用沼气3万立方米，可满足250辆公交车或750多辆出租车的燃料需求，每年可替代8600吨汽柴油（折合12654吨标准煤），可减排二氧化碳3.33万吨。同时年产固体有机肥料8000吨、高效有机液体肥料2.2万立方米。产物沼渣沼液可反哺当地生态农业建设，大大节约化肥施用量。

海南绿保环境科技有限公司——海南绿保环境科技有限公司是经三亚市政府批准由海南绿保再生资源有限公司和韩国大陆机械株式会社设立的中外合资企业，是三亚市餐厨废弃物资源化利用和无害化处理项目建设运营单位，负责三亚市辖区内餐厨废弃物收集运输、集中处理和资源化利用。该项目利用有机废水制备沼气供锅炉使用，日处理100吨餐厨废弃物和油脂，年产生物柴油2920吨、饲料原料3507吨、植物沥青430吨、甘油500吨、沼气65万立方米。

（撰稿：唐俏瑜，海南省工业和信息化厅节能与资源综合利用处）

四川省循环经济2015年度报告

四川省发展和改革委员会

2015年四川始终坚持把发展循环经济作为推动生态文明建设、转变发展方式的重要抓手，认真贯彻落实《循环经济促进法》，深入探索循环经济发展的有效模式，进一步加大工作力度，完善组织机构、加强示范引领、加大财政投入、注重宣传教育、完善政策措施，努力提高资源综合利用、循环利用水平，促进经济、社会与环境的协调发展，全省循环经济和资源综合利用工作取得了积极成效。

一、深入开展循环经济试点示范

（一）以示范试点为重点，发挥示范带头引领作用

泸州市、蒲江县、西充县成功申报国家第二批循环经济示范城市（县）创建地区；宜宾丝丽雅集团有限公司、成都青白江工业集中发展区等7家单位通过国家循环经济试点示范单位验收，宜宾丝丽雅集团有限公司、四川西南再生资源产业园区被确定为全国循环经济工作先进单位；泸州老窖集团有限责任公司、绵阳游仙经济开发区、泸州市纳溪区、四川森肽集团等4家单位被评为国家循环经济教育示范基地；加快建设11个省级循环经济示范市（县）、24个省级循环经济示范园区、46户省级循环经济示范企业进一步发挥了示范带动作用。

（二）以循环化改造为重点，提升园区循环经济发展水平

积极组织开展全国园区循环化改造示范试点工作，广安经济技术开发区和达州经济技术开发区先后被纳入国家园区循环化改造示范试点园区，编制了循环化改造实施方案，落实了循环化改造重点支撑项目。积极开展省级循环化改造示范试点园区建设，实施循环经济关键补链项目，建设共享基础设施和公共服务平台，提高资源综合利用水平。

（三）大力推进农作物秸秆资源化利用

为贯彻落实国务院关于大气污染防治的各项工作部署，有效缓解秸秆焚烧带来的资源环境压力，进一步提高秸秆综合利用水平，结合《四川省秸秆综合利用年度实施方案（2014-2015年）》提出的发展目标和重点任务，制定了《四川省秸秆综合利用近期工作推进方案》，启动了《四川省“十三五”秸秆综合利用规划》编制工作。在全省已建立起较完善的秸秆还田、收集、储运体系，基本形成布局合理、多元产业化综合利用格局，全省秸秆综合利用率超过80%，逐步形成秸秆资源开发利用的良性循环。省级有关部门联合开展了2015年春季全省重点地区秸秆禁烧及综合利用联合督查。

（四）以“双百工程”建设为重点，加快资源综合利用

以攀钢集团、攀枝花钢城集团、川威集团等企业为重点，以攀枝花钒钛产业园区、德阳市磷化工基地为依托，通过突破技术瓶颈、延长产业链条、拓宽应用领域，实施资源综合利用重点项目，不断提高钒钛稀土和磷石膏资源综合利用水平，加快建设中国攀西战略资源创新开发试验区和“成—德—绵”高新产业带。积极推进国家资源综合利用“双百工程”示范基地和骨干企业建设工作，攀枝花市和德阳市被确定为国家资源综合利用示范基地，攀钢集团、川威集团和攀枝花钢城集团被确定为国家资源综合利用骨干企业。截止2015年，我省资源综合利用“双百工程”建设项目已累计完成投资200亿元，初步形成了以钒钛和磷石膏资源综合循环利用为代表的矿产资源规模化循环利用。

（五）以“城市矿产”示范基地建设为重点，推动废旧资源综合循环化利用

坚持以“城市矿产”示范基地建设为重点，推进资源化利用，形成了内江、绵阳、成都等废塑料、废旧金属、废弃电子电器产品再生循环利用产业集聚区。国家首批“城市矿产”示范基地“四川西南再生资源产业园区”项目建设进展顺利，一期已建成开业，二期工程正在加快建设。目前，园区已有入园企业12家，个体经营户120户，回收各类再生资源约115万吨，回收拆解废旧家电200多万台，实现销售收入40亿元。绵阳保和富山再生资源产业园被列为国家第四批“城市矿产”示范基地。组织开展了省级“城市矿产”示范基地建设工作，确定了四川昊华再生资源有限公司、四川万家福投资管理有限公司、德阳什邡大爱感恩环保科技有限公司、四川长虹格润再生资源有限责任公司四家省级“城市矿产”示范基地。

（六）以再制造产业示范项目为重点，推动再制造领域循环化发展

根据国家发展改革委《关于推进再制造产业发展的意见》，结合我省实际，编制了《四川省再制造产业发展规划》，在汽车零部件、工程机械、机床、航天航空部件等再制造等领域，组织开展了再制造产业试点，确定了德阳深捷科技有限公司冶金连铸连轧结晶器再制造产业化项目、自贡长征机床集团有限公司机床再制造项目、南充三鑫南蕾气门座制造有限公司汽车发动机缸体缸盖再制造项目、绵阳联锋机械橡胶制造有限责任公司轮胎翻新项目为省级再制造产业示范项目，发挥对全省再制造产业和循环经济发展的示范带动作用。围绕提高资源利用效率，突出再制造产业化重点，完善支撑体系，实现再制造规模化、产业化发展。

（七）以试点城市建设为重点，推动餐厨废弃物资源化利用和无害化处理

加快成都、绵阳国家餐厨废弃物资源化利用和无害化处理试点城市建设，两市出台了《厨废垃圾收运管理办法》，通过公开招标方式确定了餐厨废弃物资源化利用特许经营企业，制定了生物柴油标准及推广使用办法，处置设施建设进展顺利，收运体系正加快完善。推广成都市餐厨废弃物资源化利用和无害化处理的成功经验，在自贡、南充、达州等地开展了餐厨废弃物资源化利用和无害化处理试点工作，推动建立和完善餐厨废弃物收集、运输和处理体系，推广应用资源化技术，建立健全管理制度，提高资源化利用率。广元市、德阳市入选国家首批生活垃圾分类示范城市，将重点解决厨余垃圾的分类收集和处理问题，逐步实现厨余垃圾“无玻璃陶瓷、无金属杂物、无塑料橡胶”的精细化分类。积极推进泸州、自贡、内江等城市开展餐厨废弃物回收和处理体系建设，进一步扩大省级试点的范围。

（八）以回收体系建设为重点，推进生活垃圾资源利用

在成都市、德阳罗江县、南充阆中市、广安华蓥市、阿坝松潘县等开展城市生活垃圾分类回收体系建设试点，积极探索分类回收、密闭运输、集中处理体系建设，成都、德阳等地已建立了“村收集、镇转运、县处理”的垃圾收运体系。建成了成都九江等9座城市生活垃圾焚烧发电厂，形成了以成都和南充等100万人口城市垃圾焚烧发电为代表的垃圾资源化利用产业。

二、基本经验

（一）政府主导是基本前提

充分发挥政府在循环经济和资源综合利用中的主导作用，不断强化组织领导，健全工作机制。我省成立了以省政府主要领导任组长，分管副省长任副组长，省直有关部门主要领导为成员的循环经济发展领导小组，加强各成员单位的协调与沟通，各成员单位根据部门职责，各司其职，明确任务，强化措施，狠抓落实，形成了协调配合、齐抓共管的良好工作局面。全省21个市（州）也建立了相应的工作机构，做到了层层有责任，逐级抓落实，逐步健全了循环经济发展的保障体制和机制。

（二）政策推动是重要保障

我省通过科学制定规划、完善支持政策，增强了对循环经济和资源综合利用的宏观指导作用和支持力度。认真贯彻落实《节约能源法》、《循环经济促进法》和《清洁生产促进法》等有关法律法规，及时修订了《四川省〈中华人民共和国节约能源法〉实施办法》，依法推动循环经济发展。相继制定了《关于发展循环经济的实施意见》、《关于建设节约型社会近期重点工作的通知》、《汶川地震灾后建筑废弃物综合利用指导意见》、《关于加快推进农作物秸秆综合利用的实施意见》、《四川省再制造产业发展规划》等指导性文件，出台了促进循环经济发展的财政、税收、金融、土地等优惠政策，有力地支持了我省循环经济和资源综合利用规模化、产业化发展。

（三）试点示范是重要抓手

我省通过重点企业、重点园区、重点行业、重点领域和重点城市的试点，实行分类指导，探索循环经济和资源综合利用的不同发展途径和形式，发挥引导和典型示范作用，逐步实现了企业、园区和社会层面的多层次资源综合、循环利用。

（四）改革创新是强劲动力

发展循环经济和资源综合利用，改革创新是动力。“十一五”以来，我们始终坚持把深化改革作为促进循环经济发展和资源综合利用的根本动力，探索建立发展循环经济和资源综合利用的长效机制。不断加强先进技术开发应用和推广，突破制约循环经济和资源综合利用发展的技术瓶颈，资源节约和替代技术、能量梯级利用技术等关键技术取得了较大突破，为促进我省循环经济和资源综合利用发展提供了强劲动力。

（五）市场推进是重要途径

循环经济和资源综合利用的发展需要政府的大力扶持，在财政支持、减免税等措施之外，我省高度重视市场机

制在推动循环经济方面的作用，始终坚持以市场为导向，推进循环经济的产业化和市场化，以提高企业经济效益增强循环经济发展的动力。

泸州肥工园区

三、下一步重点工作

下一步，我们将根据“政策引导、重点突破、典型示范、全面推进”的发展思路，推进重点领域循环经济和资源综合利用发展，加快实施重点工程，努力实现四川循环经济和资源综合利用的产业化、规模化发展。

（一）加快构建循环型产业体系

全面推行清洁生产，发展循环型产业园区和产业集群，实现资源能源循环利用和梯级利用，发展循环型工业；在种植业、林业、畜牧业推动形成农林牧渔多业共生的循环型农业生产方式，发展循环型农业；推进服务主体绿色化、服务过程清洁化，加快构建循环型服务业；探索三次产业融合发展的循环经济模式，促进工业、农业和服务业产业间循环链接、共生耦合，实现资源跨企业、跨行业、跨产业、跨区域循环利用。

（二）推动重点领域资源综合利用水平

我们将突出发展八大重点领域：一是以国家资源综合利用“双百工程”示范基地和骨干企业为重点，加快钒钛钢铁、稀土以及磷石膏资源综合利用，加快建设中国攀西战略资源创新开发试验区和成—德—绵高新产业带。二是加快内江西南再生资源产业园区、绵阳保和富山再生资源产业园区等“城市矿产”示范基地建设，推动废旧金属、废弃电器电子产品、报废汽车、废塑料、废橡胶、废纸等废旧资源再生利用、规模利用和高值利用。三是继续在汽车零部件、工程机械、机床、航天航空部件、高效电机等领域开展再制造产业试点，建立再制造旧件逆向回收体系，规范建立专业化再制造旧件回收企业和区域性回收物流中心，扩大再制造旧件回收规模。四是继续开展城镇生活垃圾分类回收试点，建立分类回收、密闭运输、集中处理体系，在社区及家庭推行垃圾分类回收、厨余垃圾单独回收，推行分时段收运不同类型垃圾，在资源量集中地规划建设垃圾焚烧发电厂。五是严格落实秸秆禁烧制度，完善秸秆收集、运输、储存物流体系，实施秸秆综合利用示范重点工程，积极推动秸秆肥料化、饲料化、基料化、原料化、燃料化利用。六是落实建筑废弃物处理责任制，积极推广建筑废弃物作建筑物或道路的基础材料、加工成骨料再制成各种建筑用砖等利用方式。七是推动机场、车站等公共建筑开展合同能源管理，实施节能、节水改造，大力推广甩挂运输、不停车收费系统，完善城市交通功能，引导居民出行使用公共交通等绿色出行方式，构建绿色交通运输体系。八是加大专项支持，开展试点示范，推动废旧纺织品的回收和综合利用。

（三）深入开展试点示范

加快广安、泸州、内江、攀枝花等国家和省级循环经济示范城市建设，全面推行循环型生产方式和绿色消费模式；支持广安经济技术开发区、达州经济开发区等园区循环化改造示范试点，完善循环经济产业链条，加快共享基础设施建设，提高园区资源产出率，提升园区循环化发展水平，力争在未来几年时间内对全省所有的国家级园区和50%以上的省级园区实施循环化改造；支持静脉产业园建设；在钢铁、有色金属、煤炭、电力、化工、建材等重点行业，培育一批循环经济和资源综合利用示范企业。

（四）完善循环经济和资源综合利用促进政策

认真贯彻落实国家相关政策，研究出台适应四川省情的具体实施方案。研究制定支持循环经济和资源综合利用技术研发、重要产品开发、清洁生产、各类示范工程、产业园区、重点领域或行业循环经济发展和资源综合利用的财政、税收、金融等促进政策。鼓励和引导金融机构加大对资源综合利用、环境保护和节能减排项目的信贷支持。

四、四川省循环经济发展典型单位

（一）循环经济示范城市——泸州市

泸州市地处“天府之国”四川盆地的东南部，长江、沱江的交汇处；东与重庆市、贵州省赤水市接壤，南与贵州省毕节市、云南省昭通市相连，西与宜宾市交界，北与内江、自贡两市毗邻。属盆地中亚热带湿润气候区，气候温和，四季分明。泸州是著名的“中国酒城”，并具有“江城”、“山城”、“港城”特色，先后获得了“国家卫生城市”、“国家森林城市”、“中国优秀旅游城市”、“联合国改善人居环境最佳范例奖”、“全国双拥模范城”等称号，还是中国著名的“酒城”，拥有“风过泸州带酒香”的美誉。

泸州化工城

近年来，泸州市经济社会发展取得了良好成绩。2015年，泸州市完成地区生产总值1353.4亿元，总量居四川省第6位，增速居全省第2位。循环经济发展取得良好成效，泸州市资源产出情况大幅提高，“十二五”期间能源产出率、建设用地产出率均已超过有关指标要求，资源产出率统计体系也在不断完善。“十二五”期末泸州市的资源产出相关指标达到了国务院发布的《循环经济发展战略及近期行动计划》（下称“行动计划”）中提出的目标值；资源消耗情况满足预期要求，“十二五”期间泸州单位工业增加值能耗累计降幅达39.34%，超过四川省和国家行动计划所设定的目标值；资源综合利用水平不断加强，工业用水重复利用率达94.7%，工业固体废物综合利用率达97.01%，均高于行动计划，城镇污水处理设施再生水利用、农作物秸秆综合利用和餐厨废弃物利用将进一步加大力度发展。

目前泸州市发展循环经济取得的主要成绩有：“西部化工城”成功创建国家第一批循环经济试点园区；国家批准泸州市建设国家级循环经济示范城市；国家循环经济教育示范基地建设稳步推进，泸州老窖集团、泸州市纳溪区先后被国家确定为“国家级循环经济教育示范基地”。泸州市未来循环经济发展方向一是构建白酒相关产业资源协同利用。将白酒产业发展为相关产业资源协同利用，打造成为循环经济的全产业链模式，以第二产业酿酒业态为核心，打通白酒产业链下至高粱种植、生态养殖即第一产业，上至白酒研发、设计、流通、休闲旅游服务、洞藏原酒交易平台建设等第三产业。二是按照循环经济的理念和要求，用现代工艺技术，推动传统化工产业优化升级。以泸州市化工产业现有基础，针对天然气资源枯竭现状，加快化工原料结构调整，着力推动天然气化工向气、煤、油结合的循环型现代化工转型升级，逐步形成新型煤化工、精细化工和新材料、石油化工、高端化肥四大产业链。

（二）园区循环化改造——德阳经济技术开发区

德阳经济技术开发区成立于1992年，2010年升级为国家级经济技术开发区。是我国西部地区唯一的重装机械产业园，是国家工信部授予的全国首批“国家新型工业产业化示范基地”和联合国“清洁技术与新能源装备制造业国际示范城市”挂牌园区，是四川省招商引资承接产业转移优秀园区和重点培育的特色产业园区，也是四川省省级生态工业园区。今年6月，国家发改委、财政部批准德阳经开区为循环化改造重点支持园区，标志着德阳经开区成功步入创建国家循环化改造示范试点园区行列。

2015年，开发区实现规上工业总产值424亿元，培育了以二重、东方电气等集团为代表的大型骨干企业，制造了世界最大规模的8万吨模锻压机和5万千瓦重型燃机等国之重器，形成了国内唯一的从原料到产品完整产业链的能源装备制造产业集群，累计生产水轮发电机组占全国总量的三分之一以上，汽轮发电机组占全国总量的四分之一以上，电站铸锻占全国总量的二分之一以上。

开发区以五大重点改造方向为突破，推动园区循环化改造工作全面深入开展。一是围绕沱江（长江上游）流域水环境治理，推进水资源高效循环利用。推动重点行业企业强制性清洁生产，加强企业水循环利用，提高工业用水重复利用率，强化污水处理厂提标改造和中水回用。二是围绕产业转型升级，推进产业集聚和高端化发展。大力发展新能源、新装备和新材料，打造高端装备制造业产业集群，提升产业附加值和资源产出水平。三是围绕大型龙头企业，推进循环产业链构建完善。以二重、东汽、东电和东锅等大型龙头企业为核心，构建装备制造业的循环产业链，促进产品循环链接，提升再生金属、固体废物规模化、清洁化、高值化利用水平。四是围绕能源节约集约利用，推进能源分质梯级利用。限制高耗能行业和企业发展，提高能源梯级利用水平，加强余热回收利用，鼓励可再生能源利用。五是围绕园区大循环，推进基础设施共建共享。推动分布式能源电站、污水垃圾处理、信息平台等基础设施建设，提高水资源、能源、废弃物等资源高效配置水平。

（撰稿：吴兰，四川省发展和改革委员会资源节约和环境保护处）

贵州省“十二五”循环经济报告

贵州省发展和改革委员会

“十二五”循环经济发展概述

“十二五”以来，在国家发展改革委的大力支持下，贵州省经济实现了又好又快持续健康的发展，但是贫穷落后仍然是我省的主要矛盾、加快发展仍然是我省的第一要务，守护良好生态环境仍然我省的第一重要，为加快绿色、循环、低碳发展，坚守住发展和生态两条底线，我省坚决贯彻李克强总理强调的“发展循环经济，是加快转变经济经济发展方式和调整经济结构的重大任务”重大指示精神，紧紧围绕国家循环经济发展的一系列重大战略部署，把发展循环经济作为工业化、城镇化加速发展期，缓解资源环境约束、实现绿色转型，加快后发赶超、与全国同步小康的重要途径，不断壮大循环经济发展规模，逐渐完善资源循环利用体系，大力提高循环经济发展的质量和效益，努力实现经济、社会、环境效益的有机统一。国家循环经济示范试点单位已达22家，工业固体废物综合利用率较2010年提高了10%，资源产出率有了较大的提高，初步建立了产业、企业、园区、县（市）多层次、多类型的循环经济发展体系。

一、发展循环经济政策法规进一步完善

党的十八届四中全会提出“加快建立促进绿色发展、循环发展、低碳发展的生态文明法律制度”，为保障循环经济持续健康发展明确了路径，我省着力夯实循环经济发展法治基础，健全循环经济发展制度，相继出台《贵州省循环经济基地（园区、企业）认定办法》、《贵州省园区循环化改造管理暂行办法》、《贵州省“城市矿产”示范基地管理暂行办法》等政策措施，启动了《贵州省循环经济促进条例》和《资源综合利用条例》起草工作，法律制度逐步完善、约束力逐渐增强。编制印发《贵州省循环经济发展规划及年度推进计划》、《贵州省“十二五”发展循环经济和节能减排专项规划》、《贵州省“十二五”节能环保产业发展规划》、《贵州省“十二五”资源综合利用实施方案》等，进一步加强了规划引领作用。开展《贵州省“十二五”发展循环经济和节能减排专项规划》、《贵州省“十二五”节能环保产业发展规划》、《“十二五”贵州省城镇污水处理及再生水利用设施建设规划》等规划中期评估工作，总结经验、查找问题，确保规划目标、政策措施落细落实。

二、循环经济示范试点进一步增加

循环经济重点工程是发展循环经济的着力点和突破口，在“十一五”贵阳市、贵州瓮福（集团）有限责任公司、贵州开磷（集团）有限责任公司、贵州赤天化纸业股份有限公司、贵州茅台酒厂有限责任公司等5家国家循环经济示范试点单位的基础上，“十二五”新增贵阳白云再生资源产业园国家“城市矿产”示范基地，贵阳经济技术开发区、遵义经济技术开发区、贵州大龙经济开发区、贵州红果经济开发区、六盘水市钟山经济开发区、安顺市西秀工业园区园区循环化改造示范试点园区，贵阳市、遵义市、铜仁市和毕节市餐厨废弃物资源化利用和无害化处理试点城市，贵阳市、黔南州资源综合利用“双百工程”示范基地，六盘水市、铜仁市、岑巩县、龙里县国家循环经济示范创建县等循环经济示范试点单位17家。同时，加快培育省级循环经济示范试点，认定六盘水市、台江经济开发区、贵州岑巩经济开发区、六枝路喜循环经济产业基地、黔桂发电有限责任公司、贵州盘江煤电建设工程有限公司等一批省级循环经济示范城市、园区、企业，进一步拓宽循环经济示范试点的覆盖面，加快探索不同层次、不同类型发展循环经济的有效模式。

三、循环经济发展力度持续加大

我省围绕资源产出率这一核心指标，紧密结合国家循环经济“十百千”示范行动，持续发力推动循环经济发展。一是加强组织领导，建立横向沟通、纵向联动的循环经济发展机制。成立了以谌贻琴常务副省长为组长的省发展循环经济领导小组，加强对全省发展循环经济工作的组织领导，为贯彻循环经济重大决策部署，密切部门之间的沟通协作，协调解决循环经济发展中的重大问题提供了保障。建立纵向联动，市、县（区）、园区、企业成立循环

经济领导小组，明确责任、各负其责、各司其职、协同配合，形成省、市、县等多层次推进循环经济示发展的强大合力。二是加大重点项目资金支持。“十二五”以来，循环经济投入资金逐年递增，累计争取中央资金3.43亿元，安排省级资金1.13亿元，支持循环经济重点项目115个，实施了六盘水市恒远新型建材有限公司年产135万立方米粉煤灰空心砌块生产线项目、贵州松桃汇丰锰业有限公司1亿块/年锰渣蒸压砖生产线项目、贵州恒力源林业科技有限公司利用废弃林木生产8万方纤维板项目等循环经济、资源综合利用重点工程，循环经济进一步发展，资源利用水平进一步提高。三是推动技术创新，夯实循环经济发展基础。通过组织实施一批具有规模效应、技术装备水平较高的粉煤灰、磷硫石膏、煤矸石等循环经济、资源综合利用重大示范项目，支持企业建立循环经济技术研发和产业化示范中心，大力推动循环经济先进实用技术装备开发和示范应用，推动循环经济发展核心技术创新突破，酸性废水资源综合利用技术、二水磷石膏和黄磷炉渣为主要原料的“一步法”生产新型高强耐水磷石膏砖的生产线和原料制备技术、磷化工全废料自胶凝充填采矿技术、资源化烟气脱硫技术、磷矿伴生资源的回收利用技术、昆虫和微生物技术资源化利用酒糟技术等一批自主创新技术在节约资源、较少污染等方面上取得了突破，获得了较好的经济、环境效益。

主要做法和经验

一、注重循环经济体制机制创新

发展循环经济需要政府大力引导、不断夯实循环经济发展基础，尤其是环境基础设施建设等既是政府责无旁贷的责任，更需要政府投入大量的资金，长期以来，我省克服了循环经济发展财政投入不足的问题，以问题为导向，用好改革关键一招，创新投融资机制，推行政府和社会资本合作模式，引入社会资本，深入推进循环经济重点工程建设。兴义市垃圾焚烧发电厂项目总投资3.5亿元，在引入社会资本建设后，一年多一点就投入运营使用，环境效益明显；贵阳市日处理215吨餐厨废弃物资源化利用和无害化处理项目，总投资1.4亿元，在财政投入有限的情况下，采取特许经营方式，推动了项目建设。同时，我省铜仁市厨废弃物资源化利用和无害化处理项目等循环经济重大项目也在积极推进政府和社会资本合作模式，加快推进项目建设，各地积极建立循环经济项目库来招商引资，吸引国内外投资者和企业家参与循环经济发展。引入社会资本进入循环经济重点工程，加快了工程建设，尽早的发挥了循环经济从源头保护环境的效益，既有效避免了欠环境新帐，又能加快还环境旧账，对夯实我省脆弱的生态环境基础有很大意义。

二、注重循环经济技术、管理创新、转变资源利用方式

能源资源富集是我省发展优势，但是长期粗放的发展模式，既破坏生态环境，也未充分发挥资源能源经济效益，转变资源利用方式，加快循环经济共性关键技术的研发、示范推广，既是企业转型发展、提高资源利用效率、拓宽经济增长面的内在要求，也是减少污染排放、促进环境改善，企业担当社会责任的重要体现，各地企业以技术、管理创新驱动加快循环经济发展、拓展循环经济发展空间。瓮福集团建立企业内部的循环经济评价指标体系，强化节约资源和减少污染排放考核，建立国家地方联合工程研究中心、贵州省磷资源高效利用工程技术研究中心，年均投入研发费用3亿元，累计完成数百项科研攻关及技术改造项目，拥有数十项国际国内领先的行业关键和核心技术，创新能力不断增强，发展循环经济效益凸显。推广中低品位选矿技术，使设计原矿入选品位由28%下降到20%，使大量原工艺不能利用的中低品位磷矿得以利用，累计处理中低品位磷矿2000多万吨，精矿回收率从过去的87%提高到现在的94%，选矿能力从350万吨/年提高到650万吨/年。实施酸性废选矿项目和瓮福磷肥厂厂区瓮福酸性废水资源综合利用项目，实现污水的“零”排放和水资源消耗的“零”增长。开磷集团依靠技术创新，建立项目跟踪评价机制，实施“磷、煤、电、碱”多业并举，不断增加产品的附加值，累计申报专利成果151件，获得授权专利57件，获得国家和省部级奖项10项，既提高了矿产资源的利用效率又有效保护了资源环境。研发推广磷化工全废料自胶凝充填采矿技术，使磷资源回收率在70%的基础上提高了15%以上，每年可利用磷石膏和矿山开采废矸300万吨左右,减少磷石膏管理运行费用5000万元以上，减少磷石膏堆存占地约150亩，盘活资源存量1.75亿吨，资源价值达1000亿元以上，延长矿山服务年限20年。贵阳市公交集团积极开展以天然气为燃料，替代汽、柴油的技术研发，大力实施燃油改燃气工程，改造公交车、出租车1850辆，减少汽车尾气排放5万吨，成为全国首家拥有“油改气”技术自主知识产权省会城市。创新驱动已逐渐成为发展循环经济源源不断的动力。

三、强化政策法规约束，倒逼循环经济发展

发展循环经济既要用好市场这只无形的手，又要用好政府这只有形的手，完善政府约束机制，健全倒逼循环经济发展的法律法规正是促进循环经济持续健康发展的另一个重要方面。2004年贵阳市出台了我国第一部建设循环

经济的地方性法规《贵阳市建设循环经济生态城市条例》，2013年将工业固废综合利用率指标纳入市政府考核区（县）市工作目标，2014年进一步细化工业固废综合利用考评细则，不断健全的循环经济法律法规约束机制，有力地促进了贵阳市循环经济发展，以大宗工业固废综合利用为例，2014年贵阳市工业副产石膏综合利用率预计44%；粉煤灰综合利用率95%；冶炼废渣综合利用率95%；包装废弃物综合利用率90%；废塑料综合利用率84%；废旧轮胎综合利用率77%；废旧金属综合利用率87%；农业废物综合利用率60%；建筑废物综合利用率50%。工业固体废物资源综合利用年产值预计60亿元。依法治理推进循环经济发展，形成长效机制，对循环经济持续健康发展意义重大。

“十三五”循环经济发展目标和任务

以提高资源产出率为目标，按照“减量化、再利用、资源化，减量化优先”的原则，着力推进生产、流通、消费各环节循环化发展和园区生态化循环化改造，加快建设一批循环经济园区。实施好国家资源综合利用“双百工程”、园区循环化改造、“城市矿产”示范基地、循环经济示范城市（县）建设等重点工程，积极开展省级循环经济示范园区（基地）和示范企业认定工作。加强再生资源回收利用，推进生产系统和生活系统循环链接，抓好工业固体废物、建筑废弃物及餐厨废弃物资源化利用，推进国家餐厨废弃物资源化利用和无害化处理试点城市建设。大力发展循环型服务业和循环型农业。到2020年，全省工业固体废物综合利用率达到72%，主要再生资源回收利用率达到73%。

发展循环经济，强化水、土地和矿产资源节约利用。实行最严格的水资源管理制度，以水定产、以水定城，建立和落实用水总量控制、用水效率控制和限制纳污控制“三条红线”制度。积极发展高效节水灌溉和旱作节水农业，加快城市供水管网改造，推广普及生活节水器具，提高工业用水循环利用率。积极推进节水型社会试点县和水生态文明试点建设。坚持最严格的节约用地制度，科学确定新增建设用地规模，完善和规范城乡建设用地增减挂钩政策，推进城镇低效用地再开发和工矿废弃地复垦，严格控制农村集体建设用地规模，全省土地开发强度控制在4.5%以内。大力发展绿色矿业，加强矿产资源勘查，加大保护和合理开发力度，提高矿产资源开采回采率、选矿回收率和综合利用率，促进资源就地转化和深加工，推动矿产资源综合开发利用，到2020年矿产资源就地转化率达到80%。

发展循环经济，推进节能降耗。坚持能源消费总量和强度控制并重，健全能源统计、监测和预警机制，完善节能考核办法，严格节能考核和问责。推动重点领域、重点行业、重点用能单位节能降耗，继续推广使用高效节能家电、照明产品，确保万元生产总值能耗降低、二氧化碳排放和非石化能源占一次能源消费比重达到国家要求。支持节能科技创新，实施节能改造、节能技术（产品）产业化示范等重点工程。推行合同能源管理，加快推进重点用能单位能耗在线监测。开展绿色建筑行动。优化运输方式，实行公共交通优先。大力推广新型节能农业技术。

发展循环经济，推进生态文明制度建设。深化生态文明体制机制改革，构建系统完整的生态文明制度体系。健全自然资源资产产权制度，明确全省国土空间各类自然资源资产的产权主体，研究制定权力清单，建立各级政府分级行使所有权的体制，推动各类自然资源有偿使用。完善以用途管制为主要手段的国土空间开发保护制度。完善资源总量管理和全面节约制度，建立能源消费总量管理和节约制度。加快建立资源有偿使用和生态补偿制度。建立环境治理长效机制，健全环境信息公开制度，严格实行生态环境损害赔偿制度。建立完善用能权、碳排放权、排污权、水权等交易制度。完善生态文明绩效评价考核和责任追究制度，建立资源环境承载能力监测预警机制，探索编制自然资源资产负债表，全面开展领导干部自然资源资产离任审计，严格执行生态环境损害责任终身追究制。

（撰稿：　高伟，贵州省发展和改革委员会环境和资源保护处）

西藏自治区循环经济2015年度报告

西藏自治区发展和改革委员会

2015年在自治区党委、政府正确领导和国家发改委的关心指导下，我区认真贯彻落实党的十八大和十八届三中、四中、五中全会以及中央第六次西藏工作座谈会精神，以“确保生态环境良好”、“建设更加美好的新西藏”作为推动和开展资源节约环境保护工作的指导思想和重要任务，紧紧围绕中心、服务大局，加快推进生态文明建设，积极发展循环经济，循环经济工作取得新成效。

一、循环经济指标完成情况

我区完成年度单位地区生产总值能耗降低率目标和“十二五”节能进度目标。全区废水污染物化学需氧量和氨氮排放量分别为28836吨和3448吨，废气污染物二氧化硫和氮氧化物排放量分别为5373吨和52727吨，上述四项主要污染物排放总量控制在国家环境保护部核定范围内。

二、循环经济工作开展情况

（一）制定出台相关文件，完善循环发展政策法规。开展了《西藏自治区“十三五”时期应对气候变化规划》、《西藏自治区城镇生活垃圾无害化处理设施建设规划》、《西藏自治区城镇生活污水无害化处理设施建设规划》等规划编制工作，印发实施了《西藏自治区加强应对气候变化统计工作实施方案》、《西藏自治区碳排放权交易市场建设工作实施方案》、《西藏自治区开展重点企（事）业单位温室气体排放报告与核查工作实施方案》等一系列指导性文件，进一步建立完善了全区绿色循环低碳发展相关政策。

（二） 推进试点示范工作，鼓励循环经济发展。生态文明建设是党中央、国务院作出的重大战略决策和部署，是资源节约和环境保护及应对气候变化工作的主题主线，经国家发改委、财政部等六部委审核，林芝、山南、日喀则三个城市被列入国家生态文明先行示范区，目前正按照国家批复的示范区建设方案推进生态文明示范建设工作。经国家发展改革委、财政部、住房和城乡建设部审核，拉萨市被列为国家循环经济示范城市建设地区，目前正按照国家审定的《西藏自治区拉萨市循环经济示范城市创建实施方案》推进循环试点示范建设工作。经国家发展改革委和财政部审核，拉萨市列为第五批餐厨废弃物资源化利用和无害化处理试点城市，目前正按照试点方案开展餐厨废弃物资源化利用和无害化处理相关工作。落实中央预算内资金300万元，拉萨城关区亿鑫废旧回收有限公司拉萨市再生资源集散市场项目建设。

（三）加大产业结构调整，加快淘汰落后产能。认真贯彻落实《固定资产投资项目节能评估和审查暂行办法》（国家发展改革委第6号令）和《中华人民共和国环境影响评价法》规定，对新建、改建固定资产投资项目进行节能评估和环境影响评价，严格将节能评估文件及其审查意见、节能登记表及其登记备案意见、环境影响评价及其批复，作为项目审批、核准、备案或开工建设的前置条件，坚持从根本上、全局上和发展源头上注重环境影响、节能降碳、控制污染、保护生态环境。完成全区9家企业清洁生产审核工作，实施190余项整改措施，累计投入资金6682万元，取得经济效益3172万元。2015年，我区完成了西藏高争（集团）昌都水泥有限责任公司生产线的立窑拆除工作，“十二五”期间，共计淘汰水泥落后产能40.4万吨。

（四）调整能源消费结构，大力发展清洁能源。我区加快开发利用当地水能、太阳能等清洁能源资源，发电能力显著提升，2015年底全区发电装机容量230万千瓦，累计新增发电装机132万千瓦，较2010年增长136%。区外输入天然气利用从无到有，2015年输入1600万立方米，累计输入2442万立方米；接受区外电力从无到有，2015年青藏直流联网、川藏联网输入电量6.17亿千瓦时，累计输入28.97亿千瓦时。通过一系列举措，西藏能源结构得到进一步优化，清洁能源消费比重明显提高，2015年非化石能源占一次商品能源消费的比重由2010年的31.9%提高到41.2%，提高9.3个百分点；水电、风电和太阳能发电占一次商品能源消费的比重由2010年的31.9%提高到35.5%，提高3.6个百分点，西藏在清洁能源发展和能源消费总量控制方面取得积极成效。

（五）强化重点领域节能，不断提高能效水平。一是强化重点用能单位节能管理。由自治区人民政府办公厅组织自治区发展改革委、工业和信息化厅等部门组成考评组，对我区“万家企业”年度节能目标完成情况和节能措施落实情况进行现场评价考核，敦促相关目标任务落实；二是逐步推进建筑节能。自治区编制完成了《西藏自治区既有建筑节能改造规划》和《西藏自治区既有建筑节能改造技术导则》，为既有建筑节能改造提供技术支撑；三是做

好交通节能。实施了淘汰黄标车和老旧汽车、小型旅游客运车辆强制报废工作，在城市交通运输体系中投入大量公共自行车、纯电动公交车和纯电动出租车，开展城市公交车油改气示范项目建设；加快了交通智能化建设，提升道路运营组织和管理水平；针对西藏地区极为脆弱的高原生态环境，开展了公路规划、设计、建设、养护及运输技术研究。

（六）加强宣传培训，提高公众参与积极性。一是自治区发展改革委举办西藏自治区重点单位碳排放权交易与碳排放报告专题培训班，全区重点单位的副总以上职务领导以及自治区相关行政主管部门同志参加了培训，进一步增强了碳交易工作基础能力。二是根据国家有关部委关于节能宣传周和全国低碳日活动安排的部署，我区对2015年节能宣传周和低碳日宣传活动进行了总体部署，发动全区广大干部职工和社会各界人士踊跃参加，自治区和7地市顺利举办了2015年低碳日宣传活动。自治区相关部门结合各自行业管理职能，开展了形式多样的宣传活动，充分运用新闻媒体和宣传渠道，积极宣传节能降碳工作取得的新进展、新成效，为推动节能降碳工作营造了良好的社会舆论氛围。三是组织公共机构节能管理远程培训。为切实加快公共机构节能队伍建设，组织全区260余人参加了国家机关事务管理局和清华大学联合开展的公共机构节能管理远程培训。

三、2016年工作重点

2016年是实现“十三五”绿色循环低碳发展各项目标任务开局之年，我区将紧紧围绕国家关于循环经济工作部署，在自治区党委、政府坚强带领下，认真落实《西藏自治区循环经济发展规划（2013-2020年）》确定的循环经济发展各项目标任务，强化节能减排各项政策措施，探索循环经济发展模式，倡导绿色低碳的生活方式，建立资源节约和环境保护长效机制，基本形成经济发展与资源环境相协调的格局，2016年将着力做好以下工作：

（一）进一步提高对循环发展工作重要性和紧迫性的认识

中央第六次西藏工作座谈会再次将“确保生态环境良好”作为新时期西藏生态环境建设的指导思想和重要任务，要把西藏建设成为国家重要的生态安全屏障，西藏的生态文明建设再次提到了极为重要的战略地位。我们必须从战略和全局的高度，把思想和行动统一到中央关于节约资源和保护环境的重要决策和部署上来，把资源节约和环境保护工作摆在更加突出的位置，使经济增长建立在社会绿色、低碳、循环、可持续发展的基础上，确保我区生态环境良好。

（二）调整优化产能、能源结构，形成绿色循环发展机制

推进节能环保产业有序发展，严格控制新建高耗能、高污染、高排放项目，禁止发展造纸、化工等重污染、高耗能的工业。加快淘汰落后产能，鼓励发展低能耗、低污染的先进生产能力，促进服务业、高技术产业和先进加工制造业加快发展。大力发展可再生能源，推进太阳能、水能、风能等能源利用以及可再生能源与建筑一体化的科研、开发和建设。开展循环经济示范城市、园区创建工作，探索城市、产业、社会层面循环经济发展模式。扎实推进自治区相关城市国家生态文明先行示范区建设。

（三）做好“十三五”规划编制，形成稳定项目支撑机制

“十三五”时期是我区与全国同步全面建成小康社会的关键时期，也是实现中国梦西藏篇章的重要时期。根据自治区党委、政府工作部署，结合全区资源节约环境保护工作实际，全力做好“十三五”时期城镇生活污水处理设施建设、城镇生活垃圾无害化处理设施建设、节能、节水型社会建设等规划编制工作。结合《西藏自治区循环经济发展规划（2013-2020年）》、《西藏自治区加快发展节能环保产业实施方案》和全区节能减排、生态文明先行示范区创建以及垃圾污水处理设施等环境基础设施建设工作实际，认真梳理全区“十三五”时期生态环保重点工程项目，形成稳定项目支撑机制。

（四）研究制定节能环保政策、法规，形成激励和约束机制

严格执行国家法律法规和标准规范，认真贯彻落实国家对节能环保、可再生能源应用、循环经济等激励政策，以及对限制、淘汰类技术、产品和工业企业的约束政策。协调相关部门，逐步推广合同能源管理新机制和节能环保技术咨询、评估、监测等节能环保服务业发展扶持机制。继续实施节能减排奖惩制度。

（五）强力推进节能环保监督管理，形成责任目标考核机制

建立健全节能减排和控制温室气体排放统计制度和监测、评价考核体系，做到指标任务层层分解、逐级落实，按时汇总上报部门任务落实情况，确保实现节能减排和控制温室气体排放目标任务。严格执行项目节能评估审查制度，提高项目准入门槛，强化后期监督检查。以重点耗能排污企业、建筑、交通运输、公共机构等为重点节能环保管理领域，抓好重点企业节能低碳行动，实施绿色建筑方案，加快全区公共机构名录库建设和节约型公共机构示

范单位创建，加强城镇污水和垃圾处理设施运行、重点排污和耗能企业监督管理，建立城镇污水和垃圾处理收费制度。逐步加强节能监察、节能技术服务机构等能力建设。

（六）广泛持久开展宣传、培训，形成全民参与行动机制

组织开展好每年一度的全国节能宣传周、低碳日宣传、能源紧缺体验、全国城市节水宣传周及世界环境日、地球日、水日宣传活动，充分利用新闻媒体广泛宣传绿色循环低碳发展的重要性、紧迫性以及国家、自治区采取的政策措施，宣传节能减排取得的阶段性成效，以及节能环保先进典型等，提高全社会节约环保意识。组织全区各地（市）、各部门、各企事业单位以及社会团体，参与年度培训活动，切实增强各项任务措施实施力度，提高从业人员节能环保业务素质，强化节能环保能力建设。

（撰稿：索朗卓嘎、汪龙，西藏自治区发展和改革委员会资源节约和环境保护处）

青海省循环经济2015年度报告

青海省发展和改革委员会

2015年，青海省全面贯彻落实国家发展循环经济的各项要求，牢牢把握加快转变经济发展方式的主线，按照《青海省建设国家循环经济发展先行区2015年工作要点》工作部署，着力构建循环型工业、农业、服务业体系，全力推进社会层面循环经济发展，循环经济工作取得了一定成绩。

一、循环经济发展概况和成效

（一）农牧业循环经济

高原现代生态农牧业加快发展，油菜、马铃薯、蚕豆等十大特色农牧业产业带基本形成，粮食产量连续八年稳定在百万吨，特色作物种植比重达到85%。依托我省特色生物资源，构建农畜产品种养殖—精深加工—废物综合利用的现代农牧业支撑体系，不断延伸产业链条，提高产品附加值，形成产业发展与农牧增收相互协调、相互促进的良好局面，农牧业综合生产能力明显增强，生产方式向设施化、园区化、品牌化方向转变。2015年全省推广全膜双垄栽培技术130.04万亩，农业灌溉用水有效利用系数由2010年的0.4 %增加为2015年的0.49%。

（二）工业循环经济

以发展特色优势产业为重点，形成了盐湖化工、有色金属、油气化工等十大特色优势工业产业，以往单纯依靠采掘业支撑的工业体系得到优化提升，资源循环利用全面展开，产业链条不断延伸、下游产业不断发展、副产物自我消纳能力不断提升的产业发展格局基本形成。以龙头企业为骨干，区域产业关联度显著增强、产业发展聚集度不断提高的产业集群效应全面显现。工业在应对持续下行中稳定发展，盐湖化工、电解铝、钢铁等传统产业改造升级加快，提前完成“十二五”淘汰落后产能目标。新材料、新能源等战略性新兴产业迅速崛起，循环经济园区和基地成为主要增长极，信息化带动作用日益凸显。2015年，循环经济工业增加值占比达60%以上，新型工业化进程明显加快。

（三）服务业循环经济

着力发展现代服务业，基本形成了金融、现代物流、科技服务等十大重点服务业产业，现代服务业对经济增长的贡献不断增强。高原生态旅游业形成规模，全省接待国内外游客2315.4万人次，实现旅游总收入248.03亿元。金融业增加值占生产总值比重达到9%，成为支柱产业。城乡市场体系不断完善，青藏高原农副产品集散中心建成运营，新型商业模式和交易手段快速兴起，健康养老、信息消费发展迅速，新的增长动能加快形成。2015年，服务业实现增加值1000.81亿元，服务业增加值占比达41.4%。

（四）社会层面循环经济

利用省服务业发展专项资金支持西宁市、海东市、海南州、玉树州等地7家再生资源回收企业，开展废钢铁、废塑料、废橡胶回收利用项目升级改造，提高再生资源的循环综合利用水平。深入开展流通领域节能减排，着力发展低耗能低污染零售批发业。加快“绿色餐饮企业”创建工作，引导省内大中型餐饮企业转型发展。大力推进绿色交通发展，西宁市创建“绿色交通城市”项目获得国家批复。绿色建筑示范、既有居住建筑供热计量及节能改造等工程有序推进，社会层面循环经济发展步伐不断加快。

（五）园区循环经济

积极推动柴达木循环经济试验区、西宁经济技术开发区和海东工业园区等重点园区发展，三大园区基本形成了各具优势、关联互动、错位发展的产业格局。大力实施园区循环化改造，园区产业升级改造力度加大，园区间、上下游产业间、企业间的循环链条得到延伸，固废、污水等配套基础设施进一步完善。三大工业园区已成为全省循环经济主战场和转变经济发展方式的领头羊，发挥了重要的示范引领作用。

二、循环经济领域主要做法、措施

（一）科学谋划循环经济工作

为贯彻落实省委、省政府批复的《青海省建设国家循环经济发展先行区行动方案》，统筹谋划好2015年循环经济各项工作，组织编制《青海省建设国家循环经济发展先行区2015年工作要点》，经省政府印发实施，提出了年度100项重点工作，明确了各部门、地区的工作任务。及时了解掌握年度循环经济工作进展情况，对2014年重点工

作进行了总结评估。同时，对2015年重点工作进行汇总整理并建立了台账。总体来看，循环经济阶段性工作进展顺利。

（二）扎实推进节能减排各项工作

统筹规划，全面落实“十三五”节能降碳工作，组织编制全省“十三五”节能降碳规划，已完成初稿并正在抓紧完善。制定并印发了《关于加快青海省节能环保产业发展实施意见》，明确了我省重点领域节能环保产业发展的目标，提出了具体工作措施。加快推动海东市节能减排财政政策综合示范城市建设，目前各项工作进展顺利。全面协调落实节能各项工作任务，强化固定资产投资项目节能管理，从源头上控制能耗过快增长。东部城市群大气污染治理工作进展顺利，2015年，主要城市空气质量指数优良天数占比（西宁市）达77.6%。

（三）加快实施园区循环化改造工程

2015年，在上报国家发展改革委、财政部《西宁经济技术开发区东川工业园区循环化改造示范试点实施方案》基础上，东川工业园区被确定为循环化改造试点示范园区。至此，柴达木循环经济试验区格尔木、德令哈、大柴旦、乌兰工业园区及西宁经济技术开发区甘河、东川工业园区先后被国家确定为循环化改造示范试点园区。通过实施一批配套基础设施及产业升级改造项目，园区产业链条得到延伸，搭建了园区间、上下游产业间、企业间的循环链条，固废、污水等配套基础设施进一步完善，产业支撑作用显著增强。

（四）继续加大循环经济资金支持

积极争取资源节约和环境保护中央资金，实施了一批节能、节水、资源综合利用项目。积极争取城镇污水垃圾处理设施中央资金，同时，委内加大了省级资金安排。克服省级财政困难，设立省循环经济专项资金，2015年安排下达10亿元，重点支持柴达木循环经济试验区、西宁经济技术开发区、海东工业园区等重点工业园区基础设施建设及循环经济产业项目发展等。通过资金的引导支持，有力推动了全省循环经济的快速发展。

（五）组织开展试点工作自评估

一是按照国家要求，完成了格尔木、德令哈、大柴旦3个园区中期自评估并将相关材料上报国家。经总结评估，3个园区各项目建设进展顺利，同时完成了实施方案中大部分指标任务的建设要求。二是按照要求，对国家资源综合利用“双百工程”骨干企业青海盐湖工业股份有限公司开展评估工作，上报了《资源综合利用“双百工程”骨干企业评估报告》。经总结评估，几年来，公司认真落实各项建设任务，着力推进钾共伴生矿、废盐等资源综合利用，努力克服困难，推进重点项目建设，较好地完成了既定的建设目标，示范带动作用明显。三是完成西宁市餐厨废弃物资源化利用和无害化处理中期自评估，并上报了相关材料。

（六）努力加强科技创新能力建设

深入推进“123”科技支撑工程、生态农牧业重大科技支撑工程、“十二五”节能减排科技行动等。在盐湖化工、新能源、新材料、特色生物等循环经济重点领域安排部署了一批科技攻关项目，着力解决制约我省产业发展的技术瓶颈和关键技术问题。加强科技创新平台和基地建设，组建了镁产业技术创新战略联盟、锂产业技术创新战略联盟及青海省机电设备工程技术研究中心、青海省农村信息化工程技术研究中心、青海省铬系铁合金工程技术研究中心等3家省级工程技术研究中心。对年度成果产出单项业绩优良的重点实验室给予资金支持。制定出台了《青海省人民政府办公厅关于发展众创空间推进大众创新创业的实施意见》，努力与社会资源结合，构建一批低成本、便利化、全要素、开放式的众创空间，激发群众创造活力，加快形成大众创新、万众创业的新格局，

（七）充分发挥重大项目的示范带动作用

以特色优势产业发展为重点，充分依托循环经济重大工程的支撑和带动作用，全力推进重点项目建设。目前，金属镁一体化、新增百万吨氯化钾挖潜改造、一里坪盐湖资源综合利用、锂电池正极材料、枸杞精深加工等项目进展顺利，产业链条不断延伸。格尔木至敦煌铁路、茶卡至格尔木高速公路、果洛机场、引大济湟调水总干渠等重大基础工程及重点工业园区水、电、路、管网等配套基础设施工程加快推进，有力支撑了循环经济产业加快发展。

（八）深入推进餐厨废弃物处理和利用

西宁市结合自身实际积极开展本地区循环经济实践，在法律法规体系建设、制度体系建设、政府和市场结合等方面先行先试，形成了以特许经营、市场化运作、收运处置一体化为特征的城市餐厨废弃物资源化利用和无害化处理模式，被誉为餐厨废弃物收运处理工作“西宁模式”，在全国的示范带动效应明显。目前，已构建起覆盖市区及3县的餐厨废弃物收运体系，餐厨废弃物收运处理率达到90%以上。在东部地区，建立了以西宁为中心一定半径范围内的集中收集处理体系；在德令哈市、格尔木市等人口相对集中的地区加大了推广力度。

（九）广泛开展宣传

2015年，充分利用报刊、电视、门户网站等多种媒体广泛开展循环经济方针政策、法律法规、先进模式和典型经验等宣传，广大人民群众对循环经济的内涵理解更加深刻，各类企业、社会各阶层参与循环经济工作的积极性、主动性和自觉性大大提高。树立绿色消费理念，倡导绿色消费模式，政府机关率先垂范，切实建设节约型政府，强化绿色采购制度，节约、绿色、低碳、循环的消费理念在全社会得到树立和践行，资源节约意识不断提高，为发展循环经济营造了良好的社会氛围。

三、存在的不足

（一）科技创新能力仍需进一步增强。科技创新能力较弱是制约循环经济发展的关键因素，产业发展、资源节约、能量梯级利用、废弃物回收利用等关键技术研发能力较弱。同时对科技成果的引进、消化、吸收、再创新能力及利用程度低。科技创新公共服务平台建设滞后。企业对技术创新重视不够、投入不足，企业自主创新能力不突出。

（二）发展循环经济资金有限。推进循环经济产业发展，需要政府、企业多方加大投资。我省经济基础薄弱，财力相对有限，对循环经济产业发展、配套基础设施建设等资金投入仍然不足，加之受市场大环境影响，企业投资意愿不够，成为循环经济发展面临的主要难点。

配套基础设施还需完善。重点工业园区、资源开发区水、电、路等配套基础设施不完善。资源地与加工地距离远，产品运输成本高。

四、下一步工作思路及打算

今后一段时期，要着力解决制约全省循环经济发展的瓶颈，力争在调整经济结构、转变发展方式上取得新突破，推动绿色循环低碳发展。

（一）工作思路

深入实施《青海省建设国家循环经济发展先行区行动方案》。加快构建完整的循环型工业体系，延伸产业链条，推进循环化改造。加快构建农林牧渔多业共生的循环型农牧业体系，建立种养业废弃物资源化利用制度，推动农业资源利用节约化、生产过程清洁化、产业链接循环化、废物处理资源化。加快构建循环型服务业体系，推进服务主体绿色化、服务过程清洁化。健全再生资源利用体系，构建起集回收、拆解、分解、加工、交易于一体的再生资源回收利用体系。推动生产者落实废弃产品回收处理责任。强化餐厨废弃物资源化利用。完善资源循环利用制度，落实促进循环经济发展的保障政策。

（二）工作打算

一是贯彻落实好《青海省建设国家循环经济发展先行区行动方案》，制定2016年度工作要点，明确工作目标。建立好工作台账，并完成循环经济阶段性工作总结。二是组织实施好园区循环化改造示范试点工程，督促项目建设进度，加快园区循环化改造步伐。谋划一批园区循环化改造项目，按照国家要求争取申报园区循环化改造示范试点。三是争取资源节约循环利用重点工程中央资金，支持节能、节水、循环经济等循环经济项目建设。四是扎实做好节能减排各项工作。由主管部门分解落实好国家目标，明确责任，强化考核，确保开好头、起好步。推进产业结构调整，大力发展节能环保产业。推广节能应用技术，抓好重点领域节能，严格执行节能评估和审查制度。加大重点流域污染治理，深入开展大气污染防治工作。

（撰稿：杨鑫光，青海省发展和改革委员会资源节约和环境保护处）

新疆自治区循环经济2015年度报告

新疆维吾尔自治区发展和改革委员会

新疆自治区党委、人民政府高度重视发展循环经济，认真落实国家发展循环经济、开展资源节约、节能减排的工作部署，把发展循环经济作为我区牢固树立环保优先、生态立区理念，坚持资源开发可持续、生态环境可持续战略，推进生态文明建设的重要抓手。近年来，通达采取政策、法律、技术、宣传等手段措施，加快推进循环经济发展，并取得了一定成效。

一、循环经济主要指标基本情况

2015年，全区万元GDP能耗为1.346吨标准煤，比上年度下降8.31%，超额完成了2015年度万元GDP能耗下降2.09%的目标任务。全区化学需氧量排放总量56.02万吨，下降2.1%；氨氮排放总量4.03万吨，下降1%；二氧化硫排放总量66.8万吨，下降2.3%；氮氧化物排放总量63.73万吨，下降10.7%。四项主要污染物全部完成年度控制目标。工业固体废物综合利用率52%，全区城市污水处理率81.84%，增长4%；城市生活垃圾无害化处理率64.68%，增长2.73%。全区农作物秸秆综合利用量3158.61万吨，综合利用率达到82.77%，超额完成了“十二五”农作物秸秆综合利用率达到80%的目标任务。

二、加强循环经济开展的主要工作

（一）加强循环经济协调领导机制的宏观管理。

加强宏观调控，充分发挥自治区循环经济工作领导小组作用。加强循环经济工作领导小组各成员单位的协调与沟通，各成员单位根据责任分工，各司其职，形成统一认识，明确任务，强化措施，加强协作，狠抓落实，形成协调配合、齐抓共管的局面，推进我区循环经济各项工作顺利开展。

（二）加强自治区循环经济试点管理。

循环经济是调整经济结构、转变经济发展方式、促进节能减排的重要抓手。按照规划先行，加强指导的原则，经提请自治区人民政府同意，批复了自治区第四批共30家循环经济试点实施方案，强化自治区87家循环经济试点管理，组织试点单位实施资源高效利用和环境保护的发展模式，努力做到物尽其用。通过试点单位对发展各具特色的循环经济模式的实践探索，新疆天业公司、宝钢集团八一钢铁公司、中泰化学公司等企业循环经济模式已基本形成，并在节能降耗、减排增效、实现资源高效转化利用方面取得明显成效，起到了较好的示范带动作用。

（三）强化国家级循环经济试点工作。

推进乌鲁木齐市、克拉玛依市、库尔勒市餐厨废弃物资源化利用和无害化处理，乌鲁木齐经济技术开发区、准东经济技术开发区园区循环化改造，南疆再生资源综合开发园区、克拉玛依石油化工工业园区国家“城市矿产”示范基地，乌鲁木齐甘泉堡经济技术开发区（工业园）、新疆有色金属工业（集团）有限责任公司列入国家资源综合利用“双百工程”示范基地和骨干企业等国家级循环经济试点工程建设。昭苏县和哈巴河县列入国家生态文明先行示范区。

（四）组织实施资源节约与综合利用及循环经济工程。

大力组织节能、节水、资源综合利用、循环化改造等重点工程，争取2015年中央预算内资金和财政奖励资金9.65亿元，支持了重点节能工程、节能监察能力、乌鲁木齐市大气污染治理、污水垃圾处理设施等104个项目建设。14个准东经济技术开发区园区循环化改造项目，16个农用地膜回收项目建设。争取四批专项建设基金5亿元，支持了22个污水垃圾和园区循环化改造项目建设。我区在财力十分紧张的情况下，自治区节能减排专项资金由2010年的5000万元增加到2015年的1亿元，重点用于支持工业、建筑、公共机构等领域节能工程及节能宣传、能耗统计、节能监察等节能能力项目建设。

（五）强化节能减排工作，提升循环经济发展水平。

一是加强组织领导，全面安排部署节能工作。自治区成立了中共中央政治局委员、自治区党委书记张春贤亲任组长的应气候变化及节能减排领导小组，进一步明确了各成员单位的责任分工。自治区党委、人民政府先后召开自治区党委常委（扩大）会议、节能减排工作专题会议、全区节能减排和低碳工作电视电话会议、节能减排领导小组会议等，专题研究并部署全区节能工作。

二是突出抓好重点领域节能减排工作。工业领域：组织开展全区焦化行业节能减排专项行动，通过“能效对标、节能整改、淘汰落后、上大压下”等手段，改变焦化行业产能过剩、单品能耗高、排放量高的局面，推动焦化行业健康、可持续发展。印发《2015年自治区化工产品能效水平对标活动实施方案》（新经信环资〔2015〕273号），组织开展硫酸、烧碱、电石、甲醇、合成氨、硫酸钾、聚氯乙烯树脂和轮胎外胎等8类高耗能行业产品对标活动，充分挖掘重点用能产品节能潜力，进一步提高行业能源利用水平加大力度淘汰落后产能，“十二五”期间，我区工业行业累计完成淘汰落后产能总量约2126万吨，自行淘汰落后产能约177万吨，完成了工信部下达的“十二五”淘汰落后产能目标任务，钢铁、造纸、水泥（熟料）、平板玻璃、焦炭等重点行业均超额完成了目标任务。其中，2015完成淘汰炼铁50万吨、炼钢30万吨、焦炭317.5万吨、水泥148.5万吨、平板玻璃150万重量箱，均超额完成了当年的淘汰落后产能目标分解任务。

建筑领域：出台了《新疆维吾尔自治区民用建筑供热节能办法》（新疆维吾尔自治区人民政府令，第194号），并于2015年10月1日起正式实施，明确要求既有建筑节能改造要达到节能50%的标准要求。严格执行《新疆维吾尔自治区民用建筑供热节能办法》（新疆维吾尔自治区人民政府令，第194号），制定《关于贯彻<新疆维吾尔自治区民用建筑供热节能办法>的意见》（新建成〔2015〕15号），新建建筑的供热系统应当安装供热热网、换热站和热用户温度调控装置、用热计量装置，并按照用热量收取热费；居住建筑安装的用热计量装置应当满足分户计量的要求。明确新建建筑执行50%以上的节能标准，居住建筑执行65%以上的节能标准。2015年，全区新增绿色建筑面积100万平方米，建成绿色建筑项目44个、绿色生态城区1个，取得绿色建筑标识项目共16个。根据国家和自治区《绿色建筑行动方案》要求，制定印发了《绿色建筑设计要求和审查要点（试行）》，对绿色建筑的初步设计、建设、施工等进行了规范。组织开展政府投资的公益性建筑、大型公共建筑（2万平方米以上）、乌鲁木齐市和克拉玛依市的保障性住房绿色建筑标准实施情况检查，加大绿色建筑强制推行工作力度。

交通领域：积极开展“车、船、路、港”千家企业低碳交通运输专项行动，目前全区共27家道路运输企业加入专项行动。组织实施绿色交通装备（天然气车船）项目等，大力推动交通运输绿色发展。乌鲁木齐市积极争取全国低碳交通运输体系建设试点，加强现代综合交通运输绿色低碳体系建设。制定印发《加快推进绿色循环低碳交通运输发展实施方案》（新交办法〔2013〕8号），提出了加快节能环保交通运输装备应用、加快交通运输科技创新与信息化发展等5项任务，对交通运输节能减排工作做出全面安排部署。继续贯彻落实《关于印发<贯彻落实交通运输部2014-2015年节能减排低碳发展行动方案的实施意见>的通知》（新交科教〔2014〕20号），组织开展《新疆公路沿线服务设施冬季供暖环保经济实用性研究》等科技专项研究。组织报送公路水路交通运输“十三五”节能环保重点任务，积极争取国家交通运输节能减排项目支持。

公共机构领域：印发了《自治区公共机构能源资源消费统计工作实施方案》（新管发〔2015〕58号）、《关于做好自治区2015年度公共机构能源资源消费统计工作的通知》（新管发〔2015〕81号），组织开展公共机构2014年能源资源消费统计工作，并对统计工作情况进行通报，为公共机构能源消费数据收集、节能减排政策制定奠定了良好基础。印发《关于2015年自治区公共机构节约能源资源工作安排的通知》（新管发〔2015〕14号），对2015年公共机构领域节能减排工作作出全面的安排部署，提出了8项任务措施，稳步推进节能减排工作。组织开展公共机构节能管理远程培训，提高节能工作管理人员素质、加强队伍建设。组织开展节约型公共机构示范单位创建工作。积极组织开展第二批节约型公共机构示范单位创建。印发《关于对第二批节约型公共机构示范单位创建工作开展检查指导的通知》（新管发〔2015〕24号）、《自治区第二批节约型公共机构示范单位评价验收情况通报》（新管发〔2015〕60号），积极推进、做好我区节约型公共机构示范单位创建工作。目前，全区累计创建节约型公共机构示范单位53家。

优化能源结构：按照国家将我区建成大型风电基地的战略部署，我区按照“统一规划、合理布局、突出重点、有序开发”的方针，大力开发利用非化石能源。大力发展非化石能源，不断优化能源结构，减少煤炭、石油等化石能源消费。截止2015年，全区非化石能源发电装机规模达到2793.1万千瓦，占全区电力装机总规模的37.54%，非化石能源发电量390.95亿千瓦时，占全区总发电量的16.5%。通过发展非化石能源，不断优化能源结构，减少煤炭、石油等化石能源消费。

三是强化万家企业节能管理。对列入国家重点监管的278家万家企业2015年度节能目标完成情况进行了考核，278家万家企业2011-2015年累计完成节能量575.98万吨标准煤，完成“十二五”节能量进度目标的215.6%。着手研建了万家企业等重点用能企业能耗数据在线监测平台，推动重点用能企业能源管理体系建设。

四是严格执行节能评估审查制度。严格贯彻落实国家发展改革委《固定资产投资项目节能评估和审查暂行办法》及《新疆维吾尔自治区固定资产投资项目节能评估和审查暂行办法（修订稿）》要求，把节能评估及其审查意见作为项目审批、核准的前置性条件，项目备案的后置性必要附件，项目开工建设以及项目设计、施工和竣工验收的重要依据。严格执行国家单位产品能耗限额标准、产品能效标准、重点行业污染物排放标准，严把新建项目能源消费准入关。2015年审批节能评估报告书（表）50件，节能登记表700余件。

五是强化落实责任，严格节能目标责任考核工作。印发了《2015年自治区对各地（州、市）节能目标责任评价考核办法》，由自治区节能减排领导小组成员单位分5组，对各地（州、市）2014年度节能目标完成情况和节能措施落实情况开展了现场评价考核。考核结果将经复审后上报自治区人民政府，待审定后向社会公告，并提交组织部门作为对各地领导班子和领导干部综合考核评价的重要内容。

（六）进一步完善和落实循环经济规章制度。

我区从规范节能评估、支持循环经济发展、促进清洁生产、加强万家企业节能管理、规范重点用能单位能源审计、强化节能评估机构管理、完善节能减排资金管理等多领域制定并出台10余项制度和办法，初步形成了科学规范的管理制度体系。加强制度建设，印发了《自治区2015年节能减排工作重点》，明确了节能工作重点和目标任务。修订并实施了《新疆维吾尔自治区实施<中华人民共和国节约能源法>办法》，制订了《离子膜烧碱单位产品能耗限额》、《合成氨单位产品能耗限额》和《吨钢综合能耗限额》等7项单位产品能耗限额自治区标准，严格高载能行业新建项目准入条件，为加快推进循环经济发展提供了有力保障。

（七）加大循环经济的宣传力度。

我区继续围绕“大力发展循环经济，加快建设节约型社会”这一主题，结合节能宣传周、世界水日、地球日、天山环保世纪等活动，采取新闻媒体采访、悬挂横幅、展板等多种形式，加大节能减排、循环经济宣传力度，全社会对发展循环经济重要意义的认识进一步提高，节约资源、保护环境正在变成全体公民的自觉行为，发展循环经济的良好社会氛围也正在形成。同时，绿色服务业，环境标志认证体系、绿色学校、绿色社区、政府绿色采购等发展循环经济的有效方式逐渐深入人心。

（撰稿：马缨、黄宗亮，新疆维吾尔自治区发展和改革委员会环资处）

新疆兵团循环经济2015年度报告

新疆兵团发展和改革委员会

一、2015年工作情况

2015年，兵团各级认真贯彻兵团党委、兵团的决策部署，坚持资源开发可持续、生态环境可持续，强力推进节能减排，大力发展循环经济，加大环境保护力度，切实推进生态文明建设。

（一）推进生态文明

一是贯彻好中共中央、国务院2015年4月印发的《关于加快推进生态文明建设的意见》，加强兵团生态文明建设问题研究，在认真总结兵团“十二五”时期生态文明建设成效和主要做法的基础上，研究提出了“十三五”生态文明建设目标任务及政策建议，形成了兵团生态文明建设报告，提交兵团党委第二十八次常委会议审议通过，为兵团“十三五”生态文明建设工作明确了方向。

二是履行好兵团节能减排工作领导小组办公室职能，在促进资源节约循环利用、环境保护和生态建设等方面加强综合协调和分工协作，按季度开展形势分析，协调推动生态文明建设相关工作。

三是组织好国家第二批生态文明先行示范区申报工作。根据国家通知要求，会同财务、国土、环保、水利、农业（林业）等部门，迅速安排部署，组织申报争取工作。在深入调研和科学论证的基础上，六部门共同确定了一师阿拉尔市作为兵团生态文明先行示范区向国家申报，阿拉尔市生态文明先行示范区建设实施方案以小组第一的成绩顺利通过国家组织的专家审核论证，入选全国第二批45个生态文明先行示范区公示名单，有望在“十三五”开局之年先行试点，将为兵团生态文明建设起到积极的示范作用。

（二）强化节能监管

一是强化兵团“万家企业”节能目标年度考核。在重点用能企业自查和各师全面考核的基础上，会同工信、质监、统计等部门以及聘请专家对青松建化等4家重点用能企业节能目标及节能措施落实情况进行现场评价考核。经考核，2014年兵团考核的50家单位，有11个单位为超额完成等级，25个单位为完成，1个单位为基本完成，13个单位为未完成。2011－2014年，参加考核企业累计实现节能量100.39万吨标准煤，为国家下达兵团“十二五”万家企业节能目标的210%。

二是扎实开展节能评估审查和登记。全年完成节能登记表41份，受理审查节能报告表、报告书14份，出具审查意见13份。对投资项目选用的评估方法和标准是否符合国家节能技术政策大纲和行业节能设计规范标准要求、以及能源消费结构是否合理进行严格把关，严防落后产能、落后工艺技术项目落户兵团，严格控制以煤炭为主要能源的“两高”项目盲目发展。

三是开展固定资产投资项目节能审查意见落实情况监督检查。按照国家要求，组织部署各师对固定资产投资项目节能审查意见落实情况开展自查，配合国家发展改革委先后对六师煤电、天富能源、合盛硅业、天山铝业等企业五个项目能评落实情况进行抽查，提出整改意见，进一步推动节能评估工作的落实。

(三)促进循环发展

一是积极推进园区循环化改造。指导五家渠经济技术开发区编制园区循环化改造实施方案，向国家推荐并通过审查，成为兵团第二个国家级园区循环化改造示范试点单位，进一步提升了兵团园区循环发展水平。国家根据园区循环化改造实施方案，综合考虑园区循环化改造项目投资计划，确定给予五家渠经济技术开发区循环化改造的中央财政补助资金，并按照补助金额的50%下达了启动资金。兵团发展改革委会同财务局按照国家要求，制定了五家渠经济技术开发区园区循环化改造示范试点管理办法，确保园区循环化改造项目顺利实施和中央财政补助资金高效使用。同时，督导石河子经济技术开发区依照国家批复的实施方案开展改造示范试点工作，落实中央财政补助资金对园区基础设施建设给予重点支持。

二是支持循环经济示范市（县）申报。组织有关师团编制了循环经济示范市（县）实施方案，经过初审向国家推荐了三个团场申报循环经济示范市（县），经过国家审查，一师十团、二师三十四团进入国家循环经济示范城市（县）公示名单，为促进兵团“十三五”循环经济发展奠定了良好基础。

三是继续开展兵团循环经济“十百千”示范行动创建活动。兵团发展改革委联合兵团科技、工信、财务、建设、农业、商务、统计等部门对11家单位申报的实施方案进行了审查。通过审查论证和公示，认定阿拉尔经济技术开发区、二师二十一团、二师三十一团、三师四十八团、八师一四三团、天富集团公司、九师一六七团等7家单位为兵团2015年循环经济示范试点单位，并从兵团本级专项资金中对部分重点项目给予了支持。

（四）实施重点工程

全年争取中央预算内投资及中央财政专项资金、专项建设基金、兵团本级节能减排专项资金，支持节能环保重点工程和循环经济发展等64个项目，拉动社会投资32.29亿元。

一是支持节能、循环经济和资源节约重大项目27个，支持兵团节约型公共机构示范单位建设项目11个，累计拉动社会投资30.21亿元，建成后可形成节能能力14.7万吨，综合利用工业固体废物256万吨。

二是支持城镇污水垃圾处理设施及配套管网建设项目12个，拉动社会投资1.94亿元，可新增污水、垃圾日处理能力4.49万立方米、723吨，新增污水管网88.4公里。

三是支持农业清洁生产示范项目3个，拉动社会投资0.14亿元，新增回收地膜面积43万亩，增加加工能力2500吨。四是围绕争取专项建设基金项目，四批共计申报了35个项目，总投资约96.44亿元。通过国家发展改革委初审确认项目11个，总投资47.13亿元，专项建设基金5.21亿元。重点工程的实施，为提高节能减排能力、推动技术进步、引导社会资金发挥了重要作用。

（五）编制专项规划

一是组织编制兵团循环经济发展规划。按照兵团“十三五”专项规划编制方案，开展兵团循环经济发展规划课题前期研究，通过梳理兵团“十二五”循环经济发展成效和经验，分析新常态下循环经济发展形势，提出兵团“十三五”时期发展循环经济的指导思路、目标任务和保障措施。通过征求各师和相关部门意见，形成《兵团“十三五”循环经济发展规划（送审稿）》，经兵团“十三五”规划编制工作领导小组审定印发并编印成册，率先成为我国省级层面印发循环经济“十三五”专项规划的区域之一。

二是组织编制兵团城镇污水垃圾处理设施建设规划。根据国家发展改革委、住建部出台的城镇污水、垃圾处理设施建设“十三五”规划大纲，在总结兵团“十二五”污水、垃圾设施建设情况的基础上，会同建设部门编制完成了《兵团城镇污水处理及再生利用设施建设“十三五”规划（草案）》、《兵团城镇生活垃圾处理设施建设“十三五”规划（草案）》，报送国家。

三是按照国家编制节水型社会建设“十三五”规划的要求，组织提供了兵团“十二五”期间节水型社会建设取得的成效及经验和存在的主要问题，以及“十三五”的重点任务和主要措施。

（六）加强宣传交流

一是加大宣传力度。会同兵团机关11个部门制定2015年节能宣传周工作方案，开展了以“节能有道、节俭有德”为主题的兵团节能宣传周活动。组织“生态文明大讲堂”，邀请国家专家来兵团解读《关于加快推进生态文明建设的意见》，宣传生态文明政策，于秀栋副司令员参加讲座，就绿色循环低碳发展提出了要求。举办节能宣传周图片展，孔星隆副司令员、李新明副司令员和兵团机关干部职工近千人参观了展览。充分利用电视、报纸、网络等媒体，连续一周进行宣传报道，广泛宣传普及生态文明理念和知识，形成崇尚节约节能、绿色消费与低碳环保的社会风尚。配合宣传部门在节俭养德全民节约行动期间涌现出的先进单位和先进个人进行审查筛选申报，兵团2家企业、2名个人分别荣获全国节俭养德全民节约行动先进单位和先进个人。

二是加强交流合作。先后与日本经济产业省、中国节能环保集团、山东平原县和安徽阜阳县进行接洽，宣传兵团节能和循环经济，寻找合作机会。开展节能灯捐赠活动，联系中国节能协会、强凌集团向三师三个团场捐赠节能灯1万只。

当前，兵团资源节约和环境保护面临的困难和问题：一是资源能源约束难度较大。兵团土地、水、林业、矿产等资源总量较小，能源消耗总量大，消费结构不合理，随着工业化、城镇化加速推进，资源能源约束将不断加剧。二是转方式难度较大。结构性矛盾依然突出，产业结构仍然偏重，重化工及高污染、高能耗行业仍占有较大比重。三是生态文明建设意识有待加强。部分领导干部对生态文明建设的重要性认识不足，生态文明建设考核奖惩机制不完善，基础工作薄弱，能力建设相对滞后。

二、2016年工作重点

（一）工作思路

认真贯彻落实党的十八大和十八届三中、四中、五中全会精神，以及自治区党委和兵团党委一系列有关生态文

明建设的决策部署，把生态文明建设融入兵团经济、社会、政治、文化建设的各方面和全过程中，以绿色循环低碳发展为基本途径，有效控制能源消费总量和强度，强化目标考核，落实能评制度，发展循环经济，加强管理引导，推进生态文明建设。

（二）主要任务

1. 加强综合协调。认真贯彻落实国家《加快推进生态文明建设的指导意见》和兵团党委常委会议的安排部署，发挥统筹协调和综合平衡作用，研究提出兵团“十三五”时期生态文明建设规划，合理地制定生态文明建设的目标任务、指标体系，推动政策措施及制度安排的落实。扎实推进兵团生态文明先行示范区建设，印发《阿拉尔市生态文明先行示范区建设实施方案》，细化任务措施，明确任务分工、责任主体和时间要求，推动一师阿拉尔市生态文明先行示范区创建。

2. 推动循环发展。实施兵团循环发展行动计划，继续开展兵团循环经济示范行动，推广循环经济典型模式，鼓励现有各类产业园区、重点企业进行循环化改造。推进石河子、五家渠经济技术开发区园区循环化改造，开展石河子园区循环化改造中期评估，组织对石河子、五家渠经济技术开发区园区循环化改造项目实施情况的检查。组织推荐阿拉尔经济技术开发区申报国家园区循环化改造示范试点。推动一师十团、二师三十四团国家级循环经济示范市（县）建设。开展农业清洁生产示范项目建设。

3. 强化节能监管。坚持节约优先方针，推动资源利用方式根本转变，全面提高资源利用效率。加强重点领域节能减排和监管，推进工业、建筑、公共机构等重点领域节能工作，开展2015年度万家企业节能目标责任评价考核，做好“十二五”万家企业节能目标完成情况总结。落实国家发展改革委、环保局、能源局《关于在燃煤电厂推行环境污染第三方治理的指导意见》，推动兵团燃煤电厂环境污染第三方治理工作。配合能源、环保部门推进煤电超低排放和节能改造工作。认真落实国家节能、节地、节水等市场准入标准，严格能评审查，严把新建项目能耗消费准入关，严防落后产能、落后工艺技术项目落户兵团。

4. 开展全民行动。加强生态文明建设宣传，倡导文明、节约、绿色、低碳的消费理念，引导绿色消费行为。组织做好全国2016年节能宣传周等兵团主题宣传活动，加强能源资源和生态环境国情教育，营造良好的生态文明建设氛围。

（撰稿：任志斌，新疆兵团资源节约和环境保护处）

大连市循环经济2015年度报告

大连市发展和改革委员会

2015年是全面完成“十二五”规划的收官之年，大连市资源节约和环境保护工作以科学发展观为指导，认真贯彻落实党的十八大及十八届三中、四中、五中全会精神，深入贯彻习近平总书记系列重要讲话精神，按照“五位一体”总体布局和“四个全面”战略布局，牢固树立和贯彻落实五大发展理念，深入推动资源节约和环境保护，大力推进生态文明建设，在宏观政策引导、生态文明建设、节能减排、循环经济发展、环境保护等方面开展了一系列扎实有效的工作，取得了显著成绩。

一、全面完成各项指标任务

2015年，全市资源节约和环境保护相关指标完成良好。全市万元GDP能耗同比降低2.85%，城市污水集中处理率为95%，城市生活垃圾无害化处理率为100%，城市污泥处理率达到 100%。

二、统筹推进，节能降碳工作深入开展

（一）强化目标责任评价考核

一是强化任务分解，落实工作责任。为更好推进2015年度节能减排工作，印发了《大连市2015年节能工作和应对气候变化工作实施方案》、《2015年度主要污染物总量减排任务》，将年度节能减排目标任务分解下达到各区市县政府、先导区管委会，市政府各有关委办局，重点耗能和排污企业。并将节能工作评价考核情况作为领导班子和领导干部综合考评的重要依据，实行问责制。

二是现场评价考核，严格落实奖惩。根据《关于组织2014年节能目标完成及节能措施落实情况进行现场评价考核工作的通知》要求及安排，2015年4月至5月，市节能减排工作领导小组办公室组织对全市14个区市县政府和先导区管委会节能目标完成及节能措施落实情况进行了现场评价考核，并对获得2014年度全市节能减排优胜地区的甘井子区和庄河市进行通报表彰。

（二）严格实施节能评估和审查制度

严格实施固定资产投资项目节能评估和审查制度，从源头上严控高耗能项目建设。2015年全市通过节能评估和审查的固定资产投资项目达651个，核减能源消耗量达4.88万吨标准煤。

（三）组织实施重点节能工程建设

一是国电电力庄电公司“机组耗能系统优化”工程、华能国际大连电厂“3、4#燃煤锅炉集中供热改造工程”和中国电力泰山热电“1#机组综合系统改造工程”三个重点节能工程全部建设，年节能量达10.62万吨标准煤。

二是国家电网大连供电公司对大窑湾集装箱码头15#、18#泊位实施岸电工程建设;北良港对清仓机等设备进行节能技术改造，大幅降低装卸船作业和储罐清仓能耗。

三是开展交通领域节能工程建设。2015年，共实施绿色交通城市建设节能减排项目15个。

（四）推进重点领域节能降碳

在工业领域：一是加强万家企业节能管理，对全市列入国家万家企业名单的86家重点耗能企业实施了年度节能目标责任考核。“十二五”期间，全市万家企业累计实现节能量达220.32万吨标煤，提前2年完成节能降碳任务。二是继续实施电机能效提升计划。印发了《大连市2015年度电机能效提升计划实施方案》，进一步提升全市电机能效水平，全年淘汰在用低效电机2.21万千瓦，推广高效电机3.05万千瓦，实施电机系统节能技术改造2.07万千瓦。三是开展节能监察和检测。对94户重点用能企业实施了现场监察，提出整改意见300多条，进一步提升企业节能工作水平；对7家企业实施综合节能检测，对28家企业实施单项节能检测，提出节能整改措施50多条，实施后可实现年节能8000吨标煤。

在建筑领域：继续组织实施“暖房子”工程，改造既有居住建筑1007栋，改造既有建筑节能面积300.7万平方米，惠及百姓4.9万余户，新增节能量8万余吨标准煤；全市新建民用建筑和公共建筑节能标准执行率均达到65%，在交通领域：2015年，新增新能源汽车968台，全市累计投入运营的节能汽车4745辆，其中新能源汽车1387台，清洁能源汽车1506台，双燃料出租车1852台；累计淘汰（注销）黄标车及老旧车2.72万辆。公交出行分担率45%。轨道交通运营总长度143.3公里。

在公共机构领域：组织大连市第六人民医院和大连市第一中学创建全国节约型示范单位，并顺利通过国家验收。组织实施了市环保局等6项节能技术改造工程，项目完成后，年可节能1246.62吨标准煤。“十二五”期间，全市公共机构单位建筑面积综合能耗累计下降12.43%，人均综合能耗累计下降15.27%，人均水耗累计下降15.39%。均超额完成了省公共机构节能办下达的目标任务。

（五）加大节能产品推广力度

积极推进“节能产品惠民工程”，“十二五”期间，全市共销售冰箱、空调、平板电视、洗衣机等节能家电54.5万余台。

（六）加大资金支持力度

2015年，大连市安排专项资金支持节能减排项目33个，项目建成后年可节约标煤8.04万吨，可减排二氧化硫2693吨，氮氧化物4017吨，粉尘338吨，二氧化碳5061吨，综合利用废弃物1.59万吨，有力地促进了全市节能降碳工作开展。

（七）加强节能基础能力建设

组织编制《大连市“十三五”能源节约规划》，出台《2015年节能工作和应对气候变化工作实施方案》、《大连市能源管理体系建设效果评价验收工作实施方案》；开展全市节能潜力调查与分析和全市供热供暖体系节能减排策略和技术路线研究，加强节能基础能力建设。

（八）积极推动节能环保技术研发应用

以节能环保领域的热点难点问题为重点，以产业技术研究院校为依托，开展节能环保关键技术研究与成果转化，积极推广先进适用技术。其中，化物所开发的大气VOC在线监测仪，理工大学研发的旧有建筑空调系统优化控制节能改造，大温差污废水源热泵热水机组及系统工艺等进入转化应用阶段。

绿色建筑及产业化领域。聚焦全市绿色建筑及配套新兴产业关键技术，重点开展建设集中冷热源综合优化配置及余热回收、绿色建筑材料及建造施工成套技术、绿色建筑评价与信息服务系统研究，解决绿色建筑行业产业发展中存在的突出问题。

环境保护和生态修复领域。围绕大气污染防治，开展挥发性有机物（VOC）监测、评估、风险预警、治理与回收利用关键技术攻关，开发成套设备，推进工程示范。围绕污染土壤修复，开展土壤污染风险监测、物联网监测与原位修复、热解析无害化和资源化利用、生物修复等关键技术研究与装备研发，开发低成本土壤改良剂。

能源高效利用领域。在热电、石油化工等高耗能产业中，开展高效换热强化技术、低品位余热利用成套技术、防腐高效工业燃气余热深度利用关键技术、烟道气和过程余热高效利用等关键技术攻关，开发成套利用技术和装备。

三、积极探索，大力推进生态文明建设

（一）积极创建国家第二批生态文明先行示范区

根据《中共中央 国务院关于加快推进生态文明建设的指导意见》关于将生态文明先行示范区建设作为推动生态文明建设的重要引擎的要求，国家发展改革委会同财政部等9部委开展了第二批国家生态文明先行示范区申报。市委、市政府对此高度重视，要求市发展改革委组织编制《大连市建设国家生态文明先行示范区实施方案》，积极开展申报工作。生态文明建设工作涉及面广、综合性强，《方案》编制更是一项复杂的系统工程。为此，市发展改革委召开座谈会，深入调研，汇集各方智慧和力量，形成初稿后，先后20余次征求近40多个部门和单位的意见，并广泛听取全市和国家知名专家意见，修改了30余稿，最终形成了《方案》。12月7日，国家发展改革委公布了第二批国家生态文明先行示范区建设名单，大连市以专家评审第一名的成绩成功获批建设国家生态文明先行示范区。按照国家批复要求，起草了《大连市关于加快推进生态文明建设实施方案》，力争用5年时间，着力在模式探索、制度创新、先行先试等方面下功夫，成为全国沿海城市生态文明建设的典范，努力形成可供复制、可全国推广的生态文明建设“大连模式”。

（二）全力推进市级生态文明示范区建设

为促进全市生态文明示范区建设顺利开展，做好区县级和乡镇级生态文明体制机制创新研究工作，组织指导旅顺口区、花园口经济区、瓦房店市仙浴湾镇、普兰店市炮台镇和庄河市青堆镇开展区县级和乡镇级生态文明体制机制创新研究，探索不同资源环境禀赋、不同发展阶段地区发展生态文明典型模式，加快推进试点区域重点项目建设。加强生态文明建设资金管理，指导旅顺口区等5个首批生态文明建设示范区，制定出台了相应的生态文明资金管理暂行办法，明确了生态文明建设资金使用方案。会同相关部门对市生态文明示范区开展年度考核，督促示范区加快建设进度，确保实施方案确定的各项目标按期完成，切实提高市财政资金使用效益，充分发挥试点示范的引领作用。

四、试点示范，循环经济发展取得新成效

（一）全力推进大连循环产业经济区创建中日韩循环经济示范基地

2015年6月，国家发展改革委、外交部、财政部正式批复同意大连循环产业经济区创建中日韩循环经济示范基地，为大连循环产业经济区发展注入强大动力。一是省政府和市政府高度重视，将中日韩循环经济示范基地建设纳入省（市）政府绩效考核，设定时间节点和工作任务，定期进行督查。同时建立工作协调机制，切实解决推进工作中的各项问题。二是扎实推进基础设施建设。积极开展填海造地、征地动迁、港口及物流区基础设施建设、高速公路、疏港铁路等重点项目已形成25平方公里的起步区。三是积极开展对外合作交流，出访日韩6次，在东京、釜山等地为中日韩循环经济示范基地举办六次专场招商活动，与国内三十多家企业、日本及韩国200多家知名企业建立了良好的关系并达成多个项目意向。四是多措并举推进产业发展。结合中日韩循环经济示范基地动静脉有机衔接、循环经济模式推广、关键技术孵化与运用、商贸活动与教育展示四大功能，积极推进“九大基地”及相关配套设施建设，示范基地循环型产业集聚效应显现。

（二）积极推进循环经济试点建设

一是积极推进国家循环经济试点建设。强力推进大连国家“城市矿产”示范基地—大连国家生态工业示范园区开发建设，调整完善了“城市矿产”示范基地实施方案；逐步建立和完善再生资源回收体系，加快推进再生资源加工利用产业向大连国家生态工业示范园区集聚；推进城市餐厨废弃物资源化利用和无害化处理试点和国家再制造试点单位试点项目建设。

二是有序推进市级循环经济试点创建。按照《关于加快推进大连市产业聚集区循环化发展的意见》要求，推进全市产业聚集区发展循环经济，积极组织试点示范园区申报工作；着力推进市级循环经济试点单位建设，积极总结试点单位循环经济典型发展模式，发挥试点单位的示范带动作用。

（三）大力推进绿色循环低碳港航建设

进一步推进绿色循环低碳港口建设，加快调整港口产业布局，向绿色化、智慧化为特征的第五代港口转型升级。启动靠港船舶应用岸电工程，示范引领客滚运输绿色靠港。推进太平湾、大窑湾北岸绿色港区建设，打造可循环、可持续发展的生态化港口。加强航运节能减排工作管理，打造“蓝色海洋、绿色航线”。逐步采用低碳环保型装卸运输装备，全面淘汰高耗能设备，广泛应用清洁能源，逐步提高新技术应用率。

（四）不断加强水资源节约

全市用水效率和效益进一步提高，农业节水灌溉面积工程比例达到90%以上，灌溉水利用系数提升到0.59以上；工业用水重复利用率达到92%，工业间接冷却水循环利用率达到99%以上；公共供水管网漏失率降低至13.57%，城市节水器普及率达到100%。一是贯彻落实国家“水十条”，推动最严格水资源管理制度，组织开展《大连市水资源管理条例》修订工作。二是深入开展节水型城市创建和节水型社会建设，组织完成了国家节水型城市复查迎检工作，并顺利通过审查。三是出台了《关于加强全市节约用水工作的实施意见》（大政发〔2015〕21号），进一步指导和推动全市开展节水工作。四是开展了海水综合利用调研工作，全市有7家企业每年总计直接利用海水量23.3亿立方米。

（五）持续推进节约集约利用土地资源

一是组织完成了全市15个国家级和省级开发区的土地集约利用评价工作，摸清了全市开发区的土地利用状况，为研究促进开发区集约用地配套政策措施。建立健全开发区土地集约利用评价考核制度、探索低效土地退出机制等提供了基础资料。完成了大连全域建设用地初始评价工作。

二是加大闲置和批而未供土地处置力度。国家土地督察沈阳局对我市节约集约用地专项督察中，清理出闲置土地145宗，面积844公顷。经过努力，全市闲置土地处置工作取得了较好效果，闲置土地整改率达到76%，面积637公顷。

三是加强废弃矿山综合整治。落实采矿权人矿山地质环境恢复治理主体责任，明确各项矿山综合整治工作时间节点和治理要求。各区市县及先导区国土资源主管部门与矿山企业签订恢复治理责任状，并指导矿山企业建立恢复治理档案。全市共完成生产矿山地质环境恢复治理面积共计339亩。

（六）积极推进建筑领域和交通领域资源综合利用

一是建筑领域。新型墙体材料发展应用上了新台阶，新型墙材利用率为83.8%；粉煤灰综合利用工作稳步开展，粉煤灰综合利用率为97%；发展散装水泥659万吨，水泥散装率达到73.4%。

二是交通领域。继续推广废橡胶粉改性沥青技术、旧沥青现场冷却再生技术，在国省干线新改建和修复工程应用实施200公里。

五、生态环境保护力度不断加强

（一）国家环境污染第三方治理试点获批

根据国家发展改革委等4部委《关于开展环境污染污染第三方治理试点示范工作的通知》（发改环资〔2015〕1459号）关于选择有条件的地区，在城镇污水垃圾处理等环境公共基础设施等领域，就第三方治理制度和模式进行改革示范的要求，组织指导庄河市编制了实施方案上报国家。经过专家评审，《庄河市开展环境污染第三方治理试点实施方案》获得国家发展改革委批复。试点获批将重点围绕建立有利于开展城镇污水垃圾处理特许经营的投融资机制、配套优惠政策等配套机制，试点工作将为如何推动第三方参与环保设施建设和运营提供参考。组织编制《大连市环境污染第三方治理实施意见》，鼓励社会资本参与污染治理，提高污染治理效率和专业化水平，促进环境服务业发展。

（二）加大大气污染防治力度

2015年，全市空气质量优良天数为270天，优良率为74.0%，PM2.5年平均浓度为48微克/立方米，同比下降9%，超额完成省政府下达的下降3%的年度目标。全年空气质量排名全省第三。较好的空气质量主要得益于以下几方面：一是是拆炉并网工作稳步推进，2015年主城区拆除燃煤小锅炉105台，累计拆除500蒸吨。二是积极推进大气污染防治重点工程建设，全面关停普兰店热电，完成香海热电厂脱硝、泰山热电厂1#脱硝、天瑞水泥3#脱硝等一批大气污染防治重点工程建设，完成热电集团金州热电厂脱硫脱硝等蓝天工程目标责任书项目。三是加速淘汰“黄标车”及老旧车辆，开展提前淘汰“黄标车”补贴审核工作。四是坚强督查考核。市政府督查室会同蓝天工程小组对蓝天工程贯彻落实情况实施全程跟踪，开展专项督查。

（三）着力推进农村生态环境保护

一是会同市财政局、环保局、农委等相关部门出台了《大连市农村环境连片整治规划（污水垃圾分册）》，《规划》综合考虑项目的投资与运行效益，梳理布局农村环境整治相关重点项目。二是对农村的畜禽粪污、存量垃圾、矿山和河道开展了摸底调查，起草了《大连市农村环境连片整治规划（畜禽粪污、存量垃圾、矿山治理和河道治理分册）》，为更好推进农村污染治理提供有力依据。三是下达大连市2015年农村环境连片整治项目市本级配套专项资金，用于支持普兰店市、瓦房店市、庄河市等7个区市县及先导区农村环境连片整治项目建设。

（四）大力推进清洁生产，有效防控工业污染

认真贯彻落实《清洁生产促进法》，制定出台《大连市重点工业行业清洁生产技术推广实施方案》，在钢铁、建材、石化、化工等重点行业，加大清洁生产审核力度。实施燃煤锅炉节能环保综合提升工程，支持企业推广应用煤粉炉等高效锅炉，淘汰落后锅炉，推进锅炉节能技术改造。制定《大连市工业领域煤炭清洁高效利用行动计划实施方案》，推动工业领域煤炭清洁高效利用。

（五）加快推进环保基础设施建设

一是组织编制《大连市城镇污水处理设施建设“十三五”规划》和《大连市生活垃圾无害化处理设施建设“十三五”规划》，科学谋划“十三五”期间全市污水垃圾处理设施建设。二是积极利用中央预算内资金和市级专项资金支持了7个城镇污水垃圾处理设施建设。

（六）强化技术指导，研究环保基础设施运营机制

在《大连地区村镇污水处理技术指南》的基础上，选择国内外合理的污水处理模式和工艺技术，开展了适合大连市实际的村镇污水处理技术的研发，完成《大连地区村镇污水处理推进新技术》的编制，为推进大连市地区村镇污水治理工作，指导和规范村镇污水处理设施设计、建设和运行管理提供技术支撑。推进瓦房店生活垃圾、庄河污水处理设施建设运营试点，研究建立村镇环保基础设施长效运营机制。

六、多措并举，积极推进宣贯工作

一是开展以“节俭养德、节能有道”为主题的第25届全国节能宣传周活动，提高公众节约、环保和生态意识，营造良好社会氛围，加快推进生活方式和消费模式向绿色低碳，文明健康方向转变。二是组织C40城市气候领导联

盟区域总监Simon Hansen一行访连，就大连与C40开展交流合作事宜进行了商谈。三是以2015年达沃斯会议年峰会为契机，组织举办分论坛推介中日韩循环经济示范基地。四是搭建国际桥梁，积极推动全市与南美主要国家在节能环保设备和技术等方面开展国际产能合作。

七、2016年主要工作安排

2016年是“十三五”开局之年，大连市资源节约和环境保护工作将牢固树立和贯彻落实创新、协调、绿色、开放、共享的发展理念，以提高经济质量和效益为中心，加快形成引领经济发展新常态的体制机制和发展方式，加快建设产业结构的先导区和经济社会发展的先行区，着力推进经济社会绿色循环低碳发展，加快推动全市生态文明建设，努力实现“十三五”良好开局。

（一）指导思想

以节约资源、保护环境为主线，以优化资源利用方式、提高资源利用效率为核心，以技术创新和制度创新为动力，牢固树立和贯彻落实创新、协调、绿色、开放、共享的发展理念，尽快形成“政府主导、企业主体、公众参与、法律规范、政策引导、科技支撑、市场运作”的运行机制，积极推进节能减排，切实加强环境保护，积极开展应对气候变化，加快推动全市生态文明建设。

（二）主要工作

一是着力推进生态文明建设。强力推进国家生态文明先行示范区建设，出台《大连市关于加快推进生态文明建设的实施方案》，协调推进重大政策落实和重大项目建设，实施市级生态文明示范区中期评估。继续推进“蓝天工程”，实施“碧水工程”，开展“净土工程”，加强大气、水、土壤和噪声的环境管理，改善环境质量。加强城乡环境基础设施建设，开展乡镇污水垃圾设施建设及运营试点工作。加强农村环境保护，重点推进农村污水垃圾处理设施建设和有效运营。大力推进庄河市开展国家环境污染第三方治理试点。加强饮用水源保护，加大海洋环境整治修复力度，实施生态景观绿化、矿山环境治理等工程。

二是强力推进节能降碳工作。深入推进重点领域节能降碳，全力推动节能技术改造。继续开展万家企业节能降碳工作，加强工业、建筑、交通、公共机构等重点领域节能工作，加快实施重点节能工程，深挖重点耗能企业节能改造潜力。加快节能环保关键技术产品和技术开发和应用，为实施节能减排、污染防治提供先进的技术、装备、产品和服务，带动节能环保产业的发展。制定能源和煤炭总量控制方案。进一步强化节能目标责任考核工作。以《大连市碳排放权交易工作实施方案》为指导，推进大连市碳排放权交易工作。开展大连市供热供暖体系节能减排策略和技术路线研究。

三是大力发展循环经济。深入推进大连循环产业经济区创建中日韩循环经济示范基地，搭建与日韩合作平台，拓展合作领略，推进合作项目建设。推广循环经济示范试点经验，提高全市资源综合利用效率。推进产业废弃物和生活废弃物协同处理，积极推进水泥窑等生产功能转型。大力发展再生资源加工利用产业，逐步完善再生资源回收体系。推进全市秸秆综合利用工作。

四是加大应对气候变化工作力度。着力提高森林碳汇能力，积极推进青山生态系统工程建设。加快推进碳排放权交易相关工作进展，确定全市的温室气体排放报告单位、第三方核查机构及数据，根据国家要求制定全市配额分配方案，完善全市温室气体排放数据报告、核查系统。加强应对气候变化能力建设，适时组织全市应对气候变化工作培训。

五是加快推进关键产品和技术开发与应用。为推动解决节能环保领域关键技术瓶颈，开展节能环保关键技术产品试点示范工程建设，搭建节能环保产品和技术开发与应用平台，开展示范试点及推广，为实施节能减排、污染防治提供先进的技术、装备、产品和服务，带动节能环保产业的发展。

六是深入开展宣传教育。积极开展节能宣传周和全国低碳日宣传活动，提高市民节约、环保和生态意识。加快推进生活方式和消费模式向简约适度、绿色低碳、文明健康的方向转变。

（撰稿：姜腾、宋宪伟，大连市发展和改革委员会环资处）

青岛市循环经济2015年度报告

青岛市发展和改革委员会

2015年是“十二五”规划的收官之年，在中共青岛市委、市政府的领导下，深入贯彻党的十八大和十八届三中、四中、五中全会精神，全面落实习近平总书记系列重要讲话和视察山东重要讲话、重要批示精神，认真落实市第十一次党代会提出的目标任务，主动适应经济发展新常态，坚持世界眼光、国际标准，发挥本土优势，深入推进蓝色引领、全域统筹、创新驱动发展战略，稳增长、促改革、调结构、惠民生、防风险也取得较好成效，全市继续保持了经济稳中有进、民生持续改善的良好态势。2015年全市实现生产总值9300亿元，增长8.1%，一般公共预算收入1006亿元，增长12.4%，全面完成了节能减排各项任务。

一、2015年循环经济发展主要工作

（一）积极推进循环经济重点项目建设

一是加快董家口循环经济示范区建设。董家口经济区管理委员会成立了青岛董家口循环经济区循环经济建设推进领导小组，进一步推动国家级循环经济示范区建设。董家口青钢环保搬迁余热余压综合利用项目、青岛董家口中法水务有限公司中法水务1.32万m³/d污水处理项目和董家口港区污水处理厂项目等循环经济重点项目建设完成。二是指导再制造试点企业开展试点工作，完善国家循环经济教育示范基地建设。威伯科汽车控制系统（中国）有限公司再制造试点现已实现年产1万台再制造空压机的能力，2015年销售量达到4000台。青啤二厂和青岛新天地两家国家循环经济教育示范基地根据参观观众建议反馈不断调整展示内容、编创互动游戏、优化参观路线，全年接待参观人数超过7000人。三是推进循环经济示范试点工作。5月12日，国家发展改革委、环保部等7部委联合印发公告，我市顺利通过国家循环经济示范试点城市验收，青岛市废旧家电回收利用试点和青岛天盾橡胶有限公司通过国家循环经济示范试点单位验收。工业固体废弃物综合利用率超过95%。

（三）组织做好循环经济信息交流平台、《青岛市废旧轮胎综合利用管理办法》相关调研等工作

一是充分发挥青岛市循环经济信息交流平台的信息管理功能，完善调整模块功能，已上线开放为全市循环经济领域企业提供供求信息发布、项目征集等服务。

二是加快推进青岛市废旧轮胎综合利用管理工作，编制青岛市废旧轮胎综合利用情况调研报告，完成《青岛市废旧轮胎综合利用管理办法（初稿）》。

三是充分发挥典型示范带动作用，组织各区市上报，全市选出20个循环经济典型模式案例，将印发文件并通过青岛市循环经济信息交流平台在全市范围推广。

（四）加快清洁生产发展工作

一是召开全市清洁生产工作会议，开展清洁生产宣传培训，全年完成50户企业自愿清洁生产审核评估验收。

二是调整优化支持政策。会同市财政局，制定清洁生产专项资金管理办法，通过政府购买企业清洁生产环境减排贡献量方式，支持企业实施清洁生产改造项目。

三是申报国家重点项目，推荐青岛海晶化工集团公司乙烯法替代石化法生产氯乙烯项目，申报工信部、财政部2015年高风险污染物削减行动计划，获得中央财政资金支持850万元。推荐双星轮胎、新天地公司等3户企业申报国家资源再生利用重大示范工程；推荐青岛海尔能源动力有限公司等3个项目，申报2015年工业转型升级重点项目；推荐青岛琅琊台微生物有限公司等12个项目，申报工业节能与绿色发展重点项目，争取获得国家开发银行信贷支持。

四是加强清洁生产信息管理。开发清洁生产信息化管理系统，纳入全市中小企业云服务平台，按照企业、区市、市三级管理模式，实现企业清洁生产审核过程全过程管理、清洁生产咨询服务机构管理、清洁生产项目管理、清洁生产政策查询等信息管理功能。

（五）城阳区获批建设国家循环经济示范城市

创建国家循环经济示范城市是落实国务院《循环经济发展战略及近期行动计划》的重要举措。根据国家发展改革委有关通知，我市组织城阳区编制了创建国家循环经济示范城市的实施方案，并通过国家发展改革委组织的专家评审。国家发改委12月9日对2015年拟确定的国家循环经济示范城市（县）建设地区名单进行了公示，城阳区位

列其中。城阳区将借助建设国家循环经济示范区的契机，提升资源产出率水平，加强资源回收利用网络基础设施建设，创新循环经济管理体制机制，为青岛其他区市发展循环经济，促进全市实现绿色循环发展发挥重要带动示范作用。

二、“十二五”循环经济发展成效

“十二五”以来，青岛市始终坚持将发展循环经济和清洁生产作为推进生态文明建设、实现可持续发展的重要抓手，深入贯彻落实科学发展观，围绕提高资源产出率和破解资源环境制约主题，通过加快产业结构调整，完善政策法规体系，加大财政投入，支持循环经济和清洁生产重点领域项目建设，积极参与国际交流合作，加速构建循环经济产业体系，推动绿色消费等手段，积极探索具有青岛特色的发展模式，推动全市循环经济和清洁生产工作取得长足发展，获得了较好的经济效益、社会效益和环境效益。

（一）循环经济重点发展领域成果显著

青岛市顺利通过国家循环经济示范试点城市验收，青岛市废旧家电回收利用试点和青岛天盾橡胶有限公司通过国家循环经济示范试点单位验收。《青岛董家口区域循环经济发展总体规划》获得国家发展改革委批复，董家口循环经济示范区建设稳步推进。编制并组织实施《青岛市“十二五”循环经济发展规划》，扎实推进循环经济试点“3321”工程，着力构建循环经济产业体系。完善财政支持体系，制定《青岛市财政局市级支持循环经济发展补助资金管理办法》。围绕国家重点推进的再制造试点、“城市矿产”示范基地、餐厨废弃物资源化利用试点、国家循环经济教育示范基地、园区循环化改造示范试点等5大领域，积极开展工作，取得良好成效。2家列入国家第二批再制造试点企业试点工作有序开展；国家“城市矿产”示范基地重点项目稳步推进；国家餐厨废弃物资源化利用试点主体项目建成并投入生产；青啤二厂、青岛新天地静脉产业园两家国家循环经济教育示范基地通过授牌验收；青岛经济技术开发区、胶南经济开发区国家园区循环化改造示范试点扎实推进。我市被列为国家第二批海水淡化产业发展试点城市。成功入选“中日城市典型废弃物循环利用体系建设项目”试点城市，试点项目顺利推进，取得阶段性成果。

（二）清洁生产工作持续推进

强化清洁生产工作对循环经济发展的推动作用，加强清洁生产宣传培训，深入开展清洁生产审核，完善清洁生产评价体系、服务体系和信息管理体系建设，加大资金支持力度，加强重点项目示范和引导，持续推进全市清洁生产工作不断迈上新台阶。“十二五”每年召开全市清洁生产工作会议暨清洁生产培训班，累计培训企业1500户。完善清洁生产咨询服务体系，咨询机构队伍由省经信委备案6家咨询服务机构扩充到15家。深入开展企业清洁生产审核，“十二五”期间，全市共完成企业清洁生产审核评估验收815户，是之前全部审核企业数量的1.8倍；其中自愿清洁生产企业346户， 是之前全部的1.6倍。强化清洁生产政策支持，积极申请中央财政支持清洁生产，督促各区、市按照《山东省清洁生产促进条例》，设立清洁生产专项资金。“十二五”期间，共争取中央、市、区三级财政支持清洁生产资金14210万元，其中中央财政支持清洁生产项目14个，支持资金8660万元；市级清洁生产专项资金投资支持资金3550万元；区级专项资金投入支持资金2000万元。积极实施清洁生产重点项目，“十二五”期间共组织实施青岛海晶化工集团公司等14个国家清洁生产重点项目，并申报工信部、财政部清洁生产专项资金支持；组织青岛市级清洁生产重点项目109个，通过清洁生产专项资金给予支持。加强清洁生产信息管理，组织研发清洁生产信息化管理系统，运用信息化手段，实现清洁生产咨询服务机构管理、项目审核的全过程系统化管理。

(三)大力推进海水淡化等海水利用示范项目建设

开展海水淡化工作对于缓解青岛市淡水资源缺乏局面、确保社会经济可持续发展具有重要的战略意义。“十二五”期间，全市海水淡化能力超过13万吨/日，年海水利用总量达12亿立方米。作为第二批海水淡化产业发展试点城市，通过引进、消化、吸收与自主创新等途径，不断提高海水淡化技术装备自主研制水平，海水预处理防生物附着装备生产在国内市场居优势地位。

（四）承办两届中国国际循环经济成果交易博览会

在国家发展改革委的大力支持下，在各兄弟省市的全力协助下，“十二五”期间，我市分别于2012和2014年成功承办了第二届和第三届中国国际循环经济成果交易博览会，逐步构建了国际国内循环经济先进技术的交流平台，系统展示了国内外循环经济方面的重要成果，集中宣传了我国近年来推进循环经济发展所取得的显著成就。自2008年第一届以来，三届循博会累计展示面积达10万平方米，吸引国内外参展企业共计1500余家，组织承办各类高层次研讨会20余场次，参观观众近7万人，初步统计达成意向投资额超过80亿元。2014年第三届循博会期间，集中展示

境内外各类循环经济产品、技术、成果4800余种（项），重点推介103项循环经济领域先进技术，征集并发布循环经济合作项目121项，境内外参展企业实现总交易额约48.6亿元。循博会促进了国内外循环经济领域先进技术转化和优秀成果交流，进一步宣传普及了循环经济理念，也推动了我市品牌展会的培育发展，实现了经济效益、社会效益和环境效益的共赢。

（五）深入推进全市循环经济试点工作

根据《青岛市循环经济试点实施方案》和《青岛市“十二五”循环经济发展规划》，我市围绕一批以资源节约与综合利用、清洁生产、节能减排为特色的循环经济项目，大力实施循环经济“3321”工程，即打造“城市矿产”示范基地、海水综合利用产业基地和废旧轮胎综合利用产业基地3个循环经济特色产业基地；建设崂山区、黄岛区和城阳区3个循环经济试点示范城区；培育20个循环经济试点示范园区和100个循环经济试点示范单位，走出一条符合青岛实际，以自主创新、集约发展、节能降耗、保护环境为特色的科学发展之路。经过多年探索实践，循环经济试点工作呈现出多层次、宽领域、全方位发展的良好格局，循环经济“3321”工程取得阶段性成果。青岛新天地静脉产业园被列入首批国家“城市矿产”示范基地，各项建设工作进展顺利。2011年，“青岛新天地以建立回收网络为基础，对再生资源回收利用全过程实施信息化管理的静脉产业园区循环经济发展模式”被国家发展改革委列为全国10个园区循环经济典型模式案例之一，在全国印发推广。建设了全国最大的中外合作海水淡化项目-青岛百发海水淡化项目，作为城市备用水源，将为缓解城市供水压力发挥积极作用。废旧轮胎综合利用产业基地的规模逐步扩大，2011年，“青岛天盾基于循环利用的源头设计和自主创新为特色的轮胎翻新企业循环经济模式”被列为全国3个再制造循环经济典型模式案例之一，对我国轮胎翻新企业发展循环经济具有典型借鉴意义。2012年10月，青岛新天地静脉产业园、青岛天盾橡胶有限公司又荣获“全国循环经济工作先进单位”称号。同时，我市还有1个区、2个园区和7个企业被确定为山东省循环经济示范单位，2015年，我市有5个企业入围山东省循环经济典型模式案例，有效发挥了示范试点的辐射带动作用，促进了区域经济结构优化发展。

（撰稿：李锋刚 ，青岛市发展和改革委员会节约能源办公室）

深圳市循环经济2015年度报告

深圳市发展和改革委员会

在党中央、国务院及广东省委、省政府的坚强领导下，深圳市认真贯彻落实党的十八大和十八届三中、四中、五中全会，习近平总书记系列重要讲话及对深圳工作重要指示精神，坚持质量引领、创新驱动、转型升级、绿色低碳，持续加大循环经济发展与节能减排力度，努力以更少的资源能源消耗和更低的环境成本实现更高质量、更可持续的发展。现将深圳市2015年度循环经济发展情况介绍如下：

一、深圳市生态文明建设的总体成果

“十二五”时期，深圳GDP年均增长9.6%，2015年经济总量超过1.75万亿元；万元GDP能耗五年累计下降19.87%，获2015年度节能考核全省第一名；万元GDP水耗五年累计下降43%，完成“十二五”目标任务的215%；化学需氧量、氨氮、二氧化硫、氮氧化物排放量五年累计分别下降46.6%、38.4%、43.2%和35.4%，全面完成省下达的目标任务，其中化学需氧量、氨氮、二氧化硫减排量提前完成；2015年PM2.5平均浓度降至29.8微克/立方米，空气质量居全国74个重点监测城市前列。

二、深圳发展循环经济的主要做法

（一）构建促进生态文明建设的规划政策体系

牢固树立绿色、循环、低碳发展就是生产力、竞争力的理念，把循环经济与节能减排工作摆在突出位置，从2006年起在全国率先实施《深圳循环经济促进条例》，颁发“十二五”节能和主要污染物总量控制规划，出台循环经济、碳排放管理、绿色建筑、机动车尾气污染防治等法规，建立环境形势分析会制度，实施大气质量提升40条、水环境治理40条等系列措施，着力推动循环经济与节能减排制度化、长效化。持续加大节能减排投入，先后设立循环经济与节能减排、新能源汽车推广、节能环保产业等专项资金，“十二五”时期市级财政累计在循环经济与节能减排等生态文明建设领域投入约1000亿元。

（二）产业绿色低碳化特征日益显现

一是绿色低碳型新兴产业快速增长。先后出台了新能源、生物医药、新材料、文化创意、新一代信息技术、节能环保等绿色低碳型战略性新兴产业发展规划和政策，培育和发展了一批低碳型新兴产业，战略性新兴产业增加值年均增速约20%，约为同期GDP增速两倍。

二是现代服务业发展迅速。围绕提升经济发展质量和有效降低碳排放水平，出台了一系列鼓励服务业发展的专项规划和政策，不断提升服务业发展能力和规模。2015年服务业占本市生产总值比重达到58.8%，产业绿色化、低碳化发展趋势更加明显。

三是传统产业绿色低碳化转型持续加快。出台《关于加快产业转型升级的指导意见》等政策文件，推动服装、钟表、黄金珠宝等优势传统产业逐步向总部、研发设计等高端环节发展。颁布《深圳市产业结构调整优化和产业导向目录》，严把项目市场准入关。

（三）节能降耗力度进一步加大

一是工业节能取得新进展。加大对高耗能、高污染落后产能淘汰力度，“十二五”期间累计清理淘汰低端企业超1.7万家。积极实施电机能效提升计划，截止2015年底，全市电机能效提升任务累计完成量为185万千瓦，完成全市总任务量的126%，其中，完成电机系统节能改造量为60万千瓦，完成改造任务量的102%。超额完成 “十二五”期间工业增加值能耗下降目标。

二是交通节能稳步推进。截至2015年底，累计推广新能源汽车超过3.6万辆，建成充电站135座、快速充电桩3136个、慢速充电桩15134个，年节约燃油超7万吨，实现减碳约22万吨，荣获“全球城市交通领袖奖”。全面推广使用国V汽油，淘汰黄标车、老旧车12.2万辆。全市主要港区码头完成装卸作业机械“油改电”改造工程，13个绿色低碳港区主题性试点项目获得中央财政资金补助，蛇口集装箱码头成为全球率先在港区推广使用纯电动汽车的港口。

三是建筑节能成效显著。出台全国首部促进绿色建筑发展政府规章《深圳市绿色建筑促进办法》，要求所有新建民用建筑100%执行绿色建筑标准。截至2015年底，全市已有320个项目获得绿色建筑评价标识，总建筑面积超过3300万平方米，其中2015年新增112个绿色建筑标识项目、建筑面积1137万平方米，绿色建筑评价标识项目数量及

规模继续稳居全国各大城市榜首。可再生能源建筑推广加快，2015年，可再生能源应用面积新增率达21%，已建成应用太阳能热水系统的建筑规模超过739万平方米，荣获国家可再生能源建筑应用示范城市称号。

四是公共机构合同能源管理不断强化。750栋政府办公建筑和大型公共建筑完成能源审计， 500栋公共建筑能耗实现在线监测，197个能耗较高的既有建筑完成节能改造。机关事业单位50%以上完成节能改造，改造面积约1150万平方米，年节电1亿度以上。荣获国家机关办公建筑和大型公共建筑节能监测示范城市称号。

（四）循环经济工作成效显著

一是规章制度不断完善。我市充分发挥特区立法权和较大市立法权的优势，目前已初步形成三个层次法规政策框架体系：第一个层次是在全国率先颁布了《深圳经济特区循环经济促进条例》；第二个层次是出台了《深圳市建筑废弃物减排与利用条例》、《深圳市循环经济与节能减排专项资金管理暂行办法》等节能、节水、资源综合利用等领域的配套法规；第三个层次是发布了《深圳市循环经济“十二五”规划》、《深圳市“十二五”城市生活垃圾减量分类工作实施方案》等规划政策。

二是积极争取国家支持。我市充分发挥特区先行先试的作用，抢抓国家有关循环经济方面的试点示范机遇，积极争取国家支持。近年来，在国家发改委的大力支持下，我市先后获得国家循环经济试点城市、国家海水淡化产业发展试点城市等称号。2014年-2015年，深圳高新区光明高新技术产业园区、深圳国家自主创新示范区坪山园区先后获评国家级园区循环化改造示范试点园区。深圳东部湾区被列入第二批国家生态文明先行示范区名单。

三是重点工程有效推进。推进餐厨废弃物资源化利用和无害化处理项目建设，截至2015年底，全市特许经营企业共与1816多家餐饮服务单位签订了餐厨废弃物收运合同，实际形成处理规模450吨/天。深入实施“蓝天工程”等大气环境质量提升行动，2015年，细颗粒物（PM2.5）年均浓度29.8微克每立方米，提前完成“大气国十条”规定的浓度要求，居全国副省级以上城市最优，“深圳蓝”成为市民引以为豪的绿色福利。

（五）市场化机制建设取得突破

一是创新市场化碳减排机制。积极开展碳排放权交易，努力探索通过市场化手段推动节能减排。2013年6月18日，在全国率先启动碳交易市场，将608家重点企业和197栋大型公共建筑纳入管控范围，管控企业平均碳排放强度下降超过30%，碳排放绝对量下降了383万吨，超额完成“十二五”碳排放强度下降要求。截至2015年底，我市碳交易市场配额成交总量累计超过654万吨、成交金额约3亿元，成为我国碳交易最活跃的市场之一。

二是创新低碳产品标识和认证制度。编制完成产品碳标识制度构建工作方案，食品、纺织、移动通讯、化肥和光伏等行业的8家企业产品完成碳标识试点工作，正在制定产品碳足迹评价通则。积极开展低碳产品认证应用研究及试点工作，初步完成企业低碳产品认证可行性分析和低碳产品管理体系构建。

三是创新资源性产品价格机制。实施差别电价、惩罚性电价及居民用电阶梯价格政策，有力促进企事业单位和居民节约用电。实行了差别化的污水计量政策和收费标准，有效地引导全社会充分利用水资源，减少水污染物排放总量。建立废弃物排放的收费制度和对循环利用资源、清洁生产、治理环境的补贴制度。出台深圳市城市生活垃圾处理费征收和使用管理办法，确定了垃圾焚烧发电厂垃圾处理费支付标准，探索建立建筑废弃物排放收费制。

（六）社会绿色循环低碳意识逐步增强

一是宣传力度进一步加大。配合全国节能宣传周和全国低碳日活动，每年组织协调各区、各相关部门开展节能宣传周及低碳日主题活动，开展绿色循环低碳成果展、大课堂、绿色低碳进社区、节能技术推广会、公共机构节能成果宣传展等各类活动，广泛宣传绿色循环低碳环保知识，提高了居民的绿色循环低碳节约意识。将绿色循环低碳知识纳入基础教育、高等教育、职业教育体系，以绿色课程、绿色活动、绿色评价、绿色校园为抓手，构建有特色的绿色循环低碳教育体系。

二是互动体验活动丰富。为提高市民践行绿色、循环、低碳生活的积极性，相关部门和机构开展了形式多样、趣味性、参与性强的体验活动，大大调动了广大市民的积极性。联合龙岗区连续两年组织了“低碳深圳行”自行车骑行活动，联合世界自然基金会（WWF）组织了“2015地球一小时”活动。

三是创建绿色单位。全市多家机关、企业、学校等开展创建绿色单位活动，目前，已有绿色企业73家，绿色学校489家、绿色社区266家，绿色酒店27家，绿色医院13家。此外，还组织开展了绿色家园系列的创建活动，2015年，共有幼儿园、学校、医院、商场、酒店、机关、公交企业、 普通家庭等57家单位获得“绿色家园”称号。

深圳市循环经济与节能减排工作取得了阶段性成果，但存在的一些问题和困难不容忽视，需在以后工作中加以解决。一是我市能耗及主要污染物排放量水平已处于全国领先，“十二五”期间节能减排潜力也已充分挖掘，在此基础上，“十三五”节能减排指标大幅下降的空间十分有限。二是在国家实施能源消费总量与强度“双控”的背景下，受国内外经济深度调整等因素的影响，循环经济与节能减排工作面临新的机遇和更大的挑战。三是受限于周边居民的强烈诉求，垃圾焚烧发电、污泥资源化处理等“邻避型”循环经济类设施项目建设面临诸多挑战。

二、下一步工作计划

“十三五”时期是我国全面建设小康社会决胜阶段，是我市争当“四个全面”排头兵，努力建成现代化国际化创新型城市的决定性时期。我们将坚定不移地按照党的十八届五中全会有关“创新、协调、绿色、开放、共享”的发展战略，把生态文明建设融入经济建设、政治建设、文化建设、社会建设各方面和全过程，围绕循环经济与节能减排目标，重点做好以下工作：

一是积极发展循环经济，培育节能环保产业。积极推进光明高新区、坪山自主创新示范区园区循环化改造国家试点工作，打造园区循环化改造标杆。推进国家餐厨废弃物无害化处理与资源化利用试点城市建设，加快完善集餐厨废弃物收集、运输、处理及利用为一体的产业链。继续实施循环经济与节能减排专项资金扶持工作，加大对循环经济试点、节能减排技术应用、电机能效提升、LNG汽车应用等项目的资金扶持力度。

二是强力推进节能降耗，加快产业转型升级。严格落实目标责任制，优化产业结构和能源消费结构，健全考核评价、统计监测和监督管理体系，强化倒逼、约束、激励和全民参与机制，加强节能改造、节能服务体系和节能基础能力等工程建设。强化固定资产节能评估和审查工作，坚持源头把关，防止高耗能项目重复、低水平建设。加强能源统计计量工作，建设节能统计监测、重点用能单位能耗监测平台。

三是切实加强生态保护，改善大气环境质量。推进排污权交易等市场化减排工作。继续完善妈湾电厂脱硫、脱销设施的运行管理，加快生活污水处理设施及配套管网建设。强化污染物增量控制，从源头上减少污染物产生，实行化学需氧量和氨氮新增排污总量等量替代，实行二氧化硫和氮氧化物新增排污总量倍量替代。继续加大新能源汽车推广应用及黄标车淘汰力度，严格执行小汽车增量调控政策，确保实现氮氧化物减排目标。进一步优化能源结构，加大分布式光伏推广力度，提高清洁能源装机比重。

四是强化生态文明理念，建立健全体制机制。大力推进东部湾区生态文明先行示范区建设工作，探索突出东部湾区特色及示范定位的改革和创新及实现路径，形成可复制、可推广的制度成果。加强宣传力度，进一步宣传发展循环经济与开展节能降耗工作的重要意义，加大对污染浪费行为的曝光力度，在基础教育、高等教育、职业教育中加强节能减排的教育力度。继续做好节能宣传周、世界环境日、节俭养德等主题宣传活动，倡导简约适度、绿色低碳、文明健康的生活方式和消费模式，在全市营造推动节能减排、促进可持续发展、崇尚生态文明的良好氛围。

（撰稿：李文杰，深圳市发展和改革委员会能源与循环经济处）

法律规章

党政领导干部生态环境损害责任追究办法（试行）

（法律规章中共中央办公厅、国务院办公厅2015年8月9日印发）

第一条 为贯彻落实党的十八大和十八届三中、四中全会精神，加快推进生态文明建设，健全生态文明制度体系，强化党政领导干部生态环境和资源保护职责，根据有关党内法规和国家法律法规，制定本办法。

第二条 本办法适用于县级以上地方各级党委和政府及其有关工作部门的领导成员，中央和国家机关有关工作部门领导成员；上列工作部门的有关机构领导人员。

第三条 地方各级党委和政府对本地区生态环境和资源保护负总责，党委和政府主要领导成员承担主要责任，其他有关领导成员在职责范围内承担相应责任。

中央和国家机关有关工作部门、地方各级党委和政府的有关工作部门及其有关机构领导人员按照职责分别承担相应责任。

第四条 党政领导干部生态环境损害责任追究，坚持依法依规、客观公正、科学认定、权责一致、终身追究的原则。

第五条 有下列情形之一的，应当追究相关地方党委和政府主要领导成员的责任：

（一）贯彻落实中央关于生态文明建设的决策部署不力，致使本地区生态环境和资源问题突出或者任期内生态环境状况明显恶化的；

（二）作出的决策与生态环境和资源方面政策、法律法规相违背的；

（三）违反主体功能区定位或者突破资源环境生态红线、城镇开发边界，不顾资源环境承载能力盲目决策造成严重后果的；

（四）作出的决策严重违反城乡、土地利用、生态环境保护等规划的；

（五）地区和部门之间在生态环境和资源保护协作方面推诿扯皮，主要领导成员不担当、不作为，造成严重后果的；

（六）本地区发生主要领导成员职责范围内的严重环境污染和生态破坏事件，或者对严重环境污染和生态破坏（灾害）事件处置不力的；

（七）对公益诉讼裁决和资源环境保护督察整改要求执行不力的；

（八）其他应当追究责任的情形。

有上述情形的，在追究相关地方党委和政府主要领导成员责任的同时，对其他有关领导成员及相关部门领导成员依据职责分工和履职情况追究相应责任。

第六条 有下列情形之一的，应当追究相关地方党委和政府有关领导成员的责任：

（一）指使、授意或者放任分管部门对不符合主体功能区定位或者生态环境和资源方面政策、法律法规的建设项目审批（核准）、建设或者投产（使用）的；

（二）对分管部门违反生态环境和资源方面政策、法律法规行为监管失察、制止不力甚至包庇纵容的；

（三）未正确履行职责，导致应当依法由政府责令停业、关闭的严重污染环境的企业事业单位或者其他生产经营者未停业、关闭的；

（四）对严重环境污染和生态破坏事件组织查处不力的；

（五）其他应当追究责任的情形。

第七条 有下列情形之一的，应当追究政府有关工作部门领导成员的责任：

（一）制定的规定或者采取的措施与生态环境和资源方面政策、法律法规相违背的；

（二）批准开发利用规划或者进行项目审批（核准）违反生态环境和资源方面政策、法律法规的；

（三）执行生态环境和资源方面政策、法律法规不力，不按规定对执行情况进行监督检查，或者在监督检查中敷衍塞责的；

（四）对发现或者群众举报的严重破坏生态环境和资源的问题，不按规定查处的；

（五）不按规定报告、通报或者公开环境污染和生态破坏（灾害）事件信息的；

（六）对应当移送有关机关处理的生态环境和资源方面的违纪违法案件线索不按规定移送的；

（七）其他应当追究责任的情形。

有上述情形的，在追究政府有关工作部门领导成员责任的同时，对负有责任的有关机构领导人员追究相应责任。

第八条 党政领导干部利用职务影响，有下列情形之一的，应当追究其责任：

（一）限制、干扰、阻碍生态环境和资源监管执法工作的；

（二）干预司法活动，插手生态环境和资源方面具体司法案件处理的；

（三）干预、插手建设项目，致使不符合生态环境和资源方面政策、法律法规的建设项目得以审批（核准）、建设或者投产（使用）的；

（四）指使篡改、伪造生态环境和资源方面调查和监测数据的；

（五）其他应当追究责任的情形。

第九条 党委及其组织部门在地方党政领导班子成员选拔任用工作中，应当按规定将资源消耗、环境保护、生态效益等情况作为考核评价的重要内容，对在生态环境和资源方面造成严重破坏负有责任的干部不得提拔使用或者转任重要职务。

第十条 党政领导干部生态环境损害责任追究形式有：诫勉、责令公开道歉；组织处理，包括调离岗位、引咎辞职、责令辞职、免职、降职等；党纪政纪处分。

组织处理和党纪政纪处分可以单独使用，也可以同时使用。

追责对象涉嫌犯罪的，应当及时移送司法机关依法处理。

第十一条 各级政府负有生态环境和资源保护监管职责的工作部门发现有本办法规定的追责情形的，必须按照职责依法对生态环境和资源损害问题进行调查，在根据调查结果依法作出行政处罚决定或者其他处理决定的同时，对相关党政领导干部应负责任和处理提出建议，按照干部管理权限将有关材料及时移送纪检监察机关或者组织（人事）部门。需要追究党纪政纪责任的，由纪检监察机关按照有关规定办理；需要给予诫勉、责令公开道歉和组织处理的，由组织（人事）部门按照有关规定办理。

负有生态环境和资源保护监管职责的工作部门、纪检监察机关、组织（人事）部门应当建立健全生态环境和资源损害责任追究的沟通协作机制。

司法机关在生态环境和资源损害等案件处理过程中发现有本办法规定的追责情形的，应当向有关纪检监察机关或者组织（人事）部门提出处理建议。

负责作出责任追究决定的机关和部门，一般应当将责任追究决定向社会公开。

第十二条 实行生态环境损害责任终身追究制。对违背科学发展要求、造成生态环境和资源严重破坏的，责任人不论是否已调离、提拔或者退休，都必须严格追责。

第十三条 政府负有生态环境和资源保护监管职责的工作部门、纪检监察机关、组织（人事）部门对发现本办法规定的追责情形应当调查而未调查，应当移送而未移送，应当追责而未追责的，追究有关责任人员的责任。

第十四条 受到责任追究的人员对责任追究决定不服的，可以向作出责任追究决定的机关和部门提出书面申诉。作出责任追究决定的机关和部门应当依据有关规定受理并作出处理。

申诉期间，不停止责任追究决定的执行。

第十五条 受到责任追究的党政领导干部，取消当年年度考核评优和评选各类先进的资格。

受到调离岗位处理的，至少一年内不得提拔；单独受到引咎辞职、责令辞职和免职处理的，至少一年内不得安排职务，至少两年内不得担任高于原任职务层次的职务；受到降职处理的，至少两年内不得提升职务。同时受到党纪政纪处分和组织处理的，按照影响期长的规定执行。

第十六条 乡（镇、街道）党政领导成员的生态环境损害责任追究，参照本办法有关规定执行。

第十七条 各省、自治区、直辖市党委和政府可以依据本办法制定实施细则。国务院负有生态环境和资源保护监管职责的部门应当制定落实本办法的具体制度和措施。

第十八条 本办法由中央组织部、监察部负责解释。

第十九条 本办法自2015年8月9日起施行。

中华人民共和国大气污染防治法

（1987年9月5日第六届全国人民代表大会常务委员会第二十二次会议通过。根据1995年8月29日第八届全国人民代表大会常务委员会第十五次会议《关于修改〈中华人民共和国大气污染防治法〉的决定》修正。2000年4月29日第九届全国人民代表大会常务委员会第十五次会议第一次修订。2015年8月29日第十二届全国人民代表大会常务委员会第十六次会议第二次修订）

第一章　总　则

第一条　为保护和改善环境，防治大气污染，保障公众健康，推进生态文明建设，促进经济社会可持续发展，制定本法。

第二条　防治大气污染，应当以改善大气环境质量为目标，坚持源头治理，规划先行，转变经济发展方式，优化产业结构和布局，调整能源结构。

防治大气污染，应当加强对燃煤、工业、机动车船、扬尘、农业等大气污染的综合防治，推行区域大气污染联合防治，对颗粒物、二氧化硫、氮氧化物、挥发性有机物、氨等大气污染物和温室气体实施协同控制。

第三条　县级以上人民政府应当将大气污染防治工作纳入国民经济和社会发展规划，加大对大气污染防治的财政投入。

地方各级人民政府应当对本行政区域的大气环境质量负责，制定规划，采取措施，控制或者逐步削减大气污染物的排放量，使大气环境质量达到规定标准并逐步改善。

第四条　国务院环境保护主管部门会同国务院有关部门，按照国务院的规定，对省、自治区、直辖市大气环境质量改善目标、大气污染防治重点任务完成情况进行考核。省、自治区、直辖市人民政府制定考核办法，对本行政区域内地方大气环境质量改善目标、大气污染防治重点任务完成情况实施考核。考核结果应当向社会公开。

第五条　县级以上人民政府环境保护主管部门对大气污染防治实施统一监督管理。

县级以上人民政府其他有关部门在各自职责范围内对大气污染防治实施监督管理。

第六条　国家鼓励和支持大气污染防治科学技术研究，开展对大气污染来源及其变化趋势的分析，推广先进适用的大气污染防治技术和装备，促进科技成果转化，发挥科学技术在大气污染防治中的支撑作用。

第七条　企业事业单位和其他生产经营者应当采取有效措施，防止、减少大气污染，对所造成的损害依法承担责任。

公民应当增强大气环境保护意识，采取低碳、节俭的生活方式，自觉履行大气环境保护义务。

第二章　大气污染防治标准和限期达标规划

第八条　国务院环境保护主管部门或者省、自治区、直辖市人民政府制定大气环境质量标准，应当以保障公众健康和保护生态环境为宗旨，与经济社会发展相适应，做到科学合理。

第九条　国务院环境保护主管部门或者省、自治区、直辖市人民政府制定大气污染物排放标准，应当以大气环境质量标准和国家经济、技术条件为依据。

第十条　制定大气环境质量标准、大气污染物排放标准，应当组织专家进行审查和论证，并征求有关部门、行业协会、企业事业单位和公众等方面的意见。

第十一条　省级以上人民政府环境保护主管部门应当在其网站上公布大气环境质量标准、大气污染物排放标准，供公众免费查阅、下载。

第十二条　大气环境质量标准、大气污染物排放标准的执行情况应当定期进行评估，根据评估结果对标准适时进行修订。

第十三条　制定燃煤、石油焦、生物质燃料、涂料等含挥发性有机物的产品、烟花爆竹以及锅炉等产品的质量标准，应当明确大气环境保护要求。

制定燃油质量标准，应当符合国家大气污染物控制要求，并与国家机动车船、非道路移动机械大气污染物排放标准相互衔接，同步实施。

前款所称非道路移动机械，是指装配有发动机的移动机械和可运输工业设备。

第十四条　未达到国家大气环境质量标准城市的人民政府应当及时编制大气环境质量限期达标规划，采取措

施，按照国务院或者省级人民政府规定的期限达到大气环境质量标准。

编制城市大气环境质量限期达标规划，应当征求有关行业协会、企业事业单位、专家和公众等方面的意见。

第十五条　城市大气环境质量限期达标规划应当向社会公开。直辖市和设区的市的大气环境质量限期达标规划应当报国务院环境保护主管部门备案。

第十六条　城市人民政府每年在向本级人民代表大会或者其常务委员会报告环境状况和环境保护目标完成情况时，应当报告大气环境质量限期达标规划执行情况，并向社会公开。

第十七条　城市大气环境质量限期达标规划应当根据大气污染防治的要求和经济、技术条件适时进行评估、修订。

第三章　大气污染防治的监督管理

第十八条　企业事业单位和其他生产经营者建设对大气环境有影响的项目，应当依法进行环境影响评价、公开环境影响评价文件；向大气排放污染物的，应当符合大气污染物排放标准，遵守重点大气污染物排放总量控制要求。

第十九条　排放工业废气或者本法第七十八条规定名录中所列有毒有害大气污染物的企业事业单位、集中供热设施的燃煤热源生产运营单位以及其他依法实行排污许可管理的单位，应当取得排污许可证。排污许可的具体办法和实施步骤由国务院规定。

第二十条　企业事业单位和其他生产经营者向大气排放污染物的，应当依照法律法规和国务院环境保护主管部门的规定设置大气污染物排放口。

禁止通过偷排、篡改或者伪造监测数据、以逃避现场检查为目的的临时停产、非紧急情况下开启应急排放通道、不正常运行大气污染防治设施等逃避监管的方式排放大气污染物。

第二十一条　国家对重点大气污染物排放实行总量控制。

重点大气污染物排放总量控制目标，由国务院环境保护主管部门在征求国务院有关部门和各省、自治区、直辖市人民政府意见后，会同国务院经济综合主管部门报国务院批准并下达实施。

省、自治区、直辖市人民政府应当按照国务院下达的总量控制目标，控制或者削减本行政区域的重点大气污染物排放总量。

确定总量控制目标和分解总量控制指标的具体办法，由国务院环境保护主管部门会同国务院有关部门规定。省、自治区、直辖市人民政府可以根据本行政区域大气污染防治的需要，对国家重点大气污染物之外的其他大气污染物排放实行总量控制。

国家逐步推行重点大气污染物排污权交易。

第二十二条　对超过国家重点大气污染物排放总量控制指标或者未完成国家下达的大气环境质量改善目标的地区，省级以上人民政府环境保护主管部门应当会同有关部门约谈该地区人民政府的主要负责人，并暂停审批该地区新增重点大气污染物排放总量的建设项目环境影响评价文件。约谈情况应当向社会公开。

第二十三条　国务院环境保护主管部门负责制定大气环境质量和大气污染源的监测和评价规范，组织建设与管理全国大气环境质量和大气污染源监测网，组织开展大气环境质量和大气污染源监测，统一发布全国大气环境质量状况信息。

县级以上地方人民政府环境保护主管部门负责组织建设与管理本行政区域大气环境质量和大气污染源监测网，开展大气环境质量和大气污染源监测，统一发布本行政区域大气环境质量状况信息。

第二十四条　企业事业单位和其他生产经营者应当按照国家有关规定和监测规范，对其排放的工业废气和本法第七十八条规定名录中所列有毒有害大气污染物进行监测，并保存原始监测记录。其中，重点排污单位应当安装、使用大气污染物排放自动监测设备，与环境保护主管部门的监控设备联网，保证监测设备正常运行并依法公开排放信息。监测的具体办法和重点排污单位的条件由国务院环境保护主管部门规定。

重点排污单位名录由设区的市级以上地方人民政府环境保护主管部门按照国务院环境保护主管部门的规定，根据本行政区域的大气环境承载力、重点大气污染物排放总量控制指标的要求以及排污单位排放大气污染物的种类、数量和浓度等因素，商有关部门确定，并向社会公布。

第二十五条　重点排污单位应当对自动监测数据的真实性和准确性负责。环境保护主管部门发现重点排污单位的大气污染物排放自动监测设备传输数据异常，应当及时进行调查。

第二十六条　禁止侵占、损毁或者擅自移动、改变大气环境质量监测设施和大气污染物排放自动监测设备。

第二十七条　国家对严重污染大气环境的工艺、设备和产品实行淘汰制度。

国务院经济综合主管部门会同国务院有关部门确定严重污染大气环境的工艺、设备和产品淘汰期限，并纳入国家综合性产业政策目录。

生产者、进口者、销售者或者使用者应当在规定期限内停止生产、进口、销售或者使用列入前款规定目录中的设备和产品。工艺的采用者应当在规定期限内停止采用列入前款规定目录中的工艺。

被淘汰的设备和产品，不得转让给他人使用。

第二十八条　国务院环境保护主管部门会同有关部门，建立和完善大气污染损害评估制度。

第二十九条　环境保护主管部门及其委托的环境监察机构和其他负有大气环境保护监督管理职责的部门，有权通过现场检查监测、自动监测、遥感监测、远红外摄像等方式，对排放大气污染物的企业事业单位和其他生产经营者进行监督检查。被检查者应当如实反映情况，提供必要的资料。实施检查的部门、机构及其工作人员应当为被检查者保守商业秘密。

第三十条　企业事业单位和其他生产经营者违反法律法规规定排放大气污染物，造成或者可能造成严重大气污染，或者有关证据可能灭失或者被隐匿的，县级以上人民政府环境保护主管部门和其他负有大气环境保护监督管理职责的部门，可以对有关设施、设备、物品采取查封、扣押等行政强制措施。

第三十一条　环境保护主管部门和其他负有大气环境保护监督管理职责的部门应当公布举报电话、电子邮箱等，方便公众举报。

环境保护主管部门和其他负有大气环境保护监督管理职责的部门接到举报的，应当及时处理并对举报人的相关信息予以保密；对实名举报的，应当反馈处理结果等情况，查证属实的，处理结果依法向社会公开，并对举报人给予奖励。

举报人举报所在单位的，该单位不得以解除、变更劳动合同或者其他方式对举报人进行打击报复。

第四章　大气污染防治措施

第一节　燃煤和其他能源污染防治

第三十二条　国务院有关部门和地方各级人民政府应当采取措施，调整能源结构，推广清洁能源的生产和使用；优化煤炭使用方式，推广煤炭清洁高效利用，逐步降低煤炭在一次能源消费中的比重，减少煤炭生产、使用、转化过程中的大气污染物排放。

第三十三条　国家推行煤炭洗选加工，降低煤炭的硫分和灰分，限制高硫分、高灰分煤炭的开采。新建煤矿应当同步建设配套的煤炭洗选设施，使煤炭的硫分、灰分含量达到规定标准；已建成的煤矿除所采煤炭属于低硫分、低灰分或者根据已达标排放的燃煤电厂要求不需要洗选的以外，应当限期建成配套的煤炭洗选设施。

禁止开采含放射性和砷等有毒有害物质超过规定标准的煤炭。

第三十四条　国家采取有利于煤炭清洁高效利用的经济、技术政策和措施，鼓励和支持洁净煤技术的开发和推广。

国家鼓励煤矿企业等采用合理、可行的技术措施，对煤层气进行开采利用，对煤矸石进行综合利用。从事煤层气开采利用的，煤层气排放应当符合有关标准规范。

第三十五条　国家禁止进口、销售和燃用不符合质量标准的煤炭，鼓励燃用优质煤炭。

单位存放煤炭、煤矸石、煤渣、煤灰等物料，应当采取防燃措施，防止大气污染。

第三十六条　地方各级人民政府应当采取措施，加强民用散煤的管理，禁止销售不符合民用散煤质量标准的煤炭，鼓励居民燃用优质煤炭和洁净型煤，推广节能环保型炉灶。

第三十七条　石油炼制企业应当按照燃油质量标准生产燃油。

禁止进口、销售和燃用不符合质量标准的石油焦。

第三十八条　城市人民政府可以划定并公布高污染燃料禁燃区，并根据大气环境质量改善要求，逐步扩大高污染燃料禁燃区范围。高污染燃料的目录由国务院环境保护主管部门确定。

在禁燃区内，禁止销售、燃用高污染燃料；禁止新建、扩建燃用高污染燃料的设施，已建成的，应当在城市人民政府规定的期限内改用天然气、页岩气、液化石、油气、电或者其他清洁能源。

第三十九条　城市建设应当统筹规划，在燃煤供热地区，推进热电联产和集中供热。在集中供热管网覆盖地区，禁止新建、扩建分散燃煤供热锅炉；已建成的不能达标排放的燃煤供热锅炉，应当在城市人民政府规定的期限内拆除。

第四十条　县级以上人民政府质量监督部门应当会同环境保护主管部门对锅炉生产、进口、销售和使用环节执行环境保护标准或者要求的情况进行监督检查；不符合环境保护标准或者要求的，不得生产、进口、销售和使用。

第四十一条　燃煤电厂和其他燃煤单位应当采用清洁生产工艺，配套建设除尘、脱硫、脱硝等装置，或者采取技术改造等其他控制大气污染物排放的措施。

国家鼓励燃煤单位采用先进的除尘、脱硫、脱硝、脱汞等大气污染物协同控制的技术和装置，减少大气污染物的排放。

第四十二条　电力调度应当优先安排清洁能源发电上网。

第二节　工业污染防治

第四十三条　钢铁、建材、有色金属、石油、化工等企业生产过程中排放粉尘、硫化物和氮氧化物的，应当采用清洁生产工艺，配套建设除尘、脱硫、脱硝等装置，或者采取技术改造等其他控制大气污染物排放的措施。

第四十四条　生产、进口、销售和使用含挥发性有机物的原材料和产品的，其挥发性有机物含量应当符合质量标准或者要求。

国家鼓励生产、进口、销售和使用低毒、低挥发性有机溶剂。

第四十五条　产生含挥发性有机物废气的生产和服务活动，应当在密闭空间或者设备中进行，并按照规定安装、使用污染防治设施；无法密闭的，应当采取措施减少废气排放。

第四十六条　工业涂装企业应当使用低挥发性有机物含量的涂料，并建立台账，记录生产原料、辅料的使用量、废弃量、去向以及挥发性有机物含量。台账保存期限不得少于三年。

第四十七条　石油、化工以及其他生产和使用有机溶剂的企业，应当采取措施对管道、设备进行日常维护、维修，减少物料泄漏，对泄漏的物料应当及时收集处理。

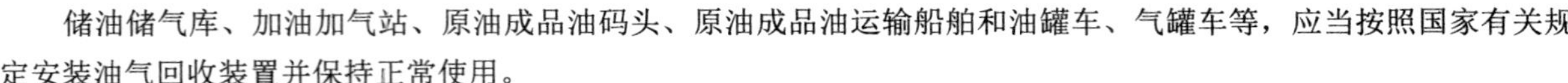

储油储气库、加油加气站、原油成品油码头、原油成品油运输船舶和油罐车、气罐车等，应当按照国家有关规定安装油气回收装置并保持正常使用。

第四十八条　钢铁、建材、有色金属、石油、化工、制药、矿产开采等企业，应当加强精细化管理，采取集中收集处理等措施，严格控制粉尘和气态污染物的排放。

工业生产企业应当采取密闭、围挡、遮盖、清扫、洒水等措施，减少内部物料的堆存、传输、装卸等环节产生的粉尘和气态污染物的排放。

第四十九条　工业生产、垃圾填埋或者其他活动产生的可燃性气体应当回收利用，不具备回收利用条件的，应当进行污染防治处理。

可燃性气体回收利用装置不能正常作业的，应当及时修复或者更新。在回收利用装置不能正常作业期间确需排放可燃性气体的，应当将排放的可燃性气体充分燃烧或者采取其他控制大气污染物排放的措施，并向当地环境保护主管部门报告，按照要求限期修复或者更新。

第三节　机动车船等污染防治

第五十条　国家倡导低碳、环保出行，根据城市规划合理控制燃油机动车保有量，大力发展城市公共交通，提高公共交通出行比例。

国家采取财政、税收、政府采购等措施推广应用节能环保型和新能源机动车船、非道路移动机械，限制高油耗、高排放机动车船、非道路移动机械的发展，减少化石能源的消耗。

省、自治区、直辖市人民政府可以在条件具备的地区，提前执行国家机动车大气污染物排放标准中相应阶段排放限值，并报国务院环境保护主管部门备案。

城市人民政府应当加强并改善城市交通管理，优化道路设置，保障人行道和非机动车道的连续、畅通。

第五十一条　机动车船、非道路移动机械不得超过标准排放大气污染物。

禁止生产、进口或者销售大气污染物排放超过标准的机动车船、非道路移动机械。

第五十二条　机动车、非道路移动机械生产企业应当对新生产的机动车和非道路移动机械进行排放检验。经检验合格的，方可出厂销售。检验信息应当向社会公开。

省级以上人民政府环境保护主管部门可以通过现场检查、抽样检测等方式，加强对新生产、销售机动车和非道

路移动机械大气污染物排放状况的监督检查。工业、质量监督、工商行政管理等有关部门予以配合。

第五十三条　在用机动车应当按照国家或者地方的有关规定，由机动车排放检验机构定期对其进行排放检验。经检验合格的，方可上道路行驶。未经检验合格的，公安机关交通管理部门不得核发安全技术检验合格标志。

县级以上地方人民政府环境保护主管部门可以在机动车集中停放地、维修地对在用机动车的大气污染物排放状况进行监督抽测；在不影响正常通行的情况下，可以通过遥感监测等技术手段对在道路上行驶的机动车的大气污染物排放状况进行监督抽测，公安机关交通管理部门予以配合。

第五十四条　机动车排放检验机构应当依法通过计量认证，使用经依法检定合格的机动车排放检验设备，按照国务院环境保护主管部门制定的规范，对机动车进行排放检验，并与环境保护主管部门联网，实现检验数据实时共享。机动车排放检验机构及其负责人对检验数据的真实性和准确性负责。

环境保护主管部门和认证认可监督管理部门应当对机动车排放检验机构的排放检验情况进行监督检查。

第五十五条　机动车生产、进口企业应当向社会公布其生产、进口机动车车型的排放检验信息、污染控制技术信息和有关维修技术信息。

机动车维修单位应当按照防治大气污染的要求和国家有关技术规范对在用机动车进行维修，使其达到规定的排放标准。交通运输、环境保护主管部门应当依法加强监督管理。

禁止机动车所有人以临时更换机动车污染控制装置等弄虚作假的方式通过机动车排放检验。禁止机动车维修单位提供该类维修服务。禁止破坏机动车车载排放诊断系统。

第五十六条　环境保护主管部门应当会同交通运输、住房城乡建设、农业行政、水行政等有关部门对非道路移动机械的大气污染物排放状况进行监督检查，排放不合格的，不得使用。

第五十七条　国家倡导环保驾驶，鼓励燃油机动车驾驶人在不影响道路通行且需停车三分钟以上的情况下熄灭发动机，减少大气污染物的排放。

第五十八条　国家建立机动车和非道路移动机械环境保护召回制度。

生产、进口企业获知机动车、非道路移动机械排放大气污染物超过标准，属于设计、生产缺陷或者不符合规定的环境保护耐久性要求的，应当召回；未召回的，由国务院质量监督部门会同国务院环境保护主管部门责令其召回。

第五十九条　在用重型柴油车、非道路移动机械未安装污染控制装置或者污染控制装置不符合要求，不能达标排放的，应当加装或者更换符合要求的污染控制装置。

第六十条　在用机动车排放大气污染物超过标准的，应当进行维修；经维修或者采用污染控制技术后，大气污染物排放仍不符合国家在用机动车排放标准的，应当强制报废。其所有人应当将机动车交售给报废机动车回收拆解企业，由报废机动车回收拆解企业按照国家有关规定进行登记、拆解、销毁等处理。

国家鼓励和支持高排放机动车船、非道路移动机械提前报废。

第六十一条　城市人民政府可以根据大气环境质量状况，划定并公布禁止使用高排放非道路移动机械的区域。

第六十二条　船舶检验机构对船舶发动机及有关设备进行排放检验。经检验符合国家排放标准的，船舶方可运营。

第六十三条　内河和江海直达船舶应当使用符合标准的普通柴油。远洋船舶靠港后应当使用符合大气污染物控制要求的船舶用燃油。

新建码头应当规划、设计和建设岸基供电设施；已建成的码头应当逐步实施岸基供电设施改造。船舶靠港后应当优先使用岸电。

第六十四条　国务院交通运输主管部门可以在沿海海域划定船舶大气污染物排放控制区，进入排放控制区的船舶应当符合船舶相关排放要求。

第六十五条　禁止生产、进口、销售不符合标准的机动车船、非道路移动机械用燃料；禁止向汽车和摩托车销售普通柴油以及其他非机动车用燃料；禁止向非道路移动机械、内河和江海直达船舶销售渣油和重油。

第六十六条　发动机油、氮氧化物还原剂、燃料和润滑油添加剂以及其他添加剂的有害物质含量和其他大气环境保护指标，应当符合有关标准的要求，不得损害机动车船污染控制装置效果和耐久性，不得增加新的大气污染物排放。

第六十七条　国家积极推进民用航空器的大气污染防治，鼓励在设计、生产、使用过程中采取有效措施减少大

气污染物排放。

民用航空器应当符合国家规定的适航标准中的有关发动机排出物要求。

第四节　扬尘污染防治

第六十八条　地方各级人民政府应当加强对建设施工和运输的管理，保持道路清洁，控制料堆和渣土堆放，扩大绿地、水面、湿地和地面铺装面积，防治扬尘污染。

住房城乡建设、市容环境卫生、交通运输、国土资源等有关部门，应当根据本级人民政府确定的职责，做好扬尘污染防治工作。

第六十九条　建设单位应当将防治扬尘污染的费用列入工程造价，并在施工承包合同中明确施工单位扬尘污染防治责任。施工单位应当制定具体的施工扬尘污染防治实施方案。

从事房屋建筑、市政基础设施建设、河道整治以及建筑物拆除等施工单位，应当向负责监督管理扬尘污染防治的主管部门备案。

施工单位应当在施工工地设置硬质围挡，并采取覆盖、分段作业、择时施工、洒水抑尘、冲洗地面和车辆等有效防尘降尘措施。建筑土方、工程渣土、建筑垃圾应当及时清运；在场地内堆存的，应当采用密闭式防尘网遮盖。工程渣土、建筑垃圾应当进行资源化处理。

施工单位应当在施工工地公示扬尘污染防治措施、负责人、扬尘监督管理主管部门等信息。

暂时不能开工的建设用地，建设单位应当对裸露地面进行覆盖；超过三个月的，应当进行绿化、铺装或者遮盖。

第七十条　运输煤炭、垃圾、渣土、砂石、土方、灰浆等散装、流体物料的车辆应当采取密闭或者其他措施防止物料遗撒造成扬尘污染，并按照规定路线行驶。

装卸物料应当采取密闭或者喷淋等方式防治扬尘污染。

城市人民政府应当加强道路、广场、停车场和其他公共场所的清扫保洁管理，推行清洁动力机械化清扫等低尘作业方式，防治扬尘污染。

第七十一条　市政河道以及河道沿线、公共用地的裸露地面以及其他城镇裸露地面，有关部门应当按照规划组织实施绿化或者透水铺装。

第七十二条　贮存煤炭、煤矸石、煤渣、煤灰、水泥、石灰、石膏、砂土等易产生扬尘的物料应当密闭；不能密闭的，应当设置不低于堆放物高度的严密围挡，并采取有效覆盖措施防治扬尘污染。

码头、矿山、填埋场和消纳场应当实施分区作业，并采取有效措施防治扬尘污染。

第五节　农业和其他污染防治

第七十三条　地方各级人民政府应当推动转变农业生产方式，发展农业循环经济，加大对废弃物综合处理的支持力度，加强对农业生产经营活动排放大气污染物的控制。

第七十四条　农业生产经营者应当改进施肥方式，科学合理施用化肥并按照国家有关规定使用农药，减少氨、挥发性有机物等大气污染物的排放。

禁止在人口集中地区对树木、花草喷洒剧毒、高毒农药。

第七十五条　畜禽养殖场、养殖小区应当及时对污水、畜禽粪便和尸体等进行收集、贮存、清运和无害化处理，防止排放恶臭气体。

第七十六条　各级人民政府及其农业行政等有关部门应当鼓励和支持采用先进适用技术，对秸秆、落叶等进行肥料化、饲料化、能源化、工业原料化、食用菌基料化等综合利用，加大对秸秆还田、收集一体化农业机械的财政补贴力度。

县级人民政府应当组织建立秸秆收集、贮存、运输和综合利用服务体系，采用财政补贴等措施支持农村集体经济组织、农民专业合作经济组织、企业等开展秸秆收集、贮存、运输和综合利用服务。

第七十七条　省、自治区、直辖市人民政府应当划定区域，禁止露天焚烧秸秆、落叶等产生烟尘污染的物质。

第七十八条　国务院环境保护主管部门应当会同国务院卫生行政部门，根据大气污染物对公众健康和生态环境的危害和影响程度，公布有毒有害大气污染物名录，实行风险管理。

排放前款规定名录中所列有毒有害大气污染物的企业事业单位，应当按照国家有关规定建设环境风险预警体系，对排放口和周边环境进行定期监测，评估环境风险，排查环境安全隐患，并采取有效措施防范环境风险。

第七十九条　向大气排放持久性有机污染物的企业事业单位和其他生产经营者以及废弃物焚烧设施的运营单位，应当按照国家有关规定，采取有利于减少持久性有机污染物排放的技术方法和工艺，配备有效的净化装置，实现达标排放。

第八十条　企业事业单位和其他生产经营者在生产经营活动中产生恶臭气体的，应当科学选址，设置合理的防护距离，并安装净化装置或者采取其他措施，防止排放恶臭气体。

第八十一条　排放油烟的餐饮服务业经营者应当安装油烟净化设施并保持正常使用，或者采取其他油烟净化措施，使油烟达标排放，并防止对附近居民的正常生活环境造成污染。

禁止在居民住宅楼、未配套设立专用烟道的商住综合楼以及商住综合楼内与居住层相邻的商业楼层内新建、改建、扩建产生油烟、异味、废气的餐饮服务项目。

任何单位和个人不得在当地人民政府禁止的区域内露天烧烤食品或者为露天烧烤食品提供场地。

第八十二条　禁止在人口集中地区和其他依法需要特殊保护的区域内焚烧沥青、油毡、橡胶、塑料、皮革、垃圾以及其他产生有毒有害烟尘和恶臭气体的物质。

禁止生产、销售和燃放不符合质量标准的烟花爆竹。任何单位和个人不得在城市人民政府禁止的时段和区域内燃放烟花爆竹。

第八十三条　国家鼓励和倡导文明、绿色祭祀。

火葬场应当设置除尘等污染防治设施并保持正常使用，防止影响周边环境。

第八十四条　从事服装干洗和机动车维修等服务活动的经营者，应当按照国家有关标准或者要求设置异味和废气处理装置等污染防治设施并保持正常使用，防止影响周边环境。

第八十五条　国家鼓励、支持消耗臭氧层物质替代品的生产和使用，逐步减少直至停止消耗臭氧层物质的生产和使用。

国家对消耗臭氧层物质的生产、使用、进出口实行总量控制和配额管理。具体办法由国务院规定。

第五章　重点区域大气污染联合防治

第八十六条　国家建立重点区域大气污染联防联控机制，统筹协调重点区域内大气污染防治工作。国务院环境保护主管部门根据主体功能区划、区域大气环境质量状况和大气污染传输扩散规律，划定国家大气污染防治重点区域，报国务院批准。

重点区域内有关省、自治区、直辖市人民政府应当确定牵头的地方人民政府，定期召开联席会议，按照统一规划、统一标准、统一监测、统一的防治措施的要求，开展大气污染联合防治，落实大气污染防治目标责任。国务院环境保护主管部门应当加强指导、督促。

省、自治区、直辖市可以参照第一款规定划定本行政区域的大气污染防治重点区域。

第八十七条　国务院环境保护主管部门会同国务院有关部门、国家大气污染防治重点区域内有关省、自治区、直辖市人民政府，根据重点区域经济社会发展和大气环境承载力，制定重点区域大气污染联合防治行动计划，明确控制目标，优化区域经济布局，统筹交通管理，发展清洁能源，提出重点防治任务和措施，促进重点区域大气环境质量改善。

第八十八条　国务院经济综合主管部门会同国务院环境保护主管部门，结合国家大气污染防治重点区域产业发展实际和大气环境质量状况，进一步提高环境保护、能耗、安全、质量等要求。

重点区域内有关省、自治区、直辖市人民政府应当实施更严格的机动车大气污染物排放标准，统一在用机动车检验方法和排放限值，并配套供应合格的车用燃油。

第八十九条　编制可能对国家大气污染防治重点区域的大气环境造成严重污染的有关工业园区、开发区、区域产业和发展等规划，应当依法进行环境影响评价。规划编制机关应当与重点区域内有关省、自治区、直辖市人民政府或者有关部门会商。

重点区域内有关省、自治区、直辖市建设可能对相邻省、自治区、直辖市大气环境质量产生重大影响的项目，应当及时通报有关信息，进行会商。

会商意见及其采纳情况作为环境影响评价文件审查或者审批的重要依据。

第九十条　国家大气污染防治重点区域内新建、改建、扩建用煤项目的，应当实行煤炭的等量或者减量替代。

第九十一条　国务院环境保护主管部门应当组织建立国家大气污染防治重点区域的大气环境质量监测、大气污染源监测等相关信息共享机制，利用监测、模拟以及卫星、航测、遥感等新技术分析重点区域内大气污染来源及其变化趋势，并向社会公开。

第九十二条　国务院环境保护主管部门和国家大气污染防治重点区域内有关省、自治区、直辖市人民政府可以组织有关部门开展联合执法、跨区域执法、交叉执法。

第六章　重污染天气应对

第九十三条　国家建立重污染天气监测预警体系。

国务院环境保护主管部门会同国务院气象主管机构等有关部门、国家大气污染防治重点区域内有关省、自治区、直辖市人民政府，建立重点区域重污染天气监测预警机制，统一预警分级标准。可能发生区域重污染天气的，应当及时向重点区域内有关省、自治区、直辖市人民政府通报。

省、自治区、直辖市、设区的市人民政府环境保护主管部门会同气象主管机构等有关部门建立本行政区域重污染天气监测预警机制。

第九十四条　县级以上地方人民政府应当将重污染天气应对纳入突发事件应急管理体系。

省、自治区、直辖市、设区的市人民政府以及可能发生重污染天气的县级人民政府，应当制定重污染天气应急预案，向上一级人民政府环境保护主管部门备案，并向社会公布。

第九十五条　省、自治区、直辖市、设区的市人民政府环境保护主管部门应当会同气象主管机构建立会商机制，进行大气环境质量预报。可能发生重污染天气的，应当及时向本级人民政府报告。省、自治区、直辖市、设区的市人民政府依据重污染天气预报信息，进行综合研判，确定预警等级并及时发出预警。预警等级根据情况变化及时调整。任何单位和个人不得擅自向社会发布重污染天气预报预警信息。

预警信息发布后，人民政府及其有关部门应当通过电视、广播、网络、短信等途径告知公众采取健康防护措施，指导公众出行和调整其他相关社会活动。

第九十六条　县级以上地方人民政府应当依据重污染天气的预警等级，及时启动应急预案，根据应急需要可以采取责令有关企业停产或者限产、限制部分机动车行驶、禁止燃放烟花爆竹、停止工地土石方作业和建筑物拆除施工、停止露天烧烤、停止幼儿园和学校组织的户外活动、组织开展人工影响天气作业等应急措施。

应急响应结束后，人民政府应当及时开展应急预案实施情况的评估，适时修改完善应急预案。

第九十七条　发生造成大气污染的突发环境事件，人民政府及其有关部门和相关企业事业单位，应当依照《中华人民共和国突发事件应对法》、《中华人民共和国环境保护法》的规定，做好应急处置工作。环境保护主管部门应当及时对突发环境事件产生的大气污染物进行监测，并向社会公布监测信息。

第七章　法律责任

第九十八条　违反本法规定，以拒绝进入现场等方式拒不接受环境保护主管部门及其委托的环境监察机构或者其他负有大气环境保护监督管理职责的部门的监督检查，或者在接受监督检查时弄虚作假的，由县级以上人民政府环境保护主管部门或者其他负有大气环境保护监督管理职责的部门责令改正，处二万元以上二十万元以下的罚款；构成违反治安管理行为的，由公安机关依法予以处罚。

第九十九条　违反本法规定，有下列行为之一的，由县级以上人民政府环境保护主管部门责令改正或者限制生产、停产整治，并处十万元以上一百万元以下的罚款；情节严重的，报经有批准权的人民政府批准，责令停业、关闭：

（一）未依法取得排污许可证排放大气污染物的；

（二）超过大气污染物排放标准或者超过重点大气污染物排放总量控制指标排放大气污染物的；

（三）通过逃避监管的方式排放大气污染物的。

第一百条　违反本法规定，有下列行为之一的，由县级以上人民政府环境保护主管部门责令改正，处二万元以上二十万元以下的罚款；拒不改正的，责令停产整治：

（一）侵占、损毁或者擅自移动、改变大气环境质量监测设施或者大气污染物排放自动监测设备的；

（二）未按照规定对所排放的工业废气和有毒有害大气污染物进行监测并保存原始监测记录的；

（三）未按照规定安装、使用大气污染物排放自动监测设备或者未按照规定与环境保护主管部门的监控设备联网，并保证监测设备正常运行的；

（四）重点排污单位不公开或者不如实公开自动监测数据的；

（五）未按照规定设置大气污染物排放口的。

第一百零一条　违反本法规定，生产、进口、销售或者使用国家综合性产业政策目录中禁止的设备和产品，采用国家综合性产业政策目录中禁止的工艺，或者将淘汰的设备和产品转让给他人使用的，由县级以上人民政府经济综合主管部门、出入境检验检疫机构按照职责责令改正，没收违法所得，并处货值金额一倍以上三倍以下的罚款；拒不改正的，报经有批准权的人民政府批准，责令停业、关闭。进口行为构成走私的，由海关依法予以处罚。

第一百零二条　违反本法规定，煤矿未按照规定建设配套煤炭洗选设施的，由县级以上人民政府能源主管部门责令改正，处十万元以上一百万元以下的罚款；拒不改正的，报经有批准权的人民政府批准，责令停业、关闭。

违反本法规定，开采含放射性和砷等有毒有害物质超过规定标准的煤炭的，由县级以上人民政府按照国务院规定的权限责令停业、关闭。

第一百零三条　违反本法规定，有下列行为之一的，由县级以上地方人民政府质量监督、工商行政管理部门按照职责责令改正，没收原材料、产品和违法所得，并处货值金额一倍以上三倍以下的罚款：

（一）销售不符合质量标准的煤炭、石油焦的；

（二）生产、销售挥发性有机物含量不符合质量标准或者要求的原材料和产品的；

（三）生产、销售不符合标准的机动车船和非道路移动机械用燃料、发动机油、氮氧化物还原剂、燃料和润滑油添加剂以及其他添加剂的；

（四）在禁燃区内销售高污染燃料的。

第一百零四条　违反本法规定，有下列行为之一的，由出入境检验检疫机构责令改正，没收原材料、产品和违法所得，并处货值金额一倍以上三倍以下的罚款；构成走私的，由海关依法予以处罚：

（一）进口不符合质量标准的煤炭、石油焦的；

（二）进口挥发性有机物含量不符合质量标准或者要求的原材料和产品的；

（三）进口不符合标准的机动车船和非道路移动机械用燃料、发动机油、氮氧化物还原剂、燃料和润滑油添加剂以及其他添加剂的。

第一百零五条　违反本法规定，单位燃用不符合质量标准的煤炭、石油焦的，由县级以上人民政府环境保护主管部门责令改正，处货值金额一倍以上三倍以下的罚款。

第一百零六条　违反本法规定，使用不符合标准或者要求的船舶用燃油的，由海事管理机构、渔业主管部门按照职责处一万元以上十万元以下的罚款。

第一百零七条　违反本法规定，在禁燃区内新建、扩建燃用高污染燃料的设施，或者未按照规定停止燃用高污染燃料，或者在城市集中供热管网覆盖地区新建、扩建分散燃煤供热锅炉，或者未按照规定拆除已建成的不能达标排放的燃煤供热锅炉的，由县级以上地方人民政府环境保护主管部门没收燃用高污染燃料的设施，组织拆除燃煤供热锅炉，并处二万元以上二十万元以下的罚款。

违反本法规定，生产、进口、销售或者使用不符合规定标准或者要求的锅炉，由县级以上人民政府质量监督、环境保护主管部门责令改正，没收违法所得，并处二万元以上二十万元以下的罚款。

第一百零八条　违反本法规定，有下列行为之一的，由县级以上人民政府环境保护主管部门责令改正，处二万元以上二十万元以下的罚款；拒不改正的，责令停产整治：

（一）产生含挥发性有机物废气的生产和服务活动，未在密闭空间或者设备中进行，未按照规定安装、使用污染防治设施，或者未采取减少废气排放措施的；

（二）工业涂装企业未使用低挥发性有机物含量涂料或者未建立、保存台账的；

（三）石油、化工以及其他生产和使用有机溶剂的企业，未采取措施对管道、设备进行日常维护、维修，减少物料泄漏或者对泄漏的物料未及时收集处理的；

（四）储油储气库、加油加气站和油罐车、气罐车等，未按照国家有关规定安装并正常使用油气回收装置的；

（五）钢铁、建材、有色金属、石油、化工、制药、矿产开采等企业，未采取集中收集处理、密闭、围挡、遮盖、清扫、洒水等措施，控制、减少粉尘和气态污染物排放的；

（六）工业生产、垃圾填埋或者其他活动中产生的可燃性气体未回收利用，不具备回收利用条件未进行防治污染处理，或者可燃性气体回收利用装置不能正常作业，未及时修复或者更新的。

第一百零九条　违反本法规定，生产超过污染物排放标准的机动车、非道路移动机械的，由省级以上人民政府环境保护主管部门责令改正，没收违法所得，并处货值金额一倍以上三倍以下的罚款，没收销毁无法达到污染物排放标准的机动车、非道路移动机械；拒不改正的，责令停产整治，并由国务院机动车生产主管部门责令停止生产该车型。

违反本法规定，机动车、非道路移动机械生产企业对发动机、污染控制装置弄虚作假、以次充好，冒充排放检验合格产品出厂销售的，由省级以上人民政府环境保护主管部门责令停产整治，没收违法所得，并处货值金额一倍以上三倍以下的罚款，没收销毁无法达到污染物排放标准的机动车、非道路移动机械，并由国务院机动车生产主管部门责令停止生产该车型。

第一百一十条　违反本法规定，进口、销售超过污染物排放标准的机动车、非道路移动机械的，由县级以上人民政府工商行政管理部门、出入境检验检疫机构按照职责没收违法所得，并处货值金额一倍以上三倍以下的罚款，没收销毁无法达到污染物排放标准的机动车、非道路移动机械；进口行为构成走私的，由海关依法予以处罚。

违反本法规定，销售的机动车、非道路移动机械不符合污染物排放标准的，销售者应当负责修理、更换、退货；给购买者造成损失的，销售者应当赔偿损失。

第一百一十一条　违反本法规定，机动车生产、进口企业未按照规定向社会公布其生产、进口机动车车型的排放检验信息或者污染控制技术信息的，由省级以上人民政府环境保护主管部门责令改正，处五万元以上五十万元以下的罚款。

违反本法规定，机动车生产、进口企业未按照规定向社会公布其生产、进口机动车车型的有关维修技术信息的，由省级以上人民政府交通运输主管部门责令改正，处五万元以上五十万元以下的罚款。

第一百一十二条　违反本法规定，伪造机动车、非道路移动机械排放检验结果或者出具虚假排放检验报告的，由县级以上人民政府环境保护主管部门没收违法所得，并处十万元以上五十万元以下的罚款；情节严重的，由负责资质认定的部门取消其检验资格。

违反本法规定，伪造船舶排放检验结果或者出具虚假排放检验报告的，由海事管理机构依法予以处罚。

违反本法规定，以临时更换机动车污染控制装置等弄虚作假的方式通过机动车排放检验或者破坏机动车车载排放诊断系统的，由县级以上人民政府环境保护主管部门责令改正，对机动车所有人处五千元的罚款；对机动车维修单位处每辆机动车五千元的罚款。

第一百一十三条　违反本法规定，机动车驾驶人驾驶排放检验不合格的机动车上道路行驶的，由公安机关交通管理部门依法予以处罚。

第一百一十四条　违反本法规定，使用排放不合格的非道路移动机械，或者在用重型柴油车、非道路移动机械未按照规定加装、更换污染控制装置的，由县级以上人民政府环境保护等主管部门按照职责责令改正，处五千元的罚款。

违反本法规定，在禁止使用高排放非道路移动机械的区域使用高排放非道路移动机械的，由城市人民政府环境保护等主管部门依法予以处罚。

第一百一十五条　违反本法规定，施工单位有下列行为之一的，由县级以上人民政府住房城乡建设等主管部门按照职责责令改正，处一万元以上十万元以下的罚款；拒不改正的，责令停工整治：

（一）施工工地未设置硬质密闭围挡，或者未采取覆盖、分段作业、择时施工、洒水抑尘、冲洗地面和车辆等有效防尘降尘措施的；

（二）建筑土方、工程渣土、建筑垃圾未及时清运，或者未采用密闭式防尘网遮盖的。

违反本法规定，建设单位未对暂时不能开工的建设用地的裸露地面进行覆盖，或者未对超过三个月不能开工的建设用地的裸露地面进行绿化、铺装或者遮盖的，由县级以上人民政府住房城乡建设等主管部门依照前款规定予以处罚。

第一百一十六条　违反本法规定，运输煤炭、垃圾、渣土、砂石、土方、灰浆等散装、流体物料的车辆，未采取密闭或者其他措施防止物料遗撒的，由县级以上地方人民政府确定的监督管理部门责令改正，处二千元以上二万元以下的罚款；拒不改正的，车辆不得上道路行驶。

第一百一十七条　违反本法规定，有下列行为之一的，由县级以上人民政府环境保护等主管部门按照职责责令改正，处一万元以上十万元以下的罚款；拒不改正的，责令停工整治或者停业整治：

（一）未密闭煤炭、煤矸石、煤渣、煤灰、水泥、石灰、石膏、砂土等易产生扬尘的物料的；

（二）对不能密闭的易产生扬尘的物料，未设置不低于堆放物高度的严密围挡，或者未采取有效覆盖措施防治扬尘污染的；

（三）装卸物料未采取密闭或者喷淋等方式控制扬尘排放的；

（四）存放煤炭、煤矸石、煤渣、煤灰等物料，未采取防燃措施的；

（五）码头、矿山、填埋场和消纳场未采取有效措施防治扬尘污染的；

（六）排放有毒有害大气污染物名录中所列有毒有害大气污染物的企业事业单位，未按照规定建设环境风险预警体系或者对排放口和周边环境进行定期监测、排查环境安全隐患并采取有效措施防范环境风险的；

（七）向大气排放持久性有机污染物的企业事业单位和其他生产经营者以及废弃物焚烧设施的运营单位，未按照国家有关规定采取有利于减少持久性有机污染物排放的技术方法和工艺，配备净化装置的；

（八）未采取措施防止排放恶臭气体的。

第一百一十八条　违反本法规定，排放油烟的餐饮服务业经营者未安装油烟净化设施、不正常使用油烟净化设施或者未采取其他油烟净化措施，超过排放标准排放油烟的，由县级以上地方人民政府确定的监督管理部门责令改正，处五千元以上五万元以下的罚款；拒不改正的，责令停业整治。

违反本法规定，在居民住宅楼、未配套设立专用烟道的商住综合楼、商住综合楼内与居住层相邻的商业楼层内新建、改建、扩建产生油烟、异味、废气的餐饮服务项目的，由县级以上地方人民政府确定的监督管理部门责令改正；拒不改正的，予以关闭，并处一万元以上十万元以下的罚款。

违反本法规定，在当地人民政府禁止的时段和区域内露天烧烤食品或者为露天烧烤食品提供场地的，由县级以上地方人民政府确定的监督管理部门责令改正，没收烧烤工具和违法所得，并处五百元以上二万元以下的罚款。

第一百一十九条　违反本法规定，在人口集中地区对树木、花草喷洒剧毒、高毒农药，或者露天焚烧秸秆、落叶等产生烟尘污染的物质的，由县级以上地方人民政府确定的监督管理部门责令改正，并可以处五百元以上二千元以下的罚款。

违反本法规定，在人口集中地区和其他依法需要特殊保护的区域内，焚烧沥青、油毡、橡胶、塑料、皮革、垃圾以及其他产生有毒有害烟尘和恶臭气体的物质的，由县级人民政府确定的监督管理部门责令改正，对单位处一万元以上十万元以下的罚款，对个人处五百元以上二千元以下的罚款。

违反本法规定，在城市人民政府禁止的时段和区域内燃放烟花爆竹的，由县级以上地方人民政府确定的监督管理部门依法予以处罚。

第一百二十条　违反本法规定，从事服装干洗和机动车维修等服务活动，未设置异味和废气处理装置等污染防治设施并保持正常使用，影响周边环境的，由县级以上地方人民政府环境保护主管部门责令改正，处二千元以上二万元以下的罚款；拒不改正的，责令停业整治。

第一百二十一条　违反本法规定，擅自向社会发布重污染天气预报预警信息，构成违反治安管理行为的，由公安机关依法予以处罚。

违反本法规定，拒不执行停止工地土石方作业或者建筑物拆除施工等重污染天气应急措施的，由县级以上地方人民政府确定的监督管理部门处一万元以上十万元以下的罚款。

第一百二十二条　违反本法规定，造成大气污染事故的，由县级以上人民政府环境保护主管部门依照本条第二款的规定处以罚款；对直接负责的主管人员和其他直接责任人员可以处上一年度从本企业事业单位取得收入百分之五十以下的罚款。

对造成一般或者较大大气污染事故的，按照污染事故造成直接损失的一倍以上三倍以下计算罚款；对造成重大或者特大大气污染事故的，按照污染事故造成的直接损失的三倍以上五倍以下计算罚款。

第一百二十三条　违反本法规定，企业事业单位和其他生产经营者有下列行为之一，受到罚款处罚，被责令改正，拒不改正的，依法作出处罚决定的行政机关可以自责令改正之日的次日起，按照原处罚数额按日连续处罚：

（一）未依法取得排污许可证排放大气污染物的；

（二）超过大气污染物排放标准或者超过重点大气污染物排放总量控制指标排放大气污染物的；

（三）通过逃避监管的方式排放大气污染物的；

（四）建筑施工或者贮存易产生扬尘的物料未采取有效措施防治扬尘污染的。

第一百二十四条　违反本法规定，对举报人以解除、变更劳动合同或者其他方式打击报复的，应当依照有关法律的规定承担责任。

第一百二十五条　排放大气污染物造成损害的，应当依法承担侵权责任。

第一百二十六条　地方各级人民政府、县级以上人民政府环境保护主管部门和其他负有大气环境保护监督管理职责的部门及其工作人员滥用职权、玩忽职守、徇私舞弊、弄虚作假的，依法给予处分。

第一百二十七条　违反本法规定，构成犯罪的，依法追究刑事责任。

第八章　附　则

第一百二十八条　海洋工程的大气污染防治，依照《中华人民共和国海洋环境保护法》的有关规定执行。

第一百二十九条　本法自2016年1月1日起施行。

国家循环经济教育示范基地管理办法

（发改办环资[2015]2071号　国家发展改革委办公厅、财政部办公厅、教育部办公厅、国家旅游局办公室2015年8月1日印发）

一、总 则

第一条　为规范国家循环经济教育示范基地（以下简称教育示范基地）申报、评审、建设等各项流程，依据《中华人民共和国循环经济促进法》制定本办法。

第二条　本规定所指的教育示范基地是指利用自身生产设施展示本区域、本行业、本领域的循环经济链条，向社会 公众宣传循环经济理念，推广循环经济典型模式，由国家发展改革委会同教育部、财政部、国家旅游局（以下简称四部 委）确认为国家循环经济教育示范基地的单位。

第三条　教育示范基地建设应当遵守各项法律法规，遵循自愿申报、自主建设、因地制宜、特色鲜明、高标准高起点、 发展与教育相结合的原则。

第四条 教育示范基地的申报、审查、建设、运营、验收适用本规定。

二、申报条件

第五条 申报教育示范基地的企业应当具备以下基本条件：

（一）交通便利，1 公里内有地铁、公交等公共交通站点；

（二）有相对完整的循环经济产业链条，畅通的预约渠道；

（三）具有不少于 100 平方米的循环经济展示馆、独立的参观通道、清晰的标识，以及与之相适应的讲解、安保、医护人员；

（四）社会形象良好，三年内没有重大环保、安全事故。

第六条 申报教育示范基地的园区应当具备以下基本条件：

（一）有独立的管理机构；

（二）交通便利，1 公里内有地铁、公交等公共交通站点；

（三）有两条以上完整的循环经济产业链条和两个以上可供参观的循环经济企业，有畅通的预约渠道；

（四）具有不少于 200 平方米的循环经济展示馆、独立的参观通道、清晰的标识、专用的接待车辆，以及与之相适 应的讲解、安保、医护人员；（五）社会形象良好，三年内没有重大环保、安全事故。

第七条 申报教育示范基地的城市（区、县）应当具备以下基本条件：

（一）有专门的循环经济管理机构；

（二）有三条以上完整的循环经济产业链条和三个以上可供参观的循环经济企业，有畅通的预约渠道；

（三）具有不少于 300 平方米的循环经济展示馆、独立的参观通道、清晰的标识、专用的接待车辆，以及与之相适 应的讲解、安保、医护人员；

（四）有两所以上学校建立了稳定的参观学习机制，责任落实到班级负责人，年参观学生须达到 3000 人次。

（五）社会形象良好，五年内没有重大环保、安全事故。

三、申报方式

第八条 教育示范基地与各类国家循环经济示范试点同时申报，具体申报程序参照相关示范试点申报通知。

第九条 申报教育示范基地须提交单独的申报方案。申报方案包括循环经济产业基础，教育示范基地创建思路，现有宣传、教育、展示基础，上年接待人数，提升教育宣传能力 所需的项目建设及进度安排等内容。项目建设须附表。

第十条 教育示范基地项目建设内容包括循环经济展览馆、展示沙盘、产业链模型、知识展板和宣传材料、参观专用车辆、影音设备及辅助设备、参观通道、路线标识，配备 消防、安保、医疗设备等。

四、审 查

第十一条 四部委委托第三方独立机构组织专家对通过示范试点评审的单位同时提交的教育示范基地申报方案进行书面审查。

第十二条 第三方独立机构根据专家书面审查意见向四部委提交审查报告。四部委根据审查报告对申报方案提出修改意见。通过审查的教育示范基地创建单位应根据要求修改 方案并报四部委备案。

第十三条 创建单位应严格按照四部委备案的方案开展教育示范基地创建工作。方案不得随意变更，确需变更的，应及时向四部委提交方案修改申请。

第十四条 教育示范基地与国家循环经济示范试点同时批复、同时建设、同时运营、同时验收。通过验收的单位可自行悬挂教育示范基地标志。

五、存量管理

第十五条 2015年6月前已获四部委确认创建教育示范基地的单位，应按照四部委备案的实施方案继续开展工作，在实施方案获批复次年的4月20日前（2015年顺延至8月30日），向四部委提交试运行考核申请，在实施方案获批复第5年的11月20日前，向四部委提交验收申请。通过验收的单位可自行悬挂教育示范基地标志。逾期不提交申请的单 位视为放弃教育示范基地创建资格。

第十六条 试运行申请材料包括：

（一）试运行总结，包括实施方案一年期目标完成情况、教育示范基地硬件建设情况；

（二）相关证明材料，包括接待人员统计汇总表、原始登记表（应附参观人员签字和联系方式）等；

（三）省级有关部门出具的审查意见。

第十七条 验收申请材料包括：

（一）教育示范基地创建总结，包括实施方案五年期目标完成情况、教育示范基地硬件建设情况、奖励资金投入和 使用情况等；

（二）相关证明材料，包括接待人员统计汇总表、原始登记表（应附参观人员签字和联系方式）、设备采购发票等；

（三）省级有关部门出具的审查意见。

第十八条 奖励资金应用于以下内容：

（一）参观线路保障。包括完善参观通道，设置路线指示标牌、循环经济知识普及标牌、循环经济宣传栏，购置参观专用车辆、影音设备及辅助设备等。

（二）宣传能力提升。包括拍摄和制作循环经济专题宣传短片，设计和印制循环经济科普宣传图册，培训讲解人员，设置循环经济产业链模型、沙盘等。

（三）安全保障建设。包括制定安全应急预案，改造完善原有安全设施，配备消防、安保设备，设置紧急医疗救护室，培训安保、医护人员，为参观人员购买安全保险等。

六、监督管理

第十九条 四部委视情况对教育示范基地进行不定期考核和检查。对出现以下情况的教育示范基地，四部委责成其限期整改，整改后仍然不符合标准的撤消其命名：

（一）宣传教育情况显著偏离方案目标的；

（二）违反国家法律法规，受到省级以上相关部门严重处罚或造成较大影响的；

（三）不按要求及时报告发展动态的；

（四）未按实施方案要求推进教育示范基地建设，使教育示范基地建设滞后或成效不明显的；

（五）应当撤销命名的其他情况。对发生重大环境或安全事故的，直接撤销其命名。

第二十条 其他单位不得擅自使用国家循环经济教育示范基地标识。

七、附 则

第二十一条 本规定由国家发展改革委会同教育部、财政部、国家旅游局负责解释。

第二十二条 本规定自发布之日起施行。《关于印发国家循环经济教育示范基地有关申报管理规定的通知》（发改办 环资[2012]1762 号）和《关于印发循环经济发展专项资金支持国家循环经济教育示范基地建设实施方案的通知》（发改办环资[2013]816 号）同时废止。

重点地区煤炭消费减量替代管理暂行办法

（发改环资[2014]2984号 国家发展改革委、工业和信息化部、财政部、
环境保护部、统计局、能源局2014年12月29日印发）

第一章 总则

第一条 为进一步优化能源结构，落实煤炭消费总量控制目标，促进煤炭清洁高效利用，切实减少大气污染，改善空气质量，根据《国务院关于印发大气污染防治行动计划的通知》和《国务院办公厅关于印发 2014-2015 年节能减排低碳发展行动方案的通知》，制定本办法。

第二条 本办法所称重点地区，是指北京市、天津市、河北省、山东省、上海市、江苏省、浙江省和广东省的珠三角地区。

本办法所称煤炭减量，是指通过淘汰落后产能、压减过剩产能、提高煤炭等能源利用效率直接减少煤炭消费。

本办法所称煤炭替代，是指利用可再生能源、天然气、电力等优质能源替代煤炭消费。

第二章 目标与方案

第三条 重点地区人民政府对本行政区域煤炭消费减量替代工作负总责。具体目标是：

到 2017 年，北京市煤炭消费量比 2012 年减少 1300 万吨，天津市减少 1000 万吨，河北省减少 4000 万吨，山东省减少2000万吨。

上海市、江苏省、浙江省、广东省人民政府要于 2015 年 6月底前，研究提出煤炭消费减量目标，送国家发展改革委、环境 保护部、国家能源局备案。

第四条 重点地区人民政府要制定煤炭减量替代工作方案(以下简称工作方案)，明确煤炭减量年度目标，并分解落实到各市(区)县和重点耗煤行业、企业。

第五条 工作方案要提出煤炭减量具体措施和相应的削减数量，主要包括：

(一)淘汰效率低、煤耗高、污染重的项目，重点是电力、钢铁、水泥、炼焦等行业落后产能项目。

(二)节能重点工程，余热余压利用、燃煤电厂升级改造、能量系统优化等节能改造项目。

(三)燃煤锅炉节能环保综合提升工程，燃煤锅炉改造和分散落后锅炉淘汰项目。

(四)“煤改气”、“煤改电”项目。

(五)焦化、煤化工、工业窑炉煤炭清洁高效利用改造项目。

(六)其他减量措施。

第六条 工作方案应提出能源替代供应方案，确保合理用能：

(一)因地制宜，优先利用核电、水电、风电、太阳能、生物质能、地热能等新能源和可再生能源替代煤炭消费。

创新城镇用能方式，鼓励有条件的地区发展太阳能、生物质能、地热能供暖以及热电冷联供。鼓励新建、改建、扩建的住宅和公共建筑安装太阳能热水或集热系统。加快新能源示范城市及其供热供气基础设施建设。积极推动生物质成型燃料锅炉供热在 工业供热和民用供暖中的应用。积极推进北方地区利用风电供暖。

(二)“先规划、再发展”，积极协调落实气源，有序实施“煤改气”、“煤改电”工程。

(三)加快推进集中供热，优先利用背压热电联产机组替代分散燃煤锅炉。

(四)加强散煤治理，逐步削减分散用煤或用优质燃煤替代劣质燃煤。

(五)其他替代措施。

第七条 工作方案按年度进行滚动调整，重点地区人民政府应于每年 12 月底前将工作方案调整计划报国家发展改革委。

第八条 新建燃煤项目在进行节能评估审查和环境影响评价前，应满足所在地区煤炭消费总量削减要求。在建燃煤项目将产生的煤炭消费要纳入所在地区煤炭消费总量削减计划统筹平衡。

新建高耗能项目单位产品(产值)能耗要达到国内先进水平，用能设备达到一级能效标准，重点地区达到国际先进水平。

第三章 协调机制

第九条 国家建立重点地区煤炭消费减量替代工作协调小组(以下简称协调小组)，由国家发展改革委、工业和信息化部、财政部、环境保护部、国家统计局、国家能源局、重点地区人民政府组成，负责审议重点地区煤炭减量替代工作方案、年度调整计划和年度自查报告，协调解决有关重大事项，拟定相关政策措施。协调小组办公室设在国家发展改革委，负责日常工作。

第十条 协调小组定期召开会议，了解和掌握重点地区煤炭减量替代工作进展情况，协调解决工作中存在的问题。协调小组办公室原则上每季度召开一次会议，跟踪相关工作进展，提出拟请协调小组研究解决的事项。

第十一条 协调小组各成员单位要切实履行职责，认真落实煤炭减量替代工作目标和任务。国家发展改革委、环境保护部、国家能源局负责指导重点地区煤炭减量目标的分解和落实；工业和信息化部、国家能源局负责指导和督促重点地区做好重点高耗煤行业淘汰落后产能任务的分解和落实；国家统计局负责煤炭消费统计；财政部负责指导实施相关财政支持政策；有关油气、电力等企业要积极落实“气代煤”和“电代煤”等配套工程，确保天然气和电力供应。

第四章 支持政策

第十二条 加快电网通道建设，提高对优质电力的消纳能力，保障重点地区新增用电，在确保安全的前提下，合理提高外来电比例。

第十三条 适当提高能效和环保指标领先机组的利用小时数。燃煤机组排放基本达到燃气轮机组排放限值的，应适当增加其下一年度上网电量。

第十四条 完善环保电价政策，鼓励燃煤机组按照燃气轮机组排放水平建设或改造。深化天然气价格改革，在消费侧积极推行季节性价格、可中断气价等差别性价格政策，促进节约用气。

第十五条 支持跨行业实施煤炭消费减量替代，将淘汰落后钢铁、水泥产能和小锅炉等产生的减煤量用于支持煤炭利用效率高、污染物排放少的燃煤发电项目等。

第十六条 对列入煤炭减量替代工作方案的可再生能源代煤项目，可在该地区可再生能源年度规模安排上予以支持。

第十七条 有关中央企业要加快相关能源项目及其配套设施建设，进展情况定期报送协调小组办公室。

第五章 监督考核

第十八条 重点地区人民政府应于每年6月底前编制上一年度煤炭消费减量替代工作自查报告，报协调小组办公室。

第十九条 协调小组办公室于每年7-8月会同协调小组其他成员单位，对重点地区煤炭消费减量替代工作情况进行实地抽查，结果报告国务院，并向社会公告。

第二十条 对未完成煤炭减量年度目标的地区要给予通报批评，暂缓审批其新建燃煤项目，上一年度未完成的减量目标继续 计入下一年度进行考核。

第六章 附 则

第二十一条 本办法由国家发展改革委会同有关部门负责解释。非重点地区参照本办法合理控制煤炭消费。

第二十二条 本办法自发布之日起施行。

关于实行能源效率标识的公告

（2015年第7号）

根据《能源效率标识管理办法》（国家发展改革委和国家质检总局第17号令）规定，国家发展改革委、国家质检总局和国家认监委组织制定了《中华人民共和国实行能源效率标识的产品目录（第十二批）》、《家用燃气灶具能源效率标识实施规则》、《商用燃气灶具能源效率标识实施规则》、《水（地）源热泵机组能源效率标识实施规则》和《溴化锂吸收式冷水机组能源效率标识实施规则》，现予公告，自2015年12月1日起实施。

为进一步加强能效标识的信息化水平，提高能效标识的可读性和符合性，鼓励企业在能效标识上附加二维码。能效标识二维码将采用国际通用QR码，由生产企业在中国能效标识网上申请，并填写产品相关信息后，能效标识信息系统形成与产品型号唯一对应的二维码。能效标识二维码的申请不收取费用。能效标识二维码申请流程参见“中国能效标识网”（www.energylabel.gov.cn）。

国家发展改革委　国家质检总局　国家认监委

2015年3月19日

部分产能严重过剩行业产能置换实施办法

（工信部产业【2015】127号　工业和信息化部2015年4月20日印发）

第一章 总则

第一条　为遏制产能严重过剩行业盲目扩张，严禁新增产能，化解产能过剩矛盾，引导产业有序转移和布局优化，推进行业结构调整和转型升级，按照《国务院关于化解产能严重过剩矛盾的指导意见》（国发〔2013〕41号）和《国务院关于印发大气污染防治行动计划的通知》（国发〔2013〕37号）要求，制定本办法。

第二条　产能严重过剩行业项目建设，须制定产能置换方案，实施等量或减量置换，在京津冀、长三角、珠三角等环境敏感区域，实施减量置换。

第三条　本办法适用的部分产能严重过剩行业为：钢铁（炼钢、炼铁）、电解铝、水泥（熟料）、平板玻璃行业。

本办法所称的产能严重过剩行业建设项目，包括新建、改建、扩建，以及按照国发〔2013〕41号文件要求清理的未经国家核准且有必要继续建设的在建项目（以下统称“建设项目”）。水泥粉磨站建设项目，可不制定产能等量或减量置换方案，依据本地区水泥工业结构调整方案优化布局。

本办法所称的产能等量置换是指建设项目应淘汰与该项目产能数量相等的落后或过剩产能；减量置换是指建设项目应淘汰大于该项目产能数量的落后或过剩产能。

本办法所称的京津冀、长三角、珠三角等环境敏感区域是指北京市、天津市、河北省、上海市、江苏省、浙江省，以及广东省的广州、深圳、珠海、佛山、江门、东莞、中山、惠州、肇庆等9市，以及其他环境敏感区域。

第二章 置换产能确定

第四条　新（改、扩）建项目产能置换指标，须为2013年及以后列入工业和信息化部公告或省级人民政府完成任务公告（以下统称“列入公告”）的企业淘汰产能（不含各地列入明确压减范围的钢铁产能）。已超过国家明令淘汰期限的落后产能，不得用于产能置换。

经省级工业主管部门审批已实施JT窑技术改造，并经省级行业协会等组织鉴定的JT窑，可用于水泥熟料新（改、扩）建项目产能置换。

未经国家核准的在建项目产能置换指标，须为2011年及以后列入公告的企业淘汰产能。

2011年以来列入工业和信息化部公告的淘汰产能数量，依照工业和信息化部公告核定；未列入工业和信息化部公告但列入省级人民政府完成任务公告的淘汰产能数量，依照省级人民政府完成任务公告核定。

建设项目产能数量和2015年以后拟淘汰的产能数量，依照换算表（见附1）核定。用于置换的产能指标不得重复使用。

第五条 京津冀、长三角、珠三角等环境敏感区域需置换淘汰的产能数量按不低于建设项目产能的1.25倍予以核定，其他地区实施等量置换。

第三章 产能置换指标交易

第六条 支持跨地区产能置换，引导国内有效产能向优势企业和更具比较优势的地区集中，推动形成分工合理、优势互补、各具特色的区域经济和产业发展格局。鼓励各地积极探索实施政府引导、企业自愿、市场化运作的产能置换指标交易。

第七条 产能置换指标交易由各省（区、市）工业和信息化主管部门进行组织协调，制定具体交易实施办法，报省级人民政府同意后执行。

第八条 工业和信息化部搭建全国产能置换指标供需信息平台，为产能置换提供信息服务。同时，探索建立全国产能置换指标交易平台。

第九条 用于跨省交易的产能置换指标，需指标出让方省级工业和信息化主管部门报省级人民政府确认和公告。各省级工业和信息化主管部门将产能指标的出让和需求信息，按要求（见附2）送工业和信息化部在全国产能置换指标供需信息平台（http://cyzy.miit.gov.cn）发布。

第四章 置换方案内容和确认

第十条 产能置换方案主要包括淘汰项目和建设项目基本情况，须明确以下内容：

（一）淘汰项目所属的行业和地区、企业名称、组织机构代码、主体设备（生产线）、核定的产能和拆除时间，以及相关材料（工商营业执照、税务登记证、生产许可证等有效证明材料）。

（二）建设项目所属的行业和地区、企业名称、拟建的主体设备和产能。

（三）通过跨省（区、市）交易获得的产能置换指标，需提供指标出让方省级人民政府确认意见，以及供需双方省级工业和信息化主管部门完成交易的确认意见。

第十一条 建设项目企业按照本办法相关条款规定，制定产能置换方案，按各省（区、市）相关要求报送省级工业和信息化主管部门。

第十二条 各省级工业和信息化主管部门按照本办法相关条款规定，核实产能置换方案，确保淘汰项目真实、产能合理，明确置换产能淘汰期限。

第十三条 各省级工业和信息化主管部门将产能置换方案及核实意见（见附3），报省级人民政府确认后向社会公告（见附4）。

第五章 置换方案监督落实

第十四条 工业和信息化部组织对各省（区、市）确认的置换方案进行抽查。同时，积极发挥行业协会等社会各界监督作用。

第十五条 各省级工业和信息化主管部门，根据省级人民政府向社会公告的产能置换方案，按照《关于印发淘汰落后产能工作考核实施方案的通知》（工信部联产业〔2011〕46号）要求，将用于置换的全部淘汰项目，列入年度淘汰落后和过剩产能任务，按要求组织淘汰，使其不能恢复生产。

第十六条 工业和信息化部组织淘汰落后产能工作部际协调小组成员单位，对各地淘汰落后和过剩产能情况进行监督检查，并公开检查结果。

第六章 附则

第十七条 本办法适用于在中华人民共和国境内依法注册的各类所有制企业。

第十八条 本办法自发布之日起施行，有效期至2017年12月31日，并根据产业发展情况适时修订。

第十九条 工业和信息化部之前发布的产能置换相关文件要求与本办法不一致的，按本办法执行。

第二十条 本办法由工业和信息化部负责解释。

工业清洁生产审核规范

（工业和信息化部2015年5月7日印发）

第一章　总　则

第一条　为落实《中华人民共和国清洁生产促进法》，规范工业清洁生产审核，促进企业不断提高清洁生产水平，制定本规范。

第二条　本规范所称工业清洁生产审核是指按照一定程序，对工业生产过程进行调查和诊断，找出能耗高、物耗高、污染重的原因，提出减少有毒有害物料的使用和产生，降低能耗、物耗以及污染物产生的方案，并对方案的投入、产出效果进行分析，进而选定技术、经济及环境可行的清洁生产方案并实施的过程。

第三条　本规范适用于中华人民共和国境内所有从事工业生产活动的单位以及从事相关管理活动的部门。

第四条　工业清洁生产审核以工业企业为主体，鼓励企业自愿开展审核，按照自主审核为主的原则，因地制宜，有序开展，注重实效，持续推进。

第二章　审核类型

第五条　工业清洁生产审核分为自愿性审核和强制性审核。

第六条　有下列情形之一的企业，应当实施强制性审核：

（一）污染物排放超过国家或地方规定的排放标准，或者虽未超过国家或地方规定的排放标准，但超过重点污染物排放总量控制指标的（以下简称“双超”企业）；

（二）超过单位产品能源消耗限额标准构成高耗能的（以下简称“高耗能”企业）；

（三）使用有毒、有害原料进行生产或者在生产中排放有毒、有害物质的（以下简称“双有”企业）。

有毒、有害物质是指被列入《危险货物品名表》（GB 12268）、《危险化学品目录》、《国家危险废物名录》和《剧毒化学品目录》中的剧毒、强腐蚀性、强刺激性、放射性（不包括核电设施和军工核设施）、致癌、致畸等物质。

第七条　自愿性审核是指本规范第六条规定的强制性审核以外的企业，根据自身发展需要，为进一步节约资源、削减污染物排放量，自愿开展的清洁生产审核。

第三章　审核方式

第八条　工业清洁生产审核方式包括企业自主审核和咨询机构协助审核。

第九条　开展清洁生产审核的人员应具备以下条件：

（一）　掌握清洁生产审核知识；

（二）　至少包括工艺技术、环保、能源、财务等专业人员；

（三）　具有三年以上行业从业经验；

（四）　工艺技术、环保、能源三专业的审核人员至少有一名具有高级职称。

第十条　鼓励具备上述审核人员条件的企业自主开展清洁生产审核。

第十一条　不具备上述审核人员条件的企业，可以聘请外部审核人员或委托咨询服务机构协助企业组织开展清洁生产审核。

咨询机构应按其服务的行业范围开展相应咨询服务，开展服务的人员也应具备上述审核人员条件。

第十二条　鼓励企业自主审核与咨询机构协助审核相结合的创新方式。

县级以上工业主管部门可结合本地区行业特点，针对行业存在的关键共性问题，组织开展行业清洁生产审核。

对于工业企业聚集的各类工业园区，可充分发挥工业园区管委会的组织协调作用，开展园区集中式清洁生产审核。

第四章　组织实施

第十三条　工业清洁生产审核原则上按照审核准备、预审核、审核、方案产生和筛选、实施方案的确定、编写审核报告、方案的实施等程序开展。

第十四条　县级以上工业主管部门组织推动辖区内企业自愿性审核工作，指导企业开展审核。

开展自愿性审核的企业在编制完成审核报告后一个月内将审核报告报送所在地县级以上工业主管部门，并在媒体上公布清洁生产方案的实施计划，接受公众监督，但涉及商业秘密的除外。

对按上述要求开展自愿性审核的企业，县级以上工业主管部门在其部门网站或主要媒体上公布名单，予以表彰。

第十五条　县级以上工业主管部门根据当地环境保护部门发布的“双超”、“双有”企业名单和当地节能主管部门发布的“高耗能”企业名单，按职责指导企业开展强制性清洁生产审核。

实施强制性清洁生产审核的企业，应当将审核结果向所在地县级以上地方人民政府负责清洁生产综合协调的部门、环境保护部门报告，并在本地区主要媒体上公布，接受公众监督，但涉及商业秘密的除外。

第五章　鼓励措施

第十六条　县级以上工业主管部门应指导和督促企业实施清洁生产方案。对开展自愿性审核的企业，可利用清洁生产、技术改造、节能减排等资金对企业实施清洁生产方案给予优先支持；对审核成效显著的企业可给予奖励。

第十七条　县级以上工业主管部门可根据实际情况制定相应的补贴或奖励政策，鼓励企业将推行清洁生产纳入发展战略，编制清洁生产规划，开展清洁生产审核，持续推进清洁生产各项工作。

第十八条 县级以上工业主管部门可以依照本规范制定实施细则。

工业清洁生产实施效果评估规范

（工业和信息化部2015年 5月7日印发）

第一条　为落实《中华人民共和国清洁生产促进法》，指导和鼓励工业企业有效实施清洁生产审核提出的方案，规范实施效果评估程序，制定本规范。

第二条　本规范所称工业清洁生产实施效果评估，是指按照一定程序，在企业实施完成清洁生产方案之后，对所取得的绩效及企业清洁生产水平进行科学地、量化地评估，并给出评估结果的过程。

第三条　县级以上工业主管部门会同同级相关管理部门，结合地区工业布局、资源能源及环境突出问题，组织对所在地开展强制性清洁生产审核的重点企业实施效果开展评估。

第四条　工业清洁生产实施效果评估应在企业清洁生产方案全部实施并稳定达到设计目标后三个月内开展，评估一般不超过一个月。

对于需评估的“双超”和“高耗能”企业，方案实施完成后，必须在达到污染物排放标准、总量控制以及单位产品能耗限额指标要求后，再进行实施效果评估。

对于需评估的“双有”企业，方案实施完成后，可直接进行实施效果评估。

第五条　工业清洁生产实施效果评估人员至少包括工艺技术、环保、能源、财务等专业人员，且应掌握清洁生产审核知识，具有高级职称及五年以上行业从业经验。参加评估的人员与企业或审核咨询服务机构存在利益关系，可能影响评估公正时，应当主动提出回避。

第六条　工业清洁生产实施效果评估包括两部分内容：一是绩效评估，即企业清洁生产方案实施前后的环境、经济效益评估，是与自身的纵向对比；二是清洁生产水平评价，即企业实施完成清洁生产方案后，其清洁生产水平在行业内的定位，是与同类企业的横向对比。

第七条　绩效评估重点是企业实施清洁生产技术改造方案前后的环境、经济效益评估，评估内容包括但不限于以下内容：

（一）　产业政策与法规符合性。

（二）　与清洁生产审核的目标和指标进行衔接、对比情况。

（三）　产品改进情况，例如产品合格率、产品质量、产品寿命、生命周期评价等。

（四）　资源能源利用改进情况，例如单位产品能耗、单位产品耗水量、原料利用率等。

（五）　工艺、装备与过程控制改进情况，例如主体工艺装备水平、信息化水平、自动化水平等。

（六） 污染物控制改进情况，例如污染物排放总量、产（排）污强度、有毒有害物质的替代、废弃物无害化和减量化、无组织排放控制等。

第八条 清洁生产水平评价是指企业在行业内的清洁生产水平定位。已经发布清洁生产评价指标体系的行业，利用评价指标体系评定企业在行业内的清洁生产水平定位；未发布清洁生产评价指标体系的行业，可以参照行业统计数据评定企业在行业内的清洁生产水平定位。

第九条 县级以上工业主管部门根据本地区情况组织开展工业清洁生产实施效果评估，出具评估报告。评估报告应包括企业清洁生产绩效评估结果和清洁生产水平评价结果。

第十条 工业清洁生产实施效果评估所需费用纳入同级政府预算，承担评估工作的部门不得向被评估企业收取费用。

第十一条 工业清洁生产实施效果评估报告可作为工业企业行业准入，落后产能界定，清洁生产示范企业认定，申请政府财政清洁生产、技术改造、节能减排等资金补助的参考依据。

第十二条 鼓励自愿性审核的企业参照本规范开展清洁生产实施效果评估，发布实施效果自评估报告。

第十三条 县级以上工业主管部门可以依照本规范制定实施细则。

汽车有害物质和可回收利用率管理要求

（2015年 第38号公告 工业和信息化部2015年6月1日）

一、汽车生产企业作为污染控制的责任主体，应积极开展生态设计，遵循易拆解性和可回收利用性的设计原则，采用合理的结构和功能设计，选择无毒无害或低毒低害的绿色环保材料和易于拆解、利用的部件，应用资源利用效率高、环境污染小、易于回收利用的绿色制造技术；积极构建绿色供应链，在全产业链控制有害物质使用、落实材料标识要求。

二、各级汽车零部件和材料供应商应如实提供产品的材料和有害物质使用信息，以利于汽车生产企业对汽车有害物质和可回收利用率的跟踪与分析。

三、自2016年1月1日起，对总座位数不超过九座的载客车辆（M1类）有害物质使用和可回收利用率实施管理。

（一）新产品有害物质使用、可回收利用率计算方法应分别符合国家标准《汽车禁用物质要求》、《道路车辆可再利用性和可回收利用性计算方法》的要求，并纳入《车辆生产企业及产品公告》（以下简称《公告》）管理。在生产车延后24个月执行。

（二）汽车生产企业应在申请新产品《公告》时，报送《汽车有害物质信息表》（见附表，电子版可在工业和信息化部节能与综合利用司网站下载），并在获得《公告》6个月内，通过适当的途径和方式，向回收拆解企业提供《汽车拆解指导手册》。对于未按要求提供上述材料和信息的，责令限期改正，或将名单予以公布。

（三）工业和信息化部根据行业现状和发展水平，适时、逐步扩大产品类别实施范围。

四、工业和信息化部每年发布汽车行业绿色发展年度报告，公布汽车有害物质使用和可回收利用率等信息，对汽车生产企业制度建设、绿色供应链管理等情况进行总结和评估。

节能减排补助资金管理暂行办法

（财建[2015]161号 财政部2015年5月12日印发）

第一条 为规范和加强节能减排补助资金管理，提高财政资金使用效益，根据《中华人民共和国预算法》、《中华人民共和国节约能源法》等相关法律法规以及十八届三中全会关于深化财税体制改革的具体要求，制定本办

法。

第二条　本办法所称节能减排补助资金，是指通过中央财政预算安排，用于支持节能减排方面的专项资金。

第三条　节能减排补助资金实行专款专用，专项管理。

第四条　节能减排补助资金重点支持范围：

（一）节能减排体制机制创新；

（二）节能减排基础能力及公共平台建设；

（三）节能减排财政政策综合示范；

（四）重点领域、重点行业、重点地区节能减排；

（五）重点关键节能减排技术示范推广和改造升级；

（六）其他经国务院批准的有关事项。

第五条　节能减排补助资金分配结合节能减排工作性质、目标、投资成本、节能减排效果以及能源资源综合利用水平等因素，主要采用补助、以奖代补、贴息和据实结算等方式。以奖代补主要根据节能减排工作绩效分配；据实结算项目主要采用先预拨、后清算的资金拨付方式。

第六条　财政部根据项目任务、特点等情况，将资金下达地方或纳入中央部门预算。

第七条　项目实施过程中，因实施环境和条件发生重大变化需要调整时，应按规定程序上报财政部和有关部门，经批准后执行。

第八条　资金支付应按照国库集中支付制度有关规定执行。涉及政府采购的，应按照政府采购有关法律制度规定执行。

第九条　财政部会同有关部门对节能减排补助资金使用情况进行监督检查和绩效考评。

第十条　任何单位或个人不得截留、挪用专项资金。对违反规定，骗取、截留、挪用专项资金的，依照《财政违法行为处罚处分条例》等国家有关规定进行处理。涉嫌犯罪的，依法移送司法机关处理。

第十一条　本办法由财政部负责解释。

第十二条　本办法自发布之日起施行。《财政部　国家发展改革委关于印发<节能技术改造财政奖励资金管理办法>的通知》（财建〔2011〕367号）、《财政部　工业和信息化部　国家能源局关于印发<淘汰落后产能中央财政奖励资金管理办法>的通知》（财建〔2011〕180号）、《财政部　工业和信息化部关于印发<工业企业能源管理中心建设示范项目财政补助资金管理暂行办法>的通知》（财建〔2009〕647号）、《财政部　国家发展改革委关于印发<合同能源管理财政奖励资金管理暂行办法>的通知》（财建〔2010〕249号）、《财政部关于印发<夏热冬冷地区既有建筑节能改造补助资金管理暂行办法>的通知》（财建〔2012〕148号）同时废止。

水污染防治专项资金管理办法

（财建[2015]226号　财政部、环境保护部2015年7月9日公布印发）

第一条　为规范和加强水污染防治专项资金管理，提高财政资金使用效益，根据《中华人民共和国预算法》、《水污染防治行动计划》有关规定，制定本办法。

第二条　本办法所称水污染防治专项资金（以下简称专项资金），是指中央财政安排，专门用于支持水污染防治和水生态环境保护方面的资金。

第三条　专项资金实行专款专用，专项管理。

第四条　专项资金由财政部会同环境保护部负责管理。

第五条　专项资金重点支持范围包括：

（一）重点流域水污染防治；

（二）水质较好江河湖泊生态环境保护；

（三）饮用水水源地环境保护；

（四）地下水环境保护及污染修复；

（五）城市黑臭水体整治；

（六）跨界、跨省河流水环境保护和治理；

（七）国土江河综合整治试点；

（八）其他需要支持的有关事项。

第六条　专项资金根据各项水污染防治工作性质，主要采取因素法、竞争性等方式分配，采用奖励等方式予以支持。采用因素法分配的，主要为目标考核类工作，考核结果作为专项资金分配的参考依据；采用竞争方式分配的，主要为试点示范类工作，通过竞争审定工作方案，财政部会同环境保护部按照工作通知确定的程序组织竞争性评审。

第七条　对于试点示范类工作，财政部会同环境保护部根据国家有关部署及要求确定专项资金年度支持重点领域，组织地方申报实施方案，并择优支持。

第八条　地方财政及环境保护部门要按规定管理和使用中央拨付的专项资金，组织实施相关工作，落实工作任务，对采用政府和社会资本合作（PPP）模式的项目予以倾斜支持。

第九条　专项资金支付应当按照国库集中支付制度有关规定执行。涉及政府采购的，应当按照政府采购有关法律规定执行。涉及引入社会资本的，应当按照政府和社会资本合作有关规定执行。

第十条　财政部会同环境保护部组织对水污染防治专项工作开展绩效评价，并依据绩效评价结果奖优罚劣。对于绩效评价结果较好、达到既定目标的，给予奖励；对于绩效评价结果较差、无法达到既定目标的，予以清退，并收回专项资金。

第十一条　地方财政部门会同同级环境保护部门按照职责分工，加强对方案组织实施和资金使用管理的监督检查。

第十二条　任何单位或个人不得骗取、截留、挪用专项资金。对违反规定，骗取、截留、挪用专项资金的，依照《财政违法行为处罚处分条例》等有关规定追究法律责任。

第十三条　本办法由财政部会同环境保护部负责解释。

第十四条　本办法自发布之日起施行。2013年11月12日印发的《财政部环境保护部关于印发<江河湖泊生态环境保护项目资金管理办法>的通知》（财建〔2013〕788号）同时废止。

船舶报废拆解和船型标准化补助资金管理办法

（财建[2015]977号　财政部2015年11月9日印发）

第一章　总　则

第一条　为了规范船舶报废拆解和船型标准化补助资金的管理，提高资金使用效益，根据《国务院关于印发船舶工业加快结构调整促进转型升级实施方案（2013-2015年）的通知》（国发〔2013〕29号）、《国务院关于加快长江等内河水运发展的意见》（国发〔2011〕2号）、《国务院关于促进海洋渔业持续健康发展的若干意见》（国发〔2013〕11号）和报经国务院同意的《财政部　农业部关于调整国内渔业捕捞和养殖业油价补贴政策　促进渔业持续健康发展的通知》（财建〔2015〕499号）等有关规定，制定本办法。

第二条　本办法所称船舶报废拆解和船型标准化补助资金(以下简称补助资金)，是指中央和地方财政预算安排的，用于鼓励沿海和远洋老旧运输船舶（以下简称海船）提前报废更新，内河主要通航水域运输船舶（以下简称内河船）拆解、改造和新建示范船，以及渔业捕捞作业船舶（以下简称渔船）报废拆解、更新改造和渔业装备设施建设的补助资金。

内河主要通航水域是指《全国内河航道与港口布局规划》确定的“两横一纵两网十八线”等主要干支流高等级航道。“两横一纵两网十八线”是指长江干线、西江干线、京杭运河和长江三角洲、珠江三角洲高等级航道网，以及岷江、嘉陵江、乌江、湘江、沅水、汉江、江汉运河、赣江、信江、合裕线、右江、北盘江-红水河、柳江-黔

江、淮河、沙颍河、黑龙江、松花江和闽江等。

第三条 补助资金的使用范围包括：

（一）海船提前报废更新。

（二）内河船拆解、改造和新建示范船。主要包括：过闸小吨位船舶拆解、老旧运输船舶提前拆解、单壳液货危险品船拆解改造、现有船舶生活污水防污染改造，以及建造川江及三峡库区大长宽比示范船、液化天然气（LNG）动力示范船或高能效示范船。

（三）渔船报废拆解、更新改造和渔业装备设施建设。主要包括：渔民减船转产过程中的渔船拆解、人工鱼礁改造及投放、减船废料无害化处理和渔具集中销毁等；标准化捕捞渔船更新改造；人工鱼礁建设、渔港航标等公共基础设施建设、深水抗风浪养殖网箱、海洋渔船通导与安全装备建设，以及支持渔业发展的其他重点方面。

第四条 用于海船提前报废更新的补助资金由中央财政承担。

用于中央航运企业（含其控股子公司）的内河船拆解、改造的补助资金，由中央财政承担。用于其他内河船拆解改造的补助资金由中央财政和地方财政按照比例分担。其中东部省份（山东、江苏、上海、浙江、福建、广东）比例为5:5，中部省份（黑龙江、河南、安徽、江西、湖北、湖南）比例为6:4，西部省份（陕西、重庆、四川、云南、贵州、广西）比例为7:3。

用于新建内河示范船以及渔船报废拆解、更新改造和渔业装备设施建设的补助资金由中央财政承担，鼓励地方财政增加资金投入。

第五条 补助资金用于海船提前报废更新的补助期间为2013年1月1日至2017年12月31日，用于内河船拆解、更新和新建示范船的补助期间为2013年10月1日至2015年12月31日，用于渔船报废拆解、更新改造和渔业装备设施建设的补助期间为2015年10月1日至2019年12月31日。

第二章 海船提前报废、更新补助标准

第六条 海船拆解后符合下列条件的，可以申请补助资金：

（一）从事国内沿海或国际远洋的老旧运输船舶。其中，单壳油轮不小于600载重吨，其他运输船舶不小于1000 总吨。

（二）2012年12月31日前取得所有权，并持有有效期至2013年1月1日之后的船舶登记、船舶检验等证书、国内沿海《船舶营业运输证》或《国际海上运输船舶备案证明书》。

（三）比规定的强制报废船龄或单壳油轮限期淘汰时间提前1年至10年（含1年、10年）拆解。符合《关于发布提前淘汰国内航行单壳油轮实施方案的公告》(交通运输部公告2009年第52号)和《经1978年议定书修订的1973年国际防止船舶造成污染公约》要求的单壳油轮，限期淘汰时间按以上规定确认；其他船舶限期淘汰时间按《老旧运输船舶管理规定》(交通运输部令2014年第14号)确认。

（四）2013年1月1日至2017年12月31日期间拆解完毕，并办理完毕船舶所有权、国籍、营运资格等注销手续。

第七条 在2013年1月1日至2017年12月31日期间融资租赁回购并符合本办法第六条规定条件的船舶，由持有水路运输许可证的船舶所有人提出船舶拆解和补助资金的申请。

第八条 在拆解海船的基础上，新建船舶符合下列条件的，可以申请补助资金：

（一）新建船舶与拆解船舶的船舶所有人相同。

（二）2013年1月1日至2017年12月31日期间，船舶建造完成并取得海事机构核发的船舶登记证书和中国船级社核发的船舶检验证书、入级证书。新建船舶应为沿海或远洋运输船舶，具体船舶类型由企业自主选择。

（三）新建船舶的总吨应不小于拆解船舶的总吨。根据自愿原则，同一船舶所有人可将其全部拆解和新建船舶的总吨分别合并后对应计算，也可将拆解和新建船舶的总吨分别对应计算。

（四）满足中国船级社公布的我国加入的国际新公约、新规范和新标准的要求。

第九条 海船提前报废更新补助金额按以下方法计算：

单船补助金额=补助基数×船舶总吨×船龄系数×船舶类型系数。

补助基数为0.15万元；船舶总吨以拆解船舶检验证书核定为准。

船龄系数按办理船舶所有权注销手续时的实际船龄计算提前淘汰的年限，对应《沿海和远洋老旧运输船舶提前报废船龄系数表》(附1)确定。

船舶类型系数：驳船为0.6，散货船、杂货船、其他货船为1.0，集装箱船、冷藏船、多用途船、滚装货船为

1.2，客船、液化气船、化学品船、油船、推（拖）轮为1.5。

第三章 内河船拆解、改造、新建补助标准

第十条 拆解通过京杭运河干线船闸小吨位船舶，符合下列条件的，可申请补助资金：

（一）船舶种类为干散货船，船龄在30年（含）以下且船舶总吨位在200总吨（含）以下；

（二）船舶持有交通运输部及其水系派出机构、山东、江苏、安徽、浙江、河南和上海有关管理部门核发的有效船舶检验、船舶登记、船舶营运等证书；

（三）2011年1月1日至2013年9月30日期间，至少有一次通过京杭运河干线船闸的过闸记录（以船闸管理部门的数据或海事签证记录为准）。

第十一条 通过京杭运河干线船闸小吨位船舶的拆解补助金额，按以下方法计算：

单船补助金额=补助基数×船舶总吨×船龄系数×船舶类型系数。

补助基数为0.1万元；船舶总吨按船舶检验证书核定为准；船龄系数按办理船舶所有权注销手续时的实际船龄对应《内河过闸小吨位拆解船舶船龄系数表》（附2）确定；船舶类型系数，干货驳船为0.6,干散货船为1.0。

第十二条 拆解通过西江干线船闸小吨位船舶，符合下列条件的，可申请补助资金：

（一）船舶种类为运输船舶，船龄在30年（含）以下且船舶总吨位在300总吨（含）以下；

（二）船舶持有交通运输部及其水系派出机构、广东、广西有关管理部门核发的有效船舶检验、船舶登记、船舶营运等证书；

（三）在2011年1月1日至2013年9月30日期间，至少有一次通过西江干线船闸的过闸记录（以船闸管理部门的数据或海事签证记录为准）。

第十三条 通过西江干线船闸小吨位船的拆解补助金额，按以下方法计算：

单船补助金额=补助基数×船舶总吨×船龄系数×船舶类型系数。

补助基数为0.1万元；船舶总吨按船舶检验证书核定为准；船龄系数按办理船舶所有权注销手续时的实际船龄对应《内河过闸小吨位拆解船舶船龄系数表》（附2）确定；船舶类型系数，干货驳船为0.6，液货驳船为0.9，干散货船(含多用途船、杂货船)为1.0，集装箱船、滚装船、客船、液货危险品船为1.5。

第十四条 拆解内河老旧运输船舶，符合下列条件的，可申请补助资金：

（一）船舶种类为运输船舶。货运船舶船龄在15年以上30年（含）以下，其中黑龙江水系的船舶船龄为15年以上36年（含）以下；客运船舶船龄在10年以上25年（含）以下；

（二）船舶持有管理部门核发的有效船舶检验、船舶登记、船舶营运等证书；

（三）船舶经营范围在“两横一纵两网十八线”水域内（以船舶营业运输证核定为准）。

第十五条 内河老旧运输船舶拆解补助金额，按以下方法计算：

单船补助金额=补助基数×船舶总吨×船龄系数×船舶类型系数。

其中，补助基数为0.1万元；船舶总吨按船舶检验证书核定为准；船龄系数按办理船舶所有权注销手续时的实际船龄对应《内河老旧运输船舶船龄系数表》（附3）确定；船舶类型系数，干货驳船为0.6，液货驳船为0.9，干散货船(含多用途船、杂货船)为1.0，集装箱船、滚装船、客船、液货危险品船、推（拖）轮为1.5。

第十六条 拆解或改造内河单壳油船、单壳化学品船，符合下列条件的，可申请补助资金：

（一）船舶种类为单壳化学品船或600载重吨（含）以上的单壳油船；

（二）船舶持有管理部门核发的有效船舶检验、船舶登记、船舶营运等证书；

（三）船舶经营范围在“两横一纵两网十八线”水域内（以船舶营业运输证核定为准）；

（四）船舶改造，需按照现行船舶检验法律规范要求改造为双壳船（仅限船龄小于等于15年的单壳化学品船或600载重吨及以上的单壳油船）并经船检机构检验合格。

第十七条 内河单壳油船、单壳化学品船的拆解补助金额，按本办法通过西江干线船闸小吨位船拆解补助金额计算方法执行。

内河单壳油船、单壳化学品船的改造补助金额，按以下方法计算：

单船补助金额=单位吨位补助额×船舶总吨。

单位吨位补助额为0.06万元/总吨；船舶总吨按改造前船舶检验证书核定为准。

第十八条 对现有内河船舶进行生活污水防污染改造，符合下列条件的，可申请补助资金：

（一）船舶种类为2011年9月1日前建造的运输船舶，且船舶总吨位在400总吨及以上或核定载运船上人员15人以上；

（二）船舶持有管理部门核发的有效船舶检验、船舶登记、船舶营运等证书；

（三）船舶经营范围在“两横一纵两网十八线”水域内（以船舶营业运输证核定为准）；

（四）改造前船舶生活污水排放达不到《内河船舶法定检验技术规则（2011）》（海法规〔2011〕391号）的要求；

（五）按照现行法规规范的要求加装生活污水处理装置或生活污水贮存舱（柜），并经船检机构检验合格。

第十九条 现有内河船生活污水防污染改造补助金额，按以下方法计算：

（一）加装生活污水处置装置的客船：单船补助金额=补助基数+单位客位补助额×船舶载客定额。其中，补助基数为9万元；单位客位补助额为0.11万元/客位；船舶载客定额按船舶检验证书核定为准。

加装生活污水处置装置的货船：1000总吨以下单船补助金额为3万元；1000总吨及以上至未满2000总吨单船补助金额为4万元；2000总吨及以上单船补助金额为5万元。

（二）加装生活污水贮存舱（柜）的内河船：1000总吨以下单船补助金额为1.5万元；1000总吨及以上至未满2000总吨单船补助金额为2万元；2000总吨及以上单船补助金额为2.5万元。

第二十条 新建川江及三峡库区大长宽比示范船，符合下列条件的，可申请补助资金：

（一）申请人具有长江干线省际普通货船运输的水路运输经营资质，与建造完工示范船所有人、经营人一致；

（二）新建船舶应当满足《内河运输船舶标准船型指标体系》（交通运输部2012年第13号公告）要求，主尺度符合《交通运输部关于公布长江水系过闸运输船舶标准船型主尺度系列及有关规定的公告》（交通运输部2012年第69号公告）长江水系货-37主尺度要求，安装有符合内河船建造规范要求的艏侧推装置；

（三）取得有效的船舶登记证书、船舶检验证书和船舶营运证书。

第二十一条 新建川江及三峡库区大长宽比示范船的补助金额，按以下方法计算：

在2013年10月1日至2015年3月31日期间建造完工的，单船补助400万元；在2015年4月1日至2015年12月31日期间建造完工的，单船补助300万元。

第二十二条 新建内河液化天然气（LNG）动力示范船，符合下列条件的，可申请补助资金：

（一）申请人具有本办法适用范围内的内河水路运输经营资质，与建造完工示范船所有人、经营人一致；

（二）新建船舶应当满足交通运输部公布的《内河运输船舶标准船型指标体系》、中国船级社公布的《天然气燃料动力船建造规范》和《内河天然气燃料动力船舶法定检验暂行规定》（中华人民共和国海事局海政法〔2013〕759号）要求，船舶吨位不低于400总吨；

（三）取得有效的船舶登记证书、船舶检验证书和船舶营运证书。

第二十三条 新建内河液化天然气（LNG）动力示范船的补助金额，按以下方法计算：

（一）在2013年10月1日至2015年3月31日期间建造完工的：

主机总功率300kW以下，单船补助85万元；主机总功率300kW及以上至未满600kW，单船补助105万元；主机总功率600kW及以上至未满1000kW，单船补助120万元；主机总功率1000kW及以上，单船补助140万元。

（二）在2015年4月1日至2015年12月31日期间建造完工的：

主机总功率300kW以下，单船补助63万元；主机总功率300kW及以上至未满600kW，单船补助78万元；主机总功率600kW及以上至未满1000kW，单船补助90万元；主机总功率1000kW及以上，单船补助100万元。

第二十四条 新建内河高能效示范船，符合下列条件的，可申请补助资金：

（一）申请人具有内河通航水域内的内河水路运输经营资质，与建造完工示范船所有人、经营人一致；

（二）新建船舶应当满足《内河运输船舶标准船型指标体系》要求，船舶能效设计指数（EEDI）满足《内河高能效示范船EEDI基线要求》（附4）的要求，船舶吨位不低于400总吨；

（三）取得有效的船舶登记证书、船舶检验证书和船舶营运证书。

第二十五条 新建内河高能效示范船的补助金额，按以下方法计算：

单船补助金额=单位吨位补助额×船舶总吨×船舶类型系数。

其中：单位吨位补助额为0.03万元/总吨；船舶总吨按船舶检验证书核定为准；船舶类型系数，干散货船为1.0，集装箱船、滚装船、客船、液货危险品船为1.5。

第四章 渔船报废拆解、更新改造和渔业装备设施建设补助标准

第二十六条　渔船报废拆解、更新改造的重点是老旧和木质渔船，不符合国家渔船检验标准且安全和防污染性能较差的渔船，以及对海洋渔业资源破坏性大的双船底拖网、帆张网、三角虎网等作业类型的渔船。

第二十七条 渔船报废拆解（含处理，下同）符合下列条件的，可以申请补助资金:

（一）持有合法有效渔船检验证书、登记证书和捕捞许可证，纳入国家渔船管理数据库管理并实行定点拆解的渔船;

（二）按规定程序办理完渔船报废拆解或处理手续，取得《渔业船舶报废、拆解或处理证明》原件;

（三）渔船所有人出具不利用报废拆解渔船指标制造渔船及不非法从事捕捞业的承诺书。

第二十八条 渔船报废拆解的补助资金，根据船型大小和结构分级分档计算，具体标准见附15。

第二十九条 渔船更新改造符合下列条件的，可以申请补助资金:

（一）渔船的检验证书、登记证书和捕捞许可证齐全、有效，并纳入国家渔船管理数据库管理的渔船;

（二）依法取得《渔业船网工具指标批准书》原件，在渔船建成检验发证前按规定程序办理完旧渔船报废拆解或处理手续，取得《渔业船舶报废、拆解或处理证明》原件;

（三）渔船所有人出具拟更新改造渔船不非法从事捕捞业的承诺书。

第三十条 更新改造成双船底拖网、帆张网、三角虎网等作业类型的渔船不享受补助。

第三十一条　渔船更新改造补助实行上限控制，补助资金不得超过每档渔船平均造价的30%且不超过分档定额补助上限，具体补助标准详见附16。

第三十二条 渔业装备设施建设符合下列条件的，可以申请补助资金:

（一）人工鱼礁建设应在国家级海洋牧场示范区范围内，并符合国家和地方海域使用功能区划与渔业发展规划。

（二）持有《水域滩涂养殖证》或《不动产权证书》，有固定的深水养殖区域，具有一定相关技术和管理能力的养殖企业、合作社，可以申请深水网箱推广补助。优先安排已经投保养殖设施保险和淘汰普通网箱项目。

（三）渔港标准化改造应为农业部公布的《渔港升级改造和整治维护规划》中确定渔港和避风锚地。

第三十三条 渔业装备设施建设实行上限补助，具体补助标准详见附17。

第五章 海船补助资金的申请和审核

第三十四条　在政策实施期内,船舶所有人在完成海船拆解后建造新船的，可以一次性申请全部补助资金，也可以分两次申请各50%的补助资金。船舶新建完工日期早于船舶拆解完工日期的，船舶所有人应按照本办法第四十一、第四十二条的规定，在完成船舶拆解后一次性申请全部补助资金。拆解海船后不新建以及新建海船总吨小于拆解船舶总吨的，只能申请50%补助资金。共有船舶补助资金的申请人和补助资金的分配方式，由船舶共有人协商确定。

第三十五条　申请补助资金的海船船舶所有人在对船舶进行拆解前，应填写《海船提前报废申请表》(附5)，并持水路运输许可证（企业名称与《船舶营业运输证》或《国际海上运输船舶备案证明书》记载的船舶经营人一致，下同）、工商营业执照（船舶所有人为自然人的，提供身份证）、拆解船舶的有关证书向其所在市（设区的市，下同）级交通运输主管部门提出申请。

船舶所有人所在地与船舶拆解企业所在地不在同一地市的，船舶所有人应按前款规定向船舶拆解企业所在地市级交通运输主管部门提出船舶拆解环节的监管申请，并同时提交以下材料:

（一）船舶登记、船舶检验证书复印件;

（二）《海船提前报废申请表》(附5);

（三）海船船舶所有人所在地市级交通运输主管部门关于该船符合补助条件的证明;

（四）水路运输许可证、《船舶营运证》或《国际海上运输船舶备案证明书》复印件。

第三十六条　海船拆解企业所在地市级交通运输主管部门会同拆解企业所在海事管理机构、中国船级社应指派1名以上工作人员到拆船现场实施监督，查验并核销相关证书，对实船进行验证，拍摄照片。船舶所有人按规定办理相关船舶注销手续。

第三十七条　船舶拆解完工后，海船拆解企业所在地市级交通运输主管部门应会同拆解企业所在海事管理机构、中国船级社应各指派1-2名工作人员进行现场验收，并共同编制《海船拆解完工报告书》。

船舶拆解完工的认定标准是船舶主体结构（含主甲板、舷外板、船底板、舱壁和骨架）已被拆解且不可恢复、船舶主机和发电机组已脱离船舶主体。

第三十八条 海船船舶所有人在2013年1月1日至《交通运输部 财政部 国家发展改革委 工业和信息化部关于印发老旧运输船舶和单壳油轮提前报废更新实施方案的通知》（交水发〔2013〕729号)发布前已经拆解海船并申请补助资金的，需出具船厂拆解证明、船舶相关证书注销证明及相关拆解过程图片材料，并向所在地市级交通运输主管部门申请补发拆解企业所在地市级交通运输主管部门、拆解企业所在地海事管理机构、中国船级社共同签署的《海船拆解完工报告书》（附6）。

第三十九条《海船拆解完工报告书》（附6，一式四份）与拆解船舶的资料和证件一并建档，市级交通运输主管部门、拆解企业所在海事管理机构、中国船级社和船舶所有人各留存一份。

第四十条 申请补助资金的海船所有人与船舶制造企业签订新造船合同后，应将有关情况报船舶制造企业所在地的市级船舶行业管理部门，市级船舶行业管理部门报省级船舶行业管理部门书面备案。

第四十一条 船舶所有人完成海船拆解后申请补助资金的，应向其所在地市级交通运输主管部门提交下列材料:

（一）《海船提前报废更新补助资金申请表》（附7）；

（二）水路运输许可证、工商营业执照(船舶所有人为自然人的，提供身份证)原件及其复印件;

（三）拆解船舶的《海船拆解完工报告书》（附6）原件和船舶所有权注销登记证书原件及复印件;

(四)《船舶营业运输证》或《国际海上运输船舶备案证明书》注销证书原件。

第四十二条 在拆解海船的基础上，船舶所有人完成海船新船建造后申请补助资金的，应当向其所在地市级交通运输主管部门提交下列材料:

（一）《海船提前报废更新补助资金申请表》（附7）；

（二）水路运输许可证、工商营业执照复印件;

（三）对应拆解船舶的《海船拆解完工报告书》（附6）复印件;

（四）与船舶制造企业签订的船舶建造合同、新建船舶的船舶所有权登记证书、入级证书的原件及复印件;

（五）中国船级社出具的符合国际新规范、新公约和新标准要求的证明文件;

（六）在船舶拆解后已经领取了50%补助资金的，提供领取50%补助资金的证明；船舶拆解后未领取补助资金、新建船舶后一次性领取全部资金的，或船舶新建完工日期早于船舶拆解完工日期的，在完成船舶拆解后一次性领取全部资金的，还应当提供本办法第四十一条规定的材料。

第四十三条 市级交通运输、财政主管部门应当依照本办法，对申请人提交的相关材料进行审核，符合条件的，应在规定的时间内报送省级交通运输、财政主管部门核准。

第四十四条 有关省级交通运输主管部门会同同级财政部门根据本办法规定的海船补助范围及标准，结合本地、本单位情况，于每年1月30日前向交通运输部、财政部报送预拨补助资金申请文件，由交通运输部审核汇总后报财政部审批。申请文件中应说明申请的补助资金数额及拟提前拆解或者新建的船舶艘数、总吨位。

第六章 内河船补助资金的申请和审核

第四十五条 申请补助资金的内河船舶所有人应填写《内河船拆解改造补助申请表》（附8）或《新建内河示范船申请表》（附9），并持水路运输许可证、工商营业执照（船舶所有人为自然人的，提供身份证）、拆解改造船舶的有关证书或者新建内河示范船的技术方案等材料，向其所在市级交通运输主管部门、财政部门提出申请。

新建内河示范船的申请人只得选择川江及三峡库区大长宽比示范船、内河LNG动力示范船、高能效示范船三种类型中的一种申报，不得重复申报和享受补助。

申请新建内河LNG动力示范船和高能效示范船补助的水路运输经营者，还应按照交通运输部《内河示范船技术评估和认定办法》（交水发〔2014〕144号）的要求进行技术评估，评估合格后方可申请，并同时提交评估意见。

第四十六条 内河船进行拆解或改造前，有关市级交通运输主管部门应当会同当地海事管理部门各指派1-2名工作人员现场监督拆解或改造，对实船进行测量，拍摄照片；并通知相关管理部门按规定办理有关注销手续。

内河船的新建按照船检部门现有操作流程实施，并拍摄照片。拆解、改造和新建船舶的资料、证件、照片等，相关管理部门应建档留存。

第四十七条 内河船舶拆解、改造或新建完工后，有关市级交通运输主管部门应会同拆解企业所在海事管理机构各指派1-2名工作人员进行现场验收，并编制《内河船拆解改造完工报告书》（附10）。属于内河船改造的，应

重新核发有关船舶检验、登记证书和营运证件；属于新建内河示范船的，应编制《内河示范船新建完工报告书》（附11）。

第四十八条 内河船拆解、改造和新建示范船补助资金申请，由市级交通运输主管部门、财政部门依照本办法，对申请者的资格条件进行审核，符合条件的，应在10个工作日内报送省级交通运输主管部门、财政部门核准。

省级交通运输主管部门和财政部门核准后，由市级交通运输主管部门、财政部门与申请人签订内河船拆解改造或新建示范船协议书（示范文本见附12、附13）。

市级交通运输主管部门应将签订完协议书的船舶名单、船舶所有人（即申请人）和船舶拟拆解、改造或建造的时间、地点等信息及时通知船籍港所在地海事管理机构。

第四十九条 内河船拆解、改造或新建完工后，有关市级交通运输主管部门、财政部门应当审查申请人提交的相关材料。

属于内河船改造的，应提交重新核发的船舶检验、登记证书和营运证件。新建示范船的，还应提供经核准的《新建内河示范船申请表》（附9）、船舶检验证书、船舶所有权证书、船舶营运证书原件及复印件和《新建内河示范船补助申请表》（附14）。新建LNG动力示范船和高能效示范船的，还应提供《内河示范船技术评估和认定办法》（交水发〔2014〕144号）中要求的技术认定意见。

第五十条 《内河船拆解改造完工报告书》（附10）与拆解船舶的资料和证件一并建档，参与现场监督的部门和船舶所有人各留存一份。

第五十一条 自本办法施行之日起，符合本办法规定补助条件的内河船改变船籍港，船舶所有人应到其船舶检验证书、船舶登记证书和船舶营运证原发证机关办理注销手续后，到其所在地市级交通运输主管部门办理船舶迁移证明。

所在地市级交通运输主管部门核对有关注销手续后，向内河船转入地市级交通运输主管部门出具船舶迁移证明，并将有关变动情况逐级报交通运输部备案。

内河船转让后，新的船舶所有人应凭相关变更登记手续和船舶迁移证明到转入地市级交通运输主管部门办理迁入手续。未能提供船舶迁移证明并办理迁入手续的，不得享受补贴。

第五十二条 有关省级交通运输主管部门会同同级财政部门根据本办法规定的内河船补助范围及标准，结合本地、本单位情况，于每年1月30日前向交通运输部、财政部报送预拨补助资金申请文件，由交通运输部审核汇总后报财政部审批。申请文件中应说明申请的补助资金数额及拟提前拆解或者新建的船舶艘数、总吨位。

第七章 渔船报废拆解、更新改造和渔业装备设施建设补助资金的申请和审核

第五十三条 渔船更新改造补助资金的申请和审核，应遵循以下程序：

（一）由船舶所有人向其所在县级渔业主管部门、财政部门提出补助资金申请。

（二）县级渔业主管部门会同财政部门对补助申请表进行初核、汇总，并对渔船更新改造补助申请资格在醒目地方进行公示（不少于5个工作日），以保证相关数据的真实可靠。公示结束后，县级渔业主管部门会同财政部门应根据补助标准进行测算统计，并于每年2月底前将补助渔船统计、补助额度测算情况逐级报送省级渔业主管部门和财政部门，抄报省级审计部门。

（三）省级渔业主管部门会同财政部门对县级相关部门报送的材料进行核查，以县为单位进行公示，在此基础上进行汇总测算。

（四）省级渔业主管部门会同财政部门于每年3月20日前，以书面文件将本省（区、市）上年度渔船补助审核情况、相关任务完成、资金测算等上报农业部和财政部，抄送同级审计部门。

第五十四条 渔船报废拆解和渔业装备设施建设补助由省级渔业主管部门会同财政部门根据当地渔船报废拆解和地方渔业规划情况提出补助资金申请，并按本办法第五十三条第四款的要求一并上报。

第五十五条 农业部收到各省（区、市）相关部门报送的材料后，结合渔船动态监管系统和日常调研情况，重点核查渔船动态变化情况，防止突破“双控”要求。同时，结合全国减船、建船规划及任务完成情况，审核和测算渔船（含报废拆解）、渔业装备设施建设补助建议数，于每年4月10日前函报财政部，同时抄送审计署。

第八章 海船、内河船补助资金的下达和拨付

第五十六条 财政部根据各地上报的补助资金申请情况向有关省级财政部门预拨补助资金。资金预拨文件同时抄送交通运输部、财政部驻各省（区、市）财政监察专员办事处。

有关省级财政部门应当根据对各地市补助资金审核情况，将补助资金以专项转移支付方式下达市级财政部门，并将资金下达文件抄送财政部驻各省（区、市）财政监察专员办事处。

市级财政部门应会同同级交通运输主管部门在规定的时间内发放补助资金，补助资金发放前应经财政部驻各省（区、市）财政监察专员办事处审核。补助资金的支付，按照国库集中支付制度有关规定执行。

第五十七条 市级财政部门应会同同级交通运输主管部门将资金发放情况报省级财政部门、交通运输主管部门备查。有关省级交通运输主管部门会同同级财政部门分别于每年3月31日前向交通运输部报送上年度补助资金发放情况，由交通运输部汇总后抄送财政部等有关部门。

市级交通运输部门应专卷保存船舶所有人提交的补助资金申请材料。

第五十八条 船舶报废拆解和船型标准化补助政策实施到期后，由财政部、交通运输部对该项资金统一进行清算。

省级财政部门会同同级交通运输主管部门上报的资金清算申请，应先经财政部驻各省（区、市）财政监察专员办事处审核。

对于新建海船，确已开工但在2017年12月31日前未完成船舶建造的，经省级交通运输主管部门和中国船级社核查后、统一由交通运输部汇总后报财政部，资金清算日可延长至2020年12月31日；对于新建内河示范船，确已开工但在2015年12月31日前未完成船舶建造的，经省级交通运输主管部门和船舶检验机构核查后，统一由交通运输部汇总后报财政部，资金清算日可延长至2017年12月31日。

第九章 渔船报废拆解、更新改造和渔业装备设施建设补助资金的下达和拨付

第五十九条 财政部根据农业部报送的上年度渔船（含报废拆解）、渔业装备设施建设补助建议，结合年度预算安排，测算确定各省（区、市）上年度渔船（含报废拆解）、渔业装备设施建设补助资金，按照预算管理有关规定及时下达相关省（区、市）财政部门。资金下达文件同时抄送农业部、审计署、财政部驻各省（区、市）财政监察专员办事处。

第六十条 各省级财政部门会同同级渔业主管部门及时下拨补助资金。补助资金的支付，按照国库集中支付制度有关规定执行。

第六十一条 基层财政部门应会同同级渔业主管部门将资金发放情况报省级财政部门、渔业主管部门备查。各省级渔业主管部门会同同级财政部门于每年3月31日前向农业部报送上年度补助资金发放情况，由农业部汇总后抄送财政部、审计署等有关部门。

基层渔业主管部门应专卷保存船舶所有人提交的补助资金申请材料。

第十章 管理和监督

第六十二条 各相关管理部门要按照职责分工，明确责任，强化绩效管理，切实加强对补助资金使用的监督管理，对补助资金的安排和使用情况组织开展绩效评价和不定期抽查。

对申报情况不真实的地区和单位，中央财政将相应扣减或收回补助资金。对违反规定，截留、挪用、骗取补助资金的单位及个人，依照《财政违法行为处罚处分条例》等国家有关规定追究法律责任。

第六十三条 补助资金的发放情况及时对外公开，接受群众和社会监督。

财政部驻各省（区、市）财政监察专员办事处应加强对补助资金发放环节及资金清算环节的监督。

第十一章 附 则

第六十四条 有关省级财政部门可会同同级交通运输、渔业、船舶行业主管部门根据本办法制定具体实施办法，并报财政部、交通运输部、农业部备案。

第六十五条 本办法由财政部商交通运输部、农业部进行解释。

第六十六条 本办法自印发之日起施行，《渔业成品油价格补助专项资金管理暂行办法》（财建〔2009〕1006号）、《老旧运输船舶和单壳油轮报废更新中央财政补助专项资金管理办法》（财建〔2014〕24号）和《内河船型标准化补贴资金管理办法》（财建〔2014〕61号）同时废止。

绿色建材评价标识管理办法实施细则

（建科[2015]162号 住房城乡建设部 工业和信息化部2015年10月14日印发）

第一章 总 则

第一条 为落实《绿色建筑行动方案》和《促进绿色建材生产和应用行动方案》、推动绿色建筑发展和建材工业转型升级、推进新型城镇化，依据《中华人民共和国节约能源法》、《民用建筑节能条例》有关要求和《绿色建材评价标识管理办法》，制定本细则。

第二条 本细则规定绿色建材评价标识工作（以下简称评价工作）的组织管理、专家委员会、评价机构的申请与发布、标识申请、评价及使用、监督管理。

第三条 绿色建材评价应紧密围绕绿色建筑和建材工业发展需求，促进节地与室内外环境保护、节能与能源利用、节水与水资源利用、节材与资源综合利用等方面的材料与产品以及通用绿色建材的生产与应用。

第四条 评价工作遵循企业自愿和公益性原则，政府倡导，市场化运作。评价技术要求和程序全国统一，标识全国通用，在全国绿色建材评价标识管理信息平台（以下简称信息平台）发布。

第五条 绿色建材评价机构、评价专家及有关工作人员对评价结果负责。

建材生产企业应对获得标识产品的质量及该产品的全部公开信息负责。

第二章 组织管理

第六条 住房城乡建设部、工业和信息化部绿色建材推广和应用协调组明确绿色建材评价标识日常管理机构，由该机构承担绿色建材评价标识日常实施管理和服务工作，以及住房城乡建设部、工业和信息化部（以下简称两部门）委托的相关事项。

第七条 各省、自治区、直辖市住房城乡建设、工业和信息化主管部门（以下简称省级部门。两部门和省级部门统称为主管部门），负责本地区绿色建材评价标识工作。主要职责是：

（一）明确承担省级绿色建材评价标识日常管理工作的机构；

（二）对一星级、二星级评价机构进行备案并将备案情况及时报两部门；

（三）本地区绿色建材评价标识应用的协调和监管；

（四）在信息平台发布本地区绿色建材评价标识等工作。

第三章 专家委员会

第八条 全国绿色建材评价标识专家委员会（以下简称专家委员会）由两部门负责组建。专家委员会主要职责是：

（一）提供技术咨询和支持；

（二）评审绿色建材评价技术要求；

（三）其他相关工作。

第九条 专家委员会由建筑、建材等领域专家组成，设主任委员1名、副主任委员2-3名。委员任期为3年，可连续聘任。委员应具备以下条件：

（一）高级技术职称且长期从事本专业工作，具有丰富的理论知识和实践经验，在专业领域有一定的学术影响；

（二）熟悉建筑或建材产业发展现状和国内外趋势，了解相关政策、法规、标准和规范；

（三）出版过相关专著、发表过相关科技论文、主持过相关国家或行业标准编制或主持过国家相关科技项目；

（四）良好的科学道德、认真严谨的学风和工作精神，秉公办事，并勇于承担责任；

（五）身体健康，年龄一般不超过68岁。

第十条 专家委员会委员按以下程序聘任：

（一）单位或个人推荐，填写《全国绿色建材评价标识专家委员会专家登记表》，并提供相应的证明材料，经所在单位同意，报两部门审核；

（二）通过审核的，颁发《全国绿色建材评价标识专家证书》。

第十一条 省级部门可参照本章成立省级专家委员会。

第四章 评价机构

第十二条 评价机构应具备以下条件：

（一）评价工作所需要的土木工程、材料与制品、市政与环境、节能与能源利用、机电与智能化、资源利用和可持续发展等专业人员，一星级、二星级评价机构不少于10人，三星级评价机构不少于30人。

其中中级及以上专业技术职称人员比例不得低于60%，高级专业技术职称人员比例不得低于30%；

（二）独立法人资格，在行业内具有权威性、影响力；

（三）评价机构人员应遵守国家法律法规，熟悉相关政策和标准规范，以及绿色建材评价技术要求；

（四）组织或参与过国家、行业或地方相关标准编制工作，或从事过相关建材产品的检测、检验或认证工作；

（五）开展评价工作相适应的办公条件；

（六）所需的其他条件。

第十三条 对评价机构实施备案和动态信用清单管理。拟从事绿色建材评价标识工作的机构应提交《绿色建材评价机构备案表》。

备案表应随附相关材料复印件，如法人资格证书、营业执照和其他证明材料等。

第十四条 从事三星级绿色建材评价标识工作的机构，经所在地省级部门向两部门备案。中央企事业单位、全国性行业学（协）会可直接向两部门提交备案表，同时抄报所在地省级部门。从事各地一、二星级绿色建材评价标识工作的机构，向当地省级部门备案。

三星级评价机构如开展一星级、二星级标识评价的，向相应的省级部门备案。

从事三星级评价标识工作的机构应不少于两家，每省（自治区、直辖市）从事一、二星级评价标识工作的机构应不少于两家。

评价机构相关信息及时在信息平台发布。

第十五条 评价机构与申请评价标识的企业不得有任何经济利益关系。从事相关建材产品设计、生产和销售的企事业单位原则上不得作为绿色建材评价机构。

第五章 标识申请、评价及使用

第十六条 标识申请由建材生产企业向相应的评价机构提出。生产企业可依据评价技术要求向相应等级的评价机构，申请相应的星级评价和标识。

同一生产企业的同一种产品不得同时向多个评价机构提出相同星级的申请。

第十七条 标识申请企业应填写《绿色建材评价标识申报书》，按照评价技术要求提供相应技术数据和证明材料，并对其真实性和准确性负责。

第十八条 评价机构收到企业申请后，须在5个工作日内完成形式审查。通过形式审查的，评价机构向申请企业发放受理通知书。双方应以自愿为原则，协议双方的权利和义务等。

未通过形式审查的，应一次性告知申请企业应补充的材料。

第十九条 评价工作应在30个工作日内完成（不含抽样复测时间）。

评价通过的，予以公示，公示期为10个工作日。公示无异议后，评价机构向两部门申请证书编号，颁发标识；公示有异议的，由相应主管部门组织复核。

评价未通过的，如企业对评价结果有异议，应在10个工作日内向受理的评价机构提出申诉，评价机构应在10个工作日内给出答复意见；企业对评价机构的答复意见仍有异议的，可向相应的主管部门提出申诉。

第二十条 评价机构按照本办法规定和评价技术要求对企业申请的产品进行评价，出具评价报告，明确评价结论和等级等。

第二十一条 获得绿色建材评价标识的企业，应以适当、醒目的方式在产品或包装上明示绿色建材标识。

第二十二条 获得标识的企业应建立标识使用管理制度，规范标识使用，保证出厂产品各项性能指标与标识的一致性。对标识的使用情况应如实记录和存档。

第二十三条 标识有效期为3年，有效期内企业应于每年12月底前向评价机构提交标识使用情况报告。有效期满6个月前可向评价机构申请延期使用复评。延期复评程序与初次申请程序一致。

第二十四条 获得标识的企业如发生企业重大经营活动变化的，应及时向评价机构报备。出现下列重大变化之一的，应重新提出评价申请：

（一）企业生产装备、工艺等发生重大变化且严重影响产品性能的；

（二）企业生产地点发生转移的；

（三）产品标准发生更新且影响产品检测结论的。

第六章　监督管理

第二十五条　评价机构每年3月底前向相应的主管部门提交上年度工作报告。报告内容应包括：评价工作概况、当年发放标识的统计、评价工作情况分析、机构和人员情况、存在的困难、问题及建议、其他应说明的情况。

第二十六条　主管部门应对相应的评价机构和获得标识的企业进行定期或不定期抽查和检查。

第二十七条　评价机构有下列情况之一的，计入诚信记录并以适当方式公布：

（一）备案过程中提供虚假资料、信息的；

（二）未经当地主管部门备案在当地从事绿色建材评价标识工作的；

（三）评审过程中提供虚假资料、信息，造成评价结果严重失实的；

（四）出具虚假评价报告的；

（五）不能保证评价工作质量的；

（六）其他违背诚实信用原则的情况。

第二十八条　获得标识的企业出现下列重大问题之一的，评价机构应撤销或者由主管部门责令评价机构撤销已授予的标识，并通过信息平台向社会公布：

（一）出现影响环境的恶性事件和重大质量问题的；

（二）标识产品抽查不合格的；

（三）超范围使用标识的；

（四）以欺骗等不正当手段获得标识的；

（五）利用获得的标识进行虚假或夸大宣传的；

（六）其他依法应当撤销的情形。

第二十九条　被撤销标识的企业，自撤销之日起2年内不得再次申请标识；再次被撤销标识的企业，评价机构不得再受理其评价申请。撤销标识的有关信息在信息平台上予以公示。

第三十条　主管部门和管理机构工作人员在工作中徇私舞弊、滥用职权、玩忽职守或者干扰评价工作导致评价不公正的，依照有关规定给予纪律处分；构成犯罪的，依法移送司法机关追究刑事责任。

第三十一条　任何单位或个人对评价过程或评价结果有异议的，可向主管部门提出申诉和举报。

第七章　附　则

第三十二条　专家登记表及证书、评价机构备案表、标识申报书、标识式样与格式等另行发布。

第三十三条　省级部门可依据《绿色建材评价标识管理办法》和本细则制定本地区实施细则。

第三十四条　本细则自印发之日起实施。

政策文件

中共中央 国务院政策文件

国务院关于深入推进新型城镇化建设的若干意见（节录）

国发〔2016〕8号

三、全面提升城市功能

（八）推进海绵城市建设。在城市新区、各类园区、成片开发区全面推进海绵城市建设。在老城区结合棚户区、危房改造和老旧小区有机更新，妥善解决城市防洪安全、雨水收集利用、黑臭水体治理等问题。加强海绵型建筑与小区、海绵型道路与广场、海绵型公园与绿地、绿色蓄排与净化利用设施等建设。加强自然水系保护与生态修复，切实保护良好水体和饮用水源。

（九）推动新型城市建设。坚持适用、经济、绿色、美观方针，提升规划水平，增强城市规划的科学性和权威性，促进“多规合一”，全面开展城市设计，加快建设绿色城市、智慧城市、人文城市等新型城市，全面提升城市内在品质。实施“宽带中国”战略和“互联网+”城市计划，加速光纤入户，促进宽带网络提速降费，发展智能交通、智能电网、智能水务、智能管网、智能园区。推动分布式太阳能、风能、生物质能、地热能多元化规模化应用和工业余热供暖，推进既有建筑供热计量和节能改造，对大型公共建筑和政府投资的各类建筑全面执行绿色建筑标准和认证，积极推广应用绿色新型建材、装配式建筑和钢结构建筑。加强垃圾处理设施建设，基本建立建筑垃圾、餐厨废弃物、园林废弃物等回收和再生利用体系，建设循环型城市。划定永久基本农田、生态保护红线和城市开发边界，实施城市生态廊道建设和生态系统修复工程。制定实施城市空气质量达标时间表，努力提高优良天数比例，大幅减少重污染天数。落实最严格水资源管理制度，推广节水新技术和新工艺，积极推进中水回用，全面建设节水型城市。促进国家级新区健康发展，推动符合条件的开发区向城市功能区转型，引导工业集聚区规范发展。

中共中央国务院关于加快推进生态文明建设的意见

（2015年4月25日）

生态文明建设是中国特色社会主义事业的重要内容，关系人民福祉，关乎民族未来，事关“两个一百年”奋斗目标和中华民族伟大复兴中国梦的实现。党中央、国务院高度重视生态文明建设，先后出台了一系列重大决策部署，推动生态文明建设取得了重大进展和积极成效。但总体上看我国生态文明建设水平仍滞后于经济社会发展，资源约束趋紧，环境污染严重，生态系统退化，发展与人口资源环境之间的矛盾日益突出，已成为经济社会可持续发展的重大瓶颈制约。

加快推进生态文明建设是加快转变经济发展方式、提高发展质量和效益的内在要求，是坚持以人为本、促进社会和谐的必然选择，是全面建成小康社会、实现中华民族伟大复兴中国梦的时代抉择，是积极应对气候变化、维护全球生态安全的重大举措。要充分认识加快推进生态文明建设的极端重要性和紧迫性，切实增强责任感和使命感，牢固树立尊重自然、顺应自然、保护自然的理念，坚持绿水青山就是金山银山，动员全党、全社会积极行动、深入持久地推进生态文明建设，加快形成人与自然和谐发展的现代化建设新格局，开创社会主义生态文明新时代。

一、总体要求

（一）指导思想。以邓小平理论、“三个代表”重要思想、科学发展观为指导，全面贯彻党的十八大和十八届二中、三中、四中全会精神，深入贯彻习近平总书记系列重要讲话精神，认真落实党中央、国务院的决策部署，坚持以人为本、依法推进，坚持节约资源和保护环境的基本国策，把生态文明建设放在突出的战略位置，融入经济建设、政治建设、文化建设、社会建设各方面和全过程，协同推进新型工业化、信息化、城镇化、农业现代化和绿色化，以健全生态文明制度体系为重点，优化国土空间开发格局，全面促进资源节约利用，加大自然生态系统和环境保护力度，大力推进绿色发展、循环发展、低碳发展，弘扬生态文化，倡导绿色生活，加快建设美丽中国，使蓝天常在、青山常在、绿水常在，实现中华民族永续发展。

（二）基本原则

坚持把节约优先、保护优先、自然恢复为主作为基本方针。在资源开发与节约中，把节约放在优先位置，以最少的资源消耗支撑经济社会持续发展；在环境保护与发展中，把保护放在优先位置，在发展中保护、在保护中发展；在生态建设与修复中，以自然恢复为主，与人工修复相结合。

坚持把绿色发展、循环发展、低碳发展作为基本途径。经济社会发展必须建立在资源得到高效循环利用、生态环境受到严格保护的基础上，与生态文明建设相协调，形成节约资源和保护环境的空间格局、产业结构、生产方式。

坚持把深化改革和创新驱动作为基本动力。充分发挥市场配置资源的决定性作用和更好发挥政府作用，不断深化制度改革和科技创新，建立系统完整的生态文明制度体系，强化科技创新引领作用，为生态文明建设注入强大动力。

坚持把培育生态文化作为重要支撑。将生态文明纳入社会主义核心价值体系，加强生态文化的宣传教育，倡导勤俭节约、绿色低碳、文明健康的生活方式和消费模式，提高全社会生态文明意识。

坚持把重点突破和整体推进作为工作方式。既立足当前，着力解决对经济社会可持续发展制约性强、群众反映强烈的突出问题，打好生态文明建设攻坚战；又着眼长远，加强顶层设计与鼓励基层探索相结合，持之以恒全面推进生态文明建设。

（三）主要目标

到2020年，资源节约型和环境友好型社会建设取得重大进展，主体功能区布局基本形成，经济发展质量和效益显著提高，生态文明主流价值观在全社会得到推行，生态文明建设水平与全面建成小康社会目标相适应。

——国土空间开发格局进一步优化。经济、人口布局向均衡方向发展，陆海空间开发强度、城市空间规模得到有效控制，城乡结构和空间布局明显优化。

——资源利用更加高效。单位国内生产总值二氧化碳排放强度比2005年下降40%—45%，能源消耗强度持续下降，资源产出率大幅提高，用水总量力争控制在6700亿立方米以内，万元工业增加值用水量降低到65立方米以下，农田灌溉水有效利用系数提高到0.55以上，非化石能源占一次能源消费比重达到15%左右。

——生态环境质量总体改善。主要污染物排放总量继续减少，大气环境质量、重点流域和近岸海域水环境质量得到改善，重要江河湖泊水功能区水质达标率提高到80%以上，饮用水安全保障水平持续提升，土壤环境质量总体保持稳定，环境风险得到有效控制。森林覆盖率达到23%以上，草原综合植被覆盖度达到56%，湿地面积不低于8亿亩，50%以上可治理沙化土地得到治理，自然岸线保有率不低于35%，生物多样性丧失速度得到基本控制，全国生态系统稳定性明显增强。

——生态文明重大制度基本确立。基本形成源头预防、过程控制、损害赔偿、责任追究的生态文明制度体系，自然资源资产产权和用途管制、生态保护红线、生态保护补偿、生态环境保护管理体制等关键制度建设取得决定性成果。

二、强化主体功能定位，优化国土空间开发格局

国土是生态文明建设的空间载体。要坚定不移地实施主体功能区战略，健全空间规划体系，科学合理布局和整治生产空间、生活空间、生态空间。

（四）积极实施主体功能区战略。全面落实主体功能区规划，健全财政、投资、产业、土地、人口、环境等配套政策和各有侧重的绩效考核评价体系。推进市县落实主体功能定位，推动经济社会发展、城乡、土地利用、生态环境保护等规划“多规合一”，形成一个市县一本规划、一张蓝图。区域规划编制、重大项目布局必须符合主体功能定位。对不同主体功能区的产业项目实行差别化市场准入政策，明确禁止开发区域、限制开发区域准入事项，明确优化开发区域、重点开发区域禁止和限制发展的产业。编制实施全国国土规划纲要，加快推进国土综合整治。构建平衡适宜的城乡建设空间体系，适当增加生活空间、生态用地，保护和扩大绿地、水域、湿地等生态空间。

（五）大力推进绿色城镇化。认真落实《国家新型城镇化规划（2014—2020年）》，根据资源环境承载能力，构建科学合理的城镇化宏观布局，严格控制特大城市规模，增强中小城市承载能力，促进大中小城市和小城镇协调发展。尊重自然格局，依托现有山水脉络、气象条件等，合理布局城镇各类空间，尽量减少对自然的干扰和损害。保护自然景观，传承历史文化，提倡城镇形态多样性，保持特色风貌，防止“千城一面”。科学确定城镇开发强度，提高城镇土地利用效率、建成区人口密度，划定城镇开发边界，从严供给城市建设用地，推动城镇化发展由外

延扩张式向内涵提升式转变。严格新城、新区设立条件和程序。强化城镇化过程中的节能理念，大力发展绿色建筑和低碳、便捷的交通体系，推进绿色生态城区建设，提高城镇供排水、防涝、雨水收集利用、供热、供气、环境等基础设施建设水平。所有县城和重点镇都要具备污水、垃圾处理能力，提高建设、运行、管理水平。加强城乡规划“三区四线”（禁建区、限建区和适建区，绿线、蓝线、紫线和黄线）管理，维护城乡规划的权威性、严肃性，杜绝大拆大建。

（六）加快美丽乡村建设。完善县域村庄规划，强化规划的科学性和约束力。加强农村基础设施建设，强化山水林田路综合治理，加快农村危旧房改造，支持农村环境集中连片整治，开展农村垃圾专项治理，加大农村污水处理和改厕力度。加快转变农业发展方式，推进农业结构调整，大力发展农业循环经济，治理农业污染，提升农产品质量安全水平。依托乡村生态资源，在保护生态环境的前提下，加快发展乡村旅游休闲业。引导农民在房前屋后、道路两旁植树护绿。加强农村精神文明建设，以环境整治和民风建设为重点，扎实推进文明村镇创建。

（七）加强海洋资源科学开发和生态环境保护。根据海洋资源环境承载力，科学编制海洋功能区划，确定不同海域主体功能。坚持“点上开发、面上保护”，控制海洋开发强度，在适宜开发的海洋区域，加快调整经济结构和产业布局，积极发展海洋战略性新兴产业，严格生态环境评价，提高资源集约节约利用和综合开发水平，最大程度减少对海域生态环境的影响。严格控制陆源污染物排海总量，建立并实施重点海域排污总量控制制度，加强海洋环境治理、海域海岛综合整治、生态保护修复，有效保护重要、敏感和脆弱海洋生态系统。加强船舶港口污染控制，积极治理船舶污染，增强港口码头污染防治能力。控制发展海水养殖，科学养护海洋渔业资源。开展海洋资源和生态环境综合评估。实施严格的围填海总量控制制度、自然岸线控制制度，建立陆海统筹、区域联动的海洋生态环境保护修复机制。

三、推动技术创新和结构调整，提高发展质量和效益

从根本上缓解经济发展与资源环境之间的矛盾，必须构建科技含量高、资源消耗低、环境污染少的产业结构，加快推动生产方式绿色化，大幅提高经济绿色化程度，有效降低发展的资源环境代价。

（八）推动科技创新。结合深化科技体制改革，建立符合生态文明建设领域科研活动特点的管理制度和运行机制。加强重大科学技术问题研究，开展能源节约、资源循环利用、新能源开发、污染治理、生态修复等领域关键技术攻关，在基础研究和前沿技术研发方面取得突破。强化企业技术创新主体地位，充分发挥市场对绿色产业发展方向和技术路线选择的决定性作用。完善技术创新体系，提高综合集成创新能力，加强工艺创新与试验。支持生态文明领域工程技术类研究中心、实验室和实验基地建设，完善科技创新成果转化机制，形成一批成果转化平台、中介服务机构，加快成熟适用技术的示范和推广。加强生态文明基础研究、试验研发、工程应用和市场服务等科技人才队伍建设。

（九）调整优化产业结构。推动战略性新兴产业和先进制造业健康发展，采用先进适用节能低碳环保技术改造提升传统产业，发展壮大服务业，合理布局建设基础设施和基础产业。积极化解产能严重过剩矛盾，加强预警调控，适时调整产能严重过剩行业名单，严禁核准产能严重过剩行业新增产能项目。加快淘汰落后产能，逐步提高淘汰标准，禁止落后产能向中西部地区转移。做好化解产能过剩和淘汰落后产能企业职工安置工作。推动要素资源全球配置，鼓励优势产业走出去，提高参与国际分工的水平。调整能源结构，推动传统能源安全绿色开发和清洁低碳利用，发展清洁能源、可再生能源，不断提高非化石能源在能源消费结构中的比重。

（十）发展绿色产业。大力发展节能环保产业，以推广节能环保产品拉动消费需求，以增强节能环保工程技术能力拉动投资增长，以完善政策机制释放市场潜在需求，推动节能环保技术、装备和服务水平显著提升，加快培育新的经济增长点。实施节能环保产业重大技术装备产业化工程，规划建设产业化示范基地，规范节能环保市场发展，多渠道引导社会资金投入，形成新的支柱产业。加快核电、风电、太阳能光伏发电等新材料、新装备的研发和推广，推进生物质发电、生物质能源、沼气、地热、浅层地温能、海洋能等应用，发展分布式能源，建设智能电网，完善运行管理体系。大力发展节能与新能源汽车，提高创新能力和产业化水平，加强配套基础设施建设，加大推广普及力度。发展有机农业、生态农业，以及特色经济林、林下经济、森林旅游等林产业。

四、全面促进资源节约循环高效使用，推动利用方式根本转变

节约资源是破解资源瓶颈约束、保护生态环境的首要之策。要深入推进全社会节能减排，在生产、流通、消费各环节大力发展循环经济，实现各类资源节约高效利用。

（十一）推进节能减排。发挥节能与减排的协同促进作用，全面推动重点领域节能减排。开展重点用能单位节能低碳行动，实施重点产业能效提升计划。严格执行建筑节能标准，加快推进既有建筑节能和供热计量改造，从标准、设计、建设等方面大力推广可再生能源在建筑上的应用，鼓励建筑工业化等建设模式。优先发展公共交通，优化运输方式，推广节能与新能源交通运输装备，发展甩挂运输。鼓励使用高效节能农业生产设备。开展节约型公共机构示范创建活动。强化结构、工程、管理减排，继续削减主要污染物排放总量。

（十二）发展循环经济。按照减量化、再利用、资源化的原则，加快建立循环型工业、农业、服务业体系，提高全社会资源产出率。完善再生资源回收体系，实行垃圾分类回收，开发利用“城市矿产”，推进秸秆等农林废弃物以及建筑垃圾、餐厨废弃物资源化利用，发展再制造和再生利用产品，鼓励纺织品、汽车轮胎等废旧物品回收利用。推进煤矸石、矿渣等大宗固体废弃物综合利用。组织开展循环经济示范行动，大力推广循环经济典型模式。推进产业循环式组合，促进生产和生活系统的循环链接，构建覆盖全社会的资源循环利用体系。

（十三）加强资源节约。节约集约利用水、土地、矿产等资源，加强全过程管理，大幅降低资源消耗强度。加强用水需求管理，以水定需、量水而行，抑制不合理用水需求，促进人口、经济等与水资源相均衡，建设节水型社会。推广高效节水技术和产品，发展节水农业，加强城市节水，推进企业节水改造。积极开发利用再生水、矿井水、空中云水、海水等非常规水源，严控无序调水和人造水景工程，提高水资源安全保障水平。按照严控增量、盘活存量、优化结构、提高效率的原则，加强土地利用的规划管控、市场调节、标准控制和考核监管，严格土地用途管制，推广应用节地技术和模式。发展绿色矿业，加快推进绿色矿山建设，促进矿产资源高效利用，提高矿产资源开采回采率、选矿回收率和综合利用率。

五、加大自然生态系统和环境保护力度，切实改善生态环境质量

良好生态环境是最公平的公共产品，是最普惠的民生福祉。要严格源头预防、不欠新账，加快治理突出生态环境问题、多还旧账，让人民群众呼吸新鲜的空气，喝上干净的水，在良好的环境中生产生活。

（十四）保护和修复自然生态系统。加快生态安全屏障建设，形成以青藏高原、黄土高原—川滇、东北森林带、北方防沙带、南方丘陵山地带、近岸近海生态区以及大江大河重要水系为骨架，以其他重点生态功能区为重要支撑，以禁止开发区域为重要组成的生态安全战略格局。实施重大生态修复工程，扩大森林、湖泊、湿地面积，提高沙区、草原植被覆盖率，有序实现休养生息。加强森林保护，将天然林资源保护范围扩大到全国；大力开展植树造林和森林经营，稳定和扩大退耕还林范围，加快重点防护林体系建设；完善国有林场和国有林区经营管理体制，深化集体林权制度改革。严格落实禁牧休牧和草畜平衡制度，加快推进基本草原划定和保护工作；加大退牧还草力度，继续实行草原生态保护补助奖励政策；稳定和完善草原承包经营制度。启动湿地生态效益补偿和退耕还湿。加强水生生物保护，开展重要水域增殖放流活动。继续推进京津风沙源治理、黄土高原地区综合治理、石漠化综合治理，开展沙化土地封禁保护试点。加强水土保持，因地制宜推进小流域综合治理。实施地下水保护和超采漏斗区综合治理，逐步实现地下水采补平衡。强化农田生态保护，实施耕地质量保护与提升行动，加大退化、污染、损毁农田改良和修复力度，加强耕地质量调查监测与评价。实施生物多样性保护重大工程，建立监测评估与预警体系，健全国门生物安全查验机制，有效防范物种资源丧失和外来物种入侵，积极参加生物多样性国际公约谈判和履约工作。加强自然保护区建设与管理，对重要生态系统和物种资源实施强制性保护，切实保护珍稀濒危野生动植物、古树名木及自然生境。建立国家公园体制，实行分级、统一管理，保护自然生态和自然文化遗产原真性、完整性。研究建立江河湖泊生态水量保障机制。加快灾害调查评价、监测预警、防治和应急等防灾减灾体系建设。

（十五）全面推进污染防治。按照以人为本、防治结合、标本兼治、综合施策的原则，建立以保障人体健康为核心、以改善环境质量为目标、以防控环境风险为基线的环境管理体系，健全跨区域污染防治协调机制，加快解决人民群众反映强烈的大气、水、土壤污染等突出环境问题。继续落实大气污染防治行动计划，逐渐消除重污染天气，切实改善大气环境质量。实施水污染防治行动计划，严格饮用水源保护，全面推进涵养区、源头区等水源地环境整治，加强供水全过程管理，确保饮用水安全；加强重点流域、区域、近岸海域水污染防治和良好湖泊生态环境保护，控制和规范淡水养殖，严格入河（湖、海）排污管理；推进地下水污染防治。制定实施土壤污染防治行动计划，优先保护耕地土壤环境，强化工业污染场地治理，开展土壤污染治理与修复试点。加强农业面源污染防治，加大种养业特别是规模化畜禽养殖污染防治力度，科学施用化肥、农药，推广节能环保型炉灶，净化农产品产地和农村居民生活环境。加大城乡环境综合整治力度。推进重金属污染治理。开展矿山地质环境恢复和综合治理，推进尾矿安全、环保存放，妥善处理处置矿渣等大宗固体废物。建立健全化学品、持久性有机污染物、危险废物等环境风险防范与应急管理工作机制。切实加强核设施运行监管，确保核安全万无一失。

（十六）积极应对气候变化。坚持当前长远相互兼顾、减缓适应全面推进，通过节约能源和提高能效，优化能源结构，增加森林、草原、湿地、海洋碳汇等手段，有效控制二氧化碳、甲烷、氢氟碳化物、全氟化碳、六氟化硫等温室气体排放。提高适应气候变化特别是应对极端天气和气候事件能力，加强监测、预警和预防，提高农业、林业、水资源等重点领域和生态脆弱地区适应气候变化的水平。扎实推进低碳省区、城市、城镇、产业园区、社区试点。坚持共同但有区别的责任原则、公平原则、各自能力原则，积极建设性地参与应对气候变化国际谈判，推动建立公平合理的全球应对气候变化格局。

六、健全生态文明制度体系

加快建立系统完整的生态文明制度体系，引导、规范和约束各类开发、利用、保护自然资源的行为，用制度保护生态环境。

（十七）健全法律法规。全面清理现行法律法规中与加快推进生态文明建设不相适应的内容，加强法律法规间的衔接。研究制定节能评估审查、节水、应对气候变化、生态补偿、湿地保护、生物多样性保护、土壤环境保护等方面的法律法规，修订土地管理法、大气污染防治法、水污染防治法、节约能源法、循环经济促进法、矿产资源法、森林法、草原法、野生动物保护法等。

（十八）完善标准体系。加快制定修订一批能耗、水耗、地耗、污染物排放、环境质量等方面的标准，实施能效和排污强度“领跑者”制度，加快标准升级步伐。提高建筑物、道路、桥梁等建设标准。环境容量较小、生态环境脆弱、环境风险高的地区要执行污染物特别排放限值。鼓励各地区依法制定更加严格的地方标准。建立与国际接轨、适应我国国情的能效和环保标识认证制度。

（十九）健全自然资源资产产权制度和用途管制制度。对水流、森林、山岭、草原、荒地、滩涂等自然生态空间进行统一确权登记，明确国土空间的自然资源资产所有者、监管者及其责任。完善自然资源资产用途管制制度，明确各类国土空间开发、利用、保护边界，实现能源、水资源、矿产资源按质量分级、梯级利用。严格节能评估审查、水资源论证和取水许可制度。坚持并完善最严格的耕地保护和节约用地制度，强化土地利用总体规划和年度计划管控，加强土地用途转用许可管理。完善矿产资源规划制度，强化矿产开发准入管理。有序推进国家自然资源资产管理体制改革。

（二十）完善生态环境监管制度。建立严格监管所有污染物排放的环境保护管理制度。完善污染物排放许可证制度，禁止无证排污和超标准、超总量排污。违法排放污染物、造成或可能造成严重污染的，要依法查封扣押排放污染物的设施设备。对严重污染环境的工艺、设备和产品实行淘汰制度。实行企事业单位污染物排放总量控制制度，适时调整主要污染物指标种类，纳入约束性指标。健全环境影响评价、清洁生产审核、环境信息公开等制度。建立生态保护修复和污染防治区域联动机制。

（二十一）严守资源环境生态红线。树立底线思维，设定并严守资源消耗上限、环境质量底线、生态保护红线，将各类开发活动限制在资源环境承载能力之内。合理设定资源消耗“天花板”，加强能源、水、土地等战略性资源管控，强化能源消耗强度控制，做好能源消费总量管理。继续实施水资源开发利用控制、用水效率控制、水功能区限制纳污三条红线管理。划定永久基本农田，严格实施永久保护，对新增建设用地占用耕地规模实行总量控制，落实耕地占补平衡，确保耕地数量不下降、质量不降低。严守环境质量底线，将大气、水、土壤等环境质量“只能更好、不能变坏”作为地方各级政府环保责任红线，相应确定污染物排放总量限值和环境风险防控措施。在重点生态功能区、生态环境敏感区和脆弱区等区域划定生态红线，确保生态功能不降低、面积不减少、性质不改变；科学划定森林、草原、湿地、海洋等领域生态红线，严格自然生态空间征（占）用管理，有效遏制生态系统退化的趋势。探索建立资源环境承载能力监测预警机制，对资源消耗和环境容量接近或超过承载能力的地区，及时采取区域限批等限制性措施。

（二十二）完善经济政策。健全价格、财税、金融等政策，激励、引导各类主体积极投身生态文明建设。深化自然资源及其产品价格改革，凡是能由市场形成价格的都交给市场，政府定价要体现基本需求与非基本需求以及资源利用效率高低的差异，体现生态环境损害成本和修复效益。进一步深化矿产资源有偿使用制度改革，调整矿业权使用费征收标准。加大财政资金投入，统筹有关资金，对资源节约和循环利用、新能源和可再生能源开发利用、环境基础设施建设、生态修复与建设、先进适用技术研发示范等给予支持。将高耗能、高污染产品纳入消费税征收范围。推动环境保护费改税。加快资源税从价计征改革，清理取消相关收费基金，逐步将资源税征收范围扩展到占用各种自然生态空间。完善节能环保、新能源、生态建设的税收优惠政策。推广绿色信贷，支持符合条件的项目通过资本市场融资。探索排污权抵押等融资模式。深化环境污染责任保险试点，研究建立巨灾保险制度。

（二十三）推行市场化机制。加快推行合同能源管理、节能低碳产品和有机产品认证、能效标识管理等机制。推进节能发电调度，优先调度可再生能源发电资源，按机组能耗和污染物排放水平依次调用化石类能源发电资源。建立节能量、碳排放权交易制度，深化交易试点，推动建立全国碳排放权交易市场。加快水权交易试点，培育和规范水权市场。全面推进矿业权市场建设。扩大排污权有偿使用和交易试点范围，发展排污权交易市场。积极推进环境污染第三方治理，引入社会力量投入环境污染治理。

（二十四）健全生态保护补偿机制。科学界定生态保护者与受益者权利义务，加快形成生态损害者赔偿、受益者付费、保护者得到合理补偿的运行机制。结合深化财税体制改革，完善转移支付制度，归并和规范现有生态保护补偿渠道，加大对重点生态功能区的转移支付力度，逐步提高其基本公共服务水平。建立地区间横向生态保护补偿机制，引导生态受益地区与保护地区之间、流域上游与下游之间，通过资金补助、产业转移、人才培训、共建园区等方式实施补偿。建立独立公正的生态环境损害评估制度。

（二十五）健全政绩考核制度。建立体现生态文明要求的目标体系、考核办法、奖惩机制。把资源消耗、环境损害、生态效益等指标纳入经济社会发展综合评价体系，大幅增加考核权重，强化指标约束，不唯经济增长论英雄。完善政绩考核办法，根据区域主体功能定位，实行差别化的考核制度。对限制开发区域、禁止开发区域和生态脆弱的国家扶贫开发工作重点县，取消地区生产总值考核；对农产品主产区和重点生态功能区，分别实行农业优先和生态保护优先的绩效评价；对禁止开发的重点生态功能区，重点评价其自然文化资源的原真性、完整性。根据考核评价结果，对生态文明建设成绩突出的地区、单位和个人给予表彰奖励。探索编制自然资源资产负债表，对领导干部实行自然资源资产和环境责任离任审计。

（二十六）完善责任追究制度。建立领导干部任期生态文明建设责任制，完善节能减排目标责任考核及问责制度。严格责任追究，对违背科学发展要求、造成资源环境生态严重破坏的要记录在案，实行终身追责，不得转任重要职务或提拔使用，已经调离的也要问责。对推动生态文明建设工作不力的，要及时诫勉谈话；对不顾资源和生态环境盲目决策、造成严重后果的，要严肃追究有关人员的领导责任；对履职不力、监管不严、失职渎职的，要依纪依法追究有关人员的监管责任。

七、加强生态文明建设统计监测和执法监督

坚持问题导向，针对薄弱环节，加强统计监测、执法监督，为推进生态文明建设提供有力保障。

（二十七）加强统计监测。建立生态文明综合评价指标体系。加快推进对能源、矿产资源、水、大气、森林、草原、湿地、海洋和水土流失、沙化土地、土壤环境、地质环境、温室气体等的统计监测核算能力建设，提升信息化水平，提高准确性、及时性，实现信息共享。加快重点用能单位能源消耗在线监测体系建设。建立循环经济统计指标体系、矿产资源合理开发利用评价指标体系。利用卫星遥感等技术手段，对自然资源和生态环境保护状况开展全天候监测，健全覆盖所有资源环境要素的监测网络体系。提高环境风险防控和突发环境事件应急能力，健全环境与健康调查、监测和风险评估制度。定期开展全国生态状况调查和评估。加大各级政府预算内投资等财政性资金对统计监测等基础能力建设的支持力度。

（二十八）强化执法监督。加强法律监督、行政监察，对各类环境违法违规行为实行“零容忍”，加大查处力度，严厉惩处违法违规行为。强化对浪费能源资源、违法排污、破坏生态环境等行为的执法监察和专项督察。资源环境监管机构独立开展行政执法，禁止领导干部违法违规干预执法活动。健全行政执法与刑事司法的衔接机制，加强基层执法队伍、环境应急处置救援队伍建设。强化对资源开发和交通建设、旅游开发等活动的生态环境监管。

八、加快形成推进生态文明建设的良好社会风尚

生态文明建设关系各行各业、千家万户。要充分发挥人民群众的积极性、主动性、创造性，凝聚民心、集中民智、汇集民力，实现生活方式绿色化。

（二十九）提高全民生态文明意识。积极培育生态文化、生态道德，使生态文明成为社会主流价值观，成为社会主义核心价值观的重要内容。从娃娃和青少年抓起，从家庭、学校教育抓起，引导全社会树立生态文明意识。把生态文明教育作为素质教育的重要内容，纳入国民教育体系和干部教育培训体系。将生态文化作为现代公共文化服务体系建设的重要内容，挖掘优秀传统生态文化思想和资源，创作一批文化作品，创建一批教育基地，满足广大人民群众对生态文化的需求。通过典型示范、展览展示、岗位创建等形式，广泛动员全民参与生态文明建设。组织好世界地球日、世界环境日、世界森林日、世界水日、世界海洋日和全国节能宣传周等主题宣传活动。充分发挥新

闻媒体作用，树立理性、积极的舆论导向，加强资源环境国情宣传，普及生态文明法律法规、科学知识等，报道先进典型，曝光反面事例，提高公众节约意识、环保意识、生态意识，形成人人、事事、时时崇尚生态文明的社会氛围。

（三十）培育绿色生活方式。倡导勤俭节约的消费观。广泛开展绿色生活行动，推动全民在衣、食、住、行、游等方面加快向勤俭节约、绿色低碳、文明健康的方式转变，坚决抵制和反对各种形式的奢侈浪费、不合理消费。积极引导消费者购买节能与新能源汽车、高能效家电、节水型器具等节能环保低碳产品，减少一次性用品的使用，限制过度包装。大力推广绿色低碳出行，倡导绿色生活和休闲模式，严格限制发展高耗能、高耗水服务业。在餐饮企业、单位食堂、家庭全方位开展反食品浪费行动。党政机关、国有企业要带头厉行勤俭节约。

（三十一）鼓励公众积极参与。完善公众参与制度，及时准确披露各类环境信息，扩大公开范围，保障公众知情权，维护公众环境权益。健全举报、听证、舆论和公众监督等制度，构建全民参与的社会行动体系。建立环境公益诉讼制度，对污染环境、破坏生态的行为，有关组织可提起公益诉讼。在建设项目立项、实施、后评价等环节，有序增强公众参与程度。引导生态文明建设领域各类社会组织健康有序发展，发挥民间组织和志愿者的积极作用。

九、切实加强组织领导

健全生态文明建设领导体制和工作机制，勇于探索和创新，推动生态文明建设蓝图逐步成为现实。

（三十二）强化统筹协调。各级党委和政府对本地区生态文明建设负总责，要建立协调机制，形成有利于推进生态文明建设的工作格局。各有关部门要按照职责分工，密切协调配合，形成生态文明建设的强大合力。

（三十三）探索有效模式。抓紧制定生态文明体制改革总体方案，深入开展生态文明先行示范区建设，研究不同发展阶段、资源环境禀赋、主体功能定位地区生态文明建设的有效模式。各地区要抓住制约本地区生态文明建设的瓶颈，在生态文明制度创新方面积极实践，力争取得重大突破。及时总结有效做法和成功经验，完善政策措施，形成有效模式，加大推广力度。

（三十四）广泛开展国际合作。统筹国内国际两个大局，以全球视野加快推进生态文明建设，树立负责任大国形象，把绿色发展转化为新的综合国力、综合影响力和国际竞争新优势。发扬包容互鉴、合作共赢的精神，加强与世界各国在生态文明领域的对话交流和务实合作，引进先进技术装备和管理经验，促进全球生态安全。加强南南合作，开展绿色援助，对其他发展中国家提供支持和帮助。

（三十五）抓好贯彻落实。各级党委和政府及中央有关部门要按照本意见要求，抓紧提出实施方案，研究制定与本意见相衔接的区域性、行业性和专题性规划，明确目标任务、责任分工和时间要求，确保各项政策措施落到实处。各地区各部门贯彻落实情况要及时向党中央、国务院报告，同时抄送国家发展改革委。中央就贯彻落实情况适时组织开展专项监督检查。

中国制造2025（节录）

（国发〔2015〕28号　国务院2015年5月8日印发）

制造业是国民经济的主体，是立国之本、兴国之器、强国之基。十八世纪中叶开启工业文明以来，世界强国的兴衰史和中华民族的奋斗史一再证明，没有强大的制造业，就没有国家和民族的强盛。打造具有国际竞争力的制造业，是我国提升综合国力、保障国家安全、建设世界强国的必由之路。

新中国成立尤其是改革开放以来，我国制造业持续快速发展，建成了门类齐全、独立完整的产业体系，有力推动工业化和现代化进程，显著增强综合国力，支撑我世界大国地位。然而，与世界先进水平相比，我国制造业仍然大而不强，在自主创新能力、资源利用效率、产业结构水平、信息化程度、质量效益等方面差距明显，转型升级和跨越发展的任务紧迫而艰巨。

当前，新一轮科技革命和产业变革与我国加快转变经济发展方式形成历史性交汇，国际产业分工格局正在重塑。必须紧紧抓住这一重大历史机遇，按照“四个全面”战略布局要求，实施制造强国战略，加强统筹规划和前瞻部署，力争通过三个十年的努力，到新中国成立一百年时，把我国建设成为引领世界制造业发展的制造强国，为实现中华民族伟大复兴的中国梦打下坚实基础。

《中国制造2025》，是我国实施制造强国战略第一个十年的行动纲领。

一、发展形势和环境

二、战略方针和目标

（一）指导思想。

全面贯彻党的十八大和十八届二中、三中、四中全会精神，坚持走中国特色新型工业化道路，以促进制造业创新发展为主题，以提质增效为中心，以加快新一代信息技术与制造业深度融合为主线，以推进智能制造为主攻方向，以满足经济社会发展和国防建设对重大技术装备的需求为目标，强化工业基础能力，提高综合集成水平，完善多层次多类型人才培养体系，促进产业转型升级，培育有中国特色的制造文化，实现制造业由大变强的历史跨越。基本方针是：

——创新驱动。

——质量为先。

——绿色发展。坚持把可持续发展作为建设制造强国的重要着力点，加强节能环保技术、工艺、装备推广应用，全面推行清洁生产。发展循环经济，提高资源回收利用效率，构建绿色制造体系，走生态文明的发展道路。

——结构优化。坚持把结构调整作为建设制造强国的关键环节，大力发展先进制造业，改造提升传统产业，推动生产型制造向服务型制造转变。优化产业空间布局，培育一批具有核心竞争力的产业集群和企业群体，走提质增效的发展道路。

——人才为本。

（三）战略目标。

立足国情，立足现实，力争通过“三步走”实现制造强国的战略目标。

第一步：力争用十年时间，迈入制造强国行列。

到2020年，基本实现工业化，制造业大国地位进一步巩固，制造业信息化水平大幅提升。掌握一批重点领域关键核心技术，优势领域竞争力进一步增强，产品质量有较大提高。制造业数字化、网络化、智能化取得明显进展。重点行业单位工业增加值能耗、物耗及污染物排放明显下降。

到2025年，制造业整体素质大幅提升，创新能力显著增强，全员劳动生产率明显提高，两化（工业化和信息化）融合迈上新台阶。重点行业单位工业增加值能耗、物耗及污染物排放达到世界先进水平。形成一批具有较强国际竞争力的跨国公司和产业集群，在全球产业分工和价值链中的地位明显提升。

第二步：到2035年，我国制造业整体达到世界制造强国阵营中等水平。创新能力大幅提升，重点领域发展取得重大突破，整体竞争力明显增强，优势行业形成全球创新引领能力，全面实现工业化。

第三步：新中国成立一百年时，制造业大国地位更加巩固，综合实力进入世界制造强国前列。制造业主要领域具有创新引领能力和明显竞争优势，建成全球领先的技术体系和产业体系。

2020年和2025年制造业主要指标（节录）

类别	指　　标	2013年	2015年	2020年	2025年
绿色发展	规模以上单位工业增加值能耗下降幅度	－	－	比2015年下降18%	比2015年下降34%
	单位工业增加值二氧化碳排放量下降幅度	－	－	比2015年下降22%	比2015年下降40%
	单位工业增加值用水量下降幅度	－	－	比2015年下降23%	比2015年下降41%
	工业固体废物综合利用率（%）	62	65	73	79

三、战略任务和重点

（五）全面推行绿色制造。

加大先进节能环保技术、工艺和装备的研发力度，加快制造业绿色改造升级；积极推行低碳化、循环化和集约化，提高制造业资源利用效率；强化产品全生命周期绿色管理，努力构建高效、清洁、低碳、循环的绿色制造体系。

加快制造业绿色改造升级。全面推进钢铁、有色、化工、建材、轻工、印染等传统制造业绿色改造，大力研发推广余热余压回收、水循环利用、重金属污染减量化、有毒有害原料替代、废渣资源化、脱硫脱硝除尘等绿色工艺技术装备，加快应用清洁高效铸造、锻压、焊接、表面处理、切削等加工工艺，实现绿色生产。加强绿色产品研发应用，推广轻量化、低功耗、易回收等技术工艺，持续提升电机、锅炉、内燃机及电器等终端用能产品能效水平，加快淘汰落后机电产品和技术。积极引领新兴产业高起点绿色发展，大幅降低电子信息产品生产、使用能耗及限用物质含量，建设绿色数据中心和绿色基站，大力促进新材料、新能源、高端装备、生物产业绿色低碳发展。

推进资源高效循环利用。支持企业强化技术创新和管理，增强绿色精益制造能力，大幅降低能耗、物耗和水耗水平。持续提高绿色低碳能源使用比率，开展工业园区和企业分布式绿色智能微电网建设，控制和削减化石能源消费量。全面推行循环生产方式，促进企业、园区、行业间链接共生、原料互供、资源共享。推进资源再生利用产业规范化、规模化发展，强化技术装备支撑，提高大宗工业固体废弃物、废旧金属、废弃电器电子产品等综合利用水平。大力发展再制造产业，实施高端再制造、智能再制造、在役再制造，推进产品认定，促进再制造产业持续健康发展。

积极构建绿色制造体系。支持企业开发绿色产品，推行生态设计，显著提升产品节能环保低碳水平，引导绿色生产和绿色消费。建设绿色工厂，实现厂房集约化、原料无害化、生产洁净化、废物资源化、能源低碳化。发展绿色园区，推进工业园区产业耦合，实现近零排放。打造绿色供应链，加快建立以资源节约、环境友好为导向的采购、生产、营销、回收及物流体系，落实生产者责任延伸制度。壮大绿色企业，支持企业实施绿色战略、绿色标准、绿色管理和绿色生产。强化绿色监管，健全节能环保法规、标准体系，加强节能环保监察，推行企业社会责任报告制度，开展绿色评价。

专栏4　绿色制造工程
组织实施传统制造业能效提升、清洁生产、节水治污、循环利用等专项技术改造。开展重大节能环保、资源综合利用、再制造、低碳技术产业化示范。实施重点区域、流域、行业清洁生产水平提升计划，扎实推进大气、水、土壤污染源头防治专项。制定绿色产品、绿色工厂、绿色园区、绿色企业标准体系，开展绿色评价。 到2020年，建成千家绿色示范工厂和百家绿色示范园区，部分重化工行业能源资源消耗出现拐点，重点行业主要污染物排放强度下降20%。到2025年，制造业绿色发展和主要产品单耗达到世界先进水平，绿色制造体系基本建立。

（六）大力推动重点领域突破发展。

瞄准新一代信息技术、高端装备、新材料、生物医药等战略重点，引导社会各类资源集聚，推动优势和战略产业快速发展。

1. 新一代信息技术产业。

2. 高档数控机床和机器人。

3. 航空航天装备。

4. 海洋工程装备及高技术船舶。

5. 先进轨道交通装备。加快新材料、新技术和新工艺的应用，重点突破体系化安全保障、节能环保、数字化智能化网络化技术，研制先进可靠适用的产品和轻量化、模块化、谱系化产品。研发新一代绿色智能、高速重载轨道交通装备系统，围绕系统全寿命周期，向用户提供整体解决方案，建立世界领先的现代轨道交通产业体系。

6. 节能与新能源汽车。继续支持电动汽车、燃料电池汽车发展，掌握汽车低碳化、信息化、智能化核心技术，提升动力电池、驱动电机、高效内燃机、先进变速器、轻量化材料、智能控制等核心技术的工程化和产业化能力，形成从关键零部件到整车的完整工业体系和创新体系，推动自主品牌节能与新能源汽车同国际先进水平接轨。

7. 电力装备。推动大型高效超净排放煤电机组产业化和示范应用，进一步提高超大容量水电机组、核电机组、重型燃气轮机制造水平。推进新能源和可再生能源装备、先进储能装置、智能电网用输变电及用户端设备发展。突破大功率电力电子器件、高温超导材料等关键元器件和材料的制造及应用技术，形成产业化能力。

（七）深入推进制造业结构调整。

推动传统产业向中高端迈进，逐步化解过剩产能，促进大企业与中小企业协调发展，进一步优化制造业布局。

稳步化解产能过剩矛盾。加强和改善宏观调控，按照“消化一批、转移一批、整合一批、淘汰一批”的原则，分业分类施策，有效化解产能过剩矛盾。加强行业规范和准入管理，推动企业提升技术装备水平，优化存量产能。加强对产能严重过剩行业的动态监测分析，建立完善预警机制，引导企业主动退出过剩行业。切实发挥市场机制作用，综合运用法律、经济、技术及必要的行政手段，加快淘汰落后产能。

（八）积极发展服务型制造和生产性服务业。

加快制造与服务的协同发展，推动商业模式创新和业态创新，促进生产型制造向服务型制造转变。大力发展与制造业紧密相关的生产性服务业，推动服务功能区和服务平台建设。

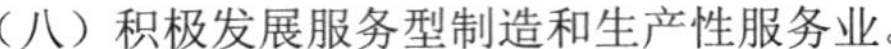

国务院办公厅关于加快转变农业发展方式的意见（节录）

（国办发[2015]59号）

一、总体要求

（一）指导思想。全面贯彻落实党的十八大和十八届二中、三中、四中全会精神，按照党中央、国务院决策部署，把转变农业发展方式作为当前和今后一个时期加快推进农业现代化的根本途径，以发展多种形式农业适度规模经营为核心，以构建现代农业经营体系、生产体系和产业体系为重点，着力转变农业经营方式、生产方式、资源利用方式和管理方式，推动农业发展由数量增长为主转到数量质量效益并重上来，由主要依靠物质要素投入转到依靠科技创新和提高劳动者素质上来，由依赖资源消耗的粗放经营转到可持续发展上来，走产出高效、产品安全、资源节约、环境友好的现代农业发展道路。

（三）主要目标。

到2020年，转变农业发展方式取得积极进展。多种形式的农业适度规模经营加快发展，农业综合生产能力稳步提升，产业结构逐步优化，农业资源利用和生态环境保护水平不断提高，物质技术装备条件显著改善，农民收入持续增加，为全面建成小康社会提供重要支撑。

到2030年，转变农业发展方式取得显著成效。产品优质安全，农业资源利用高效，产地生态环境良好，产业发展有机融合，农业质量和效益明显提升，竞争力显著增强。

二、增强粮食生产能力，提高粮食安全保障水平

（五）切实加强耕地保护。落实最严格耕地保护制度，加快划定永久基本农田，确保基本农田落地到户、上图

入库、信息共享。完善耕地质量保护法律制度，研究制定耕地质量等级国家标准。完善耕地保护补偿机制。充分发挥国家土地督察作用，坚持数量与质量并重，加强土地督察队伍建设，落实监督责任，重点加强东北等区域耕地质量保护。实施耕地质量保护与提升行动，分区域开展退化耕地综合治理、污染耕地阻控修复、土壤肥力保护提升、耕地质量监测等建设，开展东北黑土地保护利用试点，逐步扩大重金属污染耕地治理与种植结构调整试点，全面推进建设占用耕地耕作层土壤剥离再利用。

五、提高资源利用效率，打好农业面源污染治理攻坚战

（十六）大力发展节水农业。落实最严格水资源管理制度，逐步建立农业灌溉用水量控制和定额管理制度。进一步完善农田灌排设施，加快大中型灌区续建配套与节水改造、大中型灌排泵站更新改造，推进新建灌区和小型农田水利工程建设，扩大农田有效灌溉面积。大力发展节水灌溉，全面实施区域规模化高效节水灌溉行动。分区开展节水农业示范，改善田间节水设施设备，积极推广抗旱节水品种和喷灌滴灌、水肥一体化、深耕深松、循环水养殖等技术。积极推进农业水价综合改革，合理调整农业水价，建立精准补贴机制。开展渔业资源环境调查，加大增殖放流力度，加强海洋牧场建设。统筹推进流域水生态保护与治理，加大对农业面源污染综合治理的支持力度，开展太湖、洱海、巢湖、洞庭湖和三峡库区等湖库农业面源污染综合防治示范。

（十七）实施化肥和农药零增长行动。坚持化肥减量提效、农药减量控害，建立健全激励机制，力争到2020年，化肥、农药使用量实现零增长，利用率提高到40%以上。深入实施测土配方施肥，扩大配方肥使用范围，鼓励农业社会化服务组织向农民提供配方施肥服务，支持新型农业经营主体使用配方肥。探索实施有机肥和化肥合理配比计划，鼓励农民增施有机肥，支持发展高效缓（控）释肥等新型肥料，提高有机肥施用比例和肥料利用效率。加强对农药使用的管理，强化源头治理，规范农民使用农药的行为。全面推行高毒农药定点经营，建立高毒农药可追溯体系。开展低毒低残留农药使用试点，加大高效大中型药械补贴力度，推行精准施药和科学用药。鼓励农业社会化服务组织对农民使用农药提供指导和服务。

（十八）推进农业废弃物资源化利用。落实畜禽规模养殖环境影响评价制度。启动实施农业废弃物资源化利用示范工程。推广畜禽规模化养殖、沼气生产、农家肥积造一体化发展模式，支持规模化养殖场（区）开展畜禽粪污综合利用，配套建设畜禽粪污治理设施；推进农村沼气工程转型升级，开展规模化生物天然气生产试点；引导和鼓励农民利用畜禽粪便积造农家肥。支持秸秆收集机械还田、青黄贮饲料化、微生物腐化和固化炭化等新技术示范，加快秸秆收储运体系建设。扩大旱作农业技术应用，支持使用加厚或可降解农膜；开展区域性残膜回收与综合利用，扶持建设一批废旧农膜回收加工网点，鼓励企业回收废旧农膜。加快可降解农膜研发和应用。加快建成农药包装废弃物收集处理系统。

国务院办公厅

2015年7月30日

生态文明体制改革总体方案

（新华社2015年9月21日受权公布）

为加快建立系统完整的生态文明制度体系，加快推进生态文明建设，增强生态文明体制改革的系统性、整体性、协同性，制定本方案。

一、生态文明体制改革的总体要求

（一）生态文明体制改革的指导思想。全面贯彻党的十八大和十八届二中、三中、四中全会精神，以邓小平理论、“三个代表”重要思想、科学发展观为指导，深入贯彻落实习近平总书记系列重要讲话精神，按照党中央、国务院决策部署，坚持节约资源和保护环境基本国策，坚持节约优先、保护优先、自然恢复为主方针，立足我国社会主义初级阶段的基本国情和新的阶段性特征，以建设美丽中国为目标，以正确处理人与自然关系为核心，以解决生态环境领域突出问题为导向，保障国家生态安全，改善环境质量，提高资源利用效率，推动形成人与自然和谐发展的现代化建设新格局。

（二）生态文明体制改革的理念

树立尊重自然、顺应自然、保护自然的理念，生态文明建设不仅影响经济持续健康发展，也关系政治和社会建设，必须放在突出地位，融入经济建设、政治建设、文化建设、社会建设各方面和全过程。

树立发展和保护相统一的理念，坚持发展是硬道理的战略思想，发展必须是绿色发展、循环发展、低碳发展，平衡好发展和保护的关系，按照主体功能定位控制开发强度，调整空间结构，给子孙后代留下天蓝、地绿、水净的美好家园，实现发展与保护的内在统一、相互促进。

树立绿水青山就是金山银山的理念，清新空气、清洁水源、美丽山川、肥沃土地、生物多样性是人类生存必需的生态环境，坚持发展是第一要务，必须保护森林、草原、河流、湖泊、湿地、海洋等自然生态。

树立自然价值和自然资本的理念，自然生态是有价值的，保护自然就是增值自然价值和自然资本的过程，就是保护和发展生产力，就应得到合理回报和经济补偿。

树立空间均衡的理念，把握人口、经济、资源环境的平衡点推动发展，人口规模、产业结构、增长速度不能超出当地水土资源承载能力和环境容量。

树立山水林田湖是一个生命共同体的理念，按照生态系统的整体性、系统性及其内在规律，统筹考虑自然生态各要素、山上山下、地上地下、陆地海洋以及流域上下游，进行整体保护、系统修复、综合治理，增强生态系统循环能力，维护生态平衡。

（三）生态文明体制改革的原则

坚持正确改革方向，健全市场机制，更好发挥政府的主导和监管作用，发挥企业的积极性和自我约束作用，发挥社会组织和公众的参与和监督作用。

坚持自然资源资产的公有性质，创新产权制度，落实所有权，区分自然资源资产所有者权利和管理者权力，合理划分中央地方事权和监管职责，保障全体人民分享全民所有自然资源资产收益。

坚持城乡环境治理体系统一，继续加强城市环境保护和工业污染防治，加大生态环境保护工作对农村地区的覆盖，建立健全农村环境治理体制机制，加大对农村污染防治设施建设和资金投入力度。

坚持激励和约束并举，既要形成支持绿色发展、循环发展、低碳发展的利益导向机制，又要坚持源头严防、过程严管、损害严惩、责任追究，形成对各类市场主体的有效约束，逐步实现市场化、法治化、制度化。

坚持主动作为和国际合作相结合，加强生态环境保护是我们的自觉行为，同时要深化国际交流和务实合作，充分借鉴国际上的先进技术和体制机制建设有益经验，积极参与全球环境治理，承担并履行好同发展中大国相适应的国际责任。

坚持鼓励试点先行和整体协调推进相结合，在党中央、国务院统一部署下，先易后难、分步推进，成熟一项推出一项。支持各地区根据本方案确定的基本方向，因地制宜，大胆探索、大胆试验。

（四）生态文明体制改革的目标。到2020年，构建起由自然资源资产产权制度、国土空间开发保护制度、空间规划体系、资源总量管理和全面节约制度、资源有偿使用和生态补偿制度、环境治理体系、环境治理和生态保护市场体系、生态文明绩效评价考核和责任追究制度等八项制度构成的产权清晰、多元参与、激励约束并重、系统完整的生态文明制度体系，推进生态文明领域国家治理体系和治理能力现代化，努力走向社会主义生态文明新时代。

构建归属清晰、权责明确、监管有效的自然资源资产产权制度，着力解决自然资源所有者不到位、所有权边界模糊等问题。

构建以空间规划为基础、以用途管制为主要手段的国土空间开发保护制度，着力解决因无序开发、过度开发、分散开发导致的优质耕地和生态空间占用过多、生态破坏、环境污染等问题。

构建以空间治理和空间结构优化为主要内容，全国统一、相互衔接、分级管理的空间规划体系，着力解决空间性规划重叠冲突、部门职责交叉重复、地方规划朝令夕改等问题。

构建覆盖全面、科学规范、管理严格的资源总量管理和全面节约制度，着力解决资源使用浪费严重、利用效率不高等问题。

构建反映市场供求和资源稀缺程度、体现自然价值和代际补偿的资源有偿使用和生态补偿制度，着力解决自然资源及其产品价格偏低、生产开发成本低于社会成本、保护生态得不到合理回报等问题。

构建以改善环境质量为导向，监管统一、执法严明、多方参与的环境治理体系，着力解决污染防治能力弱、监管职能交叉、权责不一致、违法成本过低等问题。

构建更多运用经济杠杆进行环境治理和生态保护的市场体系，着力解决市场主体和市场体系发育滞后、社会参

与度不高等问题。

构建充分反映资源消耗、环境损害和生态效益的生态文明绩效评价考核和责任追究制度，着力解决发展绩效评价不全面、责任落实不到位、损害责任追究缺失等问题。

二、健全自然资源资产产权制度

（五）建立统一的确权登记系统。坚持资源公有、物权法定，清晰界定全部国土空间各类自然资源资产的产权主体。对水流、森林、山岭、草原、荒地、滩涂等所有自然生态空间统一进行确权登记，逐步划清全民所有和集体所有之间的边界，划清全民所有、不同层级政府行使所有权的边界，划清不同集体所有者的边界。推进确权登记法治化。

（六）建立权责明确的自然资源产权体系。制定权利清单，明确各类自然资源产权主体权利。处理好所有权与使用权的关系，创新自然资源全民所有权和集体所有权的实现形式，除生态功能重要的外，可推动所有权和使用权相分离，明确占有、使用、收益、处分等权利归属关系和权责，适度扩大使用权的出让、转让、出租、抵押、担保、入股等权能。明确国有农场、林场和牧场土地所有者与使用者权能。全面建立覆盖各类全民所有自然资源资产的有偿出让制度，严禁无偿或低价出让。统筹规划，加强自然资源资产交易平台建设。

（七）健全国家自然资源资产管理体制。按照所有者和监管者分开和一件事情由一个部门负责的原则，整合分散的全民所有自然资源资产所有者职责，组建对全民所有的矿藏、水流、森林、山岭、草原、荒地、海域、滩涂等各类自然资源统一行使所有权的机构，负责全民所有自然资源的出让等。

（八）探索建立分级行使所有权的体制。对全民所有的自然资源资产，按照不同资源种类和在生态、经济、国防等方面的重要程度，研究实行中央和地方政府分级代理行使所有权职责的体制，实现效率和公平相统一。分清全民所有中央政府直接行使所有权、全民所有地方政府行使所有权的资源清单和空间范围。中央政府主要对石油天然气、贵重稀有矿产资源、重点国有林区、大江大河大湖和跨境河流、生态功能重要的湿地草原、海域滩涂、珍稀野生动植物种和部分国家公园等直接行使所有权。

（九）开展水流和湿地产权确权试点。探索建立水权制度，开展水域、岸线等水生态空间确权试点，遵循水生态系统性、整体性原则，分清水资源所有权、使用权及使用量。在甘肃、宁夏等地开展湿地产权确权试点。

三、建立国土空间开发保护制度

（十）完善主体功能区制度。统筹国家和省级主体功能区规划，健全基于主体功能区的区域政策，根据城市化地区、农产品主产区、重点生态功能区的不同定位，加快调整完善财政、产业、投资、人口流动、建设用地、资源开发、环境保护等政策。

（十一）健全国土空间用途管制制度。简化自上而下的用地指标控制体系，调整按行政区和用地基数分配指标的做法。将开发强度指标分解到各县级行政区，作为约束性指标，控制建设用地总量。将用途管制扩大到所有自然生态空间，划定并严守生态红线，严禁任意改变用途，防止不合理开发建设活动对生态红线的破坏。完善覆盖全部国土空间的监测系统，动态监测国土空间变化。

（十二）建立国家公园体制。加强对重要生态系统的保护和永续利用，改革各部门分头设置自然保护区、风景名胜区、文化自然遗产、地质公园、森林公园等的体制，对上述保护地进行功能重组，合理界定国家公园范围。国家公园实行更严格保护，除不损害生态系统的原住民生活生产设施改造和自然观光科研教育旅游外，禁止其他开发建设，保护自然生态和自然文化遗产原真性、完整性。加强对国家公园试点的指导，在试点基础上研究制定建立国家公园体制总体方案。构建保护珍稀野生动植物的长效机制。

（十三）完善自然资源监管体制。将分散在各部门的有关用途管制职责，逐步统一到一个部门，统一行使所有国土空间的用途管制职责。

四、建立空间规划体系

（十四）编制空间规划。整合目前各部门分头编制的各类空间性规划，编制统一的空间规划，实现规划全覆盖。空间规划是国家空间发展的指南、可持续发展的空间蓝图，是各类开发建设活动的基本依据。空间规划分为国家、省、市县（设区的市空间规划范围为市辖区）三级。研究建立统一规范的空间规划编制机制。鼓励开展省级空间规划试点。编制京津冀空间规划。

（十五）推进市县“多规合一”。支持市县推进“多规合一”，统一编制市县空间规划，逐步形成一个市县一个规划、一张蓝图。市县空间规划要统一土地分类标准，根据主体功能定位和省级空间规划要求，划定生产空间、生活空间、生态空间，明确城镇建设区、工业区、农村居民点等的开发边界，以及耕地、林地、草原、河流、湖泊、湿地等的保护边界，加强对城市地下空间的统筹规划。加强对市县“多规合一”试点的指导，研究制定市县空间规划编制指引和技术规范，形成可复制、能推广的经验。

（十六）创新市县空间规划编制方法。探索规范化的市县空间规划编制程序，扩大社会参与，增强规划的科学性和透明度。鼓励试点地区进行规划编制部门整合，由一个部门负责市县空间规划的编制，可成立由专业人员和有关方面代表组成的规划评议委员会。规划编制前应当进行资源环境承载能力评价，以评价结果作为规划的基本依据。规划编制过程中应当广泛征求各方面意见，全文公布规划草案，充分听取当地居民意见。规划经评议委员会论证通过后，由当地人民代表大会审议通过，并报上级政府部门备案。规划成果应当包括规划文本和较高精度的规划图，并在网络和其他本地媒体公布。鼓励当地居民对规划执行进行监督，对违反规划的开发建设行为进行举报。当地人民代表大会及其常务委员会定期听取空间规划执行情况报告，对当地政府违反规划行为进行问责。

五、完善资源总量管理和全面节约制度

（十七）完善最严格的耕地保护制度和土地节约集约利用制度。完善基本农田保护制度，划定永久基本农田红线，按照面积不减少、质量不下降、用途不改变的要求，将基本农田落地到户、上图入库，实行严格保护，除法律规定的国家重点建设项目选址确实无法避让外，其他任何建设不得占用。加强耕地质量等级评定与监测，强化耕地质量保护与提升建设。完善耕地占补平衡制度，对新增建设用地占用耕地规模实行总量控制，严格实行耕地占一补一、先补后占、占优补优。实施建设用地总量控制和减量化管理，建立节约集约用地激励和约束机制，调整结构，盘活存量，合理安排土地利用年度计划。

（十八）完善最严格的水资源管理制度。按照节水优先、空间均衡、系统治理、两手发力的方针，健全用水总量控制制度，保障水安全。加快制定主要江河流域水量分配方案，加强省级统筹，完善省市县三级取用水总量控制指标体系。建立健全节约集约用水机制，促进水资源使用结构调整和优化配置。完善规划和建设项目水资源论证制度。主要运用价格和税收手段，逐步建立农业灌溉用水量控制和定额管理、高耗水工业企业计划用水和定额管理制度。在严重缺水地区建立用水定额准入门槛，严格控制高耗水项目建设。加强水产品产地保护和环境修复，控制水产养殖，构建水生动植物保护机制。完善水功能区监督管理，建立促进非常规水源利用制度。

（十九）建立能源消费总量管理和节约制度。坚持节约优先，强化能耗强度控制，健全节能目标责任制和奖励制。进一步完善能源统计制度。健全重点用能单位节能管理制度，探索实行节能自愿承诺机制。完善节能标准体系，及时更新用能产品能效、高耗能行业能耗限额、建筑物能效等标准。合理确定全国能源消费总量目标，并分解落实到省级行政区和重点用能单位。健全节能低碳产品和技术装备推广机制，定期发布技术目录。强化节能评估审查和节能监察。加强对可再生能源发展的扶持，逐步取消对化石能源的普遍性补贴。逐步建立全国碳排放总量控制制度和分解落实机制，建立增加森林、草原、湿地、海洋碳汇的有效机制，加强应对气候变化国际合作。

（二十）建立天然林保护制度。将所有天然林纳入保护范围。建立国家用材林储备制度。逐步推进国有林区政企分开，完善以购买服务为主的国有林场公益林管护机制。完善集体林权制度，稳定承包权，拓展经营权能，健全林权抵押贷款和流转制度。

（二十一）建立草原保护制度。稳定和完善草原承包经营制度，实现草原承包地块、面积、合同、证书“四到户”，规范草原经营权流转。实行基本草原保护制度，确保基本草原面积不减少、质量不下降、用途不改变。健全草原生态保护补奖机制，实施禁牧休牧、划区轮牧和草畜平衡等制度。加强对草原征用使用审核审批的监管，严格控制草原非牧使用。

（二十二）建立湿地保护制度。将所有湿地纳入保护范围，禁止擅自征用占用国际重要湿地、国家重要湿地和湿地自然保护区。确定各类湿地功能，规范保护利用行为，建立湿地生态修复机制。

（二十三）建立沙化土地封禁保护制度。将暂不具备治理条件的连片沙化土地划为沙化土地封禁保护区。建立严格保护制度，加强封禁和管护基础设施建设，加强沙化土地治理，增加植被，合理发展沙产业，完善以购买服务为主的管护机制，探索开发与治理结合新机制。

（二十四）健全海洋资源开发保护制度。实施海洋主体功能区制度，确定近海海域海岛主体功能，引导、控制和规范各类用海用岛行为。实行围填海总量控制制度，对围填海面积实行约束性指标管理。建立自然岸线保有率控制制度。完善海洋渔业资源总量管理制度，严格执行休渔禁渔制度，推行近海捕捞限额管理，控制近海和滩涂养殖规模。健全海洋督察制度。

（二十五）健全矿产资源开发利用管理制度。建立矿产资源开发利用水平调查评估制度，加强矿产资源查明登记和有偿计时占用登记管理。建立矿产资源集约开发机制，提高矿区企业集中度，鼓励规模化开发。完善重要矿产资源开采回采率、选矿回收率、综合利用率等国家标准。健全鼓励提高矿产资源利用水平的经济政策。建立矿山企业高效和综合利用信息公示制度，建立矿业权人“黑名单”制度。完善重要矿产资源回收利用的产业化扶持机制。完善矿山地质环境保护和土地复垦制度。

（二十六）完善资源循环利用制度。建立健全资源产出率统计体系。实行生产者责任延伸制度，推动生产者落实废弃产品回收处理等责任。建立种养业废弃物资源化利用制度，实现种养业有机结合、循环发展。加快建立垃圾强制分类制度。制定再生资源回收目录，对复合包装物、电池、农膜等低值废弃物实行强制回收。加快制定资源分类回收利用标准。建立资源再生产品和原料推广使用制度，相关原材料消耗企业要使用一定比例的资源再生产品。完善限制一次性用品使用制度。落实并完善资源综合利用和促进循环经济发展的税收政策。制定循环经济技术目录，实行政府优先采购、贷款贴息等政策。

六、健全资源有偿使用和生态补偿制度

（二十七）加快自然资源及其产品价格改革。按照成本、收益相统一的原则，充分考虑社会可承受能力，建立自然资源开发使用成本评估机制，将资源所有者权益和生态环境损害等纳入自然资源及其产品价格形成机制。加强对自然垄断环节的价格监管，建立定价成本监审制度和价格调整机制，完善价格决策程序和信息公开制度。推进农业水价综合改革，全面实行非居民用水超计划、超定额累进加价制度，全面推行城镇居民用水阶梯价格制度。

（二十八）完善土地有偿使用制度。扩大国有土地有偿使用范围，扩大招拍挂出让比例，减少非公益性用地划拨，国有土地出让收支纳入预算管理。改革完善工业用地供应方式，探索实行弹性出让年限以及长期租赁、先租后让、租让结合供应。完善地价形成机制和评估制度，健全土地等级价体系，理顺与土地相关的出让金、租金和税费关系。建立有效调节工业用地和居住用地合理比价机制，提高工业用地出让地价水平，降低工业用地比例。探索通过土地承包经营、出租等方式，健全国有农用地有偿使用制度。

（二十九）完善矿产资源有偿使用制度。完善矿业权出让制度，建立符合市场经济要求和矿业规律的探矿权采矿权出让方式，原则上实行市场化出让，国有矿产资源出让收支纳入预算管理。理清有偿取得、占用和开采中所有者、投资者、使用者的产权关系，研究建立矿产资源国家权益金制度。调整探矿权采矿权使用费标准、矿产资源最低勘查投入标准。推进实现全国统一的矿业权交易平台建设，加大矿业权出让转让信息公开力度。

（三十）完善海域海岛有偿使用制度。建立海域、无居民海岛使用金征收标准调整机制。建立健全海域、无居民海岛使用权招拍挂出让制度。

（三十一）加快资源环境税费改革。理顺自然资源及其产品税费关系，明确各自功能，合理确定税收调控范围。加快推进资源税从价计征改革，逐步将资源税扩展到占用各种自然生态空间，在华北部分地区开展地下水征收资源税改革试点。加快推进环境保护税立法。

（三十二）完善生态补偿机制。探索建立多元化补偿机制，逐步增加对重点生态功能区转移支付，完善生态保护成效与资金分配挂钩的激励约束机制。制定横向生态补偿机制办法，以地方补偿为主，中央财政给予支持。鼓励各地区开展生态补偿试点，继续推进新安江水环境补偿试点，推动在京津冀水源涵养区、广西广东九洲江、福建广东汀江－韩江等开展跨地区生态补偿试点，在长江流域水环境敏感地区探索开展流域生态补偿试点。

（三十三）完善生态保护修复资金使用机制。按照山水林田湖系统治理的要求，完善相关资金使用管理办法，整合现有政策和渠道，在深入推进国土江河综合整治的同时，更多用于青藏高原生态屏障、黄土高原－川滇生态屏障、东北森林带、北方防沙带、南方丘陵山地带等国家生态安全屏障的保护修复。

（三十四）建立耕地草原河湖休养生息制度。编制耕地、草原、河湖休养生息规划，调整严重污染和地下水严重超采地区的耕地用途，逐步将25度以上不适宜耕种且有损生态的陡坡地退出基本农田。建立巩固退耕还林还草、退牧还草成果长效机制。开展退田还湖还湿试点，推进长株潭地区土壤重金属污染修复试点、华北地区地下水超采综合治理试点。

七、建立健全环境治理体系

（三十五）完善污染物排放许可制。尽快在全国范围建立统一公平、覆盖所有固定污染源的企业排放许可制，依法核发排污许可证，排污者必须持证排污，禁止无证排污或不按许可证规定排污。

（三十六）建立污染防治区域联动机制。完善京津冀、长三角、珠三角等重点区域大气污染防治联防联控协作机制，其他地方要结合地理特征、污染程度、城市空间分布以及污染物输送规律，建立区域协作机制。在部分地区开展环境保护管理体制创新试点，统一规划、统一标准、统一环评、统一监测、统一执法。开展按流域设置环境监管和行政执法机构试点，构建各流域内相关省级涉水部门参加、多形式的流域水环境保护协作机制和风险预警防控体系。建立陆海统筹的污染防治机制和重点海域污染物排海总量控制制度。完善突发环境事件应急机制，提高与环境风险程度、污染物种类等相匹配的突发环境事件应急处置能力。

（三十七）建立农村环境治理体制机制。建立以绿色生态为导向的农业补贴制度，加快制定和完善相关技术标准和规范，加快推进化肥、农药、农膜减量化以及畜禽养殖废弃物资源化和无害化，鼓励生产使用可降解农膜。完善农作物秸秆综合利用制度。健全化肥农药包装物、农膜回收贮运加工网络。采取财政和村集体补贴、住户付费、社会资本参与的投入运营机制，加强农村污水和垃圾处理等环保设施建设。采取政府购买服务等多种扶持措施，培育发展各种形式的农业面源污染治理、农村污水垃圾处理市场主体。强化县乡两级政府的环境保护职责，加强环境监管能力建设。财政支农资金的使用要统筹考虑增强农业综合生产能力和防治农村污染。

（三十八）健全环境信息公开制度。全面推进大气和水等环境信息公开、排污单位环境信息公开、监管部门环境信息公开，健全建设项目环境影响评价信息公开机制。健全环境新闻发言人制度。引导人民群众树立环保意识，完善公众参与制度，保障人民群众依法有序行使环境监督权。建立环境保护网络举报平台和举报制度，健全举报、听证、舆论监督等制度。

（三十九）严格实行生态环境损害赔偿制度。强化生产者环境保护法律责任，大幅度提高违法成本。健全环境损害赔偿方面的法律制度、评估方法和实施机制，对违反环保法律法规的，依法严惩重罚；对造成生态环境损害的，以损害程度等因素依法确定赔偿额度；对造成严重后果的，依法追究刑事责任。

（四十）完善环境保护管理制度。建立和完善严格监管所有污染物排放的环境保护管理制度，将分散在各部门的环境保护职责调整到一个部门，逐步实行城乡环境保护工作由一个部门进行统一监管和行政执法的体制。有序整合不同领域、不同部门、不同层次的监管力量，建立权威统一的环境执法体制，充实执法队伍，赋予环境执法强制执行的必要条件和手段。完善行政执法和环境司法的衔接机制。

八、健全环境治理和生态保护市场体系

（四十一）培育环境治理和生态保护市场主体。采取鼓励发展节能环保产业的体制机制和政策措施。废止妨碍形成全国统一市场和公平竞争的规定和做法，鼓励各类投资进入环保市场。能由政府和社会资本合作开展的环境治理和生态保护事务，都可以吸引社会资本参与建设和运营。通过政府购买服务等方式，加大对环境污染第三方治理的支持力度。加快推进污水垃圾处理设施运营管理单位向独立核算、自主经营的企业转变。组建或改组设立国有资本投资运营公司，推动国有资本加大对环境治理和生态保护等方面的投入。支持生态环境保护领域国有企业实行混合所有制改革。

（四十二）推行用能权和碳排放权交易制度。结合重点用能单位节能行动和新建项目能评审查，开展项目节能量交易，并逐步改为基于能源消费总量管理下的用能权交易。建立用能权交易系统、测量与核准体系。推广合同能源管理。深化碳排放权交易试点，逐步建立全国碳排放权交易市场，研究制定全国碳排放权交易总量设定与配额分配方案。完善碳交易注册登记系统，建立碳排放权交易市场监管体系。

（四十三）推行排污权交易制度。在企业排污总量控制制度基础上，尽快完善初始排污权核定，扩大涵盖的污染物覆盖面。在现行以行政区为单元层层分解机制基础上，根据行业先进排污水平，逐步强化以企业为单元进行总量控制、通过排污权交易获得减排收益的机制。在重点流域和大气污染重点区域，合理推进跨行政区排污权交易。扩大排污权有偿使用和交易试点，将更多条件成熟地区纳入试点。加强排污权交易平台建设。制定排污权核定、使用费收取使用和交易价格等规定。

（四十四）推行水权交易制度。结合水生态补偿机制的建立健全，合理界定和分配水权，探索地区间、流域间、流域上下游、行业间、用水户间等水权交易方式。研究制定水权交易管理办法，明确可交易水权的范围和类型、交易主体和期限、交易价格形成机制、交易平台运作规则等。开展水权交易平台建设。

（四十五）建立绿色金融体系。推广绿色信贷，研究采取财政贴息等方式加大扶持力度，鼓励各类金融机构加大绿色信贷的发放力度，明确贷款人的尽职免责要求和环境保护法律责任。加强资本市场相关制度建设，研究设立绿色股票指数和发展相关投资产品，研究银行和企业发行绿色债券，鼓励对绿色信贷资产实行证券化。支持设立各类绿色发展基金，实行市场化运作。建立上市公司环保信息强制性披露机制。完善对节能低碳、生态环保项目的各

类担保机制，加大风险补偿力度。在环境高风险领域建立环境污染强制责任保险制度。建立绿色评级体系以及公益性的环境成本核算和影响评估体系。积极推动绿色金融领域各类国际合作。

（四十六）建立统一的绿色产品体系。将目前分头设立的环保、节能、节水、循环、低碳、再生、有机等产品统一整合为绿色产品，建立统一的绿色产品标准、认证、标识等体系。完善对绿色产品研发生产、运输配送、购买使用的财税金融支持和政府采购等政策。

九、完善生态文明绩效评价考核和责任追究制度

（四十七）建立生态文明目标体系。研究制定可操作、可视化的绿色发展指标体系。制定生态文明建设目标评价考核办法，把资源消耗、环境损害、生态效益纳入经济社会发展评价体系。根据不同区域主体功能定位，实行差异化绩效评价考核。

（四十八）建立资源环境承载能力监测预警机制。研究制定资源环境承载能力监测预警指标体系和技术方法，建立资源环境监测预警数据库和信息技术平台，定期编制资源环境承载能力监测预警报告，对资源消耗和环境容量超过或接近承载能力的地区，实行预警提醒和限制性措施。

（四十九）探索编制自然资源资产负债表。制定自然资源资产负债表编制指南，构建水资源、土地资源、森林资源等的资产和负债核算方法，建立实物量核算账户，明确分类标准和统计规范，定期评估自然资源资产变化状况。在市县层面开展自然资源资产负债表编制试点，核算主要自然资源实物量账户并公布核算结果。

（五十）对领导干部实行自然资源资产离任审计。在编制自然资源资产负债表和合理考虑客观自然因素基础上，积极探索领导干部自然资源资产离任审计的目标、内容、方法和评价指标体系。以领导干部任期内辖区自然资源资产变化状况为基础，通过审计，客观评价领导干部履行自然资源资产管理责任情况，依法界定领导干部应当承担的责任，加强审计结果运用。在内蒙古呼伦贝尔市、浙江湖州市、湖南娄底市、贵州赤水市、陕西延安市开展自然资源资产负债表编制试点和领导干部自然资源资产离任审计试点。

（五十一）建立生态环境损害责任终身追究制。实行地方党委和政府领导成员生态文明建设一岗双责制。以自然资源资产离任审计结果和生态环境损害情况为依据，明确对地方党委和政府领导班子主要负责人、有关领导人员、部门负责人的追责情形和认定程序。区分情节轻重，对造成生态环境损害的，予以诫勉、责令公开道歉、组织处理或党纪政纪处分，对构成犯罪的依法追究刑事责任。对领导干部离任后出现重大生态环境损害并认定其需要承担责任的，实行终身追责。建立国家环境保护督察制度。

十、生态文明体制改革的实施保障

（五十二）加强对生态文明体制改革的领导。各地区各部门要认真学习领会中央关于生态文明建设和体制改革的精神，深刻认识生态文明体制改革的重大意义，增强责任感、使命感、紧迫感，认真贯彻党中央、国务院决策部署，确保本方案确定的各项改革任务加快落实。各有关部门要按照本方案要求抓紧制定单项改革方案，明确责任主体和时间进度，密切协调配合，形成改革合力。

（五十三）积极开展试点试验。充分发挥中央和地方两个积极性，鼓励各地区按照本方案的改革方向，从本地实际出发，以解决突出生态环境问题为重点，发挥主动性，积极探索和推动生态文明体制改革，其中需要法律授权的按法定程序办理。将各部门自行开展的综合性生态文明试点统一为国家试点试验，各部门要根据各自职责予以指导和推动。

（五十四）完善法律法规。制定完善自然资源资产产权、国土空间开发保护、国家公园、空间规划、海洋、应对气候变化、耕地质量保护、节水和地下水管理、草原保护、湿地保护、排污许可、生态环境损害赔偿等方面的法律法规，为生态文明体制改革提供法治保障。

（五十五）加强舆论引导。面向国内外，加大生态文明建设和体制改革宣传力度，统筹安排、正确解读生态文明各项制度的内涵和改革方向，培育普及生态文化，提高生态文明意识，倡导绿色生活方式，形成崇尚生态文明、推进生态文明建设和体制改革的良好氛围。

（五十六）加强督促落实。中央全面深化改革领导小组办公室、经济体制和生态文明体制改革专项小组要加强统筹协调，对本方案落实情况进行跟踪分析和督促检查，正确解读和及时解决实施中遇到的问题，重大问题要及时向党中央、国务院请示报告。

国务院办公厅关于推进海绵城市建设的指导意见

（国办发[2015]75号）

各省、自治区、直辖市人民政府，国务院各部委、各直属机构：

海绵城市是指通过加强城市规划建设管理，充分发挥建筑、道路和绿地、水系等生态系统对雨水的吸纳、蓄渗和缓释作用，有效控制雨水径流，实现自然积存、自然渗透、自然净化的城市发展方式。《国务院关于加强城市基础设施建设的意见》（国发〔2013〕36号）和《国务院办公厅关于做好城市排水防涝设施建设工作的通知》（国办发〔2013〕23号）印发以来，各有关方面积极贯彻新型城镇化和水安全战略有关要求，有序推进海绵城市建设试点，在有效防治城市内涝、保障城市生态安全等方面取得了积极成效。为加快推进海绵城市建设，修复城市水生态、涵养水资源，增强城市防涝能力，扩大公共产品有效投资，提高新型城镇化质量，促进人与自然和谐发展，经国务院同意，现提出以下意见：

一、总体要求

（一）工作目标。通过海绵城市建设，综合采取“渗、滞、蓄、净、用、排”等措施，最大限度地减少城市开发建设对生态环境的影响，将70%的降雨就地消纳和利用。到2020年，城市建成区20%以上的面积达到目标要求；到2030年，城市建成区80%以上的面积达到目标要求。

（二）基本原则。

坚持生态为本、自然循环。充分发挥山水林田湖等原始地形地貌对降雨的积存作用，充分发挥植被、土壤等自然下垫面对雨水的渗透作用，充分发挥湿地、水体等对水质的自然净化作用，努力实现城市水体的自然循环。

坚持规划引领、统筹推进。因地制宜确定海绵城市建设目标和具体指标，科学编制和严格实施相关规划，完善技术标准规范。统筹发挥自然生态功能和人工干预功能，实施源头减排、过程控制、系统治理，切实提高城市排水、防涝、防洪和防灾减灾能力。

坚持政府引导、社会参与。发挥市场配置资源的决定性作用和政府的调控引导作用，加大政策支持力度，营造良好发展环境。积极推广政府和社会资本合作（PPP）、特许经营等模式，吸引社会资本广泛参与海绵城市建设。

二、加强规划引领

（三）科学编制规划。编制城市总体规划、控制性详细规划以及道路、绿地、水等相关专项规划时，要将雨水年径流总量控制率作为其刚性控制指标。划定城市蓝线时，要充分考虑自然生态空间格局。建立区域雨水排放管理制度，明确区域排放总量，不得违规超排。

（四）严格实施规划。将建筑与小区雨水收集利用、可渗透面积、蓝线划定与保护等海绵城市建设要求作为城市规划许可和项目建设的前置条件，保持雨水径流特征在城市开发建设前后大体一致。在建设工程施工图审查、施工许可等环节，要将海绵城市相关工程措施作为重点审查内容；工程竣工验收报告中，应当写明海绵城市相关工程措施的落实情况，提交备案机关。

（五）完善标准规范。抓紧修订完善与海绵城市建设相关的标准规范，突出海绵城市建设的关键性内容和技术性要求。要结合海绵城市建设的目标和要求编制相关工程建设标准图集和技术导则，指导海绵城市建设。

三、统筹有序建设

（六）统筹推进新老城区海绵城市建设。从2015年起，全国各城市新区、各类园区、成片开发区要全面落实海绵城市建设要求。老城区要结合城镇棚户区和城乡危房改造、老旧小区有机更新等，以解决城市内涝、雨水收集利用、黑臭水体治理为突破口，推进区域整体治理，逐步实现小雨不积水、大雨不内涝、水体不黑臭、热岛有缓解。各地要建立海绵城市建设工程项目储备制度，编制项目滚动规划和年度建设计划，避免大拆大建。

（七）推进海绵型建筑和相关基础设施建设。推广海绵型建筑与小区，因地制宜采取屋顶绿化、雨水调蓄与收集利用、微地形等措施，提高建筑与小区的雨水积存和蓄滞能力。推进海绵型道路与广场建设，改变雨水快排、直排的传统做法，增强道路绿化带对雨水的消纳功能，在非机动车道、人行道、停车场、广场等扩大使用透水铺装，推行道路与广场雨水的收集、净化和利用，减轻对市政排水系统的压力。大力推进城市排水防涝设施的达标建设，

加快改造和消除城市易涝点；实施雨污分流，控制初期雨水污染，排入自然水体的雨水须经过岸线净化；加快建设和改造沿岸截流干管，控制渗漏和合流制污水溢流污染。结合雨水利用、排水防涝等要求，科学布局建设雨水调蓄设施。

（八）推进公园绿地建设和自然生态修复。推广海绵型公园和绿地，通过建设雨水花园、下凹式绿地、人工湿地等措施，增强公园和绿地系统的城市海绵体功能，消纳自身雨水，并为蓄滞周边区域雨水提供空间。加强对城市坑塘、河湖、湿地等水体自然形态的保护和恢复，禁止填湖造地、截弯取直、河道硬化等破坏水生态环境的建设行为。恢复和保持河湖水系的自然连通，构建城市良性水循环系统，逐步改善水环境质量。加强河道系统整治，因势利导改造渠化河道，重塑健康自然的弯曲河岸线，恢复自然深潭浅滩和泛洪漫滩，实施生态修复，营造多样性生物生存环境。

四、完善支持政策

（九）创新建设运营机制。区别海绵城市建设项目的经营性与非经营性属性，建立政府与社会资本风险分担、收益共享的合作机制，采取明晰经营性收益权、政府购买服务、财政补贴等多种形式，鼓励社会资本参与海绵城市投资建设和运营管理。强化合同管理，严格绩效考核并按效付费。鼓励有实力的科研设计单位、施工企业、制造企业与金融资本相结合，组建具备综合业务能力的企业集团或联合体，采用总承包等方式统筹组织实施海绵城市建设相关项目，发挥整体效益。

（十）加大政府投入。中央财政要发挥“四两拨千斤”的作用，通过现有渠道统筹安排资金予以支持，积极引导海绵城市建设。地方各级人民政府要进一步加大海绵城市建设资金投入，省级人民政府要加强海绵城市建设资金的统筹，城市人民政府要在中期财政规划和年度建设计划中优先安排海绵城市建设项目，并纳入地方政府采购范围。

（十一）完善融资支持。各有关方面要将海绵城市建设作为重点支持的民生工程，充分发挥开发性、政策性金融作用，鼓励相关金融机构积极加大对海绵城市建设的信贷支持力度。鼓励银行业金融机构在风险可控、商业可持续的前提下，对海绵城市建设提供中长期信贷支持，积极开展购买服务协议预期收益等担保创新类贷款业务，加大对海绵城市建设项目的资金支持力度。将海绵城市建设中符合条件的项目列入专项建设基金支持范围。支持符合条件的企业通过发行企业债券、公司债券、资产支持证券和项目收益票据等募集资金，用于海绵城市建设项目。

五、抓好组织落实

城市人民政府是海绵城市建设的责任主体，要把海绵城市建设提上重要日程，完善工作机制，统筹规划建设，抓紧启动实施，增强海绵城市建设的整体性和系统性，做到“规划一张图、建设一盘棋、管理一张网”。住房城乡建设部要会同有关部门督促指导各地做好海绵城市建设工作，继续抓好海绵城市建设试点，尽快形成一批可推广、可复制的示范项目，经验成熟后及时总结宣传、有效推开；发展改革委要加大专项建设基金对海绵城市建设的支持力度；财政部要积极推进PPP模式，并对海绵城市建设给予必要资金支持；水利部要加强对海绵城市建设中水利工作的指导和监督。各有关部门要按照职责分工，各司其职，密切配合，共同做好海绵城市建设相关工作。

国务院办公厅

2015年10月11日

中共中央 国务院《关于落实发展新理念加快农业现代化实现全面小康目标的若干意见》（节录）

（2015年12月31日）

党的十八届五中全会通过的《中共中央关于制定国民经济和社会发展第十三个五年规划的建议》，对做好新时期农业农村工作作出了重要部署。各地区各部门要牢固树立和深入贯彻落实创新、协调、绿色、开放、共享的发展理念，大力推进农业现代化，确保亿万农民与全国人民一道迈入全面小康社会。

“十三五”时期推进农村改革发展，要高举中国特色社会主义伟大旗帜，全面贯彻党的十八大和十八届三中、四中、五中全会精神，以邓小平理论、“三个代表”重要思想、科学发展观为指导，深入贯彻习近平总书记系列重要讲话精神，坚持全面建成小康社会、全面深化改革、全面依法治国、全面从严治党的战略布局，把坚持农民主体地位、增进农民福祉作为农村一切工作的出发点和落脚点，用发展新理念破解“三农”新难题，厚植农业农村发展优势，加大创新驱动力度，推进农业供给侧结构性改革，加快转变农业发展方式，保持农业稳定发展和农民持续增收，走产出高效、产品安全、资源节约、环境友好的农业现代化道路，推动新型城镇化与新农村建设双轮驱动、互促共进，让广大农民平等参与现代化进程、共同分享现代化成果。

一、持续夯实现代农业基础，提高农业质量效益和竞争力

7．优化农业生产结构和区域布局。……启动实施种养结合循环农业示范工程，推动种养结合、农牧循环发展。加强渔政渔港建设。大力发展旱作农业、热作农业、优质特色杂粮、特色经济林、木本油料、竹藤花卉、林下经济。

二、加强资源保护和生态修复，推动农业绿色发展

推动农业可持续发展，必须确立发展绿色农业就是保护生态的观念，加快形成资源利用高效、生态系统稳定、产地环境良好、产品质量安全的农业发展新格局。

9．加强农业资源保护和高效利用。基本建立农业资源有效保护、高效利用的政策和技术支撑体系，从根本上改变开发强度过大、利用方式粗放的状况。坚持最严格的耕地保护制度，坚守耕地红线，全面划定永久基本农田，大力实施农村土地整治，推进耕地数量、质量、生态“三位一体”保护。落实和完善耕地占补平衡制度，坚决防止占多补少、占优补劣、占水田补旱地，严禁毁林开垦。全面推进建设占用耕地耕作层剥离再利用。实行建设用地总量和强度双控行动，严格控制农村集体建设用地规模。完善耕地保护补偿机制。实施耕地质量保护与提升行动，加强耕地质量调查评价与监测，扩大东北黑土地保护利用试点规模。实施渤海粮仓科技示范工程，加大科技支撑力度，加快改造盐碱地。创建农业可持续发展试验示范区。划定农业空间和生态空间保护红线。落实最严格的水资源管理制度，强化水资源管理“三条红线”刚性约束，实行水资源消耗总量和强度双控行动。加强地下水监测，开展超采区综合治理。落实河湖水域岸线用途管制制度。加强自然保护区建设与管理，对重要生态系统和物种资源实行强制性保护。实施濒危野生动植物抢救性保护工程，建设救护繁育中心和基因库。强化野生动植物进出口管理，严厉打击象牙等濒危野生动植物及其制品非法交易。

10．加快农业环境突出问题治理。基本形成改善农业环境的政策法规制度和技术路径，确保农业生态环境恶化趋势总体得到遏制，治理明显见到成效。实施并完善农业环境突出问题治理总体规划。加大农业面源污染防治力度，实施化肥农药零增长行动，实施种养业废弃物资源化利用、无害化处理区域示范工程。积极推广高效生态循环农业模式。探索实行耕地轮作休耕制度试点，通过轮作、休耕、退耕、替代种植等多种方式，对地下水漏斗区、重金属污染区、生态严重退化地区开展综合治理。实施全国水土保持规划。推进荒漠化、石漠化、水土流失综合治理。

11．加强农业生态保护和修复。实施山水林田湖生态保护和修复工程，进行整体保护、系统修复、综合治理。到2020年森林覆盖率提高到23%以上，湿地面积不低于8亿亩。扩大新一轮退耕还林还草规模。扩大退牧还草工程实施范围。实施新一轮草原生态保护补助奖励政策，适当提高补奖标准。实施湿地保护与恢复工程，开展退耕还湿。建立沙化土地封禁保护制度。加强历史遗留工矿废弃和自然灾害损毁土地复垦利用。开展大规模国土绿化行动，增加森林面积和蓄积量。加强三北、长江、珠江、沿海防护林体系等林业重点工程建设。继续推进京津风沙源治理。完善天然林保护制度，全面停止天然林商业性采伐。完善海洋渔业资源总量管理制度，严格实行休渔禁渔制度，开展近海捕捞限额管理试点，按规划实行退养还滩。加快推进水生态修复工程建设。建立健全生态保护补偿机制，开展跨地区跨流域生态保护补偿试点。编制实施耕地、草原、河湖休养生息规划。

四、推动城乡协调发展，提高新农村建设水平

19．开展农村人居环境整治行动和美丽宜居乡村建设。遵循乡村自身发展规律，体现农村特点，注重乡土味道，保留乡村风貌，努力建设农民幸福家园。科学编制县域乡村建设规划和村庄规划，提升民居设计水平，强化乡村建设规划许可管理。继续推进农村环境综合整治，完善以奖促治政策，扩大连片整治范围。实施农村生活垃圾治理5年专项行动。采取城镇管网延伸、集中处理和分散处理等多种方式，加快农村生活污水治理和改厕。全面启动村庄绿化工程，开展生态乡村建设，推广绿色建材，建设节能农房。开展农村宜居水环境建设，实施农村清洁河道行动，建设生态清洁型小流域。发挥好村级公益事业一事一议财政奖补资金作用，支持改善村内公共设施和人居环

境。普遍建立村庄保洁制度。坚持城乡环境治理并重，逐步把农村环境整治支出纳入地方财政预算，中央财政给予差异化奖补，政策性金融机构提供长期低息贷款，探索政府购买服务、专业公司一体化建设运营机制。加大传统村落、民居和历史文化名村名镇保护力度。开展生态文明示范村镇建设。鼓励各地因地制宜探索各具特色的美丽宜居乡村建设模式。

国务院关于2015年度环境状况和环境保护目标完成情况的报告

2016年4月25日

全国人民代表大会常务委员会：

根据环境保护法要求，受国务院委托，现就2015年度全国环境状况和环境保护目标完成情况报告如下，请审议。

一、2015年环境质量状况

2015年，全国环境质量进一步改善，但环境污染重、生态受损大、环境风险高等问题仍然突出。

（一）空气质量。全国338个地级及以上城市中，有73个城市达标，占21.6%；优良天数比例76.7%，重度及以上污染天数比例3.2%；细颗粒物（PM2.5）年均浓度50微克/立方米，超标42.9%，可吸入颗粒物（PM10）年均浓度87微克/立方米，超标24.3%；二氧化硫（SO2）、二氧化氮（NO2）、臭氧（O3）、一氧化碳（CO）年均浓度分别为25微克/立方米、30微克/立方米、134微克/立方米、2.1毫克/立方米，均达标。主要有以下特点：

一是空气质量总体呈改善趋势，但污染程度仍较高，部分地区冬季雾霾天气频发高发。首批实施新环境空气质量标准的74个城市，与2013年相比，2015年空气质量优良天数比例为71.2%，提高10.7个百分点；重度及以上污染天数比例为4.1%，下降4.6个百分点;细颗粒物平均浓度为55微克/立方米，下降23.6%。2015年，338个地级及以上城市可吸入颗粒物年均浓度同比下降7.4%，有78.4%的城市空气质量仍然超标，有45个城市细颗粒物年均浓度超标一倍以上。京津冀地区重度及以上污染天数比例为10%，同比下降7个百分点，但采暖期细颗粒物平均浓度同比增长9.6%（北京增长75.9%），受多种因素影响，11—12月出现3次重污染天气。

二是颗粒物为主要污染因子，臭氧污染问题日益增多。细颗粒物和可吸入颗粒物作为首要污染物的超标天数占总超标天数八成多。臭氧为首要污染物的占总超标天数的16.9%。二氧化硫年均浓度超标城市比例由2010年的22.6%下降到2015年的3.3%，酸雨区面积占国土面积比例由历史高峰值的30%左右降至8.8%。

三是区域不平衡，部分城市有所反弹。珠三角空气质量改善幅度最大，区域细颗粒物平均浓度为34微克/立方米，首次达标。郑州、乌鲁木齐、济南细颗粒物浓度在2014年同比下降后2015年又有反弹；同时，还有70个城市可吸入颗粒物浓度不降反升。

（二）水环境质量。全国地表水达到或好于III类水质的国控断面比例为64.5%。开展监测的地级及以上城市集中式水源地中，有92.6%地表水型饮用水水源地达标，86.6%地下水型饮用水水源地达标。主要有以下特点：

一是地表水水质稳中趋好，但部分水体污染问题突出。2015年，达到或好于III类水质比例断面比2010年提高14.6个百分点，劣V类水质比例下降6.8个百分点。南水北调东、中线一期工程调水水质稳定达标。近八成劣Ⅴ类水体集中在海河、淮河、辽河和黄河流域，海河、辽河流域主要支流劣Ⅴ类水质断面比例分别为44%、33.3%。城市黑臭水体大量存在。14个富营养化湖库无明显改善。近岸海域局部污染严重。

二是良好水体保护形势严峻。2015年全国地表水Ⅰ类水质断面比例为2.8%，同比降低0.6个百分点。2010—2015年，长江流域Ⅰ类水质断面比例降低1个百分点，西南诸河无Ⅰ类水质断面、Ⅱ类水质断面比例下降4.1个百分点。

三是主要污染因子出现分化。2015年地表水化学需氧量平均浓度比2010年下降32%。总磷浓度下降幅度慢于其他指标，已成为地表水第二超标因子。

（三）土壤环境状况。全国土壤总的点位超标率为16.1%，其中轻微、轻度、中度和重度污染点位比例分别为11.2%、2.3%、1.5%和1.1%，耕地土壤点位超标率为19.4%。长三角、珠三角、东北老工业基地等部分区域土壤污染问题较为突出，西南、中南地区土壤重金属超标范围较大。

（四）生态环境状况。2015年完成的全国生态环境十年（2000—2010年）变化调查评估结果显示，全国森林、湿地、草原生态系统面积有所增加，土地沙化面积减少6%，石漠化面积减少4.7%；自然海岸线长度减少10.5%，海岸带自然湿地减少14.9%。国家开展生态环境质量考核的512个县中，105个变好，66个变差。

（五）环境风险。突发环境事件呈下降趋势，核与辐射安全可控。2015年全国共发生各类突发环境事件330起，同比下降三成。涉重金属突发环境事件从2010年的14起下降至2015年的2起，放射源事故发生率下降到万分之一以下的历史最好水平。但区域性、布局性、结构性环境风险日益凸显，12%的危险化学品企业距离饮用水水源保护区等环境敏感区域不足1公里。妥善处置多起突发环境事件，科学应对天津港“8•12”特别重大火灾爆炸事故环境影响。

二、环境保护目标和工作任务完成情况

2015年，全国化学需氧量、二氧化硫、氨氮、氮氧化物排放总量同比分别下降3.1%、5.8%、3.6%、10.9%，比2010年分别下降12.9%、18%、13%、18.6%；森林覆盖率由2010年的20.36%提高到21.66%，森林蓄积量增加到151亿立方米。《国民经济和社会发展第十二个五年规划纲要》确定的环境约束性指标均如期完成，2015年《政府工作报告》确定的主要污染物减排年度目标超额完成。

（一）加强环境法治建设，严格执法监管。配合修订出台《大气污染防治法》，研究起草环境保护税法、土壤污染防治法、核安全法以及排污许可管理条例等法律法规，推进水污染防治法、环境影响评价法、草原法、野生动物保护法等修订。配合司法机关出台环境民事公益诉讼案件、环境侵权责任纠纷案件适用法律若干问题的解释。

深入开展《环境保护法》实施年活动。将全国人大常委会关于《大气污染防治法》、《水污染防治法》执法检查报告及审议意见提出的问题，作为执法重点。依法落实地方政府环保责任，环境保护部对33个市（区）开展综合督查，公开约谈15个市级政府主要负责同志；各省级环保部门对163个市开展综合督查，对31个市进行约谈、20个市县实施区域环评限批、176个问题挂牌督办。

落实企业环保主体责任，全国实施按日连续处罚、查封扣押、限产停产案件8000余件，移送行政拘留、涉嫌环境污染犯罪案件近3800件。各级环保部门下达行政处罚决定9.7万余份，罚款42.5亿元，比2014年增长34%。开展环境保护大检查，全国共检查企业177万家次，查处各类违法企业19.1万家，责令关停取缔2万家、停产3.4万家、限期改正8.9万家。每月公布《环境保护法》执行情况，及时主动公布空气、水环境质量等环境信息，公布数据弄虚作假等典型环境违法案件74件。开通“12369”环保微信举报平台，全国共收到并办理举报线索超过1.3万件。

（二）坚决向污染宣战，全力推进大气、水、土壤污染治理。深入实施《大气污染防治行动计划》（以下称《大气十条》）。新增煤电机组脱硫增容改造1亿千瓦，脱硫机组达8.9亿千瓦；新增脱硝机组1.4亿千瓦，脱硝机组达8.3亿千瓦；累计完成煤电机组超低排放改造1.6亿千瓦。淘汰2005年底前注册营运的黄标车126万辆。全年生产新能源汽车37.9万辆，同比增长4倍。全面供应国四标准车用汽柴油，北京、天津、上海等地率先供应国五标准车用汽柴油。在珠三角、长三角、环渤海（京津冀）水域设立船舶排放控制区。启动石化行业挥发性有机物（VOCs）综合整治。加强对建筑工地扬尘、渣土运输等环节监管。实施秸秆综合利用等项目。加强重污染天气联合会商和预警发布，严格落实应急措施。

进一步加强水污染防治。国务院印发《水污染防治行动计划》（以下称《水十条》），各省（区、市）均已编制具体实施方案，有关部门成立协作机制，先后出台配套措施文件。全国新增城镇污水日处理能力1096万吨、再生水利用能力338万吨。城市污水处理率达91%，生活垃圾无害化处理率达92.5%。建立城市黑臭水体整治监管平台，各地排查确认近2000条城市黑臭水体。实施国家地下水监测工程。“十二五”期间，全国完成7.2万个村庄环境综合整治任务，1.2亿多农村人口直接受益。有2万余家畜禽规模养殖场健全废弃物处理和资源化利用设施。加快实施化肥、农药使用量零增长行动，推广配方施肥面积累计达15亿亩。设立船舶油污损害赔偿基金，健全内河船舶污染损害责任保险制度。在京津冀水源涵养区、广西广东九洲江、福建广东汀江—韩江开展生态补偿试点。

稳步推进土壤污染防治。加快编制《土壤污染防治行动计划》（以下称《土十条》）。在10个省份启动土壤污染治理与修复试点示范项目。支持38个重金属重点防控区域开展综合防治示范。持续开展农产品产地土壤重金属污染普查，涉及16.23亿亩。在长株潭地区实施重金属污染耕地修复及农作物种植结构调整试点，涉及170万亩。在新疆、甘肃等6省（区）和新疆生产建设兵团开展农膜回收利用示范，约涉及1200万亩。

（三）坚持预防为主，推动转方式调结构。积极稳妥化解产能过剩，近三年淘汰落后炼钢炼铁产能9000多万吨、水泥2.3亿吨、平板玻璃7600多万重量箱、电解铝100多万吨。推进煤炭清洁高效利用，京津冀等重点区域实现

煤炭消费负增长。出台关于重点产业布局调整和产业转移的指导意见，引导相关产业向适宜开发区域集聚。国务院印发全国海洋主体功能区划，有关部门组织实施京津冀协同发展生态环境保护规划，修编发布全国生态功能区划。启动京津冀、长三角、珠三角战略环评，对石化、煤电基地等49项规划进行环评审查。加快水利、铁路等基础设施、民生工程和重大项目审批，批复项目环评159个，涉及投资1.5万多亿元；不予审批21个，涉及投资1170多亿元。在下放环评审批权限的同时，发布实施重点行业环评审批原则和准入条件，采用“双随机”抽查、约谈、区域限批或上收审批权限等手段，严格事中事后监管。发布国家环境标准83项。

（四）深化生态环保领域改革，健全体制机制。党中央、国务院印发《关于加快推进生态文明建设的意见》和《生态文明体制改革总体方案》，出台环境保护督察、生态环境监测网络建设、生态环境损害赔偿制度改革试点等配套文件。在河北省开展中央环境保护督察试点。推进大气、水和土壤环境质量监测网络建设和事权上收。启动生态环境损害赔偿制度改革、自然资源资产负债表编制、自然资源资产离任审计等试点。深入开展排污权有偿使用与交易试点，累计交易超过70亿元。在青海三江源等地区开展国家公园体制试点。积极推进环保费改税。北京、江苏等10省（市）大力开展环境污染第三方治理。

（五）加大投资力度，实施一批重大生态环保工程。中央财政节能环保支出2782.16亿元，同比增长13.9%。其中，安排大气污染防治专项资金106亿元，水污染防治专项资金121.5亿元，重金属污染防治专项资金37亿元。实施生物多样性保护重大工程，开展天然林资源保护、新一轮退耕还林还草、退牧还草、石漠化综合治理等生态保护与修复工程。

三、下一步工作安排

当前，我国环境保护形势依然严峻，资源环境承载能力已经达到或接近上限，生态环境特别是大气、水、土壤污染严重，已成为全面建成小康社会的突出短板，扭转环境恶化、提高环境质量是广大人民群众的热切期盼。同时，我国工业化、城镇化、农业现代化的任务尚未完成，产业结构偏重、能源结构不合理等情况短期内难以根本改变，加之一些地方环保责任不落实、执法监管不严、基层能力不足等问题，环境保护面临的压力和挑战巨大，环境质量改善需要付出艰苦、长期的努力。

“十三五”期间，我们将紧紧围绕“五位一体”总体布局和“四个全面”战略布局，牢固树立和贯彻落实创新、协调、绿色、开放、共享的新发展理念，以改善环境质量为核心，以解决生态环境领域突出问题为重点，以生态文明体制改革为动力，实行最严格的环境保护制度，打好大气、水、土壤污染防治“三大战役”，推进主要污染物减排，严密防控环境风险，不断提高环境管理系统化、科学化、法治化、精细化和信息化水平，实现环境质量总体改善。

按照2016年《政府工作报告》关于加大环境治理力度的要求，环境保护工作的主要目标是：全国地级及以上城市空气质量优良天数比例达到77%，未达标城市细颗粒物浓度下降3%；地表水达到或好于Ⅲ类水体比例达66.5%，劣Ⅴ类比例控制在9.2%以内；化学需氧量、氨氮、二氧化硫、氮氧化物排放量分别下降2%、2%、3%、3%。将重点抓好以下工作：

（一）坚决打好“三大战役”。持续实施《大气十条》。在重点区域实行大气污染联防联控。落实冬季大气污染防治强化措施，加强重污染天气应对，突出抓好京津冀特别是北京等重点区域大气治理。着力抓好减少燃煤排放和机动车排放。加强煤炭清洁高效利用，减少散煤使用，推进以电代煤、以气代煤。完成燃煤电厂超低排放改造1.5亿千瓦，加快淘汰不符合强制性标准的燃煤锅炉，提高清洁能源比例。淘汰黄标车和老旧车380万辆，全面推广车用燃油国五标准。

全面落实《水十条》。出台考核实施细则等配套政策措施。加强流域水环境综合治理。建立水环境质量预警制度，对各地水环境质量状况进行排名。定期公布黑臭水体整治情况。继续开展地下水超采区综合治理和城市集中式饮用水水源环境状况评估。大力推动污水、垃圾处理设施建设与改造。开展海湾、滨海湿地等重点区域治理修复。

出台实施《土十条》。启动全国土壤污染状况详查，以农用地和建设用地为重点，实行分级分类管控。完成土壤环境质量国控监测点位设置，建立土壤环境基础数据库。健全土壤污染防治相关标准和技术规范，推进治理与修复试点示范。

（二）深入推进各项改革。全面开展环境保护督察。加快环境监测全面设点和全国联网，完成京津冀、长三角、珠三角县级空气质量监测点位联网。推进国家环境质量监测事权上收。开展省以下环保机构监测监察执法垂直管理、按流域设置环境监管和行政执法机构试点。继续开展生态环境损害赔偿、国家公园体制等试点。改革和完善主要污染物总量减排制度。完善污染物排放许可制。通过政府购买服务等方式，加大对环境污染第三方治理的支持力度。全面推进环境质量信息和企业环境信息公开。完善环境公益诉讼制度。

（三）加强环境法治保障。配合做好水污染防治法、环境保护税法、土壤污染防治法、核安全法、草原法、野生动物保护法等法律制（修）订。严格执行环境保护法、大气污染防治法，坚持“督政”与“查企”并举、“严打违法”与“规范执法”并重，提高环境执法效能。依法实施工业污染源全面达标排放计划，对排污企业全面实行在线监测。督促各地按期完成违法违规建设项目清理整顿任务。在长江经济带开展“共抓大保护”专项执法活动。突出季节性特点，开展针对性执法检查。

（四）健全环境预防体系。划定并严守生态保护红线。实施能耗、水耗总量和强度双控，研究建立资源环境承载能力监测预警机制。继续开展京津冀、长三角、珠三角等区域战略环评，加强重点领域规划环评，开展重点产业园区规划环评“负面清单管理”试点。结合落实“去产能”任务，运用环保等多种手段，严格控制新增产能，有序退出过剩产能。

（五）加大生态和农村环境保护力度。健全生态保护补偿机制，在重点生态功能区实行产业准入负面清单制度。对各类破坏生态环境的违法行为扭住不放、一抓到底，指导督促地方对生态环境领域存在的突出问题彻底整改。开展大规模国土绿化行动。继续实施重大生态工程，实施新一轮草原生态保护补助奖励政策，停止天然林商业性采伐，制定湿地保护修复制度方案。深入推进农村环境连片整治，加强农村面源污染治理和秸秆综合利用，着力改善农村人居环境。

（六）夯实环境科技基础，发展绿色环保产业。完善环境标准和技术政策体系，扩大绿色环保标准覆盖面。继续组织实施“水体污染控制与治理”国家重大科技专项和“大气污染成因和控制技术研究”等重点专项，积极推进土壤污染防治等重点专项立项，强化环保科技支撑。完善环保产业发展扶持政策，加快推广新技术、新装备、新产品，加大建筑节能改造力度，加快传统制造业绿色改造。

（七）有效防控环境风险。强化重污染天气、饮用水污染、有毒有害气体释放等关系公众健康的重点领域风险预警与管控。加强化学物质和危险废物环境管理，强化尾矿库环境风险管理。严格核与辐射安全监管。督促存在重大环境风险企业开展隐患排查治理，健全生态环境事件应急网络，做好突发环境事件处置应对。

委员长、各位副委员长、秘书长、各位委员，长期以来，全国人大常委会高度重视、大力支持环境保护工作，不断加强立法和实施监督，有力推进了我国环境保护工作。我们将按照党中央、国务院的决策部署，在全国人大及其常委会的监督支持下，以改善环境质量为核心，打好持久战和攻坚战，不断补齐环保短板，为全面建成小康社会做出新贡献。

（本文为环境保护部部长陈吉宁代表国务院2016年4月25日在第十二届全国人民代表大会常务委员会第二十次会议上作的报告）

国家发改委政策文件

关于加快发展农业循环经济的指导意见

发改环资[2016]203号

各省、自治区、直辖市及计划单列市、新疆生产建设兵团发展改革委(经信委、工信厅)，农业（农牧、农村经济）厅（委、办、局），林业局（厅），有关单位：

农业是国民经济的基础，是发展循环经济的重要领域。加快发展农业循环经济是转变农业发展方式、保障食品和木材安全、建设生态文明的必然选择。为贯彻落实党的十八届五中全会精神，根据《关于加快推进生态文明建设的意见》、《关于进一步深化农村改革加快推进农业现代化的若干意见》、《循环经济发展战略及近期行动计划》和《生态文明体制改革总体方案》等要求，现就加快发展农业循环经济，促进农业绿色发展，提出以下意见：

一、总体要求

（一）指导思想

全面贯彻落实党中央、国务院关于大力推进生态文明建设的战略部署，加快发展农业循环经济，以提高农业资源利用效率和改善农村生态环境为目标，以促进农业绿色发展为主线，以示范引领为抓手，切实发挥龙头企业带动作用，优化产业组织结构，促进农林牧渔与二、三产业融合发展，全面推动资源利用节约化、生产过程清洁化、产业链接循环化、废弃物处理资源化，增强农业可持续发展能力，加快转变农业发展方式。

（二）遵循原则

一是坚持减量化优先和资源化利用。强化源头减量化，提高资源利用效率，减少生产、加工、流通、消费等各环节能源资源消耗和废弃物产生。促进废弃物资源化、规模化、产业化、高值化利用，提升农业综合效益。

二是坚持重点突破和示范推广。在农作物秸秆、农林产品加工副产物、林业废弃物、废旧农膜、畜禽粪便、水体富营养化等重点领域，组织实施示范工程。培育、总结、凝练一批农业循环经济典型模式，加大推广力度。

三是坚持因地制宜和产业融合。各地根据资源禀赋、环境承载力、产业基础、主体功能定位等实际，合理规划布局，选择不同的技术路线，形成各具特色的农业循环经济发展模式。推进多种形式的产业循环链接和集成发展，构建一、二、三产业联动发展的现代工农复合型循环经济产业体系。

四是坚持政府推动和市场化导向。强化政府的有序引导、技术支撑、政策扶持和公共服务，充分发挥市场配置资源的决定性作用，提升龙头企业、农垦、牧区、渔区、林区的带动效应，引导企业、新型农业经营主体、农户广泛参与，加快农业循环经济社会化服务体系建设。

（三）主要目标

到2020年，建立起适应农业循环经济发展要求的政策支撑体系，基本构建起循环型农业产业体系。生态循环农业产业不断发展，科技支撑能力不断增强，农林废弃物处理资源化程度明显提高，人居环境和生态环境显著改善，农业可持续发展能力不断提升。建设和推广一批具有示范引领作用的农业、林业和工农复合型的循环经济示范园区、示范基地、示范工程、示范企业和先进适用技术，总结凝练一批可借鉴、可复制、可推广的农业循环经济发展典型模式，推动农业发展方式转变。

力争到2020年，农田灌溉水有效利用系数达到0.55，主要农作物化肥利用率达到40%以上，农膜回收率达80%以上，农作物秸秆综合利用率达到85%以上，规模化养殖场（区）畜禽粪便综合利用率达到75%，林业废弃物综合利用率达到80%以上。

二、重点领域和主要任务

（一）推进资源利用节约化

推进土地节约集约利用。推进传统耕作制度改革，合理确定复种指数，充分挖掘土、水、光、热等资源的利用潜力，提高耕地、草地、水面、林地综合产出效率；加强农田基础设施和耕地质量建设，实施“耕地质量保护与提升行动”；支持盐碱地和土壤污染耕地等改良修复，因地制宜调整种植结构；鼓励合理利用盐碱地、采矿塌陷区发

展水产养殖等；与新型城镇化建设紧密结合，集中整理、规划农村居民点用地。科学制定造林和森林经营方案，推广林地立体开发产业模式，发展林下经济。

推进水资源节约高效利用。在干旱半干旱地区，大力发展节水农业，建设集雨补灌设施，推广保墒固土、生物节水、沟播种植、农田护坡拦蓄保水、膜下滴灌等旱作节水技术。在非旱作农业区，推广防渗渠、低压管道、水肥一体化等节水技术；推广抗旱品种，发展保护性耕作，实行免耕或少耕、深松覆盖，增强抗旱节水能力。发展循环水节水养殖、研发并推广养殖废水处理技术，提高养殖用水利用率；鼓励开展屠宰废水等农产品加工废水无害化处理和循环利用。

引导农业投入品科学施用。实施“到2020年化肥使用量零增长行动”，优化配置肥料资源，合理调整施肥结构，大力推进有机肥生产和使用，扩大测土配方施肥规模，推广化肥机械深施、种肥同播、适期施肥、水肥一体化等技术，提高化肥利用率；科学配制饲料，提高饲料利用效率，规范饲料添加剂使用，加强饲用抗生素替代品的研发和使用，逐步减少饲用抗生素用量；鼓励采用先进的创意、设计、工艺、技术和装备，减少木材加工、林产化工生产过程中能源、原材料和投入品消耗，提高木材利用效率。

促进农业领域节能降耗。加快淘汰高耗能老旧农业机械和渔船，有效开展农机和渔船更新改造；大力发展农、林、牧、渔节能、节水技术，逐步淘汰高耗能落后工艺和技术装备；推动省柴节煤炉灶的升级换代；鼓励农业生产生活使用生物质能、太阳能、风能、微水电等可再生能源。

（二）推进生产过程清洁化

加强农业面源污染防治。实施“到2020年农药使用量零增长行动”，大力推进统防统治和绿色防控，全面推广高效低毒低残留农药、现代施药机械，科学精准用药；合理使用化肥、农药、地膜，严禁使用国家禁止的高毒、高残留农药，减少农业面源污染和内源性污染；推广雨污分流、干湿分离和设施化处理技术，推广应用有益微生物生态养殖技术，控制畜禽养殖污染物无序排放；支持在重点富营养化水域，因地制宜开展水上经济植物规模化种植、采收和资源化利用。

推进农产品加工和林业清洁生产。农产品加工，特别是食品加工企业要加大推广清洁生产力度，确保食品安全。提高林业生态功能，推动木竹藤材加工、人造板、木地板、防腐木材、木家具、木门窗、木楼梯、木质装饰材料等木材加工和林产化学加工企业清洁生产，推广林业生物防治、环保型木材防腐防虫、木材改性、木材漂白和染色、制浆造纸、林产化学产品制造技术，减少木材化学处理的化学药剂用量，降低环境污染。

（三）推进产业链接循环化

构建农业循环经济产业链。推进种养结合，农牧结合，养殖场建设与农田建设有机结合，按照生态承载容量，合理布局畜禽养殖场（小区），推广农牧结合型生态养殖模式；鼓励发展设施渔业及浅海立体生态养殖，推进水产养殖业与种植业有效对接；重点推广农林牧渔复合型模式，实现畜（禽）、鱼、粮、菜、果、茶协同发展。培育构建“种植业-秸秆-畜禽养殖-粪便-沼肥还田、养殖业-畜禽粪便-沼渣/沼液-种植业”等循环利用模式。

构建林业循环经济产业链。推广林上、林间、林下立体开发产业模式。鼓励利用木、竹、藤在采伐、抚育、造材、加工过程中产生的废弃物和次小薪材，生产人造板、纸、活性炭、木炭、竹炭、酒精等产品和生物质能源，鼓励对废弃的食用菌培养基进行再利用；鼓励利用城市园林绿地废弃物进行堆肥、生产园林有机覆盖物、生产生物质固体成型燃料、人造板、制作食用菌棒等；鼓励经济林和果树修剪枝桠材、林产品加工副产品等资源化利用。发展城市屋顶绿化、建筑墙体垂直绿化、阳台菜园等，增强吸附空气污染物、缓解城市“热岛效应”的生态功能，拓展绿色空间。

构建复合型循环经济产业链。大力推进农产品精深加工和高效物流冷链等现代物流体系建设。支持集成养殖深加工模式，发展饲料生产、畜禽水产养殖、畜禽和水产品加工及精深加工一体化复合型产业链。推进种植、养殖、农产品加工、生物质能、旅游等循环链接，形成跨企业、跨农户的工农复合型循环经济联合体。发展林板一体化、林纸一体化、林能一体化和森林生态旅游。构建粮、菜、果、茶、畜、鱼、林、加工、能源、物流、旅游一体化和一、二、三产业联动发展的现代复合型循环经济产业体系。

（四）推进农林废弃物处理资源化

推进农村生活废弃物循环利用。鼓励因地制宜建设人畜粪便、生活污水、垃圾等有机废弃物分类回收、利用和无害化处理体系；鼓励有条件地区建立完善“村收集、镇中转、区域集中处理”的农村垃圾回收、循环利用与无害化处理系统。

推进秸秆综合利用。各地要根据当地农用地分布情况、种植制度、秸秆产生和利用现状，鼓励农户、新型农业经营主体在购买农作物收获机械时，配备秸秆粉碎还田或捡拾打捆设备；鼓励有条件的企业和社会组织组建专业化秸秆收储运机构，健全服务网络。重点推进秸秆过腹还田、腐熟还田和机械化还田。进一步推进秸秆肥料化、饲料化、燃料化、基料化和原料化利用，形成布局合理、多元利用的秸秆综合利用产业化格局。

推进畜禽粪便资源化利用。推动规模化养殖业循环发展，切实加强饲料管理，支持规模化养殖场、养殖小区建设粪便收集、贮运、处理、利用设施；积极探索建立分散养殖粪便储存、回收和利用体系，在有条件的地区，鼓励分散储存、统一运输、集中处理；推广工厂化堆肥处理、商品化有机肥生产技术；利用畜禽粪便因地制宜发展集中供气沼气工程，鼓励利用畜禽粪便、秸秆等多种原料发展规模化大型沼气、生物天然气工程，推进沼渣沼液深加工生产适合种植的有机肥。

推进农产品加工副产物综合利用。鼓励综合利用企业与合作社、家庭农场、农户有机结合，促进种养业主体调整生产方式，使副产物更加符合循环利用要求和加工原料标准，把副产物制作成饲料、肥料、微生物菌、草毯、酒精和沼气等，构建资源—产品—副产物—资源的闭合式循环模式，实现综合利用、转化增值、改良土壤和治理环境。推进加工副产物的高值化利用，支持企业进行技术改造，充分开发加工副产物的营养成分，提高产品附加值。建立副产物收集、处理和运输的绿色通道，推进加工副产物向高值、梯次利用升级，提高加工副产物的有效供给和资源化利用水平，减少废弃物排放。

推进废旧农膜、灌溉器材、农药包装物回收利用。建立政府引导、企业实施、农户参与的农膜、灌溉器材、农药包装物生产、使用、回收、再利用各个环节相互配套的回收利用体系。推广应用标准地膜，引导农民回收废旧地膜和使用可降解地膜；支持建设废旧地膜、灌溉器材回收初加工网点及深加工利用项目。建立农药包装物回收、处理处置机制和体系，减少农药包装废弃物中农药残留，防止污染环境。推进水产加工副产品、废旧网具、渔船等废弃物的资源化利用。

推进林业废弃物资源化利用。推动建立废旧木质家具、废纸、木质包装、园林废弃物的回收利用体系，推进废弃竹木的综合利用；鼓励利用森林经营、采伐、造材、加工等过程中的剩余物，建设热、电、油、药等生物质联产项目。

三、保障措施

（一）完善制度标准

建立农业和林业节能减排政策制度，完善农业和林业生产的节能减排相关规范和标准体系。制订耕地质量国家标准，修订土壤环境质量标准、农用地膜国家标准。制订完善农药、肥料、饲料、兽药等农业投入品管理和废弃物处理的法律法规。加快制订种植业、畜禽养殖业、水产养殖业污染物排放控制标准。建立农业循环经济评价指标体系和评价考核制度，推动农业循环经济规范化、标准化发展。

（二）推进工程建设

推进农业循环经济示范工程建设。在农业基础较好的地区，选择一批具有明确实施主体的农业循环经济产业园区（基地）和企业，在减量化、再利用、资源化、清洁生产等农业循环经济的关键环节和领域开展示范工程建设。支持农场及林场循环化改造、耕地质量保护与提升，农作物病虫专业统防统治与绿色防控融合。推进示范基地建设、促进关键技术推广应用，支持农林产品加工副产物资源化利用示范工程、农业清洁生产示范项目等。省级相关部门根据实际，针对薄弱环节和突出问题，组织实施本地区的重点工程，探索具有各地特色的农业循环经济发展模式。国家和地方相关资金要加大对农业循环经济发展的支持。

（三）加大政策扶持

充分利用现有政策，支持各类农业经营主体回收废旧农膜，开展农作物秸秆、畜禽废弃物资源化利用、农产品加工副产物综合利用，推动以县（市、区）为单位开展农业废弃物资源化利用试点。使用有机肥、秸秆综合利用机械、节能农机、灌溉器材，实施循环水养殖、稻田综合种养、农药包装物、农产品加工研发及技改等，鼓励建设回收体系和初加工网点。加大对秸秆还田、高效低毒低残留农药、现代施药机械、绿色防控产品、增施有机肥和高标准农膜使用补贴力度。研究完善促进农业循环经济发展的引导和扶持政策，特别是农业废弃物制备燃料、肥料等产品的支持力度。鼓励金融机构对农林循环经济重点项目和示范工程给予多元化信贷支持，拓宽抵押担保范围，创新融资方式。

（四）强化科技驱动

加大科技投入，促进产学研结合，加强农业资源高效利用、废弃物减量化、资源化、农产品加工副产物综合利用等农林牧渔循环经济的共性和关键技术装备研发和转化推广力度；组织专家队伍，对实践中应用效果好的技术进行论证比选，筛选一批成熟技术进行推广扩散。对现有的单项成熟技术进行集成配套并转化推广；加大农业面源污染治理和废弃物高值化利用等先进适用、便捷的技术示范推广力度。发布生态种植养殖和秸秆综合利用等农业循环经济应用技术和产品名录。

（五）创新组织形式

鼓励农业循环经济产业链中的种养大户、家庭农场（林场）、农民专业合作社和农业、林业龙头企业等新型经营主体开展多种形式的联合和协作，共同推进统防统治、种养循环、农林牧渔结合和废弃物资源化利用，实现规模化、产业化、标准化、生态化、品牌化和设施化。发展新型农村生产经营组织，发挥龙头企业的带动作用，完善“公司+合作社+基地+农户”的组织形式，着力构建集约化、专业化、组织化、社会化相结合的新型农林牧渔循环经济生产经营模式。

（六）健全服务体系

培育和扶持一批为农业循环经济发展提供规划、设计、建设、改造、运行、技术咨询、推广、市场开发等服务的专业化机构。利用物联网、互联网+等现代化信息手段发展农业循环经济信息服务业。依托和发挥现有农技、植保、土肥、畜牧、渔业、兽医、农机化等农业推广服务机构和种子、农资等经营机构的作用，为农业循环经济发展提供专业化技术服务，推广循环农业标准和技术规范。重点推进农林废弃物处理利用、病虫草害统防统治、外来物种综合防控体系、农林产品加工副产物综合利用等市场化、社会化服务体系建设。加大对农业污染第三方治理机构的扶持力度。

（七）积极宣传推广

创新宣传方式，普及推广循环经济理念、技术和模式。组织开展形式多样、喜闻乐见的农业循环经济宣传教育活动，建设农业循环经济教育示范基地，重点宣传农林废弃物资源化利用、农产品加工副产物综合利用、农林生产节能减排等技术模式和农业循环经济发展典型经验及成果。从种植、养殖、渔业、林业等不同行业，总结凝练一批典型模式，加大示范推广力度。充分利用各地党校、行政学院、高等学校、职业技术学校及行业协会等力量，加强对管理部门、龙头企业、农民专业合作社、家庭农场（林场）等相关人员的农业循环经济知识和技术培训。

（八）加强统筹协调

各级循环经济发展综合管理部门、农业部门、林业部门要根据本意见和国家出台的相关规划，结合实际，科学谋划本区域农业循环经济发展，制定专项规划或纳入地方相关规划，明确重点任务、重点工程和推进措施。建立农业循环经济工作责任制，明确任务分工，加强沟通协调，研究出台支持政策。建立和完善农业循环经济发展的统计报告和评价制度。

国家发展改革委、农业部、国家林业局将加强协调，综合指导，统筹对重点工程给予支持，加快发展农业循环经济。

国家发展改革委　农业部　国家林业局

2016年2月1日

关于促进绿色消费的指导意见

（发改环资[2016]353号　国家发展改革委、中宣部、科技部、财政部、环境保护部、住房城乡建设部、商务部、质检总局、旅游局、国管局2016年2月17日印发）

为全面贯彻党的十八大和十八届三中、四中、五中全会精神，深入贯彻习近平总书记系列重要讲话精神，落实绿色发展理念，根据《中共中央国务院关于加快推进生态文明建设的意见》、《生态文明体制改革总体方案》、《国务院关于积极发挥新消费引领作用加快培育形成新供给新动力的指导意见》等文件要求，促进绿色消费，加快生态文明建设，推动经济社会绿色发展，提出如下意见。

一、充分认识绿色消费的重要意义

绿色消费，是指以节约资源和保护环境为特征的消费行为，主要表现为崇尚勤俭节约，减少损失浪费，选择

高效、环保的产品和服务，降低消费过程中的资源消耗和污染排放。我国人口众多，资源禀赋不足，环境承载力有限。近年来，随着经济较快发展、人民生活水平不断提高，我国已进入消费需求持续增长、消费拉动经济作用明显增强的重要阶段，绿色消费等新型消费具有巨大发展空间和潜力。与此同时，过度消费、奢侈浪费等现象依然存在，绿色的生活方式和消费模式还未形成，加剧了资源环境瓶颈约束。促进绿色消费，既是传承中华民族勤俭节约传统美德、弘扬社会主义核心价值观的重要体现，也是顺应消费升级趋势、推动供给侧改革、培育新的经济增长点的重要手段，更是缓解资源环境压力、建设生态文明的现实需要。

二、总体要求和主要目标

全面贯彻党的十八大和十八届三中、四中、五中全会精神，深入贯彻习近平总书记系列重要讲话精神，按照绿色发展理念和社会主义核心价值观要求，加快推动消费向绿色转型。加强宣传教育，在全社会厚植崇尚勤俭节约的社会风尚，大力推动消费理念绿色化；规范消费行为，引导消费者自觉践行绿色消费，打造绿色消费主体；严格市场准入，增加生产和有效供给，推广绿色消费产品；完善政策体系，构建有利于促进绿色消费的长效机制，营造绿色消费环境。

到2020年，绿色消费理念成为社会共识，长效机制基本建立，奢侈浪费行为得到有效遏制，绿色产品市场占有率大幅提高，勤俭节约、绿色低碳、文明健康的生活方式和消费模式基本形成。

三、着力培育绿色消费理念

（一）深入开展全民教育。加强资源环境基本国情教育，大力弘扬中华民族勤俭节约传统美德和党的艰苦奋斗优良作风，开展全民绿色消费教育。从娃娃抓起，将勤俭节约、绿色低碳的理念融入家庭教育、学前教育、中小学教育、未成年人思想道德建设教学体系，组织开展第二课堂等社会实践。把绿色消费作为妇女和家庭思想道德教育、学生思想政治教育、职工继续教育和公务员培训的重要内容，纳入文明城市、文明村镇、文明单位、文明家庭、文明校园创建及有关教育示范基地建设要求。

（二）广泛推进主题宣传。深入实施节能减排全民行动、节俭养德全民节约行动，组织开展绿色家庭、绿色商场、绿色景区、绿色饭店、绿色食堂、节约型机关、节约型校园、节约型医院等创建活动，表彰一批先进单位和个人。把绿色消费纳入全国节能宣传周、科普活动周、全国低碳日、环境日等主题宣传活动，充分发挥工会、共青团、妇联以及有关行业协会、环保组织的作用，强化宣传推广。各主要新闻媒体和网络媒体要积极宣传绿色消费的重要性和紧迫

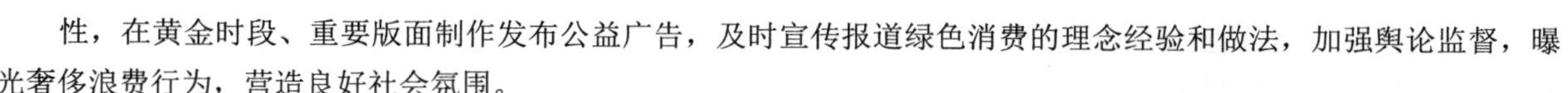
性，在黄金时段、重要版面制作发布公益广告，及时宣传报道绿色消费的理念经验和做法，加强舆论监督，曝光奢侈浪费行为，营造良好社会氛围。

四、积极引导居民践行绿色生活方式和消费模式

（三）倡导绿色生活方式。合理控制室内空调温度，推行夏季公务活动着便装。开展旧衣“零抛弃”活动，完善居民社区再生资源回收体系，有序推进二手服装再利用。抵制珍稀动物皮毛制品。推广绿色居住，减少无效照明，减少电器设备待机能耗，提倡家庭节约用水用电。鼓励步行、自行车和公共交通等低碳出行。鼓励消费者旅行自带洗漱用品，提倡重拎布袋子、重提菜篮子、重复使用环保购物袋，减少使用一次性日用品。制定发布绿色旅游消费公约和消费指南。支持发展共享经济，鼓励个人闲置资源有效利用，有序发展网络预约拼车、自有车辆租赁、民宿出租、旧物交换利用等，创新监管方式，完善信用体系。在中小学校试点校服、课本循环利用。

（四）鼓励绿色产品消费。继续推广高效节能电机、节能环保汽车、高效照明产品等节能产品，到2020 年，能效标识2 级以上的空调、冰箱、热水器等节能家电市场占有率达到50%以上。加大新能源汽车推广力度，加快电动汽车充电基础设施建设。组织实施“以旧换再”试点，推广再制造发动机、变速箱，建立健全对消费者的激励机制。实施绿色建材生产和应用行动计划，推广使用节能门窗、建筑垃圾再生产品等绿色建材和环保装修材料。推广环境标志产品，鼓励使用低挥发性有机物含量的涂料、干洗剂，引导使用低氨、低挥发性有机污染物排放的农药、化肥。鼓励选购节水龙头、节水马桶、节水洗衣机等节水产品。

（五）扩大绿色消费市场。加快畅通绿色产品流通渠道，鼓励建立绿色批发市场、绿色商场、节能超市、节水超市、慈善超市等绿色流通主体。支持市场、商场、超市、旅游商品专卖店等流通企业在显著位置开设绿色产品销售专区。组织流通企业与绿色产品提供商开展对接，促进绿色产品销售。鼓励大中城市利用群众性休闲场所、公益场地开设跳蚤市场，方便居民交换闲置旧物。完善农村消费基础设施和销售网络，通过电商平台提供面向农村地区的绿色产品，丰富产品服务种类，拓展绿色产品农村消费市场。

五、全面推进公共机构带头绿色消费

（六）全面推行绿色办公。提高办公设备和资产使用效率，鼓励纸张双面打印。推进信息系统建设和数据共享共用，积极推行无纸化办公。完善节约型公共机构评价标准，合理制定用水、用电、用油指标，建立健全定额管理制度。使用政府资金建设的公共建筑全面执行绿色建筑标准，凡具备条件的办公区要安装雨水回收系统和中水利用设施。到2020 年，新增创建3000 家节约型公共机构示范单位，全部省级机关和50%以上的省级事业单位建成节水型单位。

（七）完善绿色采购制度。严格执行政府对节能环保产品的优先采购和强制采购制度，扩大政府绿色采购范围，健全标准体系和执行机制，提高政府绿色采购规模。具备条件的公共机构要利用内部停车场资源规划建设电动汽车专用停车位，比例不低于10%，引进社会资本利用既有停车位参与充电桩建设和提供新能源汽车应用服务。2016 年，公共机构配备更新公务用车总量中新能源汽车的比例达到30%以上，到2020 年实现新能源汽车广泛应用。

六、大力推动企业增加绿色产品和服务供给

（八）积极实施创新驱动。引导和支持企业利用大众创业、万众创新平台，加大对绿色产品研发、设计和制造的投入，增加绿色产品和服务有效供给，不断提高产品和服务的资源环境效益。做好绿色技术储备，加快先进技术成果转化应用。大力推广利用“互联网+”促进绿色消费，推动电子商务企业直销或与实体企业合作经营绿色产品和服务，鼓励利用网络销售绿色产品，推动开展二手产品在线交易，满足不同主体多样化的绿色消费需求。鼓励电子商务企业积极开展网购商品包装物减量化和再利用。

（九）强化企业社会责任。健全生产者责任延伸制，推动生产企业减少有毒、有害、难降解、难处理、挥发性强物质的使用，主动披露产品和服务的能效、水效、环境绩效、碳排放等信息，推动实施企业产品标准自我声明公开和监督制度。推动企业能源管理体系建设。鼓励企业推行绿色供应链建设，开展清洁生产审核，降低产品全生命周期的环境影响。鼓励批发市场、大型商业综合体等消费场所进行节能、节水改造。鼓励旅游饭店、景区等推出绿色旅游消费奖励措施。星级宾馆、连锁酒店要逐步减少“六小件”等一次性用品的免费提供，试行按需提供。商场、超市、集贸市场等商品零售场所要严格执行“限塑令”，减少包装物的消耗，鼓励使用生物基材料的环保包装制品。

七、深入开展全社会反对浪费行动

（十）开展反过度包装行动。着力整治以奢华包装为代表的奢靡之风，在端午、中秋、春节等重要节日期间，以粽子、月饼、红酒、茶叶、杂粮、化妆品等商品为重点，开展定期专项检查，加大市场监管和打击力度，严厉整治过度包装行为，坚决制止商家在销售奢华包装产品中存在的价格欺诈、不按规定明码标价等违法行为。加强限制商品过度包装标准制修订工作，明确包装空隙率、包装层数和包装成本等方面要求。

（十一）开展反食品浪费行动。贯彻落实关于厉行节约反对食品浪费的意见，杜绝公务活动用餐浪费，在政府机关和国有企事业单位食堂实行健康科学营养配餐，条件具备的地方推进自助点餐计量收费，减少餐厨垃圾产生量。餐饮企业应提示顾客适当点餐，鼓励餐后打包，合理设定自助餐浪费收费标准。倡导婚丧嫁娶等红白喜事从简操办，推行科学文明的餐饮消费模式，提倡家庭按实际需要采购加工食品，争做“光盘族”。加强粮食生产、收购、储存、运输、加工、消费等环节管理，减少粮食损失浪费。

（十二）开展反过度消费行动。严格执行党政机关厉行节约反对浪费条例，严禁超标准配车、超标准接待和高消费娱乐等行为，细化明确各类公务活动标准，严禁浪费。以各级党政机关及党员领导干部为带动，坚决抵制生活奢靡、贪图享乐等不正之风，大力破除讲排场、比阔气等陋习，抵制过度消费，改变“自己掏钱、丰俭由我”的错误观念，形成“节约光荣，浪费可耻”的社会氛围。

八、建立健全绿色消费长效机制

（十三）健全法律法规。抓紧修订节能法、循环经济促进法等法律，研究制定节约用水条例、餐厨废弃物管理与资源化利用条例、限制商品过度包装条例、报废机动车回收管理办法、强制回收产品和包装物管理办法等专项法规，增加绿色消费有关要求，明确生产企业、零售企业、消费者、政府机构等主体应依法履行的责任义务。

（十四）完善标准体系。健全绿色产品和服务的标准体系，扩大标准覆盖范围，加快制修订产品生产过程的能耗、水耗、物耗以及终端产品的能效、水效等标准，动态调整并不断提高产品的资源环境准入门槛，做好计量检测、应用评价、对标提升等工作。加快实施能效“领跑者”制度、环保“领跑者”制度，研究建立水效“领跑者”制度。

（十五）健全标识认证体系。修订能效标识管理办法，扩大能效标识范围。落实节能低碳产品认证管理办法，做好认证目录发布和认证结果采信等工作，加快推行低碳、有机产品认证。推进中国环境标志认证。完善绿色建筑

和绿色建材标识制度。制修订绿色市场、绿色宾馆、绿色饭店、绿色旅游等绿色服务评价办法。逐步将目前分头设立的环保、节能、节水、循环、低碳、再生、有机等产品统一整合为绿色产品，建立统一的绿色产品认证、标识等体系，加强绿色产品质量监管。

（十六）完善经济政策。对符合条件的节能、节水、环保、资源综合利用项目或产品，可以按规定享受相关税收优惠。把高耗能、高污染产品及部分高档消费品纳入消费税征收范围。落实好新能源汽车充电设施的奖补政策和电动汽车用电价格政策。全面实行保基本、促节约，更好反映市场供求、资源稀缺程度、生态环境损害成本和修复效益的资源阶梯价格政策，完善居民用电、用水、用气阶梯价格。

（十七）加强金融扶持。银行金融业机构要认真落实绿色信贷指引，创新金融产品和服务，积极开展绿色消费信贷业务。研究出台支持节能与新能源汽车、绿色建筑、新能源与可再生能源产品、设施等绿色消费信贷的激励政策，促进金融机构加大信贷支持力度。鼓励开发新能源汽车保险产品，鼓励保险公司为绿色建筑提供保险保障。研究建立绿色消费积分制。

关于实行燃煤电厂超低排放电价支持政策有关问题的通知

（发改价格[2015]2835号）

各省、自治区、直辖市发展改革委、物价局、环保厅、能源局，国家电网公司、南方电网公司、华能、大唐、华电、国电、国家电投集团公司：

为贯彻落实2015年《政府工作报告》关于“推动燃煤电厂超低排放改造”的要求，推进煤炭清洁高效利用，促进节能减排和大气污染治理，决定对燃煤电厂超低排放实行电价支持政策。现就有关事项通知如下：

一、明确电价支持标准

超低排放是指燃煤发电机组大气污染物排放浓度基本符合燃气机组排放限值（以下简称“超低限值”）要求，即在基准含氧量6%条件下，烟尘、二氧化硫、氮氧化物排放浓度分别不高于10mg/Nm3、35mg/Nm3、50mg/Nm3。为鼓励引导超低排放，对经所在地省级环保部门验收合格并符合上述超低限值要求的燃煤发电企业给予适当的上网电价支持。其中，对2016年1月1日以前已经并网运行的现役机组，对其统购上网电量加价每千瓦时1分钱（含税）；对2016年1月1日之后并网运行的新建机组，对其统购上网电量加价每千瓦时0.5分钱（含税）。省级能源主管部门负责确认适用上网电价支持政策的机组类型。超低排放电价政策增加的购电支出在销售电价调整时疏导。上述电价加价标准暂定执行到2017年底，2018年以后逐步统一和降低标准。地方制定更严格超低排放标准的，鼓励地方出台相关支持奖励政策措施。

二、实行事后兑付政策

超低排放电价支持政策实行事后兑付、季度结算，并与超低排放情况挂钩。省级环保部门于每一季度开始之日起15个工作日内对上一季度燃煤机组超低排放情况进行核查并形成监测报告，同时抄送省级价格主管部门。电网企业自收到环保部门出具的监测报告之日起10个工作日内向燃煤电厂兑现电价加价资金。对符合超低限值的时间比率达到或高于99%的机组，该季度加价电量按其上网电量的100%执行；对符合超低限值的时间比率低于99%但达到或超过80%的机组，该季度加价电量按其上网电量乘以符合超低限值的时间比率扣减10%的比例计算；对符合超低限值的时间比率低于80%的机组，该季度不享受电价加价政策。其中，烟尘、二氧化硫、氮氧化物排放中有一项不符合超低排放标准的，即视为该时段不符合超低排放标准。燃煤电厂弄虚作假篡改超低排放数据的，自篡改数据的季度起三个季度内不得享受加价政策。

三、政策执行时间

上述规定自2016年1月1日起执行，此前完成超低排放建设并经省级环保部门验收合格的，无论是否已经开始享受电价加价政策，自2016年1月1日起均按照新规定的加价政策执行。

国家发展改革委　环境保护部　国家能源局

2015年12月2日

关于印发《绿色债券发行指引》的通知

（发改办财金[2015]3504号）

各省、自治区、直辖市及计划单列市、新疆生产建设兵团、黑龙江农垦总局发展改革委，相关省（区、市）经信委（工信委、工信厅、经信局），有关中央管理企业：

为贯彻落实党的十八大和十八届二中、三中、四中、五中全会精神，按照《中共中央国务院关于加快推进生态文明建设的意见》、《中共中央国务院关于印发生态文明体制改革总体方案的通知》要求，为进一步推动绿色发展，促进经济结构调整优化和发展方式加快转变，我们制定了《绿色债券发行指引》，现印发你们。请认真贯彻文件精神，发挥企业债券融资作用，积极探索利用专项建设基金等建立绿色担保基金，加强与相关部门在节能减排、环境保护、生态建设、应对气候变化等领域项目投融资方面的协调配合，努力形成政策合力，破解资源环境瓶颈约束，推动发展质量和效益提高，加快建设资源节约型、环境友好型社会。

国家发展改革委办公厅
2015年12月31日

附件：

绿色债券发行指引

为贯彻落实党的十八大和十八届二中、三中、四中、五中全会精神，按照《中共中央国务院关于加快推进生态文明建设的意见》、《中共中央国务院关于印发生态文明体制改革总体方案的通知》要求，积极发挥企业债券融资对促进绿色发展、推动节能减排、解决突出环境问题、应对气候变化、发展节能环保产业等支持作用，引导和鼓励社会投入，助力经济结构调整优化和发展方式加快转变，制定本指引。

一、适用范围和支持重点

绿色债券是指，募集资金主要用于支持节能减排技术改造、绿色城镇化、能源清洁高效利用、新能源开发利用、循环经济发展、水资源节约和非常规水资源开发利用、污染防治、生态农林业、节能环保产业、低碳产业、生态文明先行示范实验、低碳试点示范等绿色循环低碳发展项目的企业债券。现阶段支持重点为：

（一）节能减排技术改造项目。包括燃煤电厂超低排放和节能改造，以及余热暖民等余热余压利用、燃煤锅炉节能环保提升改造、电机系统能效提升、企业能效综合提升、绿色照明等。

（二）绿色城镇化项目。包括绿色建筑发展、建筑工业化、既有建筑节能改造、海绵城市建设、智慧城市建设、智能电网建设、新能源汽车充电设施建设等。

（三）能源清洁高效利用项目。包括煤炭、石油等能源的高效清洁化利用。

（四）新能源开发利用项目。包括水能、风能、核能、太阳能、生物质能、地热、浅层地温能、海洋能、空气能等开发利用。

（五）循环经济发展项目。包括产业园区循环化改造、废弃物资源化利用、农业循环经济、再制造产业等。

（六）水资源节约和非常规水资源开发利用项目。包括节水改造、海水（苦咸水）淡化、中水利用等。

（七）污染防治项目。包括污水垃圾等环境基础设施建设，大气、水、土壤等突出环境问题治理，危废、医废、工业尾矿等处理处置。

（八）生态农林业项目。包括发展有机农业、生态农业，以及特色经济林、林下经济、森林旅游等林产业。

（九）节能环保产业项目。包括节能环保重大装备、技术产业化，合同能源管理，节能环保产业基地（园区）建设等。

（十）低碳产业项目。包括国家重点推广的低碳技术及相关装备的产业化，低碳产品生产项目，低碳服务相关建设项目等。

（十一）生态文明先行示范实验项目。包括生态文明先行示范区的资源节约、循环经济发展、环境保护、生态

建设等项目。

（十二）低碳发展试点示范项目。包括低碳省市试点、低碳城（镇）试点、低碳社区试点、低碳园区试点的低碳能源、低碳工业、低碳交通、低碳建筑等低碳基础设施建设及碳管理平台建设项目。

我委将根据实际情况，适时调整可采用市场化方式融资的绿色项目和绿色债券支持的范围，并继续创新推出绿色发展领域新的债券品种。

二、审核要求

（一）在相关手续齐备、偿债保障措施完善的基础上，绿色债券比照我委“加快和简化审核类”债券审核程序，提高审核效率。

（二）企业申请发行绿色债券，可适当调整企业债券现行审核政策及《关于全面加强企业债券风险防范的若干意见》中规定的部分准入条件：

1、债券募集资金占项目总投资比例放宽至80%（相关规定对资本金最低限制另有要求的除外）。

2、发行绿色债券的企业不受发债指标限制。

3、在资产负债率低于75%的前提下，核定发债规模时不考察企业其他公司信用类产品的规模。

4、鼓励上市公司及其子公司发行绿色债券。

（三）支持绿色债券发行主体利用债券资金优化债务结构。在偿债保障措施完善的情况下，允许企业使用不超过50%的债券募集资金用于偿还银行贷款和补充营运资金。主体信用评级AA+且运营情况较好的发行主体，可使用募集资金置换由在建绿色项目产生的高成本债务。

（四）发债企业可根据项目资金回流的具体情况科学设计绿色债券发行方案，支持合理灵活设置债券期限、选择权及还本付息方式。

（五）对于环境污染第三方治理企业开展流域性、区域性或同类污染治理项目，以及节能、节水服务公司以提供相应服务获得目标客户节能、节水收益的合同管理模式进行节能、节水改造的项目，鼓励项目实施主体以集合形式发行绿色债券。

（六）允许绿色债券面向机构投资者非公开发行。非公开发行时认购的机构投资者不超过二百人，单笔认购不少于500万元人民币，且不得采用广告、公开劝诱和变相公开方式。

三、相关政策

（一）地方政府应积极引导社会资本参与绿色项目建设，鼓励地方政府通过投资补助、担保补贴、债券贴息、基金注资等多种方式，支持绿色债券发行和绿色项目实施，稳步扩大直接融资比重。

（二）拓宽担保增信渠道。允许项目收益无法在债券存续期内覆盖总投资的发行人，仅就项目收益部分与债券本息规模差额部分提供担保。鼓励市级以上（含）地方政府设立地方绿色债券担保基金，专项用于为发行绿色债券提供担保。鼓励探索采用碳排放权、排污权、用能权、用水权等收益权，以及知识产权、预期绿色收益质押等增信担保方式。

（三）推动绿色项目采取“债贷组合”增信方式，鼓励商业银行进行债券和贷款统筹管理。“债贷组合”是按照“融资统一规划、债贷统一授信、动态长效监控、全程风险管理”的模式，由银行为企业制定系统性融资规划，根据项目建设融资需求，将企业债券和贷款统一纳入银行综合授信管理体系，对企业债务融资实施全程管理。

（四）积极开展债券品种创新。对于具有稳定偿债资金来源的绿色项目，可按照融资—投资建设—回收资金封闭运行的模式，发行项目收益债券；项目回收期较长的，支持发行可续期或超长期债券。

（五）支持符合条件的股权投资企业、绿色投资基金发行绿色债券，专项用于投资绿色项目建设；支持符合条件的绿色投资基金的股东或有限合伙人发行绿色债券，扩大绿色投资基金资本规模。

（六）为推动绿色项目建设资金足额到位，鼓励绿色项目采用专项建设基金和绿色债券相结合的融资方式。已获准发行绿色债券的绿色项目，且符合中央预算内投资、专项建设基金支持条件的，将优先给予支持。

关于公布再制造产品“以旧换再”推广试点企业的公告

（2015年 第1号）

根据《关于印发再制造产品“以旧换再”试点实施方案的通知》（发改环资[2013]1303号）、《关于印发再制造产品“以旧换再”试点实施有关文件的通知》（发改办环资[2014]2202号），国家发展改革委、财政部、工业和信息化部、质检总局委托中国国际工程咨询公司对2015年再制造产品推广试点企业资格项目（再制造汽车发动机、变速箱）进行公开征集。经过专家评审、网上公示后，确定10家企业具备再制造产品推广试点企业资格。现将10家再制造产品推广试点企业名单及其再制造产品型号、推广价格等予以公布（见附件），推广企业的特约经销商名单在再制造“以旧换再”管理信息系统（www.yjhzxt.cn）上公布。有关管理信息系统操作指南、企业承诺书等将适时在有关政府门户网站上公布。

本公告为再制造产品“以旧换再”推广试点企业的确定通知。

附件：1、2015年再制造产品“以旧换再”推广试点企业名单（略）

2、2015年再制造产品“以旧换再”推广产品（略）

国家发展改革委　财政部　工业和信息化部　质检总局

2015年1月20日

关于公布《废弃电器电子产品处理目录（2014年版）》的公告

（2015年 第5号）

根据《废弃电器电子产品回收处理管理条例》（国务院令第551号）规定，经国务院批准，现公布《废弃电器电子产品处理目录（2014年版）》，自2016年3月1日起实施。《废弃电器电子产品处理目录（第一批）》同时废止。

附件：《废弃电器电子产品处理目录（2014年版）》（略）

国家发展改革委　环境保护部　工业和信息化部

财政部　海关总署　税务总局

2015年2月9日

关于电力（燃煤发电企业）等行业清洁生产评价指标体系的公告

（工业和信息化部 2015年 第9号）

为贯彻落实《清洁生产促进法》（2012年修正案），进一步形成统一、系统、规范的清洁生产技术支撑文件体系，指导和推动企业依法实施清洁生产，我们整合修编了《电力（燃煤发电企业）行业清洁生产评价指标体系》、《制浆造纸行业清洁生产评价指标体系》，制定了《稀土行业清洁生产评价指标体系》，现予以发布，并于公布之日起施行。

国家发展改革委发布的《制浆造纸行业清洁生产评价指标体系（试行）》（国家发展改革委2006年第87号公告）、《火电行业清洁生产评价指标体系（试行）》（国家发展改革委2007年第24号公告），环保部发布的《清洁生产标准造纸工业（漂白碱法蔗渣浆生产工艺）》（HJ/T317-2006）、《清洁生产标准造纸工业（漂白化学浆烧碱法麦草浆生产工艺）》（HJ/T339-2007）、《清洁生产标准造纸工业（硫酸盐化学木浆生产工艺）》（HJ/T340-2008）、《清洁生产标准造纸工业（废纸制浆）》（HJ 468-2009）同时停止施行。

附件：1.《电力（燃煤发电企业）行业清洁生产评价指标体系》（略）
2.《制浆造纸行业清洁生产评价指标体系》（略）
3.《稀土行业清洁生产评价指标体系》（略）

国家发展改革委　环境保护部　工业和信息化部
2015年4月15日

国家发改委关于平板玻璃行业等行业清洁生产评价指标体系的公告

（2015年　第25号）

为贯彻落实《清洁生产促进法》（2012年修正案），进一步形成统一、系统、规范的清洁生产技术支撑文件体系，指导和推动企业依法实施清洁生产，我们整合修编了《平板玻璃行业清洁生产评价指标体系》、《电镀行业清洁生产评价指标体系》、《铅锌采选行业清洁生产评价指标体系》、《黄磷工业清洁生产评价指标体系》，制定了《生物药品制造业（血液制品）清洁生产评价指标体系》，现予以发布，并于公布之日起施行。

国家发展改革委发布的《日用玻璃行业清洁生产评价指标体系（试行）》（国家发展改革委、工业和信息化部2009年第3号公告）、《电镀行业清洁生产评价指标体系（试行）》（国家发展改革委、国家环境保护总局2005年第28号公告）、《铅锌行业清洁生产评价指标体系（试行）》（国家发展改革委2007年第24号公告）中铅锌采选部分内容、《黄磷工业清洁生产评价指标体系（试行）》（国家发展改革委、工业和信息化部2009年第3号公告），环境保护部发布的《清洁生产标准　平板玻璃行业》（HJ/T361-2007）、《清洁生产标准　电镀行业》（HJ/T314-2006）同时停止施行。

附件：1.《平板玻璃行业清洁生产评价指标体系》（略）
2.《电镀行业清洁生产评价指标体系》（略）
3.《铅锌采选行业清洁生产评价指标体系》（略）
4.《黄磷工业清洁生产评价指标体系》（略）
5.《生物药品制造业（血液制品）清洁生产评价指标体系》（略）

国家发展改革委　环境保护部　工业和信息化部
2015年10月28日

国家能源局政策文件

关于促进煤炭工业科学发展的指导意见（节录）

（国能煤炭〔2015〕37号）

煤炭是我国的主体能源和重要工业原料，煤炭工业是关系国家经济命脉和能源安全的重要基础产业。近年来，煤炭行业全面贯彻落实党中央、国务院一系列重大决策部署，积极转变发展方式、大力调整产业结构，煤炭工业整体发展水平显著提高，为国民经济和社会发展提供了可靠能源保障。但煤炭工业一些长期积累的深层次矛盾和问题尚未有效解决，同时遇到一系列新情况、新问题，面临艰巨挑战和难得的历史机遇。为适应经济发展新常态对煤炭工业提出的新要求，促进煤炭工业科学发展，提出以下指导意见：

一、指导思想

全面贯彻党的十八大、十八届二中、三中、四中全会精神，深入落实中央财经领导小组第六次会议和新一届国家能源委员会第一次会议精神，大力推进能源消费、供给、技术、体制革命，坚持“节约、清洁、安全”的能源战略方针，实施节约优先、立足国内、绿色低碳、创新驱动的能源发展战略，遵循煤炭工业发展规律，着力优化产业布局，调整产业结构，推进煤炭安全绿色开采和清洁高效利用，为经济社会发展提供经济可靠的能源保障。

二、基本原则

坚持调整存量、做优增量。完善安全、环境等强制性标准，体现技术进步要求，加快淘汰煤炭落后产能；按照市场原则优化配置煤炭生产要素，最大限度发挥现有资本、技术、人才等要素的效用；严格资源开发管理，遏制盲目扩张和无序建设；推进煤炭消费减量替代，控制重点地区、重点区域煤炭消费总量。

坚持提质增效、集约发展。提高企业发展质量和核心竞争力，增强煤炭资源开发利用的经济效益、社会效益、生态效益；发挥大型煤炭基地主体作用，合理安排区域煤炭开发强度；提高煤炭资源回采率和利用效率，推进煤炭及共伴生资源综合开发利用。

坚持深化改革、创新驱动。建立公平开放透明的市场规则，鼓励各类市场主体公平竞争、优胜劣汰；营造宽松政策环境，支持企业开展技术创新、管理创新、产品创新、商业模式创新，将创新成果转化为现实效益。

坚持绿色开发、清洁利用。把生态文明建设放在突出地位，建设资源节约型和环境友好型矿区，最大限度减少煤炭资源开发对生态环境影响。实施洗选、流通、终端消费全过程管理，依靠科技创新、强化监管，降低煤炭利用污染物排放。

三、主要意见

（二）调整煤炭产业结构

以大型煤炭基地为依托，稳步建设大中型现代化煤矿，积极培育一批大中型煤炭骨干企业。新建煤矿以大型现代化煤矿为主，优先建设露天煤矿、特大型矿井。支持煤矿根据资源条件、市场需求升级改造，提高大中型煤矿比重。严格新建煤矿准入，严禁核准新建30万吨/年以下煤矿、90万吨/年以下煤与瓦斯突出矿井。完善煤炭落后产能标准，加大淘汰落后产能力度，继续淘汰9万吨/年及以下煤矿，支持具备条件的地区淘汰30万吨/年以下煤矿，加快关闭煤与瓦斯突出等灾害隐患严重的煤矿。支持资源枯竭煤矿依法有序退出。

（五）推进煤炭安全绿色开采

坚持安全发展理念，强化政府监管，落实企业主体责任，依靠科技进步，以灾害防治为重点，健全煤矿安全生产投入及管理的长效机制，有效防范重特大事故，加强职业健康监护。控制新建煤矿开采深度，简化煤矿开拓布局，加强煤矿自动化、数字化、智能化技术装备研发，提高煤矿安全保障能力。因地制宜推广使用充填开采等绿色开采技术。建立健全采煤沉陷区综合治理协调机构，完善政策、规范和标准，落实资金，制定和实施治理规划及方案，促进生态文明矿区建设。

（六）推进煤炭清洁高效利用

严格执行《商品煤质量管理暂行办法》，研究建立商品煤质量标准体系及配套政策，提高煤炭质量和利用效

率。加快建设煤炭洗选设施，大中型煤矿应配套建设选煤厂，小型煤矿集中矿区建设群矿选煤厂，提高原煤入洗率和商品煤质量。有序开展煤炭加工转化为清洁能源产品项目的示范工作，抓紧建立项目示范工程标准体系。鼓励建设煤炭分级分质梯级利用示范项目。有序发展低热值煤发电等资源综合利用项目，加大与煤共伴生资源和矿井水的利用力度，发展矿区循环经济。依托主要消费地、沿海沿江主要港口和重要铁路枢纽，重点建设环渤海等11个大型煤炭储配基地和大型现代化煤炭物流园区，推动煤炭精细化加工配送。

（七）加快煤层气产业化发展

全面推进煤矿瓦斯先抽后采、抽采达标，重点实施煤矿瓦斯抽采利用规模化矿区建设。拓展瓦斯利用范围，推广低浓度瓦斯发电，有效提高瓦斯抽采利用率，严禁高浓度瓦斯直接排放。完善煤矿企业瓦斯防治能力评估制度，加强评估结果执行情况监督检查。继续实施国家科技重大专项等科技计划，支持煤层气（煤矿瓦斯）开发利用技术装备研发。加快沁水盆地和鄂尔多斯盆地东缘煤层气产业化基地建设，在新疆、贵州等地区开展勘探开发试验。煤层气就近利用，余气外输，依据资源分布、市场需求和天然气输气管网建设情况，统筹建设煤层气输气管网，因地制宜发展压缩、液化。完善资源协调开发机制，统筹煤炭、煤层气勘探开采布局和时序。落实财政补贴、税费扶持、市场定价等政策措施，引导各类所有制企业参与煤层气勘探开发。

国家能源局

2015年2月4日

关于印发2015年中央发电企业煤电节能减排升级改造目标任务的通知

（国能电力［2015］93号）

华能、大唐、华电、国电、中电投、神华集团、国投公司、华润集团：

按照《关于印发<煤电节能减排升级与改造行动计划（2014-2020年）>的通知》（发改能源[2014]2093号）、《关于分解落实煤电节能减排升级改造目标任务的通知》（国能综电力[2014]167号）要求，结合各中央发电企业报送的煤电节能减排升级改造计划和2015年度实施方案，经研究，现将2015年中央发电企业煤电节能减排升级改造目标任务（详见附件）及有关要求通知如下：

一、实施煤电节能减排升级改造，进一步提高燃煤发电机组能效水平，降低污染物排放，有利于促进我国煤电高效清洁发展。各中央发电企业要高度重视、精心组织、认真实施，按期完成本企业煤电节能减排升级改造目标任务。

二、各中央发电企业要细化制定具体实施方案，及时将2015年目标任务分解到具体电厂。落实改造计划、工作责任、人员安排、资金投入等，稳妥有序推进改造工作，保障机组改造后能效水平逐步达到同类机组先进水平、各项大气污染物排放指标符合有关规定。

三、2015年节能减排升级改造工作过程中，如需对本企业年度目标任务进行调整的，请及时报送国家能源局，我局将结合实际对目标任务进行调整。

四、各中央发电企业要认真总结本单位2015年煤电节能减排升级改造目标任务完成情况，每季度报送本企业煤电节能减排升级改造工作进展情况，并于2016年1月底前将2015年度工作总结报送国家能源局。我局将会同有关部门对年度目标任务完成情况进行考核。

五、国家能源局将会同有关部门，适时监督检查各中央发电企业煤电节能减排升级改造工作开展情况，确保煤电节能减排升级改造目标任务按期完成。

特此通知。

附件：2015年中央发电企业煤电节能减排升级改造目标任务（略）

国家能源局

2015年3月25日

工业和信息化部政策文件

2015年工业绿色发展专项行动实施方案

（工信部节〔2015〕61号 2015年2月27日）

为加快实施工业绿色发展战略，构建资源节约型环境友好型的工业体系，按照我部工业转型升级行动计划统一要求，制定本实施方案。

一、指导思想

贯彻落实生态文明建设和全面深化改革总体要求，顺应人民群众对良好生态环境的期待，以生态文明建设与工业发展相互促进、和谐发展为目标，以重点领域、重点区域节能减排为着力点，突出机制模式创新与务实推动，加快利用信息技术促进节能减排，强化支撑服务与考核评估，力争在重点领域、重点区域工业绿色发展上取得新突破，实现以点带面，推动工业节能与综合利用工作再上新台阶。

二、主要目标

通过实施2015年工业绿色发展专项行动，预期实现以下目标：

（一）提升重点区域重点行业煤炭清洁高效利用水平，到2015年底，减少煤炭消耗400万吨以上。指导京津冀及周边地区、长三角等重点工业企业实施清洁生产技术改造，预计全年削减二氧化硫7万吨、氮氧化物6万吨、工业烟（粉）尘4万吨、挥发性有机物2万吨。

（二）建立覆盖2000家以上重点用能企业的全国工业节能监测分析平台，实现对试点地区工业能耗数据的动态监控及预警预测。推进企业能源管理中心建设，完成钢铁、建材、石化等200家企业能源管理中心项目验收工作，新启动100家项目建设。在通信、金融、电力等部门启动30家绿色数据中心试点建设。

（三）初步建立京津冀及周边地区工业资源综合利用协同发展机制，完善产业链。实现京津冀及周边地区尾矿、冶炼渣等工业固废综合利用量约6000万吨/年。

三、重点工作

（一）推进重点行业清洁生产和结构优化，减少大气污染物排放

1.推进工业领域煤炭清洁高效利用。印发煤炭清洁高效利用行动计划，指导煤炭消耗大的城市，结合本地产业实际，围绕焦化、煤化工、工业炉窑和工业锅炉等编制具体实施方案，加大地方政府组织协调力度，实施燃煤锅炉节能环保综合提升工程。推动辖区内相关企业实施工业用煤技术改造和节能技术改造，培育一批技术创新能力强、拥有自主知识产权和品牌、高能效的锅炉生产企业和节能服务企业，优化产品结构、加强产业融合，综合提升区域煤炭清洁高效利用水平，实现控煤、减煤，降低大气污染物排放，促进环境质量改善。

2.提升重点行业能效水平。实施高耗能行业能效“领跑者”制度，在水泥、平板玻璃行业推进贯彻强制性能耗限额标准，制定能效“领跑者”试点实施方案并组织实施。指导和督促地方按照《大气污染防治重点工业行业清洁生产技术推行方案》和地方编制的实施计划，加快钢铁、建材、石化、化工、有色金属冶炼等重点行业实施清洁生产技术改造，大幅削减工业烟（粉）尘、二氧化硫、氮氧化物和挥发性有机物。出台《绿色建材评价标识管理办法实施细则》，开展绿色建材评价，加快绿色建材推广应用。

3.加强对重点区域工业清洁生产工作的指导。落实《国务院大气污染防治行动计划》及《京津冀及周边地区重点工业企业清洁生产水平提升计划》，对有关地方工业主管部门管理人员及工业企业负责人开展培训，指导地方和重点企业加快实施清洁生产技术改造。按照全国大气污染防治部际协调会议和京津冀及周边地区大气污染防治协调小组、长三角区域大气污染防治协调小组会议部署，履行成员单位职责，指导重点地区做好工业领域大气污染防治工作。

（二）组织实施数字能效推进计划

1.推进重点行业企业能管中心建设。制定发布钢铁、化工、建材、轻工等行业《重点用能行业企业能源管理中心建设实施方案》，规范企业能源管理中心的建设标准、验收标准，指导支持各行业加快建设能源管理中心，提升

企业能源管理信息化水平。

2. 推进绿色数据中心试点建设。制定绿色数据中心试点建设方案,组织试点省市围绕生产制造、能源、电信、互联网、公共机构、金融等重点领域开展绿色数据中心试点建设，宣传和推广一批先进适用的节能环保技术、产品和运维管理方法，引导和培育数据中心联盟、中国信息通信研究院、通信标准化协会等一批绿色数据中心技术、解决方案、运维服务的第三方机构。

3. 推进全国工业节能监测分析平台建设。充分利用现有监测工作基础，编制工业节能监测分析平台系统对接建设方案，推动全国系统与上海、山东等试点省市系统联网，按月自动采集工业能耗数据。通过部分地区的试点连接，规范与国家系统相一致的平台连接、数据传输方式，研究建立数据共享机制，制订相关标准规范并予逐步扩大试点范围，确保系统对接的顺利完成。

（三）组织推进京津冀地区工业资源综合利用协同发展

1. 制定专项行动计划。研究制定《京津冀及周边地区工业资源综合利用协同发展行动计划》，明确京津冀地区工业资源综合利用产业协同发展的思路，推进尾矿、废石、粉煤灰、废旧电子电器等资源跨区域协同利用，加强产业对接，探索大宗工业固废及资源化产品区域协同发展新模式，完善工业资源综合利用产业链。

2. 指导地方制定具体实施方案。指导京津冀及周边地区工业和信息化主管部门根据《京津冀及周边地区工业资源综合利用协同发展行动计划》确定的重点任务，协同制定各地区具体实施方案，提出工业固废协同利用目标，确定重点领域，明确协同发展的骨干企业、重点任务和重点工程，并提出保障措施。

3. 加强督促与协调。建立统一协调指导机制，加强对地方实施方案制定及实施情况监督检查，督促京津冀及周边地区工业资源综合利用协同发展项目实施，促进京津冀及周边地区产业和生态一体化发展。

四、进度安排

——印发实施方案，启动工业绿色发展专项行动。（一季度）

——发布《重点用能行业企业能源管理中心建设实施方案》及《工业领域煤炭清洁高效利用行动计划》。（一季度）

——制定《京津冀及周边地区工业资源综合利用协同发展行动计划》，启动区域协调发展机制。（二季度）

——指导省级工业主管部门制定工业节能监测分析平台对接建设实施方案及工业资源综合利用协同发展的实施方案，试点省市完成与国家系统联网，初步建立全国工业节能监测分析平台。（二季度）

——积累监测分析平台运行经验，逐步完善系统建设、数据采集传输等方面的标准和规范要求，组织现场验收。（四季度）

——组织开展京津冀及周边地区清洁生产能力培训和重点地区煤炭清洁高效利用培训，督导地方落实工作职责，编制煤炭清洁高效利用实施方案。（全年）

五、保障措施

（一）加强机制模式创新。我部将联合中国工程院、中国科学院等机构，整合相关行业协会、科研设计单位、节能减排咨询服务公司、投融资机构等资源，加强机制模式创新。组建多领域、跨学科的创新联盟，指导关键共性节能减排技术方案的研发设计，增加针对性和实用性。培育一批资源整合能力强、规范化服务的节能服务公司，加快规模化节能减排技术改造。加强与产业基金、投资公司、银行等金融机构的对接，探索政府组织协调、企业为主体、第三方机构担保、金融机构支持的投融资模式，为工业绿色发展提供支撑。

（二）推动形成工作合力。紧紧抓住国务院实施大气污染防治行动计划及京津冀协同发展上升为国家战略的有利时机，注重发挥地方政府作用，加强与发改、环保、财政、科技等部门紧密合作，推动建立部门互动、区域联动、上下齐动的工作机制，营造工业绿色发展的政策环境。建立大气污染防治及工业资源综合利用产业发展跨区域协调联动工作机制，加强产业对接，加强对地方工作的指导，促进区域间节能环保产业实质性合作。

（三）加大政策支持。利用中央财政技术改造、清洁生产等专项资金，支持工业绿色发展专项行动重点项目建设。研究利用产业基金等资金渠道，支持重点工业企业节能减排技术改造。请地方工业主管部门加大工作力度，充分利用节能减排、技术改造、中小企业、信息化等专项资金，支持工业绿色发展专项行动。

（四）加强督导考核评价。严格落实大气污染防治计划考核实施方案，加强对地方清洁生产等相关工作的考核督导。充分发挥地方各级节能监察及质监系统监督机构作用，加强对能效提升计划执行情况的监督评价，开展专项检查，推动建立公开、公平、公正、有效管用的监督检查机制。

关于开展国家资源再生利用重大示范工程建设的通知

（工信厅节函〔2015〕322号）

各省、自治区、直辖市及计划单列市、新疆生产建设兵团工业和信息化主管部门：

为贯彻落实2015年工业转型升级行动计划总体部署，培育新的经济增长点，加快再生资源产业先进适用技术与产品推广应用，探索再生资源产业发展新机制、新模式，充分发挥示范工程引领带动作用，提高再生资源行业整体水平，我部决定组织开展一批资源再生利用重大示范工程建设。现将有关事项通知如下：

一、主要领域

示范项目选择范围：废钢铁、废有色金属、废旧轮胎、废塑料、废油、废旧纺织品、建筑废弃物、废弃电器电子产品、报废汽车等资源再生利用。

二、建设要求

（一）符合国家产业政策、资源综合利用相关行业准入条件及清洁生产要求。

（二）企业经营状况良好，近三年无亏损。

（三）核心工艺技术先进成熟可靠，废弃资源实现高值化、高质化利用，主要再生资源回收利用率高，产品附加值高，技术含量高，市场竞争力强。

（四）采用的设备设施先进完备、运转稳定，回收利用自动化程度高、能源利用效率高、经济效益较好，装备产业化示范效果明显。

（五）环境保护措施完善，采用清洁生产工艺，具有严格的环境管理制度，环境保护指标符合相关标准要求，近三年无重大环保事故。

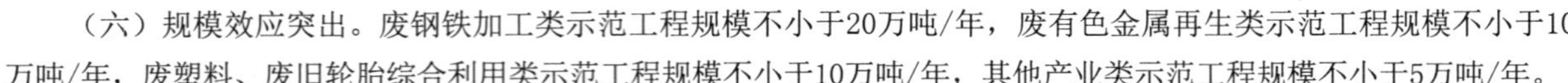

（六）规模效应突出。废钢铁加工类示范工程规模不小于20万吨/年，废有色金属再生类示范工程规模不小于10万吨/年，废塑料、废旧轮胎综合利用类示范工程规模不小于10万吨/年，其他产业类示范工程规模不小于5万吨/年。

（七）示范工程在行业内具有先进性和带动性，有重大示范、推广作用。已纳入本地区节能环保产业发展推进计划的优先。

三、组织实施

（一）申报与推荐。企业自主申报，并按要求将《申报单位基本情况表》（见附件1）和申报材料（见附件2）报送省级工业和信息化主管部门，省级工业和信息化主管部门组织专家进行审核，将通过审核的项目推荐名单、申报材料汇总后报送工业和信息化部。各省市上报示范工程数量原则上不超过3项（类型不重复）。

（二）确定示范工程。工业和信息化部组织专家对报送的申报材料进行审核，在综合考虑地域、行业平衡等因素的基础上，确定资源再生利用重大示范工程名单。公示后，发布资源再生利用重大示范工程名单。

（三）加强政策支持。中央和地方加强协调配合，共同推进示范工程建设政策支持。积极落实支持资源再生利用的税收优惠政策，利用技术改造、清洁生产等现有资金渠道，优先支持示范工程项目建设。工业和信息化部将示范工程中实施效果好、先进适用的技术、工艺、设备，列入国家鼓励的技术、工艺、设备目录，促进示范与推广的有机结合。

（四）强化过程管理。各级工业和信息化主管部门要加强对示范工程的监督管理，确保示范工程严格执行国家产业政策、环保及职业安全法规标准。工业和信息化部将不定期组织抽查，对达不到要求的，责令限期整改。经整改仍达不到要求的，撤销示范工程资格。

（五）开展总结推广。工业和信息化部将组织对实施效果好的资源再生利用重大示范工程进行交流推广，组织发布资源再生利用重大示范工程典型模式案例，通过现场推介会、电视、报刊、网络等各种媒介进行宣传推广。

请各省级工业和信息化主管部门结合实际，按照通知要求，组织研究提出示范工程推荐名单，于2015年6月30日前将示范工程名单和相关材料报送工业和信息化部（节能与综合利用司）.

附件：（略）

工业和信息化部办公厅

2015年5月6日

京津冀及周边地区工业资源综合利用产业协同发展行动计划（2015-2017）

（工信部节〔2015〕229号 工业和信息化部2015年7月3日印发）

为贯彻落实《中共中央 国务院关于加快推进生态文明建设的意见》、《京津冀协同发展规划纲要》，探索京津冀及周边地区资源综合利用产业协同发展新模式，促进区域工业资源综合利用产业与生态协调发展，按照工业和信息化部《2015年工业绿色发展专项行动实施方案》的要求，特制定本行动计划。

一、重要意义

京津冀及周边地区(北京、天津、河北、山西、内蒙古、山东)是我国重化工业集中的区域，也是工业固体废物和再生资源高度集中的产地。2014年京津冀及周边地区产生大宗工业固体废物(含废石)23.7亿吨，其中北京0.5亿吨，天津0.2亿吨，河北15.7亿吨，山西2.7亿吨，内蒙古2.8亿吨，山东1.8亿吨，仅河北省承德市尾矿库就达867座，尾矿存积量近22亿吨；主要再生资源(包括废钢铁、废有色金属、废塑料、废轮胎、废橡胶、废纸、废弃电子电器、报废汽车等)产生量4410万吨，其中北京550万吨，天津360万吨，河北1080万吨、山西580万吨、内蒙古240万吨、山东1600万吨。大量工业固体废物堆存，不仅造成了资源的浪费，而且给区域生态环境带来巨大压力。

近年来，京津冀及周边地区工业资源综合利用工作取得了积极成效。建设了承德、朔州、鄂尔多斯、招远等一批大宗工业固体废物综合利用基地，形成了有价元素回收、固体废物制备新型建材等产业。天津、河北、山东等地形成了废金属、废塑料、废电子电器等回收利用集聚区。培育了北京金隅、河北冀东、承德炫靓等一批综合利用龙头企业。存在的主要问题：一是规模小，从事固体废物综合利用的企业多以中小型为主，产品附加值低，缺乏市场竞争力；二是技术水平低，缺乏大规模、高附加值利用且具有带动效应的重大技术和装备；三是产业链条弱，在区域内尚未形成合理分工，产业集聚效应差；四是协调少，在工业固体废物利用产品开发、市场拓展、政策措施等方面缺少协调。

京津冀协同发展战略的实施，对推动京津冀及周边地区资源综合利用产业协同发展提供了难得的历史机遇；而京津冀及周边地区资源综合利用产业协同发展，也是京津冀协同发展战略中必须解决的重大问题。随着首都资源加工型工业企业的逐步转移，京津为周边地区利用工业固体废物生产建材提供了广阔市场空间。周边地区再生资源加工利用企业也为京津产生的大量再生资源提供了消纳和利用途径。实施工业资源综合利用产业协同发展行动计划，发挥各地优势和潜力，构建区域资源综合利用协同发展体系，有利于减缓京津冀生态环境恶化趋势，有利于培育新的经济增长点，有利于切实推进京津冀及周边地区产业优化升级，实现经济与生态环境协调发展。

二、总体思路和主要目标

深入贯彻落实京津冀协同发展重大战略部署，以京津冀及周边地区工业资源综合利用产业协同发展为主线，以大宗工业固体废物和再生资源利用为重点，以市场为导向，以基地、园区和重点企业为依托，以科技为支撑，以机制政策创新为保障，明确工业资源综合利用产业发展区域功能定位，充分发挥京津市场优势与河北资源优势，建立区域间协调发展新模式，推进工业资源综合利用产业规模化、高值化、集约化发展，充分发挥资源综合利用对保障资源安全和防治环境污染的重要作用，全面提升京津冀及周边地区工业绿色发展水平。

——坚持政策引导。深化区域间联动工作机制，发挥政府的宏观引导作用，充分依托资源、区位优势，统筹规划各区域功能定位，合理分工，建立优势互补的产业布局。

——坚持市场主体作用。发挥市场配置资源的决定性作用，突出各地区资源、技术、人才、资金、市场及产业发展优势，构建工业资源综合利用产业链，推动形成对区域经济发展有重要带动作用的产业集群。

——坚持创新驱动。以打造工业资源综合利用产业技术创新链为着力点，加快建设支撑区域产业发展的技术创新平台，加强先进适用技术工艺装备开发和推广，解决制约废物资源化利用技术瓶颈，提高高端产品比例和产业竞争力。

——坚持重点推进。充分考虑各地区、各行业资源禀赋、综合利用水平、产品市场特点，以工业固体废物综合利用示范基地、国家和省级循环经济园区、龙头企业为牵引，重点推进尾矿、粉煤灰、冶炼渣、再生资源等区域协同利用。

力争到2017年，建设10个工业固体废物综合利用协同发展示范基地，15个再生资源综合利用协同发展示范园区，50个能够支撑京津冀及周边地区工业资源综合利用协同发展格局的重点示范项目(具体园区和示范项目见附表)，培育30家龙头企业，建设一批工业资源综合利用技术创新平台，形成跨区域工业资源综合利用协同发展新模式，建成全国工业资源综合利用协同创新发展的先行示范区。实现年消纳工业固体废物4亿吨，加工利用再生资源2000万吨，总产值达到2200亿元，年减少二氧化碳排放400万吨，减少细颗粒物排放2000吨，减少化学需氧量7000吨，节水7000万立方米，减排氨氮及其他水体污染物3000吨，减少京津冀及周边地区植被破坏和土地占用5万亩。

三、主要任务

(一)推动工业固体废物综合利用产业区域协同发展

充分发挥北京市和天津市的人才、资金、市场优势和周边省区资源优势，通过建设一批示范基地和示范项目，推动工业固体废物综合利用跨区域跨行业协同发展，形成京津冀及周边地区工业固体废物综合利用与产品市场有机统一的产业格局。

协同利用尾矿和废石代替天然砂石。在河北承德、唐山等地区改造和建设10个以上年产能100-500万吨的废石和尾矿提取有价组分协同生产优质砂石料示范项目，建设针对京津的绿色环保建材供应基地，实现年利用尾矿废石替代京津冀地区天然砂石用量1.2亿吨。依托金隅集团、冀东集团、金泰成环境资源公司等龙头企业在河北承德、唐山、邢台等地建设10个以上尾矿和废石生产预拌泵送混凝土项目、10个以上尾矿干混砂浆项目，促进混凝土、砂浆产业绿色化发展和产业结构跨区域深度调整。

协同利用钢渣、矿渣、煤矸石、粉煤灰和脱硫石膏。推动京津地区高校、科研院所与河北、山西、内蒙古、山东的企业对接合作，在河北邢台、沧州、邯郸、唐山、承德、山西朔州、大同、阳泉、内蒙古锡林郭勒、乌兰察布等地建设10个钢渣、矿渣、粉煤灰、脱硫石膏协同利用生产高性能胶凝材料和节能建筑部品，发展煤矸石综合利用热电联产、煤电建材一体化，支持煤矸石综合利用电厂实施超低排放和清洁生产改造。实现年消纳工业固体废物9000万吨，替代水泥800万吨。完善工业固体废物协同利用标准体系，推动跨行业跨产业链协同利用，实现钢铁、电力、建材等产业之间耦合，促进转型升级和绿色发展。

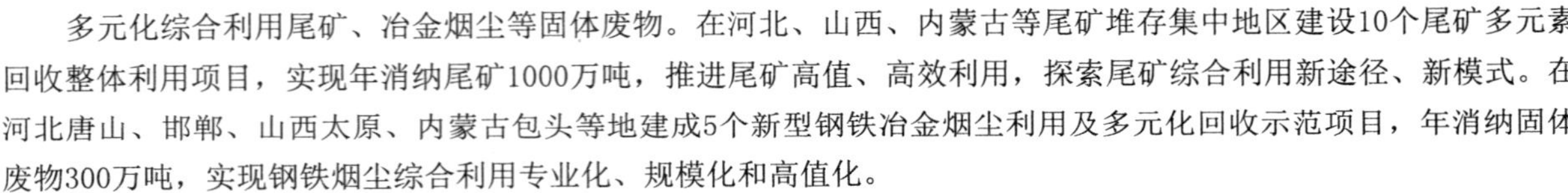
多元化综合利用尾矿、冶金烟尘等固体废物。在河北、山西、内蒙古等尾矿堆存集中地区建设10个尾矿多元素回收整体利用项目，实现年消纳尾矿1000万吨，推进尾矿高值、高效利用，探索尾矿综合利用新途径、新模式。在河北唐山、邯郸、山西太原、内蒙古包头等地建成5个新型钢铁冶金烟尘利用及多元化回收示范项目，年消纳固体废物300万吨，实现钢铁烟尘综合利用专业化、规模化和高值化。

(二)推进再生资源回收利用协同发展

紧密结合京津冀及周边地区经济发展和产业结构调整需要，明确各地在再生资源产业发展中的定位，推动北京再生资源加工利用企业逐步转移，实现再生资源区域大循环，提高再生资源综合利用整体效率。

构建区域再生资源回收利用体系。北京市重点推广智能回收新模式，建立全面、高效、环保的逆向再生资源回收网络体系，分批推动再生资源加工利用企业向周边转移。天津市重点依托子牙循环经济产业园，加大海外再生资源进口力度，提高资源聚集能力，承接北京再生资源加工利用项目转移，构建以废旧机电产品、报废汽车和废弃电器电子产品再生利用产业为重点的环京津冀再生资源加工利用产业链。河北、山西、内蒙古、山东紧密结合地区工业需求，重点优化整合现有再生资源产业园区和集散地，提高环境污染综合治理水平、发挥资源规模效应，承接京津再生资源加工利用项目转移，聚集国内再生资源，提高再生资源利用比例，促进节能降耗，改善区域生态环境。

推动再生资源综合利用产业有序转移。支持地方政府研究制定有利于园区承接再生资源项目转移相关基础设施建设、投资、税收等政策，引导北京再生资源综合利用产业逐步转移。在北京选择10个废塑料、报废汽车、废弃电器电子产品、稀贵金属再生利用等再生资源深加工利用项目，通过3年时间逐步转移到周边地区。充分发挥京津金融、科技、人才、管理优势，加强产学研用深度融合，建设20个能够提高产业技术水平、促进产业升级的再生资源综合利用协同发展重点项目，培育一批具有示范带动作用的龙头企业。

(三)加快建设资源综合利用产业示范基地和园区

结合京津冀及周边地区功能定位，围绕工业固体废物综合利用示范基地和再生资源园区主导产业链，充分发挥基地及园区信息、污染集中治理设施等公共服务优势，培育新的经济增长点，带动工业资源综合利用产业快速健康发展。

建设工业固体废物综合利用产业基地，构建低碳循环产业链。在河北承德、唐山、张家口、邢台、邯郸、山西

朔州、长治、内蒙古鄂尔多斯、锡林郭勒等地区建设工业固体废物综合利用产业基地，大力推进多品种工业固体废物协同利用，攻克一批产业发展的共性关键技术，推动产业集聚发展，形成区域协同发展新机制。依托区位优势，因地制宜构建工业固体废物协同利用产业链。

建设再生资源加工利用示范园区。在天津、河北、山西、内蒙古、山东现有再生资源加工利用产业园区和产业聚集的基础上，紧密结合当地经济发展趋势和资源需求，重点建设15个再生资源产业协同发展特色功能园区，吸纳当地小散企业入园，实现园区化管理。鼓励龙头企业通过市场手段兼并重组，提高行业规范度和产业聚集度，优化产业链，减少二次污染，提高资源利用效率。2017年，实现园区内再生资源综合利用量超过1000万吨。

（四）加快建设区域工业资源综合利用创新平台

联合骨干企业、行业协会、重点高校、科研院所等机构，加快建设一批产业技术创新联盟、企业技术创新中心等区域工业资源综合利用创新平台，提升区域创新能力。

加快推进产业技术创新战略联盟建设。充分发挥尾矿、钢渣、再生资源等相关产业技术创新组织作用，推动成立京津冀及周边地区工业资源综合利用技术创新战略联盟。加强联盟在关键共性技术攻关、新产品开发、创新能力提升、创新人才培育、先进适用技术推广应用方面平台作用，推进政、产、学、研、用在京津冀及周边地区进一步有机融合。

加快建设一批资源综合利用技术创新平台。充分发挥企业在技术创新中的主体作用，鼓励企业在新技术、新产品、中试、工业试验和首批次产业化方面发挥主导作用。建设20个企业技术创新中心，培育3-5个工业资源综合利用重点实验室，打造工业资源综合利用技术创新平台。重点支持河北睿索固体废物工程技术研究院、朔州北京大学粉煤灰综合利用研发中心等技术创新平台建设。推动工业资源综合利用共性关键技术研发纳入国家及地方重大科技计划，加大共性关键技术研发力度，加快科技成果转化和推广应用。制定一批工业资源综合利用产品标准和技术规范，推进京津冀及周边地区地方标准和技术规范一体化。

四、保障措施

（一）组织保障

建立京津冀及周边地区工业资源综合利用协同发展省部协商机制，成立京津冀及周边地区工业资源综合利用协同发展专家咨询委员会，为专项行动提供政策咨询和技术支撑。各地政府成立由工业和信息化主管部门牵头的工业资源综合利用产业协同发展行动协调小组，负责落实行动计划各项工作任务，通报工作进展情况，及时研究工作中遇到的具体问题并推动解决，逐步破除限制跨区域综合利用的体制机制障碍。

（二）政策引导

加强中央财政对京津冀及周边地区工业资源协同发展的支持，研究制定工业资源综合利用协同发展扶持政策，对列入行动计划的基地、园区、企业或项目，从技术改造、清洁生产等现有财政支持渠道给予资金支持。推进京津冀及周边地区工业资源综合利用产品市场、税收优惠政策等方面协调发展。研究工业资源综合利用领域区域一体化运输优惠政策，推动建立尾矿及其他工业固体废物综合利用产品运输的京津冀绿色通道。研究完善综合利用产品认定体系，推进京津冀及周边地区工业资源综合利用产品一体化政府优先采购。研究设立京津冀及周边地区工业资源综合利用产业协同发展基金，支持产业化技术开发应用。地方政府部门要加强财政支持，将区域资源综合利用纳入重点支持范围。

（三）信息平台支撑

建立工业固体废物综合利用技术、产品、市场的信息库和专家系统，推进滦平尾矿及其他工业固体废物综合利用产品交易市场等平台建设，搭建工业固体废物综合利用成果转化、技术推广、产品展示服务平台。协调管理部门、龙头企业、重点园区，构建集资源共享、信息互通、技术服务、再生资源交易、行业监督于一体的京津冀及周边地区再生资源公共服务平台，促进区域再生资源有序流动。支持涵盖原材料、产品、服务等领域的电子交易市场建设。

（四）人才培养

以高校、科研院所为基地，实施人才联合培养工程，拓展人才队伍建设渠道，建立人才信息资源库，积极推进人才资源信息互动和引进交流，构建工业资源综合利用人才培养新模式。充分利用国家现有千人计划、百千万人才工程等高端人才培育选拔渠道，培养一批工业资源综合利用领域高端人才。

（五）社会参与

发挥行业协会、产业联盟等社会组织的积极作用，促进技术交流、信息沟通、国际合作。加强舆论宣传，提高公众环保意识和资源综合利用参与度和积极性。

工业和信息化部关于进一步促进产业集群发展的指导意见（节录）

（工信部企业〔2015〕236号）

一、加强规划引导，促进产业集群科学发展

（一）按照布局合理、产业协同、资源节约、生态环保的原则，对产业集群进行规划布局和功能定位。产业集群发展规划要纳入本地区发展规划，与城乡规划、土地利用总体规划等有机衔接。

（二）鼓励支持在产业集群中建设中小企业产业（工业）园区、小型微型企业创业创新基地、创客空间等中小企业创业创新集聚区，鼓励有条件的产业集群建设多层标准厂房，高效开发利用土地。

（三）加强产业集群基础设施保障，推进产业集群生态文明建设。完善产业集群能源供应、给排水、排污综合治理等基础设施，推广节能减排共性技术，鼓励企业参与节能减排投融资、合同能源管理、开展清洁生产审核，推动建立集群内废旧物回收处理、再制造工程咨询等第三方环境治理方式，加强节能管理和“三废”有效治理，推动绿色低碳循环发展。

工业和信息化部
2015年7月10日

关于在消费品生产领域倡行勤俭节约、反对奢华浪费的通知

各省、自治区、直辖市及计划单列市、新疆生产建设兵团工业和信息化主管部门，有关行业协会：

党的十八大以来，全国工业和信息化系统认真贯彻落实中央八项规定精神、坚决反对和纠正“四风”，取得了明显成效，在消费品生产领域追求奢华、过度包装和虚高定价、虚假宣传等不良风气得到了有效遏制，但隐患尚未根除，稍有放松就可能反弹。2016年元旦、春节临近，为进一步贯彻落实党的十八大及十八届二中、三中、四中、五中全会精神，持续纠正“四风”，推动形成尚俭戒奢的良好社会风尚，营造风清气正、欢乐祥和的节日氛围，现就在消费品生产领域倡行勤俭节约、反对奢华浪费通知如下：

一、充分认识在消费品生产领域倡行勤俭节约、反对奢华浪费的重要意义

消费品工业是重要的民生产业，与人民群众生活密切相关，其行业风气如何也是衡量“四风”问题是否得到有效解决的重要尺度。近年来，消费品生产领域为满足群众生活提供了大量日常消费品，为促进经济社会发展做出了积极贡献，但在“四风”方面仍存在一些问题。一段时间以来，曾经明显降温的高价奢华烟酒茶、保健品、化妆品和礼品，又重新抬头，造成了不良的社会影响。这些高价奢华类商品普遍存在过度包装问题，不仅浪费资源、污染环境，而且直接导致产品价格虚高，损害消费者利益，助长奢侈腐败之风；还有个别商品取有特殊隐喻以及庸俗低俗的名称，或以特供、专供、高级定制等名义吸引消费者眼球、迎合畸形消费心理，哄抬了市场价格，扰乱了市场秩序，助推了社会不良风气。对此，我们要始终保持清醒认识。要深刻认识党的十八大以来，全党持续深入贯彻落实中央八项规定精神，坚决纠正“四风”，从贺卡、粽子、月饼等具体问题入手抓作风建设，有效遏制奢华浪费取得的成绩来之不易，对仍存在的奢华浪费问题如果不闻不问、不加以制止，“四风”问题就会反弹，纠“四风”工作就会前功尽弃；要深刻认识追求生产高价奢华礼品的做法，背离了党的宗旨，背离了全面建设小康社会决胜阶段的新目标、新要求，背离了社会主义核心价值观，与人民群众生活水平不符，与纠正“四风”的要求不符；要深刻认识消费品生产领域存在的奢华浪费现象给社会带来的不良影响，时刻警惕其对公款消费、送节礼等违纪违规行为以及奢靡浪费等不正之风蔓延的潜在影响，自觉抵制、压缩其存在的空间。十八届五中全会通过的《中共中央关于制定国民经济和社会发展第十三个五年规划的建议》提出，倡导合理消费，力戒奢侈浪费，制止奢靡之风。要在生产、流通、仓储、消费各环节落实全面节约，深入开展反过度包装、反食品浪费、反过度消费行动，推动形成勤俭

节约的社会风尚。各地工业和信息化主管部门、相关行业协会和生产企业要充分认识在消费品生产领域倡行勤俭节约、反对奢华浪费的重要意义，自觉抵制和纠正在消费品生产领域存在的奢华浪费行为，不搞过度包装、不搞虚高定价、不搞猎奇式宣传，以实际行动，坚决防止“四风”问题反弹回潮。

二、落实制度规定，反对奢华浪费

消费品生产领域要认真贯彻实施限制商品过度包装法律法规，严格执行《国务院办公厅关于治理商品过度包装工作的通知》（国办发〔2009〕5号），持之以恒落实中央八项规定精神，从产品设计、生产、营销等全过程贯彻勤俭节约精神，使生产的产品更多地面向大众，满足人民群众日益增长的物质文化需要。要勇于承担社会责任，积极倡行勤俭节约的社会风尚，切实把好避免各类消费品过度包装的“第一关”，绝不给奢靡浪费之风可乘之机。要组织制定和实施包装行业发展规划和产业政策，优化区域布局，淘汰落后产能，推行清洁生产，发展循环经济，促进产业结构调整和转型升级。要推动创新发展，支持包装领域新材料、新工艺、新设备的开发，加强废旧包装物资源化利用技术与装备的研发，积极推广应用新型包装材料和制品，促进科学合理包装。要充分考虑消费者的实际需求及消费水平，生产更多价廉物美的产品，保障市场有效供应，增强广大人民群众对国产商品的消费信心。

三、坚持绿色发展，倡行勤俭节约

企业必须牢固树立创新、协调、绿色、开放、共享的发展理念。要认真实施绿色发展战略，在生产各环节全面落实节约要求，加快推行满足保护、保质、标识、装饰等基本功能的适度包装，坚决制止奢华浪费。产品包装的标识应真实合法，品名、商标及宣传用语的设计、制定和使用应符合社会主义核心价值观，不搞夸大甚至庸俗低俗的宣传，避免引起社会公众的误解和歧义，助长社会不良风气和畸形消费心理，甚至引发不必要的炒作。要严格执行《限制商品过度包装通则》(GB/T31268-2014)及《限制商品过度包装要求　食品和化妆品》（GB23350-2009）等规定和要求。要在确保满足适当功能需求的前提下，根据产品特征和品质，按照减量化、再利用、资源化的原则，从包装层数、包装用材、包装有效容积、包装成本比重、包装物的回收利用等方面，对产品包装进行规范。包装的材料、结构、工艺和成本应当与产品的质量、规格、价值相适应，尽量减少包装材料的用量，优先采用简易包装。

四、认真履行职责，强化监督检查

各地工业和信息化主管部门要进一步加大工作力度，加强组织协调，主动配合监管部门加大对企业生产、仓储、销售等环节的监督检查力度，及时纠正违规超标的追求奢华、过度包装等行为，整顿和规范生产秩序。行业协会要充分发挥职能作用，引导企业严格自律，自觉践行勤俭节约，坚决抵制和纠正生产各环节的奢华浪费现象。要加强宣传教育，不断提高全社会的资源意识、节约意识、环保意识，积极营造崇尚节约、反对浪费、理性消费、绿色消费的良好社会风气。

工业和信息化部办公厅

2015年11月26日

财政部政策文件

关于推进水污染防治领域政府和社会资本合作的实施意见

（财建[2015]90号）

各省、自治区、直辖市、计划单列市财政厅（局）、环境保护厅（局），新疆生产兵团财务局、环境保护局：

切实加强水污染防治力度，保障国家水安全，关系国计民生，是环境保护重点工作。在水污染防治领域大力推广运用政府和社会资本合作（PPP）模式，对提高环境公共产品与服务供给质量，提升水污染防治能力与效率具有重要意义。为深入贯彻落实党中央和国务院精神，积极实施水污染防治行动计划，规范水污染防治领域PPP项目操作流程，完善投融资环境，引导社会资本积极参与、加大投入，根据《关于推广运用政府和社会资本合作模式有关问题的通知》（财金〔2014〕76号），就扎实推进水污染防治领域PPP工作提出如下意见。

一、总体目标

（一）完善制度规范，优化机制设计。

在水污染防治领域形成以合同约束、信息公开、过程监管、绩效考核等为主要内容，多层次、一体化、综合性的PPP工作规范体系，实现合作双方风险分担、利益共享、权益融合。建立和完善水污染防治领域稳定、长效的社会资本投资回报机制。

（二）转变供给方式，改进管理模式。

加强水污染防治专项资金等政策引导，建立公平公正的社会资本投资环境。转变政府职能，拓宽环境基本公共服务供给渠道，改变政府单一供给格局。创新项目管理模式，强化社会整体水污染防治能力，提高水污染防治服务质量与管理效率。

（三）推进水污染防治，提高水环境质量。

优化水资源综合开发途径，创新水环境综合治理模式。充分发挥市场机制作用，鼓励和引导社会资本参与水污染防治项目建设和运营。拓宽投融资渠道，加大资金投入，切实改善水环境质量。

二、基本原则

（一）坚持存量为主原则。

水污染防治领域推广运用PPP模式，以费价机制透明合理、现金流支撑能力相对较强的存量项目为主。经充分论证的新建项目可采取PPP模式。坚持物有所值原则转化存量项目、遴选新建项目。鼓励结合项目自然条件和技术特点，创新融资模式，盘活存量资产，形成改进项目运营管理的有效途径，构建社会资本全程参与、全面责任、全生命周期管理的规范化PPP模式。

（二）坚持因地制宜原则。

充分考虑不同地区、不同流域和湖泊、不同领域项目特点，因地制宜，采取差异化的合作模式与推进策略，分类、分批推进水污染防治领域政府和社会资本合作。

（三）坚持突出重点原则。

纳入国家重点支持江河湖泊动态名录或水污染防治专项资金等相关资金支持的地区，率先推进PPP模式。纳入国家一般引导江河湖泊动态目录的江河湖泊，按照逐步推进、务求实效思路，积极推广运用PPP模式。

三、总体要求

（一）明晰项目边界。

逐步将水污染防治领域全面向社会资本开放，推广运用PPP模式，以饮用水水源地环境综合整治、湖泊水体保育、河流环境生态修复与综合整治、湖滨河滨缓冲带建设、湿地建设、水源涵养林建设、地下水环境修复、污染场地修复、城市黑臭水体治理、重点河口海湾环境综合整治、入海排污口清理整治、畜禽养殖污染防治、农业面源污染治理、农村环境综合整治、工业园区污染集中治理（含工业废水毒性减排）、城镇污水处理（含再生水利用、污泥处置）及管网建设、城镇生活垃圾收运及处置、环境监测与突发环境事件应急处置等为重点。鼓励对项目有效整

合，打包实施PPP模式，提升整体收益能力，扩展外部效益。

（二）健全回报机制。

综合采用使用者付费、政府可行性缺口补助、政府付费等方式，分类支持经营性、准公益性和公益性项目。积极发掘水污染防治相关周边土地开发、供水、林下经济、生态农业、生态渔业、生态旅游等收益创造能力较强的配套项目资源，鼓励实施城乡供排水一体、厂网一体和行业“打包”，实现组合开发，吸引社会资本参与。完善市政污水处理、垃圾处理等水污染防治领域价格形成机制，建立基于保障合理收益原则的收费标准动态调整机制。优化政府补贴体系，探索水污染防治领域市场化风险规避与补偿机制。

（三）规范操作流程。

在项目识别、准备、采购、执行和移交等操作过程中，以及物有所值评价、财政承受能力论证、合作伙伴选择、收益补偿机制确立、项目公司组建、合作合同签署、绩效评价等方面，应根据财政部关于PPP工作的统一指导和管理办法规范推进，地方各级财政部门会同环境保护部门抓紧研究制定符合当地实际情况的操作办法，实现规范化管理。

四、组织实施

（一）鼓励水污染防治领域推进PPP工作。

各级环境保护、财政部门组织实施多层次推介工作，积极从国民经济和社会发展规划、水污染防治行动计划、主要污染物减排计划、水污染防治领域专项规划等既定规划中遴选潜在项目，及时筛选评估社会资本发起PPP项目建议，推进水污染防治领域PPP工作。

（二）定期组织评选。

对拟采用PPP模式的水污染防治项目，由当地环境保护、财政部门组织编制或委托第三方机构编制实施方案。实施方案具体应包含项目实施内容、产品及服务质量和标准、投融资结构、财务测算与风险分析、技术及经济可行性论证、合作伙伴要求、合同结构、权益分配和风险分担、政府支持方式、配套措施等。财政部、环境保护部每半年在全国范围内组织一次水污染防治领域PPP项目评选工作，从中选择部分优质项目予以推介。各地可自愿上报。

（三）加大评价及监管力度。

地方各级财政、环境保护部门要加强组织实施，积极统筹协调，研究建立议事协调及联审机制，有力有序推进。省级财政、环境保护部门建立对PPP项目的实施监督机制。

五、保障机制

（一）市场环境建设。

建立公平、开放、透明的市场环境，维护市场机制基础性作用。规范项目合作伙伴选择程序，建立合理的风险分担、收益共享机制。健全风险防范机制，加强行业监管和质、价监督。培育第三方专业机构，完善咨询中介市场。完善付费机制，鼓励采用第三方支付体系。

（二）资金支持。

地方各级财政部门要统筹运用水污染防治专项等相关资金，优化调整使用方向，扩大资金来源渠道，对PPP项目予以适度政策倾斜。水污染防治PPP项目有关财政资金纳入中期财政规划管理。综合采用财政奖励、投资补助、融资费用补贴、政府付费等方式，支持水污染防治领域PPP项目实施落实。逐步从“补建设”向“补运营”、“前补助”向“后奖励”转变。鼓励社会资本建立环境保护基金，重点支持水污染防治领域PPP项目。

（三）融资支持。

地方财政、环境保护部门应积极协调相关部门，着力支持PPP项目融资能力提升，尽快建立向金融机构推介PPP项目的常态化渠道，鼓励金融机构为相关项目提高授信额度、增进信用等级。健全社会资本投入市场激励机制，推行排污权有偿使用，完善排污权交易市场。鼓励环境金融服务创新，支持开展排污权、收费权、政府购买服务协议及特许权协议项下收益质押担保融资，探索开展污水垃圾处理服务项目预期收益质押融资。

（四）配套措施。

各级财政、环境保护部门要加强组织实施，统筹协调，履行责任，加强监管，切实提高水污染防治能力水平，实现水环境质量改善。建立独立、透明、可问责、专业化的PPP项目监管体系，实行信息公开，鼓励公众参与，接受公众监督。建立政府、服务使用者共同参与的综合性评价体系，推广第三方绩效评价，形成评价结果应用机制和项目后评价机制。环境保护部门要进一步完善水污染防治领域特许经营管理制度，降低准入门槛，清理审批限制，拓宽社会资本进入渠道。

财政部　环境保护部
2015年4月9日

关于新型墙体材料增值税政策的通知

（财税[2015]73号）

各省、自治区、直辖市、计划单列市财政厅（局）、国家税务局，新疆生产建设兵团财务局：

为加快推广新型墙体材料，促进能源节约和耕地保护，现就部分新型墙体材料增值税政策明确如下：

一、对纳税人销售自产的列入本通知所附《享受增值税即征即退政策的新型墙体材料目录》（以下简称《目录》）的新型墙体材料，实行增值税即征即退50%的政策。

二、纳税人销售自产的《目录》所列新型墙体材料，其申请享受本通知规定的增值税优惠政策时，应同时符合下列条件：

（一）销售自产的新型墙体材料，不属于国家发展和改革委员会《产业结构调整指导目录》中的禁止类、限制类项目。

（二）销售自产的新型墙体材料，不属于环境保护部《环境保护综合名录》中的“高污染、高环境风险”产品或者重污染工艺。

（三）纳税信用等级不属于税务机关评定的C级或D级。

纳税人在办理退税事宜时，应向主管税务机关提供其符合上述条件的书面声明材料，未提供书面声明材料或者出具虚假材料的，税务机关不得给予退税。

三、已享受本通知规定的增值税即征即退政策的纳税人，自不符合本通知第二条规定条件的次月起，不再享受本通知规定的增值税即征即退政策。

四、纳税人应当单独核算享受本通知规定的增值税即征即退政策的新型墙体材料的销售额和应纳税额。未按规定单独核算的，不得享受本通知规定的增值税即征即退政策。

五、各省、自治区、直辖市、计划单列市税务机关应于每年2月底之前在其网站上，将享受本通知规定的增值税即征即退政策的纳税人按下列项目予以公示：纳税人名称、纳税人识别号、新型墙体材料的名称。

六、已享受本通知规定的增值税即征即退政策的纳税人，因违反税收、环境保护的法律法规受到处罚（警告或单次1万元以下罚款除外），自处罚决定下达的次月起36个月内，不得享受本通知规定的增值税即征即退政策。

七、《目录》所列新型墙体材料适用的国家标准、行业标准，如在执行过程中有更新、替换，统一按新的国家标准、行业标准执行。

八、本通知自2015年7月1日起执行。

附件：享受增值税即征即退政策的新型墙体材料目录（加热器）

财政部 国家税务总局
2015年6月12日

关于印发《环保“领跑者”制度实施方案》的通知

财建[2015]501号 财政部 国家发展改革委 工业和信息化部 环境保护部
（2015年6月25日印发）

环保“领跑者”是指同类可比范围内环境保护和治理环境污染取得最高成绩和效果即环境绩效最高的产品。实

施环保“领跑者”制度对激发市场主体节能减排内生动力、促进环境绩效持续改善、加快生态文明制度体系建设具有重要意义。为贯彻落实《环境保护法》、《大气污染防治行动计划》（国发〔2013〕37号）、《中共中央国务院关于加快推进生态文明建设的意见》（中发〔2015〕12号）和《水污染防治行动计划》（国发〔2015〕17号）的有关要求，制定本方案。

一、基本思路

建立环保“领跑者”制度，以企业自愿为前提，通过表彰先进、政策鼓励、提升标准，推动环境管理模式从“底线约束”向“底线约束”与“先进带动”并重转变。制定环保“领跑者”指标，发布环保“领跑者”名单，树立先进典型，并对环保“领跑者”给予适当政策激励，引导全社会向环保“领跑者”学习，倡导绿色生产和绿色消费。

二、环保“领跑者”的基本要求

综合考虑产品本身的环境影响、市场规模、环保潜力、技术发展趋势以及相关环保标准规范、环保检测能力等情况，面向大气、水体、固体废弃物及噪声污染源头削减，选择使用量大、减排潜力大、相关产品及环境标准完善、环境友好替代技术成熟的产品实施环保“领跑者”制度，并逐步扩展到其他产品。具体要求：

（一）产品环保水平须达到《环境标志产品技术要求》标准，且为同类型可比产品中环境绩效领先的产品。

（二）推行绿色供应链环境管理，注重产品环境友好设计，采用高效的清洁生产技术，达到国际先进清洁生产水平，全生命周期污染排放较低。

（三）产品为量产的定型产品，性能优良，达到产品质量标准要求，近一年内产品质量国家监督抽查中，该品牌产品无不合格。

（四）生产企业为中国大陆境内合法的独立法人，具备完备的质量管理体系、健全的供应体系和良好的售后服务能力，承诺“领跑者”产品在主流销售渠道正常供货。

三、环保“领跑者”的遴选和发布

环保“领跑者”遴选和发布工作委托第三方机构开展，每年遴选和发布一次。根据《大气污染防治行动计划》、《水污染防治行动计划》确定的部门分工，有关部门根据实际情况，研究提出拟开展环保“领跑者”产品名录，并将相关具体要求在公众媒体上公开。相关企业在规定期限内自愿申报，按照专家评审、社会公示等方式确定环保“领跑者”名单。

环保“领跑者”标志委托第三方机构征集、设计，按程序审定后向社会公布。入围产品的生产企业可在产品明显位置或包装上使用环保“领跑者”标志，在品牌宣传、产品营销中使用环保“领跑者”标志。严禁伪造、冒用环保“领跑者”标志，以及利用环保“领跑者”标志做虚假宣传、误导消费者。

四、保障措施

（一）建立标准动态更新机制。

建立并完善环保“领跑者”指标以及现有环保标准的动态更新机制。根据行业环保状况、清洁生产技术发展、市场环保水平变化等情况，建立环保“领跑者”指标的动态更新机制，不断提高环保“领跑者”指标要求。将环保“领跑者”指标与现有的环境标志产品技术要求、清洁生产评价指标体系以及相关产品质量标准相衔接，带动现有环保标准适时提升。

（二）加强管理。

定期发布环保“领跑者”产品名录及环保“领跑者”名单，树立环保标杆。加强对第三方机构的监督管理，确保环保“领跑者”认定过程客观公正。环保“领跑者”称号实行动态化更新管理。开展跟踪调查，对出现产品质量不合格或违法排污等不符合环保“领跑者”条件的，撤销称号，并予以曝光。

（三）完善激励政策。

财政部会同有关部门制定激励政策，给予环保“领跑者”名誉奖励和适当政策支持。鼓励环保“领跑者”的技术研发、宣传和推广，为环保“领跑者”创造更好的市场空间。

（四）加强宣传推广。

通过公开发文、政府网站、大众传媒等方式向全社会宣传实施环保“领跑者”制度的目的与意义，扩大制度影响力。利用电视、网络、图书、期刊和报纸等大众传媒，以及召开新闻发布会、表彰会、推介会等形式宣传环保“领跑者”，树立标杆，弘扬典型，表彰先进，为制度实施营造良好的社会氛围、舆论氛围。

关于加强大气污染防治专项资金管理提高使用绩效的通知

（财建[2015]733号）

有关省、自治区、直辖市财政厅（局）、环境保护厅（局）：

大气污染防治关系人民群众身体健康，关系产业转型升级，关系生态文明建设。近年来，在中央大气污染防治专项资金（以下简称专项资金）支持下，各地建成了一大批大气污染治理重点项目，取得了良好的政策效果，专项资金成为大气污染治理的有效政策杠杆。但也存在预算执行进度较慢、资金安排保障重点任务不够等问题。根据国务院领导有关重要批示精神，为进一步加强专项资金管理，有效推动重点项目实施，提高资金使用绩效，现将有关事项通知如下：

一、 抓紧专项资金预算执行

（一）抓紧细化预算安排。中央财政将专项资金切块下达到相关省份，地方负责细化落实到具体项目。各地资金使用方案应经省级政府批准。2015年专项资金细化安排方案还未上报的，最迟于2015年8月30日前上报财政部、环境保护部。对重点大气污染防治项目，应由省直接安排，对点多面广的项目可由市县安排，防止简单将资金层层切块到市县。

（二）建立预算执行通报制度。各省级财政、环保部门要按季度报告专项资金预算执行情况，详细说明资金分配使用情况，资金拨付至项目单位以及滞留在各级财政部门的情况及原因（报表格式见附件1）。财政部、环境保护部将适时通报各地预算执行情况，对预算执行进度较慢的提出整改要求。

（三）对重点项目资金实行动态跟踪。各省级财政、环保部门要对专项资金支持的重点项目实施动态监管、追踪问效，按季度报告项目进展情况，详细说明项目资金到位、项目进展和成效等情况（报表格式见附件2）。

二、强化大气治理重点任务资金政策保障

（一）资金安排向重点治理任务倾斜。大气污染治理任务重、资金需求量大，各地应按照轻重缓急安排专项资金，优先保障国家确定的重点治理任务，同时因地制宜保障好省级政府确定的重点工作。按照国务院统一部署，2015年专项资金安排应向燃煤锅炉改造、散煤替代等重点工作倾斜，真正把资金用在刀刃上。

（二）围绕重点任务加强统筹协调。注重顶层设计，加强省内各地区的协作对接，形成区域间联防联控，防止进度不平衡形成大气污染治理的“洼地”，影响整体效果。各级财政、环保部门要与同级发改、工信、交通、能源等部门加强协调配合，强化对重点工作任务的行业指导与系统推进，确保重点任务尽快落实。

三、加强专项资金管理使用的指导和考核

（一）指导完善专项资金使用管理方式。财政部、环境保护部将及时总结、推广专项资金管理使用好的做法及经验。地方应不断探索完善资金管理使用方式，要合理划清政府与市场的边界，对可以通过市场解决的大气污染治理项目，要积极引入社会资金；对政府承担一定支出责任的项目，要区分财政支持的层次性，采取先建后补、以奖代补、财政贴息等方式，放大资金使用效果。

（二）加强专项资金管理使用绩效考核。环境保护部、财政部将综合各地专项资金使用、大气污染治理工作量、污染减排量、环境空气质量改善状况等因素，对专项资金使用开展绩效考核，资金清算与考核结果挂钩，对成绩突出的给予奖励，对治理效果不好的扣减专项资金，真正实现奖优罚劣。

财政部　环境保护部

2015年8月18日

关于开展中央财政支持海绵城市建设试点工作的通知

（财建[2014]838号）

各省、自治区财政厅（局）、住房城乡建设厅（局、委）、水利厅（局），直辖市财政局、建委（交通委、园林局、市容园林委、绿化市容局、市政管委）、水利（水务）局，计划单列市财政局、城建局（城管局、市政公用局、园林局）、水利（水务）局：

根据习近平总书记关于“加强海绵城市建设”的讲话精神和近期中央经济工作会要求，经研究，财政部、住房城乡建设部、水利部决定开展中央财政支持海绵城市建设试点工作。现将有关事项通知如下：

一、中央财政对海绵城市建设试点给予专项资金补助，一定三年，具体补助数额按城市规模分档确定，直辖市每年6亿元，省会城市每年5亿元，其他城市每年4亿元。对采用PPP模式达到一定比例的，将按上述补助基数奖励10%。

二、试点城市由省级财政、住房城乡建设、水利部门联合申报。试点城市应将城市建设成具有吸水、蓄水、净水和释水功能的海绵体，提高城市防洪排涝减灾能力。试点城市年径流总量目标控制率应达到住房城乡建设部《海绵城市建设技术指南》要求。试点城市按三年滚动预算要求编制实施方案，实施方案编制指南另行印发。

三、采取竞争性评审方式选择试点城市。财政部、住房城乡建设部、水利部将对申报城市进行资格审核。对通过资格审核的城市，财政部、住房城乡建设部、水利部将组织城市公开答辩，由专家进行现场评审，现场公布评审结果。

四、对试点工作开展绩效评价。财政部、住房城乡建设部、水利部定期组织绩效评价，并根据绩效评价结果进行奖罚。评价结果好的，按中央财政补助资金基数10%给予奖励；评价结果差的，扣回中央财政补助资金。具体绩效评价办法另行制订。

五、各地财政、住房城乡建设、水利部门应高度重视此项工作，积极谋划，组织有关城市做好实施方案编制工作，研究制定配套政策。具体申报工作另行通知。

财政部　住房城乡建设部　水利部

2014年12月31日

环境保护部政策文件

关于发布重点流域水污染防治专项规划2014年度考核结果的公告

（2015年 第64号）

近日，根据国务院办公厅转发的《重点流域水污染防治专项规划实施情况考核暂行办法》（国办发〔2009〕38号），环境保护部会同发展改革委、财政部、住房城乡建设部、水利部、三峡办、南水北调办等国务院有关部门组成考核组，对松花江、淮河（含南水北调东线）、海河、辽河、黄河中上游、巢湖、滇池、三峡库区及其上游、长江中下游重点流域25个省（区、市）人民政府2014年度实施《重点流域水污染防治规划（2011-2015年）》和《长江中下游流域水污染防治规划（2011-2015年）》（以下合并简称《规划》）情况进行了考核。

总的来看，截至2014年底，《规划》治污工程项目已完成55.3%，77.2%的考核断面达到考核要求。淮河流域山东、安徽、江苏，海河流域山东，辽河流域辽宁、内蒙古，松花江流域内蒙古、黑龙江，三峡库区及其上游贵州、四川、重庆，黄河中上游河南、青海，长江中下游广西、河南、上海、江苏、湖南、江西、安徽考核结果为好；海河流域北京、天津、河南、河北，三峡库区及其上游湖北省考核结果为差。

《规划》共确定428个考核断面，2014年有11个因断流不计入考核，实际考核断面417个，其中达标断面322个，占77.2%；不达标断面95个，占22.8%。辽河、淮河、长江中下游、松花江、三峡库区及其上游、黄河中上游、巢湖、滇池和海河流域达标断面比例分别为92.0%、88.8%、87.5%、85.7%、77.6%、72.5%、66.7%、63.6%和58.7%。

《规划》共安排项目6844个，截至2014年底，已完成3782个，占55.3%，较上一年度增长13.6个百分点；在建1415个，占20.7%；前期准备915个，占13.3%；未启动732个，占10.7%。畜禽养殖污染防治项目和工业治理项目完成率最高，分别已完成74.3%和71.8%；饮用水水源地污染防治项目和城镇生活垃圾处理处置项目进展最慢，完成率分别为32.1%和21.7%。淮河、海河流域项目进展较快，完成率达60%以上；松花江、三峡库区及其上游流域项目进展较慢，完成率低于40%。

对流域考核不及格省份中水质得分最低、不及格控制单元覆盖全行政区的北京市朝阳区、天津市静海县、河北省廊坊市、河南省新乡市、湖北省宜昌市，将暂停其新增主要水污物排放建设项目环评审批，直至其所在省份通过下一年度流域考核解除限批。同时，国务院有关部门和各省（区、市）人民政府将重点推进以下工作：一是进一步加大工作力度，加快推进水污染防治领域运用政府和社会资本合作（PPP）模式，拓宽融资渠道，加快项目实施。二是加强总磷控制。按照《水污染防治行动计划》要求，研究将总磷纳入流域、区域污染物排放总量控制约束性指标体系。三是开展“十三五”重点流域污染防治专项规划编制工作，并组织地方做好规划项目筛选工作，纳入“十三五”规划。四是严格环境监管。进一步加大环境执法监管力度，依法严肃查处违法排污行为。

附件：重点流域水污染防治专项规划2014年度实施情况汇总表（略）

环境保护部

2015年10月23日

关于加快推动生活方式绿色化的实施意见

（环发[2015]135号　环保部2015年11月16日印发）

为贯彻落实中央《关于加快推进生态文明建设的意见》和新修订的《环境保护法》有关要求，现就加快推动生活方式绿色化，提出以下实施意见。

一、加快推动生活方式绿色化的总体要求

（一）指导思想

以邓小平理论、“三个代表”重要思想、科学发展观为指导，全面贯彻党的十八大和十八届二中、三中、四中全会精神，深入贯彻习近平总书记系列重要讲话精神，以“四个全面”战略布局为指引，认真落实党中央、国务院关于生态文明建设和环境保护的部署要求，坚持节约资源和保护环境基本国策，通过宣传教育，弘扬生态文明价值理念，传播社会主义核心价值观；完善政策，建立系统完整的制度体系；引导实践，倡导绿色生活方式，为生态文明建设奠定坚实的社会、群众基础。

（二）基本原则

更新理念、夯实基础。加强宣传教育，增强生态文明意识，广泛开展绿色生活行动，推动全民在衣、食、住、行、游等方面加快向勤俭节约、绿色低碳、文明健康的方式转变。节约优先、绿色消费。倡导勤俭节约的消费观，积极引导消费者购买节能环保低碳产品，倡导绿色生活和休闲模式，严格限制发展高耗能服务业，坚决抵制和反对各种形式的奢侈浪费、不合理消费。

创新驱动、政策引导。强化相关政策机制创新，大力发展节能环保产业，以推广节能环保产品，完善政策机制，促进绿色消费需求。不断创新和丰富活动载体，积极打造推动生活方式绿色化的品牌活动和亮点工程。

典型示范、全民行动。广泛宣传典型经验、典型人物，提高公众节约意识、环境意识、生态意识，形成生态文明建设人人有责、生态文明规定人人遵守的新局面。

（三）主要目标

到2020年，生态文明价值理念在全社会得到推行，全民生活方式绿色化的理念明显加强，生活方式绿色化的政策法规体系初步建立，公众践行绿色生活的内在动力不断增强，社会绿色产品服务快捷便利，公众绿色生活方式的习惯基本养成，最终全社会实现生活方式和消费模式向勤俭节约、绿色低碳、文明健康的方向转变，形成人人、事事、时时崇尚生态文明的社会新风尚。

二、推动生活方式绿色化的组织实施

（一）强化生活方式绿色化理念

1. 充分认识生活方式绿色化的重要性

当前，我国经济增速放缓、能源资源消费增速下降，国家加大对落后产能的淘汰力度、产业结构不断升级，公众环境意识显著提升。限制粗放、奢华式发展和不合理的需求，既为加快推动生活方式绿色化提供良好的外部条件和机遇，同时可极大促进绿色化融入生产领域和消费领域，减少资源严重浪费与过度消费现象，遏制攀比性、炫耀性、浪费性行为日益增长，实现生产方式和生活方式的绿色转型。

2. 准确把握生活方式绿色化理念的实践要求

个人自律是生活方式绿色化理念的主线。时刻秉持节约优先，力戒奢侈浪费和不合理消费，通过日常生活中的自律，从小事着手，逐步培育生活方式绿色化的习惯。

绿色消费是生活方式绿色化理念的支撑。强化生活方式绿色化意识，在衣、食、住、行、游等各个领域，加快向绿色转变，通过绿色消费倒逼绿色生产，为全社会生产方式、生活方式绿色化贡献力量。

激励带动是生活方式绿色化理念的助力。注重发现和学习身边生活方式绿色化的良好实践，并通过互相激励带动，扩大生活方式绿色化理念对自身、家庭成员和其他人群的正面影响，为社会正能量的形成发挥积极作用。

3. 推动生活方式绿色化理念深入人心

强化对生态文明建设重大决策部署的宣传教育。大力传播人与自然和谐发展、“绿水青山就是金山银山”、“环境就是民生、青山就是美丽、蓝天也是幸福”等价值理念，切实增强全民节约意识、环境意识、生态意识，牢固树立生态文明理念。

提高公众生态文明社会责任意识。积极培育生态文化、生态道德，使生态文明成为社会主流价值观，成为社会主义核心价值观的重要内容。引导公众履行环境保护的社会责任和义务，使绿色生活、勤俭节约成为全社会的自觉习惯。普及生态文明法律法规。深化新修订的《环境保护法》宣传教育，大力宣传新修订的《环境保护法》关于“一切单位和个人都有保护环境的义务”和“公民应当增强环境保护意识，采取低碳、节俭的生活方式，自觉履行环境保护义务”的规定。曝光奢侈浪费等反面事例，让公众认识到绿色生活方式既是个人选择，也是法律义务，使公众严格执行法律规定的保护环境的权利和义务，形成守法光荣、违法可耻、节约光荣、浪费可耻的社会氛围。

（二）制定推动生活方式绿色化的政策措施

1. 促进生产、流通、回收等环节绿色化

增强绿色供给。引导企业采用先进的设计理念、使用环保原材料、提高清洁生产水平。进一步完善环境标志产品认证工作，拓展纳入认证的产品范围、提升认证标准、规范认证体系，严厉打击伪绿色、假认证等行为。依法推动在燃煤、石油焦、生物质燃料、涂料等含挥发性有机物的产品、烟花爆竹以及锅炉等产品的质量标准中，明确环境保护要求。依法推动燃油质量标准符合国家大气污染物控制要求，并与国家机动车船、非道路移动机械大气污染物排放标准相互衔接，同步实施。依法推动发动机油、氮氧化物还原剂、燃料和润滑油添加剂以及其他添加剂的有害物质含量和其他大气环境保护指标符合有关标准的要求。根据大气污染物对公众健康和生态环境的危害和影响程度，依法公布有毒有害大气污染物名录，推动对严重污染大气环境的工艺、设备和产品实行淘汰制度。

鼓励、支持消耗臭氧层物质替代品的生产和使用，逐步减少直至停止消耗臭氧层物质的生产和使用。加强持久性有机污染物（POPs）的环境监管，向大气排放POPs的有关企业和废弃物焚烧设施的运营单位，应当采取有利于减少POPs排放的技术方法和工艺，配备有效的净化装置，实现达标排放。鼓励生产、进口、销售和使用低毒、低挥发性有机溶剂。石油、化工以及其他生产和使用有机溶剂的企业，应当采取措施对管道、设备进行日常维护、维修，减少物料泄漏，对泄漏的物料应当及时收集处理。落实针对电池、涂料等产品的消费税政策，工业涂装企业应当使用低挥发性有机物含量的涂料。推动将其他大量消耗资源、严重污染环境的产品纳入消费税征收范围。

推进绿色包装。加强对包装印刷企业的环境整治力度，引导鼓励企业采用环保材料，提升印刷过程VOCs防治水平，加强包装印刷废物妥善进行无害化处理处置力度。推动包装减量化、无害化，鼓励采用可降解、无污染、可循环利用的包装材料，推动绿色包装材料的研发和生产，推动淘汰污染严重、健康风险大的包装材料。鼓励网上购物绿色包装，推动网络销售龙头企业制定和实施绿色包装指南，引导有关行业协会组织电商企业开展网上购物绿色包装自律行动。

促进绿色采购。引导企业实施绿色采购、构建绿色供应链，加大对生命周期过程中环境影响较小、环境绩效较优企业所提供的产品与服务的采购力度。引导企业和公众减少对“高污染、高环境风险”产品的使用、更多使用“环保领跑者”产品。推动完善政府绿色采购相关法律法规与规范标准，充分发挥政府绿色采购的带动与示范作用。

开展绿色回收。鼓励企业开展源头减量、综合利用、废物分类回收处理。鼓励小规模、散养畜禽建设生态养殖场和养殖小区，在养畜、粪污收集处理、有机肥料、种植业等多方面实现种养平衡。推进对废旧农用薄膜进行处理处置。依法推动出台财政补贴等措施，支持秸秆的收集、贮存、运输和综合利用。加强废旧资源回收利用行业的环境监管，避免二次污染。落实《废弃电器电子产品回收处理管理条例》，促进废弃电器电子产品回收。依法推动建立并严格执行机动车环境保护召回制度，生产、进口企业获知机动车排放大气污染物超过标准，属于设计、生产缺陷或者不符合规定的环境保护耐久性要求的，应当召回。在用机动车经维修或者采用污染控制技术后，大气污染物排放仍不符合国家在用机动车排放标准的，应当强制报废。严格对报废机动车回收拆解企业的环境监管。加强对固废的进出口管理，杜绝进口“洋垃圾”。

2. 推进衣、食、住、行等领域绿色化

引导绿色饮食。鼓励餐饮行业减少提供一次性餐具、更多提供可降解打包盒。鼓励餐饮企业对餐厨垃圾实施分类回收与利用。继续推动国家有机食品生产基地建设。加强对餐饮企业的环保监管，排放油烟的餐饮服务业经营者应当安装油烟净化设施并保持正常使用，或者采取其他油烟净化措施，使油烟达标排放，并防止对附近居民的正常生活环境造成污染。禁止在居民住宅楼、未配套设立专用烟道的商住综合楼以及商住综合楼内与居住层相邻的商业楼层内新建、改建、扩建产生油烟、异味、废气的餐饮服务项目。任何单位和个人不得在当地人民政府禁止的区域内露天烧烤食品或者为露天烧烤食品提供场地。

推广绿色服装。遏制将珍稀野生动物毛皮作为服装原料的行为。限制含有毒有害物质的服装材料、染料、助剂、洗涤剂及干洗剂的生产与使用。加强对干洗行业的环境监管，从事服装干洗的经营者，应当按照国家有关标准或者要求设置异味和废气处理装置等污染防治设施并保持正常使用，防止影响周边环境。鼓励研发和推广环境友好型的服装材料、染料、助剂、洗涤剂及干洗剂。

倡导绿色居住。引导家具等行业采用水性木器涂料、水性油墨、水性胶黏剂等环保型原材料，加强VOCs等污染控制、切实提升清洁生产水平。完善相关环境标志产品技术要求。推动完善节水器具、节电灯具、节能家电等产品的推广机制，鼓励公众购买绿色家具和环保建材产品。

鼓励绿色出行。倡导低碳、环保出行，合理控制燃油机动车保有量，大力发展城市公共交通，提高公共交通出行比例。推动采取财政、税收、政府采购等措施推广应用节能环保型和新能源机动车。加强机动车污染防治，严格执行机动车大气污染物排放标准。在重污染天气等特殊情况下，推动公众主动减少机动车使用。重污染天气预报预警信息发布后，依法推动通过电视、广播、网络、短信等途径告知公众，指导公众出行。

（三）引领生活方式向绿色化转变

1.全面构建推动生活方式绿色化全民行动体系

开展生活方式绿色化活动。开展绿色生活“十进”活动（进家庭、进机关、进社区、进学校、进企业、进商场、进景区、进交通、进酒店、进医院）。创新宣教工作形式，增进公众环境守法意识，开展日常生活节约用电、生活垃圾污水不随意排放、公共场所全面禁烟等公众参与度高的绿色生活行动。

调动公众积极主动参与。将生活方式绿色化全民行动纳入文明城市、文明村镇、文明单位、文明家庭创建内容。建立推动生活方式绿色化的志愿者队伍，充分发挥人民群众和社会组织的积极性、主动性和创造性，推广环境友好使者、少开一天车、空调26度、光盘行动、地球站等品牌环保公益活动。推动绿色、文明出游，倡导维护景区厕所卫生，倡导垃圾减量、垃圾自带或放置于指定位置，保护景区的生态环境及人文景观。

发挥典型示范引领作用。树立并表彰节约消费榜样，激发全社会践行绿色生活的热情。注重引导青壮年群体践行绿色生活方式,发挥幼儿、中小学生、大学生在全社会的带动辐射作用，鼓励创建绿色幼儿园、绿色学校和绿色大学。

2. 创新开展全民生态文明宣传教育活动

开展各层次绿色生活宣传。建立绿色生活宣传和展示平台，利用环境教育基地，开展以生活方式绿色化为主题的浸入式、互动式教育。将每年6月设为“全民生态文明月”，将2016年设为“生活方式绿色化推进年”，同时利用世界环境日、世界地球日、森林日、水日、海洋日、生物多样性日、湿地日等节日集中组织开展环保主题宣传活动。

深化环境教育，培养绿色公民。将生态文明教育全面纳入国民教育和干部教育培训体系，在幼儿园、小学、中学、职业学校、大学以及党校、行政学院等各级各类教育机构开展生态文明教育，普及生活方式绿色化的知识和方法，使之成为素质教育、职业教育和终身教育的重要内容。

发挥媒体宣传引导作用。充分发挥传统媒体和新兴媒体的作用，广泛宣传我国资源环境国情和环境保护法律法规。督促政府有关部门和企业及时准确披露各类环境质量和环境污染物信息，保障公众知情权，为推进生活方式绿色化营造良好舆论氛围。

3. 积极搭建绿色生活方式的行动网络和平台

建立绿色生活服务和信息平台。发布《生活方式绿色化指南》，帮助消费者获取新能源汽车、高能效家电、节水型器具等节能环保低碳产品信息。发布《生活方式绿色化行为准则》，引导公众线上线下积极践行绿色简约生活和低碳休闲模式。大力发展环保产业，支持公众开展环保科技、环保服务、绿色产品等领域的绿色创业，为公众绿色生活提供支撑。

培育生态环境文化。开展以绿色生活、绿色消费为主题的环境文化活动。鼓励将绿色生活方式植入各类文化产品，利用影视、戏曲、音乐及图书漫画等形式传播绿色生活科学知识和实践方法，以及传统生态文化思想、资源和产品，提升公众生态文明意识和道德素养。

三、加快推动生活方式绿色化的保障措施

（一）加强组织领导

各级环保部门要加强组织领导和工作指导，制定推进工作方案，协调和引导社会力量积极参与，形成有序推进生活方式绿色化的工作机制。

（二）完善配套政策

各级环保部门将生活方式绿色化工作纳入现有工作体系中，积极推动和配合有关部门完善配套措施，积极引导和激励企业落实责任、公众主动参与，有效推动生活方式绿色化工作的开展与落实。

（三）推广典型经验

及时总结实践中好经验好做法，通过现场观摩、交流研讨等方式进行推广；尊重基层和群众首创精神，从政策层面鼓励和支持绿色化创新。研究制定绿色、低碳产品评价机制和生产奖励政策等。

关于公布《“十二五”主要污染物总量减排目标责任书》要求2015年完成的减排项目的公告

（国家环保部公告 2015年 第22号）

为推进“六厂（场）一车”（火电厂、钢铁厂、水泥厂、污水处理厂、造纸厂、畜禽养殖场和机动车）重点减排工程建设，确保实现2015年度污染减排目标，现将国家《“十二五”主要污染物总量减排目标责任书》要求2015年完成的重点项目予以公布。

各地方、各有关单位要采取有效措施，加快项目建设，确保按时完成。欢迎社会各界和新闻媒体予以监督。

附件：《“十二五”主要污染物总量减排目标责任书》要求2015年完成的减排项目（略）

环境保护部

2015年4月15日

住房和城乡建设部政策文件

住房城乡建设部建筑节能与科技司2015年工作要点

2015年的建筑节能与科技工作，将按照党中央国务院关于建设生态文明、推进新型城镇化节能绿色低碳发展、应对气候变化及防治大气污染的总体要求，深入贯彻落实党的十八大、十八届三中、四中全会、中央城镇化工作会议精神，根据全国住房城乡建设工作会议部署，围绕住房城乡建设领域中心工作，充分发挥科技进步对住房城乡建设领域的支撑服务与引领作用，努力实现建筑节能与科技工作新发展新突破。

一、着力促进建筑节能与绿色建筑新发展

（一）发布我国建筑能效提升工程路线图，进一步提高新建建筑节能标准水平。到2015年，北方采暖地区普遍执行不低于65%的建筑节能标准，鼓励有条件的地区率先实施75%的标准；南方地区探索实行比现行标准更高节能水平的标准。开展超低能耗绿色建筑工程示范；做好新修订《公共建筑节能设计标准》的实施工作。完成“十二五”期间可再生能源建筑应用省级示范、城市可再生能源建筑规模化应用和以县为单位的农村可再生能源建筑应用示范验收。

（二）全面推进绿色建筑规模化发展。政府投资的办公建筑和学校、医院、文化等公益性公共建筑，东中部地区有条件的地级城市政府投资的保障性住房要率先执行绿色建筑标准。鼓励各地城镇新建建筑全面强制执行绿色建筑标准。加大新修订《绿色建筑评价标准》的宣传培训，推进绿色建筑标识评价管理方式改革；做好2015年度“全国绿色建筑创新奖”的评审发布。

（三）进一步扩大既有建筑节能改造规模。2015年全年完成北方既有居住建筑供热计量及节能改造1.5亿平方米；累计完成重点城市高耗能公共建筑节能改造1600万平方米。建立健全大型公共建筑节能监管体系，促使高耗能公共建筑按节能方式运行。继续做好省级能耗监管平台、节约型校园和医院建设及验收，扩大公共建筑节能改造范围与规模。

（四）大力促进绿色建材推广应用。出台《绿色建材评价标识管理办法实施细则》；组织研究《建筑工程绿色建材推广应用管理办法》。发布外墙保温材料等主要类别绿色建材评价技术导则，建立全国绿色建材评价标识管理信息平台。选取典型地区和工程项目，开展绿色建材产业基地和工程应用试点示范。组织建筑产业现代化适用技术研究，开展适用技术应用试点示范；鼓励钢结构、木结构建筑的积极推广与应用；支持和鼓励产业化龙头企业发展。

二、积极推进科技管理改革和新技术推广应用

（一）积极推进行业科技管理改革。按照国家科技体制改革要求，构建城乡建设行业科技管理体系；完成行业“十三五”科技发展规划并制定实施措施；继续做好国家科技支撑计划实施，完成“十二五”已下达项目的课题验收，做好新立项项目的启动工作，积极争取国家重点研发项目对新型城镇化建设科技发展的支持。印发2015年度部科技项目计划；发布住房城乡建设科技创新平台管理办法，加大科技成果行业应用推广力度。

（二）做好国家重大科技专项管理改革试点，提高管理水平。结合“水十条”、行业发展规划等重点工作，组织研究任务布局并编制“十三五”实施计划，积极推进水专项管理改革试点工作；做好“十二五”到期课题验收和在研课题监督评估；组织开展成果凝练、推广宣传和技术培训，为行业提供技术服务。完成“高分城市精细化管理遥感应用示范系统（一期）”项目科研和建设任务、示范地信息产品生产和验证，为行业遥感数据处理和服务能力提升提供支撑。组织开展“高分城市精细化管理遥感应用示范系统（二期）”项目立项工作。

（三）推动智慧城市试点取得新成效。组织实施国家科技支撑计划“智慧城镇综合管理技术集成与应用示范”项目，为智慧城市试点工作提供技术支撑。总结试点城市在城市规划建设管理信息化、城市网格化管理、城市市政公共设施智能化应用等方面经验，汇编典型案例集，开展重点领域的交流培训和推广。研究制定《深化拓展网格化管理，扎实推进智慧城市建设的指导意见》，促进“多网格合一”在城市管理中的应用。

三、充分发挥国际科技合作的示范引领作用

（一）强化超低能耗绿色建筑与建筑节能国际合作。继续扩大超低能耗绿色建筑国际技术合作和试点示范规模。鼓励各地积极开展超低能耗绿色建筑国际合作，探索成片区大规模开展试点示范；总结已建成项目的成功经验，加强超低能耗绿色建筑技术国际交流与培训。与丹麦合作探索开展产能建筑以及既有建筑高标准节能改造试点。继续组织实施好世界银行/全球环境基金“中国城市建筑节能和可再生能源应用项目”以及能源基金会中国建筑节能项目。

(二)深化低碳生态城市国际合作。做好中美、中加、中德、中芬合作低碳生态试点城市落实，以及与瑞典合作的“生态城市发展后评估项目”，确保试点工作取得实质成效;执行好中欧低碳生态城市合作项目，启动中欧低碳生态城市交流平台，明确试点城市工作内容。组织好世界银行/全球环境基金“低碳宜居城市形态研究”，积极争取全球环境基金六期“城市可持续发展综合试点项目”。

(三)推进住房城乡建设领域应对气候变化工作。组织编制城市适应气候变化行动方案，开展城市适应气候变化试点，组织城市适应气候变化关键技术研究，举办城市适应气候变化国际研讨会。开展建筑领域碳交易机制相关研究。做好住房城乡建设领域应对气候变化宣传工作。

四、积极筹备开好全国建筑节能工作推进会

结合国家“十三五”发展战略目标和要求，在广泛深入调研基础上，通过会议明确未来一个时期建筑节能和绿色建筑的发展方向、实现路径以及推进措施;部署近期重点工作的目标、任务和计划，提出更加明确政策措施要求，着力解决发展中存在的突出问题;总结交流各地的发展经验。

地方政策文件

关于贯彻落实《国务院办公厅关于推进海绵城市建设的指导意见》的实施意见（节录）

（沪府办〔2015〕111号 上海市人民政府办公厅印发）

一、总体要求

（一）工作目标

到2020年基本实现以下目标：

1.基本形成生态保护和低影响开发雨水技术与设施体系。绿地系统、建筑与小区、道路与广场、排水系统等新建、改建工程，应达到海绵城市建设规划有关目标和指标，试点区域年径流总量控制率不低于80%。

2.基本形成完善的排水防涝体系。采取蓄排结合措施，逐步提高城市排水防涝标准，全市城镇建成区雨水排水系统不低于1年一遇标准，中心城建成区20%以上的雨水强排系统达到规划新标准要求。

3.基本形成初期雨水污染治理体系。新建和改建地区年径流污染控制率分别不低于80%和75%，全市建成区基本消除黑臭水体、基本消除丧失使用功能（劣于Ⅴ类）水体，试点区域河道水体基本达到《上海市水（环境）功能区划》标准，提升本市11座雨水调蓄池和分流制排水系统初期雨水截流设施的运行效能，苏州河沿线区域面源污染得到有效控制。

（二）基本原则

1.转变理念、注重生态。综合采取“渗、蓄、滞、净、用、排”等措施，最大限度地减少城市开发建设对生态环境的影响，合理控制城市下垫面上的雨水径流，统筹解决城市发展中面临的水生态、水环境、水安全等问题。

2.规划引领、统筹实施。充分发挥规划引领作用，科学划定蓝线和绿线，注重竖向设计，合理规划布局各类低影响开发雨水设施。各类低影响开发雨水设施应与建设项目主体工程同步设计、同步施工、同步验收、同步投入使用。

3.部门联动、合力推进。海绵城市建设是一项综合性系统工程，全市各级住房城乡建设管理、发展改革、规划土地、财政、水务、环保、交通、绿化市容等部门要统筹联动，紧密合作，做到“规划一张图、建设一盘棋、管理一张网”。

4.政府引导、社会参与。发挥市场配置资源的决定性作用和政府的调控引导作用，加大政策支持力度，营造优良发展环境。主动推广政府和社会资本合作（PPP）、特许经营等模式，吸引社会资本广泛参与海绵城市建设。

二、加强规划引领

（一）科学编制规划

编制城市总体规划时，要体现海绵城市建设理念，将年径流总量控制率、年径流污染控制率、绿地率、河面率和雨水资源利用率等指标纳入规划指标体系。编制控制性详细规划时，要落实城市总体规划关于海绵城市建设的目标、指标和要求，将控制指标落实到规划地块，为雨水调蓄设施、调蓄隧道和行泄通道等设施预留规划空间，划定蓝线和绿线，有效保护河湖水系、绿地湿地林地等生态空间。编制城市水系、排水防涝、绿地和道路交通等专项规划时，要落实海绵城市建设指标体系中的目标、指标和要求，确保各行业系统按规划落实海绵城市建设。

（二）严格实施规划

将海绵城市建设指标和要求纳入建设用地条件和“一书两证”（选址意见书、建设用地规划许可证、建设工程规划许可证）审核范围。对尚未出让或划拨的地块，除满足现有绿地率、容积率等硬性指标外，还应满足规划中确定的海绵城市建设的指标要求。针对已经出让或划拨，但尚未建设的地块，原则上在本意见实施之日起，在地块的规划、设计和建设中应按规定落实海绵城市建设指标要求。建立健全在工程项目建议书、可行性研究、初步设计和施工图设计等阶段审查海绵城市指标是否达标的制度，并将此作为发放施工许可证的基础材料。加强项目施工和竣工验收监管，将低影响开发雨水设施纳入施工监理范围和竣工验收重点内容，健全雨水设施质量检验、检测制度，健全海绵城市工程有效合理使用的监督制度。

（三）完善标准规范

结合本市“三高一低”（地下水位高、土地利用率高、不透水面积高、土壤入渗率低）的实际，着力构建一套适用于上海特点的南方地区海绵城市建设的技术标准体系。结合本市海绵城市建设目标要求，编制相关工程建设标准图集和技术导则，指导本市海绵城市建设工作。

三、统筹有序建设

在本市郊区新城、六大重点功能区域、五大转型区域（高桥、桃浦、吴淞、南大、吴泾等区域）、成片开发区域和郊野公园全面落实海绵城市建设要求。建成区要结合旧区改造、“城中村”改造、城市更新、老旧工业区改造、道路改造、排水系统提标改造等因地制宜推进海绵城市建设。

（一）推进绿地系统建设

进一步加强绿化建设，确保建成区绿地率不低于34%。对照规划要求，新建和改建绿地应加强雨水利用和调蓄，鼓励已建绿地进行雨水利用和调蓄。城市公园绿地应结合周边水系、道路、市政设施等综合考虑竖向设计，因地制宜采用雨水花园、下凹式绿地、植草沟和小微湿地等；公园绿地内步行系统、广场和停车场等硬质铺装应采用透水材料，新建和改建项目透水铺装率分别不低于50%和30%；提升公园绿地对自身雨水径流的消纳和净化能力，并为周边区域提供一定的雨水滞留、缓排空间。支持在郊野公园建设中设置区域排水防涝应急场所。支持屋顶绿化和垂直绿化等立体绿化建设，绿色屋顶率不低于30%，研究立体绿化建设支持政策。

（二）推进海绵型建筑与小区建设

支持新建建筑采用绿色屋顶，鼓励有条件的既有建筑进行绿色屋顶改造。减少建筑与小区的硬质铺装面积，鼓励建筑与小区的非机动车道路、广场、停车场和运动场等采用透水铺装，硬化面积达1公顷及以上的地块应按照不低于250立方米/公顷的标准配建雨水调蓄设施。鼓励雨水调蓄设施与绿地、水体的建设相结合。鼓励建筑与小区开展雨水收集利用。

机关、学校、医院、文化体育场馆、交通场站和商业综合体等各类大型公建，要率先践行海绵城市建设理念，规划用地面积2公顷以上的新建建筑物要配套建设雨水收集利用设施。鼓励工业园区因地制宜采用绿色屋顶、下凹式绿地和透水铺装等，有条件的可建设雨水收集、蓄存和利用设施。

（三）推进海绵型道路与广场建设

道路纵、横坡设计应与道路绿化隔离带海绵化建设相协调，支持结合道路绿化隔离带建设生态树池、植草沟、雨水花园和雨水调蓄设施。支持新建或改建的城市立交、快速路等高架道路采用透水沥青铺装以减少路表径流、提高行车舒适性与安全性，新建和改建高架道路的透水铺装率分别不低于70%和50%；鼓励地面轻型荷载道路试点采用透水沥青路面；高架或地面道路雨水排放设计应与其附近的绿地设计统筹考虑，加强对雨水的收集、渗滞蓄、净化和回用。城市广场宜因地制宜采用透水铺装、下沉式结构或配套建设雨水调蓄设施，鼓励既有城市广场实施海绵化改造。人行道、步行街和停车场建设应优先采用透水铺装，鼓励对有条件的既有人行道、步行街和停车场进行透水改造，新建和改建人行道的透水铺装率分别不低于50%和30%；鼓励专用非机动车道、步行街采用透水铺装，新建和改建专用非机动车道的透水铺装率分别不低于40%和20%，新建和改建步行街的透水铺装率分别不低于70%和50%。

（四）不断提高城市排水防涝体系能力

加大城市排水防涝设施建设力度。统筹考虑排水系统提标、水环境治理和内涝防治的要求，一次规划，分期实施，中心城消除建成区排水系统空白，郊区结合城镇建设同步开展排水系统新建和完善。适时启动苏州河段深层排水调蓄管道系统工程，实现苏州河沿线排水系统的标准提高和径流污染控制。加强管网和河网的统筹协调，落实上海市骨干河道布局规划，提高骨干河道输排水能力；按照全市河面率不低于10.5%的要求，加快推进河网水系整治，进一步提高河网调蓄能力，进一步提高河道生态岸线比例；加强中心城和各水利控制片除涝能力的达标建设，合理控制河道水位，既为管网排水创造条件，也为雨水滞蓄提供足够空间。

加强城镇径流污染控制措施实施力度。支持推广道路雨水口污物拦截装置，尽量减少地表径流产生的非溶解性污染物进入管道。加强对地面道路清扫，提高管道养护管理水平，及时清除管道内淤泥。新建区域必须采用分流制排水系统，必须同步实施雨污水管道建设，对于污水近期没有出路的地块，严禁开发建设；加快推进建成区排水系统雨污混接改造，新建住宅小区应严格雨污分流，支持住宅阳台设置污水管，鼓励有条件的既有建筑进行雨污分流改造。结合排水系统新建与提标改造，加强初期雨水污染控制。

加强城市排水防涝信息化建设。健全和提升城市内涝预警和综合管控平台，全面加强海绵城市规划、建设和管理的信息化水平和应急预警能力，增强规划、建设和运行管理的科学性。

（五）推进海绵型村镇建设

借鉴海绵城市建设理念，因地制宜推进本市村镇建设。村镇建设要与周边水林田湖等自然生态环境有机结合，强调运用低成本和自然生态方法提高村镇雨水吸纳和排放能力。结合全市小城镇建设、历史文化名镇名村和传统村落保护发展、美丽乡村建设等，综合运用绿色生态工程措施，探索推进海绵型村镇建设。

四、完善支持政策

（一）创新建设运营机制

创新投融资模式，制定符合海绵城市建设特点的投融资政策，重点研究制定政府与社会资本合作（PPP）的政策机制，积极引导社会资本参与。研究雨水超额排放收费机制。鼓励有实力的科研设计单位、施工企业、制造企业与金融资本相结合，组建具备综合业务能力的企业集团和联合体，采用总承包等方法统筹组织实施海绵城市建设相关项目，发挥整体效应。

（二）加大政府投入力度

市、区县两级政府进一步加大海绵城市建设资金投入力度。整合现行资金保障支持政策，聚焦海绵城市试点区域建设，研究支持海绵城市试点区域建设的资金政策。研究建立海绵城市建设项目绩效考核制度和按绩效付费制度，确保能够科学客观考核海绵城市建设绩效情况。

（三）完善支持政策

各有关方面要将海绵城市建设作为重点支持的民生工程，充分发挥开发性、政策性金融作用，鼓励相关金融机构主动加大对海绵城市建设的信贷支持力度。鼓励银行业金融机构在风险可控、商业可持续的前提下，对海绵城市建设提供信贷支持。研究出台支持海绵城市建设的规划土地、住房城乡建设管理、财政、水务、环保、交通、绿化市容等领域配套政策措施。

五、加强组织保障

（一）加强组织领导。本市建立海绵城市建设推进协调联席会议制度，市政府分管领导任召集人、市有关部门为成员单位。联席会议下设办公室，办公室设在市住房城乡建设管理委，具体负责统筹协调、组织推进本市海绵城市建设工作。市住房城乡建设管理、发展改革、规划国土、财政、水务、环保、交通、绿化市容等部门按照职责分工，各司其责，共同做好海绵城市建设相关工作。各区县政府是海绵城市建设的责任主体，要把海绵城市建设提上重要日程，完善工作机制，统筹规划建设，抓紧启动实施。

（二）鼓励先行先试。“十三五”期间，各区县建设不少于1个海绵城市建设试点区域，中心城区试点区域面积不宜小于1个雨水排水系统面积，其他区域不低于2平方公里。鼓励有条件地区先行先试，并按要求申报国家海绵城市建设试点，尽快形成一批可推广、可复制的示范项目，经验成熟后及时总结宣传、有效推开。各区县结合地块开发和区域改造，落实海绵城市建设指标要求，编制试点区域海绵城市建设规划、实施方案和行动计划，积极推进试点区域海绵城市建设。

本意见自2016年1月1日起实施，有效期至2020年12月31日。

上海市人民政府办公厅

2015年11月11日

江苏省关于推进海绵城市建设的实施意见（节录）

二、明确推进海绵城市建设的总体要求

（一）指导思想。深入贯彻落实习近平总书记视察江苏重要讲话精神，把海绵城市理念贯穿于城市规划建设管理的全过程，按照“节水优先、空间均衡、系统治理、两手发力”的总体思路，坚持规划引领、源头减排、过程控制，坚持试点先行、示范引路、点面结合、整体提升，统筹“绿色”和“灰色”基础设施建设，综合提升城市防洪排涝和供水保障能力，着力改善城市水生态环境，构建良性水循环系统，让城市更加绿色、生态、宜居，实现社会和环境可持续发展，为“迈上新台阶、建设新江苏”提供有力保障。

（二）基本原则。一是生态优先，自然调蓄。城市规划建设遵循人水和谐的理念，最大限度地保护山水林田湖生命共同体，优先利用河湖水系、自然山体和园林绿地系统，优先采用生态措施，提升城市水循环系统的自然调蓄和自然涵养能力。二是因地制宜，科学规划。发挥城市规划的引领约束作用，综合考虑自然地理条件、水资源状况、排水设施现状、经济社会发展水平等因素，将海绵城市建设要求纳入城市规划，科学划定“蓝线”和“绿线”，加强规划管控，因地制宜确定海绵城市建设目标和具体指标，通过城市规划管理手段有效落实。三是分类推进，有序实施。坚持集约节约、经济适用、新老结合、统筹推进，新区建设和新建项目按照海绵城市建设要求系统实施，既有建成区结合旧城改造有序推进，做到功能性、经济性、实用性有机统一，防止盲目推进、避免形象工程。四是政府引导，社会参与。发挥市场配置资源的决定性作用和政府的调控引导作用，加大政策支持力度，营造良好发展环境；积极推广政府和社会资本合作（PPP）、特许经营等模式，吸引社会资本广泛参与海绵城市建设。

（三）目标任务。2016年年底前，所有市、县（市）完成海绵城市建设实施方案制定工作，建立海绵城市工程项目储备制度，形成切合实际的技术标准规范。2017年年底前，省辖市结合城市建设需求，在市区范围内至少建成一处具有一定规模的综合示范区，县（市）建成一定数量的示范项目，全省形成一批在全国有影响的试点城市、示范区域、示范项目。到2020年，全省城市建成区20%以上的面积达到海绵城市建设目标要求，70%以上的雨水得到有效控制，面源污染得到有效削减，海绵城市建设走在全国前列。到2030年，城市建成区80%以上的面积达到海绵城市建设目标要求。

三、落实海绵城市建设重点措施

（一）加强城市自然水系统保护与生态修复。强化城市空间开发利用管控，科学确定城市开发边界、开发强度和生态保护空间，严格城市蓝线、绿线管理，恢复或保持坑塘、河湖、湿地等水体自然形态，禁止填湖填河造地、非法圈圩和非防洪建设需要的截弯取直、河道硬化等破坏水生态环境的建设行为，保护好山水林田湖自然本底。优化城乡空间结构，加强各专项规划间的协调与融合，构建城乡一体、区域联动的空间格局，夯实海绵城市生态基底。新建项目一律不得违规占用水域，土地开发利用按照有关法律法规和技术标准要求，留足河道、湖泊和滨江地带的管理和保护范围，非法挤占的应限期退出。加强水系沟通，严禁随意填埋水体，有条件的地区要逐步改造渠化河道、恢复已覆盖的水体。重视滨水绿廊建设，强化河湖水体和岸坡生态化处理。加强河道整治，通过雨污分流、控源截污、河道疏浚和补水活水等措施改善河道水质，增强调蓄和行泄能力。

（二）提升园林绿地调蓄与净化雨水的功能。把构建海绵型绿地系统列入园林城市、生态园林城市创建内容，围绕绿网、水网、路网的有机融合，在满足生态、景观、游憩等要求基础上，更好地发挥城市绿地系统调蓄、净化雨水等功能。结合周边水系、道路、市政设施等，统筹开展城市公园绿地竖向设计。公园绿地在消纳自身雨水径流的同时，尽可能为周边区域提供雨水滞留、缓释空间；尽量减少硬质铺装，步行系统、停车场等宜采用透水铺装；结合公园的布局和生态景观等要素，因地制宜建设人工湿地、雨水花园、下凹式绿地、植草沟等，提升公园绿地滞蓄、净化雨水的能力。各地要充分利用植物园和苗圃基地，开展试验与研究，选育和储备适合本地生长、生态和景观效益良好的水生植物和耐水湿植物。省园艺博览会要积极为海绵型公园绿地建设提供样板和示范。

（三）建设海绵型道路和广场。转变道路、广场建设理念，变快速汇水、排水为分散就地吸水，提高城市道路、广场对雨水的渗、滞、蓄能力。新建道路的绿化隔离带和两侧绿化带要因地制宜采用下凹式绿地、植草沟等形

式，采取不设道路侧石或在道路侧石预留雨水蓄滞通道等措施，增加道路绿地雨水吸纳能力。在新建城市道路的非机动车道、人行道和广场、停车场设计和施工中，推广使用透水技术，采用可透水材料、可下渗结构等，切实增加透水性。城市广场要根据实际情况采用下沉式结构或配套建设雨水调蓄设施，最大程度减缓雨水径流。按照低影响开发控制目标要求，有计划对既有道路、广场实施海绵化改造。

（四）推进海绵型地块建设。新建住宅小区要按照低影响开发要求规划建设雨水系统；推广建筑雨水收集利用和屋顶绿化技术。小区室外步行道、停车场应采取透水铺装。鼓励住宅小区绿地采用雨水花园等形式规划建设蓄存雨水的景观水体或相应设施。政府投资建设的保障性住房和棚户区改造项目要率先落实海绵型住区建设要求。在城市低洼易淹易涝区和老旧小区改造过程中，要同步考虑海绵城市建设技术与排水设施能力建设。机关、学校、医院、文化体育场馆、交通场站和商业综合体等各类大型公共项目建设，要率先践行生态优先的海绵城市建设理念，尽量减少建筑和广场的硬质铺装面积，推广使用透水铺装、屋顶绿化、下凹式绿地和下沉式广场。规划用地面积超过2万平方米的新建建筑物要配套建设雨水收集利用设施。鼓励工矿企业和工业厂区根据实际情况采用透水铺装、建设下凹式绿地或雨水花园，有条件的要建设雨水收集、蓄存和利用设施。借鉴海绵城市建设理念，结合重点中心镇、综合规划建设示范镇等示范试点，统筹运用工程和绿色生态措施，因地制宜规划建设海绵型小城镇。

（五）提高城市排水系统能力。在推进海绵城市建设过程中，既要注重绿色基础设施建设，增强就地吸纳雨水能力，又要全面推进城市排水防涝设施达标建设，加快易淹易涝片区改造，实施雨污分流，完善城市排水管网、排涝泵站和排涝河道等基础设施，加强排水管网养护和城市内涝灾害风险排查，开展城市内涝灾害风险预警，全面提升城市整体排水防涝能力。加强城市排水系统与城市外围防洪排涝体系的衔接；结合流域、区域治理，积极推进江河湖库水系连通和岸线生态整治，加强堤防、涵闸、泵站、蓄滞场所的管护和能力提升。严格控制初期雨水污染，排入自然水体的雨水须经过岸线净化；加快建设和改造水体沿岸截流干管，控制渗漏和合流制污水溢流污染。根据雨水利用、排水防涝等要求，科学布局建设雨水调蓄设施。

四、营造海绵城市建设良好环境

（一）落实城市政府责任。城市人民政府是推进海绵城市建设的责任主体，要把海绵城市建设纳入生态文明建设和民生实事工程，加强组织领导，搞好统筹协调，强化监督检查，落实建设任务。各市、县（市）要抓紧编制海绵城市建设实施方案，经同级人民政府批准后报省住房城乡建设厅备案。

（二）建立部门联动机制。各有关部门要主动适应海绵城市建设系统性、综合性和创新性的要求，密切合作，高效联动，形成推进合力。住房城乡建设部门负责牵头推进海绵城市建设；发展改革部门要积极争取国家专项建设基金支持海绵城市建设；财政部门要积极推进PPP模式，并加大公共财政对海绵城市建设的支持力度；水利部门要加强对海绵城市建设中水利工作的指导和监督；科技部门要重点支持海绵城市建设关键技术研发；气象部门要为海绵城市建设提供气象保障服务；规划、国土、环保、交通、园林、价格等部门要按照职责分工，协同推进海绵城市建设各项工作。

（三）完善政策标准体系。加强海绵城市技术研究和标准体系建设，省住房城乡建设厅抓紧研究制定海绵城市建设技术导则、指标体系、检测评价方法等技术标准。各地、各部门要按照海绵城市建设要求，修订完善城市水系、公园绿地、市政设施管理和道路交通管理等地方性政策规章。鼓励有实力的科研设计单位、施工企业、制造企业与金融资本相结合，组建具备综合业务能力的企业集团或联合体，采用总承包等方式统筹组织实施海绵城市建设相关项目，发挥整体效益。

（四）广泛筹集建设资金。各级政府要统筹城市建设维护税、土地出让收益等财政资金，加大对海绵城市建设的投入力度；在城市建设规划和年度建设计划中，优先安排海绵城市建设项目，并纳入地方政府采购范围。省级城镇基础设施建设引导资金支持海绵城市试点示范和技术标准规范的研究制订。创新投融资机制，区别海绵城市建设项目经营性与非经营性属性，因地制宜推广运用政府与社会资本合作（PPP）模式，建立政府与社会资本风险分担、收益共享的合作机制，采取明晰经营性收益权、政府购买服务、投资补贴等多种形式，鼓励社会资本参与海绵城市建设和经营管理。支持符合条件的企业通过发行企业债券、公司债券、资产支持证券和项目收益票据等募集资金，用于海绵城市建设项目。借鉴发达国家的成功经验，探索研究雨水排放许可管理和收费制度。

（五）强化典型示范培育。组织开展海绵城市省级试点示范工作，抓好试点城市和示范项目建设，充分发挥示范引领作用。省住房城乡建设厅负责省级试点城市和示范项目的申报、组织管理、考核验收等工作，申报国家级海绵城市试点城市原则上从省级试点城市中择优推荐。各地要整合本地区相关力量，加强工作研究，结合工程实践总结提炼工作经验；开展适宜技术研发，完善标准体系，培养技术和服务人才队伍，为推进海绵城市建设提供技术支撑。强化试点示范项目运行管理，建立健全长效管护机制，做好跟踪监测和评估考核，确保发挥功能效益。

（六）建立考核激励机制。将海绵城市建设纳入全省生态文明建设体系，对各级政府和相关部门进行考核，并将考核结果作为评价各级政府、部门和领导干部工作实绩的重要内容。省住房城乡建设厅会同有关部门研究制定海绵城市规划建设管理工作考核办法，定期对工作进展情况进行考核评估并予以通报。修订完善生态城市、江苏人居环境奖等创建评价指标体系，将海绵城市建设目标纳入创建要求。加强宣传引导，提高公众对海绵城市建设重要性的认识，鼓励公众积极参与，营造良好工作氛围。

江苏省人民政府办公厅

2015年12月31日

规划方案

中华人民共和国国民经济和社会发展第十三个五年规划纲要（节录）

新华社2015年3月17日受权公布

中华人民共和国国民经济和社会发展第十三个五年（2016－2020年）规划纲要，根据《中共中央关于制定国民经济和社会发展第十三个五年规划的建议》编制，主要阐明国家战略意图，明确经济社会发展宏伟目标、主要任务和重大举措，是市场主体的行为导向，是政府履行职责的重要依据，是全国各族人民的共同愿景。

第一篇　指导思想、主要目标和发展理念

“十三五”时期是全面建成小康社会决胜阶段。必须认真贯彻党中央战略决策和部署，准确把握国内外发展环境和条件的深刻变化，积极适应把握引领经济发展新常态，全面推进创新发展、协调发展、绿色发展、开放发展、共享发展，确保全面建成小康社会。

……

第三章　主要目标

按照全面建成小康社会新的目标要求，今后五年经济社会发展的主要目标是：

……

——生态环境质量总体改善。生产方式和生活方式绿色、低碳水平上升。能源资源开发利用效率大幅提高，能源和水资源消耗、建设用地、碳排放总量得到有效控制，主要污染物排放总量大幅减少。主体功能区布局和生态安全屏障基本形成。

第四章　发展理念

实现发展目标，破解发展难题，厚植发展优势，必须牢固树立和贯彻落实创新、协调、绿色、开放、共享的新发展理念。

……

绿色是永续发展的必要条件和人民对美好生活追求的重要体现。必须坚持节约资源和保护环境的基本国策，坚持可持续发展，坚定走生产发展、生活富裕、生态良好的文明发展道路，加快建设资源节约型、环境友好型社会，形成人与自然和谐发展现代化建设新格局，推进美丽中国建设，为全球生态安全作出新贡献。

……

坚持创新发展、协调发展、绿色发展、开放发展、共享发展，是关系我国发展全局的一场深刻变革。创新、协调、绿色、开放、共享的新发展理念是具有内在联系的集合体，是“十三五”乃至更长时期我国发展思路、发展方向、发展着力点的集中体现，必须贯穿于“十三五”经济社会发展的各领域各环节。

第二篇　实施创新驱动发展战略

第二节　加快发展新型制造业

实施高端装备创新发展工程，明显提升自主设计水平和系统集成能力。实施智能制造工程，加快发展智能制造关键技术装备，强化智能制造标准、工业电子设备、核心支撑软件等基础。加强工业互联网设施建设、技术验证和示范推广，推动“中国制造+互联网”取得实质性突破。培育推广新型智能制造模式，推动生产方式向柔性、智能、精细化转变。鼓励建立智能制造产业联盟。实施绿色制造工程，推进产品全生命周期绿色管理，构建绿色制造体系。推动制造业由生产型向生产服务型转变，引导制造企业延伸服务链条、促进服务增值。推进制造业集聚区改造提升，建设一批新型工业化产业示范基地，培育若干先进制造业中心。

第三节　推动传统产业改造升级

实施制造业重大技术改造升级工程，完善政策体系，支持企业瞄准国际同行业标杆全面提高产品技术、工艺装备、能效环保等水平，实现重点领域向中高端的群体性突破。开展改善消费品供给专项行动。鼓励企业并购，形成以大企业集团为核心，集中度高、分工细化、协作高效的产业组织形态。支持专业化中小企业发展。

第五节　积极稳妥化解产能过剩

综合运用市场机制、经济手段、法治办法和必要的行政手段，加大政策引导力度，实现市场出清。建立以工艺、技术、能耗、环保、质量、安全等为约束条件的推进机制，强化行业规范和准入管理，坚决淘汰落后产能。设立工业企业结构调整专项奖补资金，通过兼并重组、债务重组、破产清算、盘活资产，加快钢铁、煤炭等行业过剩产能退出，分类有序、积极稳妥处置退出企业，妥善做好人员安置等工作。

第七篇　构筑现代基础设施网络

拓展基础设施建设空间，加快完善安全高效、智能绿色、互联互通的现代基础设施网络，更好发挥对经济社会发展的支撑引领作用。

第二十九章　完善现代综合交通运输体系

第四节　推动运输服务低碳智能安全发展

推进交通运输低碳发展，集约节约利用资源，加强标准化、现代化运输装备和节能环保运输工具推广应用。加快智能交通发展，推广先进信息技术和智能技术装备应用，加强联程联运系统、智能管理系统、公共信息系统建设，加快发展多式联运，提高交通运输服务质量和效益。强化交通运输、邮政安全管理，提升安全保障、应急处置和救援能力。推进出租汽车行业改革、铁路市场化改革，加快推进空域管理体制改革。

第三十章　建设现代能源体系

深入推进能源革命，着力推动能源生产利用方式变革，优化能源供给结构，提高能源利用效率，建设清洁低碳、安全高效的现代能源体系，维护国家能源安全。

第一节　推动能源结构优化升级

统筹水电开发与生态保护，坚持生态优先，以重要流域龙头水电站建设为重点，科学开发西南水电资源。继续推进风电、光伏发电发展，积极支持光热发电。以沿海核电带为重点，安全建设自主核电示范工程和项目。加快发展生物质能、地热能，积极开发沿海潮汐能资源。完善风能、太阳能、生物质能发电扶持政策。优化建设国家综合能源基地，大力推进煤炭清洁高效利用。限制东部、控制中部和东北、优化西部地区煤炭资源开发，推进大型煤炭基地绿色化开采和改造，鼓励采用新技术发展煤电。加强陆上和海上油气勘探开发，有序开放矿业权，积极开发天然气、煤层气、页岩油（气）。推进炼油产业转型升级，开展成品油质量升级行动计划，拓展生物燃料等新的清洁油品来源。

第二节　构建现代能源储运网络

统筹推进煤电油气多种能源输送方式发展，加强能源储备和调峰设施建设，加快构建多能互补、外通内畅、安全可靠的现代能源储运网络。加强跨区域骨干能源输送网络建设，建成蒙西－华中北煤南运战略通道，优化建设电网主网架和跨区域输电通道。加快建设陆路进口油气战略通道。推进油气储备设施建设，提高油气储备和调峰能力。

第三节　积极构建智慧能源系统

加快推进能源全领域、全环节智慧化发展，提高可持续自适应能力。适应分布式能源发展、用户多元化需求，优化电力需求侧管理，加快智能电网建设，提高电网与发电侧、需求侧交互响应能力。推进能源与信息等领域新技术深度融合，统筹能源与通信、交通等基础设施网络建设，建设“源－网－荷－储”协调发展成互补的能源互联网。

第三十一章　强化水安全保障

加快完善水利基础设施网络，推进水资源科学开发、合理调配、节约使用、高效利用，全面提升水安全保障能力。

第一节　优化水资源配置格局

科学论证、稳步推进一批重大引调水工程、河湖水系连通骨干工程和重点水源等工程建设，统筹加强中小型水利设施建设，加快构筑多水源互联互调、安全可靠的城乡区域用水保障网。因地制宜实施抗旱水源工程，加强城市应急和备用水源建设。科学开发利用地表水及各类非常规水源，严格控制地下水开采。推进江河流域系统整治，维持基本生态用水需求，增强保水储水能力。科学实施跨界河流开发治理，深化与周边国家跨界水合作。科学开展人工影响天气活动。

第二节　完善综合防洪减灾体系

加强江河湖泊治理骨干工程建设，继续推进大江大河大湖堤防加固、河道治理、控制性枢纽和蓄滞洪区建设。加快中小河流治理、山洪灾害防治、病险水库水闸除险加固，推进重点海堤达标建设。加强气象水文监测和雨情水情预报，强化洪水风险管理，提高防洪减灾水平。

第四十一章　拓展蓝色经济空间

坚持陆海统筹，发展海洋经济，科学开发海洋资源，保护海洋生态环境，维护海洋权益，建设海洋强国。

第一节　壮大海洋经济

优化海洋产业结构，发展远洋渔业，推动海水淡化规模化应用，扶持海洋生物医药、海洋装备制造等产业发展，加快发展海洋服务业。发展海洋科学技术，重点在深水、绿色、安全的海洋高技术领域取得突破。推进智慧海洋工程建设。创新海域海岛资源市场化配置方式。深入推进山东、浙江、广东、福建、天津等全国海洋经济发展试点区建设，支持海南利用南海资源优势发展特色海洋经济，建设青岛蓝谷等海洋经济发展示范区。

第二节　加强海洋资源环境保护

深入实施以海洋生态系统为基础的综合管理，推进海洋主体功能区建设，优化近岸海域空间布局，科学控制开发强度。严格控制围填海规模，加强海岸带保护与修复，自然岸线保有率不低于35%。严格控制捕捞强度，实施休渔制度。加强海洋资源勘探与开发，深入开展极地大洋科学考察。实施陆源污染物达标排海和排污总量控制制度，建立海洋资源环境承载力预警机制。建立海洋生态红线制度，实施“南红北柳”湿地修复工程和“生态岛礁”工程，加强海洋珍稀物种保护。加强海洋气候变化研究，提高海洋灾害监测、风险评估和防灾减灾能力，加强海上救灾战略预置，提升海上突发环境事故应急能力。实施海洋督察制度，开展常态化海洋督察。

第十篇　加快改善生态环境

以提高环境质量为核心，以解决生态环境领域突出问题为重点，加大生态环境保护力度，提高资源利用效率，为人民提供更多优质生态产品，协同推进人民富裕、国家富强、中国美丽。

第四十二章　加快建设主体功能区

强化主体功能区作为国土空间开发保护基础制度的作用，加快完善主体功能区政策体系，推动各地区依据主体功能定位发展。

第一节　推动主体功能区布局基本形成

有度有序利用自然，调整优化空间结构，推动形成以“两横三纵”为主体的城市化战略格局、以“七区二十三带”为主体的农业战略格局、以“两屏三带”为主体的生态安全战略格局，以及可持续的海洋空间开发格局。合理控制国土空间开发强度，增加生态空间。推动优化开发区域产业结构向高端高效发展，优化空间开发结构，逐年减少建设用地增量，提高土地利用效率。推动重点开发区域集聚产业和人口，培育若干带动区域协同发展的增长极。划定农业空间和生态空间保护红线，拓展重点生态功能区覆盖范围，加大禁止开发区域保护力度。

第二节　健全主体功能区配套政策体系

根据不同主体功能区定位要求，健全差别化的财政、产业、投资、人口流动、土地、资源开发、环境保护等政策，实行分类考核的绩效评价办法。重点生态功能区实行产业准入负面清单。加大对农产品主产区和重点生态功能区的转移支付力度，建立健全区域流域横向生态补偿机制。设立统一规范的国家生态文明试验区。建立国家公园体制，整合设立一批国家公园。

第三节　建立空间治理体系

以市县级行政区为单元，建立由空间规划、用途管制、差异化绩效考核等构成的空间治理体系。建立国家空间规划体系，以主体功能区规划为基础统筹各类空间性规划，推进“多规合一”。完善国土空间开发许可制度。建立资源环境承载能力监测预警机制，对接近或达到警戒线的地区实行限制性措施。实施土地、矿产等国土资源调查评价和监测工程。提升测绘地理信息服务保障能力，开展地理国情常态化监测，推进全球地理信息资源开发。

第四十三章　推进资源节约集约利用

树立节约集约循环利用的资源观，推动资源利用方式根本转变，加强全过程节约管理，大幅提高资源利用综合效益。

第一节　全面推动能源节约

推进能源消费革命。实施全民节能行动计划，全面推进工业、建筑、交通运输、公共机构等领域节能，实施锅炉（窑炉）、照明、电机系统升级改造及余热暖民等重点工程。大力开发、推广节能技术和产品，开展重大技术示范。实施重点用能单位“百千万”行动和节能自愿活动，推动能源管理体系、计量体系和能耗在线监测系统建设，开展能源评审和绩效评价。实施建筑能效提升和绿色建筑全产业链发展计划。推行节能低碳电力调度。推进能源综合梯级利用。能源消费总量控制在50亿吨标准煤以内。

第二节　全面推进节水型社会建设

落实最严格的水资源管理制度，实施全民节水行动计划。坚持以水定产、以水定城，对水资源短缺地区实行更严格的产业准入、取用水定额控制。加快农业、工业、城镇节水改造，扎实推进农业综合水价改革，开展节水综合改造示范。加强重点用水单位监管，鼓励一水多用、优水优用、分质利用。建立水效标识制度，推广节水技术和产品。加快非常规水资源利用，实施雨洪资源利用、再生水利用等工程。用水总量控制在6700亿立方米以内。

第三节　强化土地节约集约利用

严控新增建设用地，有效管控新城新区和开发区无序扩张。有序推进城镇低效用地再开发和低丘缓坡土地开发利用，推进建设用地多功能开发、地上地下立体综合开发利用，促进空置楼宇、厂房等存量资源再利用。严控农村集体建设用地规模，探索建立收储制度，盘活农村闲置建设用地。开展建设用地节约集约利用调查评价。单位国内生产总值建设用地使用面积下降20%。

第四节　加强矿产资源节约和管理

强化矿产资源规划管控，严格分区管理、总量控制和开采准入制度，加强复合矿区开发的统筹协调。支持矿山企业技术和工艺改造，引导小型矿山兼并重组，关闭技术落后、破坏环境的矿山。大力推进绿色矿山和绿色矿业发展示范区建设，实施矿产资源节约与综合利用示范工程、矿产资源保护和储备工程，提高矿产资源开采率、选矿回收率和综合利用率。完善优势矿产限产保值机制。建立矿产资源国家权益金制度，健全矿产资源税费制度。开展找矿突破行动。

第五节　大力发展循环经济

实施循环发展引领计划，推进生产和生活系统循环链接，加快废弃物资源化利用。按照物质流和关联度统筹产业布局，推进园区循环化改造，建设工农复合型循环经济示范区，促进企业间、园区内、产业间耦合共生。推进城市矿山开发利用，做好工业固废等大宗废弃物资源化利用，加快建设城市餐厨废弃物、建筑垃圾和废旧纺织品等资源化利用和无害化处理系统，规范发展再制造。实行生产者责任延伸制度。健全再生资源回收利用网络，加强生活垃圾分类回收与再生资源回收的衔接。

第六节　倡导勤俭节约的生活方式

倡导合理消费，力戒奢侈消费，制止奢靡之风。在生产、流通、仓储、消费各环节落实全面节约要求。管住公款消费，深入开展反过度包装、反食品浪费、反过度消费行动，推动形成勤俭节约的社会风尚。推广城市自行车和公共交通等绿色出行服务系统。限制一次性用品使用。

第七节　建立健全资源高效利用机制

实施能源和水资源消耗、建设用地等总量和强度双控行动，强化目标责任，完善市场调节、标准控制和考核监管。建立健全用能权、用水权、碳排放权初始分配制度，创新有偿使用、预算管理、投融资机制，培育和发展交易市场。健全节能、节水、节地、节材、节矿标准体系，提高建筑节能标准，实现重点行业、设备节能标准全覆盖。强化节能评估审查和节能监察。建立健全中央对地方节能环保考核和奖励机制，进一步扩大节能减排财政政策综合示范。建立统一规范的国有自然资源资产出让平台。组织实施能效、水效领跑者引领行动。

第四十四章　加大环境综合治理力度

创新环境治理理念和方式，实行最严格的环境保护制度，强化排污者主体责任，形成政府、企业、公众共治的环境治理体系，实现环境质量总体改善。

第一节　深入实施污染防治行动计划

制定城市空气质量达标计划，严格落实约束性指标，地级及以上城市重污染天数减少25%，加大重点地区细颗粒物污染治理力度。构建机动车船和燃料油环保达标监管体系。提高城市燃气化率。强化道路、施工等扬尘监管，禁止秸秆露天焚烧。加强重点流域、海域综合治理，严格保护良好水体和饮用水水源，加强水质较差湖泊综合治理与改善。推进水功能区分区管理，主要江河湖泊水功能区水质达标率达到80%以上。开展地下水污染调查和综合防治。实施土壤污染分类分级防治，优先保护农用地土壤环境质量安全，切实加强建设用地土壤环境监管。

第二节　大力推进污染物达标排放和总量减排

实施工业污染源全面达标排放计划。完善污染物排放标准体系，加强工业污染源监督性监测，公布未达标企业名单，实施限期整改。城市建成区内污染严重企业实施有序搬迁改造或依法关闭。开展全国第二次污染源普查。改革主要污染物总量控制制度，扩大污染物总量控制范围。在重点区域、重点行业推进挥发性有机物排放总量控制，

全国排放总量下降10%以上。对中小型燃煤设施、城中村和城乡结合区域等实施清洁能源替代工程。沿海和汇入富营养化湖库的河流沿线所有地级及以上城市实施总氮排放总量控制。实施重点行业清洁生产改造。

第三节　严密防控环境风险

实施环境风险全过程管理。加强危险废物污染防治，开展危险废物专项整治。加大重点区域、有色等重点行业重金属污染防治力度。加强有毒有害化学物质环境和健康风险评估能力建设。推进核设施安全改进和放射性污染防治，强化核与辐射安全监管体系和能力建设。

第四节　加强环境基础设施建设

加快城镇垃圾处理设施建设，完善收运系统，提高垃圾焚烧处理率，做好垃圾渗滤液处理处置；加快城镇污水处理设施和管网建设改造，推进污泥无害化处理和资源化利用，实现城镇生活污水、垃圾处理设施全覆盖和稳定达标运行，城市、县城污水集中处理率分别达到95%和85%。建立全国统一、全面覆盖的实时在线环境监测监控系统，推进环境保护大数据建设。

第五节　改革环境治理基础制度

切实落实地方政府环境责任，开展环保督察巡视，建立环境质量目标责任制和评价考核机制。实行省以下环保机构监测监察执法垂直管理制度，探索建立跨地区环保机构，推行全流域、跨区域联防联控和城乡协同治理模式。推进多污染物综合防治和统一监管，建立覆盖所有固定污染源的企业排放许可制，实行排污许可“一证式”管理。建立健全排污权有偿使用和交易制度。严格环保执法，开展跨区域联合执法，强化执法监督和责任追究。建立企业环境信用记录和违法排污黑名单制度，强化企业污染物排放自行监测和环境信息公开，畅通公众参与渠道，完善环境公益诉讼制度。实行领导干部环境保护责任离任审计。

第四十五章　加强生态保护修复

坚持保护优先、自然恢复为主，推进自然生态系统保护与修复，构建生态廊道和生物多样性保护网络，全面提升各类自然生态系统稳定性和生态服务功能，筑牢生态安全屏障。

第一节　全面提升生态系统功能

开展大规模国土绿化行动，加强林业重点工程建设，完善天然林保护制度，全面停止天然林商业性采伐，保护培育森林生态系统。发挥国有林区林场在绿化国土中的带动作用。创新产权模式，引导社会资金投入植树造林。严禁移植天然大树进城。扩大退耕还林还草，保护治理草原生态系统，推进禁牧休牧轮牧和天然草原退牧还草，加强“三化”草原治理，草原植被综合盖度达到56%。保护修复荒漠生态系统，加快风沙源区治理，遏制沙化扩展。保障重要河湖湿地及河口生态水位，保护修复湿地与河湖生态系统，建立湿地保护制度。

第二节　推进重点区域生态修复

坚持源头保护、系统恢复、综合施策，推进荒漠化、石漠化、水土流失综合治理。继续实施京津风沙源治理二期工程。强化三江源等江河源头和水源涵养区生态保护。加大南水北调水源地及沿线生态走廊、三峡库区等区域生态保护力度，推进沿黄生态经济带建设。支持甘肃生态安全屏障综合示范区建设。开展典型受损生态系统恢复和修复示范。完善国家地下水监测系统，开展地下水超采区综合治理。建立沙化土地封禁保护制度。有步骤对居住在自然保护区核心区与缓冲区的居民实施生态移民。

第三节　扩大生态产品供给

丰富生态产品，优化生态服务空间配置，提升生态公共服务供给能力。加大风景名胜区、森林公园、湿地公园、沙漠公园等保护力度，加强林区道路等基础设施建设，适度开发公众休闲、旅游观光、生态康养服务和产品。加快城乡绿道、郊野公园等城乡生态基础设施建设，发展森林城市，建设森林小镇。打造生态体验精品线路，拓展绿色宜人的生态空间 。

第四十八章　发展绿色环保产业

培育服务主体，推广节能环保产品，支持技术装备和服务模式创新，完善政策机制，促进节能环保产业发展壮大。

第一节　扩大环保产品和服务供给

完善企业资质管理制度，鼓励发展节能环保技术咨询、系统设计、设备制造、工程施工、运营管理等专业化服务。推行合同能源管理、合同节水管理和环境污染第三方治理。鼓励社会资本进入环境基础设施领域，开展小城镇、园区环境综合治理托管服务试点。发展一批具有国际竞争力的大型节能环保企业，推动先进适用节能环保技术

产品走出去。统筹推行绿色标识、认证和政府绿色采购制度。建立绿色金融体系，发展绿色信贷、绿色债券，设立绿色发展基金。完善煤矸石、余热余压、垃圾和沼气等发电上网政策。加快构建绿色供应链产业体系。

第二节　发展环保技术装备

增强节能环保工程技术和设备制造能力，研发、示范、推广一批节能环保先进技术装备。加快低品位余热发电、小型燃气轮机、细颗粒物治理、汽车尾气净化、垃圾渗滤液处理、污泥资源化、多污染协同处理、土壤修复治理等新型技术装备研发和产业化。推广高效烟气除尘和余热回收一体化、高效热泵、半导体照明、废弃物循环利用等成熟适用技术。

水污染防治行动计划

（国务院2015年4月2日印发）

水环境保护事关人民群众切身利益，事关全面建成小康社会，事关实现中华民族伟大复兴中国梦。当前，我国一些地区水环境质量差、水生态受损重、环境隐患多等问题十分突出，影响和损害群众健康，不利于经济社会持续发展。为切实加大水污染防治力度，保障国家水安全，制定本行动计划。

总体要求：全面贯彻党的十八大和十八届二中、三中、四中全会精神，大力推进生态文明建设，以改善水环境质量为核心，按照“节水优先、空间均衡、系统治理、两手发力”原则，贯彻“安全、清洁、健康”方针，强化源头控制，水陆统筹、河海兼顾，对江河湖海实施分流域、分区域、分阶段科学治理，系统推进水污染防治、水生态保护和水资源管理。坚持政府市场协同，注重改革创新；坚持全面依法推进，实行最严格环保制度；坚持落实各方责任，严格考核问责；坚持全民参与，推动节水洁水人人有责，形成“政府统领、企业施治、市场驱动、公众参与”的水污染防治新机制，实现环境效益、经济效益与社会效益多赢，为建设“蓝天常在、青山常在、绿水常在”的美丽中国而奋斗。

工作目标：到2020年，全国水环境质量得到阶段性改善，污染严重水体较大幅度减少，饮用水安全保障水平持续提升，地下水超采得到严格控制，地下水污染加剧趋势得到初步遏制，近岸海域环境质量稳中趋好，京津冀、长三角、珠三角等区域水生态环境状况有所好转。到2030年，力争全国水环境质量总体改善，水生态系统功能初步恢复。到本世纪中叶，生态环境质量全面改善，生态系统实现良性循环。

主要指标：到2020年，长江、黄河、珠江、松花江、淮河、海河、辽河等七大重点流域水质优良（达到或优于Ⅲ类）比例总体达到70%以上，地级及以上城市建成区黑臭水体均控制在10%以内，地级及以上城市集中式饮用水水源水质达到或优于Ⅲ类比例总体高于93%，全国地下水质量极差的比例控制在15%左右，近岸海域水质优良（一、二类）比例达到70%左右。京津冀区域丧失使用功能（劣于Ⅴ类）的水体断面比例下降15个百分点左右，长三角、珠三角区域力争消除丧失使用功能的水体。

到2030年，全国七大重点流域水质优良比例总体达到75%以上，城市建成区黑臭水体总体得到消除，城市集中式饮用水水源水质达到或优于Ⅲ类比例总体为95%左右。

一、全面控制污染物排放

（一）狠抓工业污染防治。取缔“十小”企业。全面排查装备水平低、环保设施差的小型工业企业。2016年底前，按照水污染防治法律法规要求，全部取缔不符合国家产业政策的小型造纸、制革、印染、染料、炼焦、炼硫、炼砷、炼油、电镀、农药等严重污染水环境的生产项目。（环境保护部牵头，工业和信息化部、国土资源部、能源局等参与，地方各级人民政府负责落实。以下均需地方各级人民政府落实，不再列出）

专项整治十大重点行业。制定造纸、焦化、氮肥、有色金属、印染、农副食品加工、原料药制造、制革、农药、电镀等行业专项治理方案，实施清洁化改造。新建、改建、扩建上述行业建设项目实行主要污染物排放等量或减量置换。2017年底前，造纸行业力争完成纸浆无元素氯漂白改造或采取其他低污染制浆技术，钢铁企业焦炉完成干熄焦技术改造，氮肥行业尿素生产完成工艺冷凝液水解解析技术改造，印染行业实施低排水染整工艺改造，制药（抗生素、维生素）行业实施绿色酶法生产技术改造，制革行业实施铬减量化和封闭循环利用技术改造。（环境保护部牵头，工业和信息化部等参与）

集中治理工业集聚区水污染。强化经济技术开发区、高新技术产业开发区、出口加工区等工业集聚区污染治理。集聚区内工业废水必须经预处理达到集中处理要求，方可进入污水集中处理设施。新建、升级工业集聚区应同步规划、建设污水、垃圾集中处理等污染治理设施。2017年底前，工业集聚区应按规定建成污水集中处理设施，并安装自动在线监控装置，京津冀、长三角、珠三角等区域提前一年完成；逾期未完成的，一律暂停审批和核准其增加水污染物排放的建设项目，并依照有关规定撤销其园区资格。（环境保护部牵头，科技部、工业和信息化部、商务部等参与）

（二）强化城镇生活污染治理。加快城镇污水处理设施建设与改造。现有城镇污水处理设施，要因地制宜进行改造，2020年底前达到相应排放标准或再生利用要求。敏感区域（重点湖泊、重点水库、近岸海域汇水区域）城镇污水处理设施应于2017年底前全面达到一级A排放标准。建成区水体水质达不到地表水Ⅳ类标准的城市，新建城镇污水处理设施要执行一级A排放标准。按照国家新型城镇化规划要求，到2020年，全国所有县城和重点镇具备污水收集处理能力，县城、城市污水处理率分别达到85%、95%左右。京津冀、长三角、珠三角等区域提前一年完成。（住房城乡建设部牵头，发展改革委、环境保护部等参与）

全面加强配套管网建设。强化城中村、老旧城区和城乡结合部污水截流、收集。现有合流制排水系统应加快实施雨污分流改造，难以改造的，应采取截流、调蓄和治理等措施。新建污水处理设施的配套管网应同步设计、同步建设、同步投运。除干旱地区外，城镇新区建设均实行雨污分流，有条件的地区要推进初期雨水收集、处理和资源化利用。到2017年，直辖市、省会城市、计划单列市建成区污水基本实现全收集、全处理，其他地级城市建成区于2020年底前基本实现。（住房城乡建设部牵头，发展改革委、环境保护部等参与）

推进污泥处理处置。污水处理设施产生的污泥应进行稳定化、无害化和资源化处理处置，禁止处理处置不达标的污泥进入耕地。非法污泥堆放点一律予以取缔。现有污泥处理处置设施应于2017年底前基本完成达标改造，地级及以上城市污泥无害化处理处置率应于2020年底前达到90%以上。（住房城乡建设部牵头，发展改革委、工业和信息化部、环境保护部、农业部等参与）

（三）推进农业农村污染防治。防治畜禽养殖污染。科学划定畜禽养殖禁养区，2017年底前，依法关闭或搬迁禁养区内的畜禽养殖场（小区）和养殖专业户，京津冀、长三角、珠三角等区域提前一年完成。现有规模化畜禽养殖场（小区）要根据污染防治需要，配套建设粪便污水贮存、处理、利用设施。散养密集区要实行畜禽粪便污水分户收集、集中处理利用。自2016年起，新建、改建、扩建规模化畜禽养殖场（小区）要实施雨污分流、粪便污水资源化利用。（农业部牵头，环境保护部参与）

控制农业面源污染。制定实施全国农业面源污染综合防治方案。推广低毒、低残留农药使用补助试点经验，开展农作物病虫害绿色防控和统防统治。实行测土配方施肥，推广精准施肥技术和机具。完善高标准农田建设、土地开发整理等标准规范，明确环保要求，新建高标准农田要达到相关环保要求。敏感区域和大中型灌区，要利用现有沟、塘、窖等，配置水生植物群落、格栅和透水坝，建设生态沟渠、污水净化塘、地表径流集蓄池等设施，净化农田排水及地表径流。到2020年，测土配方施肥技术推广覆盖率达到90%以上，化肥利用率提高到40%以上，农作物病虫害统防统治覆盖率达到40%以上；京津冀、长三角、珠三角等区域提前一年完成。（农业部牵头，发展改革委、工业和信息化部、国土资源部、环境保护部、水利部、质检总局等参与）

调整种植业结构与布局。在缺水地区试行退地减水。地下水易受污染地区要优先种植需肥需药量低、环境效益突出的农作物。地表水过度开发和地下水超采问题较严重，且农业用水比重较大的甘肃、新疆（含新疆生产建设兵团）、河北、山东、河南等五省（区），要适当减少用水量较大的农作物种植面积，改种耐旱作物和经济林；2018年底前，对3300万亩灌溉面积实施综合治理，退减水量37亿立方米以上。（农业部、水利部牵头，发展改革委、国土资源部等参与）

加快农村环境综合整治。以县级行政区域为单元，实行农村污水处理统一规划、统一建设、统一管理，有条件的地区积极推进城镇污水处理设施和服务向农村延伸。深化“以奖促治”政策，实施农村清洁工程，开展河道清淤疏浚，推进农村环境连片整治。到2020年，新增完成环境综合整治的建制村13万个。（环境保护部牵头，住房城乡建设部、水利部、农业部等参与）

（四）加强船舶港口污染控制。积极治理船舶污染。依法强制报废超过使用年限的船舶。分类分级修订船舶及其设施、设备的相关环保标准。2018年起投入使用的沿海船舶、2021年起投入使用的内河船舶执行新的标准；其他船舶于2020年底前完成改造，经改造仍不能达到要求的，限期予以淘汰。航行于我国水域的国际航线船舶，要实施压载水交换或安装压载水灭活处理系统。规范拆船行为，禁止冲滩拆解。（交通运输部牵头，工业和信息化部、环境保护部、农业部、质检总局等参与）

增强港口码头污染防治能力。编制实施全国港口、码头、装卸站污染防治方案。加快垃圾接收、转运及处理处置设施建设，提高含油污水、化学品洗舱水等接收处置能力及污染事故应急能力。位于沿海和内河的港口、码头、装卸站及船舶修造厂，分别于2017年底前和2020年底前达到建设要求。港口、码头、装卸站的经营人应制定防治船舶及其有关活动污染水环境的应急计划。（交通运输部牵头，工业和信息化部、住房城乡建设部、农业部等参与）

二、推动经济结构转型升级

（五）调整产业结构。依法淘汰落后产能。自2015年起，各地要依据部分工业行业淘汰落后生产工艺装备和产品指导目录、产业结构调整指导目录及相关行业污染物排放标准，结合水质改善要求及产业发展情况，制定并实施分年度的落后产能淘汰方案，报工业和信息化部、环境保护部备案。未完成淘汰任务的地区，暂停审批和核准其相关行业新建项目。（工业和信息化部牵头，发展改革委、环境保护部等参与）

严格环境准入。根据流域水质目标和主体功能区规划要求，明确区域环境准入条件，细化功能分区，实施差别化环境准入政策。建立水资源、水环境承载能力监测评价体系，实行承载能力监测预警，已超过承载能力的地区要实施水污染物削减方案，加快调整发展规划和产业结构。到2020年，组织完成市、县域水资源、水环境承载能力现状评价。（环境保护部牵头，住房城乡建设部、水利部、海洋局等参与）

（六）优化空间布局。合理确定发展布局、结构和规模。充分考虑水资源、水环境承载能力，以水定城、以水定地、以水定人、以水定产。重大项目原则上布局在优化开发区和重点开发区，并符合城乡规划和土地利用总体规划。鼓励发展节水高效现代农业、低耗水高新技术产业以及生态保护型旅游业，严格控制缺水地区、水污染严重地区和敏感区域高耗水、高污染行业发展，新建、改建、扩建重点行业建设项目实行主要污染物排放减量置换。七大重点流域干流沿岸，要严格控制石油加工、化学原料和化学制品制造、医药制造、化学纤维制造、有色金属冶炼、纺织印染等项目环境风险，合理布局生产装置及危险化学品仓储等设施。（发展改革委、工业和信息化部牵头，国土资源部、环境保护部、住房城乡建设部、水利部等参与）

推动污染企业退出。城市建成区内现有钢铁、有色金属、造纸、印染、原料药制造、化工等污染较重的企业应有序搬迁改造或依法关闭。（工业和信息化部牵头，环境保护部等参与）

积极保护生态空间。严格城市规划蓝线管理，城市规划区范围内应保留一定比例的水域面积。新建项目一律不得违规占用水域。严格水域岸线用途管制，土地开发利用应按照有关法律法规和技术标准要求，留足河道、湖泊和滨海地带的管理和保护范围，非法挤占的应限期退出。（国土资源部、住房城乡建设部牵头，环境保护部、水利部、海洋局等参与）

（七）推进循环发展。加强工业水循环利用。推进矿井水综合利用，煤炭矿区的补充用水、周边地区生产和生态用水应优先使用矿井水，加强洗煤废水循环利用。鼓励钢铁、纺织印染、造纸、石油石化、化工、制革等高耗水企业废水深度处理回用。（发展改革委、工业和信息化部牵头，水利部、能源局等参与）

促进再生水利用。以缺水及水污染严重地区城市为重点，完善再生水利用设施，工业生产、城市绿化、道路清扫、车辆冲洗、建筑施工以及生态景观等用水，要优先使用再生水。推进高速公路服务区污水处理和利用。具备使用再生水条件但未充分利用的钢铁、火电、化工、制浆造纸、印染等项目，不得批准其新增取水许可。自2018年起，单体建筑面积超过2万平方米的新建公共建筑，北京市2万平方米、天津市5万平方米、河北省10万平方米以上集中新建的保障性住房，应安装建筑中水设施。积极推动其他新建住房安装建筑中水设施。到2020年，缺水城市再生水利用率达到20%以上，京津冀区域达到30%以上。（住房城乡建设部牵头，发展改革委、工业和信息化部、环境保护部、交通运输部、水利部等参与）

推动海水利用。在沿海地区电力、化工、石化等行业，推行直接利用海水作为循环冷却等工业用水。在有条件的城市，加快推进淡化海水作为生活用水补充水源。（发展改革委牵头，工业和信息化部、住房城乡建设部、水利部、海洋局等参与）

三、着力节约保护水资源

（八）控制用水总量。实施最严格水资源管理。健全取用水总量控制指标体系。加强相关规划和项目建设布局水资源论证工作，国民经济和社会发展规划以及城市总体规划的编制、重大建设项目的布局，应充分考虑当地水资源条件和防洪要求。对取用水总量已达到或超过控制指标的地区，暂停审批其建设项目新增取水许可。对纳入取水

许可管理的单位和其他用水大户实行计划用水管理。新建、改建、扩建项目用水要达到行业先进水平，节水设施应与主体工程同时设计、同时施工、同时投运。建立重点监控用水单位名录。到2020年，全国用水总量控制在6700亿立方米以内。（水利部牵头，发展改革委、工业和信息化部、住房城乡建设部、农业部等参与）

严控地下水超采。在地面沉降、地裂缝、岩溶塌陷等地质灾害易发区开发利用地下水，应进行地质灾害危险性评估。严格控制开采深层承压水，地热水、矿泉水开发应严格实行取水许可和采矿许可。依法规范机井建设管理，排查登记已建机井，未经批准的和公共供水管网覆盖范围内的自备水井，一律予以关闭。编制地面沉降区、海水入侵区等区域地下水压采方案。开展华北地下水超采区综合治理，超采区内禁止工农业生产及服务业新增取用地下水。京津冀区域实施土地整治、农业开发、扶贫等农业基础设施项目，不得以配套打井为条件。2017年底前，完成地下水禁采区、限采区和地面沉降控制区范围划定工作，京津冀、长三角、珠三角等区域提前一年完成。（水利部、国土资源部牵头，发展改革委、工业和信息化部、财政部、住房城乡建设部、农业部等参与）

（九）提高用水效率。建立万元国内生产总值水耗指标等用水效率评估体系，把节水目标任务完成情况纳入地方政府政绩考核。将再生水、雨水和微咸水等非常规水源纳入水资源统一配置。到2020年，全国万元国内生产总值用水量、万元工业增加值用水量比2013年分别下降35%、30%以上。（水利部牵头，发展改革委、工业和信息化部、住房城乡建设部等参与）

抓好工业节水。制定国家鼓励和淘汰的用水技术、工艺、产品和设备目录，完善高耗水行业取用水定额标准。开展节水诊断、水平衡测试、用水效率评估，严格用水定额管理。到2020年，电力、钢铁、纺织、造纸、石油石化、化工、食品发酵等高耗水行业达到先进定额标准。（工业和信息化部、水利部牵头，发展改革委、住房城乡建设部、质检总局等参与）

加强城镇节水。禁止生产、销售不符合节水标准的产品、设备。公共建筑必须采用节水器具，限期淘汰公共建筑中不符合节水标准的水嘴、便器水箱等生活用水器具。鼓励居民家庭选用节水器具。对使用超过50年和材质落后的供水管网进行更新改造，到2017年，全国公共供水管网漏损率控制在12%以内；到2020年，控制在10%以内。积极推行低影响开发建设模式，建设滞、渗、蓄、用、排相结合的雨水收集利用设施。新建城区硬化地面，可渗透面积要达到40%以上。到2020年，地级及以上缺水城市全部达到国家节水型城市标准要求，京津冀、长三角、珠三角等区域提前一年完成。（住房城乡建设部牵头，发展改革委、工业和信息化部、水利部、质检总局等参与）

发展农业节水。推广渠道防渗、管道输水、喷灌、微灌等节水灌溉技术，完善灌溉用水计量设施。在东北、西北、黄淮海等区域，推进规模化高效节水灌溉，推广农作物节水抗旱技术。到2020年，大型灌区、重点中型灌区续建配套和节水改造任务基本完成，全国节水灌溉工程面积达到7亿亩左右，农田灌溉水有效利用系数达到0.55以上。（水利部、农业部牵头，发展改革委、财政部等参与）

（十）科学保护水资源。完善水资源保护考核评价体系。加强水功能区监督管理，从严核定水域纳污能力。（水利部牵头，发展改革委、环境保护部等参与）

加强江河湖库水量调度管理。完善水量调度方案。采取闸坝联合调度、生态补水等措施，合理安排闸坝下泄水量和泄流时段，维持河湖基本生态用水需求，重点保障枯水期生态基流。加大水利工程建设力度，发挥好控制性水利工程在改善水质中的作用。（水利部牵头，环境保护部参与）

科学确定生态流量。在黄河、淮河等流域进行试点，分期分批确定生态流量（水位），作为流域水量调度的重要参考。（水利部牵头，环境保护部参与）

四、强化科技支撑

（十一）推广示范适用技术。加快技术成果推广应用，重点推广饮用水净化、节水、水污染治理及循环利用、城市雨水收集利用、再生水安全回用、水生态修复、畜禽养殖污染防治等适用技术。完善环保技术评价体系，加强国家环保科技成果共享平台建设，推动技术成果共享与转化。发挥企业的技术创新主体作用，推动水处理重点企业与科研院所、高等学校组建产学研技术创新战略联盟，示范推广控源减排和清洁生产先进技术。（科技部牵头，发展改革委、工业和信息化部、环境保护部、住房城乡建设部、水利部、农业部、海洋局等参与）

（十二）攻关研发前瞻技术。整合科技资源，通过相关国家科技计划（专项、基金）等，加快研发重点行业废水深度处理、生活污水低成本高标准处理、海水淡化和工业高盐废水脱盐、饮用水微量有毒污染物处理、地下水污染修复、危险化学品事故和水上溢油应急处置等技术。开展有机物和重金属等水环境基准、水污染对人体健康影响、新型污染物风险评价、水环境损害评估、高品质再生水补充饮用水水源等研究。加强水生态保护、农业面源污染防治、水环境监控预警、水处理工艺技术装备等领域的国际交流合作。（科技部牵头，发展改革委、工业和信息化部、国土资源部、环境保护部、住房城乡建设部、水利部、农业部、卫生计生委等参与）

（十三）大力发展环保产业。规范环保产业市场。对涉及环保市场准入、经营行为规范的法规、规章和规定进行全面梳理，废止妨碍形成全国统一环保市场和公平竞争的规定和做法。健全环保工程设计、建设、运营等领域招投标管理办法和技术标准。推进先进适用的节水、治污、修复技术和装备产业化发展。（发展改革委牵头，科技部、工业和信息化部、财政部、环境保护部、住房城乡建设部、水利部、海洋局等参与）

加快发展环保服务业。明确监管部门、排污企业和环保服务公司的责任和义务，完善风险分担、履约保障等机制。鼓励发展包括系统设计、设备成套、工程施工、调试运行、维护管理的环保服务总承包模式、政府和社会资本合作模式等。以污水、垃圾处理和工业园区为重点，推行环境污染第三方治理。（发展改革委、财政部牵头，科技部、工业和信息化部、环境保护部、住房城乡建设部等参与）

五、充分发挥市场机制作用

（十四）理顺价格税费。加快水价改革。县级及以上城市应于2015年底前全面实行居民阶梯水价制度，具备条件的建制镇也要积极推进。2020年底前，全面实行非居民用水超定额、超计划累进加价制度。深入推进农业水价综合改革。（发展改革委牵头，财政部、住房城乡建设部、水利部、农业部等参与）

完善收费政策。修订城镇污水处理费、排污费、水资源费征收管理办法，合理提高征收标准，做到应收尽收。城镇污水处理收费标准不应低于污水处理和污泥处理处置成本。地下水水资源费征收标准应高于地表水，超采地区地下水水资源费征收标准应高于非超采地区。（发展改革委、财政部牵头，环境保护部、住房城乡建设部、水利部等参与）

健全税收政策。依法落实环境保护、节能节水、资源综合利用等方面税收优惠政策。对国内企业为生产国家支持发展的大型环保设备，必需进口的关键零部件及原材料，免征关税。加快推进环境保护税立法、资源税税费改革等工作。研究将部分高耗能、高污染产品纳入消费税征收范围。（财政部、税务总局牵头，发展改革委、工业和信息化部、商务部、海关总署、质检总局等参与）

（十五）促进多元融资。引导社会资本投入。积极推动设立融资担保基金，推进环保设备融资租赁业务发展。推广股权、项目收益权、特许经营权、排污权等质押融资担保。采取环境绩效合同服务、授予开发经营权益等方式，鼓励社会资本加大水环境保护投入。（人民银行、发展改革委、财政部牵头，环境保护部、住房城乡建设部、银监会、证监会、保监会等参与）

增加政府资金投入。中央财政加大对属于中央事权的水环境保护项目支持力度，合理承担部分属于中央和地方共同事权的水环境保护项目，向欠发达地区和重点地区倾斜；研究采取专项转移支付等方式，实施"以奖代补"。地方各级人民政府要重点支持污水处理、污泥处理处置、河道整治、饮用水水源保护、畜禽养殖污染防治、水生态修复、应急清污等项目和工作。对环境监管能力建设及运行费用分级予以必要保障。（财政部牵头，发展改革委、环境保护部等参与）

（十六）建立激励机制。健全节水环保"领跑者"制度。鼓励节能减排先进企业、工业集聚区用水效率、排污强度等达到更高标准，支持开展清洁生产、节约用水和污染治理等示范。（发展改革委牵头，工业和信息化部、财政部、环境保护部、住房城乡建设部、水利部等参与）

推行绿色信贷。积极发挥政策性银行等金融机构在水环境保护中的作用，重点支持循环经济、污水处理、水资源节约、水生态环境保护、清洁及可再生能源利用等领域。严格限制环境违法企业贷款。加强环境信用体系建设，构建守信激励与失信惩戒机制，环保、银行、证券、保险等方面要加强协作联动，于2017年底前分级建立企业环境信用评价体系。鼓励涉重金属、石油化工、危险化学品运输等高环境风险行业投保环境污染责任保险。（人民银行牵头，工业和信息化部、环境保护部、水利部、银监会、证监会、保监会等参与）

实施跨界水环境补偿。探索采取横向资金补助、对口援助、产业转移等方式，建立跨界水环境补偿机制，开展补偿试点。深化排污权有偿使用和交易试点。（财政部牵头，发展改革委、环境保护部、水利部等参与）

六、严格环境执法监管

（十七）完善法规标准。健全法律法规。加快水污染防治、海洋环境保护、排污许可、化学品环境管理等法律法规制修订步伐，研究制定环境质量目标管理、环境功能区划、节水及循环利用、饮用水水源保护、污染责任保险、水功能区监督管理、地下水管理、环境监测、生态流量保障、船舶和陆源污染防治等法律法规。各地可结合实

际，研究起草地方性水污染防治法规。（法制办牵头，发展改革委、工业和信息化部、国土资源部、环境保护部、住房城乡建设部、交通运输部、水利部、农业部、卫生计生委、保监会、海洋局等参与）

完善标准体系。制修订地下水、地表水和海洋等环境质量标准，城镇污水处理、污泥处理处置、农田退水等污染物排放标准。健全重点行业水污染物特别排放限值、污染防治技术政策和清洁生产评价指标体系。各地可制定严于国家标准的地方水污染物排放标准。（环境保护部牵头，发展改革委、工业和信息化部、国土资源部、住房城乡建设部、水利部、农业部、质检总局等参与）

（十八）加大执法力度。所有排污单位必须依法实现全面达标排放。逐一排查工业企业排污情况，达标企业应采取措施确保稳定达标；对超标和超总量的企业予以“黄牌”警示，一律限制生产或停产整治；对整治仍不能达到要求且情节严重的企业予以“红牌”处罚，一律停业、关闭。自2016年起，定期公布环保“黄牌”、“红牌”企业名单。定期抽查排污单位达标排放情况，结果向社会公布。（环境保护部负责）

完善国家督查、省级巡查、地市检查的环境监督执法机制，强化环保、公安、监察等部门和单位协作，健全行政执法与刑事司法衔接配合机制，完善案件移送、受理、立案、通报等规定。加强对地方人民政府和有关部门环保工作的监督，研究建立国家环境监察专员制度。（环境保护部牵头，工业和信息化部、公安部、中央编办等参与）

严厉打击环境违法行为。重点打击私设暗管或利用渗井、渗坑、溶洞排放、倾倒含有毒有害污染物废水、含病原体污水，监测数据弄虚作假，不正常使用水污染物处理设施，或者未经批准拆除、闲置水污染物处理设施等环境违法行为。对造成生态损害的责任者严格落实赔偿制度。严肃查处建设项目环境影响评价领域越权审批、未批先建、边批边建、久试不验等违法违规行为。对构成犯罪的，要依法追究刑事责任。（环境保护部牵头，公安部、住房城乡建设部等参与）

（十九）提升监管水平。完善流域协作机制。健全跨部门、区域、流域、海域水环境保护议事协调机制，发挥环境保护区域督查派出机构和流域水资源保护机构作用，探索建立陆海统筹的生态系统保护修复机制。流域上下游各级政府、各部门之间要加强协调配合、定期会商，实施联合监测、联合执法、应急联动、信息共享。京津冀、长三角、珠三角等区域要于2015年底前建立水污染防治联动协作机制。建立严格监管所有污染物排放的水环境保护管理制度。（环境保护部牵头，交通运输部、水利部、农业部、海洋局等参与）

完善水环境监测网络。统一规划设置监测断面（点位）。提升饮用水水源水质全指标监测、水生生物监测、地下水环境监测、化学物质监测及环境风险防控技术支撑能力。2017年底前，京津冀、长三角、珠三角等区域、海域建成统一的水环境监测网。（环境保护部牵头，发展改革委、国土资源部、住房城乡建设部、交通运输部、水利部、农业部、海洋局等参与）

提高环境监管能力。加强环境监测、环境监察、环境应急等专业技术培训，严格落实执法、监测等人员持证上岗制度，加强基层环保执法力量，具备条件的乡镇（街道）及工业园区要配备必要的环境监管力量。各市、县应自2016年起实行环境监管网格化管理。（环境保护部负责）

七、切实加强水环境管理

（二十）强化环境质量目标管理。明确各类水体水质保护目标，逐一排查达标状况。未达到水质目标要求的地区要制定达标方案，将治污任务逐一落实到汇水范围内的排污单位，明确防治措施及达标时限，方案报上一级人民政府备案，自2016年起，定期向社会公布。对水质不达标的区域实施挂牌督办，必要时采取区域限批等措施。（环境保护部牵头，水利部参与）

（二十一）深化污染物排放总量控制。完善污染物统计监测体系，将工业、城镇生活、农业、移动源等各类污染源纳入调查范围。选择对水环境质量有突出影响的总氮、总磷、重金属等污染物，研究纳入流域、区域污染物排放总量控制约束性指标体系。（环境保护部牵头，发展改革委、工业和信息化部、住房城乡建设部、水利部、农业部等参与）

（二十二）严格环境风险控制。防范环境风险。定期评估沿江河湖库工业企业、工业集聚区环境和健康风险，落实防控措施。评估现有化学物质环境和健康风险，2017年底前公布优先控制化学品名录，对高风险化学品生产、使用进行严格限制，并逐步淘汰替代。（环境保护部牵头，工业和信息化部、卫生计生委、安全监管总局等参与）

稳妥处置突发水环境污染事件。地方各级人民政府要制定和完善水污染事故处置应急预案，落实责任主体，明确预警预报与响应程序、应急处置及保障措施等内容，依法及时公布预警信息。（环境保护部牵头，住房城乡建设部、水利部、农业部、卫生计生委等参与）

（二十三）全面推行排污许可。依法核发排污许可证。2015年底前，完成国控重点污染源及排污权有偿使用和交易试点地区污染源排污许可证的核发工作，其他污染源于2017年底前完成。（环境保护部负责）

加强许可证管理。以改善水质、防范环境风险为目标，将污染物排放种类、浓度、总量、排放去向等纳入许可证管理范围。禁止无证排污或不按许可证规定排污。强化海上排污监管，研究建立海上污染排放许可证制度。2017年底前，完成全国排污许可证管理信息平台建设。（环境保护部牵头，海洋局参与）

八、全力保障水生态环境安全

（二十四）保障饮用水水源安全。从水源到水龙头全过程监管饮用水安全。地方各级人民政府及供水单位应定期监测、检测和评估本行政区域内饮用水水源、供水厂出水和用户水龙头水质等饮水安全状况，地级及以上城市自2016年起每季度向社会公开。自2018年起，所有县级及以上城市饮水安全状况信息都要向社会公开。（环境保护部牵头，发展改革委、财政部、住房城乡建设部、水利部、卫生计生委等参与）

强化饮用水水源环境保护。开展饮用水水源规范化建设，依法清理饮用水水源保护区内违法建筑和排污口。单一水源供水的地级及以上城市应于2020年底前基本完成备用水源或应急水源建设，有条件的地方可以适当提前。加强农村饮用水水源保护和水质检测。（环境保护部牵头，发展改革委、财政部、住房城乡建设部、水利部、卫生计生委等参与）

防治地下水污染。定期调查评估集中式地下水型饮用水水源补给区等区域环境状况。石化生产存贮销售企业和工业园区、矿山开采区、垃圾填埋场等区域应进行必要的防渗处理。加油站地下油罐应于2017年底前全部更新为双层罐或完成防渗池设置。报废矿井、钻井、取水井应实施封井回填。公布京津冀等区域内环境风险大、严重影响公众健康的地下水污染场地清单，开展修复试点。（环境保护部牵头，财政部、国土资源部、住房城乡建设部、水利部、商务部等参与）

（二十五）深化重点流域污染防治。编制实施七大重点流域水污染防治规划。研究建立流域水生态环境功能分区管理体系。对化学需氧量、氨氮、总磷、重金属及其他影响人体健康的污染物采取针对性措施，加大整治力度。汇入富营养化湖库的河流应实施总氮排放控制。到2020年，长江、珠江总体水质达到优良，松花江、黄河、淮河、辽河在轻度污染基础上进一步改善，海河污染程度得到缓解。三峡库区水质保持良好，南水北调、引滦入津等调水工程确保水质安全。太湖、巢湖、滇池富营养化水平有所好转。白洋淀、乌梁素海、呼伦湖、艾比湖等湖泊污染程度减轻。环境容量较小、生态环境脆弱，环境风险高的地区，应执行水污染物特别排放限值。各地可根据水环境质量改善需要，扩大特别排放限值实施范围。（环境保护部牵头，发展改革委、工业和信息化部、财政部、住房城乡建设部、水利部等参与）

加强良好水体保护。对江河源头及现状水质达到或优于Ⅲ类的江河湖库开展生态环境安全评估，制定实施生态环境保护方案。东江、滦河、千岛湖、南四湖等流域于2017年底前完成。浙闽片河流、西南诸河、西北诸河及跨界水体水质保持稳定。（环境保护部牵头，外交部、发展改革委、财政部、水利部、林业局等参与）

（二十六）加强近岸海域环境保护。实施近岸海域污染防治方案。重点整治黄河口、长江口、闽江口、珠江口、辽东湾、渤海湾、胶州湾、杭州湾、北部湾等河口海湾污染。沿海地级及以上城市实施总氮排放总量控制。研究建立重点海域排污总量控制制度。规范入海排污口设置，2017年底前全面清理非法或设置不合理的入海排污口。到2020年，沿海省（区、市）入海河流基本消除劣于V类的水体。提高涉海项目准入门槛。（环境保护部、海洋局牵头，发展改革委、工业和信息化部、财政部、住房城乡建设部、交通运输部、农业部等参与）

推进生态健康养殖。在重点河湖及近岸海域划定限制养殖区。实施水产养殖池塘、近海养殖网箱标准化改造，鼓励有条件的渔业企业开展海洋离岸养殖和集约化养殖。积极推广人工配合饲料，逐步减少冰鲜杂鱼饲料使用。加强养殖投入品管理，依法规范、限制使用抗生素等化学药品，开展专项整治。到2015年，海水养殖面积控制在220万公顷左右。（农业部负责）

严格控制环境激素类化学品污染。2017年底前完成环境激素类化学品生产使用情况调查，监控评估水源地、农产品种植区及水产品集中养殖区风险，实施环境激素类化学品淘汰、限制、替代等措施。（环境保护部牵头，工业和信息化部、农业部等参与）

（二十七）整治城市黑臭水体。采取控源截污、垃圾清理、清淤疏浚、生态修复等措施，加大黑臭水体治理力度，每半年向社会公布治理情况。地级及以上城市建成区应于2015年底前完成水体排查，公布黑臭水体名称、责任人及达标期限；于2017年底前实现河面无大面积漂浮物，河岸无垃圾，无违法排污口；于2020年底前完成黑臭水体

治理目标。直辖市、省会城市、计划单列市建成区要于2017年底前基本消除黑臭水体。（住房城乡建设部牵头，环境保护部、水利部、农业部等参与）

（二十八）保护水和湿地生态系统。加强河湖水生态保护，科学划定生态保护红线。禁止侵占自然湿地等水源涵养空间，已侵占的要限期予以恢复。强化水源涵养林建设与保护，开展湿地保护与修复，加大退耕还林、还草、还湿力度。加强滨河（湖）带生态建设，在河道两侧建设植被缓冲带和隔离带。加大水生野生动植物类自然保护区和水产种质资源保护区保护力度，开展珍稀濒危水生生物和重要水产种质资源的就地和迁地保护，提高水生生物多样性。2017年底前，制定实施七大重点流域水生生物多样性保护方案。（环境保护部、林业局牵头，财政部、国土资源部、住房城乡建设部、水利部、农业部等参与）

保护海洋生态。加大红树林、珊瑚礁、海草床等滨海湿地、河口和海湾典型生态系统，以及产卵场、索饵场、越冬场、洄游通道等重要渔业水域的保护力度，实施增殖放流，建设人工鱼礁。开展海洋生态补偿及赔偿等研究，实施海洋生态修复。认真执行围填海管制计划，严格围填海管理和监督，重点海湾、海洋自然保护区的核心区及缓冲区、海洋特别保护区的重点保护区及预留区、重点河口区域、重要滨海湿地区域、重要砂质岸线及沙源保护海域、特殊保护海岛及重要渔业海域禁止实施围填海，生态脆弱敏感区、自净能力差的海域严格限制围填海。严肃查处违法围填海行为，追究相关人员责任。将自然海岸线保护纳入沿海地方政府政绩考核。到2020年，全国自然岸线保有率不低于35%（不包括海岛岸线）。（环境保护部、海洋局牵头，发展改革委、财政部、农业部、林业局等参与）

九、明确和落实各方责任

（二十九）强化地方政府水环境保护责任。各级地方人民政府是实施本行动计划的主体，要于2015年底前分别制定并公布水污染防治工作方案，逐年确定分流域、分区域、分行业的重点任务和年度目标。要不断完善政策措施，加大资金投入，统筹城乡水污染治理，强化监管，确保各项任务全面完成。各省（区、市）工作方案报国务院备案。（环境保护部牵头，发展改革委、财政部、住房城乡建设部、水利部等参与）

（三十）加强部门协调联动。建立全国水污染防治工作协作机制，定期研究解决重大问题。各有关部门要认真按照职责分工，切实做好水污染防治相关工作。环境保护部要加强统一指导、协调和监督，工作进展及时向国务院报告。（环境保护部牵头，发展改革委、科技部、工业和信息化部、财政部、住房城乡建设部、水利部、农业部、海洋局等参与）

（三十一）落实排污单位主体责任。各类排污单位要严格执行环保法律法规和制度，加强污染治理设施建设和运行管理，开展自行监测，落实治污减排、环境风险防范等责任。中央企业和国有企业要带头落实，工业集聚区内的企业要探索建立环保自律机制。（环境保护部牵头，国资委参与）

（三十二）严格目标任务考核。国务院与各省（区、市）人民政府签订水污染防治目标责任书，分解落实目标任务，切实落实“一岗双责”。每年分流域、分区域、分海域对行动计划实施情况进行考核，考核结果向社会公布，并作为对领导班子和领导干部综合考核评价的重要依据。（环境保护部牵头，中央组织部参与）

将考核结果作为水污染防治相关资金分配的参考依据。（财政部、发展改革委牵头，环境保护部参与）

对未通过年度考核的，要约谈省级人民政府及其相关部门有关负责人，提出整改意见，予以督促；对有关地区和企业实施建设项目环评限批。对因工作不力、履职缺位等导致未能有效应对水环境污染事件的，以及干预、伪造数据和没有完成年度目标任务的，要依法依纪追究有关单位和人员责任。对不顾生态环境盲目决策，导致水环境质量恶化，造成严重后果的领导干部，要记录在案，视情节轻重，给予组织处理或党纪政纪处分，已经离任的也要终身追究责任。（环境保护部牵头，监察部参与）

十、强化公众参与和社会监督

（三十三）依法公开环境信息。综合考虑水环境质量及达标情况等因素，国家每年公布最差、最好的10个城市名单和各省（区、市）水环境状况。对水环境状况差的城市，经整改后仍达不到要求的，取消其环境保护模范城市、生态文明建设示范区、节水型城市、园林城市、卫生城市等荣誉称号，并向社会公告。（环境保护部牵头，发展改革委、住房城乡建设部、水利部、卫生计生委、海洋局等参与）

各省（区、市）人民政府要定期公布本行政区域内各地级市（州、盟）水环境质量状况。国家确定的重点排污单位应依法向社会公开其产生的主要污染物名称、排放方式、排放浓度和总量、超标排放情况，以及污染防治设施的建设和运行情况，主动接受监督。研究发布工业集聚区环境友好指数、重点行业污染物排放强度、城市环境友好指数等信息。（环境保护部牵头，发展改革委、工业和信息化部等参与）

（三十四）加强社会监督。为公众、社会组织提供水污染防治法规培训和咨询，邀请其全程参与重要环保执法行动和重大水污染事件调查。公开曝光环境违法典型案件。健全举报制度，充分发挥“12369”环保举报热线和网络平台作用。限期办理群众举报投诉的环境问题，一经查实，可给予举报人奖励。通过公开听证、网络征集等形式，充分听取公众对重大决策和建设项目的意见。积极推行环境公益诉讼。（环境保护部负责）

（三十五）构建全民行动格局。树立“节水洁水，人人有责”的行为准则。加强宣传教育，把水资源、水环境保护和水情知识纳入国民教育体系，提高公众对经济社会发展和环境保护客观规律的认识。依托全国中小学节水教育、水土保持教育、环境教育等社会实践基地，开展环保社会实践活动。支持民间环保机构、志愿者开展工作。倡导绿色消费新风尚，开展环保社区、学校、家庭等群众性创建活动，推动节约用水，鼓励购买使用节水产品和环境标志产品。（环境保护部牵头，教育部、住房城乡建设部、水利部等参与）

我国正处于新型工业化、信息化、城镇化和农业现代化快速发展阶段，水污染防治任务繁重艰巨。各地区、各有关部门要切实处理好经济社会发展和生态文明建设的关系，按照“地方履行属地责任、部门强化行业管理”的要求，明确执法主体和责任主体，做到各司其职，恪尽职守，突出重点，综合整治，务求实效，以抓铁有痕、踏石留印的精神，依法依规狠抓贯彻落实，确保全国水环境治理与保护目标如期实现，为实现“两个一百年”奋斗目标和中华民族伟大复兴中国梦作出贡献。

国家发展改革委关于印发《2015年循环经济推进计划》的通知

发改环资[2015]769号

教育部、科技部、工业和信息化部、财政部、国土资源部、环境保护部、住房城乡建设部、交通运输部、水利部、农业部、商务部、人民银行、海关总署、工商总局、质检总局、新闻出版广电总局、食品药品监管总局、统计局、林业局、旅游局、国管局、法制办、保监会、能源局、有关单位：

为贯彻落实《循环经济发展战略及近期行动计划》（国发[2013]5号），扎实推进循环经济发展，经商有关部门，我们制定了《2015年循环经济推进计划》，现印发你们，请按此做好相关工作。

各部门要根据本计划，抓紧细化落实，加大工作力度，强化协调配合，深入推进循环经济各项工作，确保完成2015年循环经济发展目标任务。我委将及时汇总各部门工作进展情况，并向国务院报告。

国家发展改革委

2015年4月14日

附件：

2015年循环经济推进计划

为贯彻党的十八大、十八届三中、四中全会关于生态文明建设 的战略部署，落实《循环经济促进法》和《循环经济发展战略及近期行动计划》（国发[2013]5 号），加强统筹协调，强化部门协作，扎实推进2015年循环经济工作，制定本计划。

一、总体要求

以资源高效循环利用为核心，着力构建循环型产业体系，推动 区域和社会层面循环经济发展；以推广循环经济典型模式为抓手，提升重点领域循环经济发展水平；大力传播循环经济理念，推行绿 色生活方式；加强政策和制度供给，营造公开公平公正的政策和市场环境，进一步发挥循环经济在经济转型升级中的作用，努力完成“十二五”规划纲要提出的循环经济各项目标，以及《循环经济发展战略及近期行动计划》提出的目标任务。

二、加快构建循环型产业体系

(一)深化循环型工业体系建设

1. 推行绿色开采。以提高矿产资源开采回采率、选矿回收率和综合利用率为目标，研究制定煤炭、铁矿石、有色、稀土等矿产绿色开采行动计划；推行绿色矿山建设标准，完善充填开采计量和效果评价等技术标准，加强先进

充填工艺、装备的研发和应用。组织实施《煤层气勘探行动计划》，建设沁水盆地和鄂尔多斯盆地东缘煤层气产业化基地，推进煤矿瓦斯抽采利用规模化矿区建设，鼓励采用煤与瓦斯共采方式，推广低浓度瓦斯发电，提高煤层气利用水平；2015年，抽采量达到179亿立方，利用量达到83亿立方。(国土资源部、能源局按职责分别负责)

2.推动资源集约利用。推进高耗水行业节水改造，加快建设非常规水源利用示范项目，深入实施雨水收集利用和再生水利用示范工程。发布高耗水工艺、技术和装备淘汰目录。(发展改革委、住房城乡建设部、工业和信息化部、水利部、质检总局)加强土地集约利用，推进工矿废弃地复垦利用，抓紧制定节地技术和模式的激励政策。(国土资源部)在大中型矿区内，鼓励以煤矸石发电为龙头，利用矿井水等资源，发展电力、建材、化工等资源综合利用产业；合理利用内蒙古中西部和山西北部高铝煤炭资源，推行定点集中利用，构建煤—电—铝—建材产业链。(能源局、发展改革委、工业和信息化部)实施高效利用森林资源工程，鼓励森工企业技术和装备升级，开发木材节约和高效利用技术，提高木材出材率和综合利用率。(林业局)

3.推进资源综合利用。实施资源综合利用"双百工程"，重点开展赤泥、磷石膏、尾矿、冶炼和化工废渣等产业废物综合利用，培育一批示范基地和骨干企业。开展大宗固体废物综合利用基地建设评估和验收。进一步推进战略性稀贵金属回收利用试点工作。继续做好矿产资源综合利用示范基地建设，适时出台分行业、分地区的绿色矿山建设标准，积极推动绿色矿业发展示范区建设，构建绿色矿业发展长效机制。(发展改革委、工业和信息化部、国土资源部、财政部、能源局按职责分别负责)

4.抓好重点行业循环经济发展。开展工业产品生态设计企业试点；制定重点产品生态设计评价标准，选择家用洗涤剂等产品开展生态设计产品评价试点；制修订电力、造纸、光伏等重点行业的清洁生产评价指标体系，以京津冀、长三角等区域以及资源消耗大、污染防治任务重的行业为重点，开展清洁生产审核，实施清洁生产技术改造。在十大重点行业推行循环经济典型模式，构建循环经济产业链，推进企业间、行业间、产业间共生耦合。(工业和信息化 部、发展改革委、环境保护部、能源局按职责分别负责)

5.促进生物质能发展。制定《促进生物质能供热发展的指导意见》，加快出台成型燃料、成型设备、生物质锅炉、工程建设和锅 炉排放等标准，实施生物质成型燃料锅炉供热工程，在京津冀鲁、长三角、珠三角地区建设120个大型先进生物质锅炉供热项目，替代燃煤锅炉供热；在粮食主产区有序推进生物质热电联产，鼓励对常规生物质发电实行热电联产改造，到 2015 年底热电联产机组容量超过100万千瓦。(发展改革委、能源局、财政部)

(二)积极推进循环型农业体系建设

1.强化总体部署。研究出台《关于加快发展农业循环经济的意 见》，明确农业循环经济发展战略，提出目标、任务和政策措施，探索农业循环经济发展模式，开展农业循环经济试点示范工作。(发展改革委、农业部、林业局)

2.加强农业节水节肥节药。大力推广高效节水灌溉，加快灌区 续建配套与节水改造建设，研究提出现代化灌区改造建设指标体系，选择部分灌区试行项目安排与监督考核结果挂钩机制，到2015年底农田灌溉水有效利用系数达到0.53。推广旱作农业技术，提升土壤蓄水、保水能力，有效利用自然降水。推广测土配方施肥技术、调整化肥使用结构、改进施肥方式，提高有机肥使用比例，强化农企对接推进配方肥进村入户到田，主要农作物肥料利用率提高1个百分点。实施高毒农药替代项目，推广使用低毒低残留农药，给予适当补贴。继续推进国家级农作物病虫害专业化统防统治与绿色防 控融合示范基地建设，项目实施区化学农药施用量下降 20%以上。(水利部、农业部按职责分别负责)

3.深化农林废弃物资源化利用。起草并报国务院印发《关于进一步加强秸秆综合利用和禁烧工作的通知》，重点在京津冀等大气污染防治区、粮棉主产区等区域构建秸秆收、储、运、用体系，到2015年底，秸秆综合利用率达到 80%以上。推广应用厚度不低于0.01毫米的地膜，开展可降解地膜试点示范和对比评估；在试点省份推进废旧农膜回收利用，给予适当补贴。推动规模化标准化养殖业发展，引导规模化养殖场、养殖小区建设粪污收集、储运、处理利用设施；在有条件的地区探索建立分散养殖粪污的回收处理体系。推动林业三剩物和次小薪材原料化、基料化、能源化利用，开展废旧木材回收利用。(农业部、林业局、发展改革委按职责分别负责)

4.开展农业循环经济示范试点。推进现代生态循环农业试点、循环农业示范市、现代生态农业基地、有机食品生产基地和林业循环经济示范企业(产业园区)建设。在洱海流域、三峡库区、太湖 流域、巢湖流域等典型流域实施农业面源污染综合防治示范区建设。选择具备条件的国家木材加工贸易示范区开展循环化改造。(发展改革委、农业部、环境保护部、林业局按职责分别负责)

（三）稳步推进循环型服务业体系建设

1. 商贸流通业。开展绿色流通试点，推行绿色供应链管理，引导企业绿色采购。编制发布绿色商场标准，建设集门店改造、节能产品销售、包装物与废旧电子产品回收于一体的绿色商场。创建绿 色饭店，发展绿色物流，引导服务企业提供绿色服务。（商务部）

2. 交通运输业。继续推进废旧沥青混合料、废旧轮胎、建筑垃圾等在交通工程建设中应用。继续实施高速公路服务区清洁能源和水资源循环利用试点项目。抓好连云港绿色智能港口建设与运营、长白山鹤大高速公路资源节约循环利用和陕西西咸北环线高速公路生态环保等示范项目的组织实施。启动港口船舶油气回收利用相关技术研究，制定《码头油气回收设施建设规范》。组织开展水运能效、岸电应用、LNG 应用和油气回收等试点示范项目。推进码头 油气回收工作的开展。（交通运输部、发展改革委）

3. 旅游业。加快修订《旅游景区质量等级的划分与评定》和《绿色旅游饭店》标准，提高节能减排要求。推广景区内风光互补照明、新能源车使用，引导游客低碳出行、绿色消费。推动农旅相融，实施乡村旅游富民工程。（旅游局）

4. 绿色印刷。继续在中小学教科书和票据票证领域中实施绿色印刷，逐步扩大绿色印刷实施范围。发布第一批4个绿色印刷标准，启动制定第二批标准。印发《绿色印刷自我声明管理办法》和《绿 色印刷标准管理办法》，加强对自我声明产品的质量抽查。（新闻出版广电总局、工业和信息化部）

三、大力推进园区和区域循环发展

（一）开展园区循环化改造

制定发布《园区循环化改造示范试点中期评估及考核验收管理办法》，完善园区循环化改造评估标准，对已实施循环化改造的部分园区进行中期评估；开展25家左右园区循环化改造示范试点。出台《园区循环化改造指南》，开展园区循环化改造专家巡诊活动，组织召开园区循环化改造现场会，推动各地开展园区循环化改造，力争实现50%的国家级园区和 30%的省级园区循环化改造的目标。

（发展改革委、财政部）推进国家低碳工业园区试点，完善评价指 标体系，加强低碳工业园区建设指导。提升国家生态工业示范园区 建设水平。（工业和信息化部、发展改革委、环境保护部、商务部 按职责分别负责）

（二）促进区域循环化布局

把循环经济要求贯穿到国家实施的重大区域发展战略中，京津冀地区重点推动大宗废弃物循环利用及产业与生活系统的循环链接。长江经济带、珠三角地区要以园区循环化改造为重点，把“一带一路”作为国际大循环的突破口，提高资源的循环高效利用水平。对东北等老工业基地加大园区循环化改造力度。研究制定循环经济示范市（县）建设管理及验收规范，开展2015年国家循环经济示范市（县）建设工作。（发展改革委、财政部、住房城乡建设部、工业和信息化部）

四、推动社会层面循环经济发展

（一）构建再生资源回收体系

1. 完善社会回收体系。落实《再生资源回收体系建设中长期规划（2015-2020）》，推动建立多层次、多渠道、多元化的覆盖城乡的回收体系，选择部分有条件的地区开展废电池回收试点工作。继续推进全国公共机构和中央国家机关废旧商品回收体系建设。积极推动垃圾分类回收。（商务部、发展改革委、住房城乡建设部、国管局、环境保护部）

2. 探索回收新方式。推动和引导回收模式创新，探索“互联网+回收”的模式及路径，积极支持智能回收、自动回收机等新型回收方式发展。鼓励利用互联网、大数据、物联网、信息管理公共平台等现代信息手段，开展信息采集、数据分析、流向监测，优化网点布局，实现线上回收线下物流的融合，搭建科学高效的逆向物流体系，推动企业自动化、精细化分拣技术装备升级。（商务部、发展改革委）

（二）提升再生资源利用产业化发展水平

1. 建设国家“城市矿产”示范基地。制定出台《国家“城市矿产”示范基地中期评估及考核验收管理办法》，对部分国家“城市矿产”示范基地开展中期评估。开展第六批国家“城市矿产”示范基地建设。（发展改革委、财政部）

2. 规范报废汽车拆解利用。加强报废汽车回收拆解监管工作， 促进老旧汽车淘汰，做好老旧汽车报废更新补贴政策有关实施工作，引导报废汽车回收拆解企业完善回收网络、拓展服务功能，探索建立相关激励机制，促进报

废汽车有效回收。修订完善汽车产品回收利用技术政策，加强与再制造回收体系的衔接。(商务部、发展改革委、财政部、公安部、工商总局、工业和信息化部)

3.提高废弃电器电子产品利用水平。对《废弃电器电子产品处理目录》进行跟踪评估，研究改善基金补贴方式。制定废弃电器电子产品资源化利用相关标准，规范废弃电器电子产品资源化利用行为。开展电器电子领域生产者责任延伸试点工作。制定发布电动汽车动力电池回收利用技术政策，加快制定废旧铅酸电池回收利用管理办法。(发展改革委、财政部、环境保护部、工业和信息化部按职责分别负责)

(三)积极稳妥推进再制造

1.实施“以旧换再”试点。开展2015年再制造产品“以旧换再”试点，适时扩大试点范围。启用“以旧换再”管理信息系统，对购买再制造产品并交回旧件的消费者进行补贴。(发展改革委、财政部、工业和信息化部、商务部、质检总局)

2.深化再制造试点示范工作。对部分汽车零部件、机电产品及再制造服务业试点进行验收，继续推进各类再制造试点，加快再制造产业示范基地建设。鼓励废旧轮胎翻新。加强石油、矿山、铁路、办公设备等领域再制造技术交流和产品推广应用。加快实施高端再制造、智能再制造、在役再制造。(发展改革委、工业和信息化部按职责分别负责)

3.研究完善再制造产业相关政策。研究制定促进再制造服务业发展的意见，研究落实保险领域支持再制造产品推广的政策机制。复制推广上海自贸区全球维修经验和方法，探索开展部分品种可再制造部件的进口。进一步完善再制造行业管理制度和标准体系。(发展改革委、工业和信息化部、商务部、环境保护部、海关总署、质检总局、保监会)

(四)推进餐厨废弃物资源化利用和无害化处理

制定出台《餐厨废弃物资源化利用和无害化处理试点中期评估及考核验收管理办法》，对部分试点城市开展中期评估。开展第五批餐厨废弃物资源化利用和无害化处理试点。推动公共机构餐厨废弃物处理利用，实施中央国家机关餐厨废弃物就地资源化处理利用项目。(发展改革委、财政部、住房城乡建设部、环境保护部、农业部、国管局)

(五)加强污泥处理处置设施建设

继续开展污泥资源化利用工程示范，实施城镇污水处理厂污泥处理处置示范项目评估，推广污泥经厌氧消化产沼气或好氧发酵处理后资源化利用，按照国家有关标准用于土壤改良、园林绿化等。

(住房城乡建设部、发展改革委)

(六)开展生产过程协同资源化处理废弃物试点评估

选择部分已进行协同处理的水泥企业开展试点及评估工作，研究制定水泥窑协同处置废弃物行业规范，明确技术路线。(工业和信息化部、住房城乡建设部、发展改革委、环境保护部)

(七)实施绿色建筑行动

1.推进建筑节能降碳。在政府投资的公益性建筑和大型公共建筑的基础上，进一步扩大绿色建筑标准强制执行范围。提出城镇建筑能效标准提升路线图，完善分地区、分类型的建筑能效指标体系及节能量核算办法，推动建立覆盖全国的省级公共建筑能耗监测平台。开展高标准建筑节能示范区和超低能绿色建筑试点工作。力争完成北方采暖地区既有居住建筑供热计量及节能改造面积1.5亿平方米。(住房城乡建设部)

2.推进建筑垃圾资源化利用。研究起草《关于加强建筑垃圾管理及资源化利用工作的指导意见》、《建筑垃圾资源化利用试点方案》。开展建筑垃圾管理和资源化利用试点省建设工作。鼓励各地探索多种形式市场化运作机制，创新建筑垃圾资源化利用领域投融资模式。(住房城乡建设部、发展改革委、财政部、工业和信息化部)

3.积极开展墙材革新工作。印发《关于加强新型墙体材料专项基金管理的通知》，研究修订新型墙体材料目录，加强分类指导，引导新型墙体材料健康发展。研究推进“十三五”墙材革新工作思路。(发展改革委、财政部、住房城乡建设部、农业部、国土资源部)

(八)推进全面节水

研究提出落实节水优先战略的意见。编制“十三五”节水型社会建设规划，推进节水型城市、企业、公共机构节水型单位、节水型小区建设。完成第一、三、五批37个国家节水型城市的复查工作，指导各省做好国家节水型城市创建工作。加强第一批和第二批105个全国水生态文明城市建设试点的监督管理，印发评价标准和管理办法。推

动建筑节水、雨水利用与中水回用，推进海绵城市建设。修订《城市供水管网漏损控制及评定标准》，加快对使用年限超过50年和材质落后供水管网的更新改造，督促用水大户定期开展水平衡测试，严控“跑冒滴漏”。制定终端用水装备的节水设计规范，推动水效标识管理，加快出台《用水效率标识管理办法》，实施水效标准提升计划，推广节水器具。(发展改革委、水利部、住房城乡建设部、工业和信息化部、质检总局按职责分别负责)

五、推行绿色生活方式

(一)传播循环经济理念

1.开展节俭养德全民节约行动。继续办好“俭以养德节约之星”专栏和“节约之星”发布厅。开展“循环经济推广行动”、“建筑节能行动”、“低碳节能绿色流通行动”、“人人节水行动”、“交通节能行动”。通报表扬节俭养德全民节约行动先进单位和个人，推广成功经验做法。(中宣部、发展改革委、住房城乡建设部、水利部、商务部、交通运输部)

2.推动循环经济进校园。在全国高校开展第二届公共机构节能宣传作品征集活动、2015年节能宣传周活动。开展全国中小学节水教育社会实践基地建设和节水辅导员培训，在中职德育课程中进一步强化循环经济教育内容，指导高校结合实际制定评价办法，将学生日常节俭、环保行为作为学生评奖评优的重要参考。鼓励高校设置循环经济相关专业。组织2015年全国青少年科学调查体验活动。

(教育部、中国科协、发展改革委、中央文明办、团中央)

3.建设国家循环经济教育示范基地。开展第三批教育示范基地试运行考核。组织第五批教育示范基地建设。(发展改革委、教育部、国管局、财政部、旅游局)

(二)推行绿色采购

发布《公共机构节能节水技术产品参考目录(2015)》，严格执行强制或优先采购节能环保产品制度，制定相关实施细则，提高节能节水再生利用产品的比重。组织党政机关和公共机构带头购买新能源汽车，推进办公区充电基础设施建设。(财政部、环境保护部、国管局、发展改革委)

六、强化组织保障

(一)完善法规规章

研究完善再生资源回收利用相关制度，营造再生资源回收利用法制化营商环境。研究起草《餐厨废弃物管理与资源化利用条例》，明确餐饮企业、回收和利用主体的权利义务，严格执法，杜绝“地沟油”、“垃圾猪”。研究起草《节约用水条例》，全面落实最严格水资源管理制度，建立健全覆盖省、市、县三级行政区域的用水总量控制、用水效率控制、水功能区限制纳污“三条红线”指标体系。完善报废机动车回收拆解方面的相关制度，加强对报废机动车回收拆解管理，规范报废机动车零部件再制造。研究出台《强制回收的产品和包装物名录及管理办法》，构建押金回收制度，提高价值低、难回收再生资源的回收利用率。(发展改革委、住房城乡建设部、商务部、水利部、法制办、工业和信息化部)

(二)健全标准和认证体系

制修订工业、服务业领域取水定额国家标准和用水产品水效国家标准。继续开展循环经济标准化试点工作，编制循环经济标准化示范实施方案，探索循环经济示范工作。开展园区循环经济绩效评价、固体废物分类及利用、水的分类使用、废气综合利用、能源梯级利用等方面标准的研究制定。加强对循环经济相关领域的检验检测、建立认证评价服务体系，夯实质量评价技术基础，支撑循环经济产业创新发展。(质检总局、发展改革委、工业和信息化部)

(三)构建统计评价体系

进一步完善全国及分区域主要物质资源消费量的测算方法和循环经济综合评价方法，建立以资源产出率、资源循环利用率等为核心的循环经济评价指标体系。测算2014年全国循环经济发展指数。(统计局、发展改革委)

(四)增强技术支撑

制定《循环经济科技创新总体方案(2015—2020)》。完成《废物资源化科研成果目录》，发布一批循环经济最新科技成果，推动成果转化应用。征集第二批国家鼓励的循环经济技术、工艺和设备名录。按照深化科技计划(专项、基金等)管理改革的要求，通过优化整合后的科技计划(专项、基金等)体系支持符合条件的重点行业和城市循环经济技术模式研究与集成。支撑循环经济领域创新驱动发展战略的全面落实，鼓励引进与循环经济相关的先进设备和技术，加强该领域国际合作。(科技部、发展改革委)

(五)加强政策引导和支持

研究完善《环境保护专用设备企业所得税优惠目录》、《节能节水专用设备企业所得税优惠目录》、《环境保护、节能节水项目企业所得税优惠目录》。推进调整完善资源综合利用产品及劳务增值税政策。(财政部、国税总局、发展改革委、工业和信息化部)引导银行业金融机构对符合循环经济发展要求的企业和项目，加大资金支持力度；对不符合国家产业政策规定、市场准入标准、达不到国家环评和排放要求的企业和项目，严格限制任何形式的新增授信支持。鼓励引导银行业金融机构加大对循环经济相关领域技术改造等方面的信贷支持。加快研究绿色债券、市场化碳排放机制等正向激励的绿色金融政策。(人民银行)

(六)强化监督管理

1.示范试点单位验收。完成国家两批循环经济示范试点验收，总结典型经验，加大推广力度。(发展改革委、环境保护部、科技部、工业和信息化部、财政部、商务部、统计局)

2.强化监督检查。继续巩固“限塑”成果，以集贸市场、农贸市场、小商品批发市场为重点场所，加大市场检查力度，依法查处销售超薄等不合格塑料购物袋的违法行为。督促市场开办者切实履行市场经营管理责任，监督经营者严格执行塑料购物袋进货查验等制度，防止不合格塑料购物袋流入市场。组织对月饼等商品开展商品包装计量监督专项检查。开展能效标识产品的计量监督检查，建立监督检查长效机制。在进出口检验环节，加强对进口机动车辆产品的检查，使其符合中国机动车辆能耗和污染防治的要求。继续开展进口能效产品的监督抽查。建立和落实餐厨废弃物处置管理制度，进一步督促餐饮服务单位做好餐厨废弃物处置。充分发挥各相关部门投诉举报网络的作用，持续加大对违法收集、运输、加工餐厨废弃物行为的打击力度。(工商总局、质检总局、食品药品监管总局、环境保护部、住房城乡建设部按职责分别负责)

促进绿色建材生产和应用行动方案

(工信部联原〔2015〕309号 工业和信息化部、住房城乡建设部2015年8月31日印发)

绿色建材是指在全生命期内减少对自然资源消耗和生态环境影响，具有“节能、减排、安全、便利和可循环”特征的建材产品。我国建材工业资源能源消耗高、污染物排放总量大、产能严重过剩、经济效益下滑，绿色建材发展滞后、生产占比低、应用范围小。促进绿色建材生产和应用，是拉动绿色消费、引导绿色发展、促进结构优化、加快转型升级的必由之路，是绿色建材和绿色建筑产业融合发展的迫切需要，是改善人居环境、建设生态文明、全面建成小康社会的重要内容。为加快绿色建材生产和应用，制定本行动方案。

总体要求：以党的十八大和十八届三中、四中全会精神为指导，贯彻落实《中国制造2025》、《国务院关于化解产能严重过剩矛盾的指导意见》和《绿色建筑行动方案》等要求，以新型工业化、城镇化等需求为牵引，以促进绿色生产和绿色消费为主要目的，以绿色建材生产和应用突出问题为导向，明确重点任务，开展专项行动，实现建材工业和建筑业稳增长、调结构、转方式和可持续发展，大力推动绿色建筑发展、绿色城市建设。

行动目标：到2018年，绿色建材生产比重明显提升，发展质量明显改善。绿色建材在行业主营业务收入中占比提高到20%，品种质量较好满足绿色建筑需要，与2015年相比，建材工业单位增加值能耗下降8%，氮氧化物和粉尘排放总量削减8%；绿色建材应用占比稳步提高。新建建筑中绿色建材应用比例达到30%，绿色建筑应用比例达到50%，试点示范工程应用比例达到70%，既有建筑改造应用比例提高到80%。

一、建材工业绿色制造行动

（一）全面推行清洁生产。支持现有企业实施技术改造，提高绿色制造水平。推广应用建材窑炉烟气脱硫脱硝除尘、煤洁净气化以及建材智能制造、资源综合利用等共性技术，优先支持建筑卫生陶瓷行业清洁生产技术改造。平板玻璃行业限制高硫石油焦燃料。引导北方采暖区水泥企业在冬季供暖期开展错峰生产，节能减排，减少雾霾。

推广新型耐火材料。全面推广无铬耐火材料，从源头消减重金属污染。开发推广结构功能一体化、长寿命及施工便利的新型耐火材料和微孔结构高效隔热材料。

（二）强化综合利用，发展循环经济。支持利用城市周边现有水泥窑协同处置生活垃圾、污泥、危险废物等。支持利用尾矿、产业固体废弃物，生产新型墙体材料、机制砂石等。以建筑垃圾处理和再利用为重点，加强再生建材生产技术和工艺研发，提高固体废弃物消纳量和产品质量。

（三）推进两化融合，发展智能制造。引导建材生产企业提高信息化、自动化水平，重点在水泥、建筑卫生陶瓷等行业推进智能制造并提升水平。深化电子商务应用，利用二维码、云计算等技术建立绿色建材可追溯信息系统，提高绿色建材物流信息化和供应链协同水平。开发推广工业机器人，在建筑陶瓷、玻璃、玻纤等行业开展“机器代人”试点。

二、绿色建材评价标识行动

（四）开展绿色建材评价。按照《绿色建材评价标识管理办法》，建立绿色建材评价标识制度。抓紧出台实施细则和各类建材产品的绿色评价技术要求。开展绿色建材星级评价，发布绿色建材产品目录。指导建筑业和消费者选材，促进建设全国统一、开放有序的绿色建材市场。

（五）构建绿色建材信息系统。建立绿色建材数据库和信息采集、共享制度。利用“互联网+”等信息技术构建绿色建材公共服务系统，发布绿色建材评价标识、试点示范等信息，普及绿色建材知识。构建绿色建材选用机制，疏通建筑工程绿色建材选用通道，实现产品质量可追溯。研究建立绿色建材第三方信息发布平台。

（六）扩大绿色建材的应用范围。围绕绿色建筑需求和建材工业发展方向，重点开展通用建筑材料、节能节地节水节材与建筑室内外环境保护等方面材料和产品的绿色评价工作。在推进绿色建筑发展和开展绿色建筑评价工作中强化对绿色建材应用的相关要求。在工业和信息化部、住房城乡建设部各类试点示范工程和推广项目中，进一步明确对绿色建材使用的规定。

三、水泥与制品性能提升行动

（七）发展高品质和专用水泥。制修订水泥产品标准，完善产品质量标准体系，鼓励生产和使用高标号水泥、纯熟料水泥。优先发展并规范使用海工、核电、道路等工程专用水泥。支持延伸产业链，完善混凝土掺合料标准，加快机制砂石工业化、标准化和绿色化。

（八）推广应用高性能混凝土。鼓励使用C35及以上强度等级预拌混凝土，推广大掺量掺合料及再生骨料应用技术，提升高性能混凝土应用技术水平。研究开发高性能混凝土耐久性设计和评价技术，延长工程寿命。

（九）大力发展装配式混凝土建筑及构配件。积极推广成熟的预制装配式混凝土结构体系，优化完善现有预制框架、剪力墙、框架-剪力墙结构等装配式混凝土结构体系。完善混凝土预制构配件的通用体系，推进叠合楼板、内外墙板、楼梯阳台、厨卫装饰等工厂化生产，引导构配件产业系列化开发、规模化生产、配套化供应。

四、钢结构和木结构建筑推广行动

（十）发展钢结构建筑和金属建材。在文化体育、教育医疗、交通枢纽、商业仓储等公共建筑中积极采用钢结构，发展钢结构住宅。工业建筑和基础设施大量采用钢结构。在大跨度工业厂房中全面采用钢结构。推进轻钢结构农房建设。鼓励生产和使用轻型铝合金模板和彩铝板。

（十一）发展木结构建筑。促进城镇木结构建筑应用，推动木结构建筑在政府投资的学校、幼托、敬老院、园林景观等低层新建公共建筑，以及城镇平改坡中使用。推进多层木-钢、木-混凝土混合结构建筑，在以木结构建筑为特色的地区、旅游度假区重点推广木结构建筑。在经济发达地区的农村自建住宅、新农村居民点建设中重点推进木结构农房建设。

（十二）大力发展生物质建材。促进木材加工和保护产业发展，支持利用农作物秸秆、竹纤维、木屑等发展生物质建材，优先发展和使用生物质纤维增强的木塑、新型镁质建材等围护用和装饰装修用产品。鼓励在竹资源丰富地区，发展竹制建材和竹结构建筑。

五、平板玻璃和节能门窗推广行动

（十三）大力推广节能门窗。实施建筑能效提升工程，建设高星级绿色建筑，发展超低能耗、近零能耗建筑。新建公共建筑、绿色建筑和既有建筑节能改造应使用低辐射镀膜玻璃、真（中）空玻璃、断桥铝合金等节能门窗，带动平板玻璃和铝型材生产线升级改造。

（十四）严格使用安全玻璃。加强安全玻璃生产和使用监督检查，适时修订《建筑安全玻璃管理规定》，切实规范建筑安全玻璃生产、流通、设计、使用和安装管理，防止以次充好，消除玻璃门窗和幕墙安全隐患。

（十五）发展新型和深加工玻璃产品。鼓励太阳能光热、光伏与建筑装配一体化，带动光热光伏玻璃产业发展。支持发展电子信息用屏显玻璃基板、防火玻璃、汽车和高铁等用风挡玻璃基板等新产品，提高深加工水平和产品附加值。

六、新型墙体和节能保温材料革新行动

（十六）新型墙体材料革新。重点发展本质安全和节能环保、轻质高强的墙体和屋面材料，引导利用可再生资源制备新型墙体材料。推广预拌砂浆，研发推广钢结构等装配式建筑应用的配套墙体材料。

（十七）发展高效节能保温材料。鼓励发展保温、隔热及防火性能良好、施工便利、使用寿命长的外墙保温材料，开发推广结构与保温装饰一体化外墙板。

七、陶瓷和化学建材消费升级行动

（十八）推广陶瓷薄砖和节水洁具。推广使用大型化、薄型化的陶瓷砖，节水、轻量的坐便器（小便器）。开发新型水龙头、马桶盖等智能卫浴用品，促进卫生陶瓷人性化、智能化生产，更好满足个性化消费。发展透水砖等城镇道路建设材料及集水系统，支撑海绵城市建设。

（十九）提升管材和型材品质。大力推广应用耐腐蚀、密封性好、保温节能的新型管材和型材，提高使用寿命和耐久性。支持生产和推广使用大口径、耐腐蚀、长寿命、低渗漏、免维护的高分子材料或复合材料管材、管件，支撑地下管廊建设。

（二十）推广环境友好型涂料、防水和密封材料。支持发展低挥发性有机化合物（VOCs）的水性建筑涂料、建筑胶黏剂，推广应用耐腐蚀、耐老化、使用寿命长、施工方便快捷的高分子防水材料、密封材料和热反射膜。

八、绿色建材下乡行动

（二十一）支持绿色农房建设。结合新农村建设、绿色农房建设需要，落实《关于开展绿色农房建设的通知》，引导各地因地制宜生产和使用绿色建材，编制绿色农房用绿色建材产品目录，重点推广应用节能门窗、轻型保温砌块、预制部品部件等绿色建材产品，提高绿色农房防灾减灾能力。

（二十二）支持现代设施农业发展。围绕现代设施农业，积极发展和推广安全性好、性价比高、使用便利的玻璃、岩棉等产品。

九、试点示范引领行动

（二十三）工程应用示范。制定绿色建材应用试点示范申报、评审和验收等办法。结合绿色建筑、保障房建设、绿色生态城区、既有建筑节能改造、绿色农房、建筑产业现代化等工作，明确绿色建材应用的相关要求。选择典型城市和工程项目，开展钢结构、木结构、装配式混凝土结构等建筑应用绿色建材试点示范。

（二十四）产业园区示范。在绿色建材发展基础好的地区，依托优势企业，整合要素资源，完善研发设计、检测验证、现代物流、电子商务等公共服务体系，支持建设以绿色建材为特色的产业园区。

（二十五）协同处置示范。按照《关于促进生产过程协同资源化处理城市和产业废弃物工作的意见》，持续开展好水泥窑协同处置城市生活垃圾等废弃物的试点示范。开展固体废弃物再生建材综合利用示范，建立再生建材工程应用长期监测机制，积累再生建材应用安全性技术资料。

十、强化组织实施行动

（二十六）加强组织领导。建立由工业和信息化部、住房城乡建设部牵头，相关部门参加的绿色建材生产和应用协调机制。加强绿色建材生产应用与绿色建筑发展、绿色城市建设的内在联系，统筹绿色建材生产、使用、标准、评价等环节，加强政策衔接，强化部门联动，组织实施相关行动，督促落实重点任务，协调完善推进措施。

（二十七）研究制定配套政策。利用现有渠道，引导社会资本，加大对共性关键技术研发投入，支持企业开展绿色建材生产和应用技术改造。研究制定财税、价格等相关政策，激励水泥窑协同处置、节能玻璃门窗、节水洁具、陶瓷薄砖、新型墙材等绿色建材生产和消费。支持有条件的地区设立绿色建材发展专项资金，对绿色建材生产和应用企业给予贷款贴息。将绿色建材评价标识信息纳入政府采购、招投标、融资授信等环节的采信系统。研究制定建材下乡专项财政补贴和钢结构部品生产企业增值税优惠政策。

（二十八）完善标准规范。进一步修改完善行业规范和准入标准，公告符合规范条件的企业和生产线名单。强化环保、能耗、质量和安全标准约束，构建强制性标准和自愿采用性标准相结合的标准体系。加强建筑工程设计规范与绿色建材产品标准的联动。取消复合水泥32.5等级标准，大力推进特种和专用水泥应用。

（二十九）搭建创新平台。依托大型企业集团、科研院所、大专院校等单位，构建完善产学研用相结合的产业发展创新体系。创建一批以绿色建材为特色的技术中心、工程中心或重点实验室，完善产业发展所需公共研发、技术转化、检验认证等平台。加强建材生产与建筑设计、工程建造等上下游企业互动，组建绿色建材产业发展联盟。依托尾矿、建筑废弃物等资源建设新型墙体材料、机制砂石生产基地。

（三十）开展宣传教育和检查。加大培训力度，开展绿色建材生产和应用的培训。开展形式多样的绿色建材宣传活动，强化公众绿色生产和消费理念，提高对绿色建材政策的理解与参与，使绿色建材的生产与应用成为全行业和社会各界的自觉行动。开展绿色建材行动检查，对不执行绿色建材生产和使用有关规定的，要加强舆论监督和通报批评。

各地要结合本地建材工业和建筑业发展实际，尽快制定本地区绿色建材发展实施方案，明确主体责任，扎实推进本地区绿色建材生产和应用各项工作。

煤炭清洁高效利用行动计划(2015－2020年)

（国能煤炭[2015]141号 国家能源局2015年4月27日印发）

煤炭是我国的主体能源和重要工业原料，近年来，煤炭工业取得了长足发展，煤炭产量快速增长，生产力水平大幅提高，为经济社会健康发展做出了突出贡献，但煤炭利用方式粗放、能效低、污染重等问题没有得到根本解决。未来一个时期，煤炭在一次能源消费中仍将占主导地位。为贯彻中央财经领导小组第六次会议和新一届国家能源委员会首次会议精神，落实《国务院办公厅关于印发能源发展战略行动计划(2014-2020年)的通知》(国办发〔2014〕31号)和《关于促进煤炭安全绿色开发和清洁高效利用的意见(国能煤炭〔2014〕571号)要求，加快推动能源消费革命，进一步提高煤炭清洁高效利用水平，有效缓解资源环境压力，制定本行动计划。

一、指导思想

高举中国特色社会主义伟大旗帜，全面贯彻党的十八大和十八届三中、四中全会精神，以邓小平理论、“三个代表”重要思想、科学发展观为指导，深入贯彻习近平总书记系列重要讲话精神，按照全面建成小康社会、全面深化改革、全面依法治国、全面从严治党的战略布局，坚持稳中求进工作总基调，落实《能源发展战略行动计划(2014-2020年)》，按照源头治理、突出重点、高效转化、清洁利用的发展方针，坚持政府引导、企业主体、市场驱动、科技支撑、法律规范、社会参与的原则，加快发展高效燃煤发电和升级改造，实施燃煤锅炉提升工程，着力推动煤炭分级分质梯级利用，推进废弃物资源化综合利用，实现煤炭清洁高效利用。

二、主要任务和行动目标

加强煤炭质量管理，加快先进的煤炭优质化加工、燃煤发电技术装备攻关及产业化应用，稳步推进相关产业升级示范，建立政策引导与市场推动相结合的煤炭清洁高效利用推进机制，构建清洁、高效、低碳、安全、可持续的现代煤炭清洁利用体系。主要目标：全国新建燃煤发电机组平均供电煤耗低于300克标准煤/千瓦时；到2017年，全国原煤入选率达到70%以上；现代煤化工产业化示范取得初步成效，燃煤工业锅炉平均运行效率比2013年提高5个百分点。到2020年，原煤入选率达到80%以上；现役燃煤发电机组改造后平均供电煤耗低于310克/千瓦时，电煤占煤炭消费比重提高到60%以上；现代煤化工产业化示范取得阶段性成果，形成更加完整的自主技术和装备体系；燃煤工业锅炉平均运行效率比2013年提高8个百分点；稳步推进煤炭优质化加工、分质分级梯级利用、煤矿废弃物资源化利用等的示范，建设一批煤炭清洁高效利用示范工程项目。

三、重点工作

(一)推进煤炭洗选和提质加工，提高煤炭产品质量

大力发展高精度煤炭洗选加工，实现煤炭深度提质和分质分级；开发高性能、高可靠性、智能化、大型(炼焦煤600万吨/年以上和动力煤1000万吨/年以上)选煤装备；新建煤矿均应配套建设高效的选煤厂或群矿选煤厂，现有煤矿实施选煤设施升级改造，组织开展井下选煤厂示范工程建设。严格落实《商品煤质量管理暂行办法》，积极推广先进的煤炭提质、洁净型煤和高浓度水煤浆技术。

在矿区、港口等煤炭集散地以及用户集中区，建设和完善区域煤炭优质化配送中心、大型现代化煤炭物流园区和储配煤中心，合理规划建设全密闭煤炭优质化加工和配送中心，通过采用选煤、配煤、型煤、水煤浆、低阶煤提质等先进的煤炭优质化加工技术，提高、优化煤炭质量，形成分区域优质化清洁化供应煤炭产品的格局，实现煤炭精细化加工配送。到2020年，重点建成海西等11个大型煤炭储配基地和30个年流通规模2000万吨级煤炭物流园区。

(二)发展超低排放燃煤发电，加快现役燃煤机组升级改造

逐步提高电煤在煤炭消费中的比重，推进煤电节能减排升级改造。

根据水资源、环境容量和生态承载力，在新疆、内蒙古、陕西、山西、宁夏等煤炭资源富集地区，科学推进鄂尔多斯、锡盟、晋北、晋中、晋东、陕北、宁东、哈密、准东等9个以电力外送为主的大型煤电基地建设。

认真落实《煤电节能减排升级改造行动计划》各项任务要求，进一步加快燃煤电站节能减排改造步伐，提升煤电高效清洁利用水平，打造煤电产业升级版。

(三)改造提升传统煤化工产业，稳步推进现代煤化工产业发展

改造提升传统煤化工产业，在煤焦化、煤制合成氨、电石等传统煤化工领域进一步推动上大压小，等量替代，淘汰落后产能。以规模化、集群化、循环化发展模式，大力发展焦炉煤气、煤焦油、电石尾气等副产品的高质高效利用。以现代煤气化(11.36， -0.24， -2.07%)技术促进煤制合成氨升级改造，开展高水平特大型示范工程建设。

适度发展现代煤化工产业，通过示范项目建设不断完善国内自主技术，加强不同技术间的耦合集成，大幅提升现代煤化工技术水平和能源转化效率，减少对生态环境的负面影响。在示范取得成功后，结合国民经济和社会发展需要，按照统一规划、合理布局、综合利用的原则，统筹推进现代煤化工产业发展。

重点在煤炭资源丰富、水资源有保障、生态环境许可、运输便捷的地区，根据生态环境、水资源保障情况，布局现代煤化工示范项目。坚持规模化、大型化、一体化、园区化、集约化发展。禁止在《全国主体功能区规划》确定的限制和禁止开发重点生态功能区内建设现代煤化工项目。严格控制缺水地区项目建设。

新建现代煤化工示范项目的主要技术指标应明显优于首批示范项目的水平，大气污染物和污水排放要符合最严格的环保要求，废渣全部无害化处理或资源化利用，推广应用废水制水煤浆、空气冷却等节水型技术，实现关键技术和装备国产化。

(四)实施燃煤锅炉提升工程，推广应用高效节能环保型锅炉

新生产和安装使用的20蒸吨/小时及以上燃煤锅炉应安装高效脱硫和高效除尘设施。在供热和燃气管网不能覆盖的地区，改用电、新能源或洁净煤，推广应用高效节能环保型锅炉，区域集中供热通过建设大型燃煤高效锅炉实现。20蒸吨/小时及以上燃煤锅炉应安装在线检测装置，并与当地的环保部门联网。

加速淘汰落后锅炉。到2017年，地级及以上城市建成区基本淘汰10蒸吨/小时及以下的燃煤锅炉；天津市、河北省地级及以上城市建成区基本淘汰35蒸吨/小时及以下燃煤锅炉。鼓励发展热电联供、集中供热等供热方式，以天然气(煤层气)、电力等清洁燃料替代分散中小燃煤锅炉。

提升锅炉污染治理水平。10蒸吨/小时及以上的燃煤锅炉要开展烟气高效脱硫、除尘改造，积极开展低氮燃烧技术及水煤浆燃烧技术改造示范，实现全面达标排放。大气污染防治重点控制区域的燃煤锅炉，要按照国家有关规定达到特别排放限值要求。开发推广工业锅炉余热、余能回收利用技术，实现余热、余能高效回收及梯级利用。

到2020年，淘汰落后燃煤锅炉60万蒸吨，京津冀、长三角、珠三角等重点区域的燃煤锅炉设施，基本完成天然气、热电联供、洁净优质煤炭产品等替代；现役低效、排放不达标锅炉基本淘汰或升级改造，高效锅炉达到50%以上。

(五)开展煤炭分质分级梯级利用，提高煤炭资源综合利用效率

鼓励低阶煤提质技术研发和示范。开展单系统年处理原料煤百万吨级中低温干馏制气、制油为主要产品路线的大规模煤炭分质利用示范，促进我国煤炭分质利用和提质技术水平的提高。

逐步实现“分质分级、能化结合、集成联产”的新型煤炭利用方式。鼓励煤—化—电—热一体化发展，加强各系统耦合集成。在具备条件的地区推进煤化工与发电、油气化工、钢铁、建材等产业间的耦合发展，实现物质的循环利用和能量的梯级利用，降低生产成本、资源消耗和污染排放。

2017年，低阶煤分级提质关键技术取得突破；2020年，建成一批百万吨级分级提质示范项目。

(六)加大民用散煤清洁化治理力度，减少煤炭分散直接燃烧

扩大城市高污染燃料禁燃区范围，逐步由城市建成区扩展到近郊，禁燃区内禁止使用散煤等高污染燃料，逐步实现无煤化。大力推广优质能源替代民用散煤，结合城市改造和城镇化建设，通过政策补偿和实施多类电价等措施，逐步推行天然气、电力及可再生能源等清洁能源替代散煤，形成多途径、多通道减少民用散煤使用的格局。农村地区综合推广使用生物质成型燃料、沼气、太阳能等清洁能源，减少散煤使用。

加大先进民用炉具的推广力度。民用优质散煤、洁净型煤等清洁能源产品，需配套先进节能炉具。制订民用先进炉具相关标准，建立民用先进炉具生产企业目录，拟定购买先进炉具的地方补贴政策。加大宣传力度，充分调动

使用先进炉具的积极性。

京津冀及周边地区、长三角、珠三角限制销售和使用灰分大于16%、硫分大于1%的散煤。制定更严格的民用煤炭产品质量地方标准。加快修订优质散煤、低排放型煤等民用煤炭产品质量的地方标准，对硫分、灰分、挥发分、排放指标等进行更严格的限制，不符合标准的煤炭产品不允许销售。推行优质、低排放煤炭产品替代劣质散煤机制，全面禁止劣质散煤的销售。

(七)推进废弃物资源化利用，减少污染物排放

加大煤矸石、煤泥、煤矿瓦斯、矿井水等资源化利用的力度。推广矸石井下充填技术，推进井下模块式选煤系统开发及其示范工程建设，实现废弃物不出井；支持低热值煤(煤泥、煤矸石)循环流化床燃烧技术及锅炉的研发及应用；鼓励开展煤矿瓦斯防治利用重大技术攻关，实施瓦斯开发利用示范工程；有条件的矿区实施保水开采或煤水共采，实现矿井突水控制与水资源保护一体化；推进煤炭地下气化示范工程建设，探索适合我国国情的煤炭地下气化发展路线。开发脱硫石膏、粉煤灰大宗量规模化利用及精细化利用技术，积极推广粉煤灰和脱硫石膏在建筑材料、土壤改良等方面的综合利用。建设与煤共伴生的铝、锗等资源精细化利用示范工程，促进矿区循环经济发展。

积极开展二氧化碳捕集、利用与封存技术研究和示范；鼓励现代煤化工企业与石油企业及相关行业合作，开展驱油、微藻吸收、地质封存等示范，为其他行业实施更大范围的碳减排积累经验。

到2020年，煤矸石综合利用率不低于80%；煤矿瓦斯抽采利用率达到60%，在水资源短缺矿区、一般水资源矿区、水资源丰富矿区，矿井水或露天矿矿坑水利用率分别不低于95%、80%、75%；煤矿塌陷土地治理率达到80%以上，排矸场和露天矿排土场复垦率达到90%以上；煤炭地下气化技术取得突破。

四、保障措施

(一)完善标准体系

积极推进《产业结构调整指导目录》修订，明确限制类、淘汰类煤炭利用技术。加快制定煤炭清洁高效利用技术和装备标准。完善煤炭及转化产品质量标准。研究建立煤炭清洁高效利用先进技术遴选、评定、认证及推广机制。建立专家库，制定认证准则。根据相关标准对煤炭清洁利用技术进行评选，发布煤炭清洁高效利用先进技术目录。

提高煤炭清洁高效利用项目建设标准。通过项目建设规模、能源转化效率、综合能耗、新鲜水耗、资源综合利用率、污废产排率等具体指标进行调控和引导，促进集约化发展，防止盲目投资和低水平重复建设。

(二)依靠科技驱动

加强基础研究和技术攻关，积极推进将煤炭清洁高效利用重大科学研究和关键技术攻关纳入国家科技重大专项计划，将示范技术列入国家重点研发计划。积极组建国家重点实验室、国家科技研发中心、产业技术创新战略联盟等创新平台，建立以企业为主体、市场为导向、产学研用相结合的创新体系，培育一批技术创新能力强、拥有自主知识产权和品牌，融研发、设计、制造、服务于一体，具备核心竞争力的煤炭清洁高效技术和装备研发企业。加快培育具有国际竞争力的专业人才队伍。

(三)加强国际合作

充分借鉴世界先进经验，高起点、高标准地引进先进技术与管理模式，并组织消化、吸收和再创新。支持优势企业积极参与境外资产并购和项目开发建设，加强与境外制造企业和研发机构合作，充分利用境外资源和市场，提高我国煤炭清洁高效利用技术、装备和产品的国际竞争力。鼓励在国外建设大型煤炭清洁高效利用商业化项目，带动我国技术服务、重大装备、人才劳务向国际市场输出，丰富合作层次，提升合作水平。

(四)完善政策支持

各有关方面要积极落实现行与煤炭清洁高效利用相关的税收优惠政策，并在此基础上，研究出台更加有力的支持政策。积极引导各类社会资本进入煤炭清洁高效利用相关领域，鼓励采用合同能源管理方式实施煤炭清洁高效技术的运行和改造。

(五)强化监督管理

强化煤炭利用项目的能效、污染物排放等运行指标实时监测和信息公开；加强煤炭经营监督管理及环保、质检、工商等部门的联合执法，建立商品煤质量标识系统，严厉打击配煤环节掺杂使假行为。加强煤炭利用项目的运行监督和管理，加大环保设施建设和运行监管力度，确保煤炭利用技术和装置污染物在线监测的真实、准确。

(六)做好组织实施

各地区要加大政策落实力度，在各自职责范围内进一步细化和分解年度目标任务，根据本地区本行业实际情况，研究出台相关实施细则和扶持政策，狠抓落实，强化监管，确保取得实效。

再生资源回收体系建设中长期规划（2015—2020年）

为贯彻落实党的十八大和十八届三中、四中全会精神，大力推进生态文明建设，根据《中华人民共和国循环经济促进法》、《国务院关于印发循环经济发展战略及近期行动计划的通知》（国发[2013]5号）及《国务院办公厅关于建立完整的先进的废旧商品回收体系的意见》（国办发[2011]49号）要求，编制本规划。

一、行业发展现状及主要特点

“十一五”时期以来，国家采取一系列措施，大力推动循环经济发展，再生资源回收的理念渐入人心。在相关政策带动下，再生资源回收行业规模明显扩大，对国民经济贡献度进一步提高。截至2013年底，全社会再生资源回收企业10多万家，从业人员超过1800万。2013年，废钢铁、废塑料、废有色金属、废纸、废轮胎、报废汽车、废弃电器电子产品、报废船舶8大品种回收量超过1.6亿吨，回收总值接近4800亿元；废钢铁、废有色金属、废弃电器电子产品的回收率超过70%。初步测算，与使用原生资源相比，相当于节约1.7亿吨标准煤，减少废水排放113亿吨，减少二氧化碳排放4亿吨，减少二氧化硫排放375万吨。行业发展呈现出如下特点：

（一）政策环境不断优化。2007年，商务部、发展改革委等6部门发布《再生资源回收管理办法》，明确商务主管部门作为再生资源回收行业主管部门。2009年，国务院公布《废弃电器电子产品回收处理管理条例》，明确废弃电器电子回收处理的生产者责任。2011年，国务院办公厅印发《关于建立完整的先进的废旧商品回收体系的意见》，根据文件精神，2012年5月，经国务院同意，建立了由商务部牵头，22个单位组成的废旧商品回收体系建设部际联席会议制度。

（二）企业实力日趋增强。供销合作社系统企业和一些民营企业借力政策支持，不断拓展回收网络，延伸产业链，成为回收体系的主体，初步实现了经营产业化、利废资源化和处理无害化。一批规模较大、技术设备较先进、分拣加工能力较强的全国性和区域性龙头企业脱颖而出，其中年销售额1亿元以上企业超过200家，10亿元以上企业超过20家。

（三）回收体系逐步建立。自2006年起，商务部会同相关部门开展了以回收站点、分拣中心和集散市场建设为核心的“三位一体”回收体系试点，到2012年试点城市达90家。2009年至2012年，中央财政累计投入33.5亿元，支持75个城市新建和改扩建51550个网点、341个分拣中心、63个集散市场；同时，支持建设122个区域性回收利用基地，有效推动了试点城市向网点布局合理、管理规范、回收方式多元的方向发展，试点城市重点品种回收率超过60%；回收利用基地对再生资源利用企业和城市矿产项目形成有力支撑。

（四）技术水平稳步提高。再生资源回收企业积极引进先进设备和加工利用技术，开展精深加工，创新经营业态，传统的回收、分拣、加工处理工艺得到改造升级。如聚酯塑料（PET）瓶片熟料生产技术，废印制电路板环保处理及资源回收设备，均达到国际先进水平。电池回收企业与生产企业开展废电池再生利用活动，利用电镀废渣及冶炼废渣等工业废料提取各种有价金属等，取得了良好成效。部分城市借助现代信息技术，设置智能回收设施和设备，方便市民自助完成废弃物交售；有些地区设立了固体废物信息交换中心，整合了回收热线、信息系统和回收站点，形成客户交投、信息交换、废品回收、在线监控于一体的网络服务平台。

二、存在的问题及面临的形势

（一）问题及原因分析。再生资源回收体系建设工作虽然取得了明显成效，但与加快转变经济发展方式，建设两型社会的要求还有较大差距，存在的问题也较为突出，具体表现为“四低”：

1.组织化程度低。再生资源回收以社会化个体回收为主，具有一定规模的企业回收量仅占回收总量的10%-20%。行业小、散、差的特点明显，回收主体组织化程度低，市场竞争力差，管理工作难度大。

2.分拣技术水平低。行业内技术研发普遍投入不足，操作工人缺乏技术培训，专业知识水平和技能操作水平较低。除少数企业回收工艺和装备较先进、环境保护设施较完善外，大多数从业主体设备简陋、技术落后，分拣精细化、专业化水平较低，在一定程度上影响再生资源的利用率。

3. 经营规范化程度低。标准化、规范化的运作流程尚未形成，回收、运输、储存、利用各环节协作配套不够。酸浸、火烧等野蛮拆解和不具备资质私自拆解现象普遍存在，偷盗销赃行为时有发生，乱堆乱放、乱设摊点现象还比较严重，造成行业秩序混乱，存在一定环保隐患。

4. 部分品种回收率低。废玻璃、废电池、废节能灯、废纺织品等品种，受回收成本高、利用价值较低和利用水平有限等因素影响，经济效益较差，回收率较低，一般只有30%左右，个别品种甚至随生活垃圾丢弃，对生态环境造成影响。

上述问题产生的原因主要有以下几方面：

公众认识不到位。社会上普遍存在把再生资源等同于“垃圾”的错误认识，对再生资源回收工作不够重视，没有在源头上做好分类，在一定程度上提高了后端回收成本。一些地方对做好回收工作的认识不足，没有科学规划，定位不清，回收行业发展滞后于当地经济社会发展。

各方责任不清晰。除对废弃电器电子产品回收处理建立了基金制度外，其他品种尚未明确相关制度要求。特别是对于价低量小的品种，缺乏相关制度规范，生产者责任延伸制度不健全，销售者和消费者对产品废弃后的回收责任尚未明确。

监管执法难度大。由于市场准入门槛低，企业数量多、规模小、经营分散，对无照经营、技术落后、环保不达标或根本没有任何环保设施的小企业和小作坊有效监管难度大，致使不规范企业依靠低环保成本抢占市场，出现“劣币驱逐良币”现象。

政策配套性不强。2011年回收行业增值税优惠政策取消后，受宏观经济形势影响，再生资源回收企业发展面临较大困难，亟需进一步完善相关税收政策。废玻璃、废节能灯等品种由于回收成本高、利润薄，靠市场机制难以调动企业积极性，缺乏政策支持和制度创新。此外，行业监管政出多门、职权分散，支持政策和工作措施缺乏配套性。

（二）面临的形势。从国际形势看，发展循环经济已成为抢占新一轮经济和科技发展制高点的重大战略，发达国家纷纷加快部署，采取立法和财税支持等多种手段，推动再生资源回收等行业快速发展。如欧盟提出将在未来10年重点发展低碳产业与循环经济，到2020年实现主要金属和建筑材料基本由再生资源提供。

从国内现实看，我国经济高速增长，但发展的不平衡、不协调、不可持续性日益显现，粗放发展方式已难以为继。我国现有主要矿产资源人均储量和占有量大大低于世界平均水平，石油、铁矿、铜矿国际依存度不断提高，随着工业化、城镇化进程加快，资源消耗量将有增无减，资源瓶颈愈发突出，对国家经济安全构成严重威胁。

面对严峻局面，只有将废弃商品有效、及时回收，提高再生资源回收率和利用水平，才能形成“资源—产品—废弃产品—再生资源”的循环发展模式，实现资源的循环利用，达到缓解资源紧张局面、减少污染、保护生态环境的目的。

从政策环境看，国家“十二五”规划纲要明确提出要“完善再生资源回收体系，推进资源再生利用产业化”，把“再生资源回收体系示范”作为七项重点工程之一，首次将回收工作列入国民经济发展规划。《国务院办公厅关于建立完整的先进的再生资源回收体系的意见》（国办发[2011]49号）是关于再生资源回收的指导性、纲领性文件，为实现回收体系建设提供了政策保障。

三、指导思想、基本原则和主要目标

（一）指导思想。全面贯彻落实党的十八大和十八届三中、四中全会精神，以深化改革、转变发展方式和发展绿色流通为主线，围绕规范回收利用秩序，降低回收利用成本和提高回收利用率，着力加强再生资源回收管理法律法规建设，推进再生资源回收管理体制改革和回收模式创新，提升再生资源回收行业规范化水平和规模化程度，构建多元化回收、集中分拣和拆解、安全储存运输和无害化处理的完整的先进的回收体系。

（二）基本原则。

1. 坚持政府引导和市场运作相结合。政府部门通过制定法规、制度改革、标准建设和政策引导等措施，着力加强对市场失灵品种的引导，提高重点品种的回收率。其他品种的回收则以市场化运作为主，充分发挥市场在资源配置中的决定性作用。

2. 坚持统筹当前和立足长远相结合。结合当前再生资源回收行业发展中存在的突出问题，提出有针对性的政策和措施。同时，着眼于长远，坚持减量化、再利用、资源化的循环经济理念，通过制度改革和技术服务创新，为行业发展提供制度保障。

3. 坚持突出重点和兼顾全局相结合。以回收、分拣环节为重点，同时，着眼于再生资源回收全程和全产业链管理。从产废源头入手，建立健全回收渠道，逐步实现应收尽收；通过提高分拣加工技术水平，实现与利废环节的有效衔接。

4. 坚持总体设计与因地制宜相结合。加强再生资源回收体系的整体规划，总结经验，借鉴国外做法，明确工作目标和任务。各地根据经济社会发展水平、资源条件等情况，科学选择建设模式，避免重复建设、资源浪费和污染环境。

（三）主要目标。到2020年，在全国建成一批网点布局合理、管理规范、回收方式多元、重点品种回收率较高的回收体系示范城市，大中城市再生资源主要品种平均回收率达到75%以上，实现85%以上回收人员纳入规范化管理、85%以上社区及乡村实现回收功能的覆盖、85%以上的再生资源进行规范化的交易和集中处理。培育100家左右再生资源回收骨干企业，再生资源回收总量达到2.2亿吨左右。行业规模化经营水平大幅提升，技术水平显著提高，规范化运行机制基本形成。

四、主要任务

（一）分类建立回收体系。从产生源头看，再生资源主要分为四类：生活类（居民家庭）、产业类（工业、农业、建筑业等）、服务消费类（超市、百货店、维修店等）和公共机构类（机关、学校、医院等）。针对四类再生资源的特点，应分类建立不同模式的回收体系：

1. 以三级网络为基础的生活类再生资源回收体系。在城市，巩固和提升以回收网点、分拣中心和集散市场（回收利用基地）为代表的三级回收网络，并根据城市发展需要调整网络构成；在农村，建立城乡一体化、县域一盘棋的规划管理和实施机制，鼓励龙头企业延伸回收网点，以城带乡，城乡互动，建设与城镇化进程相适应的再生资源回收体系。

2. 厂商直挂的产业类再生资源回收体系。鼓励回收企业与各类产废企业和产业集聚区建立战略合作关系，建立适合产业特点的回收模式。同时，鼓励有条件的企业将分拣和加工的再生资源直接配送给利用企业和国家城市矿产示范基地，通过厂（企）商直挂，减少中间环节，满足下游利用企业的需求，提高回收利用率。

3. 与回收企业对接的公共机构类再生资源回收体系。组织有资质、实力强的回收企业与公共机构对接，通过开展义务回收、协议回收、定期回收、流动回收等多种方式，建设规范收集、安全储运、环保处理的示范模式。

4. 以逆向物流为特点的服务消费类再生资源回收体系。充分发挥流通企业面向广大消费者分散销售且便于集中回收的优势，倡导销售者责任，推动绿色商场建设，利用销售配送网络，试点建立逆向物流回收渠道。

（二）完善回收节点功能。完整的回收体系应以回收网点为基础，分拣中心为核心，集散市场为补充，储存运输为联结，信息管理平台为支撑，为有效提高回收利用效率，重点从以下几方面推进：

1. 多样设置回收网点。按照“便于交售”的原则，城市每1000-1500户居民设置一个回收点，乡镇每1500-2000户居民设置一个回收点，结合垃圾分类工作的开展，鼓励和推动回收体系与垃圾收运体系各环节有机结合。对难以设立固定站点的地区，组织统一管理、规范作业的流动回收车，借助电话、便民服务平台等各种方式，构建便民利民的回收网络。在部分有条件的社区、商场及公共场所设置自动回收设施，试点智能回收。

2. 提高分拣加工水平。分拣加工是回收体系的核心，分拣中心的数量、规模和结构，既要充分考虑周边地区再生资源回收量，与回收网点有效衔接，又要兼顾周边产业和利废企业的需求，实现产废、利废的衔接。加大分拣加工技术研发力度，促进分拣自动化和精细化。在有条件的地区，按照土地集约、生态环保的原则，试点建设一批回收分拣集聚区，推动再生资源回收行业从松散粗放型向集约型、规模型、产业型、效益型方向转化。

3. 升级改造集散市场。推动集散市场向具备分拣、加工、处理等多功能的回收分拣集聚区转变，实现信息交换、价格形成、商品配送和资金结算等功能，推动线上与线下交易相结合。同时配备集中的污染治理设施，杜绝露天堆放等易造成二次污染的储藏方式。

4. 完善储存运输系统。合理规划和建设各类中转和存放设施，防止出现扬散、流失、渗漏。进一步提高再生资源回收企业运输能力，同时借助专业物流企业的力量，建立安全、高效、环保的物流系统。按照相关法律法规开展危险废弃物的运输。

5. 建设公共服务平台。完善信息采集、分析、处理和发布机制，编制发布重点品种价格指数，解决传统交易中信息滞后和不对称的问题，为回收处理及再利用的相关服务商提供信息，引导资源合理配置，促进回收体系各节点、各环节的对接和整合，促进回收与利用环节的有效衔接。

（三）培育龙头回收企业。

1. 支持回收企业公司制改造。引导传统回收企业按照建立现代企业制度的要求，完善公司法人治理结构，建立健全科学的决策程序和激励约束机制。加强企业采购、销售、资金和财务管理，积极运用信息技术，提高管理效率和管理水平。

2. 鼓励各类资本进入回收领域。积极推进跨地区、跨行业、跨所有制的资产重组，促进产业集聚和整合。鼓励国内外各类资本进入再生资源回收、分拣和加工环节，健全外国投资者并购安全审查管理。鼓励龙头企业以连锁经营、特许经营等现代组织方式整合中小企业和个体经营户。

3. 加大与利用企业的对接。鼓励回收企业与国家“城市矿产”示范基地等利用企业建立战略合作，促进回收与利用的有效衔接。同时，鼓励有实力的企业开展供应链管理，形成部分重点品种上建回收网络、中连物流、下接利废产业的产业链，拓宽企业发展空间，稳定和保障再生资源供应。

（四）强化行业秩序监管。强化回收渠道的治安管理，严厉打击利用再生资源制假售假、以假充真、以次充好、以旧充新等违法犯罪行为，依法查处收购国家禁止收购物品、收赃销赃等违法犯罪行为。强化再生资源回收利用各环节的污染防治工作，支持污染防治设施建设，加大环保执法力度，依法查处污染环境的企业并向社会公布。严格以环保、节能指标为主要依据的行业准入和退出机制。推动企业开展环境管理体系认证及清洁生产审核。加大预防和打击废物非法进口力度，加强对进口再生资源的监管，规范市场秩序，降低交易成本，营造统一规范、竞争有序的市场环境和回收秩序。同时，积极发挥行业中介组织作用，制订行业自律性行规、行约，引导行业规范有序发展。

（五）健全回收管理制度。

1. 加大法治工作力度。加快出台《报废机动车回收拆解管理条例》，推动将《再生资源回收管理办法》上升为《再生资源回收管理条例》。研究建立销售商、消费者对于废弃产品回收处理的责任分担机制。积极研究废旧纺织品、餐厨垃圾等品种的回收管理制度。加大《废弃电器电子回收管理条例》的实施力度，进一步落实生产者责任制度。积极探索再生资源回收体系与城市垃圾清运体系的有效融合，促进两网协同发展。

2. 强化标准化工作。研究建立科学合理、功能齐全、统一权威的再生资源标准体系总体框架，加强回收目录、产品分类、分拣加工作业、运输储存、回收污染控制技术等基础类和通用类标准的制修订。通过认证认可等多种方式，加大标准贯彻落实力度，加强对现行标准的宣传，引导行业规范化发展。

3. 加强行业统计和信息发布。在典型企业调查的基础上，形成分品种、分地区的统计报表，建立适应行业发展特点的统计体系。加强对统计数据的分析，定期形成行业发展报告。制定《再生资源主要品种回收模式指南》，加强分类指导。

（六）深入开展宣传教育。充分运用媒体优势，倡导绿色低碳、环保健康、循环利用的生产生活方式，强化道德约束。鼓励使用资源循环再生产品，减少一次性用品生产和消费，限制商品过度包装。广泛推介各具特色的回收体系建设成功模式，宣传推广再生资源回收的先进理念、方法途径、政策法规，提高全社会对再生资源回收体系建设工作的认识，营造全社会重视和支持再生资源回收的良好氛围。

五、重点工程

（一）回收模式创新工程。

1. 重点品种回收模式创新。针对废玻璃、废电池、废节能灯等价值低、易污染品种，探索与垃圾分类试点相结合、自动回收设施布点与专业物流相结合等回收模式，探索借助再生资源交易平台，实现面向全社会的第三方回收模式。

2. 企业回收模式创新。按照布局前瞻化、物流专业化、分拣精细化、产业一体化的要求，积极探索、创新各种行之有效回收模式，大力发展整合网络、产业共生、“三位一体”等各类再生资源回收模式，鼓励其他回收模式的创新。

（二）回收分拣示范工程。在全国范围内规划建设一批分拣技术先进、环保处理设施完备、劳动保护措施健全的区域性回收分拣基地和专业性分拣中心。充分考虑全国各区域再生资源主要品种产生量及增长趋势、再生产业及相关产业的发展规模、人口密集度、经济发展水平、城镇化进程、区域面积、区位交通条件等综合因素，到2020年，建设区域性回收分拣基地200个，专业分拣中心2000个，与遍布全国城乡、网络纵横的回收站点有效衔接，形成完善的再生资源回收体系，与以再生资源加工利用为主的城市矿产基地形成有效对接。

（三）分拣技术创新工程。鼓励企业研发和应用智能型回收设施、设备，推广机械化、自动化和先进适用的分拣加工处理装备，促进再生资源分拣处理企业技术升级改造。鼓励研发基于物联网的再生资源收运系统监测技术和传感识别设备，推动企业回收处理技术的创新。

六、保障措施

（一）建立部门协同工作机制。进一步完善各级再生资源回收体系建设工作领导与协调机制，明确专门机构和人员，建立部门协调机制，明确责任，形成工作合力。充分发挥行业协会的桥梁和纽带作用；加强行业数据的统计分析，建立行业信息定期发布制度和行业预警制度。

（二）加大财税支持政策力度。按照向公益性品种、向产业集聚和向科技创新倾斜的原则，利用各级财政资金，加大对回收企业的支持力度。对引进先进技术后开展消化吸收并产业化的建设项目，国家有关专项资金给予重点支持。完善促进再生资源回收体系建设的税收政策。研究通过发展基金、财政补贴、税收优惠等多种方式，逐步构建以企业为主体、市场为导向、产学研相结合的技术创新体系，支持新型回收模式开发创新，鼓励先进适用技术、工艺及装备的推广示范。

（三）完善土地金融支持手段。落实和完善支持再生资源回收体系建设的用地政策，对列入各地再生资源回收体系建设规划的重点项目，在符合土地利用总体规划前提下布局和选址，不断提高土地节约集约利用水平。鼓励金融机构按照风险可控、商业可持续的原则，创新金融产品，完善金融服务，推广应收账款、收费权质押以及专利、版权等知识产权在内的无形资产质押贷款业务，加大对再生资源回收重点项目和骨干企业的信贷支持力度，引导社会资本参与再生资源回收体系建设。

（四）建立科技人才支撑体系。建立再生资源回收分拣加工利用相关技术遴选推广机制，适时发布国家鼓励的再生资源分拣加工利用有关技术、工艺、设备名录。鼓励企业采用融资租赁方式对分拣设备进行更新改造。建立促进产业发展的咨询服务体系，培育和扶持一批专业化服务公司，为行业发展提供咨询服务。积极创造条件吸引专业人才，加大人才引进和培育力度。支持高校开设循环经济和再生资源回收相关专业，完善专业人才培养和健全产学研衔接互动机制，鼓励大专院校、科研院所参与再生资源回收、分拣、处理技术联合攻关，增强自主创新能力。支持有条件的企业设立职业培训机构，强化回收一线工人的职业教育和培训。

七、组织实施

商务部将会同国务院有关部门按照职能分工，完善相关政策措施，形成合力，推动规划顺利实施。各地区要按照规划确定的目标、任务和政策措施，结合当地实际抓紧制订具体落实方案，确保取得实效。

商务部将会同有关部门加强对规划实施情况的跟踪问效监督检查，及时开展中期评估和终期检查。针对规划实施中出现的新情况、新问题，适时提出解决办法。规划实施期间，如运行环境出现重大变化，依照相关程序调整本规划预期目标。

工业领域煤炭清洁高效利用行动计划

（工业和信息化部、财政部2015年2月2日印发）

为贯彻国务院《大气污染防治行动计划》（国发〔2013〕37号）和《能源发展战略行动计划(2014-2020年)》(国办发〔2014〕31号)精神，落实中央财经领导小组第 6 次会议提出的“大力推进煤炭清洁高效利用”要求，积极推进工业领域煤炭清洁高效利用，提高煤炭利用效率，防治大气环境污染，保障人民群众身体健康，特制定本行动计划。本计划实施期为2015-2020年。

一、必要性

当前，煤炭在我国一次能源消费中约占66%，煤炭消费总量约 37 亿吨，占全球煤炭消费量的 50%左右，以煤炭为主体的能源消费结构短期内难以发生重大改变，也是影响大气环境质量的主要因素。全国烟粉尘排放的 70%，二氧化硫排放的85%，氮氧化物排放的67%都源于以煤炭为主的化石能源燃烧。工业领域用煤行业多、分布范围广、利用效率低、污染物排放高，是大气污染防治的重要领域。除电力行业外，2012 年工业领域煤炭消耗占煤炭消耗总量的46%，达 16 亿吨，其中焦化约占 29%，煤化工占20%，工业锅炉占30%，工业炉窑占16%。以上四个领域烟粉尘、二氧化硫、氮氧化物排放量分别约占全国排放量的 36%、45%、24%。

近年来，我国煤炭利用水平持续提高，但仍存在较大问题：一是能耗高、污染重，焦化、工业炉窑、煤化工、工业锅炉等主要用煤领域装备技术水平偏低，与国际先进水平相比存在较大差距；二是煤化工结构不合理，煤炭综合利用效率较低，部分产品存在产能过剩现象，产品附加值有待提高；三是煤炭利用产业融合度不高，大多数煤化工企业相对独立，与相关产业衔接不够，煤炭整体利用水平有待提升。

随着我国工业化、城镇化的深入推进，能源消费总量控制和环境保护约束日趋增强，加快推进工业煤炭清洁高效利用，对于促进工业绿色发展，减少大气污染物的产生和排放，改善大气环境质量具有重要意义。

二、总体思路、基本原则和主要目标

(一)总体思路

以削减煤炭消耗量、减少污染物排放为目标，以焦化、工业炉窑、煤化工、工业锅炉等工业用煤为重点，以煤炭消耗量大的城市为载体，结合本地产业实际，充分发挥市场主导作用，加大地方政府组织协调力度，推动辖区内相关企业实施清洁生产技术改造，提升技术装备水平、优化产品结构、加强产业融合，综合提升区域煤炭清洁高效利用水平，实现控煤、减煤，防治大气环境污染，促进区域环境质量改善。

(二)基本原则

坚持市场主导、政府引导。以企业为主体，加强中央政府指导和地方政府组织协调，充分调动企业积极性，根据市场需求，参与本地区计划的实施。坚持企业技术改造、结构优化升级。一方面加快推动企业实施煤炭清洁高效利用技术改造， 提高煤炭利用效率，减少污染物排放。另一方面优化产品结构，化解过剩产能，提高产品附加值。

坚持因地制宜、区域协调发展。根据本地区煤炭资源禀赋和利用水平，因地制宜推进煤炭清洁高效利用。同时，加强区域内相关产业衔接融合，综合提升区域煤炭清洁高效利用整体水平。

(三)主要目标

到2017年，实现节约煤炭消耗8000万吨以上，减少烟尘排放量50万吨、二氧化硫排放量60万吨、氮氧化物40万吨，促进区域环境质量改善。到2020年，力争节约煤炭消耗1.6亿吨以上，减少烟尘排放量100万吨、二氧化硫排放量120万吨、氮氧化物80万吨。

三、重点任务

(一)加快煤炭清洁高效利用技术改造

在焦化、工业炉窑、煤化工、工业锅炉等重点用煤领域加强对能耗高、污染重的工艺装备技术改造，推广应用一批先进适用、经济合理、节能减排潜力大的煤炭清洁高效利用技术，支持窑炉、锅炉先进技术装备产业化，加快落后窑炉、锅炉淘汰步伐，从源头减少煤炭消耗及污染物的产生，并配套相应的末端治理措施，达到或优于国家相关节能环保要求。

(二)推动煤化工结构优化升级

在煤化工行业按照能化共轨理念，推进煤炭由单一原料向原料和燃料并重转变，鼓励企业根据市场需求，加大煤炭资源加工转化深度，提高产品精细化率，大力发展清洁能源、新材料等新型煤化工，优化产品结构，延伸产业链，促进产业多元化发展，提高产品附加值。

(三)促进区域产业衔接融合

优化资源配置，促进焦化、煤化工与冶金、建材等产业衔接融合，实现工业炉窑清洁燃料供给。在条件适宜的地区或工业园区，推进焦化、煤化工与区域集中供热一体化模式，替代分散中小燃煤工业锅炉。加强统筹规划，合理布局，控制煤炭消费总量，构建区域内能源梯级利用、优势互补、产业共生耦合的发展模式， 综合提升区域煤炭清洁高效利用整体水平。

四、保障措施

(一)强化地方政府组织协调

省级工业主管部门会同财政主管部门， 按本计划要求，组织煤炭消耗大的城市编制实施方案（编制指南见附件1），并根据各城市实施方案，汇总形成本省实施计划，于2015年9 月30 日前报送至工业和信息化部，自 2016年起，每年年底前报送实施计划年度进展情况。工业和信息化部将会同财政部对实施效果进行通报。制定实施方案的城市，应建立由工业主管部门牵头、多部门参与的煤炭清洁高效利用工作协调机制，简化实施方案中项目的审批

手续，加快项目进度，合力推动实施方案各项任务的完成。

(二)建立多元化资金支持方式

发挥财政资金引导作用，利用各级财政资金中大气污染防治、技术改造、清洁生产、中小企业、淘汰落后等既有资金渠道，加大统筹力度，创新支持方式，提高资金使用效益，推动实施方案顺利完成。拓宽融资渠道，支持专业化节能环保公司采用合同能源管理、综合环境服务、金融租赁等模式，为企业提供技术和融资服务；鼓励金融机构针对实施方案提供绿色信贷等金融服务；引导民间资本设立股权基金、产业基金等，支持实施方案中的项目。

(三)发挥标准的引领和倒逼作用

工业和信息化部会同有关部门加快制定焦化、工业炉窑、煤化工、工业锅炉等领域煤炭清洁高效利用技术标准和规范，制定和完善相关产品的能耗限额标准，并发布高耗能落后设备淘汰目录。鼓励地方制定严于国家的地方能耗限额和污染物排放标准。加强标准宣贯，开展对标达标活动，树立一批优于标准的典型企业，引领企业不断提升技术水平。发挥能源消耗限额和污染物排放强制性标准的倒逼作用。地方工业主管部门组织节能监察机构依据能耗限额标准和高耗能落后设备淘汰目录，加强对焦化、工业炉窑、煤化工、工业锅炉等领域的企业能耗进行监督检查，推动落后设备淘汰，加快实施煤炭清洁高效技术改造进度。

(四)加强技术支撑能力建设

各级工业主管部门组织科研院所、高等院校和骨干企业，建立产学研一体的煤炭清洁高效利用技术研发与推广平台，积极开展技术示范，培育一批高效锅炉等装备制造基地，鼓励装备制造企业提供设计、生产、安装、运行一体化服务，引导企业加快应用相关技术。适时组织培训和宣贯等多种形式的宣传教育活动，进一步提高认识，确保实施方案顺利推进。有关行业协会、科研院所、咨询机构要充分发挥自身优势，做好技术引导、技术支持、技术服务和信息咨询等工作，帮助企业实施煤炭清洁高效利用技术改造。

附件：实施方案编制指南（略）

煤炭清洁高效利用行动计划（2015－2020年）

（国家能源局2015年4月27日印发）

煤炭是我国的主体能源和重要工业原料，近年来，煤炭工业取得了长足发展，煤炭产量快速增长，生产力水平大幅提高，为经济社会健康发展做出了突出贡献，但煤炭利用方式粗放、能效低、污染重等问题没有得到根本解决。未来一个时期，煤炭在一次能源消费中仍将占主导地位。为贯彻中央财经领导小组第六次会议和新一届国家能源委员会首次会议精神，落实《国务院办公厅关于印发能源发展战略行动计划（2014-2020年）的通知》（国办发〔2014〕31号）和《关于促进煤炭安全绿色开发和清洁高效利用的意见（国能煤炭〔2014〕571号）要求，加快推动能源消费革命，进一步提高煤炭清洁高效利用水平，有效缓解资源环境压力，制定本行动计划。

一、指导思想

高举中国特色社会主义伟大旗帜，全面贯彻党的十八大和十八届三中、四中全会精神，以邓小平理论、“三个代表”重要思想、科学发展观为指导，深入贯彻习近平总书记系列重要讲话精神，按照全面建成小康社会、全面深化改革、全面依法治国、全面从严治党的战略布局，坚持稳中求进工作总基调，落实《能源发展战略行动计划（2014-2020年）》，按照源头治理、突出重点、高效转化、清洁利用的发展方针，坚持政府引导、企业主体、市场驱动、科技支撑、法律规范、社会参与的原则，加快发展高效燃煤发电和升级改造，实施燃煤锅炉提升工程，着力推动煤炭分级分质梯级利用，推进废弃物资源化综合利用，实现煤炭清洁高效利用。

二、主要任务和行动目标

加强煤炭质量管理，加快先进的煤炭优质化加工、燃煤发电技术装备攻关及产业化应用，稳步推进相关产业升级示范，建立政策引导与市场推动相结合的煤炭清洁高效利用推进机制，构建清洁、高效、低碳、安全、可持续的现代煤炭清洁利用体系。主要目标：全国新建燃煤发电机组平均供电煤耗低于300克标准煤/千瓦时；到2017年，全国原煤入选率达到70%以上；现代煤化工产业化示范取得初步成效，燃煤工业锅炉平均运行效率比2013年提高5个百分点。到2020年，原煤入选率达到80%以上；现役燃煤发电机组改造后平均供电煤耗低于310克/千瓦时，电煤占煤炭消费比重提高到60%以上；现代煤化工产业化示范取得阶段性成果，形成更加完整的自主技术和装备体系；燃煤工业锅炉平均运行效率比2013年提高8个百分点；稳步推进煤炭优质化加工、分质分级梯级利用、煤矿废弃物资源化利用等的示范，建设一批煤炭清洁高效利用示范工程项目。

三、重点工作

（一）推进煤炭洗选和提质加工，提高煤炭产品质量

大力发展高精度煤炭洗选加工，实现煤炭深度提质和分质分级；开发高性能、高可靠性、智能化、大型（炼焦煤600万吨/年以上和动力煤1000万吨/年以上）选煤装备；新建煤矿均应配套建设高效的选煤厂或群矿选煤厂，现有煤矿实施选煤设施升级改造，组织开展井下选煤厂示范工程建设。严格落实《商品煤质量管理暂行办法》，积极推广先进的煤炭提质、洁净型煤和高浓度水煤浆技术。

在矿区、港口等煤炭集散地以及用户集中区，建设和完善区域煤炭优质化配送中心、大型现代化煤炭物流园区和储配煤中心，合理规划建设全密闭煤炭优质化加工和配送中心，通过采用选煤、配煤、型煤、水煤浆、低阶煤提质等先进的煤炭优质化加工技术，提高、优化煤炭质量，形成分区域优质化清洁化供应煤炭产品的格局，实现煤炭精细化加工配送。到2020年，重点建成海西等11个大型煤炭储配基地和30个年流通规模2000万吨级煤炭物流园区。

（二）发展超低排放燃煤发电，加快现役燃煤机组升级改造

逐步提高电煤在煤炭消费中的比重，推进煤电节能减排升级改造。

根据水资源、环境容量和生态承载力，在新疆、内蒙古、陕西、山西、宁夏等煤炭资源富集地区，科学推进鄂尔多斯、锡盟、晋北、晋中、晋东、陕北、宁东、哈密、准东等9个以电力外送为主的大型煤电基地建设。

认真落实《煤电节能减排升级改造行动计划》各项任务要求，进一步加快燃煤电站节能减排改造步伐，提升煤电高效清洁利用水平，打造煤电产业升级版。

（三）改造提升传统煤化工产业，稳步推进现代煤化工产业发展

改造提升传统煤化工产业，在煤焦化、煤制合成氨、电石等传统煤化工领域进一步推动上大压小，等量替代，淘汰落后产能。以规模化、集群化、循环化发展模式，大力发展焦炉煤气、煤焦油、电石尾气等副产品的高质高效利用。以现代煤气化技术促进煤制合成氨升级改造，开展高水平特大型示范工程建设。

适度发展现代煤化工产业，通过示范项目建设不断完善国内自主技术，加强不同技术间的耦合集成，大幅提升现代煤化工技术水平和能源转化效率，减少对生态环境的负面影响。在示范取得成功后，结合国民经济和社会发展需要，按照统一规划、合理布局、综合利用的原则，统筹推进现代煤化工产业发展。

重点在煤炭资源丰富、水资源有保障、生态环境许可、运输便捷的地区，根据生态环境、水资源保障情况，布局现代煤化工示范项目。坚持规模化、大型化、一体化、园区化、集约化发展。禁止在《全国主体功能区规划》确定的限制和禁止开发重点生态功能区内建设现代煤化工项目。严格控制缺水地区项目建设。

新建现代煤化工示范项目的主要技术指标应明显优于首批示范项目的水平，大气污染物和污水排放要符合最严格的环保要求，废渣全部无害化处理或资源化利用，推广应用废水制水煤浆、空气冷却等节水型技术，实现关键技术和装备国产化。

（四）实施燃煤锅炉提升工程，推广应用高效节能环保型锅炉

新生产和安装使用的20蒸吨/小时及以上燃煤锅炉应安装高效脱硫和高效除尘设施。在供热和燃气管网不能覆盖的地区，改用电、新能源或洁净煤，推广应用高效节能环保型锅炉，区域集中供热通过建设大型燃煤高效锅炉实现。20蒸吨/小时及以上燃煤锅炉应安装在线检测装置，并与当地的环保部门联网。

加速淘汰落后锅炉。到2017年，地级及以上城市建成区基本淘汰10蒸吨/小时及以下的燃煤锅炉；天津市、河北省地级及以上城市建成区基本淘汰35蒸吨/小时及以下燃煤锅炉。鼓励发展热电联供、集中供热等供热方式，以天然气（煤层气）、电力等清洁燃料替代分散中小燃煤锅炉。

提升锅炉污染治理水平。10蒸吨/小时及以上的燃煤锅炉要开展烟气高效脱硫、除尘改造，积极开展低氮燃烧技术及水煤浆燃烧技术改造示范，实现全面达标排放。大气污染防治重点控制区域的燃煤锅炉，要按照国家有关规定达到特别排放限值要求。开发推广工业锅炉余热、余能回收利用技术，实现余热、余能高效回收及梯级利用。

到2020年，淘汰落后燃煤锅炉60万蒸吨，京津冀、长三角、珠三角等重点区域的燃煤锅炉设施，基本完成天然气、热电联供、洁净优质煤炭产品等替代；现役低效、排放不达标锅炉基本淘汰或升级改造，高效锅炉达到50%以上。

（五）开展煤炭分质分级梯级利用，提高煤炭资源综合利用效率

鼓励低阶煤提质技术研发和示范。开展单系统年处理原料煤百万吨级中低温干馏制气、制油为主要产品路线的大规模煤炭分质利用示范，促进我国煤炭分质利用和提质技术水平的提高。

逐步实现“分质分级、能化结合、集成联产”的新型煤炭利用方式。鼓励煤－化－电－热一体化发展，加强各系统耦合集成。在具备条件的地区推进煤化工与发电、油气化工、钢铁、建材等产业间的耦合发展，实现物质的循环利用和能量的梯级利用，降低生产成本、资源消耗和污染排放。

2017年，低阶煤分级提质关键技术取得突破；2020年，建成一批百万吨级分级提质示范项目。

（六）加大民用散煤清洁化治理力度，减少煤炭分散直接燃烧

扩大城市高污染燃料禁燃区范围，逐步由城市建成区扩展到近郊，禁燃区内禁止使用散煤等高污染燃料，逐步实现无煤化。大力推广优质能源替代民用散煤，结合城市改造和城镇化建设，通过政策补偿和实施多类电价等措施，逐步推行天然气、电力及可再生能源等清洁能源替代散煤，形成多途径、多通道减少民用散煤使用的格局。农村地区综合推广使用生物质成型燃料、沼气、太阳能等清洁能源，减少散煤使用。

加大先进民用炉具的推广力度。民用优质散煤、洁净型煤等清洁能源产品，需配套先进节能炉具。制订民用先进炉具相关标准，建立民用先进炉具生产企业目录，拟定购买先进炉具的地方补贴政策。加大宣传力度，充分调动使用先进炉具的积极性。

京津冀及周边地区、长三角、珠三角限制销售和使用灰分大于16%、硫分大于1%的散煤。制定更严格的民用煤炭产品质量地方标准。加快修订优质散煤、低排放型煤等民用煤炭产品质量的地方标准，对硫分、灰分、挥发分、排放指标等进行更严格的限制，不符合标准的煤炭产品不允许销售。推行优质、低排放煤炭产品替代劣质散煤机制，全面禁止劣质散煤的销售。

（七）推进废弃物资源化利用，减少污染物排放

加大煤矸石、煤泥、煤矿瓦斯、矿井水等资源化利用的力度。推广矸石井下充填技术，推进井下模块式选煤系统开发及其示范工程建设，实现废弃物不出井；支持低热值煤（煤泥、煤矸石）循环流化床燃烧技术及锅炉的研发及应用；鼓励开展煤矿瓦斯防治利用重大技术攻关，实施瓦斯开发利用示范工程；有条件的矿区实施保水开采或煤水共采，实现矿井突水控制与水资源保护一体化；推进煤炭地下气化示范工程建设，探索适合我国国情的煤炭地下气化发展路线。开发脱硫石膏、粉煤灰大宗量规模化利用及精细化利用技术，积极推广粉煤灰和脱硫石膏在建筑材料、土壤改良等方面的综合利用。建设与煤共伴生的铝、锗等资源精细化利用示范工程，促进矿区循环经济发展。

积极开展二氧化碳捕集、利用与封存技术研究和示范；鼓励现代煤化工企业与石油企业及相关行业合作，开展驱油、微藻吸收、地质封存等示范，为其它行业实施更大范围的碳减排积累经验。

到2020年，煤矸石综合利用率不低于80%；煤矿瓦斯抽采利用率达到60%，在水资源短缺矿区、一般水资源矿区、水资源丰富矿区，矿井水或露天矿矿坑水利用率分别不低于95%、80%、75%；煤矿塌陷土地治理率达到80%以上，排矸场和露天矿排土场复垦率达到90%以上；煤炭地下气化技术取得突破。

四、保障措施

（一）完善标准体系

积极推进《产业结构调整指导目录》修订，明确限制类、淘汰类煤炭利用技术。加快制定煤炭清洁高效利用技术和装备标准。完善煤炭及转化产品质量标准。研究建立煤炭清洁高效利用先进技术遴选、评定、认证及推广机制。建立专家库，制定认证准则。根据相关标准对煤炭清洁利用技术进行评选，发布煤炭清洁高效利用先进技术目录。

提高煤炭清洁高效利用项目建设标准。通过项目建设规模、能源转化效率、综合能耗、新鲜水耗、资源综合利用率、污废产排率等具体指标进行调控和引导，促进集约化发展，防止盲目投资和低水平重复建设。

（二）依靠科技驱动

加强基础研究和技术攻关，积极推进将煤炭清洁高效利用重大科学研究和关键技术攻关纳入国家科技重大专项计划，将示范技术列入国家重点研发计划。积极组建国家重点实验室、国家科技研发中心、产业技术创新战略联盟等创新平台，建立以企业为主体、市场为导向、产学研用相结合的创新体系，培育一批技术创新能力强、拥有自主知识产权和品牌，融研发、设计、制造、服务于一体，具备核心竞争力的煤炭清洁高效技术和装备研发企业。加快培育具有国际竞争力的专业人才队伍。

（三）加强国际合作

充分借鉴世界先进经验，高起点、高标准地引进先进技术与管理模式，并组织消化、吸收和再创新。支持优势企业积极参与境外资产并购和项目开发建设，加强与境外制造企业和研发机构合作，充分利用境外资源和市场，提高我国煤炭清洁高效利用技术、装备和产品的国际竞争力。鼓励在国外建设大型煤炭清洁高效利用商业化项目，带动我国技术服务、重大装备、人才劳务向国际市场输出，丰富合作层次，提升合作水平。

（四）完善政策支持

各有关方面要积极落实现行与煤炭清洁高效利用相关的税收优惠政策，并在此基础上，研究出台更加有力的支持政策。积极引导各类社会资本进入煤炭清洁高效利用相关领域，鼓励采用合同能源管理方式实施煤炭清洁高效技术的运行和改造。

（五）强化监督管理

强化煤炭利用项目的能效、污染物排放等运行指标实时监测和信息公开；加强煤炭经营监督管理及环保、质检、工商等部门的联合执法，建立商品煤质量标识系统，严厉打击配煤环节掺杂使假行为。加强煤炭利用项目的运行监督和管理，加大环保设施建设和运行监管力度，确保煤炭利用技术和装置污染物在线监测的真实、准确。

（六）做好组织实施

各地区要加大政策落实力度，在各自职责范围内进一步细化和分解年度目标任务，根据本地区本行业实际情况，研究出台相关实施细则和扶持政策，狠抓落实，强化监管，确保取得实效。

促进绿色建材生产和应用行动方案

（工业和信息化部、住房和城乡建设部2015年8月31日印发）

绿色建材是指在全生命期内减少对自然资源消耗和生态环境影响，具有“节能、减排、安全、便利和可循环”特征的建材产品。我国建材工业资源能源消耗高、污染物排放总量大、产能严重过剩、经济效益下滑，绿色建材发展滞后、生产占比低、应用范围小。促进绿色建材生产和应用，是拉动绿色消费、引导绿色发展、促进结构优化、加快转型升级的必由之路，是绿色建材和绿色建筑产业融合发展的迫切需要，是改善人居环境、建设生态文明、全面建成小康社会的重要内容。为加快绿色建材生产和应用，制定本行动方案。

总体要求：以党的十八大和十八届三中、四中全会精神为指导，贯彻落实《中国制造2025》、《国务院关于化解产能严重过剩矛盾的指导意见》和《绿色建筑行动方案》等要求，以新型工业化、城镇化等需求为牵引，以促进绿色生产和绿色消费为主要目的，以绿色建材生产和应用突出问题为导向，明确重点任务，开展专项行动，实现建材工业和建筑业稳增长、调结构、转方式和可持续发展，大力推动绿色建筑发展、绿色城市建设。

行动目标：到2018年，绿色建材生产比重明显提升，发展质量明显改善。绿色建材在行业主营业务收入中占比提高到20%，品种质量较好满足绿色建筑需要，与2015年相比，建材工业单位增加值能耗下降8%，氮氧化物和粉尘排放总量削减8%；绿色建材应用占比稳步提高。新建建筑中绿色建材应用比例达到30%，绿色建筑应用比例达到50%，试点示范工程应用比例达到70%，既有建筑改造应用比例提高到80%。

一、建材工业绿色制造行动

（一）全面推行清洁生产。支持现有企业实施技术改造，提高绿色制造水平。推广应用建材窑炉烟气脱硫脱硝除尘、煤洁净气化以及建材智能制造、资源综合利用等共性技术，优先支持建筑卫生陶瓷行业清洁生产技术改造。平板玻璃行业限制高硫石油焦燃料。引导北方采暖区水泥企业在冬季供暖期开展错峰生产，节能减排，减少雾霾。

推广新型耐火材料。全面推广无铬耐火材料，从源头消减重金属污染。开发推广结构功能一体化、长寿命及施工便利的新型耐火材料和微孔结构高效隔热材料。

（二）强化综合利用，发展循环经济。支持利用城市周边现有水泥窑协同处置生活垃圾、污泥、危险废物等。支持利用尾矿、产业固体废弃物，生产新型墙体材料、机制砂石等。以建筑垃圾处理和再利用为重点，加强再生建材生产技术和工艺研发，提高固体废弃物消纳量和产品质量。

（三）推进两化融合，发展智能制造。引导建材生产企业提高信息化、自动化水平，重点在水泥、建筑卫生

陶瓷等行业推进智能制造并提升水平。深化电子商务应用，利用二维码、云计算等技术建立绿色建材可追溯信息系统，提高绿色建材物流信息化和供应链协同水平。开发推广工业机器人，在建筑陶瓷、玻璃、玻纤等行业开展“机器代人”试点。

二、绿色建材评价标识行动

（四）开展绿色建材评价。按照《绿色建材评价标识管理办法》，建立绿色建材评价标识制度。抓紧出台实施细则和各类建材产品的绿色评价技术要求。开展绿色建材星级评价，发布绿色建材产品目录。指导建筑业和消费者选材，促进建设全国统一、开放有序的绿色建材市场。

（五）构建绿色建材信息系统。建立绿色建材数据库和信息采集、共享制度。利用“互联网+”等信息技术构建绿色建材公共服务系统，发布绿色建材评价标识、试点示范等信息，普及绿色建材知识。构建绿色建材选用机制，疏通建筑工程绿色建材选用通道，实现产品质量可追溯。研究建立绿色建材第三方信息发布平台。

（六）扩大绿色建材的应用范围。围绕绿色建筑需求和建材工业发展方向，重点开展通用建筑材料、节能节地节水节材与建筑室内外环境保护等方面材料和产品的绿色评价工作。在推进绿色建筑发展和开展绿色建筑评价工作中强化对绿色建材应用的相关要求。在工业和信息化部、住房城乡建设部各类试点示范工程和推广项目中，进一步明确对绿色建材使用的规定。

三、水泥与制品性能提升行动

（七）发展高品质和专用水泥。制修订水泥产品标准，完善产品质量标准体系，鼓励生产和使用高标号水泥、纯熟料水泥。优先发展并规范使用海工、核电、道路等工程专用水泥。支持延伸产业链，完善混凝土掺合料标准，加快机制砂石工业化、标准化和绿色化。

（八）推广应用高性能混凝土。鼓励使用C35及以上强度等级预拌混凝土，推广大掺量掺合料及再生骨料应用技术，提升高性能混凝土应用技术水平。研究开发高性能混凝土耐久性设计和评价技术，延长工程寿命。

（九）大力发展装配式混凝土建筑及构配件。积极推广成熟的预制装配式混凝土结构体系，优化完善现有预制框架、剪力墙、框架-剪力墙结构等装配式混凝土结构体系。完善混凝土预制构配件的通用体系，推进叠合楼板、内外墙板、楼梯阳台、厨卫装饰等工厂化生产，引导构配件产业系列化开发、规模化生产、配套化供应。

四、钢结构和木结构建筑推广行动

（十）发展钢结构建筑和金属建材。在文化体育、教育医疗、交通枢纽、商业仓储等公共建筑中积极采用钢结构，发展钢结构住宅。工业建筑和基础设施大量采用钢结构。在大跨度工业厂房中全面采用钢结构。推进轻钢结构农房建设。鼓励生产和使用轻型铝合金模板和彩铝板。

（十一）发展木结构建筑。促进城镇木结构建筑应用，推动木结构建筑在政府投资的学校、幼托、敬老院、园林景观等低层新建公共建筑，以及城镇平改坡中使用。推进多层木-钢、木-混凝土混合结构建筑，在以木结构建筑为特色的地区、旅游度假区重点推广木结构建筑。在经济发达地区的农村自建住宅、新农村居民点建设中重点推进木结构农房建设。

（十二）大力发展生物质建材。促进木材加工和保护产业发展，支持利用农作物秸秆、竹纤维、木屑等发展生物质建材，优先发展和使用生物质纤维增强的木塑、新型镁质建材等围护用和装饰装修用产品。鼓励在竹资源丰富地区，发展竹制建材和竹结构建筑。

五、平板玻璃和节能门窗推广行动

（十三）大力推广节能门窗。实施建筑能效提升工程，建设高星级绿色建筑，发展超低能耗、近零能耗建筑。新建公共建筑、绿色建筑和既有建筑节能改造应使用低辐射镀膜玻璃、真（中）空玻璃、断桥铝合金等节能门窗，带动平板玻璃和铝型材生产线升级改造。

（十四）严格使用安全玻璃。加强安全玻璃生产和使用监督检查，适时修订《建筑安全玻璃管理规定》，切实规范建筑安全玻璃生产、流通、设计、使用和安装管理，防止以次充好，消除玻璃门窗和幕墙安全隐患。

（十五）发展新型和深加工玻璃产品。鼓励太阳能光热、光伏与建筑装配一体化，带动光热光伏玻璃产业发展。支持发展电子信息用屏显玻璃基板、防火玻璃、汽车和高铁等用风挡玻璃基板等新产品，提高深加工水平和产品附加值。

六、新型墙体和节能保温材料革新行动

（十六）新型墙体材料革新。重点发展本质安全和节能环保、轻质高强的墙体和屋面材料，引导利用可再生资

源制备新型墙体材料。推广预拌砂浆，研发推广钢结构等装配式建筑应用的配套墙体材料。

（十七）发展高效节能保温材料。鼓励发展保温、隔热及防火性能良好、施工便利、使用寿命长的外墙保温材料，开发推广结构与保温装饰一体化外墙板。

七、陶瓷和化学建材消费升级行动

（十八）推广陶瓷薄砖和节水洁具。推广使用大型化、薄型化的陶瓷砖，节水、轻量的座便器（小便器）。开发新型水龙头、马桶盖等智能卫浴用品，促进卫生陶瓷人性化、智能化生产，更好满足个性化消费。发展透水砖等城镇道路建设材料及集水系统，支撑海绵城市建设。

（十九）提升管材和型材品质。大力推广应用耐腐蚀、密封性好、保温节能的新型管材和型材，提高使用寿命和耐久性。支持生产和推广使用大口径、耐腐蚀、长寿命、低渗漏、免维护的高分子材料或复合材料管材、管件，支撑地下管廊建设。

（二十）推广环境友好型涂料、防水和密封材料。支持发展低挥发性有机化合物（VOCs）的水性建筑涂料、建筑胶黏剂，推广应用耐腐蚀、耐老化、使用寿命长、施工方便快捷的高分子防水材料、密封材料和热反射膜。

八、绿色建材下乡行动

（二十一）支持绿色农房建设。结合新农村建设、绿色农房建设需要，落实《关于开展绿色农房建设的通知》，引导各地因地制宜生产和使用绿色建材，编制绿色农房用绿色建材产品目录，重点推广应用节能门窗、轻型保温砌块、预制部品部件等绿色建材产品，提高绿色农房防灾减灾能力。

（二十二）支持现代设施农业发展。围绕现代设施农业，积极发展和推广安全性好、性价比高、使用便利的玻璃、岩棉等产品。

九、试点示范引领行动

（二十三）工程应用示范。制定绿色建材应用试点示范申报、评审和验收等办法。结合绿色建筑、保障房建设、绿色生态城区、既有建筑节能改造、绿色农房、建筑产业现代化等工作，明确绿色建材应用的相关要求。选择典型城市和工程项目，开展钢结构、木结构、装配式混凝土结构等建筑应用绿色建材试点示范。

（二十四）产业园区示范。在绿色建材发展基础好的地区，依托优势企业，整合要素资源，完善研发设计、检测验证、现代物流、电子商务等公共服务体系，支持建设以绿色建材为特色的产业园区。

（二十五）协同处置示范。按照《关于促进生产过程协同资源化处理城市和产业废弃物工作的意见》，持续开展好水泥窑协同处置城市生活垃圾等废弃物的试点示范。开展固体废弃物再生建材综合利用示范，建立再生建材工程应用长期监测机制，积累再生建材应用安全性技术资料。

十、强化组织实施行动

（二十六）加强组织领导。建立由工业和信息化部、住房城乡建设部牵头，相关部门参加的绿色建材生产和应用协调机制。加强绿色建材生产应用与绿色建筑发展、绿色城市建设的内在联系，统筹绿色建材生产、使用、标准、评价等环节，加强政策衔接，强化部门联动，组织实施相关行动，督促落实重点任务，协调完善推进措施。

（二十七）研究制定配套政策。利用现有渠道，引导社会资本，加大对共性关键技术研发投入，支持企业开展绿色建材生产和应用技术改造。研究制定财税、价格等相关政策，激励水泥窑协同处置、节能玻璃门窗、节水洁具、陶瓷薄砖、新型墙材等绿色建材生产和消费。支持有条件的地区设立绿色建材发展专项资金，对绿色建材生产和应用企业给予贷款贴息。将绿色建材评价标识信息纳入政府采购、招投标、融资授信等环节的采信系统。研究制定建材下乡专项财政补贴和钢结构部品生产企业增值税优惠政策。

（二十八）完善标准规范。进一步修改完善行业规范和准入标准，公告符合规范条件的企业和生产线名单。强化环保、能耗、质量和安全标准约束，构建强制性标准和自愿采用性标准相结合的标准体系。加强建筑工程设计规范与绿色建材产品标准的联动。取消复合水泥32.5等级标准，大力推进特种和专用水泥应用。

（二十九）搭建创新平台。依托大型企业集团、科研院所、大专院校等单位，构建完善产学研用相结合的产业发展创新体系。创建一批以绿色建材为特色的技术中心、工程中心或重点实验室，完善产业发展所需公共研发、技术转化、检验认证等平台。加强建材生产与建筑设计、工程建造等上下游企业互动，组建绿色建材产业发展联盟。依托尾矿、建筑废弃物等资源建设新型墙体材料、机制砂石生产基地。

（三十）开展宣传教育和检查。加大培训力度，开展绿色建材生产和应用的培训。开展形式多样的绿色建材宣传活动，强化公众绿色生产和消费理念，提高对绿色建材政策的理解与参与，使绿色建材的生产与应用成为全行业

和社会各界的自觉行动。开展绿色建材行动检查，对不执行绿色建材生产和使用有关规定的，要加强舆论监督和通报批评。

各地要结合本地建材工业和建筑业发展实际，尽快制定本地区绿色建材发展实施方案，明确主体责任，扎实推进本地区绿色建材生产和应用各项工作。

各省、自治区住房城乡建设厅，直辖市建委，新疆生产建设兵团建设局，国务院有关部门建设司，总后基建营房部工程管理局：

为充分发挥市场配置资源的决定性作用，进一步简政放权，促进建筑业发展，现就建筑业企业资质有关问题通知如下：

一、取消《施工总承包企业特级资质标准》（建市[2007]72号）中关于国家级工法、专利、国家级科技进步奖项、工程建设国家或行业标准等考核指标要求。对于申请施工总承包特级资质的企业，不再考核上述指标。

二、取消《建筑业企业资质标准》（建市[2014]159号）中建筑工程施工总承包一级资质企业可承担单项合同额3000万元以上建筑工程的限制。取消《建筑业企业资质管理规定和资质标准实施意见》（建市[2015]20号）特级资质企业限承担施工单项合同额6000万元以上建筑工程的限制以及《施工总承包企业特级资质标准》（建市[2007]72号）特级资质企业限承担施工单项合同额3000万元以上房屋建筑工程的限制。

三、将《建筑业企业资质标准》（建市[2014]159号）中钢结构工程专业承包一级资质承包工程范围修改为：可承担各类钢结构工程的施工。

四、将《建筑业企业资质管理规定和资质标准实施意见》（建市[2015]20号）规定的资质换证调整为简单换证，资质许可机关取消对企业资产、主要人员、技术装备指标的考核，企业按照《建筑业企业资质管理规定》（住房城乡建设部令第22号）确定的审批权限以及建市[2015]20号文件规定的对应换证类别和等级要求，持旧版建筑业企业资质证书到资质许可机关直接申请换发新版建筑业企业资质证书（具体换证要求另行通知）。将过渡期调整至2016年6月30日，2016年7月1日起，旧版建筑业企业资质证书失效。

五、取消《建筑业企业资质管理规定和资质标准实施意见》（建市[2015]20号）第二十八条“企业申请资质升级（含一级升特级）、资质增项的，资质许可机关应对其既有全部建筑业企业资质要求的资产和主要人员是否满足标准要求进行检查”的规定；取消第四十二条关于“企业最多只能选择5个类别的专业承包资质换证，超过5个类别的其他专业承包资质按资质增项要求提出申请”的规定。

六、劳务分包（脚手架作业分包和模板作业分包除外）企业资质暂不换证。

各地要认真组织好建筑业企业资质换证工作，加强事中事后监管，适时对本地区取得建筑业企业资质的企业是否满足资质标准条件进行动态核查。

本通知自发布之日起施行。

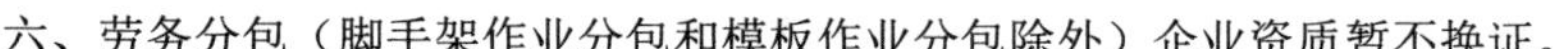

全面实施燃煤电厂超低排放和节能改造工作方案

（环发[2015]164号 环境保护部、发展改革委、能源局2015年12月11日印发）

全面实施燃煤电厂超低排放和节能改造，是推进煤炭清洁化利用、改善大气环境质量、缓解资源约束的重要举措。《煤电节能减排升级与改造行动计划（2014-2020年）》（以下简称《行动计划》）实施以来，各地大力实施超低排放和节能改造重点工程，取得了积极成效。根据国务院第114次常务会议精神，为加快能源技术创新，建设清洁低碳、安全高效的现代能源体系，实现稳增长、调结构、促减排、惠民生，推动《行动计划》“提速扩围”特制订本方案。

一、指导思想与目标

（一）指导思想

全面贯彻党的十八届五中全会精神，牢固树立绿色发展理念，全面实施煤电行业节能减排升级改造，在全国范围内推广燃煤电厂超低排放要求和新的能耗标准，建成世界上最大的清洁高效煤电体系。

（二）主要目标

到2020年，全国所有具备改造条件的燃煤电厂力争实现超低排放（即在基准氧含量6%条件下，烟尘、二氧化硫、氮氧化物排放浓度分别不高于10、35、50毫克/立方米）。

全国有条件的新建燃煤发电机组达到超低排放水平。加快现役燃煤发电机组超低排放改造步伐，将东部地区原计划2020年前完成的超低排放改造任务提前至2017年前总体完成；将对东部地区的要求逐步扩展至全国有条件地区，其中，中部地区力争在2018年前基本完成，西部地区在2020年前完成。

全国新建燃煤发电项目原则上要采用60万千瓦及以上超超临界机组，平均供电煤耗低于300克标准煤/千瓦时（以下简称克/千瓦时），到2020年，现役燃煤发电机组改造后平均供电煤耗低于310克/千瓦时。

二、重点任务

（一）具备条件的燃煤机组要实施超低排放改造。在确保供电安全前提下，将东部地区（北京、天津、河北、辽宁、上海、江苏、浙江、福建、山东、广东、海南等11省市）原计划2020年前完成的超低排放改造任务提前至2017年前总体完成，要求30万千瓦及以上公用燃煤发电机组、10万千瓦及以上自备燃煤发电机组（暂不含W型火焰锅炉和循环流化床锅炉）实施超低排放改造。

将对东部地区的要求逐步扩展至全国有条件地区，要求30万千瓦及以上燃煤发电机组（暂不含W型火焰锅炉和循环流化床锅炉）实施超低排放改造。其中，中部地区（山西、吉林、黑龙江、安徽、江西、河南、湖北、湖南等8省）力争在2018年前基本完成；西部地区（内蒙古、广西、重庆、四川、贵州、云南、西藏、陕西、甘肃、青海、宁夏、新疆等12省区市及新疆生产建设兵团）在2020年前完成。力争2020年前完成改造5.8亿千瓦。

（二）不具备改造条件的机组要实施达标排放治理。燃煤机组必须安装高效脱硫脱硝除尘设施，推动实施烟气脱硝全工况运行。各地要加大执法监管力度，推动企业进行限期治理，一厂一策，逐一明确时间表和路线图，做到稳定达标，改造机组容量约1.1亿千瓦。

（三）落后产能和不符合相关强制性标准要求的机组要实施淘汰。进一步提高小火电机组淘汰标准，对经整改仍不符合能耗、环保、质量、安全等要求的，由地方政府予以淘汰关停。优先淘汰改造后仍不符合能效、环保等标准的30万千瓦以下机组，特别是运行满20年的纯凝机组和运行满25年的抽凝热电机组。列入淘汰方案的机组不再要求实施改造。力争“十三五”期间淘汰落后火电机组规模超过2000万千瓦。

（四）要统筹节能与超低排放改造。在推进超低排放改造同时，协同安排节能改造，东部、中部地区现役煤电机组平均供电煤耗力争在2017年、2018年实现达标，西部地区现役煤电机组平均供电煤耗到2020年前达标。企业尽可能安排在同一检修期内同步实施超低排放和节能改造，降低改造成本和对电网的影响。2016-2020年全国实施节能改造3.4亿千瓦。

三、政策措施

（一）落实电价补贴政策

对达到超低排放水平的燃煤发电机组，按照《关于实行燃煤电厂超低排放电价支持政策有关问题的通知》（发改价格〔2015〕2835号）要求，给予电价补贴。2016年1月1日前已经并网运行的现役机组，对其统购上网电量每千瓦时加价1分钱；2016年1月1日后并网运行的新建机组，对其统购上网电量每千瓦时加价0.5分钱。2016年6月底前，发展改革委、环境保护部等制定燃煤发电机组超低排放环保电价及环保设施运行监管办法。

（二）给予发电量奖励

综合考虑煤电机组排放和能效水平，适当增加超低排放机组发电利用小时数，原则上奖励200小时左右，具体数量由各地确定。落实电力体制改革配套文件《关于有序放开发用电计划的实施意见》要求，将达到超低排放的燃煤机组列为二类优先发电机组予以保障。2016年，发展改革委、国家能源局研究制定推行节能低碳调度工作方案，提高高效清洁煤电机组负荷率。

（三）落实排污费激励政策

督促各地在提高排污费征收标准（二氧化硫、氮氧化物不低于每当量1.2元）同时，对污染物排放浓度低于国家或地方规定的污染物排放限值50%以上的，切实落实减半征收排污费政策，激励企业加大超低排放改造力度。

（四）给予财政支持

中央财政已有的大气污染防治专项资金，向节能减排效果好的省（区、市）适度倾斜。

（五）信贷融资支持

开发银行对燃煤电厂超低排放和节能改造项目落实已有政策，继续给予优惠信贷；鼓励其他金融机构给予优惠

信贷支持。支持符合条件的燃煤电力企业发行企业债券直接融资，募集资金用于超低排放和节能改造。

（六）推行排污权交易

对企业通过超低排放改造产生的富余排污权，地方政府可予以收购；企业也可用于新建项目建设或自行上市交易。

（七）推广应用先进技术

制定燃煤电厂超低排放环境监测评估技术规范，修订煤电机组能效标准和能效最低限值标准，指导各地和各发电企业开展改造工作。再授予一批煤电节能减排示范电站，搭建煤电节能减排交流平台，促进成熟先进技术推广应用。

四、组织保障

（一）加强组织领导

环境保护部、发展改革委、国家能源局会同有关部门共同组织实施本方案，加强部际协调，各司其职、各负其责、密切配合。国家能源局、环境保护部、发展改革委确定年度燃煤电厂节能和超低排放改造重点项目，并按照职责分工，分别建立节能改造和能效水平、机组淘汰、超低排放改造、达标排放治理管理台账，及时协调解决推进过程中出现的困难和问题。

各地和电力集团公司是燃煤电厂超低排放和节能改造的责任主体，要充分考虑电力区域分布、电网调度等因素编制改造计划方案，于2016年3月底前完成，报国家能源局、环境保护部和发展改革委。发电企业要按照《行动计划》相关要求，切实履行责任，落实项目和资金，积极采用环境污染第三方治理和合同能源管理模式，确保改造工程按期建成并稳定运行。中央企业要起到模范带动作用。地方政府和电网公司要统筹协调区域电力调度，有序安排机组停机检修，制定并落实有序用电方案，保障电力企业按期完成环保和节能改造。

（二）强化监督管理

各地要加强日常督查和执法检查，防止企业弄虚作假，对不达标企业依法严肃处理；对已享受超低排放优惠政策但实际运行效果未稳定达到的，向社会通报，视情节取消相关优惠政策，并予以处罚。省级节能主管部门会同国家能源局派出机构，对各地区、各企业节能改造工作实施监管。

（三）严格评价考核

环境保护部、发展改革委、国家能源局会同有关部门，严格按照各省（区、市）、中央电力集团公司燃煤电厂超低排放改造计划方案，每年对上年度燃煤电厂超低排放和节能改造情况进行评价考核。

山西省“十三五”循环经济发展规划（节录）

（山西省人民政府2016年9月5日印发）

第二章　总体要求和发展目标

一、总体要求

全面贯彻党的十八大以来的一系列方针、政策，深入落实习近平总书记系列讲话精神，以生态文明建设为目标，以提质增效、转型发展和改革创新为主线，坚持循环经济发展路径，切实加强循环型产业体系建设，推进园区循环化改造，不断深化社会领域资源循环利用体系建设，创新发展循环经济的体制机制，在试点的基础上，培育一批可推广复制的循环经济示范模式，走出一条资源型地区绿色、循环、低碳发展的转型之路。

二、发展目标

(一)发展目标

按照“三年示范引领、五年全面覆盖”的工作部署，构建循环型产业体系，推进园区循环化改造，实施重点领域循环经济工程，逐步建立覆盖全社会的资源循环利用体系，探索循环经济创新体系，建立健全循环经济发展的长效机制，生态文明取得较大进展，可持续发展能力进一步增强，形成布局合理、互动发展、协调推进的循环经济发展格局。

(二)指标体系

根据《国务院关于印发循环经济发展战略及近期行动计划的通知》(国发〔2013〕5号)的具体要求，结合我省实际情况，以2015年为基期、预期到2020年全省循环经济发展的目标值(见表2-1)：

第三章　构建循环型产业体系

全面推行循环型生产方式，实施清洁生产，促进源头减量。以循环发展为引领，加强绿色、循环、低碳发展的深度融合，全面节约和高效利用资源。推动企业循环式生产、产业循环式组合、园区循环式发展，促进资源型产业一体化、循环化发展和新兴战略型产业绿色化、规模化发展，构筑循环经济新优势。

一、构建循环型工业体系

通过路径引领和开展产业废物资源综合利用，推进企业间、产业间共生耦合，形成循环链接的产业体系。

(一)构建煤电一体化循环及资源综合利用体系

按照国家能源局、环保部、工信部《关于促进煤炭安全绿色开发和清洁高效利用的意见》(国能煤炭[2014]571号)的要求，统筹煤炭资源条件、矿山地质环境、水资源承载力和生态环境容量，科学规划煤炭开发利用规模，从生产源头实施减量化，并通过提高煤炭采出率，对产业链上下游生产要素进行合理的优化配置，发挥煤炭资源的更大效用，促进煤炭资源集约安全绿色开发和集中清洁高效利用。

加快煤炭由单一燃料向原料和燃料并重转变，推进煤电一体化融合、煤层气(煤矿瓦斯)抽采利用、煤炭共伴生物和加工副产物综合利用。大力推广可资源化的烟气脱硫、脱氮技术，开展颗粒物(PM2.5)、硫氧化物、氮氧化物、重金属等多种污染物协同控制技术研究与应用，建立和规范全过程用煤质量保障体系，完善煤炭加工转化产品质量和能效标准，从根本上实现煤炭清洁高效利用与生态文明建设协调发展。

到2020年煤炭资源开发利用率大幅提高，循环经济体系进一步完善，生态环境显著改善，“绿色矿山”建设取得积极成效，资源节约型和环境友好型生态文明矿区取得重要进展。燃煤发电和低热值煤发电并举，大幅提高发电用煤占煤炭能源消耗的比重。低阶煤资源的开发和综合利用取得积极进展，新型煤化工实现高效、环保、低耗发展。煤层气(瓦斯)综合利用率达到75%以上，乏风瓦斯销毁和利用全面开展;火电平均供电煤耗降到320克标准煤/千瓦时;煤矸石综合利用率达到75%，粉煤灰综合利用率达到70%，脱硫石膏综合利用率达到60%，矿井水综合利用率达到80%以上;排矸场和露天矿排土场复垦率达到60%。

(二)打造流程循环和协同循环的冶金产业体系

冶金是重要的流程制造产业。按照《中国制造2025》全面推行绿色制造的战略任务，要加快冶金产业的绿色化改造，强化产品生命周期管理，积极推进低碳化、循环化和集约化，提高冶金产业资源利用效率，努力构建具备产品制造、能源转换、废物消纳和再资源化等功能，具有良好的经济环境和社会效益的新一代冶金流程为特点的发展模式。

到2020年，实现产能总体规模适度、存量优化发展、品种差异化得到体现的冶金产业绿色发展升级版。联合焦化企业基本普及干熄焦。冶金产品的工序能耗、吨产品新水消耗达到国家准入生产条件的限额以下。钢铁冶炼废渣综合利用率达到95%以上，大幅度提高赤泥、镁渣等资源综合利用率。

(三)构建多联产和深度延伸的煤化工产业体系

煤化工涉及我省巨大的煤炭能源转化过程，是实现煤炭产业绿色、循环、低碳发展的重要交集点和关键突破口。按照国家发展改革委《关于规范煤化工产业有序发展的通知》(发改产业〔2011〕635号)和《煤化工产业中长期发展规划(2006-2020)》相关要求，大力推进煤炭—能源化工/原料化工一体化发展，突出煤炭基地与煤化工产业集聚，促进区域煤炭资源有效利用、上下游链接，形成园区化、规模化、多联产和促进与电力、冶金、建材等互供、互享以及服务延伸的循环经济发展模式。

到2020年，煤化工升级示范取得明显成效，建立具有我省特色的煤焦油加工产品、焦化苯加工产品以及焦炉煤气延伸产品的标准体系。培育1-2户全国煤化工行业能效“领跑者”企业，合成氨、烧碱(离子膜)、电石等产品综合能耗、新鲜水耗达到或接近国内先进水平。煤制油、煤制烯烃、煤制天然气等符合产业规范条件。

(四)做强做优“消纳利废”的建材产业体系

建材产业不仅互补、互动链接煤炭、冶金、电力、化工等产业的循环节点，而且消纳处理生活垃圾、建筑废弃物，推动和贡献循环型社会的建设。按照国务院办公厅《绿色建筑行动方案》(国办发〔2013〕1号)及国家工信部、住房城乡建设部《促进绿色建材生产和应用行动方案》(工信部联原〔2015〕309号)的要求，大力推进具有在生命周期内减少对自然资源消耗和生态环境影响，具有“节能、减排、安全、便利和可循环”特征的建材产品的生

产和应用，推动建材产业与上游产业和社会领域的耦合，消纳利用工业固废和社会领域的废弃物，实现资源循环替代。“消纳利废”的

到2020年，绿色建材生产比重明显提升，利废建材产品较好地满足绿色建筑需要，新型墙体材料比重达到70%以上。建材生产中的水泥熟料、平板玻璃、日用陶瓷等综合能耗低于国家限额。

（五）振兴以“绿色制造”为标志的装备制造产业体系

以信息化与制造业深度融合为主线，推进实施《中国制造2025》和《中国制造2025山西行动纲要》，全面推行绿色制造和再制造，加快振兴装备制造产业。促进轨道交通装备、新能源汽车、煤层气装备、煤化工装备、金属工艺装备、智能制造装备等装备制造向“聚集、智能、绿色、服务”方向发展。以先进装备制造增强煤—电—铝、煤—焦—化、煤—气—化、煤—电—材等循环链的基础装备能力，构建起绿色制造与资源型产业互为支撑的循环型模式。

到2020年，装备制造的创新能力得到较大提高，重点企业信息技术集成应用达到国内先进水平，装备制造服务业得到较快发展。规模以上装备制造业工业增加值年均增长13%，绿色制造业增加值占工业比重达到48%，关键工序数控化率达到50%以上。

二、构建循环型农业体系

按照国务院办公厅《关于加快转变农业发展方式的意见》(国办发[2015]59号)及国家发展改革委、农业部、国家林业局《关于加快发展农业循环经济的指导意见》(发改环资[2016]203号)的要求，以循环经济为路径，推进农业资源利用节约化、生产过程清洁化、产业链条生态化、废弃物利用资源化，构建循环型农业体系，走出一条“产业高效、产品安全、资源节约、环境友好”的现代农业发展的道路。

到2020年，转变农业发展方式取得积极进展，农业资源利用和生态环保水平不断提高。农业灌溉用水有效利用系数达到0.55，秸秆综合利用率提高到80%以上，林业“三剩物”综合利用率达80%以上。

(一)发展节约高效的有机种植业。(二)建设清洁环保的健康畜禽养殖业。　　(三)发展林地资源综合利用的生态林业。(四)构建工农业复合的现代循环农业。(五)创新发展低碳农业。(六)推进重点领域的循环经济建设。

三、构建循环型服务业体系

适应经济社会发展更多依靠消费引领、服务驱动的新特征，推进服务主体绿色化、服务过程清洁化，促进服务业与工农业、城镇化融合发展。按照国务院《关于加快发展生产性服务业促进产业结构调整升级的指导意见》(国发〔2014〕26号)及国务院办公厅《关于加快发展生活性服务业促进消费结构升级的指导意见》(国办发〔2015〕85号)提出的要求和任务，积极培育循环型服务业态，充分发挥服务业引领产业价值链提升和倡导绿色低碳消费的积极作用，促进产业提升和消费升级。

到2020年，力争实现循环型服务业规模持续扩大，培育形成一批服务业循环经济的新模式、新业态。4A级以上旅游景区全面建成环境友好型旅游景区;物流设施能源利用效率明显提高，车辆空驶率稳步降低;一次性用品使用率大幅减少。

四、推进产业园区循环化改造

按照国家发展改革委、财政部《关于推进园区循环化改造的意见》(发改环资〔2012〕765号)要求，围绕涉及的各类经济开发区、产业园区、专业园区以及重点规划布局的产业集聚区，通过优化空间布局、调整产业结构、突破循环经济关键链接技术、合理延伸产业链并循环链接、搭建基础设施和公共服务平台、创新组织形式和管理机制，实现产业园区资源高效、循环利用和废物“零排放”，增强产业园区的综合竞争力和可持续发展能力。

“十三五”期间，循环化改造成为各类产业园区建设的重要内容。到2020年，国家试点的太原不锈钢产业园区完成循环经济标准化体系建设，实现循环化改造。省级重点推进的循环化改造示范园区取得明显成效。

第四章　推进社会层面循环经济发展

全面推进循环型生活方式，加强资源节约和环境友好型社会建设，推行绿色消费。完善再生资源和垃圾分类回收利用体系，推动再生资源利用产业化。加强再生水回收利用，发展再制造，实施绿色建筑行动和绿色交通行动。加快城乡一体化循环，促进循环型社会建设。

一、完善再生资源回收利用体系

按照国家商务部、发展改革委、国土资源部、住房城乡建设部和供销合作总社制定的《再生资源回收体系建设中长期规划(2015-2020)》(商流通发〔2015〕21号)的要求，以发展绿色物流为主线，围绕规范回收秩序、降低回

收利用成本和提高回收利用率，构建多元化回收、集中分拣和拆解、安全储存运输和无害化处理的完整的先进的回收体系。到2020年，再生资源回收规模化经营水平大幅提升，技术水平显著提高，主要再生资源回收率达到60%。

二、加强雨水收集和再生水回收利用

贯彻国务院办公厅《关于推进海绵城市建设的指导意见》(国办发〔2015〕75号)，加强城市雨水收集利用。加快城市再生水回收利用设施的建设，进一步提高再生水的利用效率，构建城市健康水循环系统。到2020年，主要城市雨水收集利用达到“海绵城市”的规定要求。城市生活污水处理率平均达到90%以上，再生水利用率得到较大提高。

四、构建绿色发展的交通运输体系

构建绿色综合交通运输体系。 引导采用绿色环保型交通工具。倡导绿色出行。

五、推行绿色消费

绿色消费是循环型社会的重要内涵。在新型消费引领经济发展的新常态下，推进低碳、绿色消费，形成倡导生态文明的主流价值观。树立绿色消费理念。推行绿色生活方式。 (三)政府垂范绿色消费。

六、构建大循环格局

在推动企业内部、园区平台、产业系统实行绿色、低碳发展和资源循环利用的基础上，全方位构建生态文明总体要求的循环经济大战略，推动产业之间、产业与城市之间、城市与乡村之间、生产与生活系统之间的循环式布局、循环式组合、循环式流通，加快构建循环型社会体系，全面推进绿色、循环、低碳发展，实现资源利用可循环、环境容量可承载、经济发展可持续。

第五章　建设循环经济创新体系

创新是推动循环经济发展的根本动力，要在循环经济发展的市场机制、协同管理、政策激励、评价考核、科技进步、文化氛围等方面不断推进创新，勇于实践，形成促进循环经济发展的长效机制。

浙江省循环经济发展“十三五”规划（节录）

（浙江省发展和改革委员会2016年8月印发）

本规划根据《循环经济促进法》、《循环经济发展战略及近期行动计划》(国发〔2013〕5号)、《浙江省国民经济和社会发展第十三个五年规划纲要》(浙政发〔2016〕8号)制订，是指导“十三五”时期全省循环经济发展的纲领性文件。规划期为2016年至2020年。

第二章 指导思想和发展目标

第一节 指导思想

全面贯彻落实党的十八大和十八届三中、四中、五中全会精神，深入贯彻习近平总书记系列重要讲话精神，以创新、协调、绿色、开放、共享五大发展理念为引领，按照“绿水青山就是金山银山”的发展路子和建设美丽浙江的总要求，牢固树立节约集约循环利用的新资源观，以提高全社会资源产出率为核心，以科技创新、模式创新和业态创新形成引领循环经济发展新动能，通过体制创新和制度供给激发循环经济发展新动力，全面实施新一轮“991”行动计划，加快推动全省经济社会绿色循环转型，夯实高水平全面建成小康社会的资源环境支撑，为创建全国循环经济示范省打下更加坚实的基础。

第二节 发展目标

到2020年，全省资源产出率进一步提高，循环型生产方式广泛推行，绿色消费模式普及推广，覆盖全社会的资源利用体系初步建立，循环经济总体发展水平继续保持全国前列，为创建全国循环经济示范省打下更加坚实的基础。

——资源循环利用效率大幅提高。主要资源产出率达到国家要求，能源、水、土地、矿产等资源利用效率持续提高，再生资源循环利用水平继续保持全国领先水平。到2020年，万元GDP用水量下降到35立方米，单位建设用地生产总值提高到32万元/亩。

——循环型产业体系初步建立。生态循环型工业、现代生态循环农业、绿色循环型服务业稳步发展，循环型生产方式加快推行，实现企业循环式生产、产业循环式组合、园区循环式改造，产业间、区域间、城乡间循环经济协

同发展格局基本形成。

——循环型社会建设取得新的进展。建立较为完善的、覆盖全社会的资源循环利用体系，产业废弃物和城市典型废弃物资源化利用水平不断提高。绿色消费理念深入人心，节约能源资源和环境保护的生产方式和消费模式得到全面推广，绿色建筑、绿色出行有效普及。到2020年，全省主要再生资源回收利用率达到75%，工业固体废弃物综合利用率达到95%，农作物秸秆综合利用率达到95%，规模畜禽养殖场整治达标率达100%。

——循环经济发展环境进一步改善。循环经济发展相关改革有效推进，规划政策体系、示范标准体系、监测评估体系进一步健全，支撑循环经济发展的技术创新水平显著提升，有效引导全省循环经济发展。

第三章　突出九大领域

以提高全社会资源产出率为核心，围绕九大领域，重点在构建循环型产业体系、提高资源循环利用水平、创新体制机制等方面实现明显突破，推动全省循环经济发展水平不断提升。

第一节　提升生态循环型工业水平

引导工业绿色循环化发展。加快推动电力、钢铁、有色金属、石油化工、化学、建材、造纸、纺织等行业的循环化改造，积极构建循环经济产业链。推动绿色循环理念融入高端装备等万亿产业，加强生态设计和绿色产品研发应用，推广绿色循环生产工艺。加快培育节能环保产业等支撑循环经济发展的新兴产业。推进工业与互联网的深度融合，重点引导“互联网+协同制造、智能制造”等新模式。

推进园区生态循环化改造。加快推进国家级和省级园区循环化改造示范试点建设。加强全省园区循环化改造需求调查和潜力摸底，鼓励园区规划设计各具特色的改造路径，实行分类改造指导。推进区域园区整体协同改造，探索园区“打捆”改造模式。继续推进生态工业园区建设，积极培育专业化第三方改造和治理公司，推动开展园区清洁生产审核。加快建立园区能源资源环境管理平台和统计监测体系，强化循环经济技术研发及孵化中心等公共服务设施。

推动企业清洁循环式生产。把循环经济“3R”原则贯穿到企业生产的各环节和全流程，积极引导企业按照物质流的方法，加快构建完善内部小循环，提高原料、能源、水资源等物质的循环利用能力，进一步减少废弃物产生及排放。推行企业产品生态设计，引导企业实施产品全生命周期管理。进一步加大清洁生产审核力度，继续推进重点行业强制性清洁生产审核，扩大自愿性清洁生产审核范围。推动实施企业绿色智能制造，推广物联网技术，加快建设绿色智能工厂。

第二节　优化现代生态循环农业结构

优化生态农业布局。优化调整种养业的空间布局及其内部结构，拓展农业生态功能。统筹布局现代生态循环农业示范区，形成区域布局合理、推进机制联动、示范项目集聚的局面。科学布局种养产业、畜禽粪便和农作物秸秆收集处理、沼气工程、沼液配送利用、有机肥加工等配套服务设施，整体构建循环利用体系。

完善农业循环经济产业链。推进农业产业链接循环化，加快推进种养结合，促进养殖场建设与农田建设有机结合，推广生态养殖模式。鼓励发展设施渔业及浅海立体生态养殖，推进水产养殖业与种植业有效对接，重点推广农林牧渔复合型模式，实现畜(禽)、鱼、粮、菜、果、茶协同发展。培育构建“种植业—秸秆—畜禽养殖—粪便—沼肥还田、养殖业—畜禽粪便—沼渣/沼液—种植业”等循环利用模式。

推行农业清洁生产。推行种植业清洁化生产，科学使用化肥、农药等农业投入品，大力推广节地节水节肥技术，深化测土配方施肥，减少化肥用量。全面治理畜禽养殖污染，全面完成年存栏生猪50头以上规模养殖场生态整治扫尾工作，积极推进生猪散养户和规模水禽养殖场扩面整治，确保畜禽养殖排泄物生态消纳或达标排放。

第三节　加快绿色循环型服务业发展

推进生产性服务业循环化发展。大力发展多式联运，鼓励使用节能环保和新能源车辆，加快绿色智能仓储建设，逐步构建智慧物流体系。加快推进通信服务业绿色基站建设，开展绿色数据中心建设，鼓励回收废旧通信产品。探索电子商务新模式，降低商贸行业的资源消耗。积极发展节能环保咨询服务业，打造一批从事节能环保技术研发、咨询服务、推广应用的服务平台和机构。

推动生活性服务业绿色循环发展。加快推进旅游景区建设和管理绿色化，鼓励发展绿色旅游饭店，着力提升“互联网+旅游”服务水平，积极构建循环型旅游服务体系。推进餐饮住宿行业绿色化，限制和减少一次性消费品，推进餐厨废弃物规范回收和资源化利用，鼓励服务主体利用新能源新材料和节能节水减排技术。加快零售批发等行业推进废弃物回收利用，鼓励发展现代流通方式。

促进公共服务循环化发展。建设循环型公共机构，制定评价标准，推进无纸化办公，引导公共机构开展节水型、节能型单位建设。推进绿色学校建设，推广应用节能节水等循环经济技术、产品，提高教材的重复利用水平，加强学校环境整治。鼓励科研机构、高等院校、企业等开展循环经济的科学研究、技术推广和成果转化，争创国家和省级重点实验室。推动文化创意和循环经济深度融合，鼓励体现生态文明、循环经济理念的优秀文化作品的创作推广。

第四节　推动循环经济协同发展

推进区域循环经济协同发展。统筹推进全省各地区循环经济协同发展，杭州东部、嘉兴、湖州、绍兴等平原水网地区，重点协同推进园区循环化改造、水资源综合利用、新能源利用、废弃物处理和现代生态循环农业发展等。宁波、温州、台州、舟山等沿海和海岛地区，重点协同推进再生资源利用、海水淡化、可再生能源开发和再制造等。杭州西部、金华、衢州、丽水等地区，协同发展具有山区特色的循环经济。围绕园区循环化改造、水资源综合利用等领域，推进钱塘江、苕溪、甬江等八大流域循环经济协同发展。

促进城乡间循环经济协同发展。围绕餐厨废弃物、建筑废弃物、医疗废弃物、生活垃圾和工业固体废弃物等，统筹布局城市静脉产业基地，提升区域废弃物处置水平。支持农村发展循环经济，推进生活垃圾分类、清洁能源应用和再生资源利用，抓好农业废弃物资源化利用。推进城乡统筹，依托城市的各类废弃物资源化和无害化处置基础设施，协同处置农村难以处置的废弃物。

加强产业循环式组合。加强物质流分析和管理，搭建循环经济技术、市场、产品等公共服务平台，鼓励产业间、企业间建立物质流、资金流、产品链紧密结合的循环经济联合体。推动产业绿色融合发展，促进工业、农业、服务业等产业间循环链接、共生耦合。推动不同行业的企业以物质流、能量流为媒介进行链接共生，实现原料互供、资源共享，促进跨行业的循环经济产业链。

第五节　加强资源节约集约利用

强化土地节约集约利用。推进国土资源节约集约示范省建设，全面实施“节约优先”、“藏粮于地”两大战略。坚持最严格节约用地制度，强化土地利用规划管控和用途管制，优化生产生活生态用地比例结构。继续推进“亩产倍增”行动计划，大力盘活城乡存量建设用地，推进城乡低效用地再开发、低丘缓坡荒滩未利用地开发和工矿废弃地复垦利用。

推动能源节约。强化节能目标责任落实，推进高耗能项目“控新汰劣”，全面推进重点领域和重点用能企业的节能管理，确保完成国家下达的节能目标任务。落实全民节能行动计划，大力推进生活、建筑、交通运输等领域节能，实施锅炉(窑炉)淘汰及余热利用等重点工程。实施能效领跑者引领行动，通过树立标杆、政策激励、提高标准，形成推动能效水平不断提升的长效机制。

推进水资源节约。落实最严格水资源管理制度，建立水资源开发利用控制红线、用水效率控制红线和水功能区限制纳污红线。全面推进节水型社会建设，推进节水型单位、企业、小区、灌区等节水载体创建。实施水效领跑者引领行动，建立水效标识制度。推进节水型城市、海绵城市建设。到2020年，全省用水总量控制在224亿立方米以内，全省三分之二县(市、区)达到节水型社会建设标准。

加强原材料节约。以石化、电力、化工、建材、有色金属、纺织印染、造纸等行业为重点，推进原材料节约。严格设计规范、生产规程，改进工艺技术，加强原材料消耗核算，减少不可再生资源的消耗。限制一次性消费品使用，合理区分禁止和限制使用的一次性消费品范围。推广使用可降解、易回收、低成本的包装材料，改进大宗原材料产品包装方式。

第六节　促进资源回收与综合利用

提升再生资源回收利用水平。以废旧金属、废旧塑料、废旧纺织品等再生资源为重点，推动“城市矿产”、“城市油田”、“城市棉田”等建设，引导再生资源企业集聚化规模化发展。逐步开展新兴再生资源回收，推动太阳能光伏电板、动力蓄电池、碳纤维材料和节能灯等新兴材料的回收利用。创新“互联网+”再生资源回收利用模式，完善再生资源回收体系，逐步构建覆盖全省的产业废弃物和再生资源交易系统。

推动再制造产业化高质化发展。以汽车零部件、工程机械、大型工业装备、办公设备、电子产品等为重点，扩大再制造规模，推动再制造集聚发展。建立以售后维修体系为核心的旧件回收体系，规范发展专业化再制造旧件回收企业和区域性再制造旧件回收物流集散中心。鼓励专业化再制造服务公司与钢铁冶金、化工、机械等生产制造企业合作，开展设备寿命评估与检测、清洗与强化延寿等再制造专业技术服务。

加快产业废弃物综合利用。推动粉煤灰、冶金渣、化工渣、工业副产石膏及赤泥等大宗工业固体废弃物的重大

共性关键技术研发，拓宽综合利用途径，提高综合利用水平。推进尾矿、废石生产建筑材料和道路工程材料等。强化污泥处置，到2020年集中式污水处理厂和工业污泥处置设施实现全覆盖，县以上城镇污水处理厂污泥无害化处置率达100%。加强农作物秸秆、农林产品加工副产物、畜禽粪便等农林废弃物的资源化利用。

促进城乡典型废弃物资源化利用。加快建立生活垃圾分类处置回收体系，科学确定分类标准，鼓励有条件的城市开展地方专项立法。推动实施餐厨垃圾处理设施建设、收运体系建设、产品应用管理、示范试点推进、产业培育发展，逐步将厨余垃圾纳入处置范围。探索建立建筑垃圾资源化利用的技术模式和商业模式，继续推进生产粗细骨料和再生填料。加强废旧纺织品资源化利用管理，完善相关标准体系，健全回收渠道，加快建设先进处置示范基地。规范园林废弃物收集处置，推动与各类有机废弃物协同处置，开发生物质能源和有机肥。

第七节　倡导绿色生活方式

发展分享经济。

鼓励绿色消费。

推广绿色建筑。

倡导绿色出行。

第八节　强化循环经济科技创新与应用

加强关键技术研发。围绕稀贵金属再生和深加工、废塑料高值化利用、再制造先进成形、废轮胎常温粉碎和深加工、电路板元器件高效脱除及贵重金属提取等循环经济发展的重大需求，加强科技研发，优先列入省级科技计划(专项、基金)支持领域和攻关方向。支持企业加大技术和装备方面的投入，鼓励资源循环利用企业与科研院所、高等院校组建产学研技术创新联盟。

推广共性关键技术和成套设备。支持再生资源、再制造、产业废弃物资源化、废旧商品回收的关键技术研发和装备产业化示范推广。健全循环经济技术、装备的遴选及推广机制，积极推荐相应的技术、装备及产品列入国家鼓励的循环经济技术、工艺和设备名录，逐步建立应用推广的信息平台。完善重大科技专项推广应用的监督管理体制、绩效评估方法。

支持先进技术装备和产品“走出去”。依托国家“一带一路”战略，大力开拓国际市场，促进具有竞争力的循环经济关键技术装备出口。加快全省节能环保企业“走出去”步伐，培育一批具有国际竞争力的企业。推动再制造产品进入国际市场，实施对标行动，推动再制造产品的性能稳定性、质量可靠性等指标达到欧美国家的准入条件。

第九节 推进循环经济体制机制创新

深化体制改革和制度创新。推进资源要素市场化配置改革，建立健全用能权、用水权、排污权初始分配制度。建立完善推动循环经济发展的制度体系，推动实施生产者责任延伸制度、再生产品和再生材料推广使用制度、一次性消费品限制使用制度。加快探索建立生活垃圾强制分类制度、再生产品和再生材料政府强制采购制度、种养业废弃物资源化利用制度等一系列符合省情特点的循环经济发展制度。积极推进环境污染第三方治理。鼓励各地结合实际开展试点，积极探索和推动循环经济发展领域的制度创新。

加快标准规范体系建设。加快推进循环经济标准体系建设，逐步完善产业废弃物综合利用、再生资源回收利用、再制造产品、再生产品及材料、餐厨废弃物资源化利用产品、利废建材等领域产品的地方标准建设。加强循环经济发展工作规范制定，逐步出台区域循环发展评价、园区循环化改造、示范试点验收等相关评价标准和规范。支持开展再生产品、再制造产品认证，培育一批运作规范、社会信誉高、符合国际通行规则的循环经济产品认证机构。

第四章　打造九大载体

按照“十三五”时期全省循环经济发展的重点领域，以示范试点为主要方式，重点在城市、乡镇、园区、企业、产品、产业链、典型模式、技术、制度等方面，打造循环经济发展的九大载体。

第一节 创建一批循环经济示范城市

按照国家发展改革委关于循环经济示范城市(县)创建的有关要求，继续推动循环经济示范城市(县)建设。加快推进台州、衢州、永康、宁海、安吉、海宁等国家级循环经济示范城市(县)，以及临安、德清、嘉善、柯桥、玉环、遂昌等省级循环经济示范城市创建工作，按期组织开展评估和验收。继续在全省范围内选择循环经济发展水平较高、循环经济发展模式具有代表性的市、县(市、区)，开展省级循环经济示范城市(县)创建试点，逐步推进循环型城市建设。

第二节 推进一批循环经济示范乡镇

按照全省特色小镇建设部署，扎实推进已列入创建的循环经济特色小镇的创建工作，继续支持一批具有循环经济理念的特色小镇创建，同时鼓励各类特色小镇发展循环经济。结合全省小城市培育和中心镇建设工作，适时组织开展循环经济示范乡镇创建工作，打造一批以循环型生活为核心、以循环型产业为支撑、生产生活循环链接的循环经济示范乡镇。依托全省美丽乡村建设，适时打造一批资源综合利用水平较高、生态环境质量优良、生态文化繁荣的循环经济示范乡村。

第三节 建设一批循环经济示范园区

按照全省园区循环化改造工作部署，加快推进现有国家级和省级园区循环化改造试点建设，继续创建一批国家级和省级园区循环化改造试点，到2020年力争培育50个省级以上循环化改造示范园区。按照生态循环型工业、现代生态循环农业和绿色循环型服务业发展需要，继续加强工业循环经济示范园区建设管理，培育100个以上现代生态循环农业示范区，打造一批绿色循环型服务业发展集聚区。

第四节 培育一批循环经济示范企业

围绕钢铁、有色、化工、建材、农业、矿产资源、包装、纺织印染等行业，争创一批国家循环经济示范企业，培育一批省级循环经济示范企业。围绕现代生态循环农业试点省建设，培育1000个现代生态循环农业示范主体。围绕节能环保产业发展，分领域、分行业、分层次培育一批“十百千”龙头骨干企业。围绕再生资源利用及固体废弃物处理，培育一批资源循环利用骨干企业。围绕节水型社会建设，培育一批节水型企业。

第五节 推广一批循环经济示范产品

以减量化、再利用和资源化为方向，鼓励研发和生产循环经济示范产品。围绕减量化方向，支持企业研发和生产节能、节水、节材的生产装备和产品，鼓励研发和生产电动汽车、节能空调、节能冰箱等节能环保型产品。围绕再利用方向，鼓励研发和生产以废旧金属、废旧塑料、废旧电子产品、废旧纺织品、废旧纸张、废旧橡胶、废旧玻璃等为原生材料的再生资源利用产品。围绕资源化方向，鼓励研发和生产以工业固体废弃物、农林废弃物、建筑废弃物、餐厨废弃物等为原材料的废弃物高值化利用产品。

第六节 构建一批循环经济产业链

围绕能源利用，推动热电联产、区域集中供热，开发余热余能利用、有机废弃物的能量回收，形成多种方式的能源梯级利用产业链。围绕水资源利用，推进中水回用和不同水质的串级使用，形成水和污泥的重复利用产业链。围绕农林渔废弃物处理，构建种植、养殖—废弃物利用产业链。围绕不同产业，构建粮、菜、畜、林、渔、加工、物流、旅游一体化和一、二、三产联动发展的产业循环式组合链。围绕生活中废旧物资和典型废弃物，完善回收体系，构筑可再生、可利用资源的综合利用产业链。

第七节 复制一批循环经济典型模式

按照“可复制、可推广”的要求，在区域、园区、企业等各层面，电力、钢铁、有色、化工、建材、轻工、纺织、石化等各行业，工业、农业、服务业等各产业，生产、消费、流通和回收等各环节，总结和推广一批再生资源综合利用、废弃物资源化利用等循环经济发展典型模式，加大宣传推广，以点带面，带动全省循环经济发展水平的整体提升。

第八节 完善一批循环经济技术标准

进一步深化循环经济标准化试点工作，围绕园区循环化改造、废弃物资源化回收利用、再制造产业规模化发展等，组织开展循环经济标准化试点，通过总结经验，制定一批循环经济技术标准和规范。逐步制定循环经济示范城市、示范园区、示范乡镇、示范企业等评价标准。完善循环经济产品标准体系，逐步建立健全再生产品及材料、餐厨废弃物资源化利用产品、利废建材等产品标准。

第九节 制定一批循环经济制度

推进资源要素市场化配置改革，建立以“亩产效益”为导向的资源要素差别化配置机制，实施差别化的资源要素价格制度。推广实施生产者责任延伸制度，选择重点品种探索实行押金制、目标制。建立再生产品和再生材料推广使用制度，发布分类目录，实施政府优先采购。完善一次性消费品限制使用制度，鼓励研发生产一次性消费品替代产品。在国家级和省级循环化改造试点园区，探索实施一般工业固体废物转移联单制度。

第五章 实施十大工程

按照“十三五”时期全省循环经济发展的重点领域，以项目推进实施为主要方式，实施循环经济十大工程，夯实全省循环经济发展的项目支撑。

园区循环化改造工程、节能环保产业基地培育工程、餐厨垃圾资源化综合利用工程、再制造和再生资源利用工程、固体废弃物资源化利用工程、 水资源综合利用工程、 绿色消费促进工程、循环经济技术研发应用工程、循环经济能力升级工程。

武汉市海绵城市建设试点工作实施方案

（武汉市人民政府办公厅2016年3月21日印发）

为贯彻落实生态文明建设发展战略，打造人与自然和谐发展的生态城市，全面推进我市海绵城市建设试点工作，特制订本方案。

一、指导思想

全面贯彻落实《国务院办公厅关于推进海绵城市建设的指导意见》（国办发〔2015〕75号）精神，按照大力建设自然渗透、自然积存、自然净化的海绵城市要求，转变城市建设理念，优化城市发展模式，坚持“生态为本、自然循环、规划引领、统筹推进、政府引导、社会参与”的基本原则，统筹协调城市生态保护、土地利用、市政基础设施建设等关系，注重绿色生态措施和灰色基础设施、地上设施和地下设施的有机结合，实现空间约束和资源约束并重，保护和恢复城市生态，改善城市环境，提升城市功能。用3年的时间，集中力量开展青山和汉阳四新示范区试点工作，积极探索城市建设管理模式，为我市可持续发展奠定坚实基础。

二、工作目标

到2017年底，实现以下5个方面指标：

（一）城市雨水管理达到国内先进水平。年径流总量控制率：青山示范区不低于70%，汉阳四新示范区不低于80%；年径流污染控制率（以TSS去除率计）不低于50%。

（二）城市内河水系水质得到有效改善。示范区湖泊水质达Ⅳ类标准率为100%，港渠水质达Ⅳ类标准率为65%。当内河水系存在上游来水时，下游断面主要指标不得低于来水指标。

（三）城市防涝水平和防洪标准得到提高。示范区易涝点改造基本完成，示范区内涝防治标准提高到50年一遇，防洪体系达到100年一遇防洪标准，防洪堤防达标率为100%。

（四）城市生态底线得到有效保护。示范区天然水面保持率达到100%，生态护坡比例达到50%。

（五）建立一套源头控制、过程管理、末端治理的海绵城市建设管控体系和规划、设计、施工、竣工验收、运行维护等技术标准体系。新建项目的海绵性审查率达到100%。

三、工作任务

（一）加强政策法规体系建设。依法行政，严格遵守、执行《武汉市城市绿化条例》、《武汉市湖泊保护条例》、《武汉市基本生态控制线管理规定》（市人民政府令第224号）等法规、规章。抓紧制定出台《武汉市海绵城市建设管理暂行办法》及相关配套制度，建立集规划、建设、管理、维护、调度于一体的政策法规体系。

（二）形成系统技术体系。积极开展海绵城市建设技术理论和应用、监测评价方法等研究。制订《武汉市海绵城市规划技术导则》（以下简称《导则》），市城乡建设、园林和林业、水务部门根据《导则》分别制订建筑、道路、园林绿地、水系等相关技术规范，组织制订《武汉市海绵城市建设技术指南》。成立武汉市海绵城市建设技术联盟，开展技术体系研究及技术推广。择优选取有实力的海绵城市技术服务机构，为规划制订、方案设计、监测等工作提供技术支持。相关单位和示范区人民政府（管委会）要结合工程实践，及时总结提炼，为推进海绵城市建设提供技术支撑和示范经验。

（三）加大统筹管理力度

1. 明晰责任。各示范区人民政府（管委会）全面负责示范区海绵城市建设试点工作。居住小区和公共建筑工程由各示范区人民政府（管委会）负责组织实施，公园绿地、城市道路、排水管渠泵站、城市水系生态修复等项目按照《中共武汉市委武汉市人民政府关于加强市区两级政府共同推进城市基础设施建设的意见》（武发〔2013〕16号）确定的市区分工原则进行建设。城乡建设、水务、发展改革、财政、国土规划、园林和林业、环保、气象、住房保障房管、城管、交通运输、审计等部门要按照各自职责分工，做好海绵城市建设的指导、服务、协调和监管等工作。

2.规划引领。在城市总体规划编制和实施过程中，要保护好山水田林湖自然本底，优化区域空间结构，加强各专项规划间的协调与融合，构建城乡一体、区域联动的空间格局，夯实海绵城市的生态基底。要把地块年径流总量控制率、面源污染削减率、峰值径流系数等指标作为项目开发建设规划条件的重要技术指标，严格管控落实。

3.分类实施。综合考虑示范区的自然地理条件、市政基础设施现状能力、经济社会发展条件等因素，因地制宜、因地施策。新建项目要严格按照海绵城市建设的理念和方法系统推进。对既有项目海绵性改造要结合棚户区（危旧房）改造、旧城改造等项目同步实施。

4.项目认定。根据年径流总量控制率、面源污染削减率、峰值径流系数等指标要求，市城乡建设部门会同市发展改革、国土规划、水务、园林和林业等部门，对海绵城市建设项目进行评估、筛选，确定海绵城市建设项目清单。

5.制定补助资金（含中央财政资金）使用管理办法。补助资金（含中央财政资金）按各区投资占试点建设总投资的比例进行分配。具体使用管理办法由市财政局会同市城乡建设等部门制定。

6.实行奖励。对示范区非政府投资项目的海绵设施建设给予资金奖励。在试点期内，以2015年10月1日为节点，在此前开工建设的非政府投资项目按照海绵设施建设资金的30%予以奖励；在此后开工建设的非政府投资项目按照海绵设施建设资金的15%予以奖励。由各示范区制定本区的奖励细则并组织实施。

7.创新机制。区别海绵城市建设项目的经营性与非经营性属性，建立政府与社会资本风险分担、收益共享的合作机制，采取明晰经营性收益权、政府购买服务、财政补贴等多种形式，鼓励社会资本参与海绵城市投资建设和运营管理，加大对创新建设运营机制的统筹管理力度。

8.统筹推进。海绵城市建设要坚持集约节约原则，结合城市建设、土地开发和旧城改造工作予以统筹推进。以解决实际问题为导向，加强质量控制，加强施工管理，做到功能性、经济性、实用性有机统一。在建政府投资项目因海绵城市相关工程建设而调整概算的，经相关部门审查认可后，由项目业主承担调增的工程投资。

9.绩效考核。将示范区海绵设施建设项目纳入全市城建跨越重点项目建设综合考核范围，定期组织考核。

（四）实施海绵设施建设。2015年至2017年三年试点期内，打造青山和汉阳四新两片海绵城市试点区，总面积38.5平方公里。青山示范区东起工人村路，西至建设一路，北抵临江大道，南到欢乐大道，总面积23平方公里；汉阳四新示范区东靠长江、南临三环线，西至龙阳大道，北抵汉新大道，总面积15.5平方公里。实施项目包括居住小区、公共建筑、公园绿地、城市道路、排水管渠泵站、城市水系生态修复和检测评估平台建设等7个方面内容。

（五）积极多方筹措资金。积极争取国家海绵城市建设奖补资金。整合市、区财政资金，市财政每年至少安排资金4亿元，示范区人民政府（管委会）各自安排资金每年不少于1亿元，专项用于海绵城市建设试点工作。市城乡建设部门在安排城建计划时，向示范区倾斜，支持其道路、园林绿地等海绵性改造工作。建设项目责任单位和项目业主等要充分利用国家对海绵城市建设的支持性政策，积极向银行争取中长期贷款，相关部门采取以政府与社会资本合作（PPP）等模式积极筹措海绵设施建设资金。

四、保障措施

（一）加强组织领导。成立市海绵城市建设试点工作领导小组，由市人民政府市长任组长，分管副市长任副组长，各相关部门和单位负责人为成员（具体组成人员名单附后），建立工作协商机制，对试点工作的重要政策和重大事项进行决策、协调、督办。领导小组下设办公室，在市城乡建设委办公，具体负责领导小组日常工作。示范区人民政府（管委会）要成立海绵城市建设工作专班，由区人民政府（管委会）主要负责人牵头，负责全面统筹、协调、组织、实施示范区内海绵城市建设试点工作。

（二）强化部门联动。各级城乡建设、水务、发展改革、财政、国土规划、园林和林业、环保、气象、住房保障房管、城管、交通运输、审计等部门要紧密合作，带动社会力量和投资形成推进海绵城市建设的合力；要开辟绿色审批通道，加强工作配合，缩短审批时间，提高工作效率。

（三）加强宣传引导。要做好海绵城市建设的宣传和发动工作，提高公众对海绵城市建设的认知度，加大对海绵城市建设带来的经济、社会、环境效益的宣传力度，形成全社会广泛支持和参与海绵城市建设的氛围。

试点示范

生态环境损害赔偿制度改革试点方案

（中共中央办公厅、国务院办公厅2015年12月印发）

党中央、国务院高度重视生态环境损害赔偿工作。党的十八届三中全会明确提出对造成生态环境损害的责任者严格实行赔偿制度。为逐步建立生态环境损害赔偿制度，现制定本试点方案。

一、总体要求和目标

通过试点逐步明确生态环境损害赔偿范围、责任主体、索赔主体和损害赔偿解决途径等，形成相应的鉴定评估管理与技术体系、资金保障及运行机制，探索建立生态环境损害的修复和赔偿制度，加快推进生态文明建设。

2015年至2017年，选择部分省份开展生态环境损害赔偿制度改革试点。从2018年开始，在全国试行生态环境损害赔偿制度。到2020年，力争在全国范围内初步构建责任明确、途径畅通、技术规范、保障有力、赔偿到位、修复有效的生态环境损害赔偿制度。试点省份的确定另行按程序报批。

二、试点原则

——依法推进，鼓励创新。按照相关法律法规规定，立足国情与地方实际，由易到难、稳妥有序开展生态环境损害赔偿制度改革试点工作。对法律未作规定的具体问题，根据需要提出政策和立法建议。

——环境有价，损害担责。体现环境资源生态功能价值，促使赔偿义务人对受损的生态环境进行修复。生态环境损害无法修复的，实施货币赔偿，用于替代修复。赔偿义务人因同一生态环境损害行为需承担行政责任或刑事责任的，不影响其依法承担生态环境损害赔偿责任。

——主动磋商，司法保障。生态环境损害发生后，赔偿权利人组织开展生态环境损害调查、鉴定评估、修复方案编制等工作，主动与赔偿义务人磋商。未经磋商或磋商未达成一致，赔偿权利人可依法提起诉讼。

——信息共享，公众监督。实施信息公开，推进政府及其职能部门共享生态环境损害赔偿信息。生态环境损害调查、鉴定评估、修复方案编制等工作中涉及公共利益的重大事项应当向社会公开，并邀请专家和利益相关的公民、法人和其他组织参与。

三、适用范围

本试点方案所称生态环境损害，是指因污染环境、破坏生态造成大气、地表水、地下水、土壤等环境要素和植物、动物、微生物等生物要素的不利改变，及上述要素构成的生态系统功能的退化。

（一）有下列情形之一的，按本试点方案要求依法追究生态环境损害赔偿责任：

1．发生较大及以上突发环境事件的；

2．在国家和省级主体功能区规划中划定的重点生态功能区、禁止开发区发生环境污染、生态破坏事件的；

3．发生其他严重影响生态环境事件的。

（二）以下情形不适用本试点方案：

1．涉及人身伤害、个人和集体财产损失要求赔偿的，适用侵权责任法等法律规定；

2．涉及海洋生态环境损害赔偿的，适用海洋环境保护法等法律规定。

四、试点内容

（一）明确赔偿范围。生态环境损害赔偿范围包括清除污染的费用、生态环境修复费用、生态环境修复期间服务功能的损失、生态环境功能永久性损害造成的损失以及生态环境损害赔偿调查、鉴定评估等合理费用。试点地方可根据生态环境损害赔偿工作进展情况和需要，提出细化赔偿范围的建议。鼓励试点地方开展环境健康损害赔偿探索性研究与实践。

（二）确定赔偿义务人。违反法律法规，造成生态环境损害的单位或个人，应当承担生态环境损害赔偿责任。现行民事法律和资源环境保护法律有相关免除或减轻生态环境损害赔偿责任规定的，按相应规定执行。试点地方可根据需要扩大生态环境损害赔偿义务人范围，提出相关立法建议。

（三）明确赔偿权利人。试点地方省级政府经国务院授权后，作为本行政区域内生态环境损害赔偿权利人，可指定相关部门或机构负责生态环境损害赔偿具体工作。

试点地方省级政府应当制定生态环境损害索赔启动条件、鉴定评估机构选定程序、管辖划分、信息公开等工作规定，明确环境保护、国土资源、住房城乡建设、水利、农业、林业等相关部门开展索赔工作的职责分工。建立对生态环境损害索赔行为的监督机制，赔偿权利人及其指定的相关部门或机构的负责人、工作人员在索赔工作中存在滥用职权、玩忽职守、徇私舞弊的，依纪依法追究责任；涉嫌犯罪的，应当移送司法机关。

对公民、法人和其他组织举报要求提起生态环境损害赔偿的，试点地方政府应当及时研究处理和答复。

（四）开展赔偿磋商。经调查发现生态环境损害需要修复或赔偿的，赔偿权利人根据生态环境损害鉴定评估报告，就损害事实与程度、修复启动时间与期限、赔偿的责任承担方式与期限等具体问题与赔偿义务人进行磋商，统筹考虑修复方案技术可行性、成本效益最优化、赔偿义务人赔偿能力、第三方治理可行性等情况，达成赔偿协议。磋商未达成一致的，赔偿权利人应当及时提起生态环境损害赔偿民事诉讼。赔偿权利人也可以直接提起诉讼。

（五）完善赔偿诉讼规则。试点地方法院要按照有关法律规定、依托现有资源，由环境资源审判庭或指定专门法庭审理生态环境损害赔偿民事案件；根据赔偿义务人主观过错、经营状况等因素试行分期赔付，探索多样化责任承担方式。

试点地方法院要研究符合生态环境损害赔偿需要的诉前证据保全、先予执行、执行监督等制度；可根据试点情况，提出有关生态环境损害赔偿诉讼的立法和制定司法解释建议。鼓励符合条件的社会组织依法开展生态环境损害赔偿诉讼。

（六）加强生态环境修复与损害赔偿的执行和监督。赔偿权利人对磋商或诉讼后的生态环境修复效果进行评估，确保生态环境得到及时有效修复。生态环境损害赔偿款项使用情况、生态环境修复效果要向社会公开，接受公众监督。

（七）规范生态环境损害鉴定评估。试点地方要加快推进生态环境损害鉴定评估专业机构建设，推动组建符合条件的专业评估队伍，尽快形成评估能力。研究制定鉴定评估管理制度和工作程序，保障独立开展生态环境损害鉴定评估，并做好与司法程序的衔接。为磋商提供鉴定意见的鉴定评估机构应当符合国家有关要求；为诉讼提供鉴定意见的鉴定评估机构应当遵守司法行政机关等的相关规定规范。

（八）加强生态环境损害赔偿资金管理。经磋商或诉讼确定赔偿义务人的，赔偿义务人应当根据磋商或判决要求，组织开展生态环境损害的修复。赔偿义务人无能力开展修复工作的，可以委托具备修复能力的社会第三方机构进行修复。修复资金由赔偿义务人向委托的社会第三方机构支付。赔偿义务人自行修复或委托修复的，赔偿权利人前期开展生态环境损害调查、鉴定评估、修复效果后评估等费用由赔偿义务人承担。

赔偿义务人造成的生态环境损害无法修复的，其赔偿资金作为政府非税收入，全额上缴地方国库，纳入地方预算管理。试点地方根据磋商或判决要求，结合本区域生态环境损害情况开展替代修复。

五、保障措施

（一）加强组织领导。试点地方省级政府要加强统一领导，成立生态环境损害赔偿制度改革试点工作领导小组，制定试点实施意见，细化分工，落实责任，并于每年8月底向国务院报告试点工作进展情况。环境保护部要会同相关部门于2017年年底前对试点工作进行全面评估，认真总结试点实践经验，及时提出制定和修改相关法律法规、政策的建议，向国务院报告。

（二）加强业务指导。环境保护部会同相关部门负责指导有关生态环境损害调查、鉴定评估、修复方案编制、修复效果后评估等业务工作。最高人民法院负责指导有关生态环境损害赔偿的审判工作。最高人民检察院负责指导有关生态环境损害赔偿的检察工作。财政部负责指导有关生态环境损害赔偿资金管理工作。国家卫生计生委、环境保护部对试点地方环境健康问题开展或指导地方开展调查研究。

（三）加快技术体系建设。国家建立统一的生态环境损害鉴定评估技术标准体系。环境保护部负责制定生态环境损害鉴定评估技术标准体系框架和技术总纲；会同相关部门出台或修订生态环境损害鉴定评估的专项技术规范；会同相关部门建立服务于生态环境损害鉴定评估的数据平台。相关部门针对基线确定、因果关系判定、损害数额量化等损害鉴定关键环节，组织加强关键技术与标准研究。

（四）加大经费和政策保障。试点工作所需经费由同级财政予以安排。发展改革、科技、国土资源、环境保护、住房城乡建设、农业、林业等有关部门在安排土壤、地下水、森林调查与修复等相关项目时，对试点地方优先考虑、予以倾斜，提供政策和资金支持。

（五）鼓励公众参与。创新公众参与方式，邀请专家和利益相关的公民、法人和其他组织参加生态环境修复或赔偿磋商工作。依法公开生态环境损害调查、鉴定评估、赔偿、诉讼裁判文书和生态环境修复效果报告等信息，保障公众知情权。

关于确定10家企业具备再制造产品推广试点企业资格的公告

（国家发展和改革委员会、国财政部、工业和信息化部、国家质量监督检验检疫总局　2015年第1号）

根据《关于印发再制造产品“以旧换再”试点实施方案的通知》（发改环资[2013]1303号）、《关于印发再制造产品“以旧换再”试点实施有关文件的通知》（发改办环资[2014]2202号），国家发展改革委、财政部、工业和信息化部、质检总局委托中国国际工程咨询公司对2015年再制造产品推广试点企业资格项目（再制造汽车发动机、变速箱）进行公开征集。经过专家评审、网上公示后，确定10家企业具备再制造产品推广试点企业资格。现将10家再制造产品推广试点企业名单及其再制造产品型号、推广价格等予以公布（见附件），推广企业的特约经销商名单在再制造“以旧换再”管理信息系统（www.yjhzxt.cn）上公布。有关管理信息系统操作指南、企业承诺书等将适时在有关政府门户网站上公布。

本公告为再制造产品“以旧换再”推广试点企业的确定通知。

附件1　2015年再制造产品“以旧换再”推广试点企业名单

附件2　2015年再制造置换产品型号及推广价格

国家发展改革委　财政部

工业和信息化部　质检总局

2015年1月20日

附件1

2015年再制造产品“以旧换再”推广试点企业名单

1、广州市花都全球自动变速箱有限公司

2、潍柴动力（潍坊）再制造有限公司

3、济南复强动力有限公司

4、上海幸福瑞贝德动力总成有限公司

5、东风康明斯发动机有限公司

6、陕西法士特汽车传动集团有限责任公司

7、大众一汽发动机（大连）有限公司（一汽集团）

8、玉柴再制造工业（苏州）有限公司

9、无锡大豪动力有限公司（一汽集团）

10、浙江万里扬变速器股份有限公司

附件2

2015年再制造置换产品型号及推广价格

序号	产品类型	产品系列序号	核定推广置换数量	核定推广置换价格
			台	元/台
1	无级变速箱	RE0F10A	4000	10600
2	自动变速箱	A4CF1	1000	6300
3	自动变速箱	F4A4	500	5800
4	自动变速箱	GF6	1000	13500
5	自动变速箱	4T65E	1500	6800
合计			8000	

国家发展改革委　财政部
工业和信息化部　质检总局
2015年1月20日

国家发展改革委办公厅关于开展第二批再制造试点验收工作的通知

发改办环资[2016]1362号

各省、自治区、直辖市及计划单列市发展改革委（经信委），各第二批再制造试点企业，有关单位：

为贯彻落实《循环经济发展战略及近期行动计划》，推进我国再制造产业发展，2013年，我委组织开展了第二批再制造试点，在全国范围内选择了28家基础较好的单位，探索再制造产业发展的政策、管理制度和监管体系，为建立再制造相关技术标准、市场准入条件、流通监管体系等提供经验。试点期为3年，目前已经到期。为总结试点经验，根据《关于确定第二批再制造试点的通知》（发改办环资[2013]506号）的要求，我委将组织开展第二批再制造试点验收工作。现就有关事项通知如下：

一、验收范围及内容

（一）验收范围。所有第二批再制造试点单位（名单附后）。

（二）验收内容。国家发展改革委正式批复的实施方案落实情况，主要内容包括：

1、主要目标和指标的完成情况；

2、主要任务的完成情况，要重点说明旧件逆向物流回收体系、再制造生产线、再制造产品质量体系等的建设及运行情况；

3、再制造生产能力及实际达产情况，再制造生产企业要说明再制造产品类型、产销量和产值等，再制造技术服务类企业要说明服务的类型、数量和产值，旧件回收体系试点企业要说明旧件回收规模、产值等；再制造专业设备生产企业要说明设备类型、产销量和产值等；

4、保障措施的实施情况及实施效果等，包括IS09000、IS014000等管理体系建设及运行情况，再制造标识使用情况；

5、试点期间遇到的主要问题及解决方案；

6、在旧件回收、再制造技术及质量管理、再制造产品销售等方面的典型经验。

二、验收程序

（一）试点单位自查。符合验收范围的各试点单位进行自查，按照验收内容的要求准备自查报告及相关材料。

（二）组织验收。我委将委托第三方机构组织相关部门和专家成立评估验收工作组，赴试点单位进行现场验收，主要程序包括：听取试点单位工作报告，查阅自查报告、项目相关资料、管理文件、产品性能检测报告等材料，实地查验项目建设及运行情况，专家质询，交流意见和提出建议。统一验收时间为2016年9月-11月。

（三）验收报告。第三方机构汇总专家意见，形成验收报告报送我委，主要内容包括：试点工作概述，试点工作开展情况评价，是否通过验收的结论及相关意见和建议等。

（四）复核公示。我委对第三方机构提交的验收报告进行审核，将验收结论进行网上公示。

（五）验收公告。通过验收和未通过验收的试点单位名单，我委将以公告的形式对外公布。

三、有关要求

（一）此次验收是对试点工作的全面评估，也是对再制造产业发展的系统总结，为下一步研究再制造管理制度、政策措施、技术标准等提供重要支撑。请各有关地区指导和督促辖区内的再制造试点单位抓紧开展自查工作，做好验收的各项准备工作。

（二）本次验收为一次性验收，自接到通知起，各试点单位不得申请延期或方案调整。自查后达不到验收要求的，要及时报告我委（环资司），申请撤销试点资格，我委将不再组织现场验收。

（三）验收结论为“通过”、“原则通过”和“不通过”。通过验收（或原则通过）的试点单位，可继续标识

我委、国家工商总局发布的再制造产品标志，可按照规定申请中央预算内资金补助、支持再制造产品推广等相关政策支持；未通过验收的试点单位，不再享受相关政策支持。

附件：第二批再制造试点单位名单（略）

国家发展改革委办公厅
2016年5月30日

国家发展改革委、财政部印发《关于同意冀州经济开发区等18个园区循环化改造实施方案的通知》

近日，国家发展改革委、财政部联合印发《关于同意冀州经济开发区等18个园区循环化改造实施方案的通知》，批复了冀州经济开发区等18个园区循环化改造实施方案，并确定为循环化改造重点支持园区。

园区循环化改造是循环经济重点工程。“十三五”规划纲要提出：“按照物质流和关联度统筹产业布局，推进园区循环化改造，建设工农复合型循环经济示范区，促进企业间、园区内、产业间耦合共生”，要求推动75%的国家级园区和50%的省级园区开展循环化改造。

今年，国家发展改革委、财政部在“十二五”园区循环化改造示范试点工作的基础上，以京津冀、长江经济带等国家战略区域为重点，继续支持园区循环化改造，引领各地加快推进园区循环发展。

通知要求各地把循环化改造作为园区转型升级，实现绿色循环低碳发展，提升综合竞争力和可持续发展能力的重要抓手，切实加强组织领导，完善政策措施，明确部门分工，形成协调统一、共同推进的工作机制，确保园区循环化改造目标任务如期完成。通知还对园区循环化改造项目和资金的管理提出了明确要求。

附件

2016年园区循环化改造重点支持名单

冀州经济开发区　常熟经济技术开发区　泰兴经济开发区　杭州大江东产业集聚区
浙江吴兴工业园区　安庆高新技术产业开发区　安徽霍山经济开发区　南昌经济技术开发区
十堰经济技术开发区　湖南安化经济开发区　珠海经济技术开发区　南宁经济技术开发区
德阳经济技术开发区　泸州高新技术产业开发区　重庆潼南工业园区　贵州钟山经济开发区
贵州安顺西秀工业园区　阿拉尔经济技术开发区

国家发展改革委 财政部关于印发国家循环经济试点示范典型经验的通知

发改环资[2016]965号

各省、自治区、直辖市及计划单列市、新疆生产建设兵团发展改革委（经信委）、财政厅（局）：

为深入贯彻落实党的十八大、十八届三中、四中、五中全会精神，切实发挥国家循环经济试点示范工作在推进绿色循环低碳发展、建设生态文明中的作用，国家发展改革委、财政部综合国家循环经济试点示范验收评估意见，总结了若干可推广的典型经验和做法，现就有关事项通知如下。

一、准确把握推广国家循环经济试点示范典型经验的意义

2005年以来，经国务院批准，国家发展改革委等6部委开展了两批国家循环经济试点示范工作，范围涉及重点行业（企业）、产业园区、重点领域以及省市，共计178家单位。2010年以来，发展改革委、财政部等部门又组织开展了园区循环化改造、“城市矿产”示范基地、餐厨废弃物资源化利用等方面的试点示范工作。各地及各试点单位高度重视，编制了试点实施方案和规划，在各领域各层面探索循环经济发展路径和模式，推动了技术进步和节能减排，促进了生产方式由粗放型向资源节约型和环境友好型转变，支持了节能环保、新能源等战略性新兴产业的发展，取得了良好的经济、社会和环境效益。2013年以来，国家发展改革委等7部委开展了验收及评估工作，近期，发展改革委、财政部等部门对部分重点领域工作开展中期评估，并对试点示范中的探索和做法进行了总结分析，形成了一批有益的典型经验。

“十三五”时期，是实现全面建成小康社会战略目标的决胜期，转变经济发展方式、提高发展质量和效益的任务更加艰巨，全球绿色竞争的挑战更加激烈。加快推动循环经济发展，是全面贯彻落实创新、协调、绿色、开放、共享发展理念的必然要求，推广循环经济试点示范中形成的典型经验，有利于推动循环经济的全面深入发展，提高生态文明建设水平。各有关方面要充分认识推广国家循环经济试点示范典型经验的重要意义，采取切实有效措施，因地制宜，积极推广。

二、国家循环经济试点示范的典型经验做法

经过对试点示范单位的总结评估，并根据循环经济发展面临的主要问题和形势，决定率先推广以下经验做法。

（一）以加强地方立法，完善配套政策为核心的循环经济协同推进机制

要点：针对地方循环经济发展中的政策机制不完善、配套政策不协调等问题，地方应在循环经济促进法规定的原则下，制定省级条例或实施办法，结合国家整体战略、地方经济发展水平和产业特点提出差异性政策；推动设立循环经济发展专项资金、产业投资基金、股权投资基金，形成“投、贷、债”组合的多渠道资金投入模式，支持循环经济重大示范工程建设；建立跨部门的协调机制，加强顶层设计，统筹解决发展循环经济中的问题。

（二）以补链招商、风险共担为关键的产业园区循环发展机制

要点：针对园区产业之间关联度和耦合性不强的问题，依托园区主导产业，加强物质流分析，实行补链招商，增强产业关联度和耦合性。针对产业链运行保障机制不完善、抗风险能力弱的问题，因地制宜建立产业共生耦合发展的风险分担机制。建立由担保公司、银行、企业、中介机构和相关政府部门组成的多元化风险分担体系；推动上下游关联企业采取相互参股或合资等方式，形成循环发展的利益共同体，协商解决企业发展中遇到的价格波动、技术变化、产品质量、安全生产等问题，增强企业抵御市场风险的能力，构建较为稳定的循环经济产业链。

（三）以废物联单转移、公共信息服务平台为核心的废弃物资源化精细管理机制

要点：针对在物质交换利用、废物循环利用的过程中，企业间由于信息不对称导致的废弃物流通环节多、成本高、监管难度大等问题，分析废弃物产生利用现状，优化产业共生路径。利用互联网、大数据分析共生企业间工业副产物和废弃物产生利用情况，诊断废弃物资源化利用的有效途径，绘制产业共生图，完善废弃物资源化利用交换路径。建立废物转移追溯管理制度，制定废弃物交易分级标准，对参与者进行评级，建立废弃物产生、流通和处置的各环节信息追溯制度，实现对废弃物全过程管理。支持搭建废弃物交换利用信息平台，推动产业共生企业间通过信息平台开展标准化交易，提高废弃物流通转移效率，降低监管成本。

（四）以嵌入式管理、整体解决为核心的产业废物第三方外包式服务机制

要点：针对企业废弃物处理不规范、不专业、形不成规模经济等问题，积极培育和壮大产业废物第三方外包式服务企业，提供废弃物回收、再生加工和循环利用的整体解决方案。在产业园区或集聚区引入专业服务企业，为园区内企业提供点对点服务，与企业生产流程实现无缝对接，对各个环节及终端产生的废物进行回收处理，形成的资源化产品再返回企业作为生产原料，并对难以回收利用的废物进行安全处置，构建形成循环经济产业链。

（五）以立法先行、特许经营、收运处一体化为特点的城市餐厨废弃物处理机制

要点：为斩断餐厨废弃物灰色利益链，解决餐厨废弃物收运难、收运品质差等问题，推动建立行之有效的餐厨废弃物处理机制。先行制定相关法规，推行特许经营和招标制度，由地方政府通过招标方式选择运营主体，建立餐厨废弃物的“收集—运输—处置”一体化运行模式。运营主体统一购置收运车辆，统一管理，同时属地各部门联动配合，协同负责，借助现代化的管控手段，建立完善保障机制，规范原有地沟油收运队伍，加强对非法回收地沟油的打击力度。

（六）以“互联网＋”理念规范、提升传统方式为核心的再生资源回收利用模式

要点：针对再生资源回收难、收集分散、利用水平低等问题，推动行业龙头企业引入“互联网+”理念，建立互联网平台和移动互联网APP，创新回收模式，搭建科学高效的逆向物流体系；利用物联网、大数据开展信息采集、数据分析、流向监测，优化网点布局，在充分利用再生资源的同时，深度挖掘数据资源的价值；推动产业废

物、再生资源、再制造产品的在线交易，拓展供给信息渠道，开展在线竞价，发布价格交易指数，降低交易成本，提高资源稳定供给能力。

（七）以定向修复、专业维护、后期承包为特点的再制造技术服务发展模式

要点：为解决大型工业装备再制造过程中的运输难，专业化、定向化特点不突出的问题，支持再制造服务企业对设备使用状况进行全程跟踪，开展智能检测与故障诊断，定期回访收集信息，建立信息服务体系数据库，把设备的相关设计、制造（包含再制造）、销售（包括售后服务）、用户档案纳入信息服务体系，促进资源管理和优化配置；积极发展移动式修复设备，由集中再制造向现场再制造发展；通过出租再制造产品使用权、承包产品后期维护维修等创新商业模式，降低产品使用成本，提高再制造的便利性和操作性，拓展再制造空间。

（八）以生产生活系统链接、生产过程协同处理废弃物为特点的产城融合发展模式

要点：为解决城镇化过程中的能源资源消耗大、废弃物处理处置难等问题，将城市发展和周边企业进行产城一体化规划布局，将生产企业的余热余能引入城市生产和生活用能体系；利用企业高温作业装置，协同处理城市危险废物、污水处理厂污泥、含能有机废弃物等；将城市生活污水经过处理后引入用水企业的生产系统，实现水资源循环利用和城市水资源消耗减量化；利用城市周边农业废弃物和城市内部的园林废弃物等生物质资源，生产菌类食品、清洁能源或建筑装饰材料。使生产和生活之间实现资源、能源和废弃物统筹利用，降低城市能源与资源消耗和废弃物处理成本，实现城市功能与产业发展协调融合。

（九）以数据统计和测算结合、自我评价为核心的区域资源产出率统计评价机制

要点：针对区域层面资源消耗数据尚未纳入日常统计、资源产出率核算难、资源产出率提升路径不清等问题，具备条件的地区以物质流分析为基础，构建统测结合、可操作的资源产出率测算方式，建立主要资源的物质流账户，摸清资源生产和消耗底数，鼓励具备条件的地区建立完善资源消耗数据的直报系统，支持社会科研机构和第三方系统分析评价资源产出率指标，分析不同情景下的变化趋势，研究资源产出效率的提升路径和具体措施。

三、加强经验推广的组织协调

为帮助各地准确理解典型经验的内涵，我们组织编写了《国家循环经济试点示范典型经验及推广指南》（详见附件）。各地要结合实际，因地制宜做好典型经验推广的组织实施工作，根据经验适用和推广范围，明确责任分工、工作进度和时间安排。要将经验推广工作作为推动绿色发展、建设生态文明的重要举措。各地循环经济发展综合管理部门、财政部门要切实发挥好协调指导的作用，为经验推广提供良好的保障条件，积极支持和指导各地推广经验，开展相关制度探索。各类循环经济示范试点单位，特别是循环经济示范城市（县）建设地区要发挥先行先试作用，在经验推广和总结方面走在前列，发挥示范带动作用。

国家发展改革委、财政部将认真做好综合协调，会同有关部门及时研究解决经验推广过程中出现的新情况和新问题，并将继续对各地发展循环经济中的新经验、新做法及时总结梳理，适时发布。

附件：国家循环经济试点示范典型经验及推广指南

国家发展改革委

财政部

2016年5月4日

附件

国家循环经济试点示范典型经验及推广指南

一、 以加强地方立法，完善配套政策为核心的循环经济协同推进机制

（一） 问题的提出

地方在循环经济发展过程中存在法律法规不完备、政策机制不完善、配套政策不协调等问题，总体规划等顶层设计薄弱，缺乏相关政策保障机制，使得循环经济发展协同推进难。

（二）解决的主要思路

制定省级条例或实施办法，结合国家整体战略、地方经济发展水平和产业特点提出差异性政策；推动设立循环经济发展专项资金、循环经济产业投资基金、股权投资基金，形成“ 投、贷、债”组合的多渠道资金投入模式，调

动社会主体积极性；建立跨部门的协调机制，加强顶层设计，统筹解决发展循环经济中的问题。

（三）主要内容及做法

1、加强顶层设计。编制循环经济发展总体规划或行动计划，保障地方产业发展、城市建设等重点领域体现循环经济理念。

2、推进法规建设。结合地方经济发展实际，制定地方循环经济促进条例或实施办法，制定重点领域的专项法规。

3、强化制度建设。建立发展循环经济工作的协调机制，加强部门协调配合；完善循环经济统计监测制度，为循环经济“可操作、可考核、可评价”提供技术保障；建立循环经济考核评价机制，开展企业、园区、重点领域的循环经济评价；推进循环经济标准化建设制度，支持企业、园区将典型模式、关键链接技术凝练为标准，制定资源循环产品标准，形成循环经济标准体系。

4、完善融资保障。有条件的地方设立循环经济发展专项资金，推动建立循环经济产业投资基金、股权投资基金，积极发展PPP等新型政府社会资本合作模式，支持循环经济重大工程、重大制度、重要平台建设以及关键技术的研发和推广应用。

（四）推进步骤

1、组建工作协调机制。由发改、财政、环保等相关部门组成，研究循环经济推进过程中的重大问题。

2、编制发展规划。结合循环经济促进法和国家政策，以解决地方实际问题为导向，提出具体化可操作的目标、任务和措施。

3、推进地方立法。制定促进资源循环利用等地方特色或专项配套的法规、条例，建立健全生产者责任延伸制度。

4、建立地方循环经济发展评价指标体系，开展对区域、园区、重点企业发展循环经济的评价，推动落实相关方责任。

5、研究支撑资源循环利用的地方保障机制，加大各级财政资金对循环经济重点工程、项目的支持力度和引领作用。

（五）成本风险及难点

1、立法周期长，如何结合本地实际，在法律基本原则框架下提出的针对性规定需要深入研究。

2、发展循环经济涉及多部门，政策制度多为创新性规定，部门间协调需要花费较大精力。

（六）典型例子及成效

在加强地方立法方面，甘肃省、江苏省、广东省、陕西省、山西省、大连市等制定地方性循环经济促进条例或实施办法。在加强地方推进方面，山东省、浙江省、河南省、江苏省均在国家整体部署下，开展省级层面的示范工作，对园区循环化改造、餐厨废弃物处理、“城市矿产”基地等工作整体推进。在加大支持力度方面，甘肃省、青海省等均设立了财政专项资金，用于支持循环经济发展。

（七）适用范围

具有推进循环经济积极性和意愿、且有较强组织协调能力的地方。

二、以补链招商、风险共担为关键的产业园区循环发展机制

（一）问题的提出

园区企业间的关联度不高，产业链条短，生产的初级加工产品附加值不高，大量副产物或废弃物无法利用，产业之间关联度和耦合性不足；在已进行循环化改造的园区中，产业链运行保障机制不完善，抗风险能力弱，一旦链条中的某个企业由于原料、产品市场价格波动等原因不能正常生产，就可能影响上下游企业，导致产业链不稳定。

（二）解决的主要思路

依托园区主导产业，加强物质流分析，实行产业链补链招商，增强产业关联度和耦合性；为提高产业链的稳定性，因地制宜建立产业共生耦合发展的风险分担机制，一是建立由担保公司、银行、企业、中介机构和相关政府部门组成的多元化风险分担体系；二是支持产业链上下游关联企业发展联盟，采取相互参股或合资成立公司等，形成循环发展的利益共同体，增强抵御市场风险的能力；园区管委会积极发挥组织协调作用，组织相关企业协商解决发展中遇到的问题；从而构建较为稳定的循环经济产业链，提高产业关联度和耦合度。

（三）主要内容及做法

1、优化园区空间布局。根据物质流和产业关联性，开展园区循环化布局总体设计，改造园区内企业、产业和基础设施的空间布局，促进废弃物就近资源化利用和产业集聚。

2、构建园区循环经济产业链。按照“横向耦合、纵向延伸、循环链接”原则，合理规划设计园区循环经济产业链。围绕产业链进行补链招商，引入补链企业，建设关键项目，合理延伸产业链，提高产品附加值和废弃物资源化利用水平，实现园区内产业共生耦合发展。

3、建立园区产业链接风险防范机制。建立由担保公司、银行、企业、中介机构和相关政府部门组成的多元化风险分担体系，降低发展循环经济的风险。

4、建立产业链上下游关联企业发展联盟。围绕循环经济产业链，成立由相关企业负责人组成的园区“自治”管理机构，协商解决企业发展中遇到的问题，共同抵御市场风险。

（四）推进步骤

1、开展园区物质流和产业关联度分析，规划设计园区循环经济产业链，合理确定园区改造方案，明确主要方向和任务。

2、进行补链招商。立足于园区产业发展现状，围绕规划设计的循环经济产业链，开展补链招商，合理延伸产业链，提高产业耦合度和关联度。

3、建立产业链风险共担机制。一是支持成立产业链接风险专用金，吸引银行、担保公司等社会力量参与；二是建立产业链上下游关联企业发展联盟，鼓励由龙头企业发起成立“自治”管理机构，协商解决企业发展循环经济面临的问题。

（五）需要政府提供的政策机制保障

1、园区在规划设计方面，要求园区主管部门以循环经济理念为指导，优化布局，引导产业集聚发展、循环发展。

2、在循环经济补链项目建设方面，需要政府给予一定的政策优惠，确保项目能顺利建成。

3、建立产业链接风险共担机制，鼓励银行、担保公司参与。

4、对于违约企业，建立相应的惩罚措施。

（六）成本风险及难点

1、由于园区内大量企业相互关联，如果在整个产业链条中有一个企业出现问题，将会影响其他企业生产。

2、如果发展循环经济的经济效益不高，则难以调动银行、担保公司等参与产业链接风险分担体系的积极性。

（七）适用范围

适用于园区企业间有较高产业关联度、企业废弃物资源化利用产业链较为完善，整个产业链面临核心企业和节点企业市场风险影响较大的产业园区。

三、以废物联单转移、公共信息服务平台为核心的废弃物资源化精细管理机制

（一）问题的提出

在一定区域内，废弃物产生与利用的不同主体之间，由于信息不对称难以构建起高效的废弃物回收与再生利用产业链条并实施精细化管理，特别是中小企业的副产物和废弃物分类管理不到位，资源利用效率不高。同时，执法部门难以掌握区域工业固体废物的产生、转移、贮存、处理处置等情况，监管执法难度大。

（二）解决的主要思路

对产业园区或一定区域内废弃物生产者进行全面分析，诊断废弃物产生、分布及资源化利用的有效途径，优化废弃物资源交换路径，绘制产业共生图。结合废弃物产生情况，制定废弃物交易分级标准和参与者评级制度，建立废弃物生产、流通和处置的各环节信息联单制度，实行全过程监管。搭建废弃物交换利用信息服务平台，推动产业共生企业间开展标准化交易。

（三）主要内容及做法

1、绘制产业共生图。加强园区资源流统计，分析产业园区或一定区域内废弃物产生情况，包括产生种类、数量、时间和空间分布特点等；分析废弃物循环利用企业情况，包括利用企业加工能力、技术装备水平等。在此基础上制定优化路径。

2、完善废弃物管理的标准体系。结合废弃物产生及利用特点，组织上下游企业广泛参与，制定废弃物产品分类、分级行业标准，使参与者之间能够进行标准化交易。

3、搭建废弃物交换利用信息服务平台。建设基于互联网的废弃物交换利用信息平台，建立参与者评级制度，根据参与者在交易平台上的交易行为开展信用评级，建立准入和退出机制。

4、实行废物追溯管理。废弃物产生、流通和处置各环节的企业均按照追溯制要求记录信息，如实记录一般工业固体废物产生、转移、处理等环节的相关信息，为环境等监管部门提供参考。

（四）推进步骤

1、分析区域内废弃物产生情况和利用情况，诊断废弃物资源化利用的有效途径，绘制产业共生图，确定最优路径。

2、政府管理部门主导，行业协会广泛参与，针对每个废弃物品种制定废弃物分类、分级标准和参与主体信用评级制度，规范市场交易行为。

3、采取市场化的运作方式，搭建废弃物交换利用信息服务平台，政府支持推动区域内的废弃物生产者与利用者通过信息服务平台开展标准化交易。

4、政府相关管理部门协同推进，建立废弃物生产、流通和处置的各环节联单信息制度，实现信息共享，加强对废弃物产生、转移、处理等环节的全程管理。

（五）需要政府提供的政策机制保障

1、组织专家团队做好基础调研，开展产废企业和利废企业信息填报制度，对废弃物种类、数量进行分析，绘制产业共生图。

2、制定废弃物分类、分级标准体系和参与者评价制度，建立参与者准入退出机制，并在区域内推行。

3、采取招标、竞争性磋商等方式确定信息服务平台建设主体，规范运营管理行为。

4、制定废弃物追溯管理制度，对废弃物产生、运输、利用、处置等各环节主体行为进行规范，并强制执行，适时抽查监督。

（六）成本风险及难点

1、在产业共生图绘制阶段，需要做大量基础调查，需要相应成本投入，产业共生图的科学性至关重要。

2、相关标准制定成本和信息服务平台建设维护和推广成本，注意防范非正规渠道的冲击，保证所有产业共生企业规范运营。

（七）典型例子及成效

天津经济技术开发区实施废弃物资源循环利用的精细化管理，针对企业间关于废物资源综合利用信息不对称的问题，通过组织培训、召开废物处置研讨会，开展信息网络建设等，吸引900多家企业参与产业共生项目。实施了“一般工业固体废物管理联单制度”试验项目，企业按照联单制度要求，如实记录一般工业固体废物的产生、转移、处理等环节的相关信息，探索出一条切实有效的一般工业固体废物管理模式。

（八）适用范围

该创新模式做法适用于一定区域、产业园区和产业集群内对废弃物资源进行精细化管理和高效率循环利用。

四、以嵌入式管理服务、整体解决为核心的产业废物第三方外包式服务机制

（一）问题的提出

随着产业发展的深入，企业产生的废弃物种类不断增多，处理的规范性、专业性有待提高。特别是大型产业园区内部，行业分布广，废弃物种类多样，如果完全让企业自行处理处置废物，不但成本高昂，而且可能造成资源浪费，带来环境风险。

（二）解决的主要思路

引入或在园区内培育专业化产业废弃物循环利用与安全处理服务企业，作为第三方为园区企业提供外包式服务，提供废弃物回收、再生加工和循环利用的整体解决方案，为园区内企业提供点对点服务，与企业生产流程实现无缝对接，形成废弃物资源循环利用和安全处置第三方服务模式。对各个环节及终端产生的废物进行资源化回收，资源化产品再返回生产企业作为生产原料，构建形成循环经济产业链，对难以回收利用的废物安全处置。

（三）主要内容及做法

1、引入或培育专业化的第三方废弃物管理服务企业。把服务企业纳入到园区发展的总体规划中，补充完善园区的产业链。

2、园区管理部门引导推动服务企业与园区内的生产企业建立伙伴关系。引导服务企业通过主动介入、无缝对

接式服务建立与产废企业同步的循环利用网络。

3、创新服务模式。一是“保姆式”服务，给服务对象提供废弃物排放处理整体解决方案，点对点服务，对其产生的所有废弃物进行回收、利用和处理；二是嵌入式对接，介入企业的生产流程进行无缝对接，把废弃物直接运走，不占用生产企业场地，节约企业生产经营成本；三是返回式利用，把某一企业的废弃物分解加工后，作为原材料直接返回给该企业重新利用；四是透明式处理，公开废弃物回收后的分解、加工和重新利用的全过程。

4、搭建废弃物处理处置服务平台。服务企业的生产技术、回收网络、销售网络、物流网络等与园区整合，并与关联企业紧密合作，为产废企业提供个性化服务。

5、加强技术储备。支持服务企业建立技术研发平台，紧密结合园区内企业生产工艺技术的更新、废弃物性质和数量的变化，进行技术革新，改进服务质量。

（四）推进步骤

1、摸清废弃物家底。在园区管理机构支持下，对园区内的主要生产企业进行全面调查，清晰掌握主要产废企业的废弃物产生种类、数量等信息。

2、提出针对性处理方案。服务企业针对产废企业的废弃物种类特征等制定针对性方案，并与相关企业充分沟通，达成一致。

3、签订协议。在园区管理机构的支持下，服务企业与产废企业签订符合法律法规要求、基于市场行情的第三方服务协议，

明确处理价格和双方权利义务关系。

4、建立循环利用体系。园区管理机构支持服务企业和产废企业建立废弃物循环利用体系，并根据市场行情动态调整。

（五）需要政府提供的政策机制保障

1、发挥规划引领作用，在园区规划中纳入产业废物第三方外包式服务的内容。

2、推动签订服务协议。园区管理机构与有关部门协调，确定合理的废弃物处理处置费用，引导服务企业与生产企业合作。

3、提供政策、资金、信息、技术、风险管理等方面的一揽子服务。建立相应的数据信息平台，针对园区废弃物种类、成分、利用方式等制定相应的标准规范，为废弃物交易服务奠定基础。

4、加大对产废单位的环境监管和废物处置监管力度，形成倒逼机制，保障市场机制发挥作用。同时加强对服务企业废物处理处置的监管，确保达到相应的环境标准。

（六）成本风险及难点

1、政府通过强化监管，推动企业将外部化污染内化为成本，使企业有较高意愿将废弃物管理交由第三方服务企业进行处理。

2、园区工业企业的技术、产品、废物随时可能发生变化，要防止市场波动的影响，要求第三方服务企业要有较强的技术、管理和抗风险能力。

（七）适用范围

适用于产业关联性弱，企业数量多，行业分布广的大型综合性产业园区或产业集聚区。

五、以立法先行、特许经营、收运一体化为特点的城市餐厨废弃物资源化处理机制

（一）问题的提出

餐厨废弃物资源化与安全处置涉及产生、收集、运输、处置和利用等各个环节，涉及餐饮单位、收运企业、利用企业和监管部门等不同利益主体，同时面临传统自发收集利用模式和旧有利益链条的挑战，各相关主体诉求不同，收集运输和处理处置单位之间的衔接不畅，使得餐厨废弃物引发的食品安全和环境问题日益突出。

（二）解决的主要思路

以餐厨废弃物的产生、收运、处理处置、资源化产品利用的整个生命周期分析为基础，理顺政策与资金的保障和运行机制，构建管理部门、废物产生、收运和处理单位之间“互惠共赢，各司其责”的良好合作关系。地方政府推动立法先行，制定相关法规，明确建立招标或特许经营等机制。由地方政府通过市场方式选择运营主体，减少管理环节，提高运营企业积极性。建立餐厨废弃物的“收集—运输—处置”一体化运行模式，同时属地各部门联动配合，建立完善保障机制，杜绝非法收运处理。

（三）主要内容及做法

1、研究推动本区域餐厨废弃物管理法规政策的出台。结合地方管理政策，建立完善餐厨废弃物管理政策体系。

2、研究餐厨废弃物处理处置的标准规范。针对餐厨废弃物收集、运输、处理处置技术装备和资源化产品，建立收集、运输和工程技术规范、环境保护标准和资源化产品标准体系。

3、建立市域层面的餐厨废弃物正规收运体系。突出源头管理，控制餐厨废弃物的非正规流向，合理安排餐厨废弃物处置物流，妥善处理原有非正规收运队伍正规化的转变机制和步骤。

4、创新处理处置技术，打通资源化产品下游市场，提高资源化利用率和产品附加值。针对不同区域餐厨废弃物中固、油、水三项组成特点，引入固形物、废油脂和废液的资源化利用路径和关键技术，通过延长深加工产品链，提高资源化产品附加值，增强处理企业生存能力。

5、研究收集运输和处理处置补贴资金筹措与运行机制。开展现有餐厨废弃物处理项目调研，根据各城市财政状况和市场环境，研究废物产生单位缴费和政府补贴机制，逐步实现收集运输和处理处置资金的长期保障和良性运转。

（四）推进步骤

1、组建由发改、住建、财政、环保、农业等市级相关部门和有关专家组成的协调机构，对正规收运体系构建的方法、资源化处理技术路线的选择和政策资金保障机制的制定等提供指导。

2、确定本区域的餐厨废弃物资源化利用和无害化处理体系构建的实施方案和具体计划。

3、通过公开招标等方式确定本区域餐厨废弃物收运、处理企业，与企业签订委托经营协议。

4、根据当地餐厨废弃物分布特点及资源化项目工艺路线，合理测算餐厨废弃物收运成本、运营成本，确定资金补贴标准和拨付机制。

5、将餐饮单位餐厨废弃物处理情况作为卫生工商年检重要内容，督促餐饮单位将餐厨废弃物交给正规收运企业。建立定期联合执法机制，加强对非法收运、处理主体的监管打击力度，严格执法。

6、通过现代互联网技术，建立完善的实时监管体系，防止“地沟油”等餐厨废弃物流向非法渠道，保障体系安全运行。

（五）需要政府提供的政策机制保障

1、出台餐厨废弃物管理法规，规定管理体系中政府各部门职责，规范废物产生单位和收运处理单位行为，加大对非法经营主体的处罚力度，提出政策和资金保障措施等。

2、组织招标，确定收运、处理主体，确定收运、处理补贴标准，建立覆盖全流程的监管体系，加强日常监管。

3、组织力量，加强对非法经营户的联合执法，确保正规收运体系的建立和正常运转。

4、支持餐厨废弃物资源化产品深加工的产业拓展，协调电力、石化、农业等部门，建立餐厨废弃物资源化产品的市场准入机制。

（六）成本风险及难点

1、对于不同地域、不同菜系、不同时间段产生的餐厨废弃物，如何保证处理技术的适应性和稳定性。

2、克服原有非法回收的利益链，需要政府下决心解决，做到不引发社会问题，疏堵结合，探索将非正规回收纳入正规体系，防止对正规体系造成冲击。

3、需要政府各不同职能管理部门配合联动，形成共同推进的机制。

（七）典型例子及成效

苏州市出台专门法规，对餐厨废弃物排放、收运、处理行为进行规范。成立由副市长担任组长的领导小组，建立工作考核奖惩机制。通过特许经营方式，确定一家企业对全市餐厨废弃物进行统一收运、处理，形成了餐厨废弃物（包括“地沟油”）收集、运输、资源化利用一体化的运行模式。综合运用传感器、RFID、3G无线通信等核心物联网技术和GPS、GIS等技术开发出了一套餐厨废弃物全过程监管信息平台，日均回收处理餐厨废弃物350吨，主城区收运覆盖率超过80%。

（八）适用范围

适用于具有一定工作基础的大中城市市区范围餐厨废弃物资源化利用和无害化处理体系的构建。

六、以“互联网＋”理念规范、提升传统方式为核心的再生资源回收利用模式

（一）问题的提出

传统的再生资源回收主要依托走街串巷的个体回收业者，政府规范化管理成本高，再生资源交易信息不对称问题突出，回收环节交易链条过长，流通成本过高，利废企业的再生资源来源分散，价格波动较大，缺乏稳定保障，且再生资源交易无序和不规范，难以满足利废企业规模化、规范化、清洁化的发展要求。同时随着城镇化加快，人口红利逐渐消失，流动回收人员大幅减少，传统自发式回收模式面临转型需求。

（二）解决的主要思路

推动行业内龙头企业引入“互联网+”理念，建立互联网平台和移动互联网APP，搭建科学高效的逆向物流体系，实现回收的“扁平化”、“实时化”、“高效化”；利用物联网、大数据开展信息采集、数据分析、流向监测，优化网点布局，通过提供市场化服务实现盈利；推动产业废物、再生资源、再制造旧件和产品在线交易，拓展供给信息渠道，降低交易成本，提高资源稳定供给能力，推进回收利用一体化运营。

（三）主要内容及做法

1、引入互联网、物联网技术，鼓励回收循环利用企业积极参与城镇和各类产业园区废弃物交换信息平台建设，使资源循环利用全过程规范化、规模化和数据化，提高回收效率，降低运营成本。

2、支持利用电子标签、二维码等物联网技术跟踪废弃物流向，推广废旧产品传感识别与自动回收设备，建设车载、计量、监控和管理一体化的废弃物收运系统，通过信息采集和数据分析，优化回收网点布局和逆向物流体系。

3、推动再生资源、再制造旧件的在线交易，拓展供给信息渠道，推动主要废弃物交易市场向线上线下融合发展转型，逐步搭建行业性、区域性、全国性的废弃物和再生资源在线交易平台。

4、促进利废企业向上整合回收环节、向下延伸产品制造环节，构建回收利用一体化模式，保障废物来源、降低成本，提高产品附加值，形成资源循环利用闭合产业链。

5、开展在线竞价，发布价格交易指数，提高稳定供给能力，增强主要再生资源品种的定价权；推广线上信用评价和供应链融资，在充分利用再生资源的同时，深度挖掘数据资源的价值，积极探索与金融服务等有机融合的商业运营模式。

（四）推进步骤

1、根据城市特点选择不同推进方式，可以采用轻资产的纯互联网回收方式，或由利用企业向上游回收环节延伸的方式。

2、利用物联网、大数据开展信息采集、数据分析、流向监测，优化逆向物流网点布局。

3、处理好与现有回收队伍和垃圾分类回收的关系。采用收编或规范现有回收人员的方式，形成稳定的网络体系。

4、逐步推行回收的标准化、规范化、互动化，增强消费者体验和便利性。

5、具备条件的品种采用电子标签或RFID编码进行标识，实现全过程追踪。

6、引导规范的利用企业与上游回收企业建立稳定的合作关系，促进互联网企业和区域性废物回收利用企业的联合经营，建立稳定的废弃物来源。

（五）需要政府提供的政策机制保障

1、建立完善的政策保障机制，协调商务、环卫、环保等相关部门，促进回收和利废企业的深度融合，协调社会、商超单位提供便利。

2、加强废物回收利用全过程管理、监督和执法，推动非正规渠道向规范化回收渠道转移。

（六）成本风险及难点

1、平台建设和运营以市场化机制为主导，居民和企业等主要参与方的意识薄弱，平台建设投资回报周期较长。

2、资源循环利用体系涉及地方主管部门较多，跨部门协作、政策和资金保障难度大，平台商业化运营模式还需要探索。

（七）适用范围

适用于移动互联网发展应用较发达，人口和产业密集，资源循环利用体系初步建立的城市。

七、以定向修复、专业维护、后期承包为特点的再制造技术服务发展模式

（一）问题的提出

再制造产业面临旧件资源回收困难，再制造产品销售渠道不畅，再制造企业专业化定向化程度低等问题，特别是大型装备在后期维护环节运输、装备搬卸难度大，维护技术要求高，制约着再制造服务业发展。

（二）解决的主要思路

引入专业再制造服务企业，对设备使用状况进行全程跟踪，开展智能检测与故障诊断，回访收集信息，建立信息服务体系数据库，把设备的相关设计、制造（包含再制造）、销售（包括售后服务）、用户档案纳入信息服务体系，促进资源管理和优化配置；发展移动式再制造清洗、检测和修复设备，由集中再制造向现场再制造发展；通过出租再制造产品使用权、承包产品后期维护维修等创新商业模式，降低产品使用成本，拓展再制造空间。

（三）主要内容及做法

1、开发基于装备设计和制造过程信息、用户使用过程信息、维修与再制造过程信息共享数据库，建立基于大型装备制造商、用户、再制造企业联盟的信息服务支撑平台，实现大型装备闭环供应链信息管理。

2、再制造企业与原设备用户之间建立稳固的合作关系，跟踪用户的生产设备使用状况，合作进行在线智能检测、故障诊断与信息反馈，实现信息资源价值与闭环供应链的整体效益提升。

3、设计开发快速再制造装备，实现移动式再制造清洗、检测、加工与修复，提高大型装备现场再制造能力。

4、建立再制造产品租赁、产品后期承包维修等服务模式。鼓励装备制造商以产品租赁的方式将产品提供给用户，在产品出现故障或功能寿命到期后提供维修与再制造服务。建立制造商与再制造商之间的委托机制和承包服务机制，响应用户应急维修与再制造的需求，提高售后服务效率。

（四）推进步骤

1、针对典型行业与装备，提出信息服务支撑体系平台架构，建立信息共享数据库。

2、开展可移动式再制造设备设计开发与推广应用。

3、推广再制造产品租赁与承包维修再制造服务模式。

（五）需要政府提供的政策机制保障

1、支持建立制造商、用户、再制造企业闭环供应链协调机制。

2、支持建设基于大型装备制造商、用户、再制造企业产业联盟的信息服务支撑平台。

3、加大关键技术基础研究和创新平台的支持力度。

4、完善有利于再制造产业发展的支持政策。对实施再制造闭环供应链管理的企业、用户以及推广应用租赁再制造服务模式与承包维修再制造服务模式的企业，给予优惠政策。

（六）成本风险及难点

1、在产业层面，需要设计安全高效的共享数据库，建立可靠性高、安全性好的信息服务支撑平台，实现数据快速更新与用户实时交互，避免企业商业秘密外泄。

2、在操作层面，需要协调企业之间的利益，促使生产商、用户、再制造企业达成数据共享的协议，建立高效的闭环供应链管理机制。

3、在技术层面，一是废旧件的剩余寿命评估技术研究，建立废旧零部件的寿命评估数据库，确保再制造产品的可靠性和质量；二是利用激光增材（3D打印）技术对关键复杂零件实施再制造的研究；三是对不同零件基体采用匹配的集约化材料和工艺进行再制造的研究。

（七）适用范围

适用于大型装备生产制造商、维修再制造商和已经购买大型工业装备，面临装备维修与升级改造的用户，或缺乏大型工业装备投资的中小企业用户。

八、以生产生活系统链接、生产过程协同处理废弃物为特点的产城融合发展模式

（一）问题的提出

城市内部或周边的工业企业在生产过程产生大量余热余能，消耗大量水资源和能源，而城镇化过程中，城市需要大量电、热、气等能源，水资源和各类建筑材料，同时每天产生大量包括危险废物在内的固体废弃物和污水，面临处理处置难题。

（二）解决的主要思路

将城市和周边企业建设进行产城一体化布局，把生产企业的余热余能引入城市生产和生活用能体系；利用企业高温作业装置，协同处理危险废物、污水处理厂污泥、含能有机废弃物等；将城市生活污水经过处理后引入用水企业的生产系统；利用城市周边农业废弃物和城市内部的园林废弃物等生物质资源，生产菌类食品、清洁能源或建筑装饰材料。使生产和生活之间实现资源、能源和废弃物统筹利用，实现城市功能与产业发展协调融合。

（三）主要内容及做法

1、推动城市与企业能源交换利用。将城市电厂等高温作业企业余热余能接入城市生活供热系统。

2、实现城市与企业水资源交换利用。将城市生活污水提高处理标准后，引入用水企业生产系统；企业废水经过达标处理后，用作城市景观用水，减少水资源消耗，推动水循环利用。

3、实现城市土地的高效集约利用。将农村废弃地、厂矿污染土地、闲置工矿用地转化为生态用地，合理建设绿色生态廊道。

4、推动生产过程协同处理城市废弃物。利用企业高温作业装置，协同处理城市危险废物、污水处理厂污泥、含能有机废弃物等，探索生活垃圾协同处理。

5、推动城市及周边的有机质废弃物资源化利用。将城市周边农作物秸秆等农业废弃物和城市园林废弃物等生物质资源进行集中分类收集和资源化利用，为城市提供食用菌、沼气、有机肥和建筑材料等产品。

6、具备条件的城市可将城市产生的各类低值固体废弃物进行协同处置，对生活垃圾、餐厨废弃物、建筑垃圾、园林废弃物等进行集中处理和资源化利用。

（四）推进步骤

1、系统分析本区域内及周边的产业结构、能源资源消费情况，绘制城市与产业间物质交换图。

2、根据现有产业布局和城市功能定位，因地制宜，明确本地产城能源资源交换利用的重点企业、重点区域和利用方式。

3、城市管理部门采用PPP、特许经营等方式，建设公共资源管廊，如余热余压输送管道、中水利用管网等。

4、推动企业与城市管理部门建立合作关系，实现风险共担，城市管理部门建立必要的收费运行机制，加强对废弃物的管理。

5、新城建设中按照资源流动特点对基础设施进行统一布局，在新建城市主干道路、城市新区、各类园区推行城市综合管廊建设。旧城改造中，注重相关配套设施的完善。

（五）需要政府提供的政策保障

1、立足本地实际进行综合设计，提出符合本地产业特点和城市布局的能源资源交换利用体系。

2、完善运行保障机制，发挥市场机制的决定性作用，制定合理的价格形成机制，吸引社会资本投入。

3、提供必要的保障措施，通过发行城市债、设立基金等方式，拓展融资渠道；在用地、技术等方面提供相应的保障。

（六）成本风险及难点

1、该模式的风险主要来自于企业协同处理城市废弃物所带来的设备稳定运行技术风险和成本上升。

2、对协同处理城市废弃物的企业进行技术改造会影响增加一定成本，影响企业经济效益，需要政府研究建立补偿机制。

（七）典型例子及成效

北京市为解决固体废物处理难等问题，利用水泥企业对城市危险废物、污水处理厂污泥、焚烧厂飞灰等固体废物进行协同资源化处理；为解决城市垃圾、固体废物处理选址难等问题，布局建设了鲁家山静脉产业基地、朝阳循环经济产业园等，对固体废物进行协同处置。

（八）适用范围

该模式对各类城市均有一定的借鉴作用，特别适用于城市范围内及周边地区布局有冶金、水泥、发电等高温作业企业的城市。

九、以数据的统计和测算相结合、自我评价为核心的区域资源产出率统计评价机制

（一）问题的提出

循环经济发展缺乏综合性指标，各地难以综合判断循环经济发展成效、理清薄弱环节，从而提出有针对性的措施。国家提出的资源产出率指标在区域层面缺乏资源消耗的统计支撑，需要建立一套切实可行的资源消耗统计测算体系，以便分析资源产出率提升路径。

（二）解决的主要思路

以物质流分析为基础，构建统测结合、可操作的资源产出率测算方式，建立主要资源物质流账户，摸清资源生产和消耗底数，具备条件的地区建立完善的资源消耗数据直报系统，委托科研机构或其他第三方服务机构对资源产出效率进行分析评价，分析不同情景下的变化趋势，研究提出资源产出效率的提升路径和具体措施。

（三）主要内容及做法

1、建立一套统计与测算相结合的区域层面资源产出率测算方法。以区域经济系统物质流分析为基础，形成兼顾区域公平性、方法可行性、政策操作性的区域层面资源产出率统计测算方法。

2、建立区域层面主要资源的物质流账户。构建主要资源的物质代谢结构图，为结构图中的节点物质设计规范的数据表，利用现有经济和产业统计渠道并结合典型调研和专家测算，获取或折算物质流数据，确定可追溯的数据来源。

3、测算并分析区域层面资源产出率。根据所获各类资源账户数据，测算总资源产出率指标和子类资源（化石能源、金属资源、非金属资源和生物质资源）产出率指标，开展情景分析，研究资源产出率变化范围，形成资源产出率提升目标。

4、构建提升区域层面资源产出率的路线图。以物质流分析和资源产出率指标测算为基础，分析区域层面资源产出率的提升路径，可参考的分析角度包括优化空间布局、调整产业结构、开展技术创新、生产要素替代、再生资源利用等。

5、支持有条件地区开展资源消耗统计直报试点。基于国家的资源产出率统计试点调查方案，选择具备较好条件的地区，开展资源产出率统计核算体系建设与网络直报、数据质量评估、可视化信息发布系统开发等工作。

（四）推进步骤

1、组建工作协调组、专家组。工作协调组由发改、统计等部门和行业协会组成；专家组对物质流分析方法提供指导。

2、研究提出本区域的特征资源。专家组结合本区域资源禀赋和产业结构，提出纳入资源消耗统计的资源种类（应当包括国家确定的14种资源），建立物质流账户。

3、开展调研和区域验证。开展文献调查、典型企业与地区调研、专家访谈、数据收集分析，将调研结果在一定区域内进行验证，支持有条件的地区开展资源消耗数据直报。

4、测算本区域的资源产出率，分析提出提升路径。

（五）需要政府提供的政策机制保障

1、建立一套简化、规范、可推广的区域层面资源产出率测算方法标准，完善资源产出率以及循环经济评价体系和相关统计制度。

2、协调提供必要的人员、经费保障，建立常态化工作机制，保障资源产出率测算工作开展。

3、引导各地在相关规划中，根据本地区资源消耗特征和经济发展水平制定科学合理的资源产出率目标和提升路径。

4、鼓励地方建立包括市县层面、园区（开发区）层面的资源消耗数据统计评价机制。

关于确定第五批国家循环经济教育示范基地的通知

山东省、河南省、安徽省、四川省发展改革委（经信委），教育厅（教委），财政厅，旅游局，国家循环经济教育示范基地建设单位：

为落实《循环经济发展战略及近期行动计划》，宣传循环经济理念，根据《国家循环经济教育示范基地管理办法》（发改办环资[2015]2071号），发展改革委、教育部、财政部、旅游局（以下简称四部委）组织专家，对第五批国家循环经济教育示范基地申报单位进行了评审。

经过专家评审、现场考察和网上公示，我们认为山东泉林纸业有限责任公司等7家单位（详见附件1）循环经济特色明显，教育宣传功能较强，具备国家循环经济教育示范基地建设基础，原则同意开展基地建设。现将有关事项

通知如下：

一、完善实施方案。各教育示范基地创建单位应根据评审意见（详见附件2）的要求，对实施方案作出调整，并于2016年4月30日前，将完善后的实施方案（附电子版）报四部委备案。逾期不备案的单位视为放弃教育示范基地建设资格。

二、确保创建质量。各教育示范基地创建单位应严格按照实施方案开展创建工作，加大资金投入力度，满足相关建设运营需求，以现有条件为基础，围绕循环经济理念宣传，统一设计、布局、建设接待设施、安保设施、互动设施，强化循环经济产业链的展示功能。

三、提升工作水平。各教育示范基地创建单位应认真履行循环经济宣传教育职能，建立高效的服务团队，以国内循环经济产业体系为框架，以本基地循环经济产业链为重点，不断丰富循环经济宣传教育形式，完善讲解内容，形成具有本地特色的循环经济宣传模式。

四、加强监督管理。省级和市级循环经济发展综合管理、教育、财政、旅游部门应当建立定期协调机制，加强对辖区内教育示范基地的宣传推广和监督管理，对工作中出现的新情况、新问题，要认真研究解决，并及时向四部委报告，确保实现实施方案确定的各项目标任务。教育部门应当协调周边学校与教育示范基地建立稳定合作关系，组织学生定期参观；旅游部门应当将教育示范基地纳入本地旅游线路，列入旅游规划，予以充分开发利用，扩大示范基地的影响力。

附件：第五批国家循环经济教育示范基地建设单位名单（略）

国家发展改革委办公厅
教育部办公厅
财政部办公厅
国家旅游局办公室
2016年4月18日

关于开展第二批生态文明先行示范区建设的通知

发改环资[2015]3214号

北京市、天津市、河北省、山西省、内蒙古自治区、辽宁省、吉林省、黑龙江省、上海市、江苏省、浙江省、安徽省、山东省、河南省、湖北省、湖南省、广东省、广西壮族自治区、海南省、四川省、重庆市、陕西省、西藏自治区、甘肃省、宁夏回族自治区、新疆维吾尔自治区及大连市、宁波市、青岛市、深圳市和新疆生产建设兵团发展改革委、科技厅（局）、财政厅（局）、国土资源厅（局）、环境保护厅（局）、住房和城乡建设厅（局）、水利厅（局）、农业厅（局、委）、林业厅（局）：

为贯彻落实《中共中央 国务院关于加快推进生态文明建设的意见》（中发[2015]12号）、《国务院关于加快发展节能环保产业的意见》（国发[2013]30号）关于开展生态文明先行示范区建设的工作要求，按照《关于请组织申报第二批生态文明先行示范区的通知》（发改环资[2015]1447号）的安排，近期我们组织有关专家，对第二批申报地区的《生态文明先行示范区建设实施方案》（以下简称《方案》）进行了集中论证、复核把关，并向社会公示。现同意北京市怀柔区等45个地区开展生态文明先行示范区建设工作，并就有关事项通知如下：

一、明确目标责任。先行示范地区要对《方案》确定的主要目标、重点任务、制度建设重点进行系统梳理，细化任务措施，落实目标责任，明确任务分工、责任主体和时间要求，确保政策措施落实到位和目标任务实现。有关省（区、市）、计划单列市、新疆生产建设兵团要尽快印发《方案》。

二、积极推进制度创新。先行示范地区要按照中央《关于加快推进生态文明建设的意见》、《生态文明体制改革总体方案》的总体要求，以及有关专项改革方案的要求，结合本地区实际和确定的制度建设重点，勇于探索和创新，力争在生态文明制度创新上取得重大突破。

三、加强与“十三五”规划衔接。先行示范地区要将生态文明、绿色发展作为“十三五”发展的重要引领，在思维理念、价值导向、空间布局、生产方式、生活方式等方面，率先大幅提高绿色化程度。要将先行示范目标，特别是资源环境类约束性指标，纳入本地区“十三五”经济社会发展总体规划及相关区域性、行业性、专题性规划之中，并做好与国家和省级人民政府下达的“十三五”目标的衔接。

四、抓好重点项目实施。先行示范地区要结合实际需要，进一步论证《方案》中重点项目的针对性和可操作性，加强工程措施对先行示范目标的支撑。各地区发展改革委要会同有关部门，按照“建设一批、储备一批、谋划一批”的原则，优选一批工作基础成熟、投资规模较大、实施效果明显的标志性重点工程项目，加快项目入库，做好项目储备，落实前期工作，按有关程序批准实施。

五、健全工作机制。有关省（区、市）、计划单列市、新疆生产建设兵团发展改革、科技、财政、国土、环保、住房城乡建设、水利、农业、林业等部门要加强对先行示范区建设工作的指导和协调，并健全工作机制，凝聚工作合力。京津冀协同共建地区（北京平谷、天津蓟县、河北廊坊北三县），以及重庆市大娄山生态屏障（重庆片区）、四川省川西北地区、四川省嘉陵江流域、广东省深圳东部湾区（盐田区、大鹏新区）等地区，要建立统一协调、分工明确、运转高效的推进机制，协调解决重大问题。

六、总结报送工作进展。先行示范地区要加强工作调度，及时总结阶段性进展情况，按季度报送先行示范区建设工作进展情况特别是制度建设进展情况，并于每年12月底前形成年度总结，报送国家发展改革委等有关部门。有关省（区、市）、计划单列市和新疆生产建设兵团发展改革委等部门，要加强先行示范工作跟踪并监督实施。

国家发展改革委、科技部、财政部、国土资源部、环境保护部、住房城乡建设部、水利部、农业部、国家林业局，在规划编制、政策实施、项目安排、体制创新等方面对先行示范建设地区予以积极支持，加强对《方案》实施情况的协调指导、跟踪检查和督促落实，组织先行示范区工作人员培训和专家问诊行动，及时总结生态文明建设的有效做法和成功经验，在全国范围内进行宣传推广。国家发展改革委、环境保护部会同有关部门对有关试点示范进行评价考核，具体办法另行制定。

附件：第二批生态文明先行示范区建设地区及制度创新重点

2015年12月31日

附件

第二批生态文明先行示范区建设地区及制度创新重点

序号	地区名称	制度创新重点
1	北京市怀柔区	1. 强化跨区域协同发展的制度与机制； 2. 探索建立生态红线制度和资源环境承载能力监测预警机制； 3. 推进空间性规划“多规合一”。
2	天津市静海区	1. 构建循环型社会相关制度，探索京津冀“城市矿产”协同发展的有效模式与机制； 2. 创新地方水环境管理与土壤修复的政策和制度； 3. 探索“多规合一”的制度安排。
3	河北省秦皇岛市	1. 探索编制自然资源资产负债表； 2. 探索海陆统筹、低碳经济相关制度； 3. 探索建立体现生态文明建设要求的领导干部政绩考核评价制度。
4	京津冀协同共建地区（北京平谷、天津蓟县、河北廊坊北三县）	1. 创新区域联动机制，探索京津冀生态文明制度建设协同模式； 2. 设立绿色发展基金，探索跨区域生态保护补偿机制； 3. 建立生态红线管控制度。
5	山西省朔州市平鲁区	1. 把矿产资源开采、土地复垦与矿山生态系统修复同步规划、同步推进，作为建立矿区生态系统修复机制创新的重点； 2. 在合法合规、保障耕地红线的前提下，把开展农村土地流转、探索农村宅基地自愿有偿退出机制，作为农村宅基地市场化制度的创新点。
6	山西省孝义市	1. 探索矿业城市废弃地利用的融资机制及土地高效利用制度； 2. 探索煤炭枯竭型城市产业绿色转型升级机制； 3. 探索城镇低效用地（塌陷治理区、矿山土地复垦区）整治与利用机制。

7	内蒙古自治区包头市	1.完善资源性产品价格形成机制，推进资源税改革、建立矿山恢复治理保证金制度； 2.建立空间规划体系，探索“多规合一”； 3.探索编制自然资源资产负债表，建立环境损害责任追究制度。
8	内蒙古自治区乌海市	1.建立完善体现生态文明建设要求的领导干部政绩考核、责任追究制度； 2.探索编制自然资源资产负债表，建立绿色GDP核算体系。
9	辽宁省大连市	1.探索将城市环境保护规划纳入“多规合一”； 2.建立生产者责任延伸制度； 3.建立生态文明统计制度，编制自然资源资产负债表； 4.建立陆海统筹的生态保护补偿制度。
10	辽宁省本溪满族自治县	1.建立水源涵养区上下游生态保护补偿制度； 2.建立严格的环境准入制度； 3.建立生态环境资产核算与资源环境承载能力监测预警制度。
11	吉林省吉林市	1.探索建立流域生态保护补偿机制； 2.提出产业转型升级体制机制创新思路； 3.探索建立生态环境事件预警防控机制。
12	吉林省白城市	1.探索建立区域生态保护补偿机制； 2.探索建立资源环境承载能力监测预警机制； 3.探索建立体现生态文明建设要求的领导干部考核评价制度。
13	黑龙江省牡丹江市	1.探索建立自然资源资产产权和用途管制制度； 2.探索建立生态文明建设对外合作机制； 3.探索建立绿色城镇化综合管理制度； 4.建立完善生态文明建设市场化机制。
14	黑龙江省齐齐哈尔市	1.细化落实主体功能区划； 2.探索建立自然资源资产产权和用途管制制度； 3.探索建立体现生态文明建设要求的领导干部考核评价、责任追究制度。
15	上海市青浦区	1.创新太湖流域跨界水环境管理机制； 2.探索建立横向生态补偿机制； 3.建立再生资源和垃圾分类回收的一体化机制。
16	江苏省南京市	1.探索通过地方立法促进生态文明制度体系建设； 2.建立和完善生态补偿机制； 3.探索生态文明建设市场化机制。
17	江苏省南通市	1.建立完善体现生态文明建设要求的评价、考核、审计和责任追究制度； 2.探索建立自然资源资产产权和用途管制制度； 3.探索建立横向生态保护补偿机制； 4.探索“多规合一”制度。
18	浙江省宁波市	1.探索建立生态文明统计体系，完善体现生态文明建设要求的领导干部政绩考核制度； 2.建立生态环境事件预测预警机制； 3.在自然资源用途管制中，从操作层面加强岸线保护和滨海湿地保护。
19	安徽省宣城市	1.探索建立自然资源资产产权和用途管制制度； 2.探索建立跨省域的横向生态补偿机制； 3.探索建立跨地区的产业合作机制。
20	安徽省蚌埠市	1.探索建立自然资源资产产权和用途管制制度； 2.探索建立淮河流域水污染联防联控和横向生态补偿机制； 3.探索建立生态文明建设市场化机制； 4.探索形成秸秆综合利用的蚌埠模式。
21	山东省济南市	1.探索通过地方立法促进生态文明制度体系建设； 2.探索建立自然资源资产产权和用途管制制度； 3.建立完善生态保护补偿机制； 4.探索建立“多规合一”的空间规划体系。
22	山东省青岛红岛经济区	1.探索建立“多规合一”的空间规划体系； 2.探索建立生态红线管控与监测预警机制； 3.探索建立横向生态补偿机制。
23	河南省许昌市	1.建立完善体现生态文明建设要求的考核评价、责任追究制度； 2. 探索建立资源环境生态红线管控制度及资源环境承载能力监测预警机制； 3.建立完善秸秆、建筑垃圾综合利用及城市矿产回收利用的许昌模式。

24	河南省濮阳市	1. 细化落实主体功能区制度； 2. 探索建立油地协同发展的生态保护补偿机制； 3. 探索建立温室气体排放统计核算及碳捕捉、碳排放交易等制度机制。
25	湖北省黄石市	1. 完善矿业权市场制度设计； 2. 建立完善体现生态文明建设要求的考核评价、责任追究制度； 3. 建立资源环境综合监管机制。
26	湖北省荆州市	1. 推进资源环境管理体制创新； 2. 提出湿地保护制度的实施细则； 3. 完善秸秆综合利用和禁烧制度。
27	湖南省衡阳市	1. 建立污染防治协同监管机制； 2. 建立生态文化建设与历史名城保护协同推进制度。
28	湖南省宁乡县	1. 推动将资源环境指标纳入领导干部政绩考核体系； 2. 探索通过制度建设激励和约束规模化养殖与污染治理。
29	广东省东莞市	1. 探索“多规合一”的实施机制； 2. 完善生态红线管控的相关制度； 3. 探索生态文明建设市场化机制。
30	广东省深圳东部湾区（盐田区、大鹏新区）	1. 探索建立GEP（生态系统生产总值）核算体系； 2. 建设生态文明法治体系； 3. 建立资源环境承载能力监测预警机制； 4. 建立生态文明建设社会行动体系。
31	广西壮族自治区桂林市	1. 建立生态文明指标体系与考核制度； 2. 探索建立生态保护的融资机制； 3. 探索建立生态保护补偿机制。
32	广西壮族自治区马山县	1. 建立荒漠化综合治理管理制度； 2. 建立促进生态产业化发展的激励制度。
33	海南省儋州市	1. 创新“多规合一”规划、审批、管理、实施的体制机制； 2. 探索建立自然生态空间用途管制制度； 3. 建立领导干部生态环境损害责任终身追究制度。
34	重庆市大娄山生态屏障（重庆片区）	1. 提出自然资源资产产权确权的操作办法； 2. 建立资金、土地指标等与主体功能区分区管控的激励约束机制； 3. 建立矿山生态修复的补偿制度。
35	四川省川西北地区	1. 建立禁止开发区域保护制度； 2. 建立完善生态文明建设信息共享制度。
36	四川省嘉陵江流域	1. 建立流域水资源综合管理制度； 2. 建立生态屏障建设与保护制度； 3. 建立流域生态文明建设协调机制。
37	西藏自治区日喀则市	1. 科学划定资源、环境、生态红线，探索建立资源环境承载能力监测预警机制； 2. 探索编制自然资源资产负债表，实行领导干部自然资源资产和环境责任离任审计； 3. 探索建立雅鲁藏布江源头和中游地区的生态保护补偿机制。
38	陕西省西安浐灞生态区	1. 构建空间规划体系，推动“多规合一”； 2. 创新开发区生态文明建设综合管理制度。
39	陕西省神木县	1. 建立体现生态文明建设要求的领导干部政绩考核制度； 2. 建立自然资源资产产权和用途管制制度； 3. 探索建立区域横向生态补偿制度。
40	甘肃省兰州市	1. 深入探索资源有偿使用制度和生态保护补偿机制； 2. 创新领导干部环境责任离任审计制度。
41	甘肃省酒泉市	1. 建立湿地（包括河滩地）产权确认制度； 2. 推动碳交易与碳资产管理体制机制创新； 3. 建立资源环境承载能力监测预警机制。
42	宁夏回族自治区石嘴山市	1. 探索建立公众参与制度，发挥听证会制度在生态文明建设中的作用； 2. 建立领导干部自然资源资产与环境责任离任审计制度。
43	新疆维吾尔自治区昭苏县	1. 建立体现生态文明建设要求的领导干部政绩考核、责任追究制度； 2. 探索建立最严格的森林、草场、湿地等生态保护与修复机制。
44	新疆维吾尔自治区哈巴河县	1. 建立最严格的产业准入制度； 2. 建立针对不同主体功能定位的领导干部政绩考核制度。
45	新疆生产建设兵团第一师阿拉尔市	1. 建立最严格的水资源管理制度； 2. 建立针对不同主体功能定位的领导干部政绩考核制度； 3. 探索通过建立科技创新机制，促进退化土地治理、节水农业发展和工业用水循环利用。

关于将天津静海县等61个地区确定为国家循环经济示范城市（县）建设地区的通知

发改办环资[2016]36号

有关省、自治区发展改革委（经信委）、财政厅（局）、住房城乡建设厅（委），天津市市容园林委、重庆市市政管委：

根据《关于开展循环经济示范城市(县)建设的通知》（发改环资[2015]2154号，以下简称《通知》），国家发展改革委、财政部、住房城乡建设部委托中国国际工程咨询公司（以下简称“中咨公司”）组织专家对各地报送的循环经济示范城市（县）建设实施方案进行了评审。现将有关事项通知如下：

一、原则同意将天津市静海区等61个地区确定为2015年国家循环经济示范城市（县）建设地区（具体名单见附件1），请各建设城市（县）根据中咨公司出具的评审报告（见附件2）认真修改完善实施方案，并将修改后的实施方案（一式二份附电子版），于2016年2月28日前通过省级循环经济综合管理部门、财政部门、住房城乡建设部门联合报送至国家发展改革委（环资司）、财政部（经建司）、住房城乡建设部（城建司）（以下简称“三部委”）备案。

二、各地要把循环经济示范城市（县）建设纳入“十三五”循环经济发展总体规划，作为实现转型发展、建设生态文明的重要途径。要以提高资源产出率为核心，在生产、流通、消费各环节，推行循环型生产方式和绿色生活方式，构建覆盖全社会的资源循环利用体系，通过开展建设工作推动本地区超额完成节能减排约束性目标，推动建立绿色低碳循环产业体系。

三、各建设城市（县）要严格按照相关法律法规和管理规定组织开展支撑项目建设。项目建设要认真履行项目建设管理规定和节能环保要求，严格落实国务院关于化解过剩产能的要求。我委对实施方案的批复不代表对具体项目或具体园区的审核、审批或备案。实施方案中以园区名义出现的必须是《中国开发区审核公告目录》中的园区。

四、各建设城市（县）要加强组织领导，落实任务分工，建立创建工作协调推进机制，做好年度目标的分解和落实。要全面开展资源产出率统计工作，建立定期跟踪评估机制，并于每年1月底前通过省级循环经济发展综合管理部门、财政部门、住房城乡建设部门将上一年工作进展情况报三部委。国家将适时建立循环经济重点工作统计报送制度，具体规定另行印发。

五、省级循环经济发展综合管理部门、财政部门、住房城乡建设部门要加强对建设城市（县）的监督管理，规范项目管理，确保各建设地区、项目承担单位严格执行国家产业政策，环保法规和职业安全标准等。各地要加强对实施方案实施情况的跟踪评估，协调解决循环经济示范城市（县）建设过程中遇到的问题，确保示范城市（县）建设取得实效。

六、国家发展改革委、财政部、住房城乡建设部将对各建设城市（县）的进展情况进行动态跟踪和监督检查，并积极利用现有资金渠道对重点项目给予适当支持。三部委将对建设地区的工作进展情况进行不定期抽查，对工作无实质性进展、存在问题的，责令限期整改，整改后仍达不到要求的，取消建设资格。

七、三部委将根据《通知》要求制定国家循环经济示范城市（县）验收程序和标准，组织专家对申请验收的地区进行评估验收，验收方式包括听取汇报、查阅资料、现场核查、问卷调查、社会公示等。通过验收的，正式确定为“国家循环经济示范城市（区）”或“国家循环经济示范县（市）”。

根据《通知》要求，三部委委托中咨公司对北京市延庆区等31个地区报来的实施方案中的支撑项目调整情况进行了书面审核，对建设指标、任务等内容的调整不予受理。请各有关地区根据中咨公司出具的审核意见（见附件3）认真修改完善实施方案，并将修改完善后的实施方案（一式二份附电子版），于2016年2月28日前通过省级相关部门联合报送至三部委备案。

各地要高度重视循环经济示范城市（县）的建设工作，及时总结建设工作中的典型经验和做法，凝练典型模式案例，并加大宣传推广力度。对实施过程中出现的新情况、新问题要高度重视、妥善解决，并及时将相关情况反馈三部委。

附件：国家循环经济示范城市（县）建设地区名单

国家发展改革委办公厅
财政部办公厅
住房城乡建设部办公厅
2016年1月6日

附件

国家循环经济示范城市（县）建设地区名单

天津市：静海区
内蒙古自治区：包头市、托克托县
辽宁省：沈阳市、鞍山市、建平县
吉林省：洮南县
黑龙江省：通河县
江苏省：徐州市、扬州市、丹阳市
浙江省：台州市、安吉县、海宁市
安徽省：阜阳市、凤阳县、繁昌县
江西省：吉安市、丰城市、樟树市
山东省：聊城市、平原县、招远县
青岛市：城阳区
河南省：洛阳市、新乡市、长葛市
湖北省：荆门市、枝江市、潜江市
湖南省：长沙市、安化县、安乡县
广东省： 湛江市、广宁县、罗定市
广西壮族自治区：柳州市、富川瑶族自治县
四川省：泸州市、浦江县、西充县
重庆市：綦江区、合川区、梁平县
云南省：曲靖市、祥云县
贵州省：六盘水市、铜仁市、岑巩县
陕西省：韩城市
西藏自治区：拉萨市
甘肃省：白银市、临夏市、泾川县
宁夏回族自治区：石嘴山市、永宁县、青铜峡市
青海省：大通县
新疆维吾尔自治区：玛纳斯县
新疆生产建设兵团：二师 34 团、一师 10 团

园区循环化改造示范试点中期评估及终期验收管理办法

（国家发展改革委 财政部 2015年10月23日）

为推动国家“城市矿产”示范基地(以下简称示范基地)建设，加强监督管理，提高财政资金使用效益，制定本办法。

第一章 中期评估

第一条 国家发展改革委、财政部(以下简称“两部委”)委托第三方独立机构，对实施方案批复满3年不满5年的示范基地开展中期评估。

第二条 纳入中期评估范围的示范基地应根据通知要求开展自评估，并向省级循环经济综合管理部门、财政部门提交自评估报告。

省级循环经济综合管理部门、财政部门应核实自评估报告真实性，并按通知要求报送两部委(须附自评估报告)。

第三条 中期评估的依据为经两部委批复(或批复同意调整)的实施方案，评估事项应包括但不限于以下内容：

(一)土地落实情况；

(二)示范基地建设进展情况；

(三)中央财政补助资金使用及项目运营管理情况；

(四)节能环保情况；

(五)相关配套措施制定及执行情况；

(六)创新工作开展情况；

(七)存在的主要问题及改进措施。

第四条 两部委委托第三方独立机构对各地自评估情况进行核查。第三方独立机构应对示范基地建设情况进行现场抽查，抽查比例应不少于当年中期评估基地数量的20%。现场抽查结束后，第三方独立机构应及时向两部委提交中期评估报告。

第五条 中期评估结果分为通过、原则通过和不通过。两部委对不通过的示范基地，取消示范基地称号，全部扣回已拨付中央财政补助资金；对原则通过的示范基地，省级循环经济综合管理部门、财政部门应加强协调，提出整改方案并督促限期整改。两部委在一年内进行现场核查，经核查仍不能达到通过等级的，视为不通过。

第二章 实施方案调整

第六条 实施方案因客观原因确需调整的，示范基地应及时向所在地省级循环经济综合管理部门和财政部门提交调整申请。调整方案不得大幅降低新增资源量目标，中央财政补助资金相应作出调整，但不得超过原方案补助资金总额。

省级循环经济综合管理部门和财政部门应对调整方案进行初步审查，并将审查意见和调整方案报两部委批准。实施方案调整申请原则上仅限一次。

第七条 实施方案调整申请包括：

(一)调整说明。包括调整的原因和必要性、实施方案调整情况、方案或项目调整对新增资源量、投资额等主要目标的影响分析等。实施方案调整情况应当包括项目实施主体、名称、实施期、主要建设内容的变更，以及拟终止及增加的项目情况等。

(二)调整后的实施方案。新增建设项目应附可行性研究报告。

第八条 两部委根据实施方案中新增资源量目标变化、项目调整数量、示范基地规划面积和选址变化等情况委托第三方独立机构对调整的实施方案进行评审。

第九条 第三方独立机构应及时向两部委提交评审报告。两部委依据评审报告批复调整的实施方案。

第三章 终期验收和清算

第十条 两部委下发通知，对实施方案批复满5年的示范基地开展终期验收。

第十一条 终期验收以经两部委批复(或批复同意调整)的实施方案为依据，包括但不限于以下内容：

(一)示范基地新增资源量目标完成率。新增资源量以项目建成的新增生产能力为准。

(二)项目建设情况。重点考核中央财政补助资金支持项目的相关手续、建设完成情况、加工处理项目产能完成情况、投资情况、运营情况等情况。

(三)中央财政补助资金使用情况。重点考核中央财政补助资金实际到位和使用情况等。

(四)示范基地及主要企业环保设施建设情况以及污染物达标排放情况等，环保设施建设情况以现场终期验收情况为准，污染物排放达标情况以环保部门出具的证明文件为准。

(五)对示范基地周边不符合国家相关规定的企业、个体户综合整治情况，引导本地区相关产业进入示范基地进展情况等。

第十二条 纳入终期验收范围的示范基地应根据通知要求开展终期验收自评估，由省级循环经济综合管理部门、财政部门向两部委提交终期验收自评估报告。省级循环经济综合管理部门、财政部门应核实终期验收自评估报告真实性。

第十三条 终期验收自评估应依据批复的实施方案开展，评估事项主要包括以下内容：

(一)本办法第十一条规定的各项目标、任务以及项目建设完成情况；

(二)示范基地所在区域资源回收利用水平提升情况，以及在全国再生资源行业中的功能和定位；

(三)示范基地建设过程中遇到的问题，解决对策以及取得的成效；

(四)促进示范基地进一步发展的建议或政策需求；

(五)相关证明材料。

第十四条 两部委委托第三方独立机构对示范基地进行现场终期验收。第三方独立机构应及时向两部委提交终期验收报告。

第十五条 实施方案批复不满5年，但示范基地实际新增资源量超过设定目标90%的，由省级循环经济综合管理部门、财政部门向两部委提交终期验收申请，终期验收申请应附终期验收自评估报告。省级循环经济综合管理部门、财政部门应核实终期验收自评估报告真实性。

第十六条 示范基地在实施方案批复满5年，但不具备终期验收条件的，所在地的省级循环经济综合管理部门、财政部门须向两部委提交推迟终期验收申请，说明逾期原因、拟采取措施和计划终期验收时间等，延迟时间不得超过1年。

第十七条 终期验收结果分为通过和不通过。对通过终期验收的，进入资金清算程序。对不通过终期验收的，或延迟申请到期后仍不能终期验收的，两部委扣回已拨付资金的50%，取消示范基地称号，不再拨付剩余中央财政补助资金。被取消称号的示范基地所在省(自治区、直辖市)一年内不得申报各类循环经济重点工程。

第十八条 两部委对通过终期验收的示范基地进行中央财政补助资金清算。

第十九条 财政部根据清算情况拨付剩余中央财政补助资金，对已拨付补助资金额超过清算资金总额的，扣回超出部分。

四、附则

第二十条 本办法适用于国家发展改革委、财政部确定的国家“城市矿产”示范基地。

第二十一条 本办法自印发之日起施行。

餐厨废弃物资源化利用和无害化处理试点中期评估及终期验收管理办法

（国家发展改革委 财政部 住房城乡建设部 2015年10月23日）

为推动餐厨废弃物资源化利用和无害化处理试点（以下简称试点）工作，加强监督管理，提高财政资金使用效益，制定本办法。

第一章 中期评估

第一条 国家发展改革委、财政部、住房城乡建设部（以下简称“三部委”）委托第三方独立机构，对实施方案批复满3年不满5年的试点城市开展中期评估。

第二条 纳入中期评估范围的试点城市应根据通知要求开展自评估，并向省级循环经济综合管理部门、财政部门、住建部门提交自评估报告。

省级循环经济综合管理部门、财政部门、住建部门应核实自评估报告真实性，并按通知要求报送三部委（须附自评估报告）。

第三条 中期评估的依据为经三部委批复（或批复同意调整）的实施方案，评估事项应包括但不限于以下内容：

（一）项目土地落实情况和实施主体确定情况；

（二）项目和收运体系建设进展等情况；

（三）中央财政补助资金使用管理情况；

（四）餐厨废弃物管理相关法规、制度制定和执行情况；

（五）餐厨废弃物收运补贴政策的落实情况；

（六）对餐厨废弃物非法收运处理行为的监督执法情况；

（七）环境影响评价手续办理情况及污染防治措施落实情况；

（八）存在的主要问题及改进措施。

第四条 三部委委托第三方独立机构对各地自评估情况进行核查。第三方独立机构应对试点城市建设情况进行现场抽查，抽查比例应不少于当年中期评估城市数量的20%。现场抽查结束后，第三方独立机构应及时向三部委提交中期评估报告。

第五条 中期评估结果分为通过、原则通过和不通过。对不通过的试点城市，取消试点城市称号，全部扣回已拨付中央财政补助资金；对原则通过的试点城市，省级循环经济综合管理部门、财政部门、住建部门应加强协调，提出整改方案并督促限期整改。三部委在一年内进行现场核查，经核查仍不能达到通过等级的，视为不通过。

第二章 实施方案调整

第六条 实施方案因客观原因确需调整的，试点城市应及时向省级循环经济综合管理部门、财政部门和住建部门提交实施方案调整申请。调整方案不得大幅降低餐厨废弃物处理目标，中央财政补助资金相应作出调整，但不得超过原方案补助资金总额。

省级循环经济综合管理部门、财政部门和住建部门应对调整方案进行初步审查，并将审查意见和调整方案报三部委批准。实施方案调整申请原则上仅限一次。

第七条 实施方案调整申请包括：

（一）调整说明。包括调整的原因和必要性、实施方案调整情况、项目调整对试点主要目标的影响分析等。实施方案调整情况应当包括项目建设地点、处理规模、技术工艺路线、产品方案等。

（二）调整后的实施方案新增建设项目应附可行性研究报告。

第八条 三部委委托第三方独立机构对调整的实施方案进行评审。

第九条 第三方独立机构应及时向三部委提交评审报告。三部委依据评审报告批复调整的实施方案。

第三章 终期验收和清算

第十条 三部委下发通知，对实施方案批复满5年的试点城市开展终期验收。

第十一条 终期验收以经三部委批复（或批复同意调整）的实施方案为依据，包括但不限于以下内容：

（一）餐厨废弃物新增处理能力目标完成情况，以项目运营主体的台账记录为依据。

（二）餐厨废弃物回收体系建设及运行情况，重点是餐厨废弃物收运覆盖率、收运量等，以收运台账记录为依据。

（三）投资额实际完成情况，以会计事务所出具的审计报告为依据。

（四）中央财政补助资金使用情况，包括资金使用管理办法的制定及执行情况等。

（五）餐厨废弃物法规、规章制定及执行情况，餐厨废弃物回收、处理等激励机制出台及执行情况。

（六）环保设施建设运行以及污染物达标排放情况等。

第十二条 纳入终期验收范围的试点城市应根据通知要求开展终期验收自评估，并逐级向三部委提交终期验收自评估报告。省级循环经济综合管理部门、财政部门、住建部门应核实终期验收自评估报告真实性。

第十三条 终期验收自评估应依据批复的实施方案开展，评估事项主要包括以下内容：

（一）本办法第十一条规定的各项目标、任务完成情况；

（二）试点城市建设过程中遇到的问题，解决对策以及取得的成效；

（三）促进餐厨废弃物资源化利用的建议或政策需求；

（四）相关证明文件。

第十四条 三部委委托第三方独立机构对试点城市进行终期验收。第三方独立机构应对各地报送的自评估材料进行审查，并根据情况进行现场抽查，抽查比例应不少于当年终期验收城市数量的30%，形成终期验收报告，及时提交三部委。

第十五条 实施方案批复不满5年，但已实现实施方案提出目标的试点城市，可向省级循环经济发展综合管理部门、财政部门、住建部门提出终期验收申请，并附终期验收自评估报告。

第十六条 省级循环经济综合管理部门、财政部门、住建部门收到考核终期验收申请后应及时组织现场终期验收，并将终期验收结果报送三部委。三部委委托第三方独立机构对终期验收结果进行核查和现场抽查。

第十七条 实施方案批复满5年仍不具备终期验收条件的，试点城市所在地省级循环经济综合管理部门、财政部门、住建部门须向三部委申请推迟终期验收，并说明逾期原因、拟采取的措施和计划终期验收时间等，延迟时间不得超过1年。

第十八条 终期验收结果分为通过和不通过。对通过终期验收的，进入资金清算程序。对不通过终期验收的，或延迟申请到期后仍不能终期验收的，三部委扣回已拨付资金的50%，取消试点城市称号，不再拨付剩余中央财政补助资金。被取消称号的试点城市一年内不得申报各类循环经济重点工程。

第十九条 三部委对通过终期验收的试点城市进行中央财政补助资金清算，清算依据为上年实际餐厨废弃物处理量达到目标的比例。

第二十条 财政部根据清算情况拨付剩余中央财政补助资金，对已拨付资金额超过清算资金总额的，扣回超出部分。

第四章 附则

第二十一条 本办法适用于国家发展改革委、财政部、住房城乡建设部确定的餐厨废弃物资源化利用和无害化处理试点城市（区）。

第二十二条 本办法自印发之日起施行。

拉萨：守好世界最后一方净土

拉萨市坚决贯彻落实习近平总书记提出的“西藏市重要的生态安全屏障”、“要守好世界最后一方净土”的重要指示，在市政府节能减排领导小组的领导下，2015年积极开展绿色循环低碳发展关工作，创造优良生态环境、改善城镇人居环境和投资环境增强综合竞争力，促进城镇经济社会又好又快发展发挥了重要作用。

一、积极落实节能措施。全市节能和控制能源消费总量工作领导机构和协调机制总体运作良好。提出各县（区）和市直行业“十二五”期间节能工作目标任务和评价考核机制，市委、市政府督查部门全程参与节能工作，建立了节能工作问责制度。

二、促进产业升级，优化能源结构。2015年累计完成370个项目的节能审批、登记工作，组织专家联合会审节能报告表和节能报告书的项目达到22个；2015年我市工业全部能耗为417357吨标准煤，其中高能耗行业能耗量为328025吨标准煤，占比为78.6%，比2014年下降7.52个百分点。2015年第三产业占地区生产总值比重为58.83%，比2014年下降0.67个百分点。

围绕降低煤炭消费比重，在拉萨市中心城区划定燃煤禁燃区，淘汰燃煤锅炉。重点开发拉萨地区丰富的太阳能、水能资源，2015年，在建太阳能光伏发电站11座，总装机容量约300兆瓦；能源消费结构进一步得到优化，在全区七地（市）率先使用天然气作为居民采暖和日常生活所需能源。

三、推进重点工程。稳步推进实施节能重点工程，逐步增强县域生活垃圾无害化处理能力。2015年达孜县垃圾转运站、拉萨市污水处理厂二期工程、拉萨市生活垃圾填埋二期工程等项目进入试运行，新开工柳梧新区和堆龙德庆区两个垃圾转运站；新增生活垃圾处理能力410吨/日和生活污水处理能力13万吨/日；大力推进西藏高争建材股份有限公司五期技改（生料粉磨系统技术改造）项目和第四期技改工程（富氧燃烧节能技术改造项目）节能改造项目、拉萨市国家级经济开发区、堆龙羊达工业园区、达孜工业园区内生产企业余热余压利用、能量系统优化、电机节能改造工程。西藏红墙烧结砖有限公司引进先进生产线，保证90%余热用于干燥砖坯。推广低温太阳能集中供暖工程，成功申报了拉萨市循环经济示范城市建设示范城市和餐厨废弃物资源化利用和无害化处理试点城市。截止目前，全市累计节能量1098.2吨标准煤，超额完成自治区下达的“十二五”期间实现节能量813.4吨的任务；2015年全市节能专项资金达1.66亿元，超出原定本级财政收入千分之一资金（约500万元）的33倍。

四、加强消费侧能源节约集约管理。重点在工业、建筑、交通、公共机构等领域开展节约集约管理。一是加强制度建设。制定下发了《拉萨市能源消费总量控制落实方案》、《关于在新建民用建筑中切实做好建筑节能工作的通知》等制度性文件。二是积极推行能耗在线实时监测。三是强化重点用能单位节能管理，开展千家重点耗能企业节能行动，采取落实目标责任、开展能效水平对标、建立健全能源管理体系、等措施，切实提高企业能源管理水平。四是加强工业领域节能管理。制定下发了《关于加强重点用能工业企业节能工作的通知》，对工业企业节能工作提出了明确要求，逐步建立重点用能企业能源管理制度。到2015年底，全市所有重点用能企业均已建立能源管理负责人备案制和能源利用状况定期报告制度。依法对辖区内国控、区控工业企业进行清洁生产审核，2015年重点淘汰了一条立窑年产10万吨水泥生产线和两家水泥厂；五是推进建筑领域节能改造。大力开展节约型示范单位创建工作，充分利用太阳能清洁能源，拟对拉萨市86个既有建筑节能进行墙体、屋面、窗户和围护改造；对新建建筑严格实行节能强制标准，全市建筑施工阶段节能强制性标准执行率达到60%。六是大力实施交通节能，特别是加强交通领域节能新技术和新产品的推广，编制完成了《拉萨市新能源汽车推进方案暨配套政策研究方案》，共淘汰高耗能公交车395辆。目前公交产业集团公司现有车2148辆，公交车480辆，总计新能源车158辆，占新能源占比32.92%，公交车充电桩11个。出租车1668辆，其中油气混合车1660辆、纯电动车8辆，出租充电桩5个。积极倡导市民低碳出行，有效缓解了城市交通拥堵和减少尾气污染。七是全面开展公共机构领域节能工作。

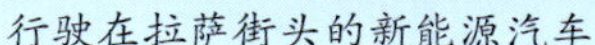
行驶在拉萨街头的新能源汽车

养殖场粪污处理系统

污水处理厂

绿色促发展 低碳惠天府

——成都市低碳城市建设工作回顾

成都市发展和改革委员会

成都市委书记唐良智（时任成都市市长）与瑞士驻华大使戴尚贤签署“中国—瑞士低碳城市项目合作备忘录”

成都市委副书记、市长罗强在四川碳市场开市暨全国碳市场能力建设（成都）中心揭牌仪式上致辞

成都市认真落实中央“五位一体”总体布局、“四个全面”战略布局和省委“三大发展战略”要求，切实贯彻新发展理念，以国家生态文明先行示范区建设为统揽，以国家低碳城市建设为着力点，以绿色、低碳、循环为工作取向，以共治、共建、共享为工作机制，积极推动绿色低碳发展，加快建设国家中心城市和美丽中国典范城市。

低碳制度体系逐步建立

2016 年，市委、市政府印发了《成都市生态文明建设 2025 规划》、《推进绿色发展建设美丽中国典范城市的实施意见》、《加快推进生态文明建设实施方案》，把低碳发展作为生态文明建设和绿色发展的重要抓手融入顶层设计；先后出台了《建设低碳城市工作方案》、《绿色建筑行动工作方案》等多项政策措施，建立了合同能源管理、集体公益林保护、生活垃圾处置激励、新能源汽车补贴、企业碳排放核查等低碳发展机制，引领全社会共同推动低碳发展，有效降低碳排放。

低碳建设和管理有序开展

一是确定城市低碳发展格局。按照建设国家中心城市“157”总体思路，突出绿色低碳发展理念，初步构建了“双核共兴、一城多市”的网络城市群和大都市区发展格局。大力推进卫星城建设，推进小城市、特色镇、“小组微生”新农村建设。二是大力发展绿色建筑和低碳交通。加快推进装配式建设工程和绿色施工，全市新建民用建筑全面执行绿色建筑标准；将减少碳排放与治理交通拥堵协同推进，积极构建低碳交通体系，加快地铁建设“650 +”目标，加快中心城区路网“3900 +”目标，鼓励政府、企业、市民等社会各界致力于节能环保低碳行动，淘汰各类黄标和老旧车 16.5 万辆，公交机动化出行分

成都市人民政府副秘书长高建军（前排左一）、市发改委副巡视员祝小文（后排左一）参加第二届中美气候智慧型/低碳城市峰会

成都市人民政府和瑞士发展与合作署共同支持的“中国—瑞士低碳城市建设与产业发展国际研讨会”成功举办

担率提高到42%。出台支持《成都市关于鼓励共享单车发展的试行意见》。三是积极优化产业和能源结构。实施工业强基行动，不断推进制造业转型升级，培育壮大航空航天、生物医药等战略性新兴产业；加快发展新兴服务业和都市现代农业；严格控制新建高耗能、高排放项目，严格开展环境影响评价和节能评估审查，从源头减少碳排放；强化重点领域和重点企业节能管理，加快淘汰落后产能，大力开展城市“控煤”行动，加快实施燃煤锅炉淘汰和清洁能源改造，“十二五”期间，单位GDP能耗和碳排放分别累计降低16.91%、19%，全面完成节能减碳目标任务。四是加强环保基础设施建设。建成248座污水处理厂，基本实现污水处理设施全覆盖；建成4座垃圾焚烧发电厂、成都危险废物处置中心、餐厨垃圾一期项目，正加快推动成都隆丰等6座已规划的垃圾发电厂、医疗废弃物处置中心扩建、餐厨垃圾二期、污泥和建筑垃圾处置等重点项目建设，着力控制工农业生产、废弃物处理等非能源活动的温室气体排放。五是增加城市碳汇。规划构建了“两山两环、两网六片”的市域生态安全格局，大力推进“六库八区”湖泊水系和城市森林的建设，初步呈现环中心城85公里长、400米宽，生态建设面积约80平方公里的绿色生态空间。大力实施“增花添彩”工程和“花重锦官城”活动；不断强化森林生态系统保护与建设，开展大规模绿化全川成都行动，启动龙泉山城市森林公园、大熊猫国家公园等重点生态工程。

低碳试点示范稳步推动

于2014年在省内率先启动低碳示范，先后将锦江区三圣街道、郫县三道堰镇青杠树村、青白江区大弯小学等8个单位确定为低碳社区、低碳校园，探寻可复制、可推广的低碳建设经验。积极支持公共机构节能改造，金牛、成华区政府等10家单位荣获国家级“节约型公共机构示范单位”称号；推进全国餐厨废弃物资源化利用和无害化处理试点建设，不断丰富城市低碳建设成果。

低碳国际合作全面拓展

积极推动“中国－瑞士低碳城市”成都项目深入实施，在习近平主席和瑞士联邦主席的共同见证下，瑞士驻华大使戴尚贤与时任市长唐良智在人民大会堂签署了双方合作备忘录，成为中瑞两国创新战略伙伴关系的重要载体；着力推进“中国—瑞士（成都）低碳生物医学产业园”示范项目建设，12月1日成功主办了“中国－瑞士低碳城市建设与产业发展国际研讨会”；持续深化中美合作可持续及宜居城市建设项目，形成成都市低碳发展蓝图研究、成都二氧化碳达峰研究等系列研究成果；成都市应邀参加了2015年巴黎气候大会，组织参加了“第二届中美气候智慧型/低碳城市峰会”，报告了成都低碳发展经验；借助世界资源研究所，采用LEAP工具研究提出了2025年达到碳峰值的目标，并成功加入“中国达峰先锋城市联盟”；协调开展《都江堰市低碳发展重点项目的识别及环境、经济、社会分析》，并于9月20在北京召开项目成果发布及结题会。

低碳基础能力不断提升

充分发挥清华大学在能源、低碳产业领域的科研、技术优势，推动在天府新区成都片区设立能源互联网产业研究院、创新产业园区，为实现绿色低碳发展试点示范提供决策咨询与智力支持。承接全国碳交易市场的启动，组织召开了“成都市重点工业企业碳盘查启动暨培训会”；完成61家重点工业企业碳排放核查，其中25家纳入全国碳交易市场；基本完成2015年温室气体排放清单编制，进一步厘清了全市碳排放基本情况；积极推进西部碳交易中心建设，12月16日，四川碳市场成功开市交易并挂牌全国碳市场能力建设（成都）中心，成为非试点地区的2家国家碳交易机构之一。

2017年1月，成都成功获批国家低碳试点城市，下一步，将围绕《成都市低碳城市试点实施方案》确定的总体目标和“六体系一能力”的重点任务，进一步加大工作力度，深入推进绿色低碳发展，加快国家低碳城市建设。

厚植绿色生态优势 推进循环经济发展

贵阳市生态文明建设委员会

全国水泥窑协同处置固体废物现场会

2016年，贵阳市继续充分发挥国家循环经济试点城市建设平台优势，依托国家工信部资源综合利用示范基地、国家发改委资源综合利用“双百工程”示范基地，进一步完善循环型产业体系，推进社会层面循环经济发展，实现经济社会环境“又好又快”发展。全市生产总值达到3156亿元，年均增长14%；规模以上工业增加值达到781亿元，年均增长13%；生态环境质量进一步提高，大气环境空气质量优良率为95.6%，优良率同比提高2.4个百分点，环境空气质量优良天数350天。有关情况如下：

一、国家工信部工业固体废物综合利用试点基地

基地建设成效明显——2011年，贵阳市被国家工信部列入全国首批十二个工业固废综合利用试点基地（以下简称基地）之一。五年来，基地建设通过“减量化、再利用、资源化”，“十二五”期间综合利用量和综合利用率逐年增加，经济效益、生态环境效益、社会效益显著，基地建设取得明显成效。贵阳市得到国家、省工信、发改等部门大力支持，“十二五”期间，淘汰落后产能556万吨，获得国家、省淘汰落后奖励资金10.72亿元，年减少固废排放130万吨以上；全市实施39个工业固废综合利用建设项目，其中获得省级以上项目资金近5000万元支持，得到上级的高度认同。

基地建设顺利通过国家验收——2016年4月，工信部在北京组织召开全国12个城市“工业固体废物综合利用基地试点”专家评审验收会，贵阳市通过工业固体废物综合利用试点基地评审验收。11月，工信部正式下文贵阳市成为国家首批十二个资源综合利用示范基地之一。

贵阳市花溪城市湿地公园

循环农业好风光

基地建设纳入国家规划——2016年7月，国家工信部将贵阳资源综合利用基地建设纳入《工业绿色发展规划（2016-2020年）》。

二、加强循环经济项目管理

修订资金管理文件——2008年，贵阳市设立市级循环经济发展专项资金，引导企业发展循环经济，到2016年，共安排资金3416.51万元支持109个项目，涉及工业、农业、环境保护、清洁能源开发等多领域，促进贵阳市循环经济建设取得明显成效。2016年5月，贵阳市政府印发修订的《贵阳市市级循环经济发展专项资金管理办法》、《贵阳市市级循环经济发展专项资金项目竣工验收办法》，调整专项资金支持范围，规范项目申报、验收程序、资料准备等，旨在加强贵阳市市级循环经济发展专项资金管理，充分发挥其引导和推进我市循环经济发展的作用，提高财政资金使用效益。

支持重点循环经济项目建设——2016年安排市级循环经济专项资金481万元支持16个项目，项目总投资近5.5亿元，其中“固废”综合利用项目4个、节约能源项目5个、农业循环经济项目2个、其它循环经济项目5个，推进创建资源综合利用、再生资源回收、餐厨废弃物资源化利用和无害化处理、农业循环经济、循环型服务业、循环经济能力提升等重点项目试点示范。

争取上级资金支持——2016年，清镇市水泥窑协同处置固体废物示范项目获得工信部中央节能减排（2016年水泥窑协同处置固体废物试点示范）补助资金2680万元支持。贵阳浩洋环保科技开发有限公司、贵阳智仁源生物有机肥业有限公司等五个企业的节能技改项目、资源综合利用项目获得2016年贵州省工业节能和信息化发展专项资金补助550万元。

三、扩大示范试点推广效应

配合举办全国水泥窑协同处置固体废物现场会——2016年12月，贵阳市生态文明委配合国家工信部在贵阳市成功举办全国水泥窑协同处置固体废物现场会，工信部节能与综合利用司高云虎司长、财政部经济建设司赵长胜副司长出席大会并讲话，国家发改委、环保部、贵州省人民政府有关领导，中国建筑材料联合会、中国建筑材料科学研究总院、中国环境科学研究院有关专家、全国10个省（区）工业和信息化主管部门、10余户国内知名大型水泥企业负责人、贵州省相关政府部门、省内知名水泥企业负责人120余人参加会议。会议肯定了贵州省在建设国家生态文明实验区过程中，组织实施水泥窑协同处置固体废物示范项目，对当地创建环境模范城市，保护生态环境发挥的重要作用。

与会代表当日下午实地参观清镇市贵阳海螺盘江水泥有限公司水泥窑协同处置固体废物示范项目。该项目自建成投产运营以来，已累计焚烧垃圾7.5万吨，处理污水1640立方米，处理污泥1500吨，实现了较好的社会效益和经济效益。该项目过硬的技术工艺和严格的管理保障、良好的环境卫生，给与会代表留下了深刻的印象。

循环经济典型案例经验推广——完成第一批典型案例经验创建循环经济示范试点，收集第二批循环经济典型案例。组织推荐15个具有一定先进示范意义的企业案例，作为第二批贵阳市循环经济典型案例，包括绿色建筑、磷石膏综合利用、新能源、城市矿产、循环经济大数据综合利用等特色明显，具有一定先进意义的项目。

碧水城中过

国家循环经济示范城市建设地区

湛江市
全力推动创建循环经济示范城市

金沙湾片区“三个城市”样板区暨“生活垃圾分类回收和集中处理”启动仪式

大力推广新能源汽车

循环型农业

2016年1月，湛江市被国家确定为循环经济示范城市建设地区。为推动循环经济城市建设，引领湛江绿色发展，我市认真落实《广东省湛江市建设国家循环经济示范城市实施方案（2015—2019年）》确定的目标和任务，以提高资源产出率为核心，推行循环型生产方式和绿色生活方式，构建覆盖全社会的绿色低碳循环产业体系、资源循环利用体系和绿色经济运行机制，全面推进循环经济示范市创建工作。

一、探索建立生活垃圾分类回收和集中处理体系。制定出台市区生活垃圾分类收集处理和垃圾回收体系建设方案，对全市回收体系重新规划，形成完整的金字塔式的回收体系。启动市区生活垃圾分类回收管理工作，重点在金沙湾片区开展“循环”样板社区建设。

二、推动餐厨废弃物资源化利用和无害化处理。制定出台全市餐厨废弃物资源化利用和无害化处理工作方案。全方位、多渠道、多角度宣传餐厨废弃物无害化处理、资源化利用的意义。加快餐厨垃圾处理市场化运作，确保餐厨垃圾处理项目尽快建成。

三、大力建设节约型政府。严格按照中央八项规定精神，整治“四风”，控制“三公”经费预算规模，制定政府绿色采购制度，建设无纸化办公系统，大力降低行政运作成本。

四、倡导绿色生活方式。制定出台推进酒店住宿业限制提供一次性日用品措施、推进星级饭店绿色低碳转型发展工作、开展“限塑”专项整治等方面的规范性文件。倡议旅客参与并支持饭店减少日用品一次性消费行为；在酒店宾馆发放环保提示标志和倡议书。建设绿色饭店沙龙，推动酒店普及绿色经营模式。以超市、商场和农贸市场为重点，组织“限塑”专项监管整治行动。

五、推广绿色建筑和建筑节能。努力推动新绿色建筑重点绿色建筑标准执行率须达到100%。大力开展“发展绿色建筑，创享低碳生活”的建筑节能宣传活动。

湛江市将着力构建钢铁石化耦合发展的循环经济产业链，推动产业园区循环化升级改造，加速新型工业化进程；推动规模化、标准化、品牌化和循环化农业发展，促进工农业复合循环发展；健全社会层面资源循环利用体系，推广普及绿色消费模式，强化体制机制创新保障，全力将湛江市打造成为特色鲜明、示范作用明显的生态型循环经济示范城市，加快建设低碳、绿色、循环发展的美丽湛江！

国家级循环化改造试点园区

湛江经济技术开发区
循环化改造示范试点园区

湛江经济技术开发区是1984年11月经国务院批准成立的首批14个沿海开放城市经济技术开发区之一，现与东海岛经济开发试验区合并后，陆地面积354平方公里，滩涂面积115平方公里，是目前全国面积最大的国家级开发区之一。经过30多年的建设，湛江开发区已形成钢铁、石化、造纸、电力、农副产品加工、纺织服装和生物医药等支柱产业，现正大力发展钢铁和石化两大龙头支柱产业，在园区和产业内已经形成多条工业生态链雏形，已成为湛江经济发展的龙头和广东西冀最具活力的新兴经济区。

2011年6月，湛江经济技术开发区循环经济工业园被列为第一批广东省循环经济工业园；2015年6月，被国家发改委、财政部确定为“国家循环化改造示范试点园区”。湛江开发区按照“减量化、再利用、资源化”的原则，积极推进园区循环化改造，重点建设共享基础设施和公共服务平台，大力推行清洁生产，推进企业间废物交换利用、废水循环利用，园区的主要资源产出率、固体废物资源利用率、水循环利用率显著提高，主要污染物排放量大幅度降低，循环经济发展取得显著成效。13个总投资24.8亿元的循环化改造项目正在抓紧建设，其中9个项目已经建成投产。总投资500亿元的宝钢湛江钢铁基地一期工程全面建成投产；总投资460亿元的中科炼化一体化项目计划于2016年底动工建设，两个重大龙头项目将互相耦合，打造产品、能源互供共享的循环经济产业。

未来几年，湛江开发区将充分发挥优势，融入“一带一路”战略，立足产业基础和发展目标，以加快转变经济发展方式为主线，统筹规划空间布局和产业布局，推进基础设施共建共享、集成优化；以产业共生、提高资源生产率和节能降耗减排为目标，紧紧围绕宝钢湛江钢铁和中科广东炼化一体化两个龙头项目，坚持“突出主导产业、完善产业配套、发展循环经济、实现产业集聚”的建设方针，加快造纸、纺织等主导产业间耦合和企业间产业链接循环化改造项目建设，打造资源高效循环化利用、企业生态化集聚布局、产业链条优化配置、基础设施共享化建设的大型综合性循环经济园区，创建新老结合的园区循环化改造模式。到2018年，努力使地区生产总值达到1000亿元，年均增长达到40%左右；资源产出率达到2148元/吨；能源产出率达到0.65万元/吨标煤；土地资源产出率达到88万元/公顷；水资源产出率达到357元/立方米；单位生产总值能耗降为1.645吨标煤/万元；单位生产总值二氧化碳排放量为5.1吨/万元。全力打造全国优秀的循环经济示范园区。

炼钢高炉

湛江钢铁基地全貌

码头

探索泰达特色循环经济建设模式

天津经济技术开发区管委会

天津经济技术开发区是中国首批国家级开发区之一，由10个园区组成，是总规划面积超过400平方公里，聚集万余家企业的产业聚集区。在天津市委、市政府和滨海新区的正确领导下，天津开发区始终站在我国北方对外开放的最前沿，已成为中国经济规模最大、外向型程度最高、综合投资环境最优的国家级开发区。自1997年起，天津开发区主要经济指标和综合发展水平在国家级开发区中持续保持领先。是联合国工业发展组织确定的中国最具活力的六个城市和地区之一；被《财富》和《福布斯》杂志评为中国最受赞赏的工业园区；被新加坡中盛集团评为中国AAA级工业园区之首；此外，天津开发区还成为国家三部委认定的全国首批三个生态工业园区之一；成为中国最具投资潜力经济园区，国家首批循环经济试点园区，电子、汽车、石化三大产业的国家新型工业化产业示范基地，国家级海外高层次人才创新创业基地等。

经过30多年的开发建设，天津开发区系统化地探索资源利用最优化、环境污染最小化、经济效益最大化的循环经济发展路子，取得了阶段性成果。近年来，园区生产总值年均增长保持在18%左右，相较2005年主要经济指标实现“翻两番”的目标。同期，万元GDP能耗、水耗以及污染物排放均呈现下降趋势，实现经济增长与资源消耗、污染排放呈现“脱钩”趋势，2014年万元GDP能耗130.52公斤标准煤，万元生产总值新鲜水耗3.55立方米。在为天津市GDP贡献超过1/6的同时，化学需氧量、二氧化硫等污染排放份额不足1/60。单位产值能耗水耗、主要污染物排放等节能环保指标仅相当于全国平均水平的1/7，甚至更优，实现了经济、社会、生态协同发展的多赢局面，形成了有亮点有特色的泰达循环经济建设模式。

一、围绕大项目构建产业循环链

天津开发区坚持以大项目、好项目带动产业和经济发展，打造高质化、高端化、高新化的产业结构。近年来，以三星电子、长城汽车二期、森精机、大众变速箱、艾达等一大批高水平、高效益的大项目落地投产为基础，培育形成了电子信息、汽车、生物医药、食品饮料、装备制造、航天、新能源新材料、石油化工、现代服务业等九大主导产业；其中，电子信息产业产值突破2000亿元大关，手机产量近1亿部；汽车产业产品类别和产能双提升，新皇冠、新威驰、新长城下线，汽车整车产量接近100万辆；石化产业产值近1000亿元。结合以大项目为龙头的产业链条打造，开发区积极引入循环经济理念，通过大力引进补链项目，促进产业共生、动静脉产业互补，推行绿色供应链管理，形成以大项目为核心的产业上下游循环链网。为进一步完善电子信息产业循环经济产业链建设，2008年危险废物年处理能力3万吨的泰鼎环保科技有限公司投产，2010年增加废旧家电回收处置生产线，不仅使开发区的电子废物实现了零排放和资源化，还服务周边地区，实现了更大范围内的资源共享。汽车工业形成了汽车行业中“资源-产品-废物-再生资源”的闭环循环流动。生物制药业形成以诺沃肥和中水回用为核心的包含第一产业和第二产业的生态链；食品饮料业形成了方便面生产上下游产品的稳定代谢，以及废面、其它有机食品废物、废水综合利用的废物代谢；南港工业区更是坚持循环经济理念发展石化产业，着力引进和培育产业关联度高、资源能源利用率高的核心企业，带动园区整体产业结构实现生态化。

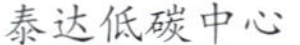
泰达低碳中心

泰达风光

电子信息产业

亿昇科技

汽车产业

二、依托“小巨人”完善循环经济发展网络

近年来，天津开发区通过建设一批新的创新基地、众创空间，秉承集团化、链条化、基地化的招商策略，迅速聚集科技型中小企业，总量超过5500家，其中科技小巨人超过400家，国家级高新技术企业超过300家，创新产业链网逐步形成。针对众多中小型企业，通过建立区域产业共生网络平台，解决企业之间供需信息不对称的问题，促进企业之间开展产品及副产品交易，推进先进科技的应用与实践，有效实现资源有效利用，截止目前已有区内248家中小型企业加入区域产业共生网络平台，完成99组副产品交换对接，实现减少约98.1万吨废物填埋量，增加收入1.58亿元。

构建科技型中小企业之间循环经济网络，一方面促进了科技型企业的快速成长，另一方面节能环保的科技型企业也成为区域循环经济网络建设的支撑。

三、围绕公共设施建设资源能源共享体系

天津开发区一直致力于资源能源集约化供给的运行模式，在区域水电气热的生产和供应方面，实施了非电空调、地源热泵、绿化节水、锅炉节能脱硫改造等基础设施节能环保工程，能耗、物耗呈逐年递减趋势。在固体废物污染防治方面，垃圾发电和电子废弃物处理方面居于全国领先水平，全年处理生活垃圾40万吨，发电1.3亿度。特别是在水循环系统建设方面，把区域集中污水再利用工程作为区域必备基础设施进行建设，建成全国首个以再生水为补充水源的人工湿地和人工湖，形成较为完整的区域水资源处理—再生—利用模式。

四、立足政府引导优化循环经济发展政策环境

天津开发区在循环经济发展过程中正确定位，不断导入新的观念，持续管理创新。开发区管委会作为一个公共服务型的政府，通过引导、参与、扶持和监管等方式，担负着计划、组织、控制和管理等重要责任，用市场手段来实现生态目标，将循环经济的总体目标通过具体活动与区内利益个体的自身发展战略有机结合，促使企业自觉自愿地参与区域的循环经济建设之中。

开发区始终把生态工业、循环经济、低碳经济、生态文明等理念纳入区域总体规划和各项专业规划中，先后编制了天津开发区《国家生态工业示范园区建设规划》、《循环经济试点工作实施方案》、《中长期循环经济发展规划（2010-2020年）》、《循环化改造示范试点实施方案》、《天津经济技术开发区（南港工业区）低碳示范园区建设实施方案（2012-2015）》等，建立一套考核指标体系,保障循环经济工作有计划、有步骤地推进。

开发区先后颁布了《天津开发区水污染防治办法》、《天津开发区免缴污水处理费单位认定暂行办法》等多项政策规定，形成了独具特色的“泰达绿色政策体系”。设立了每年预算为1亿元的“泰达节能降耗、环境保护专项资金”,分四批发布了《天津开发区促进节能降耗、环境保护重点鼓励目录》，政策实施以来，向企业兑现补贴约2亿元，鼓励项目800多个。

开发区组建了“天津泰达低碳经济促进中心”，作为区域促进循环经济的公共服务平台，通过信息支持、产业技术对接、专业培训、技术咨询及国际合作等服务模式，引入国内外先进的绿色、循环、低碳理念、技术、产品及综合解决方案，并推动企业开展节能减排，成为区域推进循环经济建设的有效支撑。

家庭碳减排活动

泰丰公园

天津子牙循环经济产业区

天津静海区循环经济

发展循环经济是静海区的一大特色。2016年1月，国家发展改革委、财政部、住房城乡建设部确定将天津市静海区等61个地区确定为2015年国家循环经济示范城市（县）建设地区。天津市委代理书记、市长黄兴国到静海区调研，充分肯定了静海区循环经济发展取得的成绩，强调要紧紧抓住京津冀协同发展重大历史机遇，推动循环经济实现更大发展。

子牙循环经济技术开发区和静海林海循环经济示范区是静海区两大循环经济示范园区。子牙循环经济技术开发区是国内唯一以循环经济为主导产业的国家级经济技术开发区，也是对接京津冀协同发展的重要产业平台。

天津子牙循环经济产业区

一、示范区概况

天津子牙循环经济产业区成立于2003年，位于天津市西南部，地处京津冀和环渤海地区的中心，总体规划面积135平方公里，已开发建设面积50平方公里，已建成工业、林下农业、科研居住服务三大核心功能区，形成了“三区联动”循环互补的经济发展格局。2012年园区晋升为全国第一家以循环经济为主导产业的国家级经济技术开发区，已成为我国北方最大的循环经济专业化园区。

子牙循环经济产业区循环经济展厅

在国家循环经济政策的推动下，园区相继被国家发改委、工信部、环保部等部委批准为国家“城市矿产”示范基地、国家新型工业化产业示范基地、国家循环经济教育示范基地、国家级废旧电子信息产品回收拆解处理示范基地、国家生态工业示范园区、国家循环经济试点园区、国家循环经济标准化试点园区、国家进口废物“圈区管理”园区、国家产业集群区域品牌试点园区、中国国际青少年活动中心等。同时，园区循环经济发展也得到了党和国家领导人的高度关注和充分肯定。

二、主要做法和成效

近年来，园区始终坚持在实践中求创新，在创新中求发展，广泛学习借鉴国内外循环经济产业发展的先进经验，积极探索新型工业化、城镇化、信息化、农业现代化和绿色化发展之路，形成了“循环、生态、智慧、便捷、

子牙新城

宜居、开放”的循环经济“子牙模式”，成为国家发改委向全国示范推广的循环经济典型模式案例之一。

（一）突出循环特色，促进了主导产业的快速集聚。园区重点发展再生资源、精深加工再制造和节能环保新能源三大支柱产业。坚持以静脉产业为基础，拓展延伸产业链条，形成了废旧商品回收、拆解、初加工、深加工、再制造等完整的绿色生态产业链，构筑了资源——产品——再生资源的循环经济共生型产业体系。大力实施强链补链机制，相继引进深圳格林美、珠海格力、TCL奥博、淮海集团等循环经济龙头企业，实现了天津市再生资源产业的集聚化发展，形成了北方地区的“城市矿山”。加强现代服务业发展，相继引进商贸、物流、金融等服务机构，实现了循环经济产业与现代服务业的协同发展。

（二）绿色低碳发展，实现了生态环境的不断优化。园区大力推进生态文明建设，以“厂在林下，林在厂中”为核心理念，建有林下农业循环经济示范区，打造了高质量的道路绿网，绿化覆盖率达50%，具备了绿色生态的发展环境。全力打造绿色建筑群，采用“节能、环保”的绿色设计理念，高效利用太阳能、天然气等清洁能源，建成建筑面积110万平方米的“子牙新城”，促进了产城融合发展。强化公共环保设施建设，建有大型公用工程岛，统一建设集污水处理、中水回用、废弃物处理等为一体的综合节能环保系统，实现了“自消化、零排放”。低碳节约高效利用资源，年处理加工各类再生资源150万吨，每年可向市场提供再生铜45万吨、铝25万吨、铁30万吨、橡塑材料30万吨，与利用原生资源相比，每年节能524万吨标准煤，少排放二氧化碳166万吨、二氧化硫10万吨，节约石油180万吨，节能减排效果显著。

（三）自主创新坚实，实现了创新发展的整体提升。园区始终将科技创新作为强区之本，加大科技投入和创新力度。相继建立了再生资源研究所、院士专家工作站等公共服务平台，实现了科技成果的转化和创新型人才培育。广泛开展产学研合作，联合攻关循环经济领域共性关键技术，先后承担了国家863计划、美丽天津重大专项等科研项目，围绕废塑料高效精准识别、再生铜米精深回收等技术开展课题研究，着力打造产学研企协同创新发展新高地。坚持以标准化引领循环经济产业发展，促进提质增效，成立天津市循环经济标准化技术委员会，围绕着报废汽车拆解加工及废塑料回收利用开展循环经济标准化体系建设工作，建立健全覆盖回收、分类、拆解、清洗、破碎、再生利用等方面的资源综合利用标准化体系，推进循环经济产业在法制化、制度化、标准化轨道上实现健康可持续发展。着力推进国家循环经济标准化试点园区。

（四）两化深度融合，实现了信息与产业的有机衔接。园区注重循环经济与信息化的融合发展，将“互联网+”技术融入循环经济产业，利用大数据、云计算等现代信息手段促进循环经济产业健康发展。园区围绕着“电子政务、数字管理、两化融合、智慧民生”四大功能模块，推进“智慧子牙”建设，中国子牙循环经济网、再生资源数据库等相继上线投入使用。推进互联网回收平台建设，以格林美、TCL奥博为代表的“回收哥”、“百度回收站”等网络回收平台相继投入使用，并建立了子牙再生资源交易中心。构建了园区线上线下一体化回收、环保化处理、电子化交易的废旧商品回收模式。

（五）监管措施有力，确保了圈区管理的有序推进。园区不断提升服务效能，成立园区管理委员会，统筹协调园区的规划、建设和管理等工作，工商、税务、公安等派驻机构相继入驻园区，形成了完善的管理服务体系。建有子牙海关检验检疫验放中心，形成了海关、检验检疫、环保、园区“四位一体”的联合监管体制，对生产过程实行全程数字化跟踪，严格控制可能产生环境危害的各个环节，实现了园区封闭式管理。园区加强生态环境管理和产品质量管理，全面实施IS014001、IS09001管理体系认证。

智慧子牙

（六）循环理念突出，实现了循环理念的广泛普及。园区大力发展文化教育产业，全面普及循环经济理念，建立了集工业循环经济企业观光基地、农业循环产业基地等于一体的国家循环经济教育示范基地。基地内建有工业观光通道、循环经济展馆，并在农业循环产业基地内建设玻璃温室有机馆和阳光温室农家院。面向全国青少年及社会公众开展工业观光、农业实践、清洁生产等教育实践活动，已成为循环经济教育的摇篮和创新实践的沃土。

三、重点企业

（一）格林美（天津）城市矿产循环产业发展有限公司

格林美（天津）城市矿产循环产业发展有限公司（简称天津格林美）是格林美集团全资投资的子公司，致力于打造我国北方最大的电子废弃物及报废汽车处理基地。

公司业务主要集中在报废汽车、电子废弃物、废旧有色金属等城市矿产资源回收利用领域，以发展电子废弃物、报废汽车与废钢循环利用、废五金循环利用等为核心，以先进技术与先进装备为依托，以环保化处理为主线，以高技术循环再造产品为终端。并与区内外其他企业进行上下游产品深加工合作，建立“回收、拆解、利用、再制造”这一完整的企业小循环、园区中循环、社会大循环的循环经济产业链。形成国内一流、国际先进技术水平的国家“城市矿产”回收加工利用示范基地。

（二）天津新能再生资源有限公司

天津新能再生资源有限公司位于天津子牙循环经济产业区，是全国综合性资源再生类最具规模性企业之一。公司以实现资源的高效利用和循环利用为目标，以“减量化、再利用、资源化”为原则，以物质闭路循环和能量梯次使用为特征，按照自然生态系统物质循环和能量流动方式运行企业内部的生产资料。公司经营内容涵盖资源利用众多项目，主要包括废旧金属拆解及废铜精深加工项目、家电拆解项目、汽车拆解项目、国际贸易项目、国内回收体系建设项目、塑料回收利用及深加工项目、贵重金属提炼项目、有色金属深加工项目等。

格林美（天津）城市矿产循环产业发展有限公司

天津新能再生资源有限公司

四、重点项目

（一）天津新能再生资源有限公司废杂铜精深加工项目

天津新能再生资源有限公司于2013年引进生产能力为20吨/小时的意大利康迪纽斯•普洛佩兹公司的废杂铜精炼生产线。并将该生产线与西班牙拉法格公司废杂铜生产工艺相结合，将净度为92%左右的废杂铜通过融化精炼、连铸连轧等生产工艺，直接产出电解铜杆，用于生产铜带、太阳能导电板、铜合金、电工杆等资源再生型产品。与传统工艺相比，大大降低能耗及设备投入，提高了废杂铜精炼过程的环境效益。

（二）天津瑞和塑料制品有限公司废塑料精深加工项目

天津瑞和塑料制品有限公司于2012年建设废塑料精深加工项目，2013年开始运营。主营业务为PET瓶砖进口拆解加工及木塑、井盖等室外装修材料的制造。前者主要是将从美国、加拿大、墨西哥等国家进口的PET瓶砖进行破碎并依照客户需求生产木塑型材；后者主要是以天津新能再生资源有限公司等企业拆解废旧电线电缆产出的废旧塑料为原料，生产木塑型材、井盖及地砖等室外装修材料。

五、发展方向

“十三五”期间，园区将主动适应经济发展新常态，把握京津冀协同发展的大好机遇，按照“坚持三大价值取向”、“发展两大产业集群”、“打造七大核心产业链”、“构建十大支撑体系”的发展思路，坚持以信息化和工业化的深度融合、工业化和城镇化的良性互动、城镇化和农业现代化的相互协调，推进园区循环经济产业的集群化、高端化、智能化、绿色化创新发展，全力打造国家循环经济示范区。

天津新能再生资源有限公司废杂铜精深加工项目

天津瑞和塑料制品有限公司废塑料精深加工项目

林海循环经济示范区

林海循环经济示范区通过项目引领和新型农业经营主体带动，大力发展林木产业、设施农业、林下经济和观光农业，优化种植结构，转变增长方式，促进了农业增效农民增收，逐步探索循环经济发展的新路子。

林海循环经济示范区鸟瞰

一、示范区概况

林海循环经济示范区成立于2008年12月，位于静海区西北部，规划面积100多平方公里。示范区先后被评为国家绿色农业示范区、国家林地食用菌栽培农业标准化示范区、天津市循环经济示范试点单位、天津市现代农业示范区、天津市休闲农业示范园区。2011年9月22日，习近平同志到园区视察。2013年3月28日刘云山同志到园区视察。张高丽同志、孙春兰同志也多次到园区视察。

二、主要做法和成效

（一）打造森林景观，升级林木产业

——生态林建设和林业产业化同步推进。园区内植树10万多亩，树种140多个，苗木1600多万株。经测算，园区内树木每年可吸收二氧化碳290余万吨，释放氧气260余万吨，消化吸收各类灰尘300余万吨，生态效益显著。

——景观效益日益显现。主干道路两侧、核心区和各园林企业种植了大量景观树，形成区域一体、连方成片的大绿生态景观。

（二）服务项目建设，支撑产业发展

近年来，园区管委会认真贯彻落实区委、区政府决策部署，扎实做好修路、种树、上项目、增收入几件大事，坚持不懈招商引资，依托示范区丰富的林地资源、自然资源、产业资源优势，分别采取出访招商、代理招商、以商招商、网络招商等多种形式，拓展招商空间，聚合招商资源，形成招商合力，着力洽谈引进了一批现代高端农业项目落户，加快了农业结构调整和产业转型升级的步伐。

同时，着眼于林海发展实际，与中国农科院、天津农科院、天津农学院、天津师范大学、天津大学等高校院所密切合作，积极引进和转化先进科技成果。依托与京津、国内外大学院所联合的优势，引进和聘请专家、学者、教授带技术、带资金、带学生来园区创业。几年来，共引进了52名高级专业技术人才来园区创业，承担了6个科技项目，为把林海打造成为天津市现代农业高新技术园区积蓄了后劲。

（三）调整种植结构，推动惠民增收

以发展林下经济为主导完善政府引领、企业主导和社会参与的多元化投资机制。2013年9月，国家林业局授予静海区国家首批林下经济示范基地称号。

——林下食用菌。主要品种有杏鲍菇、香菇、木耳等，年产1.6万吨，年销售收入1亿多元。

——林下药材。种植规模达到4500亩。主要品种有薄荷、射干、桔梗、板蓝根、瞿麦、菊花等，每亩经济效益2000元以上。

——林下花卉。主要有君子兰、扶桑、月季、鸢尾、唐菖蒲等，年种植80万株。其中天津市卉海花卉种植专业合作社，种植君子兰50万株。

松江北海森林公园

北方生态园林

仁爱苗圃

中延菌菇业有限公司(天津)分公司

——林下畜禽养殖。农民专业合作社和苗圃充分利用林下杂草和昆虫，推进发展林下养殖。主要有鸡、鸭、鹅、鸽子、猪、牛、羊等，年出栏和存栏10万只(头)。年经济效益达800多万元。

——设施农业。以建设国家绿色农业示范区为契机，严格按照绿色农业标准，实施放心菜工程。在林下行间、空白地和温室内进行蔬菜和瓜果种植，面积达到3万余亩。

（四）完善基础设施，发展生态旅游

——把基础设施建设作为搭建示范区整体框架，改善林海区投资环境的重点工程，加快建设、重点推进，集中精力完善基础设施建设。截至目前，园区基础设施投资达10多亿元。区内方便快捷、四通八达的路网体系基本形成，水、电、路、通信等配套设施进一步完善。

——坚持一产和三产对接，把生态旅游理念渗透于林海建设的全过程。以“打造现代都市型休闲农业生态园区”为目标，依托林地景观，初步探索生态旅游新发展。目前，林海示范区生态旅游体系已经初步形成框架，区内参观、采摘、餐饮、垂钓等旅游点位逐步增加，已形成泰达港河庄园、海棠景观基地、福禄园生态园、绿源生态园等近10个重点景点。

（五）拓展品牌优势，延伸产业链条

围绕打响绿色农业品牌，制定各类农产品标准，推向市场，带动全区的农副产品增值增效。切实把国家绿色农业示范区这一品牌做大做强，把品牌优势转化为林海的发展优势。注重品牌建设，搞好市场营销。引进农产品深加工企业，打造生态环保、高品质和高附加值的农产品，瞄准高端群体，培育发展一批特色品牌。

三、重点企业

（一）松江北海森林公园

位于静台路和黑龙港河两侧，占地5608亩，目前已完成投资1.6亿元。完成苗木种植2307亩，主要品种为白蜡、金叶榔榆、国槐、银杏等1万株。同时继续发展现代农业观光及林业旅游项目，在黑龙港河沿岸建设一批融森林景观、观赏、体验、住宿、旅游为一体的生态旅游区。

（二）北方生态园林

占地5000亩，区内主要包括花苗木繁育区、温室花鸟观光区、有机肥生产研发区、科研办公区等。在种植大树、景观树的基础上，积极推进院士工作站的各项工作，对速生杨种植、林海集成技术与示范等课题进行实施。

（三）仁爱苗圃

为天津仁爱集团下属的艺景农业发展有限公司所经营，于2008年3月投建，总占地4000亩。依托公司市政绿化工程，繁育各种花苗木，主要树种有国槐、蒙古栎、云杉等。

四、重点项目

中延菌菇业有限公司(天津)分公司，是专业从事食用菌研发、生产、销售的现代化农业企业。公司实行工厂化生产，改进食用菌栽培模式，增加产品科技含量，利用高科技创造菇类生长的最适温度、湿度、光照、空气、培养基营养等条件，不受外界气候变化的影响，生产环境无污染，无有害物质的侵入，产品质量进一步提高，达到无公害标准。

于2012年10月份在林海循环经济示范区达产运营。几年来，该公司依托当地区位、资源优势，在区委、区政府和林海循环经济示范区管委会等相关部门的扶持下，分别于2013年和2015年实施了二、三期建设，现拥有成套制冷设备及自动拌料机、自动装瓶机等大型自动化设备200多台套，出菇房230间，日产杏鲍菇40多吨，主要销往京津冀、东三省、东南亚和欧美等地。

五、重点活动

响应天津市政府“建设美丽天津”的号召，依托林海示范区内远大园林公司1000多亩北美海棠，连续两年在春季海棠花盛开期间成功举办林海示范区海棠节，吸引了本地区及周边地区的众多市民总计一万余名游客到林海游览观光，有效提升了园区的对外形象，提高了知名度和美誉度。

从育菇房内采摘的杏鲍菇

林海示范区海棠节

六、林海循环产业

以中延工厂化生产杏鲍菇为依托，充分发挥中延菌菇业有限公司的资金、技术、产业优势，延伸产业链条，发展循环产业。主要是：利用木屑等原料生产杏鲍菇，杏鲍菇采摘后利用其废弃菌棒生产双孢菇，双孢菇采摘后，利用其废弃原料生产有机肥，回到农田；同时，双孢菇废弃原料经过加工后还可生产生物燃料和饲料添加剂。

七、发展方向

紧紧围绕“生态立区”发展战略，牢牢把握“优环境、招大商、促跨越”工作基调，充分发挥示范区紧靠天津、北京等大都市区位优势和林地资源优势，遵循“四个原则”，即生态、社会、经济效益相统一原则；一产、二产、三产协调发展的原则；合理布局、整合优势原则；科技支撑、引领提升原则。着力实施好产业龙头促进、传统农业转型升级、旅游发展提升、林下经济加快发展、第三产业壮大突破等行动计划，重点推进林海农庄、泰达港河庄园、天泉草业生态园、林海旅游服务中心等重大投资项目建设，加快打造以林业建设、林下经济、休闲观光旅游、设施农业为主导产业的发展格局。

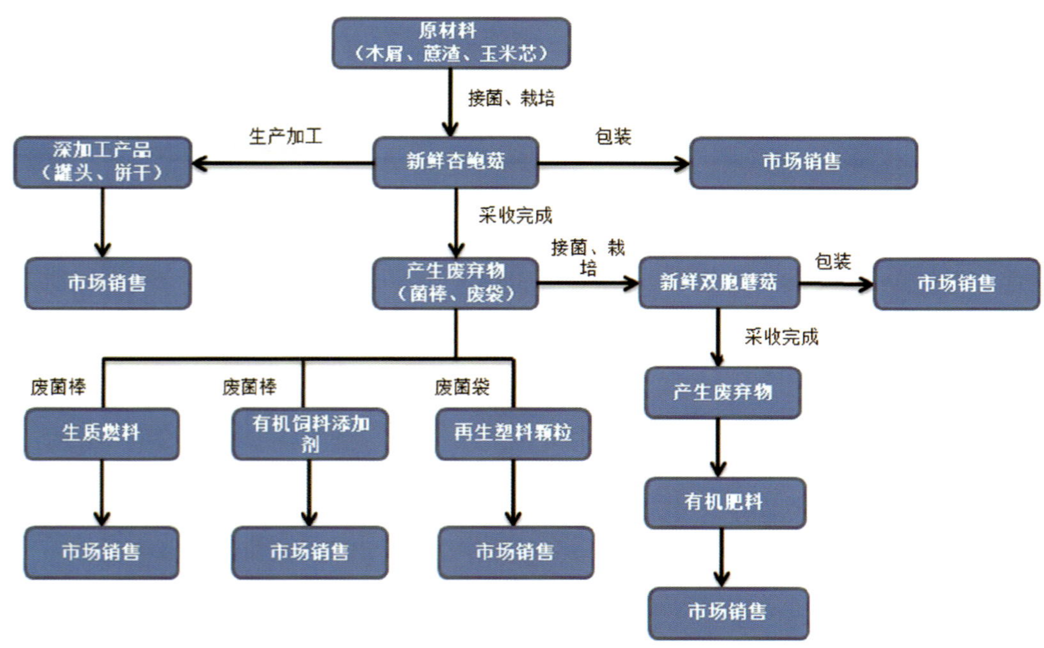

杏鲍菇循环生产示意图

国家级沧州临港经济技术开发区

2015年9月17日，河北省委书记赵克志莅临临港开发区调研指导

沧州临港经济技术开发区是国家循环化改造示范试点园区、河北省循环经济试点园区、国家新型工业化产业示范基地。近三年主要经济指标连续三年位居沧州各县市区首位。2015年开发区签约项目74个，总投资480.5亿元。其中，100亿元以上项目1个，为投资100亿元的中国铝业集团400万吨氧化铝项目；50亿元以上项目1个，为投资76亿元的吉林康乃尔集团80万吨/年MDI项目。在建及新开工项目35个，总投资129.1亿元。竣工项目7个，总投资86.63亿元。其中，30亿元以上项目为60万合成氨配套80万吨尿素项目和热电联产项目。预计明年新开工项目28个，总投资211.27亿元。

经过十余年的发展，开发区目前拥有高新技术企业10家，拥有专利106项，其中发明专利39项。开发区立足"无中生有、有中生新"，用循环经济发展模式改造提升传统化工产业。目前区内80%以上的企业和项目，做到了互为市场、互为原料，实现了资源的合理配置，形成了石油化工、煤化工、盐化工、氢元素和氯元素综合利用等多条典型循环经济产业链的新型工业化格局，出现了一批经济关联度高、经济效益双赢的典型企业，基本形成了循环经济体系框架。

"十三五"期间，国家级沧州临港经济技术开发区将围绕"一个中心"（以项目建设为中心），坚守"两条红线"（以安全和环保为高压红线），实施"三项重点工作"（一是继续做强"区中园"建设；二是继续完善基础配套设施；三是继续深耕增值服务），继续做大做强石油化工、煤化工、盐化工、精细化工、生物医药等主导产业。同时，还将以相关战略性新兴产业为主线，重点打造石化产业园、新材料产业园、生物医药产业园、新型涂料产业园、保税物流产业园、出口加工区、保税仓库、化工装备产业园、科技创新园和国别产业园等十大"区中园"。

国家循环经济示范区欢迎您

2015年7月，由沧州临港经济技术开发区等18个京津冀地区开发区和行业协会共同发起的"京津冀开发区创新发展联盟"在北京成立

2015年4月11日，北京·沧州渤海新区生物医药产业园首批开工企业奠基仪式

2015年5月30日，华润电力（渤海新区）有限公司2号机组及脱硫脱硝系统顺利通过168小时满负荷试运

国家循环经济促进中心

白银市 聚力循环发展 推进产业转型

白银市发展和改革委员会

白银市近年来围绕循环经济示范城市建设，坚定不移实施工业强市战略，立足现有产业基础和资源禀赋，抢抓国家和省上各项利好政策机遇，以改造提升传统产业为基础，以培育接续替代产业和战略性新兴产业为突破，以发展循环经济为路径，以壮大扩张经济总量为目标，着力打造有色金属及稀土新材料、化工、能源及先进高载能3个千亿元产业链和先进装备制造、陶瓷建材、农畜产品深加工、生物医药4个百亿元产业的“3+4”产业集群，为构建绿色、循环、低碳、环保、高效现代产业体系奠定了基础，有力促进了全市经济社会发展。“十二五”期间，全市“3+4”产业集群共实施项目795个，完成投资651亿元，占累计固定资产投资的比重36.3%。“十二五”末，全市“3+4”产业完成增加值132.3亿元，占工业增加值的比重达到91.6%，比“十一五”末提高5.4个百分点。

——有色金属及稀土新材料产业链。依托白银公司、稀土公司、华鹭铝业公司等主体企业，实施铜冶炼技术提升、锌资源综合利用、铜铝导体新材料、铝型材加工、稀土高性能钕铁硼等项目167个，完成投资183亿元。开发多元合金、稀土功能材料、碳纤维热场材料、微细电磁线、高温超导导体等先进技术和产品，拥有15万吨高精度有色金属加工材、800吨聚丙烯腈基碳纤维及其复合材料生产能力。

——化工产业链。依托银光公司、靖煤刘化公司、中核钛白集团、中天化工公司等主体企业，实施化工循环产业链、硝基复合肥、金红石型钛白粉、10万吨重铬酸钠等项目59个，完成投资42亿元。形成了以TDI为龙头的异氰酸酯产业链、以煤气化为基础的化工循环产业链、以氯碱为原料的精细化工产业链、以高纯氟化锂等电池材料为主的氟化工产业链。

——能源及先进高载能产业链。依托靖煤公司、国电靖远电厂、大唐景泰电厂及华电、中电投等主体企业，实施白银市热电联产、城市生活垃圾焚烧发电、风力发电、光伏发电等项目150个，完成投资230亿元。全市能源总装机达到550万千瓦，比“十一五”新增140万千瓦，其中：新增风电装机53万千瓦、光伏发电装机16.98万千瓦。

——先进装备制造产业。依托中科宇能、中集华骏、神龙科技、尚德电机等主体企业，实施风电叶片、专用车辆、节能电机、倚银石化在线分析仪、亿维变压器、一德CO2空气源热泵、神龙无人机等项目55个，完成投资31亿元。初步实现风电叶片成套设备、矿用电器、高压线缆、专用车辆等产品规模化生产。

——陶瓷建材产业。依托中材水泥、恒大陶瓷、凯斯瓷业等主体企业，实施高档陶瓷、微粉抛光砖等项目118个，完成投资56亿元。银光双银、金奇化工、泰山石膏、景泰金龙、新石建材等企业利用粉煤灰、脱硫石膏、氟石膏等废渣，生产蒸养砖、发泡保温板、油田固井减轻剂、纸面石膏板等产品，年消化工业废渣383万吨。

——农畜产品深加工产业。依托统一、蒙牛、盼盼等知名企业和本地龙头企业，实施枸杞加工、乳制品深加工、蔬菜深加工等项目191个，完成投资86亿元。大力发展无公害、绿色、有机农产品生产与加工，形成了特色鲜明的农畜产品加工循环产业链。

——生物医药产业。依托赛诺、杰康诺、熙瑞等重点企业，实施中性纤维素酶系列、微生物营养酵母、高纯度菊粉加工等项目55个，完成投资23亿元。白银科技企业孵化器已有科瑞生物、摩尔化工、龙铭化工等6户企业出孵入驻银西生物医药产业园，总投资10亿元，重点发展化学原料药和医药中间体。

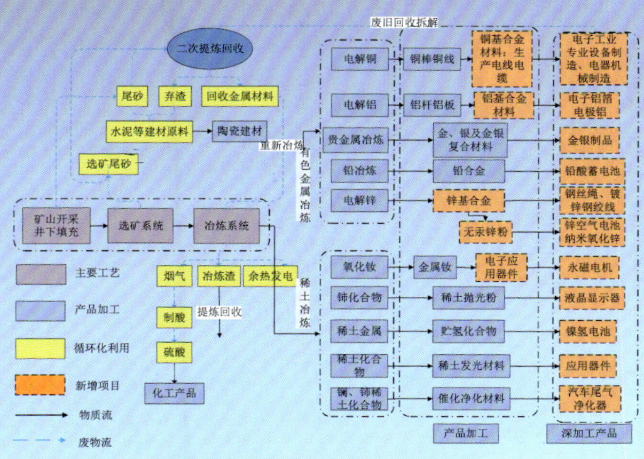

有色金属及稀土新材料产业链

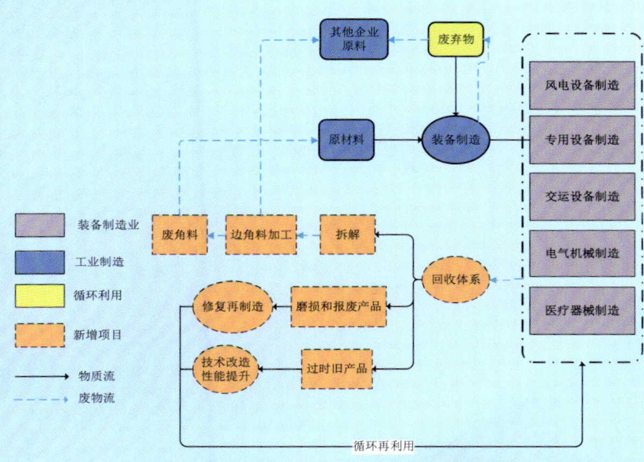

先进装备制造产业

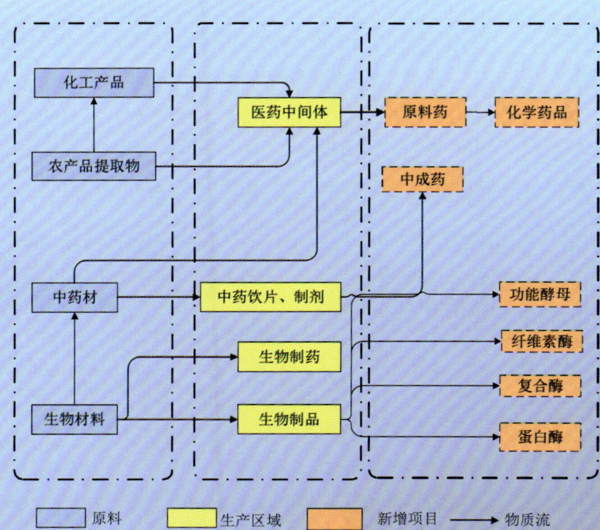

生物医药产业

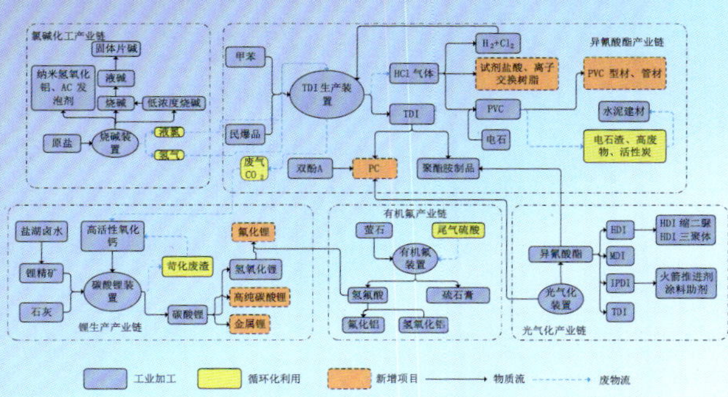

化工产业链

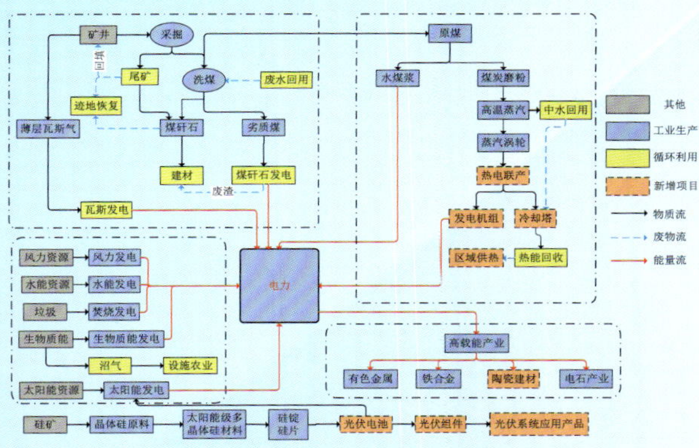

能源及先进高载能产业链

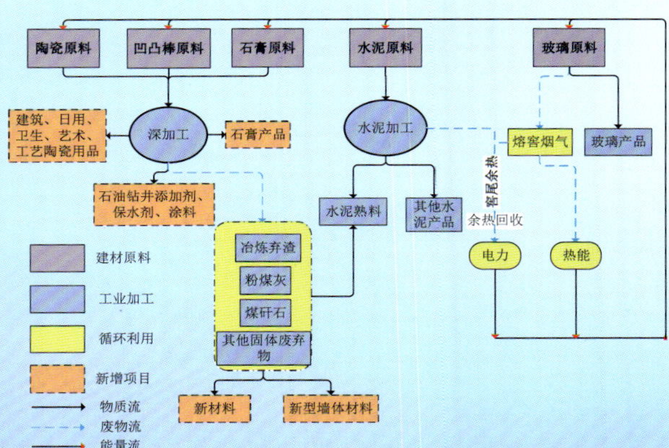

陶瓷建材产业

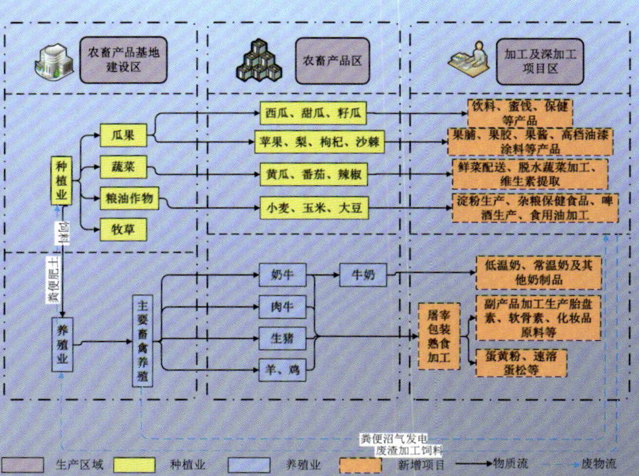

农畜产品深加工产业

天业集团

工农业一体化循环经济

新疆天业（集团）有限公司组建于1996年7月，是新疆生产建设兵团第八师的大型国有企业。公司致力于绿色、循环、低碳发展，着力构建现代工农业深度融合循环经济发展新体系，努力打造“环境优美、技术领先、效益优良、员工幸福”的美丽百年天业。

集团控股的新疆天业股份有限公司于1997年6月在上海交易所上市、新疆天业节水灌溉股份有限公司于2006年2月在香港成功上市。天业集团被国家确定为全国第一批循环经济试点企业、技术创新示范企业、循环经济教育示范基地和“能效领跑者标杆企业”，连续6年进入中国企业500强，先后被授予全国国有企业创建“四好”领导班子先进集体、“全国五一劳动奖状”和“全国先进基层党组织”等荣誉称号。2014年荣获第三届中国工业大奖表彰奖，2016年荣获第二届中国质量奖提名奖和全国绿化模范先进单位。

天业集团不断深化产业结构调整，坚持创新驱动，坚定不移走新型工业化道路。确立了以氯碱化工为基础，与碳一化工相结合，煤化工多联产为延伸，向多元化循环经济迈进的高端现代化工发展新模式。目前已形成140万吨聚氯乙烯树脂、100万吨离子膜烧碱、245万吨电石、400万吨新型干法电石渣制水泥、180万千瓦热电、20万吨1,4-丁二醇、25万吨乙二醇和600万亩节水器材的生产能力，成为中国产业化配套最为完整，生产规模最大的电石乙炔法聚氯乙烯生产企业，也是世界滴灌生产能力和推广面积最大的企业。

天业集团持续引领示范，不断完善循环经济体系。天业以循环经济实现各类资源清洁、高效转化，通过技术创新实现产业链的延伸，“十一五”期间形成国内首套煤-电-电石-聚氯乙烯-电石渣水泥循环经济产业链。“十二五”通过自主创新进一步延伸循环经济产业链，建成了国内首套电石炉气深度净化制乙二醇及1,4丁二醇装

天业1,4丁二醇、乙二醇二期厂区

置，树立了高浓度一氧化碳工业尾气生产高值化学品的成功典范。同时，进一步发展下游塑料节水器材产业和高效农业，形成了特色鲜明、工农业一体化和谐发展的产业链大循环，成为区域绿洲经济发展的支柱。

天业集团坚持自主创新，实现传统农业节水革命。天业集团自主研究、开发成本低、性能好、中国农民用得起、用得好的天业膜下滴灌技术，在大田经济作物、大田粮食作物、园艺林果、瓜果蔬菜等30多种作物上得到成功推广应用，实现了精准播种、精准灌水、精准施肥，保证了机械化、自动化、集约化作业，各种作物平均节水40-50%，节肥30%，增产30%以上，提高土地利用率5-7%。大流量压力补偿式滴灌管研究开发、膜下滴灌节水技术研究与开发、水稻膜下栽培技术等多项填补国际国内行业空白的关键技术，公司承担的863计划重点项目——膜下滴灌水稻亩产已达837公斤。代表了中国节水灌溉行业的发展方向，引领了中国农业种植模式的革命。

面对经济发展新常态，天业集团加快推动企业转型升级提质增效。建设化工产业基地成为国内规模最大的聚氯乙烯特种树脂研发及生产循环经济产业链基地。以化工新材料、新疆聚酯化纤和可降解高分子材料为突破口，建成产品差异化、品质高端化、品牌国际化的具有核心竞争力的绿色低碳化工产业园。重点发展特种、专用树脂，包括糊树脂、高耐热聚氯乙烯树脂、高抗冲聚氯乙烯树脂、氯醋树脂、消光树脂、高/低聚合度树脂、高透明度树脂、掺混树脂等。以科技创新为抓手，实施PVC产品差异化发展，加强具有自主知识和核心技术掌控，大力推进科技成

天业工农一体化循环经济产业园

果的产业化。

天业集团牢固树立落实“创新、协调、绿色、开放、共享”发展理念，抢抓机遇，乘势而上，调结构、转方式，实现发展方式由规模数量型向质量效益型、节能环保型向绿色生态型的转换，促进企业持续健康稳定发展。目前，天业集团主要产品销售已销往世界各地：天业化工主要产品外贸销售国家（108个国家）。

天业集团深入贯彻党的十八大精神，按照“五位一体”总体布局和“四个全面”战略布局，牢固树立创新、协调、绿色、开放、共享发展理念，坚持国际化视野，以“一带一路”为契机，将转型升级、提质增效作为企业发展的第一要务，大力实施“12355”战略，聚焦以科技创新为核心的全面创新、发挥好“新疆天业”和“天业节水”两个上市公司平台作用、构筑“三大支撑”、建设“五大基地”、推进“五个深度融合”，在战略中坚持“八化”原则、实现“五强一好”目标，全方位推动天业集团做强做优做大。为新疆社会稳定和长治久安、全面建成小康社会做出新的贡献。

（图文：刘万青）

天业20万吨特种树脂

天蓝地绿环保工业园区

新疆天业工农业循环经济产业园

陕西华电榆横煤电有限责任公司

陕西华电榆横煤电有限责任公司作为华电集团在陕首个建成并投运的煤、电、路一体化项目，项目设计、建设、运营坚持高起点、高标准要求，秉承循环经济理念，努力建成国内一流的“环境友好型、节约资源型”煤电路一体示范循环经济项目。

一、项目概况

榆横煤电公司成立于2007年3月，下设规划容量2×660MW+4×1000MW级超临界空冷燃煤机组的榆横发电厂、年产1000万吨的小纪汗煤矿及27km长、运力1500万吨的小纪汗煤矿铁路专用线三个子项目，目前均已全部建设完成并投入运营。

二、项目循环经济情况概述

榆横煤电公司以矿产资源开采和工业废弃物再利用为基础，全力实施以煤炭及其副产物循环利用和工业节能降耗、清洁生产、废弃物再生利用及环境保护与恢复治理为主要内容的循环经济发展方式，打造了“煤炭资源开采－洗选－运销、矿井疏干水－加药预处理－反渗透膜处理－生产生活利用、煤矸石—铺垫道路（新型建材原料）、燃煤机组发电产生洁净能源、锅炉烟气脱硫脱销除尘达标排放、副产物废渣及粉煤灰等用于井下灌浆灭火、利用新技术在采空区建房节约土地资源”等多种循环经济产业链，努力开创环境和经济效益双赢局面。其中矿井水重复利用率为100%，煤矸石综合治理及利用率为100%，利用采空区建设节约土地资源约54300m²，恢复耕地53hm²，恢复林草地195hm²。

电厂环保、节能——榆横发电厂在原有电除尘、脱硫、脱硝的基础上，响应环保部超低排方要求，于2016年11月完成#1机组超低排放改造（#2机组正在实施），在原有电除尘基础上增加袋式除尘器；脱硫系统在原有系统上增加一座吸收塔，提高脱硫效率；脱硝系统将原有的备用催化剂层投入使用调高脱硝效率。进行统一的水平衡管理，提高废污水的回用率从而减少用水量，在正常工况下废水全部回收利用，可做到废水零排放。采用的直接空冷机组、干式除灰渣方式，节约了大量用水。

煤炭资源绿色开采——结合煤矿地质条件，优化采煤工作面布置，提高煤炭资源回采率的同时，吨煤实际耗能下降，达到工业节能的实际效果。采用保水采煤技术，保护地表水环境，实现绿色采煤。

水资源循环利用——规划建设生活污水处理站、矿井水预处理站和矿井水深度水处理站。生活污水处理站处理水全部用于绿化及洗煤厂补充用水，选煤厂煤泥水实现闭路循环，全部重复利用；矿井水预处理站处理水排往空港新区作为其绿化用水；矿井水深度处理站处理水全部用于矿井生活用水、井下地面消防用水及井下机组冷却等，处理后水质达到城镇居民应用水标准，取代了来自李家梁水库取水量，年节约水资源33万m³。

土地资源再利用——是随着采煤塌陷对地表建筑物、耕地等的影响、土地资源紧张的情况下，采用新型的抗变形技术，充分利用采空区建设搬迁房屋，节约占地面积约为54300m²。同时对采空塌陷区进行了恢复治理，使沉陷后的耕地及林地恢复其原有的功能。

固体废物循环利用——是将公司年产2000吨的炉渣和1600吨的脱硫灰渣全部用于水泥厂生产建筑材料，另一部分固体废弃物煤矸石用于附近村通道路及施工临时道路的基层填料和制砖厂建筑材料的原料，年利用量约764500吨。同时公司建设了黄泥灌浆站，将易造成生态破坏和水土流失的黄土制浆改进为榆横电厂粉煤灰制浆，达到经济效益及环境效益相结合，促进社会经济发展。

铁路建设运营——煤矿铁路运输主要使用现代化筒仓自动装车，同时汽车装运，有效降低运输成本之外，最大可能降低汽车运输产生的环境污染。

三、循环经济的重要措施

节能措施：公司积极采用降低矿井内部总高峰负荷，调整大容量用电设备的用电时间，合理分配高峰电力指标。采用OEE（设备综合利用效率）精细化管理技术，最大程度实现设备有效负载运行，避免无效能源浪费。

节煤措施：一方面小纪汗煤矿主井广场矿井与选煤厂锅炉房实行联建，锅炉房内选用2×14MW和1×7MW热水锅炉。采暖期两台14MW热水锅炉同时运行，对全矿实行统一供热；非采暖期仅运行一台7MW热水锅炉运行，提供洗浴热水加热热媒。另一方面风井工业场地三台ZRL-2.8W型热风炉改造为电锅炉，同时利用乏风热泵吸收风井排风热量，对井筒进行保温，年减少燃烧标煤1360吨，减排污染物3400吨。设备寿命周期15年。每年节省供热费用230万，节省率43.5%，经济效益显著。

节水措施：一方面地面供水系统包括生活用水、供暖系统、冲洗系统等尽量利用自然压差，实现水资源损耗最小。另一方面井下供水系统利用静压洒水系统，杜绝跑、冒、滴、漏现象，不仅有效降低水资源的浪费，而且也有效地降低了电能的损耗。

经过几年发展，公司循环经济工作取得了一定成效，今后将继续加强领导，抓好落实，建立有效的工作机制，扎扎实实推进循环经济工作，力争使我公司早日建设成为国内一流的循环经济示范企业，为地方经济发展做出更大的贡献。

污水处理站全景

矿区内景观湖

深度水处理池

北京现代循环经济研究院

北京现代循环经济研究院是我国第一家成立的从事绿色经济、循环经济和低碳经济理论研究与实践推动的独立的院一级科研机构。国家工商和民政部门正式注册。时任国家发展和改革委员会主任马凯亲自批示指定为国家发改委重点联系单位联系单位。2011年和2016年连续被定为“中国4A级社会组织”。

北京现代循环经济研究院成立10多年来，遵循“做政府的帮手，服务社会” 的宗旨，一直秉承绿色发展理念，加快生态文明建设，致力于绿色发展、循环发展、低碳发展的理论研究和实践，在国家发改委气候司等国务院有关部委司局和省市区有关部门的重视和支持下，成功举办多个全国性和省市大型论坛；接受委托完成科研项目和编制各类规划、试点示范方案20多个。

从2008年起，编辑出版《中国循环经济年鉴》，先后由国家发改委副主任解振华和张勇任主编，每年一卷，已出版发行9卷.

从2010年起，在国家发改委气候司等国务院有关部委的重视和支持下，编辑出版《中国低碳年鉴》，已出版发行7卷。

自2010年起，在国家发改委气候司等重视和支持下，每年组织中国应对气候变化和绿色低碳发展十大新闻评选和发布，新华社、人民日报、中央电视台等近百家主流媒体及时报导，产生了积极、广泛影响。2014年中国应对气候变化和绿色低碳发展十大新闻评选和发布被写入中国应对气候变化政策与行动白皮书。

在国家发展和改革委应对气候变化司等部委司局的支持下，北京现代循环经济研究院主办多届中国应对气候变化和低碳发展十大新闻评选活动

研究院承办的“城市矿产产业高峰论坛”

《中国循环经济年鉴》

《中国低碳年鉴》

研究院主要编著出版的著作有：《循环经济要览》、《产业循环经济》（时任国家发改委主任马凯作序）、《区域循环经济》（曾培炎副总理作序）、《人类共同的选择：绿色低碳发展》等。

研究院将努力宣传、贯彻习近平总书记关于绿色发展理念和生态文明建设的系列讲话精神，宣传展示在习近平总书记为核心的党中央领导下，我国建设生态文明、应对气候变化和绿色低碳循环发展的理念创新、发展战略、实践和举世瞩目的成就、经验。一是把《中国循环经济年鉴》、《中国低碳年鉴》越办越好，使之成为各级党政机关、科研机构、院校、产业、园区、企业以及专家学者、科研、教学的查考工具和大型典籍；二是发挥研究的优势，承担相关科研项目和各类规划、试点示范方案的编制等；三是积极拓展新的领域，宣传、助推我国社会经济绿色转型，为政府部门、产业、园区和企事业单位提供更多更好的服务，为促进生态文明建设和应对气候变化作出新贡献，共筑绿色中国梦。

北京现代循环经济研究院编著出版的部份书籍

北京现代循环经济研究院编制的规划方案和刊物

塔山循环经济园区

大同煤矿集团塔山循环经济园区

大同煤矿集团塔山循环经济园区座落在大同以南30公里的塔山脚下，是同煤集团根据循环经济“减量化、再利用、资源化”的基本原则，以“集约、绿色、多元、低碳”为特色，规划建设的第一个循环经济园区。园区2003年2月开工，2009年7月建成，是目前全国煤炭行业建成的第一个规划最完整、建设速度最快的高科技高品位循环经济园区。2007年被列入山西省第一批循环经济试点园区。2011年被确定为“中国循环经济典型模式案例”、“国家首批矿产资源综合利用示范基地”，并于同年获得“中国工业大奖表彰奖”。2012年被国家发改委评为“全国循环经济工作先进单位”。

一、形成“两矿四化五电八厂一条路”20个项目的新格局

园区规划占地面积13755亩，总投资544亿元，在2009年初步建成“两矿十厂一条路”的基础上，增环补链，创新发展，形成目前“两矿四化五电八厂一条路”20个项目的新格局。

两矿：（1）年产1500万吨塔山煤矿；（2）年产1000万吨同忻煤矿；

四化：（3）年产60万吨甲醇项目；（4）年产60万吨烯烃项目；（5）年产10万吨煤基活性炭项目；（6）年产1.2万吨乳化炸药、4750万发雷管火工品项目；

五电：（7）塔山坑口电厂一期2×600MW；（8）塔山坑口电厂二期2×660MW；（9）资源综合利用电厂一期4×50 MW；（10）资源综合利用电厂二期2×330MW；（11）20MW塔山光伏发电站；

八厂：（12）年入洗2300万吨塔山选煤厂；（13）年入洗1600万吨同忻选煤厂；（14）年产1.2亿块煤矸石砖厂；（15）年产5万吨高岭土加工厂；（16）日产4500吨新型干法熟料水泥厂；（17）7000m^3/d塔山污水处理厂；（18）15360m^3/d同忻污水处理厂；（19）4万m^3/d生活污水处理厂；

20MW太阳能光伏电站

2×600MW塔山坑口电厂

一条路：（20）64.5公里铁路专用线。

塔山循环经济园区以塔山、同忻两座煤矿为龙头，配套建设选煤厂，实现动力煤的洁净生产；选煤厂生产的精煤通过铁路专用线装车外运，筛分煤进入坑口电厂，洗中煤、末煤供资源综合利用电厂发电以及煤化工项目生产甲醇、活性炭，发电产生的热能经过热电联供系统取代锅炉为居民供暖；分选出来的煤矸石输送到煤矸石砖厂；电厂排出的粉煤灰、脱硫石膏、炉渣作为水泥厂的原料；采煤过程中采出的伴生物高岭岩作为高岭土加工厂的原料；煤矿矿井水和园区企业生活污水进入污水处理厂，处理后用于电厂冷却、井下喷雾、煤炭洗选、园区绿化等，各个生产单位首尾相接，环环紧扣，上一个生产单位产生的废料正好是下一个生产单位的原料，逐层减量利用，循环发展，初步建成了一个以涵盖煤炭、电力、化工、建材、现代服务等多个产业集聚合成，多个项目承载联动，“煤一电一热、煤一化工、煤一电--建”三条产业链耦合共生、协同运营的循环经济园区。

2×330MW资源综合利用电厂

二、园区建设推动企业发展，有效增加地方税收

从2007年建设雏形到2015年，园区共创造利润255.1亿元，上缴税费211.1亿元。其中，2015年，园区精煤产量2536万吨，发电量95亿度，园区总产值达到186亿元，实现销售收入127.5亿元，利润17.5亿元，上缴税费24.1亿元。循环经济园区建设与千万吨矿井集约集群发展、深度融合的煤电一体化共同成为集团的三大核心竞争能力。同时，循环经济园区建设为地方税收作出了积极的贡献。

年产1.2亿块煤矸石烧结砖厂

三、园区建设带动地方农村经济大飞跃

循环经济园区项目延伸和产业链条拉长的辐射作用，给当地经济社会发展带来了巨大的带动作用。园区工业固废处理、绿化等业务由当地农村承担，有力地推动了当地杨家窑、赵家小村、榆林、窑子坡等农村共同致富。特别是杨家窑村在塔山煤矿的带动下，从一个远近闻名的上访村、贫困落后村，短短的几年间，人均收入翻了四番，村年产值达到5亿元，成为山西省企地共建新农村的示范村——塞北第一村。

年产60万吨甲醇生产基地

四、园区建设实现清洁生产、绿色发展

园区煤矿采取封闭运输、封闭储存，做到了“采煤不见煤”；电厂提高燃烧效率、进行脱硫脱硝、24小时在线实时监控，做到了“发电不冒烟”；生产、生活污水全部经污水处理厂处理后回用于电厂冷却、井下灭尘、绿化灌溉等，做到了“废水不外排”；园区以实施大面积、广覆盖、全方位的绿化工程，园区的绿化率达到33.7%，绿化面积达209万平方米，形成了“三季有花，四季有绿”的花园式园区。

（大同煤矿集团循环经济园区开发管理委员会）

年产10万吨活性炭生产基地

年产1500万吨塔山煤矿

科学定位，共谋发展，打造区域经济新常态

吉林省四平循环经济示范区

吉林省四平循环经济示范区管理委员会

吉林省四平循环经济示范区是吉林省唯一循环经济区域国家级综合试点单位，也是吉林省中部创新发展核心区、吉林省向南开发、开放桥头堡。示范区规划面积50平方公里，横跨3个县区。示范区以发展循环经济产业为主的产业园区，重点以资源的高效利用和循环利用为核心，构建区域之间、企业之间、企业内部大中小三个循环链条，发展资源节约型和环境友好型绿色经济。截止到2015年末，示范区入区企业达到145户，累计完成固定资产投资251亿元，处理工业固体废弃物、生活垃圾、医疗废弃物累计达到3.3亿吨；通过节能技改，累计节电近百万度，节约标准煤约50万吨，减少二氧化碳排放近百万吨，减少二氧化硫排放约0.3万吨，减少氮氧化物排放约0.3万吨，为四平市的碧水、蓝天工程，打造宜居、宜业、宜商城市做出了应有的贡献。

一、科学定位，确定循环经济战略地位。示范区着重培育和发展富有高效益的专业化产业集群，形成具有发展规模化、土地集约化、资源利用效能化、产业配套系列化的循环经济示范区，实现了对社会环境、工业生产产生的废弃物最大化利用，建立了典型的循环经济发展体系，并于2013年通过国家首批循环经济试点验收，成为撬动四平经济大发展、快发展的有力支点。

二、坚持“四轮驱动”大力推进循环经济实践。一是打造成全国一流的循环经济示范区的构想获得显著成效。二是构建了三大产业链条：建成钢渣—水泥—混凝土—建筑垃圾—水泥闭式循环产业链，使工业固体废物综合利用率达到95%；建成生活垃圾、餐饮垃圾、医疗垃圾废弃物综合处理链条，日可处理各种垃圾达700多吨；构筑了城镇、城乡之间、社会与环境之间的消费—生产—环保节能—产品--消费循环链条。这三个链条在四平“碧水蓝天”工程中发挥着不可替代的作用。三是建成四大产业园区，形成了以新能源产业、现代物流产业、绿色建材产业、现代农业产业为主导的“一区四园”发展新格局。重点抓好风电、太阳能光伏发电、生物质能发电、换热器产业和核电，全力打造中国换热器城和东北亚现代农机基地；大力发展智能物流产业，建设东北亚内陆物流港；发展路桥、房屋可重复利用产品和环保型新型建材产品；重点发展以科技为支撑的农、禽、畜、牧等种养植精深加工产业，打造东北最大绿色安全食品基地。

三、优化服务，共谋发展。示范区管委会以产业生态化为核心，围绕建设循环型企业、循环型产业、循环型社会三个层面，建立循环经济发展建设保障体系。一是制定严格的循环经济发展政策，对限制类项目和产能低的工艺、设备进行改造，加大扶持高新技术应用力度，全面推行绿色、低碳、清洁生产。二是积极搭建国家级产业发展平台。示范区已拥有“国家先进装备制造业新兴工业化产业示范基地”、“国家第一批产业集群区域品牌建设试点城市”、“全国首批生态文明先行示范区”、“四平市战略性新兴产业集聚区”、“产业集群区域建设试点”等5个国家级发展平台。目前入驻包括中石油、中石化、新加坡中科、台湾德大等的在内的企业200余家。示范区先后被评为“吉林省先进工业集中区”、“中国优秀工业园区”。“四平市换热器特色工业园区”已成为四平蜚声海内外的一张靓丽的“都市名片”。

（撰稿：阮波思）

安徽霍山经济开发区

安徽霍山经济开发区成立于2002年7月，2006年4月被批准为省级开发区。开发区位于霍山县城东部，地理位置优越，济广高速和105国道分别穿区而过，距宁西、合武高铁、六安火车站40公里，合肥新桥国际机场70公里，对外交通便捷。园区规划面积20.6平方公里，建成区面积13平方公里。

安徽霍山经济开发区遵照绿色发展的理念，引进项目以高新技术产业、绿色食品加工及其他生态型工业项目为主。经过多年的发展，园区初步形成了电光源、新材料、农副产品加工三大主导产业。2015年，入园企业总数达430家，全年实现经营总收入219亿元，增长8.5%；实现工业总产值156亿元，增长5.2%，其中规模工业总产值130亿元，增长5.8%；完成500万以上固定资产投资49亿元，增长15.6%；招商引资到位资金64亿元，增长15.2%。安徽霍山经济开发区是安徽省县域重点开发区，安徽省出口创汇基地，先后被评为“安徽省投资环境十佳开发区”、“安徽省新型工业化示范基地”、“安徽省创新型园区”、“安徽省劳动关系和谐园区”、“全国科学发展百佳示范园区”、“安徽省城镇化、信息化‘两化’融合示范园区”、“安徽省知识产权示范园区”。

十三五期间，霍山经济开发区严格按照总体规划，着力发展以新能源和新光源为重点的低碳产业，加大转型升级力度，加快供给侧结构改革，力争将霍山经济开发区打造成国家级开发区。

全国人大常委会原委员长吴邦国视察龙华集团

六安市委书记孙云飞考察开发区

霍山县委书记梁国金到世林集团调研

霍山县长项跃文在龙鑫公司调研

开发区景观

美丽军垦新城第一师阿拉尔市

AETD 阿拉尔经济技术开发区

阿拉尔经济技术开发区

造设绿色循环经济发展示范园区

阿拉尔经济技术开发区地处美丽的塔里木河源头——阿拉尔市，2012年经国务院批准为国家级经济技术开发区。开发区坚持集群发展，创新驱动、开放引领和生态发展理念，经过多年的发展，初步形成了纺织服装、农副食品加工、石油天然气化工、现代商贸物流产业、电子商务产业和金融服务产业六大产业板块。并先后成功创建了国家循环经济示范区、国家电子商务进农村示范基地、兵团新型工业化示范基地、兵团“两化”融合示范区、兵团双创示范基地。

近几年来，开发区经济实力进一步提升，对外开放水平不断提高，产业集聚能力显著增强，综合投资环境不断优化，打造宜居宜业、平安、和谐的开发区。

阿拉尔经济技术开发区地处天山南麓，塔克拉玛干大沙漠北缘，面对生态环境的脆弱性的现实客观条件，开发区按照“减量化、资源化、再利用”循环经济理念，在规划、招商、建设、运行过程中，始终以建设循环经济为目标，以提高资源产出率为核心，坚持重大产业项目和循环经济补链项目“同步招商、同步建设、同步运行”的开发模式，着力构建企业内部小循环、园区中循环、社会大循环，推进水资源循环利用、能源梯级利用、废弃物循环利用，实现产业兴疆与资源节约相融合、塔河保护与工业发展相融合、经济建设与边疆稳定相融合，努力将阿拉尔经济技术开发区打造成为南疆新型工业化和绿色发展示范园区、西部新兴工业发展平台“边建设、边改造”的循环经济发展模式样板区。

阿拉尔经济技术开发区循环化改造是落实“丝绸之路经济带”国家战略重要环节，是全力建设一师

2016年6月28日，新疆生产建设兵团党委书记、政委孙金龙（中）在洁丽雅董事局主席石昌佳陪同下，参观第一师阿拉尔市新越丝路有限公司

2012年10月20日，新疆生产建设兵团举行“阿拉尔经济技术开发区、五家渠经济技术开发区、石河子经济技术开发区新闻发布会暨揭牌仪式”

初具规模的阿拉尔工业园区

阿拉尔市国家级生态文明先行示范区的重要支撑，也是保护塔里木河上游水环境的重要举措，更是实现产业兴疆固边和资源可持续利用、绿洲生态保护协调统一的有力保障。

未来五年，开发区将继续依托本地资源优势，以纺织、化工、食品和建材等产业为重点，大力推进产业链延伸、副产物交换利用等循环产业链关键节点的补链及管网、管廊、物流基地等资源共享和公共服务设施建设，着力推进循环化改造的四大中心任务：一是进一步完善纺织、化工、农产品加工等循环经济产业链，推进废弃物和副产品资源化利用，提高资源利用效率；二是着力推进水资源分类利用，完善开发区污水集中收集处理系统建设，提高污水处理排放标准；三是积极开展企业余热利用，提高能源利用效率，完善开发区集中供热系统建设，通过“煤改气”工程，淘汰燃煤小锅炉，减少大气污染物排放；四是加快空间布局优化、配套基础设施完善，推进开发区绿色、低碳、循环发展。

开发区计划在五年内实施资源综合利用、节能减排技改、能源资源共享设施等45个循环化改造项目，总投资约186亿元，为实现改造目标提供有力的支撑。预计到2020年开发区资源产出率和土地产出率分别提高89%和61%，万元GDP能耗下降到0.95吨标煤，万元GDP用水量下降到30万立方米以下，化学需氧量、氨氮、二氧化硫和氮氧化物的排放总量分别下降29%、46%、27%、13%，工业固体废弃物综合利用率达到95%以上，实现绿色、循环、低碳发展，为西部地区新型工业发展平台“边建设、边改造”的循环经济发展模式提供示范。

发展目标:通过实施园区循环化改造，重点推进副产废物综合利用、污染集中处置、能源节约集约利用三大领域，构建以纺织、食品加工、化工、建材四大产业为核心的循环经济产业链网，促进传统产业结构调整升级，完善开发区资源产出率，创新循环经济管理体制和保障体系，提高开发区资源产出率、能源产出率、土地资源产出率、水资源产出率，全面提升开发区综合竞争力和可持续发展能力，为西部地区传统产业基地绿色发展、循环发展提供示范。

新疆盛源有限公司2×350MW热电联产发电项目

新疆美丰化工有限公司中控室

2015年7月24日，棉花产业协同创新中心及院士工作站揭牌

行进中的宁海绿色建筑行动

近几年来，随着宁海县循环经济的发展，绿色建筑行动正逐步推进。首先是政府投资项目按绿色建筑一星级以上标准进行设计，随着《浙江省绿色建筑条例》的实施，从2016年5月1日起，扩大绿色建筑的推广范围，要求新建民用建筑（农民自建住宅除外）按照一星级以上绿色建筑强制性标准进行建设，要求国家机关办公建筑和政府投资或者以政府投资为主的其他公共建筑按照二星级以上绿色建筑强制性标准进行建设。自5月1日施行《浙江省绿色建筑条例》以来，通过节能审查环节审查民用建筑初步设计的绿色建筑设计标准，共21个项目通过审查，设计建筑面积90.72万平方米，其中11个项目达到1星级设计标准，10个项目达到2星级设计标准。

为推广绿色建筑，宁海县于2013年引进了宁波中加低碳新技术研究院有限公司，该公司是中加合资的高科技企业,核心成员来自加拿大,为相关行业的国际级领军人物，其中包括国际木材科学院院士3名、国家百千万工程专家1名、浙江省特聘专家1名。

研究院结合中加两国各自的优势,致力于低碳建材、节能和环保新产品及新技术的研究、开发及应用，为中国的建材、家居、装修、重型机电包装、运输和景观工程及节能和环保等行业提供一个高端的研发和国际交流的平台；依托产品和技术优势，进行技术转让、产品检测、技术咨询及服务,促进低碳新产品和新技术的推广及产业化。研究院目前已申请16个发明专利、6个实用新型专利，已授权17个；10多个专利新产品已完成中试,已进入批量生产和推广应用阶段。同时参与起草了3个国家行业标准。2016年1月研究院在宁波建成了中国第一条大幅面CLT建筑预制板生产线,并与中加两国众多的著名高校、研究院和企业建立了紧密的产-学-研合作关系，已被国家有关部委和高校认定为国家木资源综合利用工程技术研究中心中试基地和机电产品包装生物质材料国家地方联合工程研究中心中试基地。已研发成功适合中国国情的第一条具有独立知识产权的木材CLT预制板中试生产线,填补了国内空白,并实现了CLT高端装备的中国制造。

木材是唯一可再生的建材。木结构建筑体系具有绿色、低碳、节能、环保等综合性能，符合未来建筑可持续发展的方向，是世界公认的绿色建筑、低碳建筑和装配式建筑。近几年来，在欧洲和北美，以锯材为基本单元制成的新型建材-木材正交胶合木（CLT）为代表的新一代重型木结构建筑体系正在迅速取代钢筋混凝土和砖混结构，用于建造低、中层甚至高层建筑，解决了传统木结构建筑的层高限制，被誉为建筑业的“第二次文艺复兴”。

为充分利用浙江省丰富的竹材资源,研究院在欧美木材CLT的基础上,已研发成功竹木复合CLT,已获中国发明专利。研究院将在世界上首次利用竹材来生产轻质高强木（竹）基复合预制板(梁)、墙板及屋面板(即竹木复合CLT)专利产品,用于建造新一代重型低碳木(竹)结构建筑,在城镇化建设和农房工业化/产业化中进行示范和推广。

研究院将在前期木材CLT研究和中试生产的基础上，针对CLT预制型建材及装配式建筑的具体特点，进行计算机模拟和中试,优化竹木复合CLT产品的工艺和结构，制造出比欧美发达国家木材CLT性价比更高的的具有中国特色的竹木复合CLT，全面评估其物理力学性能，制定该产品的产品标准和CLT建筑的施工规范，同时设计建造重型CLT木结构示范建筑进行应用推广。

通过该项目的引进和推广，可为宁波市乃至浙江省率先发展新型绿色预制型建材提供示范和技术支撑。宁海将以此为契机，推进建筑业的结构调整和多元化,减少二氧化碳的排放和雾霾的发生，提升绿色建筑的经济效益、社会效益和环境效益。

硬化路面/临时道路

中国第一栋重型钢木混合结构建筑

农房工业化/旅游景观工程

国家国家循环经济示范城市创建单位
全国“城市矿产”示范基地

丰城市循环经济园区

依托丰城在再生资源回收行业60余年的发展历史，遍布全国的回收网络，在丰城市委、市政府的大力支持下，丰城市循环经济园区获批成立并于2007年启动建设。目前园区总体规划面积为15平方公里，共分三期建设，现已建成的面积约为4.5平方公里。截至目前，园区的落户企业有56家，协议总投资139亿元，其中投产企业30家，园区快速聚集了一大批成长性强、发展潜力大的行业龙头企业，诸如：中国城市矿山第一股——深圳格林美，全球最大塑编企业——天津华今，国际一流、中国领先的稀贵金属工艺装备研发企业——中国瑞林，全球最大复合肥生产企业——史丹利，中国环保第一股、港深两地上市企业——东江环保等龙头企业，已初步形成了再生铜、再生铝两大产业组团，正在打造再生塑料、再生稀贵金属两大产业组团。

2015年，园区工业总产值162.3亿元，同比增长20.2%，税收6.41亿元，增长34.7%；其中江西泰和百盛实业有限公司上缴税收1.68亿元，成为我市位列丰电一期、二期项目之后第三实体纳税大户。2016年1-6月份，园区企业预计完成工业总产值90亿元，同比增长约为7%，完成税收约3亿元。

园区成立以来，园区发展迅速，先后取得多项荣誉：2009年6月，获得商务部授予“第二批再生资源回收体系建设试点单位”称号。2010年10月，获得省工信委授予的“江西省再生资源利用产业示范基地”称号。2011年2月，获得国家工信部授予“全国工业固废综合利用示范基地建设试点单位”称号。2011年4月，获得中国有色金属工业协会授予“中国再生铝基地”称号。2014年3月，丰城市再生金属产业集群被列为江西省60个重点产业集群之一。2015年6月成为49个全国“城市矿产”示范基地之一。

2015年9月，丰城循环新城新型城镇化建设（一期）项目并被破格列入被国家农业发展银行的整体城镇化建设中长期贷款项目名单，并争取到丰城市政府历年来最大的单笔项目扶持资金39亿元。

2015年12月，以循环经济园区为主体，丰城市成功申报为国家循环经济示范城市（县）；

2016年2月，园区获批成为省级产业园区，使丰城成为全省唯一一个拥有两家省级产业园的县（市），成为省级工业园区准入条件改革的“第一园区”。

江西省工业废物处置中心鸟瞰图

冠今-塑编项目

格林美二期汽车拆解

回收加工的铜制品

史丹利丰城公司效果

格林美

西宁经济技术开发区

西宁经济技术开发区管委会

一、开发区基本情况

西宁经济技术开发区（以下简称开发区）2000年7月经国务院批准设立。现辖东川工业园区、甘河工业园区、生物科技产业园区、南川工业园区。2007年开发区被国家6部委确定为国家第二批循环经济试点园区，2013年十月通过验收；2012年被商务部批准为首批35家“国家电子商务示范基地”之一，2013年被评为“国家级孵化基地”。是青海省唯一一家通过ISO9001:2008质量管理体系认证和ISO14001:2004环境管理体系认证的事业单位。2014年、2015年甘河工业园区、东川工业园区被国家发改委确定为“国家循环化改造示范试点园区”，甘河工业园区被工信部确定为“国家低碳示范试点园区”。

“十二五”期间，开发区按照“产城融合”理念，加大基础设施建设力度，累计完成基础设施投资78亿元，目前开发区已形成铁路年运输能力1500万吨、日供电能力810万KVA、日供气能力622万立方米、日供水能力15.7万吨的生产要素资源供给能力，项目承载能力明显提升。工商、税务、公安、消防、质检、银行等在园区均有派驻机构，园区采用“一站式”管理服务，提供项目代办、全程跟踪、首问负责等多项服务，帮助企业解决后顾之忧。

按照“跨越发展、绿色发展、和谐发展、统筹发展”的总体要求，开发区逐步形成了新能源、新材料、有色金属及精深加工、化工、高原动植物精深加工、装备制造、藏毯绒纺等各具特色、优势互补的主导产业。“十二五”期间，开发区地区生产总值从184.7亿元增加到421.5亿元，是“十一五”末的2.3倍，年均增长18%；工业增加值由145.5亿元增加到327.3亿元，是“十一五”末的2.3倍，年均增长18%，其中：规模以上工业增加值由127.4亿元增加到293.1亿元，是“十一五”末的2.3倍，年均增长18%，占到全省的34.1%，占到西宁市的75.2%；技工贸收入由653.2亿元增加到2104亿元，是“十一五”末的3.2倍，年均增长25%；工业销售收入由392.4亿元增加到1078.6亿元，是“十一五”末的2.7倍，年均增长22%；地方公共财政预算收入由6.9亿元增加到17.6亿元，是“十一五”末的2.6倍，年均增长21%；固定资产投资累计完成1883亿元，完成工业项目投资1552亿元，分别是“十一五”的3.2倍和3.3倍。截止2015年底，开发区入驻各类企业1400户，建成投产工业企业258家，规模以上工业企业174户，销售收入超10亿元的工业企业30户，企业各类从业人员达到7.6万人。总体看，“十二五”是开发区工业经济快速发展、产业规模不断壮大、转型升级初显成效的五年，为“十三五”转型升级发展奠定了良好基础。

二、开发区循环经济总体进展及取得的成效

“十二五”以来，开发区深入贯彻学习习近平总书记关于生态文明建设重要讲话精神，牢固树立总书记提出的“保护生态环境就是保护生产力、改善生态环境就是发展生产力、绿水青山本身就是金山银山”的理念，紧紧围绕青海省建设国家循环经济发展先行区的重大战略部署，坚持绿色低碳循环发展不动摇。谋划引进一批高附加值、低能耗、低排放的循环经济项目，全力实施106个循环经济产业节点项目，积极推动企业技术创新和园区循环化改造，初步构建了纵向延伸产业链条、横向促进产业融合的低碳、绿色、循环、节能的循环型工业体系，园区有色金属精深加工、特色化工、新材料、新能源、藏毯绒纺、生物制品、中藏药等产业链初步形成，产业集中度进一步提升，循环经

济发展取得明显成效，形成了上下游联动、多产业共生耦合的富有特色的开发区循环经济发展模式。

开发区管委会

一是四大循环产业体系日益完善，循环经济试点取得新成效。开发区深入贯彻省委、省政府《青海省建设国家循环经济发展先行区行动方案》，全力打造硅材料及光伏制造产业链、铜精深加工产业链、电子铝箔铜箔及延伸产业链；藏毯绒纺产业链、锂电池材料及储能（动力）电池产业链、光伏聚光电池产业链；有色金属冶炼及精深加工产业链、碳（石墨）材料产业链、铬化工、氟化工、盐化工等精细化工产业链；大力培育了高原特色动植物资源精深加工、中藏药、昆仑晶石复合材料、环卫专用设备等产业集群。着力构建以矿产资源综合利用和清洁能源为支撑的金属冶炼和精深加工产业体系，以高原动植物资源开发利用为主的特色生物产业体系，以新能源新材料产业为主导的新兴产业体系，以多气源和盐湖资源融合发展为主导的化工循环产业四大体系。大力实施一批循环经济产业链条项目，促使产业链条逐步完善，园区循环经济试点工作取得新成效，顺利通过国家发改委等七部委的国家循环经济试点示范单位的验收，开发区可继续享受试点单位在投资、金融等方面的政策，并将在组织开展循环经济“十百千”示范行动中同等条件下优先考虑。

二是重点行业领域培育循环经济重点企业和示范企业不断取得新进展。在有色金属行业培育青海百通高纯材料开发有限公司、青海湘和有色金属有限责任公司、青海金广镍铬材料有限公司、青海际华江源实业有限公司为重点企业；在化工行业培育青海盐湖海纳化工有限公司、青海云天化、青海紫金矿业为重点企业；在纺织行业培育青海雪舟三绒集团、藏羊集团、圣源地毯为重点企业。经过培育，这些企业循环经济模式已基本形成，并在节能降耗、减排增效、实现资源的高效转化利用方面取得明显成效，起到了较好的示范带动作用。

三是有色金属、化工、建材等多行业综合循环经济产业共生网络形成，形成典型发展模式，行业示范带动作用明显。各园区围绕主导产业加快循环经济产业的培育完善，园区循环经济产业链条不断延伸，形成了一批循环经济发展典型模式与案例。目前开发区已构建铅锌冶炼—化工—建材产业共生模式，纺织加工企业间共生模式，电解铝生产及精深加工企业间共生模式，铜生产及精深加工企业间共生模式，农产品——精深加工——饲料——养殖——有机肥共生链等多条共生链模式和特色产业、优势企业典型模式，形成了开发区上下游联动、多产业共生耦合的循环发展模式。如：青海盐湖海纳化工的资源开发循环利用闭合加工循环模式、青海聚能钛业的钛金属产业链循环发展模式、青海鲁丰鑫恒的有色金属精深加工企业循环经济发展模式、黄河新能源公司的晶硅产业循环发展等模式。通过各产业链条的发展和典型模式的带动，形成企业内部微循环、行业内部中循环、整个园区大循环的节约型产业结构体系，行业示范作用明显。

四是资源综合开发和回收利用成绩突出。积极加强铅锌矿、共伴生矿产资源的综合开发和回收，使铅精矿、锌精矿中所含的锌、铅、铟、镉、铜、金铜等有价金属98%以上得到综合利用，园区铅冶炼总回收率达到95%以上，电锌总回收率达到97%，提升了有色金属工业有价元素的综合回收利用水平，实现有色金属冶炼的优化与升级。重点推进冶炼废渣、化工废渣及有机废渣等固体废弃物的综合利用，如冶炼废渣洗选回收、电石渣制水泥、磷石膏制砖等，减少了污染物的排放，节约和替代了其它资源；建立废水及气体回收系统，提高水的重复利用率，大力推进硅铁、铬铁、碳素烟气回收和余热发电等，实现气体资源的循环利用。

五是节能减排成效明显。按照构建循环经济产业体系的要求，在园区企业中着力实施节能减排技术改造，加大技术开发力度，大力实施电解铝变频技术应用、铁合金余热发电、水泥脱硝改造、单晶硅炉热场改造、多晶硅高效冷氢化和节能精馏提纯等一批节能减排和资源综合利用项目，积极推广“清洁生产”和节能减排新技术，不断提高资源综合利用和节能减排水平，节能减排取得了明显成效，完成了市政府下达的节能减排目标任务。

三、开展的主要工作

1、规划先行，环保优先，引领循环经济持续发展。坚持科学发展理念，按照“顶层设计、统一规划、合理布局、产业互补、特色鲜明”的总体要求，制定开发区循环经济发展相关规划，把生态工业、循环经济、低碳经济、生

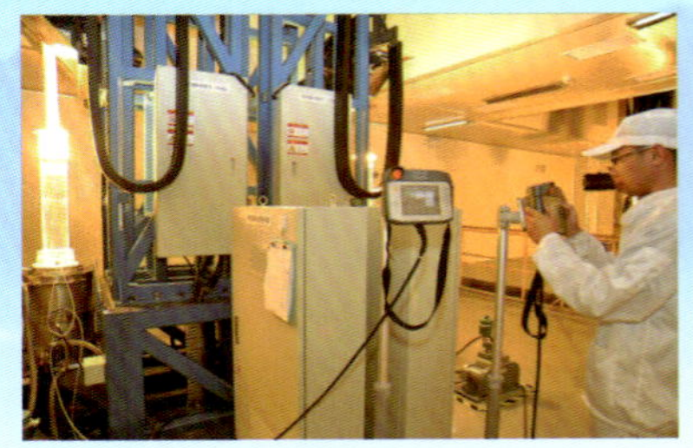

光纤生产线

多晶硅生产线

锂电生产线

态文明等理念纳入其中，十二五期间开发区先后编制了《西宁经济技术开发区节能减排关键技术研究》、《西宁经济技术开发区工业固体废渣综合利用技术研究》、《西宁经济技术开发区甘河工业园区工业固体废弃物综合利用方案》、《西宁经济技术开发区水资源综合利用技术研究》、《西宁经济技术开发区甘河工业园区循环化改造示范试点实施方案》、《西宁经济技术开发区甘河工业园区国家低碳工业园区试点实施方案》、《西宁经济技术开发区东川工业园区循环化改造示范试点实施方案》等一批研究方案，强化规划引领，明确循环经济发展的重点领域、项目等；严格执行产业准入政策，严格做到项目建设的同步规划、同步建设、同步管理，严把项目环保准入关，严格执行环境影响评价和“三同时”制度，引导园区循环经济持续发展，初步探索出了一条以循环经济促进园区经济提质增效的转型发展之路。

2、加快产业结构调整，大力发展循环经济，促进园区经济转型提质。一是认真落实《青海省工业转型升级重大产业基地建设实施意见》，全面推进开发区“两个千亿元、两个五百亿元”产业基地建设，加快实施重点支撑项目建设，大力实施一批循环经济产业链条项目，促进产业链进一步完善，推动循环经济发展。“十二五”期间开发区围绕打造有色金属精深加工、特色化工、太阳能光伏制造、轻金属材料、锂电池材料及储能电池、藏毯绒纺、生物制品、中藏药等产业链条共实施重点工业项目634项，累计完成投资1552亿元，项目实施有力的推动了四大循环产业体系日益完善。二是严控新上高耗能项目，严格执行固定资产投资项目节能评估审查制度，严格落实能耗增量控制，节能工作取得明显成效，完成了市政府下达的节能目标任务。三是大力淘汰落后产能，主动化解过剩产能，认真落实省政府《关于印发电解铝铁合金等五个行业兼并重组和结构调整实施方案的通知》等相关文件精神，积极推进产业重组整合，园区光伏制造、藏毯绒纺、有色金属精深加工等产业整合有了新进展，电解铝延深加工产能达到70%以上。

3、积极推进技术进步，打造创新平台，强化循环经济发展支撑力。一是坚持创新发展理念，积极构建以政府支持、企业为主体、市场运作的政产学研科技创新机制，搭建“产学研用”相结合的循环经济科技创新平台，围绕节能减排、污水再生利用、固体废物资源化、循环低碳发展等方面进行科技攻关和创新，加快实施支撑园区循环经济发展的科技创新型项目，大力培育发展高新技术产业，提高企业自主创新能力。十二五期间东川工业园区被国家批准为国家新材料示范基地，青海生科产业园被国家批准为国家中小企业公共服务示范平台，高新区中小企业园被科技部批准为“国家级科技企业孵化器”，成为青海省首个被国家命名的科技企业孵化器。二是积极支持企业开展技术创新和关键技术研究，加大对循环经济共性和关键技术研发的资金支持力度，支持企业建立技术中心，促使企业成为技术创新

虫草菌丝发酵

屋顶分布式光伏电站

钛锭

的主体，推动产业技术创新联盟构建，提升园区整体自主创新能力。截止2015年底开发区拥有各项专利500多件，驰名商标22个、著名商标55个，分别占全省的51%、35%；各类创新平台总数达到51个（其中国家级平台7个），高新技术企业达到51户，科技型企业达到80户，高新技术企业完成产值184.7亿元，同比增长24.5%，高新技术产业规模进一步壮大。开发区在“地黄提取梓醇新方法”、“以天然植物为原料生产硬质胶囊”等方面取得了技术突破，半导体级多晶硅填补国产化空白，大型密闭矿热炉烟气回收净化技术填补了国内大型矿热炉烟气回收技术的空白，电子束冷床熔炼炉成套设备国产化打破了发达国家的技术垄断，初步形成了一批具有自主知识产权的核心技术，提升了开发区产业竞争力，强化了循环经济发展科技支撑力。

4、狠抓节能降耗，促进园区节能减排。一是分解落实节能目标，每年将节能目标下达各园区，强化能源消费总量控制，加强督查考核，确保年度节能目标任务完成。二是大力推进节能技术推广应用。围绕低品位余热利用、高效换热、燃烧技术和高效电机应用等，组织实施节能技术应用示范项目，带动一批节能共性关键技术推广应用。三是积极推进节能服务体系建设，大力推行合同能源管理，加强重点企业用能管理，强化重点企业能耗监控、预警，对重点用能单位采用合同能源管理方式实施节能改造，推动各项节能措施的有力实施。四是强力推进节能减排项目实施。在冶炼、化工等行业重点推进冶炼废渣、化工废渣及有机废渣等固体废弃物的综合利用，工业固体废物综合利用率逐年提高；净化回收铬铁冶炼、电石生产过程中产生的CO用于甲醇生产原料；实施硅铁矿热炉烟气余热及碳素回转窑余热发电工程，实现气体资源的循环利用，特别是硅铁冶炼烟气余热发电工程实施后每吨硅铁电耗由目前的9000kw.h降低到7800kw.h左右，每吨硅铁余热回收率达到15-20%（即回收电能1200-1400kw.h/吨硅铁），硅元素回收率提高到99%左右，在全国同行业中起到了示范作用；建立废水回收系统，提高水的重复利用率。十二五期间开发区组织实施了紫金矿业回用水深度处理技术、亚洲硅业（青海）有限公司余热回收利用、明胶污水治理及循环回用等节能项目150个，节标煤219.3万吨。各园区及企业切实按照环保部门下达的年度主要污染物排放总量控制计划和实施方案要求，加强监管，着力实施一批减排项目，降低了单位排放强度，有力促进了开发区节能减排。

5、深化工业污染源防治，推行重点行业清洁生产。一是严格执行项目建设“三同时”制度，加强环保日常监督管理，落实企业节能减排责任，园区管委会与企业法人、项目业主签订环保目标责任书，对重点污染企业实行24小时在线监控。完成区内电解铝、铅锌冶炼等有色金属行业多种污染物多级协同处理改造，积极推进铁合金、水泥等行业的烟粉尘治理，推进除尘技术升级改造，严格无组织排放监控管理。重点实施了6.3万吨镁合金生产线废气治理、电解烟气净化控制系统改造、炭素回转窑烟气脱硫、烧结系统除尘技术改造等一批烟气及粉尘治理项目；二是进一步加强生态环境保护工作，严格落实环保政策，对环保不达标企业进行了关停。2014年园区制定了《甘河工业园区9家企业环保整改一企一策实施方案》，对青海西部铅业股份有限公司等4家排放不达标污染严重的企业和生产线进行关闭，对西部矿业股份有限公司锌业分公司、青海珠峰锌业有限公司等5家企业进行停业环保整治，9家企业年可减排二氧化硫2578吨、氮氧化物178吨。三是深入实施清洁生产。在重点行业推广清洁生产先进技术，实施清洁生产重点工程；在电解铝、水泥、冶炼等行业开展对标达标活动，组织青海盐湖海纳化工、青海百通高纯材料等38家企业进行清洁生产审核，鼓励企业实施清洁生产，促进企业加快技术改造，强化节能减排。

6、招商引资带动，引进产业关键链接项目。“十二五”期间开发区各园区结合各自主导产业，紧紧围绕重大产业基地建设方案确定的23个产业链条，找准产业链条的缺失环节，有针对性地开展招商引资。引进实施了高纯度氮化硅、正极材料及动力储能电池等280个资源综合利用、延伸产业链和“填平补齐”的项目，进一步推动形成企业间共生和代谢的循环网络关系，打造循环型的资源流、物质流、能量流、信息流和技术流的高效耦合系统，有力推动了循环经济快速发展。

7、积极推进集约、节约利用土地。开发区坚持合理、节约、集约、高效开发利用园区土地，进一步规范园区建设用地管理，加大对闲置和低效用地整合处置力度，积极探索存量建设用地二次开发机制，盘活存量土地，建立土地集约利用评价、考核和奖惩制度，园区土地节约集约利用水平不断提升，目前园区每亩工业用地投资强度和产出强度分别达到410万元、240万元。

海宁市

江南要素交易中心

新能源公交整装待发

2016年1月，海宁市被国家发改委等三部委确定为国家循环经济示范城市（县）建设地区。一年来，我市坚持绿色发展理念，以提高资源产出率为核心，以构建循环经济产业体系和建设循环型社会为重点，以要素市场化配置综合配套改革为支撑，稳步推进重大项目实施和示范试点建设。围绕《海宁市创建国家循环经济示范城市2016年度推进计划》，较好地完成了年度工作的目标任务。

一、大力发展循环型生产方式

1. 着力营造循环经济机制氛围。召开国家循环经济示范城市（县）动员大会，明确了相关单位的工作职责，通过抓项目建机制造氛围力推循环经济见实效；出台《创建国家循环经济示范城市“双十”行动实施方案》，力争通过五年创建期，抓好循环经济十大重点领域和十大重点任务，推动我市建设成为循环发展体制机制创新先导区、城乡一体化资源循环利用示范区、节能环保产业发展集聚区。

2. 加快培育节能环保产业。2016年节能环保产业实现产值249.37亿元，占全部规上工业产值比重达到17.1%，占比提高4.1个百分点。国能高性能动力电池产业园落户我市，晨丰科技LED绿色照明节能结构组件项目列入省重大产业项目，正泰新能源成为全球单体厂房产能最大的光伏组件工厂，晶科能源实现产值115亿。完成袁花阳光科技小镇规划编制，积极争创省级特色小镇。

3. 开展以清洁生产为重点的绿色工业建设。4家企业启动超低排放改造工程。加快推进园区循环化改造，按照“布局优化、企业集群、产业成链、物质循环、集约发展”的要求，积极开展经济开发区和经编产业园区循环化改造。其中经济开发区总投资75.99亿元，累计完成比例达到74.4%，经编园区总投资28.61亿元，累计完成比例达到48.6%。

4. 推进农业循环发展。我市长安省级生态循环农业示范区、新曙省级生态循环农业示范区 “鸡粪—发酵—花卉/葡萄”和“羊—加工—花卉/葡萄”等多种循环模式顺利推进，全年成功创建省级生态循环农业示范主体11家，总量列嘉兴第一。

5. 推进服务业循环经济。我市作为全省唯一一个拥有三个省级服务业集聚示范区的县级市（海宁潮旅游文化集聚区、海宁中国皮革城、海宁经编产业生产性服务集聚区），积极推动休闲农业、特色工业和商贸、旅游、文化等服务业融合，推进产业循环链接。

二、循环型社会发展取得阶段性成效

1. 完善生活垃圾分类体系。出台了《2016年度海宁市城镇生活垃圾分类推进方案》、《海宁市城镇生活垃圾分类推进工作绩效考核及“以奖代补”办法（试行）》等方案办法，推进垃圾分类工作。引导垃圾分类投放，免费向居民提供餐厨废弃物桶和分类垃圾袋，聘请分类督导员和指导员指导居民进行准确分类与投放。

2. 不断提升废弃物综合利用水平。我市已逐步构建起餐厨废弃物、建筑废弃物、秸秆废弃物等领域“收运体系+龙头企业+处置项目”的废弃物收运处理模式。全市秸秆利用率达95.3%

3. 绿色城市建设不断进步。积极推进海绵城市建设，新建项目全面执行海绵城市建设要求。加快推进新能源汽车应用及充电基础设施建设，全年完成充电桩建设92个，高速公路服务区快充站实现全覆盖。鼓励绿色出行公交优先，清洁能源及新能源公交比例达61.8%。

4. 积极调整能源结构。出台《关于“十三五”期间促进我市先进分布式光伏发电应用的实施意见》，截至2016年底我市光伏累计装机规模达到395兆瓦，规模继续保持全省前列，累计发电量近3亿千瓦时。做好省高污染燃料“五炉”信息系统建设，制订海宁市煤炭消费减量替代实施方案（2016-2017）。

三、循环经济体制机制初步形成

1. 建立循环经济统计调查制度。全面启动资源产出率统计工作，结合海宁特色，按照重点行业、重点区域、重点企业的分布状况，在全市范围内通过全面调查和抽样调查相结合的方式对企业资源产出情况进行调查。

2. 继续深化要素资源化配置改革。开展第四轮亩产效益综合评价工作。通过差别化配置，大幅度提高企业亩均税收和亩均销售收入。

3. 探索项目库管理机制。建立循环经济项目库，实施即报、即审、即入的动态管理制度。重点对纳入中央预算内资金和省“991”的项目加强日常管理和项目推动，促进项目早投产、早见效、早竣工。

海宁市坚持创新、协调、绿色、开放、共享的发展理念，大力发展循环经济，推进循环经济十大重点领域发展，实施循环经济十大重点任务，通过五年时间的创建（2015-2019年），推动我市建设成为循环发展体制机制创新先导区、城乡一体资源循环利用示范区、节能环保产业发展集聚区。

平原县

平原县自秦朝置县已有2200多年的历史，土地、生物资源丰富，自然生态系统稳定，生态服务功能可持续。近年来，我县始终把发展循环经济作为发展的“总阀门”，在招商引资、招才引智、传统工业改造、现代农业培植等各个方面，把循环高效作为风向标、把“低碳环保”作为指挥棒，培育形成了多条循环经济产业链，循环经济成为平原发展的“主动力”。已形成以粮食、蔬菜、畜牧、林果为主的循环型农业，以绿色化工、装备制造、新材料为主的循环型工业，以现代物流、休闲旅游为主的循环型服务业等主导产业体系。先后荣获全国科技进步先进县、全国粮食生产先进县、全国生态文明先进县、全国循环经济示范创建县、国家循环经济教育示范基地等多项国家级荣誉称号。

县委书记冯善军发出发展循环经济动员令

一是认识超前，行动迅速。2007年就制定了《关于发展循环经济的实施意见》，2011年新一届党委、政府把“发展循环经济”作为强县、立县的“一号工程”，向全县发出了发展循环经济的动员令，吹响了创建国家循环经济示范县的集结号，确立了循环经济的引领和统领作用。在2012年初的经济工作会议上，全面部署了发展循环经济的各项工作任务。

二是定位精准，覆盖面广。搞好顶层设计是关键。编制了循环经济发展中长期规划与实施方案，将循环经济定位为“集约、绿色、低碳、循环、可持续”，并对工业、农业、服务业各领域，企业、园区、社会各层面，学校、工厂、社区各单位，提出了不同的创建内容和要求，列出了具体的项目单子，全县一切工作在循环发展模式里找答案，在循环发展中找出路，形成了全党动手、全民动员、全社会参与的浓厚氛围，循环经济发展理念已经贯穿于全县的各项工作之中、渗透到经济社会发展各个角落。其中，县教育系统组织编写的《绿色平原——中小学循环经济简明教育读本》，经教育部认可作为循环经济进校园的第一本教材。

第一，形成了健全的循环发展新体系。我们从企业、产业、园区、社会四个层面入手，全方位推进企业循环式生产、产业循环式组合、资源循环式利用。先后有52家企业通过清洁生产审核，实施治污减排工程220多项，实现企业废水、固体废弃物的资源化、循环化利用。加强园区内企业间、产业间的共生耦（ou）合，以“资源-产品-再生资源-再生产品”模式，取代传统的“资源-产品-废弃物”模式，实现物尽其用、变废为宝。在社会层面实施的城乡生活垃圾、城市中水回收利用、循环水供热等多项工程，实现生产与生活的循环链接。

第二，建立了良好的政策引导新机制。我们把发展循环经济列入了《平原县十二五规划纲要》，举全县之力推进循环经济发展。设立了循环经济发展专项资金，出台了《平原县发展循环经济专项资金管理暂行办法》、《平原县循环经济重点发展目录》，严格控制“三高”（高耗能、高耗水、高排放）项目上马。建立了县级领导帮扶循环经济发展项目制度，落实帮扶责任制，并将循环经济发展任务逐项分解量化，纳入年度考核，为创建循环经济示范县提供了坚强保障。

第三，培植了可复制可推广的绿色发展新模式。围绕破解农林秸秆废弃物、生活垃圾、大田农膜残留污染环境三大难题，我们建设了汉源生物发电、海瑞特生物、生活垃圾衍生燃料处理、巴斯夫可降解农膜和生物质肥料使用等9大循环利用项目，形成了零焚烧秸秆资源化利用、生活垃圾高值化热能利用、农膜无害化生物降解三大循环经济发展模式。与此同时，我们还培育了“种植—畜禽养殖—沼气沼渣—果（菜）”、“工业固废物（粉煤灰、炉渣）—新型节能建材—建筑节能”、“废旧玻璃、陶瓷—发泡处理—新型建材”等10条循环经济产业链条，形成了具有平原特色的工业、农业绿色低碳发展方式，“循环发展模式”像一场化学反应，改变了平原过去那种粗放简单的发展格局。

第四，积累了成功的循环经济试点新经验。围绕发展循环经济，实施了28项示范试点创建项目。在农业上，实施了生态农业与农村新能源示范县等项目，推广应用了秸秆生物反应堆和沼渣还田、沼液喷施、沼液浸（jin）种等综合技术，减少了化肥农药使用，提升了农产品品质。

通过不懈努力，平原县循环经济发展建设工作已有深厚基础、有巨大潜力、有明显优势，这能够大大缩短经济发展周期，避免走“高投入、高消耗”、“先污染后治理”的老路子，使经济小县华丽转身为发展循环经济的强县。

污水处理利用工程系统

资源循环技术产业化示范推广工程

兴发集团宜昌精细化工园

兴发集团是一家集化工、矿产、水电产业开发于一体的大型企业集团，现拥有1家上市公司和64家全资或控股子公司、37家参股或联营公司，总资产296亿元，员工9300人，位居中国企业500强第446位，湖北企业100强第18位。

兴发集团宜昌精细化工园是兴发集团在转型发展道路上的战略转折。园区内现有集团技术中心、12家成员企业，占地面积近4000亩，就业人数近4000人，是兴发集团规模最大、技术水平最高的生产基地。园区从2004年开始规划建设，始终围绕磷硅盐融合发展主线，坚持产品高端化、产业绿色化、投资多元化理念，累计完成投资150亿元，建设了年产13万吨草甘膦及6万吨制剂、10万吨甘氨酸、18万吨有机硅单体及2万吨硅橡胶、3万吨特种磷酸盐、3万吨电子级磷酸及2万吨电子级混配化学品、33万吨烧碱及3万吨下游产品等主要项目，还建设了自备电厂、自备水厂、危化码头和环保装置等配套设施。

园区是国家循环化改造示范园区，全部项目均按照循环产业链规划建设。园区利用不同产品间的共生耦合关系，不断加强技术创新和工艺改进，不断新增产业链项目，通过园区内各工艺之间的物料循环，在每个环节和内部之间形成了多路封闭式的循环，形成了各个主导产品环环相扣、环环生金的循环经济产业链。其中一个最典型的循环，是草甘膦副产的氯甲烷，绝大部分用于生产有机硅，有机硅副产的盐酸，又全部用于生产草甘膦。另一个在行业领先的循环技术，是应用ECO和MVR工艺，将全部含磷废水中的磷回收生产磷酸盐、盐回收生产烧碱，每年回收价值达1.5亿元，兴发集团藉此成为全国仅有的四家通过环保部核查的草甘膦生产企业之一。

“十三五”期间，兴发集团将在宜昌园区继续投资60亿元，重点发展有机硅及下游产品，引进行业内有品牌和技术优势的合作伙伴，将园区有机硅单体扩建至年产30万吨规模，并就地转化为附加值更高、经济效益更好的各类硅胶制品。同时，充分发挥草甘膦技术、成本、环保优势，将产能扩建至年产20万吨，并开发多种下游制剂产品，成为全球具有最强竞争力的农化服务商。到“十三五”期末，兴发集团将实现销售收入500亿元，其中宜昌园区销售收入将达到300亿元，将成为国内领先、国际知名、在行业内最具竞争力的循环经济绿色化工产业园。

湖南安化经济开发区

湖南省益阳市政协主席黄加忠调研安化万隆实业有限公司黑茶副产物综合利用项目

湖南安化经开区工委书记陆继儒向益阳市副市长周振宇一行介绍园区情况

安化经济开发区是1994年经省人民政府批准设立的省级开发区，按照“发展战略，区内规划有：一区三园，“一区”即安化经济开发区，“三园”即中医药黑茶产业园、梅城工业园、高明循环经济工业园。全区拥有企业120余家，其中规模以上工业企业33家，各企业优势互补、上下衔接，形成了良好的集聚集群效应。

中医药黑茶产业园重点发展以黑茶产业为主导，以相关链条产业为支撑的集生产加工、科研开发、进出口贸易、旅游休闲为一体的产业，着力打造成国内首家包括中药材观赏、种植、科普、体验等集休闲旅游、拓展培训于一体的综合性中药材种植基地和中药材文化休闲旅游基地。梅城工业园现有盛唐黑金黑茶饮、屹朗服饰、芙蓉山茶业、新达配送4家企业入园。高明循环经济工业园以钨钴回收和加工利用为主，采用资源、产品两头在外的发展模式，现已成为全国三大钨钴废料有色金属集散地之一和全国最大的磨削料回收加工基地，钨钴加工已成为安化最具特色、经济带动作用最明显的优势产业。园区将充分发挥金属材料循环利用产业传统优势，着力完善各项政策及基础设施配套，创建省级循环经济示范园区。

安化经济开发区先后被评为“第一批湖南省服务业示范集聚区”、“第一批省直管县经济体制改革试点县（市）产城融合示范区”、“国家级循环化改造示范试点园区”。2015年，全区实现规模工业总产值62.6亿元，实现规模工业增加值19.2亿元、占全县的比重达44.5%，实现税收1.3亿元，成为县域经济的重要增长极、产业集聚的高地。

依靠政策支撑，安化经济开发区力争用两年时间，建立比较完善的循环化改造政策支持体系、监督考核与激励评价体系、体制与技术创新体系和创新管理体系；基本建成钨、钴深加工、黑茶深加工等附加值高、污染排放少的现代产业体系，并把减量化、再利用、资源化原则贯穿于经济开发区现代产业体系发展的全过程，全面推广循环经济发展模式。

今后五年，园区循环化改造将重点围绕六大类项目展开，拟实施项目25个，项目总投资合计28.06亿元。预计到2020年，园区综合产值达到180亿元以上，税收5亿元以上。园区生产总值比2015年将增长127.3%，资源产出率、能源产出率、土地产出率、水资源产出率分别提高21.99%、4.24%、43.24%、21.18%，单位国内生产总值取水量、单位生产总值能耗分别降低17.33%、4.09%；园区循环经济产业链关联度由45%提高到70%。

“十三五”期间，开发区将按照“一区多园”布局，坚持创新驱动、产城融合、产业集聚，集约节约利用土地资源，以差异化、特色化发展为方向，力争把安化经开区打造成全省乃至全国闻名的“黑茶之都”、中部地区具有竞争力的钨钴加工生产基地和中药材加工基地，初步建成具有竞争实力、充满活力、生态良好的和谐园区。

湖南安化黑茶产业园湖南华茗金湘叶茶业有限公司开业

四川森肽集团位于中国西部有机食品第一县—西充县境内，四川省南充经济开发区多扶食品产业园内，是一家立足有机循环农业种养殖生产、研发、加工、销售、观光、休闲、创意、体验为一体的多元化现代农业龙头集团企业。注册资本5000万元，规划投资6亿，现已实现投资3.2亿。现有管理和研发人员35人，其中博士硕士13人；有高级职称8人，中级职称14人。公司计划到“十三五”末，建成循环生态有机农业基地3万亩。

集团下辖以工厂化种植双孢菇及其深加工中高档产品的四川宏森有机农业食品有限责任公司；已转化农业种养殖废弃物，减少对环境造成污染，生产双孢菇培养料及生产有机肥的四川懋森生物科技有限公司；以规模化经营流转土地进行有机粮食、优质果蔬种植、特色家禽养殖的四川丰森农业科技有限责任公司；以粮油产品烘、储加工为一体的四川肽森粮油有限责任公司；以集团通过质量管理体系认证、食品安全管理体系认证，已建立无公害生态基地近2万亩，认证有机基地0.6万亩，产品种类包括有机双孢菇及其罐头制品、特制香米、生态畜禽和特色果蔬等及四川智森销售有限责任公司等5家子公司。

集团已初步建成“农作物秸秆→食用菌→加工食用菌产品→菌渣饲料→饲养业→有机肥料→农作物”生态循环链，食用菌产业发展定位走向“低碳、生态、高效、循环”发展的道路，实现变害为利、变废为宝、节本增益的目的，形成“农作物废弃资源再利用、双孢菇规模种植、双孢菇菌渣综合利用”上中下游产业良性循环，推动食用菌产业可持续发展，完善资源高效循环利用产业链。项目建成后，作为西充县建设有机食品基地县循环经济发展的重点项目，成为对外宣传、干部培训、地区交流的重要平台。

放眼世界，展望未来，生态循环产业正处于重大的战略机遇期，必将成为引领绿色发展、生态发展、转型发展的新型产业。

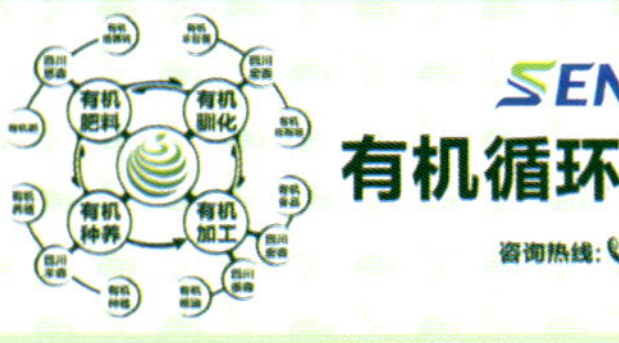

江苏金麦穗新能源科技股份有限公司

国家发改委环资司副司长马荣一行在熊万军董事长陪同下考察公司“稻麦秸秆制成石墨烯摩擦材料刹车片”项目

江苏金麦穗新能源科技股份有限公司（简称：金麦穗股份）始建于1993年，是一家以“绿色、环保”为宗旨，专门从事稻麦秸秆研发及生产的国家高新技术企业。公司以稻麦秸秆资源高值化深度利用为核心，用稻麦秸秆作为主要原料，依托自主创新技术，克服了不易石墨化的植物纤维材料能够石墨化这一世界性难题。同时公司还着力解决秸秆焚烧、碳减排及农业提品质、增产量、化肥农药减量等多个紧迫性问题。

金麦穗股份占地面积50000平方米，建筑面积：20000平方米，通过了国际质量、环境、职业健康与安全三合一管理体系认证。公司专业于绿色制造，其主要业务范围：应用企业自主创新技术，从小麦、水稻等农作物中得到纤维素类、碳类、石墨类、石墨烯类等原料。

为实现秸秆高效综合利用，公司将以上原料用于生产1、陆地车辆用刹车片；2、轨道交通刹车片；3、秸秆生活用纸；4、秸秆生态家居产品；5、秸秆环保家具；6、秸秆智能小家电等六大产业链。各产业链横向耦合、纵向衔接，形成的是资源→产品→再生资源的良性循环。清洁生产、循环利用、技术体系完善，产品特色鲜明，市场竞争力强，经济效益、生态效益和环境效益明显，发展前景广阔。

无限创新，开拓未来。金麦穗股份正在积极利用市场、品牌、管理等方面的优势，立足环保治理，依靠技术创新和战略创新，综合利用产业资源，全面实施“循环经济，低碳发展”的战略规划，践诺“创新小秸秆、造福大社会”的企业使命，创建一个环境优美，生产与自然和谐的金麦穗生态工业园。

人造石墨

稻麦秸秆

秸秆碳粉

秸秆初炭

石墨烯

金麦穗公司

集装箱式智能微电网海水淡化系统

集装箱式微电网海水淡化集成系统是江苏丰海新能源淡化海水发展有限公司根据万吨级非并网海水淡化示范工程的设计、运行经验，研发并推向市场的小型风电水一体化成套设备。系统可孤网运行，不依赖电网，直接利用风能和太阳能等清洁能源发电制水，具有可整体运输、快速组装、无需现场调试等优点，适合为淡水资源匮乏和网电未覆盖的内陆、沿海地区和远海孤岛地区提供生活用水和电力供应。

整套系统由风电机组、光伏组件、储能设备、海水淡化系统、灌装系统等组成。控制系统部分涵盖了控制系统结构设计、控制策略设计、运行模式设计等内容，微电网的成套技术是将风能、太阳能等绿色能源通过微电网控制技术直接向负载设备供电，无需电网支撑，实现我国智能微电网成套设备技术关键技术创新型突破。整个微电网组成系统除风机和太阳能系统外均安放在不同的集装箱内部，集装箱为适应海岛气候做了防高温、防台风、防盐雾侵蚀处理。

丰海公司微电网成套系统采用较小容量的储能系统和较复杂的控制系统，在保证系统稳定的情况下，同时保证储能系统的使用寿命，达到为海淡设备提供稳定电源，使海淡设备达到稳定工作的目的。

目前，丰海公司已陆续推出日产 100 吨、日产 500 吨、日产 1000 吨等系列产品，以满足不同的市场需求。相信不久的将来，在丰海公司全体员工的不懈努力下，集装箱式微电网海水淡化系统将迎来一次又一次技术的创造与革新，为中国海水淡化行业做出更大的贡献。

蚌埠华东石膏有限公司

蚌埠华东石膏有限公司是一家石膏粉产品、专业设备研发、石膏制品生产销售于一体的国家级高新技术企业。公司建立以来坚持科技创新，已获ZL2008 1 001501.X《用柠檬酸石膏生产建筑石膏的方法》、ZL2009 1 0116678.5《用尾气烘干生产化学石膏的节能环保装置》等国家专利27项，其中发明专利有21项，柠檬酸石膏综合利用技术达到国际先进水平。这些专利技术已全面应用于公司生产，为公司生产实现低耗、高效、安全、优质提供了技术保障，取得了良好的社会效益和经济效益。主要产品柠檬酸建筑石膏白度85%以上，2h抗折强度达到国家标准规定的最高等级3.0级，不仅赢得国内客户的广泛赞誉，还大量出口国外。公司相继获中国循环经济协会科学技术一等奖、全国资源综合利用利用奖、国家科技部科技型中小企业科技创新基金奖、全国石膏行业优秀企业”称号，法人代表张绪庆个人获得“全国石膏行业突出贡献奖”。柠檬酸保温建筑石膏被列入安徽省重点新产品。被授予国家级“高新技术企业和全国石膏行业创新企业。

我国是柠檬酸生产大国，怎样对生产中产生的柠檬酸渣无害化利用而不污染环境一直是个世界性的难题。我公司发明的在直接干燥和煅烧过程中加入外加剂的独特方法有效地去除了杂质，用较低的成本生产出的柠檬酸建筑石膏质量可与我国最好的天然石膏—湖北应城的纤维石膏相媲美，属高档石膏之列，已替代大量的我国稀缺的优质天然石膏。

我们蚌埠华东石膏有限公司的尾气再利用技术和设备在目前是最节能、投资最少的先进技术和设备，生产一吨建筑石膏与传统设备相比节煤50%左右。八年来，公司实现了较快发展。产能提升到石膏粉21万吨和石膏砌块、空心条板100万平米。10年来，已资源化利用中粮生物化学（安徽）股份有限公司的柠檬酸废渣180余万吨，使中粮生化成为全世界唯一一家对柠檬酸渣无环保之忧的企业。近年来，国内已有十几家企业应用我们尾气利用技术，都取得了非常好的效益。我国每年用工业副产石膏生产建筑石膏约在2000万吨左右，如果这些石膏生产企业全部把尾气再利用，其节能减排和创造利润的效益巨大的。

我公司的发明和成就，推动了国家产业政策完善，国家六部委2010年7月发布的《中国资源综合利用技术政策大纲》中增加了“推广用柠檬酸废渣替代天然石膏的技术”条文。

2016年中国循环经济发展论坛上，国家发改委原副主任解振华会见公司董事长张绪庆

2015年9月，我公司与泰国阳光国际生物有限公司合作建设的处理柠檬酸渣12万吨的建筑石膏生产线投产

2014年1月25日.比利时GALACTiCS.A(格拉特公司）总经理Fredericvan Gansberghe.和生产副总Martin vansberghe来我公司考察，高度赞扬我公司对工业废渣综合利用的成绩。

尾气利用设备生产现场

柠檬酸建筑石膏正在装车（出口）

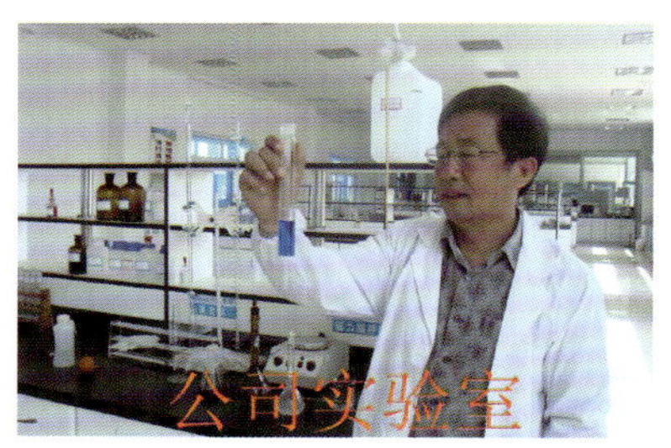

公司实验室

誓做秸秆综合利用成套设备制造的领跑者

河南省恒牧机械有限公司

中共焦作市委常委郭鹏到公司考察

南阳市农业局领导到恒牧公司指导

中股交挂牌

河南省恒牧机械有限公司位于风景秀丽的云台山脚下——河南省修武县产业集聚区，现有员工300余人，各类专业技术人员50余人。曾先后通过“瑞士SGS质量认证”“德国莱茵BV认证”“欧盟CE安全认证”“ISO9001-2008质量认证”，中国农村能源协会会员单位，国家秸秆产业技术创新战略联盟常务副理事长单位，河南省畜牧工程协会理事单位，河南省科技型中小企业，河南省电商企业，焦作市颗粒饲料成套加工装备工程技术研究中心。2015年公司成功在中原股交所展示（企业代码200819）。

恒牧机械公司从2012年开始，围绕国家推进农业供给侧结构性改革加快培育农业农村发展新动能的精神，积极响应国家“禁牧”，“禁烧”“禁燃”，“禁养”，“禁伐”等政策，大力推广“舍饲圈养”，“退粮还草”，“秸秆养畜”，“秸秆全株青贮”“发展苜蓿草振兴奶牛业”等现代畜牧业养殖方式，发展草牧业，发展规模高效养殖业的号召，以研发推广秸秆综合利用设备为使命，开发推广了系列生产草及农作物秸秆综合利用系列成套设备，一是农作物秸秆的饲料成套设备，二是农作物秸秆的生物质能成套设备，三是农作物秸秆的有机肥成套设备，四是农作物秸秆无抗饲料成套设备，五是农作物秸秆揉丝生物处理包膜成套设备。公司与河南理工大学开展校企合作组建农作物废弃物综合利用成套设备攻关小组，研发了牧草烘干机，双轴破捆机，双转子破捆机，大型秸秆揉丝机，圆盘粉碎机，草粉混合机，秸秆颗粒机组，有机肥颗粒机等主机设备及配套专用辅助设备，攻破了国内秸秆及饲草加工方面的难题，有效提高了养殖业、畜牧业的良性发展，增加养殖经济收入，影响并深刻改变了当地传统的养殖方式。

近年来，抗生素的使用造成了动物制品的安全隐患和动物粪便对环境的污染，公司积极与山东农机研究院，河南师范大学，河南农业大学，新疆畜牧科学院，内蒙古农牧科学院，黑龙江省畜牧研究所，甘肃省草业协会等多家开展产学研合作，与长春好沃施公司，承德正旺生物技术有限公司战略合作，开发了无抗饲料成套设备，秸秆膨化饲料成套设备。饲料全面发挥活性菌和酶制剂的作用，实现零抗生素添加。解决了养殖对环境的污染，同时提高了饲草的转化率，单位面积的草养活更多的动物，是养殖业的一场革命。

为发展生态友好型农业，推进农业清洁生产，深入推进化肥农药零增长行动，开展有机肥替代化肥试点，公司积极与北京农科院齐刚教授团队开展产学研合作，研发秸秆有机肥成套设备。目前已经开发落地了12家年产1万吨-10万吨的秸秆有机肥成套设备的项目。

经过数年来的示范推广，已在在国内外建设秸秆综合利用生产线120余套，在全国参加州市级以上观摩会35余次，在国内首先研制并投产了移动车秸秆及草颗粒生产线的项目。有11项国家专利，10个产品进入农机补贴目录。秸秆饲料成套设备，秸秆有机肥成套设备，秸秆生物质能成套设备，三大系列产品趋于成熟，充分满足不同客户的多种需求，研产销综合水平在国内处于领先地位。2015年在第四届中国创新创业大赛中。公司的“饲草颗粒设备-让牛羊没有冬天”的参赛项目荣获优秀奖。

公司有独立进出口权，有10个产品获得欧盟CE认证，有12个产品获得瑞士SGS认证，设备出口到俄罗斯，乌克兰，哈萨克斯坦，塔吉克斯坦，蒙古，乌兹别克斯坦，印度，阿联酋，不丹，阿曼，也门，苏丹，阿尔及利亚，尼日利亚，坦桑尼亚，马拉维，刚果，埃塞俄比亚，毛里塔尼亚，印尼，埃及，赞比亚，越南，孟加拉，老挝，马拉西亚等32个国家。

面向未来，恒牧人矢志不渝，以誓做中国农作物秸秆综合利用成套设备.草颗粒成套设备的领跑者为目标，打造中国最厚重的饲料机械产品，更要让中国的饲料机械走向世界。

草粉碎设备生产工段

生产车间

草颗粒成套设备

秸秆颗粒成套设备

大事记

2015年中国循环经济大事记

一月

1月1日 被称为“史上最严”的新《环境保护法》正式实施。这次环保法的修订，主要包括加强环境保护宣传，提高公民环保意识；明确生态保护红线；对雾霾等大气污染的治理和应对；明确环境监察机构的法律地位；完善行政强制措施等十二个方面。新《环保法》共有70条，不但明确了政府的职责，划定了生态保护红线，而且规定了跨行政区域联合防治协调机制等制度，赋予公众参与的权利，明确了环境公益诉讼，对原有条款进行了系统性修改。新《环保法》中因加入了“对拒不改正的排污企业实施按日计罚”，“对严重的违法行为采取行政拘留”，以及规定“政府及有关部门8种情形造成严重后果的，主要负责人引咎辞职”等内容，被专家称为“史上最严”。

此次新修订的《环境保护法》，在推动建立绿色发展模式、现代环境治理体系、信息公开和公众参与机制三大领域均实现了较大突破。

1月8日 环境保护部发布《2014年全国大、中城市固体废物污染环境防治年报》：大、中城市生活垃圾产生总量为16148.81万吨，处置量为15730.65万吨，处置率为97.41%。城市生活垃圾产生量最大的是上海市，产生量为736万吨。前10位城市产生的生活垃圾总量为4253.60万吨，占全部发布的城市生活垃圾产生量的26.34%。 这是环境保护部首次向社会发布全国固体废物污染防治工作的相关情况。

此次发布的大、中城市一般工业固体废物产生量为238306.23万吨，工业危险废物产生量为2937.05万吨，医疗废物产生量约为54.75万吨，生活垃圾产生量约为16148.81万吨。一般工业固体废物产生量较大的省份主要集中在华北地区，河北、山西、内蒙古分列前3位。

1月13日 中共中央宣传部、国家发展和改革委员会召开南水北调东中线工程沿线城市“人人节水行动”推进工作座谈会，对“人人节水行动”进行安排部署。国家发展必革委副主任解振华讲话指出，当前我国面临的水资源形势严峻，水资源供需矛盾突出，水质性缺水严重，南水北调来之不易。要按照习近平总书记节水优先的要求，通过加大农业节水力度，强化工业节水，全面推进城市节水，开发利用非常规水资源，加强水污染治理，减少水质性缺水等多措并举，大力推动节水工作。

1月19～21日 中共中央总书记、国家主席是习近平在云南考察时强调，要把生态环境保护放在更加突出位置，像保护眼睛一样保护生态环境，像对待生命一样对待生态环境，在生态环境保护上一定要算大账、算长远账、算整体账、算综合账，不能因小失大、顾此失彼、寅吃卯粮、急功近利。生态环境保护是一个长期任务，要久久为功。一定要把洱海保护好，让“苍山不墨千秋画，洱海无弦万古琴”的自然美景永驻人间。

1月20日 国家发展改革委、财政部、工信部、国家质量监督检验检疫总局发布公告，确定10家企业具备再制造产品推广试点企业资格。

1月21日 商务部、国家发展改革委、国土资源部、住房和城乡建设部、中华全国供销合作总社印发《关于印发再生资源回收体系建设中长期规划（2015-2020）》。

《规划》提出的指导思想是：以深化改革、转变发展方式和发展绿色流通为主线，围绕规范回收利用秩序，降低回收利用成本和提高回收利用率，着力加强再生资源回收管理法律法规建设，推进再生资源回收管理体制改革和回收模式创新，提升再生资源回收行业规范化水平和规模化程度，构建多元化回收、集中分拣和拆解、安全储存运输和无害化处理的完整的先进的回收体系。

主要目标：到2020年，在全国建成一批网点布局合理、管理规范、回收方式多元、重点品种回收率较高的回收体系示范城市，大中城市再生资源主要品种平均回收率达到75%以上，实现85%以上回收人员纳入规范化管理、85%以上社区及乡村实现回收功能的覆盖、85%以上的再生资源进行规范化的交易和集中处理。培育100家左右再生资源回收骨干企业，再生资源回收总量达到2.2亿吨左右。行业规模化经营水平大幅提升，技术水平显著提高，规范化运行机制基本形成。

主要任务：分类建立回收体系、完善回收节点功能、培育龙头回收企业、强化行业秩序监管、健全回收管理制度、强化标准化工作等。重点工程包括回收模式创新工程、回收分拣示范工程、分拣技术创新工程。

1月27日 工信部公布第二批符合《轮胎翻新行业准入条件》企业名单。

1月27～28日 财政部、国家发展改革委在湖南长沙联合召开全国节能减排财政政策综合示范工作会议，总结工作成效，交流经验做法，部署下一阶段工作。

国家发展和改革委副主任解振华讲话强调，各地要统筹谋划好2015年和“十三五”节能减排、生态文明建设各项工作。把综合示范同生态文明先行示范区、循环经济示范城市、低碳城市等工作协同起来，统筹财政政策、投资政策和制度创新，精准决策，狠抓落实。

2011年以来，财政部、国家发展改革委先后确定了三批共30个城市开展节能减排财政政策综合示范。

二月

2月2日　为工信部、财政部发出《关于联合组织实施工业领域煤炭清洁高效利用行动计划的通知》，切实推进工业领域煤炭清洁高效利用，提高煤炭利用效率，防治大气环境污染，保障人民群众身体健康。《行动计划》主要目标：到2017年，实现节约煤炭消耗8000万吨以上，减少烟尘排放量50万吨、二氧化硫排放量60万吨、氮氧化物40万 吨，促进区域环境质量改善。 2014 到2020年，力争节约煤炭消耗1.6亿吨以上，减少烟尘 排放量100万吨、二氧化硫排放量120万吨、氮氧化物80万 吨。

2月4日　国家能源局印发《关于促进煤炭工业科学发展的指导意见》提出，坚持绿色开发、清洁利用。把生态文明建设放在突出地位，建设资源节约型和环境友好型矿区，最大限度减少煤炭资源开发对生态环境影响。实施洗选、流通、终端消费全过程管理，依靠科技创新、强化监管，降低煤炭利用污染物排放。推进煤炭安全绿色开采。推进煤炭清洁高效利用。加快煤层气产业化发展。

2月9日　国家发展改革委、环境保护部、工业和信息化部、财政部等部委发布《废弃电器电子产品处理目录（2014年版）》的公告》，自2016年3月1日起实施。

2月12日　国家发展改革委办公厅发出《关于印发低碳社区试点建设指南的通知》。《指南》明确了低碳社区试点的基本要求和组织实施程序，提出按照城市新建社区、城市既有社区和农村社区三种类别开展试点，并详细阐述了每类社区试点的选取要求、建设目标、建设内容及建设标准。

本《指南》中的“社区”是指城市居民委员会辖区或农村村民委员会辖区，包括辖区内的居民小区、社会单位、配套设施等。“低碳社区”是指通过构建气候友好的自然环境、房屋建筑、基础设施、生活方式和管理模式，降低能源资源消耗，实现低碳排放的城乡社区。

2月27日　工业和信息化部发出《关于印发2015年工业绿色发展专项行动实施方案的通知》，以重点领域、重点区域节能减排为着力点，突出机制模式创新与务实推动，加快利用信息技术促进节能减排，强化支撑服务与考核评估，力争在重点领域、重点区域工业绿色发展上取得新突破，实现以点带面，推动工业节能与综合利用工作再上新台阶。

通过实施2015年工业绿色发展专项行动，实现以下目标：一是提升重点区域重点行业煤炭清洁高效利用水平，到2015年底，减少煤炭消耗400万吨以上。指导京津冀及周边地区、长三角等重点工业企业实施清洁生产技术改造，预计全年削减二氧化硫7万吨、氮氧化物6万吨、工业烟（粉）尘4万吨、挥发性有机物2万吨。二是建立覆盖2000家以上重点用能企业的全国工业节能监测分析平台，实现对试点地区工业能耗数据的动态监控及预警预测。推进企业能源管理中心建设，完成钢铁、建材、石化等200家企业能源管理中心项目验收工作，新启动100家项目建设。在通信、金融、电力等部门启动30家绿色数据中心试点建设。三是初步建立京津冀及周边地区工业资源综合利用协同发展机制，完善产业链。实现京津冀及周边地区尾矿、冶炼渣等工业固废综合利用量约6000万吨/年。

三月

3月4日　工信部节能与综合利用司印发《2015年工业节能与综合利用工作要点》。《要点》提出， 2015年，工业节能与综合利用工作要以工业绿色发展专项行动为抓手，以试点示范、目录标准、节能监管为切入点，着力抓好节能节水、清洁生产和资源综合利用等各项工作。深化改革创新，继续在政策、法规、机制方面下功夫，推进节能减排长效机制建设，促进工业转型升级。全国规模以上工业万元增加值能耗下降4%以上，万元工业增加值用水量下降5.6%，大宗工业固体废物综合利用率进一步提高，重点行业主要污染物排放强度明显下降，全面完成“十二五”目标任务。

3月5日　十二届全国人民代表大会三次会议在人民大会堂举行开幕会，国务院总理李克强作政府工作报告提出：今年经济社会发展的主要预期目标是：国内生产总值增长7%左右，能耗强度下降3.1%以上，主要污染物排放继续减少。

《报告》指出，环境污染是民生之患、民心之痛，必须铁腕治理。李克强指出，今年，二氧化碳排放强度要降低3.1%以上，化学需氧量、氨氮排放都要减少2%左右，二氧化硫、氮氧化物排放要分别减少3%左右和5%左右。深入实施大气污染防治行动计划，实行区域联防联控，推动燃煤电厂超低排放改造，促进重点区域煤炭消费零增长。推广新能源汽车，治理机动车尾气，提高油品标准和质量，在重点区域内重点城市全面供应国五标准车用汽柴油。2005年底前注册营运的黄标车要全部淘汰。积极应对气候变化，扩大碳排放权交易试点。

《报告》指出，实施水污染防治行动计划，加强江河湖海水污染、水污染源和农业面源污染治理，实行从水源地到水龙头全过程监管。推行环境污染第三方治理。做好环保税立法工作。我们一定要严格环境执法，对偷排偷放者出重拳，让其付出沉重的代价；对姑息纵容者严问责，使其受到应有的处罚。

积极发展循环经济，大力推进工业废物和生活垃圾资源化利用。我国节能环保市场潜力巨大，要把节能环保产业打造成新兴的支柱产业。

《报告》指出，生态环保贵在行动、成在坚持，我们必须紧抓不松劲，一定要实现蓝天常在、绿水长流、永续发展。

3月6日　工业和信息化部节能与综合利用司在北京组织召开节能与综合利用标准化工作座谈会。会议认为，工业节能与综合利用标准化工作一要发挥标准基础作用，支撑和引领工业绿色发展；二要落实深化改革要求，进一步完善绿色标准体系；三要围绕重点工作任务，坚持问题导向，加强工业节能与综合利用标准化工作。

3月6日　环境保护部下发《关于开展政府环境审计试点工作的通知》，决定在甘肃省兰州市开展环境审计试点。

3月10日　中共中央总书记、国家主席习近平在参加十二届全国人大三次会议江西代表团审议时讲话指出，要把生态环境保护放在更加突出位置，环境就是民生，青山就是美丽，蓝天也是幸福。要着力推动生态环境保护，像保护眼睛一样保护生态环境，像对待生命一样对待生态环境。对破坏生态环境的行为，不能手软，不能下不为例。

3月13日　环境保护部发布《环境保护部审批环境影响评价文件的建设项目目录（2015年本）》。同日，环境保护部批准《生态环境状况评价技术规范》为国家环境保护标准。

3月17日　《中华人民共和国国民经济和社会发展第十三个五年规划纲要》公布。“绿色发展”列 为四大发展理念。

《规划纲要》主要目标提出：生态环境质量总体改善。生产方式和生活方式绿色、低碳水平上升。能源资源开发利用效率大幅提高，能源和水资源消耗、建设用地、碳排放总量得到有效控制，主要污染物排放总量大幅减少。主体功能区布局和生态安全屏障基本形成。

《规划纲要》提出，绿色是永续发展的必要条件和人民对美好生活追求的重要体现。必须坚持节约资源和保护环境的基本国策，坚持可持续发展，坚定走生产发展、生活富裕、生态良好的文明发展道路，加快建设资源节约型、环境友好型社会，形成人与自然和谐发展现代化建设新格局，推进美丽中国建设，为全球生态安全作出新贡献。

《规划纲要》提出，推动运输服务低碳智能安全发展。推进交通运输低碳发展。

《规划纲要》提出，深入推进能源革命，着力推动能源生产利用方式变革，优化能源供给结构，提高能源利用效率，建设清洁低碳、安全高效的现代能源体系，维护国家能源安全。

《规划纲要》提出，加强海洋资源环境保护。加快改善生态环境。以提高环境质量为核心，以解决生态环境领域突出问题为重点，加大生态环境保护力度，提高资源利用效率，为人民提供更多优质生态产品，协同推进人民富裕、国家富强、中国美丽。

《规划纲要》提出，推进资源节约集约利用。树立节约集约循环利用的资源观，推动资源利用方式根本转变，加强全过程节约管理，大幅提高资源利用综合效益。全面推动能源节约。推进能源消费革命。全面推进节水型社会建设。强化土地节约集约利用。加强矿产资源节约和管理。

《规划纲要》提出，大力发展循环经济。实施循环发展引领计划，推进生产和生活系统循环链接，加快废弃物资源化利用。按照物质流和关联度统筹产业布局，推进园区循环化改造，建设工农复合型循环经济示范区，促进企业间、园区内、产业间耦合共生。推进城市矿山开发利用，做好工业固废等大宗废弃物资源化利用，加快建设城市餐厨废弃物、建筑垃圾和废旧纺织品等资源化利用和无害化处理系统，规范发展再制造。实行生产者责任延伸制度。健全再生资源回收利用网络，加强生活垃圾分类回收与再生资源回收的衔接。倡导勤俭节约的生活方式

《规划纲要》提出，倡导合理消费，力戒奢侈消费，制止奢靡之风。在生产、流通、仓储、消费各环节落实全面节约要求。管住公款消费，深入开展反过度包装、反食品浪费、反过度消费行动，推动形成勤俭节约的社会风尚。推广城市自行车和公共交通等绿色出行服务系统。限制一次性用品使用。

《规划纲要》提出，建立健全资源高效利用机制。实施能源和水资源消耗、建设用地等总量和强度双控行动，强化目标责任，完善市场调节、标准控制和考核监管。建立健全用能权、用水权、碳排放权初始分配制度，创新有偿使用、预算管理、投融资机制，培育和发展交易市场。健全节能、节水、节地、节材、节矿标准体系，提高建筑节能标准，实现重点行业、设备节能标准全覆盖。强化节能评估审查和节能监察。建立健全中央对地方节能环保考核和奖励机制，进一步扩大节能减排财政政策综合示范。建立统一规范的国有自然资源资产出让平台。组织实施能效、水效领跑者引领行动。

《规划纲要》提出，加大环境综合治理力度。创新环境治理理念和方式。实行最严格的环境保护制度，强化排污者主体责任，形成政府、企业、公众共治的环境治理体系，实现环境质量总体改善。深入实施污染防治行动计划。大力推进污染物达标排放和总量减排。严密防控环境风险。加强环境基础设施建设。改革环境治理基础制度。

《规划纲要》提出，积极应对全球气候变化。坚持减缓与适应并重，主动控制碳排放，落实减排承诺，增强适应气候变化能力，深度参与全球气候治理，为应对全球气候变化作出贡献。有效控制温室气体排放。

3月17日　工信部节能与综合利用司在宁波万华工业园启动2015年工业绿色发展专项行动。2015年专项行动重点

工作主要包括：提升重点区域重点行业煤炭清洁高效利用水平，建立全国工业节能监测分析平台，以及建立京津冀及周边地区工业资源综合利用协同发展机制。

3月17日　中国循环经济协会发出《关于开展 2015 年“循环经济院士行” 活动的通知。活动期间，将组织院士、专家为企业开展发展战略咨询和技术指导，改善企业技术创新管理水平；为企业引进新技术、新成果，推动实现产业化，加快科技成果转化；开展产学研项目对接，构建产学研合作的有效模式和长效机制；围绕企业发展急需解决的关键及高端技术难题，帮助企业技术研发。

3月18日　工业和信息化部、国家机关事务管理局、国家能源局印发《国家绿色数据中心试点工作方案》。主要目标：宣传和推广一批先进适用的绿色技术、产品和运维管理方法，培育和发展一批第三方检测评价、咨询机构，支持和鼓励一批绿色数据中心技术、解决方案、运维服务的提供商。初步形成具有自主知识产权的绿色数据中心技术体系、创新与服务体系，构建试点数据中心节能环保指标监测体系，确立绿色数据中心标准和评价体系。到2017年，围绕重点领域创建百个绿色数据中心试点，试点数据中心能效平均提高8%以上，制定绿色数据中心相关国家标准4项，推广绿色数据中心先进适用技术、产品和运维管理最佳实践40项，制定绿色数据中心建设指南。

3月18日　环境保护部部长陈吉宁在北京主持召开环境保护部常务会议，听取清洁空气研究计划进展情况汇报，审议并原则通过《石油炼制工业污染物排放标准》等五项排放标准及部分建设项目环评审查意见。

3月18日　农业部部长韩长赋主持召开部常务会议，重点对打好农业面源污染防治攻坚战进行了部署。会议要求，要把农业面源污染防治作为一项重要工作来抓，作为转变农业发展方式的重大举措，作为实现可持续发展的重要任务来实施，着眼农业发展、响应中央号召、回应社会关切、解决突出问题，经过一段时期努力，使农业面源污染加剧的趋势得到有效遏制，确保实现“一控两减三基本”（严格控制农业用水总量，减少化肥、农药施用量，地膜、秸秆、畜禽粪便基本资源化利用）目标。要切实抓好“一控两减三基本”等重点工作，特别是减少化肥、农药施用。要明确思路措施，通过推进农业清洁生产和标准化生产、发展现代生态循环农业、节水农业，加强农业面源污染综合防控示范区建设等途径推进防治工作。要加强与相关部门的协作，推动形成面源污染防治工作的强大合力，各相关司局加强沟通协调，根据任务分工，进一步完善政策措施，加强监测预警，强化科技支撑，推进公众参与，共同推动农业面源污染防治工作取得成效。

3月20日和23日　国家发展改革委环资司召开一季度节能减排及节能环保产业形势分析座谈会，邀请部分省（市）发展改革委（经信委）、行业协会和相关企业负责人，探讨当前节能减排及节能环保产业总体形势，就有关难点、热点、苗头性、倾向性、潜在性问题进行了交流，听取了培育新的经济增长点、引导节能环保产业发展的意见和建议。

3月21日　工业和信息化部副部长苏波在“中国发展高层论坛”第十六届年会“调整产业结构，实施创新驱动发展”对话会上发表演讲称，绿色低碳发展成为全球产业转型升级的基本方向。各国加快发展理念的革新转型，低能耗低污染产品显示出强大市场竞争力，节能环保成为快速崛起的新兴产业，绿色低碳日益成为全球产业发展新共识。要坚持绿色发展，加强节能环保技术、工艺和装备的推广应用，全面推行清洁生产，发展循环经济，提高资源回收利用效率，构建绿色制造体系。

3月24日　中共中央总书记习近平主持中共中央政治局会议，审议通过《关于加快推进生态文明建设的意见》。

会议指出，生态文明建设事关实现“两个一百年”奋斗目标，事关中华民族永续发展，是建设美丽中国的必然要求，对于满足人民群众对良好生态环境新期待、形成人与自然和谐发展现代化建设新格局，具有十分重要的意义。

会议认为，当前和今后一个时期，要按照党中央决策部署，把生态文明建设融入经济、政治、文化、社会建设各方面和全过程，协同推进新型工业化、城镇化、信息化、农业现代化和绿色化，牢固树立“绿水青山就是金山银山”的理念，坚持把节约优先、保护优先、自然恢复作为基本方针，把绿色发展、循环发展、低碳发展作为基本途径，把深化改革和创新驱动作为基本动力，把培育生态文化作为重要支撑，把重点突破和整体推进作为工作方式，切实把生态文明建设工作抓紧抓好。

会议强调，要全面推动国土空间开发格局优化、加快技术创新和结构调整、促进资源节约循环高效利用、加大自然生态系统和环境保护力度等重点工作，努力在重要领域和关键环节取得突破。必须加快推动生产方式绿色化，构建科技含量高、资源消耗低、环境污染少的产业结构和生产方式，大幅提高经济绿色化程度，加快发展绿色产业，形成经济社会发展新的增长点。必须加快推动生活方式绿色化，实现生活方式和消费模式向勤俭节约、绿色低碳、文明健康的方向转变，力戒奢侈浪费和不合理消费。必须弘扬生态文明主流价值观，把生态文明纳入社会主义核心价值体系，形成人人、事事、时时崇尚生态文明的社会新风尚，为生态文明建设奠定坚实的社会、群众基础。必须把制度建设作为推进生态文明建设的重中之重，按照国家治理体系和治理能力现代化的要求，着力破解制约生态文明建设的体制机制障碍，以资源环境生态红线管控、自然资源资产产权和用途管制、自然资源资产负债表、自然资源资产离任审计、生态环境损害赔偿和责任追究、生态补偿等重大制度为突破口，深化生态文明体制改革，尽快出台相关改革方案，建立系统完整的制度体系，把生态文明建设纳入法制化、制度化轨道。必须从全球视野加快推进生态文明建设，把绿色发展转化为新的综合国力和国际竞争新优势。通过多措并举、多管齐下，使青山常在、

清水长流、空气常新，让人民群众在良好生态环境中生产生活。

会议要求，加强顶层设计与推动地方实践相结合，深入开展生态文明先行示范区建设，形成可复制可推广的有效经验。全党上下要把生态文明建设作为一项重要政治任务，以抓铁有痕、踏石留印的精神，真抓实干、务求实效，把生态文明建设蓝图逐步变为现实，努力开创社会主义生态文明新时代，为推动世界绿色发展、维护全球生态安全作出积极贡献。

3月30～4月1日 第一批生态文明先行示范区培训班在北京举行，来自各先行示范区的近300名学员参加了培训。

四月

4月2日 国务院印发《水污染防治行动计划》。《计划》总体要求：大力推进生态文明建设，以改善水环境质量为核心，按照“节水优先、空间均衡、系统治理、两手发力”原则，贯彻“安全、清洁、健康”方针，强化源头控制，水陆统筹、河海兼顾，对江河湖海实施分流域、分区域、分阶段科学治理，系统推进水污染防治、水生态保护和水资源管理。坚持政府市场协同，注重改革创新；坚持全面依法推进，实行最严格环保制度；坚持落实各方责任，严格考核问责；坚持全民参与，推动节水洁水人人有责，形成“政府统领、企业施治、市场驱动、公众参与”的水污染防治新机制，实现环境效益、经济效益与社会效益多赢，为建设“蓝天常在、青山常在、绿水常在”的美丽中国而奋斗。

工作目标：到2020年，全国水环境质量得到阶段性改善，污染严重水体较大幅度减少，饮用水安全保障水平持续提升，地下水超采得到严格控制，地下水污染加剧趋势得到初步遏制，近岸海域环境质量稳中趋好，京津冀、长三角、珠三角等区域水生态环境状况有所好转。到2030年，力争全国水环境质量总体改善，水生态系统功能初步恢复。到本世纪中叶，生态环境质量全面改善，生态系统实现良性循环。

主要指标：到2020年，长江、黄河、珠江、松花江、淮河、海河、辽河等七大重点流域水质优良（达到或优于Ⅲ类）比例总体达到70%以上，地级及以上城市建成区黑臭水体均控制在10%以内，地级及以上城市集中式饮用水水源水质达到或优于Ⅲ类比例总体高于93%，全国地下水质量极差的比例控制在15%左右，近岸海域水质优良（一、二类）比例达到70%左右。京津冀区域丧失使用功能（劣于V类）的水体断面比例下降15个百分点左右，长三角、珠三角区域力争消除丧失使用功能的水体。

到2030年，全国七大重点流域水质优良比例总体达到75%以上，城市建成区黑臭水体总体得到消除，城市集中式饮用水水源水质达到或优于Ⅲ类比例总体为95%左右。

4月3日 党和国家领导人习近平、李克强、张德江、俞正声等参加首都义务植树活动。习近平强调，要积极调整产业结构，从见缝插绿、建设每一块绿地做起，从爱惜每滴水、节约每粒粮食做起，身体力行推动资源节约型、环境友好型社会建设，推动人与自然和谐发展。

4月9日 财政部、环境保护部印发《关于推进水污染防治领域政府和社会资本合作的实施意见》。总体目标：完善制度规范，优化机制设计；转变供给方式，改进管理模式；推进水污染防治，提高水环境质量。

4月10日 国家发展改革委召开全国发展改革系统资源节约和环境保护工作电视电话会议。国家发展改革委副主任张勇出席会议并讲话指出，2014年，全国发展改革（经信委）系统资源节约和环境保护工作围绕中心、服务大局，加快推进生态文明建设，强力推进节能减排，大力发展循环经济，加大环境保护力度，全国单位国内生产总值能耗降低4.8%，成为新常态下的新亮点。

张勇指出，2015年的环资工作，要全面落实党中央、国务院的决策部署，按照全国发展和改革工作会议的安排，明确目标任务，扎扎实实推进。一是加强生态文明制度创新。抓好《关于加快推进生态文明建设的意见》的贯彻实施，办好生态文明先行示范区。二是强力推进节能降耗，确保实现“十二五”节能目标任务。三是推动循环经济做大做强，加快推广典型模式，提高资源产出率。四是加快环境基础设施建设，治理突出环境问题，推广环境污染第三方治理，努力改善环境质量。五是大力发展节能环保产业，努力把节能环保产业打造成新的支柱产业。六是深入开展节能减排全民行动，推动形成勤俭节约、绿色低碳、文明健康的生活方式和消费模式。

北京市、河北省、上海市、江苏省、浙江省、福建省、山东省、贵州省发改委（经信委）有关负责同志作了交流发言。

4月13日 工业和信息化部节能与综合利用司在重庆组织召开工业绿色发展专项行动推进会暨部分省市工业节能与综合利用工作座谈会。会议在总结2014年以来工业节能与综合利用工作基础上，交流讨论了实施工业绿色发展专项行动、推进工业节能与综合利用的工作思路和重点举措，围绕“十三五”工业绿色发展规划编制、利用节能环保标准促进淘汰落后产能等进行了研讨。

4月14日 国家发展改革委发出《关于印发2015年循环经济推进计划的通知》（发改环资[2015]769号）。

《计划》明确提出“推动和引导回收模式创新，探索‘互联网+回收’的模式及路径，积极支持智能回收、自动回收机等新型回收方式发展。”鼓励利用互联网、大数据、物联网、信息管理公共平台等现代信息手段，开展信息采集、数据分析、流向监测，优化网点布局，实现线上回收线下物流的融合，搭建科学高效的逆向物流体系，推动企业自动化、精细化分拣技术装备升级。

《计划》要求以资源高效循环利用为核心，着力构建循环型产业体系，推动区域和社会层面循环经济发展；以推广循环经济典型模式为抓手，提升重点领域循环经济发展水平；大力传播循环经济理念，推行绿色生活方式；加强政策和制度供给，营造公开公平公正的政策和市场环境，进一步发挥循环经济在经济转型升级中的作用，努力完成“十二五”规划纲要提出的循环经济各项目标，以及《循环经济发展战略及近期行动计划》提出的目标任务。

《计划》要求加快构建循环型产业体系，主要涉及工业、农业、服务业以及园区和区域循环发展等领域的建设。将推动区域和社会层面循环经济发展，提升重点领域循环经济发展水平，同时结合稳增长需求，突出基建建设。如《计划》要求制定《促进生物质能供热发展的指导意见》，加快出台成型燃料、成型设备、生物质锅炉、工程建设和锅炉排放等标准，实施生物质成型燃料锅炉供热工程，在京津冀鲁、长三角、珠三角地区建设120个大型先进生物质锅炉供热项目，替代燃煤锅炉供热；在粮食主产区有序推进生物质热电联产，鼓励对常规生物质发电实行热电联产改造，到2015年年底热电联产机组容量超过100万千瓦。

在财税金融支持层面，《计划》要求研究完善《环境保护专用设备企业所得税优惠目录》、《节能节水专用设备企业所得税优惠目录》、《环境保护、节能节水项目企业所得税优惠目录》。推进调整完善资源综合利用产品及劳务增值税政策。同时，银行业金融机构对符合循环经济发展要求的企业和项目，加大资金支持力度；对不符合国家产业政策规定、市场准入标准、达不到国家环评和排放要求的企业和项目，严格限制任何形式的新增授信支持。鼓励引导银行业金融机构加大对循环经济相关领域技术改造等方面的信贷支持。加快研究绿色债券、市场化碳排放机制等正向激励的绿色金融政策。

《计划》首次将各项任务细化、分解落实到国务院各部门，责任明确。

4月15日 国家发展改革委、环境保护部、工业和信息化部发布新修编的《电力（燃煤发电企业）行业清洁生产评价指标体系》、《制浆造纸行业清洁生产评价指标体系》，制定了《稀土行业清洁生产评价指标体系》，于公布之日起施行。

4月15日 环境保护部公布国家《“十二五”主要污染物总量减排目标责任书》要求2015年完成的重点项目。

4月16日 《水污染防治行动计划》正式出台，明确取缔污染企业、专项整治造纸、印染、化工等重点行业；加快水价改革，完善污水处理费、排污费和水资源费等收费政策；健全税收政策；加大政府和社会投入，促进多元投资等多项内容。强调从全面控制污染物排放、推动经济结构转型升级、着力节约保护水资源、严格环境执法监管、强化公众参与和社会监督等十个方面开展防治行动。

4月20日 农业部和国家发展改革委在北京联合举办规模化沼气工程培训班。2015年中央预算内投资将支持建设日产沼气500立方米及以上的沼气工程，并支持日产生物天然气1万立方米以上的工程开展试点，预计年可新增沼气生产能力4.87亿立方米，处理150万吨农作物秸秆或800万吨畜禽鲜粪等农业有机废弃物。近年来，中央已累计安排农村沼气工程投资364亿元，开展户用沼气、服务网点、养殖小区和联户沼气，以及大中型沼气工程等建设。目前，全国沼气用户已达到4300万户，规模化沼气工程已发展到10万处。全国农村沼气年生产量可达160亿立方米，处理粪污、秸秆、生活垃圾近20亿吨，形成年节约2600多万吨标准煤的能力，减排二氧化碳6300多万吨，生产有机沼肥4亿多吨，为农民增收节支近500多亿元。随着城镇化的快速推进和农村牲畜养殖方式的变化，农村沼气工程亟须转型升级。

4月23日 工信部、国家发改委、科技部等六部委印发《关于开展水泥窑协同处置生活垃圾试点工作的通知》。

4月24日 全国政协在北京召开双周协商座谈会，就“推进京津冀协同发展中的大气污染防治”问题提出意见建议。全国政协主席俞正声主持会议并讲话。环境保护部副部长吴晓青、北京市政协主席吉林等参加座谈会并发言。

4月25日 中共中央、国务院印发《关于加快推进生态文明建设的意见》。这是第一个以党中央、国务院名义发布的生态文明建设纲领性文件，首提“绿色化”，昭示了我们党加强生态文明建设的坚强意志和坚定决心，是我国经济社会发展全方位绿色转型的最新概括和集中体现。

《意见》指导思想：坚持以人为本、依法推进，坚持节约资源和保护环境的基本国策，把生态文明建设放在突出的战略位置，融入经济建设、政治建设、文化建设、社会建设各方面和全过程，协同推进新型工业化、信息化、城镇化、农业现代化和绿色化，以健全生态文明制度体系为重点，优化国土空间开发格局，全面促进资源节约利用，加大自然生态系统和环境保护力度，大力推进绿色发展、循环发展、低碳发展，弘扬生态文化，倡导绿色生活，加快建设美丽中国，使蓝天常在、青山常在、绿水常在，实现中华民族永续发展。

主要目标：到2020年，资源节约型和环境友好型社会建设取得重大进展，主体功能区布局基本形成，经济发展质量和效益显著提高，生态文明主流价值观在全社会得到推行，生态文明建设水平与全面建成小康社会目标相适应。

——国土空间开发格局进一步优化。经济、人口布局向均衡方向发展，陆海空间开发强度、城市空间规模得到有效控制，城乡结构和空间布局明显优化。

——资源利用更加高效。单位国内生产总值二氧化碳排放强度比2005年下降40%—45%，能源消耗强度持续下

降，资源产出率大幅提高，用水总量力争控制在6700亿立方米以内，万元工业增加值用水量降低到65立方米以下，农田灌溉水有效利用系数提高到0.55以上，非化石能源占一次能源消费比重达到15%左右。

——生态环境质量总体改善。主要污染物排放总量继续减少，大气环境质量、重点流域和近岸海域水环境质量得到改善，重要江河湖泊水功能区水质达标率提高到80%以上，饮用水安全保障水平持续提升，土壤环境质量总体保持稳定，环境风险得到有效控制。森林覆盖率达到23%以上，草原综合植被覆盖度达到56%，湿地面积不低于8亿亩，50%以上可治理沙化土地得到治理，自然岸线保有率不低于35%，生物多样性丧失速度得到基本控制，全国生态系统稳定性明显增强。

——生态文明重大制度基本确立。基本形成源头预防、过程控制、损害赔偿、责任追究的生态文明制度体系，自然资源资产产权和用途管制、生态保护红线、生态保护补偿、生态环境保护管理体制等关键制度建设取得决定性成果。

《意见》包括9个部分共35条。包括总体要求；强化主体功能定位，优化国土空间开发格局；推动技术创新和结构调整，提高发展质量和效益；全面促进资源节约循环高效使用，推动利用方式根本转变；加大自然生态系统和环境保护力度，切实改善生态环境质量；健全生态文明制度体系；加强生态文明建设统计监测和执法监督；加快形成推进生态文明建设的良好社会风尚；切实加强组织领导。

主要内容概括起来就是“五位一体、五个坚持、四项任务、四项保障机制、十个重大制度”。

“五位一体”，就是围绕十八大关于“将生态文明建设融入经济、政治、文化、社会建设各方面和全过程”的要求，提出了具体的实现路径和融合方式。生态文明建设融入经济、政治、文化、社会建设各方面和全过程融入经济建设，就是要改变以GDP增长率论英雄的发展观，更加注重经济发展的质量和效益，使经济发展建立在资源能支撑、环境能容纳、生态受保护的基础上，与生态文明建设相协调。

“五个坚持”，就是坚持把节约优先、保护优先、自然恢复为主作为基本方针，坚持把绿色发展、循环发展、低碳发展作为基本途径，坚持把深化改革和创新驱动作为基本动力，坚持把培育生态文化作为重要支撑，坚持把重点突破和整体推进作为工作方式，将中央关于生态文明建设的总体要求明晰细化。

“四项任务”，就是明确了优化国土空间开发格局、加快技术创新和结构调整、促进资源节约循环高效利用、加大自然生态系统和环境保护力度等4个方面的重点任务。

“四项保障机制”，就是提出了健全生态文明制度体系、加强统计监测和执法监督、加快形成良好社会风尚、切实加强组织领导等4个方面的保障机制。

“十个重大制度”。《意见》按照源头预防、过程控制、损害赔偿、责任追究的“16字”整体思路，提出了严守资源环境生态红线、健全自然资源资产产权和用途管制制度、健全生态保护补偿机制、完善政绩考核和责任追究制度等10个方面的重大制度。《意见》特别明示问责制，各级党委、政府对本地区生态文明建设负总责，实行差别化的考核机制，要大幅增加资源、环境、生态等指标的考核权重，发挥好“指挥棒”的作用。对于造成资源环境生态严重破坏的领导干部，还要终身追责。同时，《意见》通篇体现了人人都是生态文明建设者的理念。无论是政府、企业或个人，都是生态文明的重要建设者，生产、生活过程中都应该自觉践行生态文明的要求，合理开发、利用、保护自然资源和生态环境，使生态文明建设成为人人有责、共建共享的过程。

4月27日　国家能源局印发《煤炭清洁高效利用行动计划（2015-2020年）》，按照源头治理、突出重点、高效转化、清洁利用的发展方针，坚持政府引导、企业主体、市场驱动、科技支撑、法律规范、社会参与的原则，加快发展高效燃煤发电和升级改造，实施燃煤锅炉提升工程，着力推动煤炭分级分质梯级利用，推进废弃物资源化综合利用，实现煤炭清洁高效利用。

主要任务和行动目标是：加强煤炭质量管理，加快先进的煤炭优质化加工、燃煤发电技术装备攻关及产业化应用，稳步推进相关产业升级示范，建立政策引导与市场推动相结合的煤炭清洁高效利用推进机制，构建清洁、高效、低碳、安全、可持续的现代煤炭清洁利用体系。主要目标：全国新建燃煤发电机组平均供电煤耗低于300克标准煤/千瓦时；到2017年，全国原煤入选率达到70%以上；现代煤化工产业化示范取得初步成效，燃煤工业锅炉平均运行效率比2013年提高5个百分点。到2020年，原煤入选率达到80%以上；现役燃煤发电机组改造后平均供电煤耗低于310克/千瓦时，电煤占煤炭消费比重提高到60%以上；现代煤化工产业化示范取得阶段性成果，形成更加完整的自主技术和装备体系；燃煤工业锅炉平均运行效率比2013年提高8个百分点；稳步推进煤炭优质化加工、分质分级梯级利用、煤矿废弃物资源化利用等的示范，建设一批煤炭清洁高效利用示范工程项目。

4月　农业部印发《2015年农村沼气工程转型升级工作方案》。《方案》提出，2015年中央预算内投资将支持建设日产沼气500立方米以上的规模化大型沼气工程，开展日产生物天然气1万立方米以上的工程试点，预计年可新增沼气生产能力4.87亿立方米，处理150万吨农作物秸秆或800万吨畜禽鲜粪等农业有机废弃物。同时鼓励各地利用地方资金开展中小型沼气工程、户用沼气、沼气服务体系建设。

五月

5月6日　工业和信息化部办公厅《关于开展国家资源再生利用重大示范工程建设的通知》（工信厅节函〔2015〕322号），明确示范项目选择范围：废钢铁、废有色金属、废旧轮胎、废塑料、废油、废旧纺织品、建筑废弃物、废弃电器电子产品、报废汽车等资源再生利用；规模效应突出。废钢铁加工类示范工程规模不小于20万吨/年，废有色金属再生类示范工程规模不小于10万吨/年，废塑料、废旧轮胎综合利用类示范工程规模不小于10万吨/年，其他产业类示范工程规模不小于5万吨/年。

5月7日　工业和信息化部发出《关于印发《工业清洁生产审核规范》和《工业清洁生产实施效果评估规范》的通知》（工信部节〔2015〕154号），印发《工业清洁生产审核规范》和《工业清洁生产实施效果评估规范》。

5月7日　《工业清洁生产实施效果评估规范》印发。

5月7日　国家发展改革委、教育部、科技部、工业和信息化部、环保部等14个部委和团体发出《关于2015年全国节能宣传周和全国低碳日活动的通知》，决定今年6月13日至19日为全国节能宣传周，6月15日为全国低碳日。今年全国节能宣传周活动的主题是“节能有道　节俭有德”。全国低碳日活动主题为“低碳城市　宜居可持续”。全国低碳日期间，国家发展和改革委员会将会同有关单位举办系列宣传活动。要高度重视相关活动组织安排，动员社会各界广泛开展主题宣传活动，普及应对气候变化知识，宣传低碳发展理念，提高公众应对气候变化和低碳意识，在低碳日掀起减碳活动高潮。

5月7日　由中国钢铁工业协会、中国废钢铁应用协会主办的第八届中国金属循环应用国际研讨会在青岛市召开。面对经济发展进入新常态和加快推动工业绿色发展的新要求，工业和信息化部将积极发挥市场配置资源的决定性作用和政府的引导作用，以行业规范、重大示范工程、税收等经济手段为牵引，努力规范再生资源行业管理，推广应用再生资源综合利用先进适用技术装备，加强体制机制创新，加快提升产业技术装备水平，推动废金属等再生资源综合利用产业规范化、专业化、规模化发展，为缓解资源瓶颈和减轻环境污染作出新的贡献。

5月8日　国务院印发我国实施制造强国战略第一个十年的行动纲领《中国制造2025》，强调“全面推行绿色制造”，绿色发展。坚持把可持续发展作为建设制造强国的重要着力点，加强节能环保技术、工艺、装备推广应用，全面推行清洁生产。发展循环经济，提高资源回收利用效率，构建绿色制造体系，走生态文明的发展道路。。

加大先进节能环保技术、工艺和装备的研发力度，加快制造业绿色改造升级；积极推行低碳化、循环化和集约化，提高制造业资源利用效率；强化产品全生命周期绿色管理，努力构建高效、清洁、低碳、循环的绿色制造体系。

《中国制造2025》提出，加快制造业绿色改造升级。全面推进钢铁、有色、化工、建材、轻工、印染等传统制造业绿色改造，大力研发推广余热余压回收、水循环利用、重金属污染减量化、有毒有害原料替代、废渣资源化、脱硫脱硝除尘等绿色工艺技术装备，加快应用清洁高效铸造、锻压、焊接、表面处理、切削等加工工艺，实现绿色生产。加强绿色产品研发应用，推广轻量化、低功耗、易回收等技术工艺，持续提升电机、锅炉、内燃机及电器等终端用能产品能效水平，加快淘汰落后机电产品和技术。积极引领新兴产业高起点绿色发展，大幅降低电子信息产品生产、使用能耗及限用物质含量，建设绿色数据中心和绿色基站，大力促进新材料、新能源、高端装备、生物产业绿色低碳发展。

《中国制造2025》提出，推进资源高效循环利用。支持企业强化技术创新和管理，增强绿色精益制造能力，大幅降低能耗、物耗和水耗水平。持续提高绿色低碳能源使用比率，开展工业园区和企业分布式绿色智能微电网建设，控制和削减化石能源消费量。全面推行循环生产方式，促进企业、园区、行业间链接共生、原料互供、资源共享。推进资源再生利用产业规范化、规模化发展，强化技术装备支撑，提高大宗工业固体废弃物、废旧金属、废弃电器电子产品等综合利用水平。大力发展再制造产业，实施高端再制造、智能再制造、在役再制造，推进产品认定，促进再制造产业持续健康发展。

《中国制造2025》提出，积极构建绿色制造体系。支持企业开发绿色产品，推行生态设计，显著提升产品节能环保低碳水平，引导绿色生产和绿色消费。建设绿色工厂，实现厂房集约化、原料无害化、生产洁净化、废物资源化、能源低碳化。发展绿色园区，推进工业园区产业耦合，实现近零排放。打造绿色供应链，加快建立以资源节约、环境友好为导向的采购、生产、营销、回收及物流体系，落实生产者责任延伸制度。壮大绿色企业，支持企业实施绿色战略、绿色标准、绿色管理和绿色生产。强化绿色监管，健全节能环保法规、标准体系，加强节能环保监察，推行企业社会责任报告制度，开展绿色评价。

5月8日　国务院发出《深化经济体制改革重点工作意见的通知》（国发〔2015〕26号）。《通知》第三十六条提出，出台加快推进生态文明建设的意见，制定生态文明体制改革总体方案。出台生态文明建设目标体系，建立生态文明建设评价指标体系。深入推进生态文明先行示范区和生态文明建设示范区建设。加快划定生态保护红线。加强主体功能区建设，完善土地、农业等相关配套制度，建立国土空间开发保护制度。启动生态保护与建设示范区创建。建立资源环境承载能力监测预警机制，完善监测预警方法并开展试点。开展市县“多规合一”试点。在9个省份开展国家公园体制试点。研究建立矿产资源国家权益金制度。加快推进自然生态空间统一确权登记，逐步健全自然资源资产产权制度。

《通知》第三十七条提出，强化节能节地节水、环境、技术、安全等市场准入标准，制订或修改50项左右节能标准。修订固定资产投资项目节能评估和审查暂行办法。调整全国工业用地出让最低价标准。实施能效领跑者制度，发布领跑者名单。修订重点行业清洁生产评价指标体系。

《通知》第三十八条提出，扎实推进以环境质量改善为核心的环境保护管理制度改革。编制实施土壤污染防治行动计划。实施大气污染防治行动计划和水污染防治行动计划。建立重点地区重污染天气预警预报机制。研究提出“十三五”污染物排放总量控制方案思路。研究制定排污许可证管理办法，推行排污许可制度。完善主要污染物排污权核定办法，推进排污权有偿使用和交易试点。开展国土江河综合整治试点，扩大流域上下游横向补偿机制试点。修订建设项目环境保护管理条例。推行环境污染第三方治理。扩大碳排放权交易试点。

5月9日　由中国有色金属工业协会再生金属分会主办的中国再生金属2015年沂蒙山高峰论坛在山东省临沂市召开。工业和信息化部节能司负责人称，为加快推进再生有色金属等再生资源综合利用产业规范化、专业化、规模化发展，重点开展以下几方面工作：一是大力发展绿色再生资源产业，在对废钢铁、废有色、废旧轮胎、废塑料、废油、废电子电器、废旧汽车等重点再生资源进行专题研究基础上，研究制定《再生资源综合利用指导意见》；二是继续推进再生铜、再生铝、再生铅行业准入管理，及时修订和整合相关规范条件，发布准入企业名单，促进行业规范发展；三是研究制定《再生有色金属产业“十三五”推进计划》，加快先进适用技术推广应用，加强行业共性关键技术装备研发，提升产业技术装备水平；四是围绕废有色金属、废钢铁等主要再生资源，开展再生资源综合利用重大示范工程，探索再生资源综合利用新机制、新模式；五是进一步加强与财政、税务等部门沟通协调，积极参与税收优惠政策调整过程，争取产业政策与财税政策有机衔接，为产业绿色循环低碳发展提供政策支持。

5月12日　国家发展和改革委员会、环境保护部、科学技术部、工业和信息化部、财政部、商务部 、国家统计局发布2015年 第11号公告，公布通过国家循环经济试点示范单位验收的单位名单（第二批）和不通过验收的单位名单。66家试点单位通过或原则通过，26家未予通过。

通过试点验收的单位，可继续享受试点单位在投资、金融等方面的政策，并将在组织开展循环经济“十百千”示范行动中同等条件下优先考虑。未通过试点验收的单位，不再享受试点单位的相关政策，不得再以国家循环经济试点单位名义开展工作，公告印发后的两年内不得申请国家循环经济领域的相关示范试点和项目。

5月12日　环境保护部有关负责人日前通报，环境保护部制定并会同国家质检总局发布了《石油炼制工业污染物排放标准》(GB31570-2015)、《石油化学工业污染物排放标准》(GB31571-2015)、《合成树脂工业污染物排放标准》(GB31572-2015)、《无机化学工业污染物排放标准》(GB 31573-2015)、《再生铜、铝、铅、锌工业污染物排放标准》(GB31573-2015)和《火葬场大气污染物排放标准》(GB13801-2015)等6项国家大气污染物排放标准。至此，“大气十条”要求制定大气污染物特别排放限值的25项重点行业排放标准已全部完成。实施这6项标准可以大幅削减颗粒物(PM)、氮氧化物(NOx)、二氧化硫(SO2)、挥发性有机物(VOC)、重金属等污染物排放，促进行业技术进步和环境空气质量改善，有效防控环境风险。

5月12日　财政部发出《关于印发《节能减排补助资金管理暂行办法》的通知》（财建[2015]161号）。

5月13日　国家发展和改革委员会副主任张勇主持召开国务院节能减排工作领导小组联络员会议，通报《中共中央国务院关于加快推进生态文明建设的意见》有关情况，讨论《意见》部门分工方案，总结2014年节能减排工作，研究做好2015年工作。国务院节能减排工作领导小组联络员和中组部、中宣部等部门负责生态文明建设有关司局的人员参加了会议。

张勇就做好2015年工作提出要求：一是齐心协力，共同抓好《意见》贯彻落实工作。二是认真落实《2014-2015年节能减排低碳发展行动方案》，确保完成“十二五”节能减排约束性目标。三是加快节能减排重点工程建设，发挥对稳增长的促进作用。四是深化改革和简政放权，创新节能减排工作方式。五是组织好第25个全国节能宣传周工作。六是统筹谋划“十三五”，做好生态文明建设和节能减排重大问题研究。

5月13日　工业和信息化部办公厅发出《关于开展国家资源再生利用重大示范工程建设的通知》（工信厅节函〔2015〕322号），为贯彻落实2015年工业转型升级行动计划总体部署，培育新的经济增长点，加快再生资源产业先进适用技术与产品推广应用，探索再生资源产业发展新机制、新模式，充分发挥示范工程引领带动作用，提高再生资源行业整体水平，决定组织开展一批资源再生利用重大示范工程建设。示范项目选择范围：废钢铁、废有色金属、废旧轮胎、废塑料、废油、废旧纺织品、建筑废弃物、废弃电器电子产品、报废汽车等资源再生利用。各省市上报示范工程数量原则上不超过3项（类型不重复）。

5月14日　环境保护部在京召开座谈会，学习贯彻习近平总书记关于生态文明建设和环境保护的重要讲话精神以及《中共中央国务院关于加快推进生态文明建设的意见》。环境保护部部长陈吉宁出席会议强调，要深入开展生态文明示范建设，努力推动绿色转型和发展，争当绿水青山就是金山银山的引领者、践行者。

陈吉宁指出，生态省建设是“绿水青山就是金山银山”理念的生动实践。2000年，国务院印发的《全国生态环境保护纲要》提出生态省建设，环境保护部大力推动，各地积极响应。到目前为止，全国有福建、浙江、辽宁、天津、海南、吉林、黑龙江、山东、安徽、江苏、河北、广西、四川、山西、河南、湖北等16个省正在开展生态省建设，超过1000多个市、县、区在推进生态省建设的细胞工程，大力开展生态市县建设。92个地区取得了生态市县的阶段性成果，获得了命名，建成了4596个生态乡镇，涌现了一批经济社会环境协调发展的先进典型。

5月19日　中共中央政治局常委、国务院副总理张高丽19日出席在北京召开的京津冀及周边地区大气污染防治协作机制第四次会议并讲话。中共中央政治局委员、北京市委书记郭金龙主持会议。

张高丽强调，要认真学习贯彻习近平总书记关于生态文明建设的重要讲话和指示精神，学习李克强总理重要指示要求，按照党中央、国务院决策部署，加强协作、联防联控，在推动京津冀协同发展中有效治理大气污染。要坚决落实《京津冀协同发展规划纲要》，在生态环保等领域率先取得突破。全力推进燃煤控制，一手抓煤炭减量，一手抓散煤替代，强化煤炭清洁化利用。加强重点行业综合治理，大力压减过剩产能，积极推动燃煤电厂超低排放改造，大力开展工业企业挥发性有机物综合整治。强化机动车船污染控制，保持黄标车淘汰高压态势，加快油品升级进程，鼓励使用新能源汽车，开展港口应用清洁能源试点示范。加强面源污染控制，强化扬尘管控，推进秸秆综合利用。要做好重污染天气应对，建立区域应急联动机制。

5月19日　工信部节能与综合利用司在北京分别组织召开了建材、装备制造行业“十三五”节能减排与绿色发展思路座谈会。围绕相关行业目前存在的主要问题及下一步节能减排与绿色发展思路进行了座谈交流。节能与综合利用司司长高云虎提出,在资源、能源、环境约束趋紧、经济进入新常态的形势下，要进一步加强各行业节能减排与绿色发展等重大问题研究，加快提升行业节能减排技术创新能力，全面推行绿色制造，把《中国制造2025》提出的绿色发展战略落到实处。

5月21～22日　工信部节能与综合利用司在北京分别组织召开了有色、轻工、造纸、石化化工行业“十三五”节能减排与绿色发展思路座谈会。相关科研院所、行业协会、学会的专家和部分企业负责人参加会议。会议在分析总结行业近期发展态势的基础上，重点围绕当前存在的主要问题和下一步节能减排与绿色发展思路进行了座谈交流。座谈会强调，在当前资源能源、环境约束趋紧、经济进入新常态的形势下，要深刻领会、认真落实《关于加快推进生态文明建设的意见》，抓紧实施《中国制造2025》，加快构建高效、清洁、低碳、循环的绿色制造体系。

5月21日　环境保护部部长陈吉宁主持召开环境保护部常务会议，审议并原则通过环境保护部落实《〈政府工作报告〉重点工作部门分工的意见》实施方案，听取2015年1至4月预算执行情况、《全国生态环境十年变化（2000-2010年）调查评估报告》、2014年主要污染物总量减排考核情况的汇报。

同日，环境保护部公布《废弃电器电子产品拆解处理情况审核工作指南（2015年版）》，自2015年7月1日起施行。《废弃电器电子产品处理企业补贴审核指南》（环境保护部公告2010年第83号）同时废止。

5月27日　美丽乡村建设国家标准发布会在北京召开。国家质检总局党组成员、国家标准委主任田世宏、农业部美丽乡村创建办公室负责人等出席会议并讲话。国家标准《美丽乡村建设指南》由农业部科技教育司等9家单位联合起草，以“规划科学、生产发展、生活宽裕、乡风文明、村容整洁、管理民主，宜居、宜业的可持续发展”为主要目标，突出普适性、指导性、引领性、实用性、兼容性等特点，统筹考虑各地需求，对美丽乡村建设的基本要素进行了规范，标准内容体现了“美丽乡村村民建、建设成果村民享”的核心理念，着力打造美丽乡村的生态美、生活美、生产美和行为美。

农业部已制定了《农业部“美丽乡村”创建目标体系》，确定了1100个国家级美丽乡村创建试点乡村，整合各种政策项目资源，因地制宜推进具体创建工作。推出美丽乡村创建十大模式，开展了理论、政策、技术等相关研究，承担了第四批全国干部学习培训教材《建设美丽中国》的起草组织和具体编写工作。同时搭建了美丽乡村博览会、“中国万峰林美丽乡村峰会”等美丽乡村交流平台,开展了“中国美丽乡村快乐行”等系列活动，有力推动全国形成了美丽乡村创建热潮。下一步，农业部将以《美丽乡村建设指南》的发布为契机，引导各地按照《指南》的要求高标准谋划美丽乡村建设,组织相关专家学者以《指南》为蓝本制定地方实施细则,把《指南》作为下一步美丽乡村创建试点乡村遴选、确认和评价的主要依据。

5月27日　中共中央总书记、国家主席习近平在浙江召开华东7省市党委主要负责同志座谈会上讲话指出，协调发展、绿色发展既是理念又是举措，务必政策到位、落实到位。要采取有力措施促进区域协调发展、城乡协调发展，加快欠发达地区发展，积极推进城乡发展一体化和城乡基本公共服务均等化。要科学布局生产空间、生活空间、生态空间，扎实推进生态环境保护，让良好生态环境成为人民生活质量的增长点，成为展现我国良好形象的发力点。

5月28日　环境保护部在北京召开水污染防治工作座谈会。环境保护部部长陈吉宁参加会议并讲话。

六月

6月1日　工业和信息化部印发《汽车有害物质和可回收利用率管理要求》。汽车生产企业作为污染控制的责任主体，应积极开展生态设计，遵循易拆解性和可回收利用性的设计原则，采用合理的结构和功能设计，选择无毒无害或低毒低害的绿色环保材料和易于拆解、利用的部件，应用资源利用效率高、环境污染小、易于回收利用的绿色制造技术；积极构建绿色供应链，在全产业链控制有害物质使用、落实材料标识要求。

6月3日 国务院新闻办举行吹风会，请国家发展改革委经济体制与管理研究所循环经济研究室主任杨春平，国土资源部土地勘测规划院院长助理张晓玲，国家林业局经济发展研究中心主任王焕良，北京大学城市与环境学院教授王学军介绍生态文明建设有关情况，并答记者问。

6月16～18日 中共中央总书记、国家主席习近平考察贵州时指出，要正确处理发展和生态环境保护的关系，在生态文明建设体制机制改革方面先行先试，把提出的行动计划扎扎实实落实到行动上，实现发展和生态环境保护协同推进。

6月16日 “中纺圆桌•资源再利用论坛”在上海举办。此次论坛主题为“旧衣零抛弃现状与实现途径”，总结交流废旧纺织品回收与再利用工作经验，深入探讨废旧纺织品回收与再利用在体制、政策、法律、技术、标准和市场开拓等方面存在的问题，提出解决困扰废旧纺织品行业发展难题，厘清梳理行业发展方向。具体议题包括：废旧纺织品法律、体制和政策问题、回收分拣体系的建立与运营、综合利用技术经济路线、互联网与旧衣产业、公益与产业共赢。

论坛期间，发布了《旧衣零抛弃—2014/2015我国废旧纺织品回收与再利用研究报告》白皮书；针对废旧纺织品综合利用标准框架修订工作，参会代表进行了深入交流与探讨，并期望有所突破。

6月18日 国家发展改革委召开全国发展改革系统加快推进生态文明建设电视电话会议，深入贯彻落实《中共中央国务院关于加快推进生态文明建设的意见》精神，对全国发展改革系统生态文明建设工作进行动员部署。国家发展改革委主任徐绍史出席会议并讲话，副主任张勇主持会议。

会议认为，生态文明建设是党中央、国务院作出的重大战略决策，是认识、适应和引领经济发展新常态、满足人民群众对良好生态环境期待的重大举措。发展改革系统要充分认识加快推进生态文明建设的极端重要性和紧迫性，切实增强责任感和使命感，从战略和全局的高度全力推进。

会议指出，中发[2015]12号文件是落实中央生态文明建设顶层设计和总体部署的路线图和时间表，要准确把握文件的精神实质和主要内容，按照中国特色社会主义事业“五位一体”的要求，突出把绿色化作为推进现代化建设的重要取向，加快推动生产方式、生活方式绿色化，加快培育生态文明主流价值观，加快健全系统完整的生态文明制度体系。

会议强调，生态文明建设是一项全面而系统的工程，是一场全方位、系统性的绿色变革，必须人人有责、共建共享。发展改革部门要重点做好八个方面的工作：一是抓紧制定实施方案。二是推进重点制度改革。三是推动重点任务落实。四是做好与“十三五”规划的衔接。五是发挥对稳增长的促进作用。六是积极开展先行先试。七是形成工作合力。八是着力营造舆论氛围。

会上，青海省、江西省、贵州省发展改革委和浙江省湖州市人民政府负责同志作了会议发言，交流了本地区生态文明建设探索实践有关情况。

6月24日 国家发展改革委副主任张勇主持召开座谈会，就上半年节能减排及节能环保产业发展形势，听取了部分地方发改（经信）委负责同志、有关行业协会和企业代表的情况介绍及意见建议，并和与会同志进行了深入交流。座谈会上，与会同志围绕今年及“十二五”节能减排目标完成情况，节能环保产业发展情况，当前节能减排工作中热点和苗头性、倾向性问题，简政放权放管结合强化监管过程中出现的新情况，进行了讨论发言，提出了政策建议，并对深入推进生态文明建设、“十三五”节能减排和节能环保产业发展工作积极建言献策。

张勇在讲话中强调，节能减排工作面临的各种主观、客观上的有利因素和制约因素，积极探索、尊重规律、因势利导、精准施策，既要加大当前工作力度，又要立足长远科学谋划，持之以恒，久久为功。一是坚持不懈抓好节能减排工作。二是坚持深化改革、放管结合，创新节能减排工作方式。三是统筹谋划好“十三五”各项工作。四是做好半年形势分析。

6月25日 国家发展改革委、财政部联合批复了浙江省丽水经济技术开发区、贵州红果经济开发区等25家2015年园区循环化改造示范试点园区，江苏戴南科技园区、江西省丰城市资源循环利用产业基地等4家第六批国家“城市矿产”示范基地；国家发展改革委、财政部、住房城乡建设部联合批复了天津市和平区 、内蒙古自治区乌海市等17家第五批餐厨废弃物资源化利用和无害化处理试点城市。

开展园区循环化改造示范试点、国家“城市矿产”示范基地建设和餐厨废弃物资源化利用和无害化处理试点，是国家“十二五”规划纲要和《循环经济发展战略及近期行动计划》确定的循环经济重大工程。截至目前，国家发展改革委会同有关部门已经累计确定了五批100个园区循环化改造示范试点园区、六批49个国家“城市矿产”示范基地和五批100个餐厨废弃物资源化利用和无害化处理试点城市（区），基本完成了“十二五”确定的目标任务。

6月27日 以“走向生态文明新时代——新议程、新常态、新行动”为主题的生态文明贵阳国际论坛2015年年会在贵阳隆重开幕。中共中央书记处书记、全国政协副主席杜青林出席开幕式并作主旨演讲。原国务委员戴秉国，全国政协原副主席张怀西出席开幕式。省委书记、省人大常委会主任赵克志致辞。爱尔兰前总理伯蒂•埃亨，巴基斯坦前总理肖卡特•阿齐兹，瑞士联邦环境署署长布鲁诺•奥伯勒，韩国政府统一部前部长柳佑益，中国科学院院长白春礼，海南省委副书记、省长刘赐贵，省委副书记、省长陈敏尔先后发表演讲。来自全球50多个国家和地区的2500多位嘉宾参会。

本届年会设置30个左右的主题论坛，涵盖全球应对气候变化与生态安全、绿色丝绸之路、中瑞对话、构建可持续金融体系、现代生态农业的制度基础与商业模式创新、青年企业领袖等，并拟设置绿色金融与产业转型升级、气候变化与可持续发展目标、绿色丝绸之路与生态城镇化三场高层论坛。全球政、商、学界的精英深入交流了全球新议程下的绿色增长与国际合作，探讨如何改善可持续发展的全球治理体系，为建设美丽中国献计献策。

杜青林传达了习近平总书记关于办好本届论坛年会的重要讲话。习近平总书记指出,生态文明贵阳国际论坛是以生态文明为主题的国家级国际性论坛。要继续办好这个论坛,深化同国际社会在生态环境保护、应对气候变化等领域的交流合作。

杜青林说,本届年会以“走向生态文明新时代:新议程、新常态、新行动”为主题,完全契合现实的需求和未来的方向,凝聚了国际社会对生态文明建设的共同关注和历史责任,具有十分重要的意义。杜青林强调,要以对人民群众、对子孙后代高度负责的态度和责任,追求生态文明,切实推进绿色化,奋力走上一条既要金山银山、更要绿水青山的康庄大道。一要坚持走新型工业化道路,实现发展方式绿色化。二要坚持走新型城镇化道路,实现生存空间绿色化。三要坚持生态建设和环境保护,实现生态环境绿色化。四要坚持凝聚生态共识和行动,实现生活方式绿色化。五要坚持加强国际合作,共同实现绿色化。

生态文明贵阳国际论坛还启动一系列新行动，包括：初步建立非正式的富有影响力的政策制定者、学者和企业家的沟通协调机制，启动自然资本核算体系和评估体系的研究，探索启动绿色转型产业基金，启动绿色债券和绿色银行试点；探讨成立生态文明研究院；启动建立生态红线制度，发布《全球可持续能源竞争力报告》，启动绿色城镇化评选，动员公众参与生态文明建设等。

本届年会还将首次以论坛名义发布了“全球可持续能源竞争力报告”、“构建中国绿色金融体系的建议报告”和“国家公园管理标准建议”。会议发布了2015《贵阳共识》。

6月27日　由冶金工业规划研究院主办的2015（第六届）中国钢铁节能减排论坛在北京举办。与会专家指出，我国钢铁行业发布的新标准属于世界上最严格的标准，只有切实转变观念，将我国钢铁工业绿色发展融入到生态文明建设大局中，实施全面系统的绿色升级，实现与社会和谐共融，才是全面提升中国钢铁工业综合竞争力的希望和出路。

6月29日　工业和信息化部、财政部、商务部、科技部印发《关于开展电器电子产品生产者责任延伸试点工作通知》，组织开展生产者责任延伸制度试点工作。

试点工作主要目标：通过3年试点，树立一批生产者责任延伸标杆企业，培育一批包括行业组织在内的第三方机构，扶持若干技术、检测认证及信息服务等支撑机构，形成适合不同电器电子产品特点的生产者责任延伸模式。在总结试点经验的基础上，探索建立电器电子产品生产者责任延伸综合管理体系、技术支撑体系和服务评价体系。试点内容包括建立回收体系、推动资源化利用、开展协同创新等。

生产者责任延伸制度的核心是通过引导产品生产者承担产品废弃后的回收和资源化利用责任，激励生产者推行产品源头控制、绿色生产，从而在产品全生命周期中最大限度提升资源利用效率，减少污染物产生和排放。开展电器电子产品生产者责任延伸试点对提升生产者的社会责任意识，提供更多生态产品，促进生态文明建设具有重要意义。

6月30日　由中国水利企业协会脱盐分会举办的“工业节水治污技术交流研讨会”在青岛召开。会上，“中国工业节能与清洁生产协会节水与水处理分会”宣布成立，青岛海尔集团、江苏净水协会等50余家企业和科研单位组织成立了全国净水行业产业联盟。工业和信息化部节能与综合利用司高云虎司长出席会议并做了主题为“推进工业清洁高效用水，打造绿色竞争新优势”的报告。为落实党中央国务院《关于加快推进生态文明建设的意见》和《中国制造2025》等一系列战略部署，下一步将重点从五个方面推进工业节水工作：一是继续完善节水政策机制。二是实施水效标准提升计划。三是开展节水治污绿色化改造示范。四是加强机制模式创新。

六月　为探索工业发展与节能减排相互促进、互利共赢的绿色转型模式与路径，工业和信息化部在全国筛选了一批重化工业特征明显、地方政府积极性高、有一定工作基础的地级市，启动了区域工业绿色转型发展试点工作。经过一年多的努力，目前，湖北黄石、安徽铜陵、江西鹰潭、山西朔州、内蒙古包头、辽宁鞍山、河南济源、河北张家口、四川攀枝花、甘肃兰州、江苏镇江等11个区域工业绿色转型发展试点实施方案已全部批复。

绿色转型发展试点工作以地方为主体，通过完善政策配套体系、加强机制模式创新、强化监管执法等，推动存量优化提升和增量升级带动，力争通过3年左右的努力，在资源能源利用效率、污染排放水平、工业结构调整等领域取得突破性进展，在全国率先实现工业绿色转型发展，探索建立具有推广意义的转型路径和模式。工业和信息化部将整合资源、搭建平台，加大对试点城市的政策支持，组织开展院士专家行、专项技术推广等活动，为试点城区提供支撑和服务。同时将会同省级工业和信息化主管部门与试点城市积极探索推进规模化节能减排技术改造、培育节能环保产业、加强金融与产业融合等工作。

七月

7月1日 据新华社消息，中共中央总书记、国家主席、中央军委主席、中央全面深化改革领导小组组长习近平7月1日下午主持召开中央全面深化改革领导小组第十四次会议并发表重要讲话。中共中央政治局常委、中央全面深化改革领导小组副组长刘云山、张高丽出席会议。

会议审议通过了《环境保护督察方案（试行）》、《生态环境监测网络建设方案》、《关于开展领导干部自然资源资产离任审计的试点方案》、《党政领导干部生态环境损害责任追究办法（试行）》。

会议强调，现在，我国发展已经到了必须加快推进生态文明建设的阶段。生态文明建设是加快转变经济发展方式、实现绿色发展的必然要求。要立足我国基本国情和发展新的阶段性特征，以建设美丽中国为目标，以解决生态环境领域突出问题为导向，明确生态文明体制改革必须坚持的指导思想、基本理念、重要原则、总体目标，提出改革任务和举措，为生态文明建设提供体制机制保障。深化生态文明体制改革，关键是要发挥制度的引导、规制、激励、约束等功能，规范各类开发、利用、保护行为，让保护者受益、让损害者受罚。

会议指出，建立环保督察工作机制是建设生态文明的重要抓手，对严格落实环境保护主体责任、完善领导干部目标责任考核制度、追究领导责任和监管责任，具有重要意义。要明确督察的重点对象、重点内容、进度安排、组织形式和实施办法。要把环境问题突出、重大环境事件频发、环境保护责任落实不力的地方作为先期督察对象，近期要把大气、水、土壤污染防治和推进生态文明建设作为重中之重，重点督察贯彻党中央决策部署、解决突出环境问题、落实环境保护主体责任的情况。要强化环境保护“党政同责”和“一岗双责”的要求，对问题突出的地方追究有关单位和个人责任。

会议强调，完善生态环境监测网络，关键是要通过全面设点、全国联网、自动预警、依法追责，形成政府主导、部门协同、社会参与、公众监督的新格局，为环境保护提供科学依据。要围绕影响生态环境监测网络建设的突出问题，强化监测质量监管，落实政府、企业、社会的责任和权利。要依靠科技创新和技术进步，提高生态环境监测立体化、自动化、智能化水平，推进全国生态环境监测数据联网共享，开展生态环境监测大数据分析，实现生态环境监测和监管有效联动。

会议指出，开展领导干部自然资源资产离任审计试点，主要目标是探索并逐步形成一套比较成熟、符合实际的审计规范，明确审计对象、审计内容、审计评价标准、审计责任界定、审计结果运用等，推动领导干部守法守纪、守规尽责，促进自然资源资产节约集约利用和生态环境安全。要紧紧围绕领导干部责任，积极探索离任审计与任中审计、与领导干部经济责任审计以及其他专业审计相结合的组织形式，发挥好审计监督作用。

会议强调，生态环境保护能否落到实处，关键在领导干部。要坚持依法依规、客观公正、科学认定、权责一致、终身追究的原则，围绕落实严守资源消耗上限、环境质量底线、生态保护红线的要求，针对决策、执行、监管中的责任，明确各级领导干部责任追究情形。对造成生态环境损害负有责任的领导干部，不论是否已调离、提拔或者退休，都必须严肃追责。各级党委和政府要切实重视、加强领导，纪检监察机关、组织部门和政府有关监管部门要各尽其责、形成合力。

7月1日 国务院发出《关于积极推进“互联网+”行动的指导意见》（国发〔2015〕40号），重点提出互联网＋与传统工业、农业、生活服务、环保、人工智能等11大领域的结合。

《指导意见》提出了两个重要的时间节点，即到2018年，互联网与经济社会各领域的融合发展进一步深化，基于互联网的新业态成为新的经济增长动力，互联网支撑大众创业、万众创新的作用进一步增强，互联网成为提供公共服务的重要手段，网络经济与实体经济协同互动的发展格局基本形成。到2025年，"互联网＋"新经济形态初步形成，"互联网＋"成为我国经济社会创新发展的重要驱动力量。

《指导意见》围绕转型升级任务迫切、融合创新特点明显、人民群众最关心的领域，提出了11个具体行动:十是"互联网＋"绿色生态，推动互联网与生态文明建设深度融合，加强资源环境动态监测，实现生态环境数据互联互通和开放共享。

7月2日 工信部节能与综合利用司在北京组织召开“十三五”工业资源综合利用发展思路座谈会。会议在分析总结“十二五”期间行业发展态势基础上，重点围绕当前存在的主要问题和“十三五”工业资源综合利用发展思路进行了座谈交流。座谈会强调，“十三五”期间，要大力规范工业资源综合利用行业市场秩序，支持和鼓励企业加强先进技术装备研发与推广应用，创新企业发展模式，积极研究制定相关配套政策，努力推动行业健康可持续发展。

7月2日 “十三五”国家废物资源化重点专项设计思路及动议方案座谈会在江苏理工学院召开。与会专家就废物资源化领域重点专项的立意高度、主要内容和实施步骤等进行了深入探讨。

7月3日 工信部印发《京津冀及周边地区工业资源综合利用产业协同发展行动计划(2015-2017年)》（工信部节〔2015〕229号）。

《行动计划》主要目标：力争到2017年，建设10个工业固体废物综合利用协同发展示范基地，15个再生资源综合利用协同发展示范园区，50个能够支撑京津冀及周边地区工业资源综合利用协同发展格局的重点示范项目(具体园区和示范项目见附表)，培育30家龙头企业，建设一批工业资源综合利用技术创新平台，形成跨区域工业资源综合利用协同发展新模式，建成全国工业资源综合利用协同创新发展的先行示范区。实现年消纳工业固体废物4亿吨，加工利用再生资源2000万吨，总产值达到2200亿元，年减少二氧化碳排放400万吨，减少细颗粒物排放2000吨，减少化学需氧量7000吨，节水7000万立方米，减排氨氮及其他水体污染物3000吨，减少京津冀及周边地区植被破坏和土地占用5万亩。

7月6日 商务部发布《中国再生资源回收行业发展报告（2015）》。

2014年，我国经济发展进入新常态，受国内外市场环境影响，主要品种再生资源价格持续下跌，再加上原材料、劳动力成本上涨较快，再生资源回收企业经济效益低迷，行业发展环境日益严峻。

《报告》说，截至2014年底，我国废钢铁、废有色金属、废塑料、废轮胎、废纸、废弃电器电子产品、报废汽车、报废船舶、废玻璃、废电池等十大类别的再生资源回收总量约为2.45亿吨，同比增长5.0%。其中，增幅最大的是报废船舶，同比增长109.6%。

《报告》说，2014年，我国十大品种再生资源回收总值为6446.9亿元，同比下降0.4%。其中废纸降幅最大，同比下降17.2%；报废船舶增幅最大，同比增长91.2%。

7月9 财政部、环境保护部印发《水污染防治专项资金管理办法》（财建[2015]226号）。

7月10日 住房和城乡建设部办公厅印发《海绵城市建设绩效评价与考核办法》。海绵城市建设是落实生态文明建设的重要举措，是实现修复城市水生态、改善城市水环境、提高城市水安全等多重目标的有效手段。为科学、全面评价海绵城市建设成效，依据《海绵城市建设技术指南》，制定了海绵城市建设绩效评价与考核办法(试行)，

7月16～18日 中共中央总书记、国家主席习近平在吉林省调研考察时强调，东北地区等老工业基地振兴战略要一以贯之抓，同时东北老工业基地振兴要在新形势下、新起点上开始新征程。要大力推进生态文明建设，强化综合治理措施，落实目标责任，推进清洁生产，扩大绿色植被，让天更蓝、山更绿、水更清、生态环境更美好。

7月16～17日 工业和信息化部节能与综合利用司在吉林省长春市组织召开工业节能减排形势分析座谈会。会议在总结交流2015年上半年工业节能与综合利用工作基础上，紧紧围绕落实《中国制造2025》，研讨了全面推行绿色制造、扎实推进工业节能与综合利用工作的思路和重点举措。

7月24日 工业和信息化部在河北省唐山市召开京津冀及周边地区工业资源综合利用协同发展行动计划启动会，宣贯《行动计划》。六省市工业和信息化主管部门负责同志介绍如何贯彻落实《行动计划》，重点合作项目、园区、企业及科研机构代表就如何推进《行动计划》进行交流；重点项目签约；举行京津冀及周边地区区域合作重点项目签约仪式，为尾矿综合利用创新中心揭牌。

7月26～31日 国家发展改革委环资司会同全国人大常委会办公厅、全国人大农业与农村委员会、科技部、财政部、环保部、科技部、国土资源部、农业部、银监会等8部门及发改委委办公厅，并特邀6名提出秸秆综合利用重点建议的全国人大代表组成联合调研组，赴黑龙江省、河南省开展秸秆综合利用与禁烧工作实地调研。调研组就秸秆资源化利用现状、收储运体系、技术装备水平、共性及难点问题等，召开4次座谈会，广泛听取当地人大代表、地方有关部门、专家、企业、农村合作社、农民等对秸秆综合利用与禁烧工作的意见和建议。实地参观了秸秆造纸、秸秆制板、秸秆饲料化利用及有机肥等产业化建设工程，深入田间了解秸秆粉碎还田、过腹还田、黄腐酸肥料水稻应用试验等情况。

7月30日 国务院办公厅印发的《国务院办公厅关于加快转变农业发展方式的意见》提出，要把转变农业发展方式作为当前和今后一个时期加快推进农业现代化的根本途径，以发展多种形式农业适度规模经营为核心，以构建现代农业经营体系、生产体系和产业体系为重点，着力转变农业经营方式、生产方式、资源利用方式和管理方式，推动农业发展由数量增长为主转到数量质量效益并重上来，由主要依靠物质要素投入转到依靠科技创新和提高劳动者素质上来，由依赖资源消耗的粗放经营转到可持续发展上来，走产出高效、产品安全、资源节约、环境友好的现代农业发展道路。

主要目标是：到2020年，转变农业发展方式取得积极进展。多种形式的农业适度规模经营加快发展，农业综合生产能力稳步提升，产业结构逐步优化，农业资源利用和生态环境保护水平不断提高，物质技术装备条件显著改善，农民收入持续增加，为全面建成小康社会提供重要支撑。到2030年，转变农业发展方式取得显著成效。产品优质安全，农业资源利用高效，产地生态环境良好，产业发展有机融合，农业质量和效益明显提升，竞争力显著增强。

主要任务包括：切实加强耕地保护。实施耕地质量保护与提升行动，分区域开展退化耕地综合治理、污染耕地阻控修复、土壤肥力保护提升、耕地质量监测等建设，开展东北黑土地保护利用试点，逐步扩大重金属污染耕地治理与种植结构调整试点，全面推进建设占用耕地耕作层土壤剥离再利用。提高资源利用效率，打好农业面源污染治理攻坚战。大力发展节水农业。实施化肥和农药零增长行动。推进农业废弃物资源化利用。落实畜禽规模养殖环境影响评价制度。启动实施农业废弃物资源化利用示范工程。推广畜禽规模化养殖、沼气生产、农家肥积造一体化发展模式，支持规模化养殖场（区）开展畜禽粪污综合利用，配套建设畜禽粪污治理设施；推进农村沼气工程转型升

级，开展规模化生物天然气生产试点；引导和鼓励农民利用畜禽粪便积造农家肥。支持秸秆收集机械还田、青黄贮饲料化、微生物腐化和固化炭化等新技术示范，加快秸秆收储运体系建设。扩大旱作农业技术应用，支持使用加厚或可降解农膜；开展区域性残膜回收与综合利用，扶持建设一批废旧农膜回收加工网点，鼓励企业回收废旧农膜。加快可降解农膜研发和应用。加快建成农药包装废弃物收集处理系统。

7月29日　国家发展改革委发文，总结上半年工作，深入推动资源节约和环境保护工作。今年上半年，国家发改委认真贯彻党中央国务院决策部署，高举生态文明建设大旗，以完成节能减排约束性目标为核心任务，积极转变职能、简政放权，推动资源节约和环境保护工作取得积极进展和成效。发改委将贯彻落实好党中央、国务院关于加快推进生态文明建设的战略决策，改革创新、探索实践，继续把节能减排作为推进生态文明建设主战场，大力发展循环经济，加强生态环境保护修复，深化生态文明体制改革和制度建设，完善配套政策机制，加快建设美丽中国，构建人与自然和谐发展的现代化建设新格局。

7月30日　《国务院办公厅关于加快转变农业发展方式的意见》印发。《意见》提出，提高资源利用效率，打好农业面源污染治理攻坚战。大力发展节水农业。实施化肥和农药零增长行动。推进农业废弃物资源化利用。

7月　中国首次对集中式饮用水水源进行编码。供水人口大于1000 人的饮用水水源将有“身份证”。由环保部制定的《集中式饮用水水源编码规范》发布实施。根据这项新国标，集中式饮用水水源都将拥有唯一的一个编码，这是我国首次实行对集中饮用水源进行编码。

根据《集中式饮用水水源编码规范》，饮用水水源代码是指给饮用水水源赋予的一组有规律的、易于识别和处理的符号；饮用水水源代码采用组合编码方式，由水系码、地址码、类型码和顺序码四部分组成。

目前，我国的饮用水水源包括河流、湖泊、水库和地下水等。但是，这项新国标则是适用于集中式饮用水水源，即指通过输水管网送到用户的和具有一定供水规模(供水人口一般大于1000 人)的饮用水水源。

7月　截至7月，我国已累计发布各类国家环境保护标准1890项，其中现行标准1652项。环保科技红利的充分释放，为环境质量改善提供了有力支撑。

2015年2月，环保部公布了《土壤和沉积物 挥发性卤代烃的测定吹扫捕集/气相色谱-质谱法》等5项环境检测标准，其中含3项土壤和沉积物标准，两项环境空气标准;3月，《纺织染整工业水污染物排放标准》实施;4月，环保部发布《石油炼制工业污染物排放标准》、《石油化学工业污染物排放标准》等6项国家大气污染物排放标准，全面完成了“大气十条”要求的25项配套重点行业排放标准制修订工作。

目前，水专项研发的复合介质生物滤器技术、曝气复氧人工湿地技术、河网区水环境风险评估与预警管理平台等一系列先进技术已在浙江的“五水共治”中推广应用。

环保部上半年发布的水专项第一阶段成果，涵盖11类成果信息4440余份;发布的第一批《水污染防治先进技术汇编》，包括重污染行业水污染控制、水体治理与修复等7个领域283项先进技术;发布的《水体污染控制与治理科技重大专项第一阶段专利成果汇编》，包括已经授权的专利1172项，内含发明专利729项，实用新型专利443项。

《清洁空气研究计划》作为环保部在大气环境科技领域投入最大的一个专项，上半年实施也取得积极进展。围绕空气质量分区、综合排放清单等方面，《清洁空气研究计划》课题组共安排15个项目，落实经费9383万元。据悉，该专项下一步将着力抓好项目组织实施和成果推广应用。

八月

8月1日　为规范国家循环经济教育示范基地管理，充分发挥各类循环经济示范试点的宣传展示平台作用，国家发展改革委办公厅、财政部办公厅、教育部办公厅、国家旅游局办公室印发修订后的《国家循环经济教育示范基地管理办法》和国家循环经济教育示范基地标志。

8月9日　中共中央办公厅、国务院办公厅印发《党政领导干部生态环境损害责任追究办法（试行）》，自2015年8月9日起施行。

“办法”共19条，适用于县级以上地方各级党委和政府及其有关工作部门的领导成员，中央和国家机关有关工作部门领导成员；上列工作部门的有关机构领导人员。

“办法”规定，地方各级党委和政府对本地区生态环境和资源保护负总责，党委和政府主要领导成员承担主要责任，其他有关领导成员在职责范围内承担相应责任。责任追究形式有：诫勉、责令公开道歉；组织处理，包括调离岗位、引咎辞职、责令辞职、免职、降职等；党纪政纪处分。追责对象涉嫌犯罪的，应当及时移送司法机关依法处理。

“办法”明确，实行生态环境损害责任终身追究制。对违背科学发展要求、造成生态环境和资源严重破坏的，责任人不论是否已调离、提拔或者退休，都必须严格追责。

8月29日　第十二届全国人民代表大会常务委员会第十六次会议通过《中华人民共和国大气污染防治法》（第二次修订）。

《防治法》规定，县级以上人民政府应当将大气污染防治工作纳入国民经济和社会发展规划，加大对大气污染

防治的财政投入。地方各级人民政府应当对本行政区域的大气环境质量负责，制定规划，采取措施，控制或者逐步削减大气污染物的排放量，使大气环境质量达到规定标准并逐步改善。

8月31日　工业和信息化部、住房城乡建设部印发《促进绿色建材生产和应用行动方案》（工信部联原〔2015〕309号）。

行动目标：到2018年，绿色建材生产比重明显提升，发展质量明显改善。绿色建材在行业主营业务收入中占比提高到20%，品种质量较好满足绿色建筑需要，与2015年相比，建材工业单位增加值能耗下降8%，氮氧化物和粉尘排放总量削减8%；绿色建材应用占比稳步提高。新建建筑中绿色建材应用比例达到30%，绿色建筑应用比例达到50%，试点示范工程应用比例达到70%，既有建筑改造应用比例提高到80%。

主要任务：建材工业绿色制造行动。绿色建材评价标识行动。水泥与制品性能提升行动。钢结构和木结构建筑推广行动。平板玻璃和节能门窗推广行动。新型墙体和节能保温材料革新行动。陶瓷和化学建材消费升级行动。绿色建材下乡行动。试点示范引领行动。强化组织实施行动。

九月

9月10日　国家发展和改革委副主任张勇主持召开国务院节能减排工作领导小组联络员会议，贯彻落实《中共中央、国务院关于加快推进生态文明建设的意见》及重点任务分工方案，总结各部门近期生态文明建设工作进展情况，对下一步工作提出具体要求。承担生态文明建设重点任务的有关牵头部门司局负责同志约50人参加了会议。

会议交流了近期各部门贯彻落实《意见》的有关工作情况。中央组织部、中央宣传部、国家发展改革委、教育部、科技部、工业和信息化部、民政部、财政部、国土资源部、环境保护部、住房城乡建设部、交通运输部、水利部、农业部、审计署、质检总局、国家统计局、国家林业局、中国银监会等部门介绍了贯彻落实《意见》及出台相关政策措施和专项改革方案的情况，并提出了工作建议。

张勇讲话强调，各部门要高度重视生态文明建设，共同做好下一步各项工作：一是全力推进形成工作合力。二是抓紧研究出台配套制度。三是共同做好生态文明先行先试。四是推动生态文明建设与“三大战略”紧密结合。五是促进生态文明建设与“十三五”规划深度融合。六是动员全社会参与生态文明建设。

9月10～11日　工业和信息化部节能与综合利用司在广西壮族自治区南宁市召开了工业清洁生产工作座谈会。各省、自治区、直辖市及计划单列市、新疆生产建设兵团工业和信息化主管部门负责清洁生产工作的同志参加了会议。会议通报了2015年上半年工业清洁生产工作进展情况，并就工业产品生态设计、高风险污染物削减行动计划、有毒有害原材料（产品）替代目录修订、电器电子产品有毒有害物质限制使用管理办法、落实《大气污染防治行动计划》、《水污染防治行动》等重点工作进行了沟通交流。大家一致认为，各级工业和信息化主管部门应认清形势、抓住机遇，认真贯彻落实《中国制造2025》，推进重点区域、重点流域、重点行业清洁生产；加强绿色设计，开发绿色产品，引导绿色生产和绿色消费，实现产品全生命周期绿色化。

9月14日　工业和信息化部节能与综合利用司召开了《绿色制造工程实施方案（2016-2020年）》编制工作座谈会。国家发展和改革委、环境保护部、商务部、中国工程院、国家标准委等部门以及部分企业、研究机构参加会议。座谈会通报了方案编制工作的相关背景和总体部署，介绍了绿色制造工程实施方案编制工作的基本思路和初步安排，并对下一步推进方案编制工作提出了具体要求。会议听取了方案编制工作共同牵头部门、参与部门以及部内相关司局、有关领域专家的意见和建议。

9月14日　工信部节能司副司长毕俊生在第11届环境与发展论坛上透露，为落实中国制造2025，推动工业绿色发展，工信部将尽快编制出台“十三五”工业绿色发展规划，以及中国制造“1+X”方案中绿色制造工程实施方案，引导绿色生产和绿色消费，实现生产过程集约化、清洁化和智能化，发展绿色园区，打造绿色供应链。

工信部下一步将重点推动四方面工作：一是继续实施工业绿色发展专项行动，组织实施数字能效推进计划。二是推进工业资源综合利用。三是加快节能环保产业发展。四是创新工业绿色转型政策机制。

9月17～18日　工业和信息化部节能与综合利用司在大连举办再生资源综合利用行业规范条件培训班。来自全国各省市工业和信息化主管部门、相关协会代表共60名学员参加了培训。

9月21日　为加快建立系统完整的生态文明制度体系，加快推进生态文明建设，增强生态文明体制改革的系统性、整体性、协同性，《生态文明体制改革总体方案》公布。

《总体方案》提出我国生态文明体制改革的总体要求：坚持节约资源和保护环境基本国策，坚持节约优先、保护优先、自然恢复为主方针，立足我国社会主义初级阶段的基本国情和新的阶段性特征，以建设美丽中国为目标，以正确处理人与自然关系为核心，以解决生态环境领域突出问题为导向，保障国家生态安全，改善环境质量，提高资源利用效率，推动形成人与自然和谐发展的现代化建设新格局。

生态文明体制改革的理念是：树立尊重自然、顺应自然、保护自然的理念，树立发展和保护相统一的理念，树立绿水青山就是金山银山的理念，树立自然价值和自然资本的理念，树立空间均衡的理念，树立山水林田湖是一个生命共同体的理念。

生态文明体制改革的目标：到2020年，构建起由自然资源资产产权制度、国土空间开发保护制度、空间规划体系、资源总量管理和全面节约制度、资源有偿使用和生态补偿制度、环境治理体系、环境治理和生态保护市场体系、生态文明绩效评价考核和责任追究制度等八项制度构成的产权清晰、多元参与、激励约束并重、系统完整的生态文明制度体系，推进生态文明领域国家治理体系和治理能力现代化，努力走向社会主义生态文明新时代。

构建归属清晰、权责明确、监管有效的自然资源资产产权制度，着力解决自然资源所有者不到位、所有权边界模糊等问题。

构建以空间规划为基础、以用途管制为主要手段的国土空间开发保护制度，着力解决因无序开发、过度开发、分散开发导致的优质耕地和生态空间占用过多、生态破坏、环境污染等问题。

构建以空间治理和空间结构优化为主要内容，全国统一、相互衔接、分级管理的空间规划体系，着力解决空间性规划重叠冲突、部门职责交叉重复、地方规划朝令夕改等问题。

构建覆盖全面、科学规范、管理严格的资源总量管理和全面节约制度，着力解决资源使用浪费严重、利用效率不高等问题。

构建反映市场供求和资源稀缺程度、体现自然价值和代际补偿的资源有偿使用和生态补偿制度，着力解决自然资源及其产品价格偏低、生产开发成本低于社会成本、保护生态得不到合理回报等问题。

构建以改善环境质量为导向，监管统一、执法严明、多方参与的环境治理体系，着力解决污染防治能力弱、监管职能交叉、权责不一致、违法成本过低等问题。

构建更多运用经济杠杆进行环境治理和生态保护的市场体系，着力解决市场主体和市场体系发育滞后、社会参与度不高等问题。

构建充分反映资源消耗、环境损害和生态效益的生态文明绩效评价考核和责任追究制度，着力解决发展绩效评价不全面、责任落实不到位、损害责任追究缺失等问题。

9月21～24日　2015年亚洲粉煤灰及脱硫石膏处理与利用技术国际交流大会在山西朔州召开。工业和信息化部、国家认监委，中国工程院，山西省人民政府，美国、德国、英国、荷兰、澳大利亚、加拿大等国家，以及北京大学等国内知名院校和科研机构的专家、教授，国内外相关企业共700多人参加会议。大会举办了技术推广与项目对接、学术报告、学术论坛、技术与产品展示、现场观摩等活动。

9月22日　国家发展和改革委、财政部、住房城乡建设部印发《关于开展循环经济示范城市(县)建设的通知》（发改环资[2015]2154号）。通知提出了建设思路及目标和建设任务。

总体思路：各地要按照推进生态文明建设的战略部署，以提高资源产出效率为目标，根据自身资源禀赋、环境承载力、产业结构和区域特点，实施大循环战略，把循环经济理念融入工业、农业和服务业发展以及城市基础设施建设，在生产、流通、消费各环节推行循环型生产方式和绿色生活方式，构建覆盖全社会的资源循环利用体系，普及绿色循环文化，通过循环发展带动绿色发展和低碳发展，加快构建循环型社会，提高城市（县）资源节约效益、环境友好水平和新型城镇化质量。

建设目标：通过开展建设工作。相关城市（县）的循环型生产方式初步形成，率先构建起覆盖全社会的资源循环利用体系，各主要品种废旧商品回收率高于全国平均水平，城市建筑、交通和基础设施基本实现绿色化，生产系统与社会生活系统的循环化程度明显提高，绿色生活方式普遍推行，形成浓厚的绿色循环文化氛围，循环经济发展长效机制基本建立，循环型社会建设取得实质性进展，生态文明建设取得阶段性成果。各建设城市（县）的资源产出水平提高幅度超出国家平均水平，节能减排的约束性指标完成情况优于上级政府分解指标。

建设任务：构建循环型生产方式。形成循环型流通方式。推广普及绿色消费模式。推进城市建设的绿色化循环化。健全社会层面资源循环利用体系。创新发展循环经济的体制机制。

9月25日　信息化部节能与综合利用司在京组织召开“十三五”机电产品再制造产业发展思路研讨会，装甲兵工程学院、中国内燃机工业协会等有关高校、行业协会及部分再制造企业参加会议。节能与综合利用司司长高云虎指出，“十三五”推进机电产品再制造产业发展要突出三个重点，一是创新驱动，从技术创新、商业模式创新等方面下功夫，拓展盈利空间。二是加强规范，建立健全再制造标准体系和管理制度，促进再制造产业健康有序发展。三是推动出台有关扶持政策，营造有利于再制造产业快速发展的市场环境。

9月25日　江苏省十二届人大常委会第十八次会议通过《江苏省循环经济促进条例》，2016年1月1日起施行。条例的出台，对于进一步提高资源利用效率、保护和改善环境、实现经济社会永续发展具有重要意义。

《江苏省循环经济促进条例》共分为七章六十二条，包括总则、规划与管理、减量化、再利用和资源化、服务与保障、法律责任和附则。该条例在严格遵循《国家循环经济促进法》的同时，紧密结合工作实践和江苏省情实际，更加突出了重要领域的刚性约束，更加体现重要工作的齐头并重，注重解决发展过程中的突出问题，在总量控制、循环经济信息服务、园区循环化改造、第三方服务、绿色交通、绿色商服、再制造等领域积极开展了制度创新，彰显了江苏循环经济发展的特色和亮点。

9月28日　中国国家主席习近平在参加第七十届联合国大会一般性辩论并发表讲话。

习近平指出，我们要构筑尊崇自然、绿色发展的生态体系。人类可以利用自然、改造自然，但归根结底是自然的一部分，必须呵护自然，不能凌驾于自然之上。我们要解决好工业文明带来的矛盾，以人与自然和谐相处为目标，实现世界的可持续发展和人的全面发展。

习近平说，建设生态文明关乎人类未来。国际社会应该携手同行，共谋全球生态文明建设之路，牢固树立尊重自然、顺应自然、保护自然的意识，坚持走绿色、低碳、循环、可持续发展之路。在这方面，中国责无旁贷，将继续作出自己的贡献。同时，我们敦促发达国家承担历史性责任，兑现减排承诺，并帮助发展中国家减缓和适应气候变化。

9月28日 工业和信息化部、国家机关事务管理局、国家能源局印发《关于公布国家绿色数据中心试点地区名单的通知》（工信部联节函[2015]475号）。

9月29日 国务院总理李克强主持召开国务院常务会议，部署加快雨水蓄排顺畅合理利用的海绵城市建设，有效推进新型城镇化。

会议指出，按照生态文明建设要求，建设雨水自然积存、渗透、净化的海绵城市，可以修复城市水生 态、涵养水资源，增强城市防涝能力，扩大公共产品有效投资，提高新型城镇化质量。会议确定，一是海绵城市建设要与棚户区、危房改造和老旧小区更新相结合， 加强排水、调蓄等设施建设，努力消除因给排水设施不足而一雨就涝、污水横流的“顽疾”，加快解决城市内涝、雨水收集利用和黑臭水体治理等问题。二是从今年 起在城市新区、各类园区、成片开发区全面推进海绵城市建设，在基础设施规划、施工、竣工等环节都要突出相关要求。增强建筑小区、公园绿地、道路绿化带等的 雨水消纳功能，在非机动车道、人行道等扩大使用透水铺装，并和地下管廊建设结合起来。三是总结推广试点经验，采取PPP、政府采购、财政补贴等方式，创新 商业模式，吸引社会资本参与项目建设运营。将符合条件的项目纳入专项建设基金支持范围，鼓励金融机构创新信贷业务，多渠道支持海绵城市建设，使雨水变弃为用，促进人与自然和谐发展。

十月

10月9日 科技部、农业部关于发布《农业废弃物（秸秆、粪便）综合利用技术成果汇编》，促进科技成果在农业废弃物资源规模化利用中的应用，加大示范推广力度，吸引企业和专业投资机构积极参与投资。

10月11日 国务院办公厅印发《关于推进海绵城市建设的指导意见》（国办发〔2015〕75号），坚持生态为本、自然循环。坚持规划引领、统筹推进。坚持政府引导、社会参与。

建设目标：通过海绵城市建设，综合采取“渗、滞、蓄、净、用、排”等措施，最大限度地减少城市开发建设对生态环境的影响，将70%的降雨就地消纳和利用。到2020年，城市建成区20%以上的面积达到目标要求;到2030年，城市建成区80%以上的面积达到目标要求。

《意见》提出，统筹推进新老城区海绵城市建设。从2015年起，全国各城市新区、各类园区、成片开发区要全面落实海绵城市建设要求。老城区要结合城镇棚户区和城乡危房改造、老旧小区有机更新等，以解决城市内涝、雨水收集利用、黑臭水体治理为突破口，推进区域整体治理，逐步实现小雨不积水、大雨不内涝、水体不黑臭、热岛有缓解。各地要建立海绵城市建设工程项目储备制度，编制项目滚动规划和年度建设计划，避免大拆大建。

《意见》提出，推进海绵型建筑和相关基础设施建设。推广海绵型建筑与小区，因地制宜采取屋顶绿化、雨水调蓄与收集利用、微地形等措施，提高建筑与小区的雨水积存和蓄滞能力。推进海绵型道路与广场建设，改变雨水快排、直排的传统做法，增强道路绿化带对雨水的消纳功能，在非机动车道、人行道、停车场、广场等扩大使用透水铺装，推行道路与广场雨水的收集、净化和利用，减轻对市政排水系统的压力。大力推进城市排水防涝设施的达标建设，加快改造和消除城市易涝点；实施雨污分流，控制初期雨水污染，排入自然水体的雨水须经过岸线净化；加快建设和改造沿岸截流干管，控制渗漏和合流制污水溢流污染。结合雨水利用、排水防涝等要求，科学布局建设雨水调蓄设施。

《意见》提出，推进公园绿地建设和自然生态修复。推广海绵型公园和绿地，通过建设雨水花园、下凹式绿地、人工湿地等措施，增强公园和绿地系统的城市海绵体功能，消纳自身雨水，并为蓄滞周边区域雨水提供空间。加强对城市坑塘、河湖、湿地等水体自然形态的保护和恢复，禁止填湖造地、截弯取直、河道硬化等破坏水生态环境的建设行为。恢复和保持河湖水系的自然连通，构建城市良性水循环系统，逐步改善水环境质量。加强河道系统整治，因势利导改造渠化河道，重塑健康自然的弯曲河岸线，恢复自然深潭浅滩和泛洪漫滩，实施生态修复，营造多样性生物生存环境。

10月13日 中新天津生态城管委会称，作为我国首个绿色发展综合示范区，国家相关部委赋予该区多项支持产

业发展相关政策，深入探索绿色发展路径。

中新天津生态城占地30平方公里，由中国与新加坡政府于2008年开始共同建设。它计划用10年左右时间建成一个人口达35万人、绿色建筑比例达100%的国际生态城市样板，为中国城镇化建设探路。　　国家相关部委已经支持符合条件的民间资本在生态城设立民营银行。民营银行成立后，将充分发挥中新合作优势，在宏观审慎管理框架下，探索从新加坡银行间市场拆借本外币资金。

10月13日　经过4年多的研究，由工业和信息化部节能与综合利用司提出，并组织相关研究机构、行业机构及企业广泛参与和通力协作完成的《生态设计产品评价通则》、《生态设计产品标识》、《生态设计产品评价规范家用洗涤剂》等系列国家标准，由国家标准委批准发布。该系列标准参考国际先进经验，并充分考虑我国当前发展阶段和产品生命周期评价数据基础，建立了阶段性的评价指标体系与生命周期评价相结合的方法，为我国建立和完善生态设计产品评价制度提供坚实的技术支撑，并为中共中央、国务院印发的《生态文明体制改革总体方案》提出的“建立统一的绿色产品体系”提供标准依据。

10月15日　全国政协召开第八届中国人口资源环境发展态势分析会，研究推进生态文化、海洋文化建设。国家发展和改革委副主任张勇介绍了“十二五”以来我国生态文明建设取得的积极成效，分析了面临的形势和存在的问题，汇报了下一步几项重点工作考虑。张勇指出，我国资源环境产生的问题，很重要的一个原因就是生态文明理念没有得到牢固树立，全社会的生态文明意识有待增强，推进生态文明建设，首先要转变观念、文化先行，把大力弘扬生态文化作为推进生态文明建设的一项重要任务和抓手，一要弘扬生态文明主流价值观，将生态文明纳入社会主义核心价值体系，使每一个公民都成为生态文明的重要建设者；二要开展全民生态文化教育，加强艰苦奋斗优良作风和基本国情教育，传承中华民族勤俭节约传统美德，在社会公众特别是青少年中开展生态文化教育；三要进行深入持久的宣传，组织实施好节能减排全民行动、节俭养德全民节约行动、反食品浪费行动等主题活动。

10月20～21日　农业部、国家发展和改革委在甘肃省兰州市召开全国推进农用地膜综合利用现场会，国家发展改革委环资司马荣副司长、农业部科技教育司王衍亮副司长出席会议并讲话。会议听取了部分省区发展改革委对《关于加快发展农业循环经济的意见（讨论稿）》的修改意见和建议，并就当前农作物秸秆等资源综合利用有关情况进行了深入交流和讨论。

会议认为，加快发展农业循环经济工作，是贯彻落实党中央、国务院关于《关于加快推进生态文明建设的意见》和《生态文明体制改革总体方案》有关精神的具体体现，有利于提高农业生态文明水平，出台《意见》对指导和推动下一步工作意见重大，地方十分迫切。同时，与会代表从加强统筹协调、强化科技驱动、推进试点示范以及鼓励各地探索具有地方特色的农业循环经济模式等方面提出了建设性意见。甘肃、新疆、山东、河北四省区发展改革委、农业厅代表及有关专家、企业作了典型经验交流和发言。

会议强调，地膜综合利用和污染治理是一项系统工程，各级农业部门一定要高度重视农用地膜污染治理，认真总结推广各地好的经验做法，不断加大工作力度，力争到2020年，当季农膜回收和综合利用率达到80%以上。

10月23日　国家发展和改革委、财政部关于印发《国家“城市矿产”示范基地中期评估及终期验收管理办法》和《园区循环化改造示范试点中期评估及终期验收管理办法》（发改环资[2015]2409号）。

10月23日　国家发展和改革委、财政部、住房城乡建设部发出“关于印发《餐厨废弃物资源化利用和无害化处理试点中期评估及终期验收管理办法》的通知”（发改环资[2015]2408号）。

10月23日　环境保护部发布《关于发布重点流域水污染防治专项规划2014年度考核结果的公告》。截至2014年底，《规划》治污工程项目已完成55.3%，77.2%的考核断面达到考核要求。淮河流域山东、安徽、江苏，海河流域山东，辽河流域辽宁、内蒙古，松花江流域内蒙古、黑龙江，三峡库区及其上游贵州、四川、重庆，黄河中上游河南、青海，长江中下游广西、河南、上海、江苏、湖南、江西、安徽考核结果为好；海河流域北京、天津、河南、河北，三峡库区及其上游湖北省考核结果为差。

10月28～29日　中共十八届五中全会首次提出“创新、协调、绿色、开放、共享”发展理念，　把“绿色发展”列入“五大发展理念”，将绿色发展战略植入全面小康社会建设之中，绘制了全面建成小康社会决胜期的宏伟蓝图。

全会通过的《中共中央关于制定国民经济和社会发展第十三个五年规划的建议》提出，坚持绿色发展，着力改善生态环境。推动低碳循环发展。推进能源革命，加快能源技术创新，建设清洁低碳、安全高效的现代能源体系。

推进交通运输低碳发展。提高建筑节能标准，推广绿色建筑和建材。主动控制碳排放，加强高能耗行业能耗管控，有效控制电力、钢铁、建材、化工等重点行业碳排放，支持优化开发区域率先实现碳排放峰值目标，实施近零碳排放区示范工程。开展大规模国土绿化行动，增加森林面积和蓄积量。扩大退耕还林还草，加强草原保护。加强水生态保护。开展蓝色海湾整治行动。加强地质灾害防治。

10月28日　国家发展和改革委、环境保护部、工业和信息化部印发《平板玻璃行业清洁生产评价指标体系》、《电镀行业清洁生产评价指标体系》、《铅锌采选行业清洁生产评价指标体系》、《黄磷工业清洁生产评价指标体系》和《生物药品制造业（血液制品）清洁生产评价指标体系》，并于公布之日起施行。

10月29日　国家发展和改革委、住房城乡建设部印发《余热暖民工程实施方案》。

10月31日　由中国循环经济协会主办的“2015中国循环经济发展论坛”在北京举行。本次论坛的主题是共话“十三五”：绿色化背景下的循环经济，分为主论坛和产业循环经济、资源再生利用、再制造、垃圾资源化、清洁生产五个平行分论坛，以及投融资分论坛。论坛开幕式由中国循环经济协会会长赵家荣主持。

主论坛上，三位部委领导到会致辞。来自全国人大环资委、国家发展改革委、工信部、财政部、国土资源部、环境保护部、住房与城乡建设部、交通运输部、农业部等多个部门有关司局负责同志；部分省市县政府及有关部门领导；产业园区、企业和会员单位、金融机构、研究院所；台湾地区同业协会、国际NGO在华机构，英国、德国及中国台湾地区企业代表及新闻媒体1100多人参加此次论坛。

10月　江苏省发展改革委在全国率先打造省级层面的产业共生及废弃物交换交易体系，推动部署江苏省园区循环经济公共服务平台建设工作，积极探索社会资本参与、市场化运作的新型模式，建设以省循环经济公共服务平台为核心，各园区循环经济公共服务平台为支撑，全省统一的循环经济公共服务平台网络。该平台是由江苏省发展改革委实施整体策划和业务指导，采取多部门协同、市场化运作的开放性服务平台。未来，平台将依托江苏省信息中心实施平台信息集成和运行管理；依托苏州环境能源交易中心开展实施线上交易和线下增值服务;依托启云网络实施技术支持和平台接入。

围绕江苏循环经济发展提升的迫切需求，公共服务平台着力打造了“一个数据中心（江苏循环经济发展的数据中心）、两大服务平台（循环经济市场化推进平台，公共服务平台）、三大服务体系（产业共生体系、市场服务体系和公共服务和管理体系）、七大功能板块（新闻中心、资源交换交易、智库中心、政策引导、技术服务、绿色融资、绿色社区）。

计划在2017年底前推进全部省级以上园区和特色基地平台建设及接入工作，最终形成覆盖全省的循环经济公共服务平台网络，实现城市间、园区间、企业间在循环经济发展领域的信息互通、资源共享及废弃物交易交换等。

十一月

11月2日　科技部、国家海洋局印发《海水淡化与综合利用关键技术和装备成果汇编》。

11月3日　科技部办公厅、环境保护部办公厅、住房城乡建设部办公厅、水利部办公厅发布《节水治污水生态修复先进适用技术指导目录》，深入实施《促进科技成果转化法》、《水污染防治行动计划》和科技创业者行动，推动节水、治污、水生态修复等方面先进适用技术推广应用，提升科技对水安全保障支撑能力。

11月3日　中共中央总书记习近平在关于《中共中央关于制定国民经济和社会发展第十三个五年规划的建议》的说明指出，“十三五”时期我国发展，既要看速度，也要看增量，更要看质量，要着力实现有质量、有效益、没水分、可持续的增长，着力在转变经济发展方式、优化经济结构、改善生态环境、提高发展质量和效益中实现经济增长。

习近平指出，关于实行能源和水资源消耗、建设用地等总量和强度双控行动。推进生态文明建设，解决资源约束趋紧、环境污染严重、生态系统退化的问题，必须采取一些硬措施，真抓实干才能见效。实行能源和水资源消耗、建设用地等总量和强度双控行动，就是一项硬措施。这就是说，既要控制总量，也要控制单位国内生产总值能源消耗、水资源消耗、建设用地的强度。这项工作做好了，既能节约能源和水土资源，从源头上减少污染物排放，也能倒逼经济发展方式转变，提高我国经济发展绿色水平。

习近平指出，“十一五”规划首次把单位国内生产总值能源消耗强度作为约束性指标，“十二五”规划提出合理控制能源消费总量。现在看，这样做既是必要的，也是有效的。根据当前资源环境面临的严峻形势，在继续实行能源消费总量和消耗强度双控的基础上，水资源和建设用地也要实施总量和强度双控，作为约束性指标，建立目标责任制，合理分解落实。要研究建立双控的市场化机制，建立预算管理制度、有偿使用和交易制度，更多用市场手段实现双控目标。

习近平强调，我们将牢固树立创新、协调、绿色、开放、共享的发展理念。坚持创新发展，就是要把创新摆在国家发展全局的核心位置，让创新贯穿国家一切工作，让创新在全社会蔚然成风。坚持协调发展，就是要重点促进城乡区域协调发展，促进经济社会协调发展，促进新型工业化、信息化、城镇化、农业现代化同步发展，在增强国家硬实力的同时注重提升国家软实力，不断增强发展整体性。坚持绿色发展，就是要坚持节约资源和保护环境的基本国策，坚持可持续发展，形成人与自然和谐发展现代化建设新格局，为全球生态安全作出新贡献。坚持开放发展，就是要奉行互利共赢的开放战略，发展更高层次的开放型经济，积极参与全球经济治理和公共产品供给，构建广泛的利益共同体。坚持共享发展，就是要坚持发展为了人民、发展依靠人民、发展成果由人民共享，使全体人民在共建共享发展中有更多获得感，朝着共同富裕方向稳步前进。

11月3日　中国内燃机工业协会在京组织召开2015再制造产业发展研讨会。会议围绕贯彻落实《内燃机再制造推进计划》进行了交流，有关专家介绍了内燃机工业节能减排形势、再制造平台建设、工程机械再制造进展、再制造绿色清洗清洁、再制造逆向物流体系、再制造专利分析以及企业再制造实践经验等。与会专家认为，“十二五”期间，在国家政策的引导和支持下，在协会、企业、科研院所的共同努力下，内燃机再制造在产业规模、产品市场推广、表面修复工程技术开发应用和产品社会认知度提升等方面取得显著成效，初步建立了具有中国特色的内燃机再制造技术装备体系，标准体系正逐步完善，逆向物流体系正在形成，行业保持了健康、平稳向上的发展态势。

11月3日　《江苏省重大节能环保技术装备与产品产业化推进方案》印发。

11月4日　全国再生资源回收暨流通领域节能工作座谈会在北京召开。会议期间，各地商务主管部门座谈交流了《再生资源回收体系建设中长期规划（2015-2020年）》贯彻落实情况、再生资源回收及流通领域节能工作情况，就《关于再生资源回收行业转型升级的意见（征求意见稿）》进行了讨论，并对下一步工作提出建议。流通业发展司有关负责同志参加会议并讲话。

会上，国务院发展研究中心、中国商业联合会、中国质量认证中心有关同志分别就《中共中央国务院关于加快推进生态文明建设的意见》、《绿色商场》行业标准（报批稿）、《零售企业能源管理体系建设指引》进行了解读；北京易商海泰克公司对“再生资源回收管理系统”做了使用说明并答疑。

11月9日　财政部印发《船舶报废拆解和船型标准化补助资金管理办法》（财建[2015]977号）。

11月13日　由住建部、中央农办、中央文明办、国家发展和改革委、财政部、环保部、农业部、商务部、全国爱卫办、全国妇联十部门联合出台的《全面推进农村垃圾治理的指导意见》指出，未来的治理行动将不仅仅针对农村生活垃圾，还涉及农业生产垃圾、建筑垃圾和农村工业垃圾等。《意见》提出，到2020年，全国90%以上村庄的生活垃圾得到有效治理;农村畜禽粪便基本实现资源化利用，农作物秸秆综合利用率达到85%以上，农膜回收率达到80%以上；农村地区工业危险废物无害化利用处置率达到95%。

11月16日　环保部印发《关于加快推动生活方式绿色化的实施意见》（环发[2015]135号），坚持节约资源和保护环境基本国策，通过宣传教育，弘扬生态文明价值理念，传播社会主义核心价值观;完善政策，建立系统完整的制度体系;引导实践，倡导绿色生活方式，为生态文明建设奠定坚实的社会、群众基础。

主要目标：到2020年，生态文明价值理念在全社会得到推行，全民生活方式绿色化的理念明显加强，生活方式绿色化的政策法规体系初步建立，公众践行绿色生活的内在动力不断增强，社会绿色产品服务快捷便利，公众绿色生活方式的习惯基本养成，最终全社会实现生活方式和消费模式向勤俭节约、绿色低碳、文明健康的方向转变，形成人人、事事、时时崇尚生态文明的社会新风尚。

11月16日　国家发展和改革委、财政部、农业部、环境保护部发出《关于进一步加快推进农作物秸秆综合利用和禁烧工作的通知》（发改环资[2015]2651号），提出力争到2020年，全国秸秆综合利用率达到85%以上；秸秆焚烧火点数或过火面积较2016年下降5%，在人口集中区域、机场周边和交通干线沿线以及地方政府划定的区域内，基本消除露天焚烧秸秆现象。

11月18日　中国国家主席习近平在亚太经合组织工商领导人峰会上发表主旨演讲称，我们将把生态文明建设融入经济社会发展各方面和全过程，致力于实现可持续发展。我们将全面提高适应气候变化能力，坚持节约资源和保护环境的基本国策，建设天蓝、地绿、水清的美丽中国。

11月23日　环境保护部公布《重金属污染综合防治“十二五”规划》2014年度考核结果：截至2014年底，全国5种重点重金属污染物（铅、汞、镉、铬和类金属砷）排放总量比2007年下降20.8%，规划重点项目完成72.4%。

环保部有关负责人称，总体来看，2014年《规划》实施总体情况良好，重点重金属污染物排放量明显下降，项目实施进度加快，重点企业环境管理进一步加强。根据2014年考核结果，天津、浙江等2个省(市)为优秀；上海、江苏、辽宁等13个省（区、市）为良好；湖南、贵州、陕西等13个省（区、市）为合格。

11月25日　国家发展和改革委、财政部、农业部、环保部发布通知，要求进一步加快推进农作物秸秆综合利用和禁烧工作。通知指出，力争到2020年，全国秸秆综合利用率达到85%以上；秸秆焚烧火点数或过火面积较2016年下降5%。通知明确，推动产业化发展，拓宽秸秆利用渠道；支持秸秆代木、纤维原料、清洁制浆、生物质能、商品有机肥等新技术的产业化发展，完善配套产业及下游产品开发，延伸秸秆综合利用产业链。

11月26日　工信部印《关于在消费品生产领域倡行勤俭节约、反对奢华浪费的通知》。《通知》要求，要落实制度规定，反对奢华浪费；坚持绿色发展，倡行勤俭节约；认真履行职责，强化监督检查。

十二月

12月2日　国务院总理李克强主持召开国务院常务会议，决定全面实施燃煤电厂超低排放和节能改造，大幅降低发电煤耗和污染排放。

会议指出，按照绿色发展要求，落实国务院大气污染防治行动计划，通过加快燃煤电厂升级改造，在全国全面推广超低排放和世界一流水平的能耗标准，是推进化石能源清洁化、改善大气质量、缓解资源约束的重要举措。会议决定，在2020年前，对燃煤机组全面实施超低排放和节能改造，使所有现役电厂每千瓦时平均煤耗低于310克、新建电厂平均煤耗低于300克，对落后产能和不符合相关强制性标准要求的坚决淘汰关停，东、中部地区要提前至2017年和2018年达标。改造完成后，每年可节约原煤约1亿吨、减少二氧化碳排放1.8亿吨，电力行业主要污染物排放总量可降低60%左右。会议要求，对超低排放和节能改造要加大政策激励，改造投入以企业为主，中央和地方予以政策扶持，并加大优惠信贷、发债等融资支持。中央财政大气污染防治专项资金向节能减排效果好的省份适度倾斜。同时，要结合“十三五”规划推出所有煤电机组均须达到的单位能耗底限标准。

12月2日　国家发展改革委、环保部、国家能源源印发《关于实行燃煤电厂超低排放电价支持政策有关问题的通知》，明确电价支持标准，实行事后兑付政策。

12月3日　工信部举办的2015区域工业绿色转型发展试点“院士专家行”活动。当前和今后一段时间，工信部将进一步强化绿色理念，构建高效、清洁、低碳、循环、可持续的绿色制造体系。作为落实《中国制造2025》的重大举措，《绿色制造工程实施方案》有望近期出台实施，将重点推进四项任务：一是实施传统制造业绿色改造。二是推进资源循环利用绿色发展。三是推动绿色制造技术创新和产业应用示范。四是构建绿色制造体系。强化试点示范，大力提升绿色制造基础能力，加快推进绿色制造体系建设。

12月4日　国家发展和改革委环资司主持召开海水淡化产业发展部际协调机制联络员会议。各部门交流了“十二五”海水淡化产业发展工作情况、主要问题及下一步工作打算。近年来我国海水淡化技术装备能力稳步提升，形成了反渗透与低温多效蒸馏两大主流技术，已达到国际先进水平。各部门表示“十三五”期间将继续发挥部门合力，利用好部际协调机制平台，加大对海水淡化产业发展的支持力度。

12月上旬　工信部举办的2015区域工业绿色转型发展试点“院士专家行”活动。首批纳入区域工业绿色转型发展试点的包括湖北黄石、安徽铜陵、江西鹰潭、山西朔州、内蒙古包头、辽宁鞍山、河南济源、河北张家口、四川攀枝花、甘肃兰州、江苏镇江等１１个城市，此前的今年６月，这些城市的绿色转型发展试点实施方案已全部获得批复。

联动机制旨在通过加强组织协调、建立常态化的沟通交流机制、为试点城市提供综合性服务等，帮助各城市顺利推进绿色转型试点工作。根据部署，绿色转型发展试点工作，将力争通过３年左右的努力，在资源能源利用效

率、污染排放水平、工业结构调整等领域取得突破性进展，在全国率先实现工业绿色转型发展，探索建立具有推广意义的转型路径和模式。

12月7日 北京市空气重污染应急指挥部（以下简称应急办）发布空气重污染红色预警，全市从12月8日7时至10日12时启动最高预警等级。这是北京自2013年《北京市空气重污染应急预案》通过以来首次启动红色预警。12月19日早7时，北京第二次启动红色预警。12月23日，天津和河南首次启动了重污染天气红色应急响应。

12月11日 环境保护部、国家发展和改革委、国家能源局发出印发《全面实施燃煤电厂超低排放和节能改造工作方案》的通知。《通知》强调，全面实施燃煤电厂超低排放和节能改造是一项重要的国家专项行动，各有关部门、地方及企业应高度重视此项工作，尽快制定专项实施计划，做好与本方案的衔接。

12月11日 国家发展和改革委环资司在京召开海水淡化产业发展座谈会。沿海相关省市发改委环资处有关负责同志参加了会议，会议交流了沿海省市“十二五”海水淡化产业发展情况、问题及下一步工作思路。

12月11日 环境保护部、国家发展和改革委、能源局印发《全面实施燃煤电厂超低排放和节能改造工作方案》。根据《方案》，全面实施煤电行业节能减排升级改造，在全国范围内推广燃煤电厂超低排放要求和新的能耗标准，建成世界上最大的清洁高效煤电体系。

主要目标是：到2020年，全国所有具备改造条件的燃煤电厂力争实现超低排放（即在基准氧含量6%条件下，烟尘、二氧化硫、氮氧化物排放浓度分别不高于10、35、50毫克/立方米）。

全国有条件的新建燃煤发电机组达到超低排放水平。加快现役燃煤发电机组超低排放改造步伐，将东部地区原计划2020年前完成的超低排放改造任务提前至2017年前总体完成；将对东部地区的要求逐步扩展至全国有条件地区，其中，中部地区力争在2018年前基本完成，西部地区在2020年前完成。

全国新建燃煤发电项目原则上要采用60万千瓦及以上超超临界机组，平均供电煤耗低于300克标准煤/千瓦时（以下简称克/千瓦时），到2020年，现役燃煤发电机组改造后平均供电煤耗低于310克/千瓦时。

12月上旬 国家发展和改革委环资司司长何炳光率团赴以色列，与以色列环保部、经济部、外交部等共同召开了中以节能环保工作组第一次会议。会议回顾了双方工作组开展的工作，就水资源节约、污水处理回用、海水淡化等领域的政策设计和实施等问题展开了深入的讨论和交流。官方闭门会主要讨论了工作组会议纪要的草稿文本，确定了将建立中以水效论坛，定期和不定期地进行政策和技术交流；讨论了在天津海水淡化所建立中以海水淡化研究中心；讨论了充分发挥中以融资协议在水处理技术领域的应用；双方同意将在水资源领域开展互惠培训项目；初步商定下一次工作组会议于2016年在中国举行。

中以经济技术合作机制是在两国总理倡导下建立的推动两国政府部门、机构、企业以及社会团体等开展交流、研讨、务实合作的国家级平台。

12月16日 为促进工业领域生态文明建设，推动工业园区实行生态工业生产组织方式和发展模式，促进工业园区绿色、低碳、循环发展，规范国家生态工业示范园区建设管理工作，环境保护部、商务部、科技部印发《国家生态工业示范园区管理办法》。

12月21日 发展循环经济工作部际联席会议召开全体会议。联席会议召集人、国家发展和改革委副主任张勇主持会议。环境保护部、科技部、工业和信息化部、财政部、国土资源部、住房城乡建设部、水利部、农业部、商务部、国资委、税务总局、统计局、林业局等联席会议成员单位有关负责人及联络员参加了会议。委内环资司负责同志参加会议。

会议通报了发展循环经济工作部际联席会议组成人员调整的有关情况，通报了《循环发展引领计划》和《生产者责任延伸制度方案》制定工作方案及编制进展。各成员单位介绍了本单位“十二五”循环经济工作进展和“十三五”循环经济重点工作考虑。

张勇在讲话中指出，发展循环经济是实现资源利用方式根本转变的重要抓手，也是实现绿色转型和提质增效的重要途径。党的十八届五中全会提出要“树立节约集约循环利用的资源观”，“建立绿色低碳循环发展产业体系”，“实施循环发展引领计划”，这为我们做好“十三五”时期循环经济发展工作指明了方向和路径。我们要认真学习领会，落实到具体工作中。

张勇强调，要统筹做好2016年和“十三五”时期的循环经济发展工作，加快制定《循环发展引领计划》，做好生产者责任延伸制度的总体设计，完善修订循环经济评价指标体系。同时，要继续发挥好发展循环经济工作部际联

席会议制度的作用，加强统筹协调、沟通衔接、会商协作，定期对循环经济发展的重大问题进行研讨，制定年度工作任务分工，定期向国务院报送进展情况。

12月28日 “工业绿色发展图片展暨华盛绿色工业基金会成立发布会”在工业和信息化部举行。工业和信息化部副部长辛国斌出席。

12月31日 中共中央 国务院印发的《关于落实发展新理念加快农业现代化实现全面小康目标的若干意见》提出，优化农业生产结构和区域布局。启动实施种养结合循环农业示范工程，推动种养结合、农牧循环发展。加强渔政渔港建设。大力发展旱作农业、热作农业、优质特色杂粮、特色经济林、木本油料、竹藤花卉、林下经济。加强资源保护和生态修复，推动农业绿色发展。加强农业资源保护和高效利用。加快农业环境突出问题治理。加强农业生态保护和修复。开展农村人居环境整治行动和美丽宜居乡村建设。

12月31日 国家发展和改革委办公厅印发《绿色债券发行指引》。发挥企业债券融资作用，积极探索利用专项建设基金等建立绿色担保基金，加强与相关部门在节能减排、环境保护、生态建设、应对气候变化等领域项目投融资方面的协调配合，努力形成政策合力，破解资源环境瓶颈约束，推动发展质量和效益提高，加快建设资源节约型、环境友好型社会。

2015年 我国碳排放交易试点工作加快推进，成效显著。截至2015年底，共有2000多个企事业单位被纳入碳市场，累计配额成交量4978.7万吨CO_2，成交额14.1亿元。仅2015年当年配额成交量为3263.9万吨CO_2，成交金额8.36亿元，较2014年同比分别增长112%和51%。11月19日，中国气候变化事务特别代表解振华在国务院新闻办公室举行的新闻发布会上称，全国碳排放交易市场体系建设将于2017年启动千亿市场。

截至2015年，北京、上海、天津、重庆、广东、深圳和湖北7个碳排放交易试点均发布了地方碳交易管理办法，共纳入控排企业和单位1900多家，分配碳排放配额约12亿吨。试点排放量占全国碳排放量的18%，试点地区加大对履约的监督和执法力度，2014年和2015年履约率分别达到96%和98%以上。

2015年 我国高铁节能减排效应明显地提升，第三代轨道交通牵引技术系统投入运行，到2015年底，高铁运营里程达到1.9万公里，居世界第一，占世界高铁总里程的60%以上。高速铁路的能耗大大低于小汽车和飞机，高速铁路每千人公里的二氧化碳排放量不到飞机的四分之一。我国高速铁路的快速发展，极大地优化了铁路能耗结构，减少了对燃油的消耗，同时提高了能源利用效率，节约了能源，极大减少了二氧化碳的排放量，明显地提升了铁路行业的减排效应。

数据资料

国家统计局统计数据

（国家统计局提供）

一、环境资源

表1-1　土地状况

项　目	面　积　(万平方公里)
陆地面积	947.8
耕地	135.0
园地	14.3
林地	253.0
牧草地	219.4
其他农用地	23.7
居民点及独立工矿用地	31.4
交通运输用地	3.6
水利设施用地	3.6
未利用地	263.8

注：本表数据来源于国土资源部，为2015年全国土地变更调查数据。

表1-2　主要河流基本情况

名　称	流域面积 (平方公里)	河　长 (公里)	年径流量 (亿立方米)
长　江	1782715	6300	9857
黄　河	752773	5464	592
松花江	561222	2308	818
辽　河	221097	1390	137
珠　江	442527	2214	3381
海　河	265511	1090	163
淮　河	268957	1000	595

注：本表数据由水利部提供，为2002年至2005年进行的第二次水资源评价数据。

表1-3　河流流域面积

流域名称	流域面积（平方公里）	占外流河、内陆河流域面积合计(%)
合计	9506678	100.00
外流河	6150927	64.70
黑龙江及绥芬河	934802	9.83
辽河、鸭绿江及沿海诸河	314146	3.30
海滦河	320041	3.37
黄河	752773	7.92
淮河及山东沿海诸河	330009	3.47
长江	1782715	18.75
浙闽台诸河	244574	2.57
珠江及沿海诸河	578974	6.09
元江及澜仓江	240389	2.53
怒江及滇西诸河	157392	1.66
雅鲁藏布江及藏南诸河	387550	4.08
藏西诸河	58783	0.62
额尔齐斯河	48779	0.51
内陆河	3355751	35.30
内蒙内陆河	311378	3.28
河西内陆河	469843	4.94
准嘎尔内陆河	323621	3.40
中亚细亚内陆河	77757	0.82
塔里木内陆河	1079643	11.36
青海内陆河	321161	3.38
羌唐内陆河	730077	7.68
松花江、黄河、藏南闭流区	42271	0.44

注：本表数据由水利部提供，为2002年至2005年进行的第二次水资源评价数据。

表1-4　主要矿产基础储量

项　目		2015
石油	（万吨）	349610.70
天然气	（亿立方米）	51939.50
煤炭	（亿吨）	2440.10
铁矿	（矿石，亿吨）	207.60
锰矿	（矿石，万吨）	27626.20
铬矿	（矿石，万吨）	419.80
钒矿	（万吨）	887.30
原生钛铁矿	（万吨）	21434.00
铜矿	（铜，万吨）	2721.80
铅矿	（铅，万吨）	1738.80
锌矿	（锌，万吨）	4102.70
铝土矿	（矿石，万吨）	99758.20
镍矿	（镍，万吨）	287.30
钨矿	（W03，万吨）	233.10
锡矿	（锡，万吨）	109.20
钼矿	（钼，万吨）	832.50
锑矿	（锑，万吨）	47.90
金矿	（金，吨）	1986.70
银矿	（银，吨）	39387.00
菱镁矿	（矿石，万吨）	103923.60
普通萤石	（矿物，万吨）	4081.70
硫铁矿	（矿石，万吨）	131101.30
磷矿	（矿石，亿吨）	33.10
钾盐	（KCl，万吨）	57582.30
盐矿	（NaCl，亿吨）	827.90
芒硝	（Na2SO4，亿吨）	55.00
重晶石	（矿石，万吨）	3703.10
玻璃硅质原料	（矿石，万吨）	198956.70
石墨	（矿物，万吨）	5516.40
滑石	（矿石，万吨）	8121.70
高岭土	（矿石，万吨）	57402.80

注：本表资料由国土资源部提供。其中，石油和天然气的数据为剩余技术可采储量(下表同)。

表1-5　分地区主要能源、黑色金属矿产基础储量（2015年）

地　区	石　油（万吨）	天然气（亿立方米）	煤　炭（亿吨）	铁　矿（矿石，亿吨）	锰　矿（矿石，万吨）	铬　矿（矿石，万吨）	钒　矿（万吨）	原生钛铁矿（万吨）
全　国	349610.70	51939.50	2440.10	207.60	27626.20	419.80	887.30	21434.00
北　京			3.90	1.50				
天　津	3005.60	274.30	3.00				10.00	
河　北	26422.20	317.00	42.50	27.30	7.10	4.60		275.30
山　西		419.10	921.30	16.80	20.10		0.80	
内蒙古	8208.50	8149.10	492.80	25.20	567.60	56.30		
辽　宁	15052.80	149.90	26.80	51.60	1410.60			
吉　林	17798.70	685.00	9.80	4.80	0.40			
黑龙江	44048.70	1317.90	61.60	0.40				
上　海								
江　苏	2906.90	23.20	10.50	1.70			4.30	
浙　江			0.40	0.60			3.80	
安　徽	247.00	0.30	84.00	8.70	4.10		6.60	
福　建			4.10	3.10	118.90			
江　西			3.40	1.50			6.50	
山　东	31123.50	342.40	77.60	9.20				899.40
河　南	4631.10	72.20	86.00	1.40	3.60			0.50
湖　北	1241.60	47.40	3.20	4.30	649.00		29.90	1053.20
湖　南			6.60	1.80	2056.00		2.90	
广　东	13.70	0.50	0.20	1.00	75.20			
广　西	128.90	1.40	0.90	0.30	14019.50		171.50	
海　南	326.60	3.10	1.20	0.90				
重　庆	267.10	2641.80	17.60	0.20	1414.80			
四　川	648.40	12654.50	53.80	25.60	131.50		553.80	19157.10
贵　州		6.10	101.70	0.20	4841.10			
云　南	12.20	0.50	59.60	4.10	1196.80		0.10	3.10
西　藏			0.10	0.20		169.20		
陕　西	38445.30	7587.10	126.60	4.00	288.40		7.20	
甘　肃	24109.80	272.00	32.50	3.30	259.00	141.20	89.90	
青　海	7955.80	1396.90	12.50			3.70		
宁　夏	2370.60	272.90	37.40					
新　疆	60112.70	10202.00	158.70	8.30	562.40	44.70	0.20	45.30
海　域	60533.10	5103.00						

表1–6　分地区主要有色金属、非金属矿产基础储量（2015年）

地　区	铜　矿 （铜，万吨）	铅　矿 （铅，万吨）	锌　矿 （锌，万吨）	铝土矿 （矿石，万吨）	菱镁矿 （矿石，万吨）	硫铁矿 （矿石，万吨）	磷　矿 （矿石，亿吨）	高岭土 （矿石，万吨）
全　国	2721. 80	1738. 80	4102. 70	99758. 20	103923. 60	131101. 30	33. 10	57402. 8
北　京								
天　津								
河　北	13. 70	23. 30	71. 10	28. 00	872. 80	1083. 60	1. 90	58. 3
山　西	152. 70	0. 60	0. 60	14467. 90		1058. 10	0. 20	160. 2
内蒙古	421. 20	593. 20	1248. 50			12428. 20	0. 10	4586. 9
辽　宁	28. 40	13. 40	46. 70		88019. 80	1262. 30	0. 80	536. 9
吉　林	20. 30	13. 80	18. 60		1. 10	730. 70		47. 7
黑龙江	111. 40	6. 30	26. 50			48. 20		
上　海								
江　苏	5. 60	23. 50	39. 10			536. 70	0. 10	250. 2
浙　江	5. 00	7. 90	17. 70			434. 10		820. 6
安　徽	162. 10	12. 50	11. 60			14604. 30	0. 20	176. 5
福　建	65. 20	27. 50	60. 40			1034. 90		5311. 7
江　西	557. 90	51. 70	75. 40			13655. 30	0. 60	3037. 7
山　东	8. 30	0. 60	0. 80	158. 90	14793. 50	3. 20		314. 1
河　南	11. 30	59. 20	47. 00	14514. 90		5961. 50		
湖　北	94. 30	5. 10	20. 20	502. 90		4717. 40	10. 40	418. 4
湖　南	10. 10	48. 90	70. 90	311. 40		713. 60	0. 30	2004. 4
广　东	18. 30	110. 80	200. 00			12591. 50		5375. 1
广　西	3. 20	34. 10	105. 50	48722. 30		6025. 00		31925. 5
海　南	3. 50	6. 70	17. 00					1907. 0
重　庆		2. 50	8. 80	6409. 20		1453. 10		0. 4
四　川	51. 80	100. 80	230. 20	54. 60	186. 50	38052. 90	4. 80	56. 1
贵　州	0. 20	12. 40	108. 00	13189. 90		5893. 60	6. 70	15. 0
云　南	297. 00	221. 80	928. 20	1397. 10		4878. 90	6. 30	311. 1
西　藏	274. 30	92. 50	43. 10					
陕　西	20. 00	36. 60	97. 40	0. 90		108. 30	0. 10	81. 1
甘　肃	138. 60	82. 50	316. 70			1. 00		
青　海	20. 60	48. 00	104. 50		49. 90	50. 10	0. 60	
宁　夏								
新　疆	226. 70	102. 60	188. 30			3774. 90		7. 8
海　域								

表1−7　主要城市平均气温(2015年)

单位：摄氏度

城　市	1月	2月	3月	4月	5月	6月	7月	8月	9月	10月	11月	12月	年平均
北京	-0.6	1.3	8.8	15.5	21.5	24.9	26.8	26.7	21.0	14.7	3.6	0.2	13.7
天津	-0.8	1.2	8.3	15.0	21.5	25.3	27.1	26.5	21.2	14.8	3.7		13.7
石家庄	0.3	2.8	10.4	16.3	21.9	26.5	27.6	26.5	21.0	15.9	4.6	1.1	14.6
太原	-2.9	-0.8	7.0	13.1	19.2	22.8	24.3	22.5	17.4	11.0	3.7	-1.4	11.3
呼和浩特	-8.0	-5.8	1.7	9.0	16.0	19.2	22.7	21.7	15.1	8.2	-0.5	-7.4	7.7
沈阳	-10.1	-5.7	2.5	11.9	17.9	21.5	24.8	23.9	18.7	9.8	-1.6	-5.5	9.0
长春	-12.0	-7.9	0.1	10.3	15.9	21.2	23.8	22.7	16.9	7.8	-3.3	-9.4	7.2
哈尔滨	-15.8	-11.3	-1.3	8.6	14.2	22.1	23.6	22.8	16.2	7.2	-4.9	-14.0	5.6
上海	6.0	6.8	10.6	15.9	20.5	24.2	26.7	27.8	24.2	19.6	14.0	7.8	17.0
南京	4.9	6.3	10.6	15.7	21.4	24.1	26.4	27.3	23.6	18.5	11.7	6.4	16.4
杭州	6.7	7.7	11.7	17.3	22.2	25.1	26.6	27.7	24.0	19.5	13.4	7.9	17.5
合肥	4.9	6.4	11.3	16.4	22.5	24.8	26.9	27.6	23.9	18.5	11.0	6.2	16.7
福州	11.6	12.5	14.7	20.3	23.0	27.9	28.3	27.9	25.3	22.8	19.9	14.0	20.7
南昌	8.3	9.4	12.5	18.6	23.7	26.9	27.4	28.5	25.0	21.0	13.9	8.7	18.7
济南	2.0	3.7	10.8	14.9	21.7	26.1	27.8	25.7	21.9	16.9	6.1	2.7	15.0
郑州	3.5	5.5	11.4	16.2	22.3	26.4	28.0	26.8	22.3	17.2	6.8	4.0	15.9
武汉	5.2	6.5	12.0	16.6	22.5	25.4	27.2	27.7	23.8	18.3	10.8	5.9	16.8
长沙	7.6	8.6	11.8	17.1	22.2	26.1	26.2	27.0	24.0	19.3	11.8	7.3	17.4
广州	13.6	16.2	18.5	21.9	25.9	28.5	28.1	27.9	26.9	23.6	21.0	14.9	22.3
南宁	13.5	16.4	18.3	22.8	27.3	29.0	27.6	28.0	26.3	23.0	20.5	14.0	22.2
海口	17.8	20.4	24.0	25.1	29.2	29.9	28.8	29.0	28.4	25.8	25.4	20.2	25.3
重庆(沙坪坝)	9.9	11.8	16.5	20.8	23.1	25.9	28.2	27.9	24.0	20.6	16.4	10.1	19.6
成都(温江)	6.8	8.6	13.3	17.6	22.0	23.9	25.1	23.9	21.1	18.2	13.5	7.4	16.8
贵阳	6.1	8.2	11.3	16.5	19.6	22.0	21.9	21.5	19.7	16.6	13.1	6.0	15.2
昆明	9.4	11.4	16.7	17.2	21.6	21.9	19.9	19.6	19.3	15.5	13.3	8.9	16.2
拉萨	-1.0	0.9	7.3	9.2	13.5	18.0	17.6	15.9	16.1	10.0	4.9	1.2	9.5
西安(泾河)	2.3	5.6	10.5	16.3	21.4	24.3	28.1	26.0	21.7	15.0	8.2	3.1	15.2
兰州(皋兰)	-5.9	-2.2	4.7	10.6	14.9	19.3	20.2	19.7	14.6	9.0	1.9	-6.9	8.3
西宁	-6.3	-3.1	3.1	8.6	12.4	15.9	16.5	15.5	12.3	7.0	1.1	-6.3	6.4
银川	-4.3	-0.5	6.3	12.3	18.5	22.5	24.8	22.5	17.3	9.7	3.1	-3.5	10.7
乌鲁木齐	-8.7	-6.6	1.6	12.0	19.1	21.7	26.6	23.0	14.5	8.8		-6.6	8.8

注：从2004年1月份开始成都站被温江站替代、兰州站被皋兰站替代；从2006年1月份开始重庆被沙坪坝站替代、西安站被泾河站替代(以下相关表同)。

表1–8 主要城市平均相对湿度（2015年）

单位：%

城　市	1月	2月	3月	4月	5月	6月	7月	8月	9月	10月	11月	12月	年平均
北京	43	42	34	47	44	56	64	64	68	56	77	64	55
天津	49	48	41	53	48	56	66	70	71	59	75	69	59
石家庄	44	42	36	50	52	49	62	69	72	56	82	63	56
太原	47	49	43	48	46	52	61	69	76	63	78	59	58
呼和浩特	48	44	26	32	28	47	49	42	61	49	72	65	47
沈阳	66	64	50	45	48	68	68	75	64	59	66	69	62
长春	67	65	51	39	49	62	65	73	63	54	62	72	60
哈尔滨	66	67	53	42	56	63	70	78	70	59	67	79	64
上海	69	71	73	67	71	80	79	75	74	71	81	74	74
南京	69	72	73	68	71	78	80	75	73	71	80	70	73
杭州	67	71	74	66	72	81	81	76	76	74	86	76	75
合肥	70	72	73	71	73	80	82	79	74	73	85	75	76
福州	67	73	76	68	81	79	75	77	78	73	80	80	76
南昌	67	74	82	71	79	81	78	73	74	69	83	74	75
济南	47	46	38	56	53	53	64	74	68	52	82	58	58
郑州	51	50	54	57	57	55	68	75	73	58	83	58	62
武汉	76	82	78	79	81	85	81	78	80	83	91	82	81
长沙	73	78	87	79	87	84	84	81	83	79	91	84	83
广州	73	75	83	77	85	79	77	78	79	76	78	77	78
南宁	83	85	87	77	82	80	81	82	87	83	86	85	83
海口	83	85	83	79	79	76	77	80	82	83	83	86	81
重庆(沙坪坝)	80	73	67	69	72	80	70	72	81	78	80	81	75
成都(温江)	84	77	77	77	70	79	79	86	88	83	87	88	81
贵阳	84	83	86	72	85	89	81	85	89	82	85	84	84
昆明	67	58	49	61	57	72	76	83	83	78	76	78	70
拉萨	26	27	19	36	37	40	40	57	48	34	26	22	34
西安(泾河)	55	47	60	60	58	63	56	65	70	69	81	59	62
兰州(皋兰)	50	50	40	48	51	54	64	57	74	56	72	64	57
西宁	44	46	38	45	53	57	65	65	72	58	64	56	55
银川	47	38	30	43	34	42	48	53	65	61	77	62	50
乌鲁木齐	79	72	63	45	41	46	36	43	51	55	82	80	58

表1–9 主要城市降水量（2015年）

单位：毫米

城　市	1月	2月	3月	4月	5月	6月	7月	8月	9月	10月	11月	12月	全年
北京	0.4	11.2	7.7	34.5	35.0	42.2	107.4	82.6	87.2	19.0	29.6	1.8	458.6
天津	0.2	15.4	1.7	62.8	48.3	18.7	140.4	77.4	147.6	23.2	38.3	0.2	574.2
石家庄	1.1	7.6	5.7	24.7	56.0	33.3	57.1	171.0	101.8	22.2	52.8	1.2	534.5
太原	4.0	12.3	1.1	28.4	37.2	10.9	44.8	114.2	81.2	32.6	34.5	2.4	403.6
呼和浩特	2.9	8.2		26.0	15.2	57.7	61.3	27.1	106.2	9.6	46.7	1.0	361.9
沈阳	10.2	21.7	18.6	47.4	106.7	124.4	56.4	80.1	10.9	58.2	17.3	21.3	573.2
长春	6.7	19.5	7.3	25.6	119.5	81.4	50.7	103.9	57.0	29.3	8.1	21.5	530.5
哈尔滨	0.8	14.1	2.5	6.6	77.6	77.3	52.9	110.5	24.8	30.0	5.5	17.5	420.1
上海	61.1	81.1	96.4	108.9	131.4	486.4	173.1	125.6	140.4	49.1	113.9	81.4	1648.8
南京	29.9	58.1	104.8	121.6	96.1	661.5	258.0	187.4	63.6	61.6	110.7	12.3	1765.6
杭州	66.9	147.1	157.6	206.5	115.4	330.8	349.5	268.0	121.0	47.9	212.4	108.8	2131.9
合肥	36.3	65.9	68.4	120.0	110.3	368.7	193.0	104.5	50.2	35.4	100.0	5.5	1258.2
福州	41.5	12.4	51.0	109.5	265.9	167.1	140.5	417.6	273.3	81.3	60.7	157.4	1778.2
南昌	23.8	163.4	177.6	182.2	232.0	493.3	237.8	95.6	95.4	92.4	293.3	117.9	2204.7
济南	6.1	10.5	2.5	83.7	59.1	73.1	96.0	227.2	65.3	12.1	78.2		713.8
郑州	13.1	1.1	16.0	79.1	82.3	108.2	83.7	142.6	19.8	63.7	78.5	1.0	689.1
武汉	35.7	113.4	109.8	143.8	165.6	199.0	290.0	74.8	75.7	102.1	109.5	13.4	1432.8
长沙	17.9	69.7	146.9	104.1	241.1	273.2	108.7	69.3	147.5	97.9	161.6	100.4	1538.3
广州	55.9	40.9	27.2	116.4	805.6	251.8	441.2	342.7	116.4	123.0	44.7	106.1	2471.9
南宁	37.4	22.5	42.3	43.5	99.0	79.8	235.3	242.8	131.8	56.6	98.1	133.2	1222.3
海口	23.3	2.2	8.4	86.8	210.1	85.7	321.8	72.9	394.7	259.1	118.9	89.3	1673.2
重庆(沙坪坝)	24.0	7.1	20.6	104.6	99.0	256.6	238.1	206.3	340.7	100.3	19.4	32.0	1448.7
成都(温江)	3.1	2.8	8.1	87.4	51.8	90.8	92.2	291.9	205.7	23.0	9.8	13.6	880.2
贵阳	33.7	10.9	31.6	81.4	290.3	353.9	116.6	192.0	67.5	167.3	31.7	53.9	1430.8
昆明	115.2	9.3	27.1	44.7	37.1	280.1	114.5	262.8	69.8	150.3	46.1	33.7	1190.7
拉萨	5.5	18.9	0.1	8.7	9.6	60.5	63.8	134.8	37.3	0.5		0.3	340.0
西安(泾河)	3.3	1.4	42.6	88.8	50.2	91.5	20.8	71.2	90.9	60.2	28.6	2.1	551.6
兰州(皋兰)	2.1	2.8	0.9	12.9	24.2	15.1	49.9	31.5	31.8	15.4	2.6	1.8	191.0
西宁	1.1	0.6	3.8	15.4	21.7	51.8	71.9	61.1	45.7	25.9	5.9	1.3	306.2
银川	0.7			26.2	6.3	4.4	20.5	21.1	98.7	24.2	17.7	7.3	227.1
乌鲁木齐	15.0	15.0	14.5	55.0	23.7	74.3	3.8	53.9	36.5	33.4	32.7	51.1	408.9

表1-10　主要城市日照时数（2015年）

单位：小时

城　市	1月	2月	3月	4月	5月	6月	7月	8月	9月	10月	11月	12月	全年
北京	198.3	179.8	250.4	237.9	276.3	200.9	209.9	248.2	192.1	223.8	59.3	143.4	2420.3
天津	168.3	162.9	240.6	232.1	256.1	205.9	186.4	225.5	187.3	206.5	40.2	109.3	2221.1
石家庄	149.2	170.2	222.2	225.8	243.7	174.4	115.8	199.3	152.7	203.4	32.2	115.2	2004.1
太原	180.6	182.2	248.9	268.9	281.8	243.3	294.3	273.8	204.3	225.5	117.7	189.0	2710.3
呼和浩特	174.1	184.7	282.0	273.1	313.4	236.4	292.6	281.2	192.8	245.6	80.4	110.0	2666.3
沈阳	164.4	183.1	244.6	243.4	266.5	225.0	225.7	205.1	236.9	207.8	93.2	117.1	2412.8
长春	174.2	193.6	246.6	273.8	241.9	269.6	311.2	240.8	259.0	233.8	117.4	133.8	2695.7
哈尔滨	142.1	134.8	209.6	191.0	156.9	226.7	262.9	152.8	209.2	178.3	111.1	115.3	2090.7
上海	119.0	102.3	130.5	169.8	169.7	77.0	108.3	162.3	138.3	158.2	62.7	97.5	1495.6
南京	125.9	124.2	142.2	196.3	171.1	112.4	169.7	217.6	190.3	188.6	84.6	125.3	1848.2
杭州	107.4	95.3	112.2	164.5	122.3	72.9	128.6	151.5	108.1	136.4	47.2	69.4	1315.8
合肥	111.2	96.6	122.6	180.1	140.0	94.1	129.6	174.9	162.3	159.7	59.0	103.4	1533.5
福州	123.9	84.1	99.5	151.6	88.8	173.7	140.9	145.9	99.0	111.2	75.4	25.0	1319.0
南昌	122.8	104.6	88.2	155.1	112.3	149.2	187.5	214.1	176.6	195.3	70.0	75.7	1651.4
济南	170.1	170.2	247.7	213.0	259.0	217.3	195.5	189.4	168.2	210.2	68.1	151.5	2260.2
郑州	111.8	134.8	146.1	202.9	202.4	131.7	195.9	148.4	142.2	159.9	42.2	111.2	1729.5
武汉	97.9	77.3	126.0	158.9	139.5	117.2	197.1	247.0	167.9	182.9	48.4	64.6	1624.7
长沙	85.6	91.7	50.0	117.2	95.0	151.0	124.6	183.8	108.8	176.7	40.0	39.0	1263.4
广州	161.0	74.4	18.1	130.2	80.2	203.9	174.4	196.5	172.8	174.3	122.9	85.6	1594.3
南宁	108.8	77.7	45.8	155.1	154.4	182.2	141.7	182.9	113.5	169.3	61.9	37.8	1431.1
海口	177.0	115.8	153.1	214.9	269.3	300.9	215.1	284.4	233.8	184.8	180.2	77.4	2406.7
重庆(沙坪坝)	22.6	41.6	120.1	173.5	108.6	97.2	206.5	153.5	55.3	97.5	16.4	37.0	1129.8
成都(温江)	27.3	60.8	75.1	127.2	163.0	83.7	191.2	110.0	31.4	75.6	40.8	52.3	1038.4
贵阳	21.7	63.7	74.5	137.7	100.5	59.7	92.5	107.8	43.0	126.4	73.0	41.8	942.3
昆明	221.2	260.1	304.6	236.5	289.1	197.9	138.1	83.6	95.4	179.9	224.1	158.4	2388.9
拉萨	251.9	236.7	291.2	239.2	282.0	280.8	270.0	199.6	261.7	284.9	267.1	247.3	3112.4
西安(泾河)	127.0	127.1	144.3	214.3	200.4	116.6	257.1	208.5	119.8	95.0	58.5	127.3	1795.9
兰州(皋兰)	199.0	181.4	214.2	199.3	229.2	201.0	261.3	271.8	167.1	221.6	162.8	202.8	2511.5
西宁	219.2	189.9	248.1	227.6	230.1	205.0	246.7	220.1	164.4	244.7	191.4	202.9	2590.1
银川	183.5	199.2	255.6	253.6	298.7	294.3	310.9	284.8	216.7	244.6	137.6	162.4	2841.9
乌鲁木齐	127.9	172.2	228.7	282.7	298.8	300.6	353.8	310.0	263.0	236.7	103.4	121.0	2798.8

表1–11 水资源情况

年 份 地 区	水资源总量 (亿立方米)	地 表 水资源量	地 下 水资源量	地表水与地下 水资源重复量	人均水资源量 (立方米/人)
2000	27700.8	26561.9	8501.9	7363.0	2193.9
2005	28053.1	26982.4	8091.1	7020.4	2151.8
2006	25330.1	24358.1	7642.9	6670.8	1932.1
2007	25255.2	24242.5	7617.2	6604.5	1916.3
2008	27434.3	26377.0	8122.0	7064.7	2071.1
2009	24180.2	23125.2	7267.0	6212.1	1816.2
2010	30906.4	29797.6	8417.0	7308.2	2310.4
2011	23256.7	22213.6	7214.5	6171.4	1730.2
2012	29526.9	28371.4	8416.1	7260.6	2186.1
2013	27957.9	26839.5	8081.1	6962.7	2059.7
2014	27266.9	26263.9	7745.0	6742.0	1998.6
2015	27962.6	26900.8	7797.0	6735.2	2039.2
北 京	26.8	9.3	20.6	3.1	124.0
天 津	12.8	8.7	4.9	0.8	83.6
河 北	135.1	50.9	113.6	29.4	182.5
山 西	94.0	53.8	86.4	46.2	257.1
内蒙古	537.0	402.1	224.6	89.7	2141.2
辽 宁	179.0	152.0	83.2	56.2	408.1
吉 林	331.3	272.0	127.4	68.1	1203.5
黑龙江	814.1	686.0	283.0	154.9	2129.8
上 海	64.1	55.3	11.7	2.9	264.8
江 苏	582.1	462.9	142.4	23.2	730.5
浙 江	1407.1	1390.4	269.8	253.1	2547.5
安 徽	914.1	850.2	193.7	129.8	1495.3
福 建	1325.9	1324.7	332.3	331.1	3468.7
江 西	2001.2	1983.0	465.0	446.8	4394.5
山 东	168.4	84.3	133.1	49.0	171.5
河 南	287.2	186.7	173.1	72.6	303.7
湖 北	1015.6	986.3	279.6	250.3	1740.9
湖 南	1919.3	1912.4	432.4	425.5	2839.1
广 东	1933.4	1923.4	461.4	451.4	1792.4
广 西	2433.6	2432.2	467.3	465.9	5096.5
海 南	198.2	195.9	50.6	48.3	2184.9
重 庆	456.2	456.2	103.3	103.3	1518.7
四 川	2220.5	2219.4	584.0	582.9	2717.2
贵 州	1153.7	1153.7	282.2	282.2	3278.7
云 南	1871.9	1871.9	607.5	607.5	3959.3
西 藏	3853.0	3853.0	803.0	803.0	120121.0
陕 西	333.4	309.2	120.6	96.4	881.1
甘 肃	164.8	157.3	100.9	93.4	635.0
青 海	589.3	570.1	273.6	254.4	10057.6
宁 夏	9.2	7.1	20.9	18.8	138.4
新 疆	930.3	880.1	544.9	494.7	3994.2

表1–12　供水用水情况

年　份 地　区	供水总量 (亿立方米)	地表水	地下水	其　他	用水总量 (亿立方米)	农　业	工　业	生　活	生　态	人均用水量 (立方米/人)
2000	5530.7	4440.4	1069.2	21.1	5497.6	3783.5	1139.1	574.9		435.4
2005	5633.0	4572.2	1038.8	22.0	5633.0	3580.0	1285.2	675.1	92.7	432.1
2006	5795.0	4706.8	1065.5	22.7	5795.0	3664.4	1343.8	693.8	93.0	442.0
2007	5818.7	4723.9	1069.1	25.7	5818.7	3599.5	1403.0	710.4	105.7	441.5
2008	5910.0	4796.4	1084.8	28.7	5910.0	3663.5	1397.1	729.3	120.2	446.2
2009	5965.2	4839.5	1094.5	31.2	5965.2	3723.1	1390.9	748.2	103.0	448.0
2010	6022.0	4881.6	1107.3	33.1	6022.0	3689.1	1447.3	765.8	119.8	450.2
2011	6107.2	4953.3	1109.1	44.8	6107.2	3743.6	1461.8	789.9	111.9	454.4
2012	6141.8	4963.0	1134.2	44.6	6141.8	3880.3	1423.9	728.8	108.8	454.7
2013	6183.4	5007.3	1126.2	49.9	6183.4	3921.5	1406.4	750.1	105.4	455.5
2014	6094.9	4920.5	1116.9	57.5	6094.9	3869.0	1356.1	766.6	103.2	446.7
2015	6103.2	4971.5	1069.2	62.5	6103.2	3851.5	1334.8	794.2	122.7	445.1
北　京	38.2	10.5	18.2	9.5	38.2	6.4	3.8	17.5	10.4	176.8
天　津	25.7	17.9	4.9	2.9	25.7	12.5	5.3	4.9	2.9	167.8
河　北	187.2	48.7	133.6	4.9	187.2	135.3	22.5	24.4	5.0	252.8
山　西	73.6	37.1	33.2	3.3	73.6	45.1	13.7	12.3	2.3	201.3
内蒙古	185.8	95.2	88.3	2.3	185.8	140.1	18.8	10.4	16.4	740.9
辽　宁	140.8	78.0	58.6	4.2	140.8	88.8	21.4	25.0	5.6	321.0
吉　林	133.6	88.9	44.0	0.7	133.6	90.2	23.2	12.8	7.4	485.3
黑龙江	355.3	196.7	157.7	0.8	355.3	312.5	23.8	16.2	2.6	929.5
上　海	103.8	103.8			103.8	14.3	64.6	24.1	0.8	428.8
江　苏	574.5	558.0	9.1	7.4	574.5	279.1	239.0	54.4	2.0	721.0
浙　江	186.1	183.4	1.7	1.0	186.1	84.7	51.6	44.3	5.5	336.9
安　徽	288.7	253.9	32.5	2.3	288.7	157.5	93.5	32.8	4.9	472.3
福　建	201.3	194.7	6.0	0.6	201.3	93.3	72.5	32.2	3.3	526.6
江　西	245.8	235.6	8.2	2.0	245.8	154.1	61.6	27.9	2.1	539.8
山　东	212.8	122.0	83.1	7.7	212.8	143.3	29.6	33.0	6.9	216.7
河　南	222.8	100.6	120.7	1.6	222.8	125.9	52.5	35.4	9.1	235.6
湖　北	301.3	292.2	9.1		301.3	158.1	93.3	49.2	0.8	516.5
湖　南	330.4	314.2	16.2		330.4	195.2	90.2	42.2	2.7	488.7
广　东	443.1	426.0	15.3	1.8	443.1	227.0	112.5	98.3	5.3	410.8
广　西	299.3	286.4	11.7	1.2	299.3	201.7	55.5	39.7	2.4	626.8
海　南	45.8	42.9	2.7	0.1	45.8	34.4	3.2	8.0	0.3	504.9
重　庆	79.0	77.4	1.4	0.1	79.0	25.8	32.5	19.6	1.0	263.0
四　川	265.5	250.4	13.3	1.8	265.5	156.7	55.4	48.3	5.1	324.9
贵　州	97.5	94.5	3.0		97.5	54.3	25.5	17.0	0.7	277.1
云　南	150.1	144.7	4.3	1.2	150.1	104.6	23.0	20.2	2.3	317.5
西　藏	30.8	27.7	3.1		30.8	27.2	1.4	2.0	0.1	960.2
陕　西	91.2	56.0	33.4	1.8	91.2	57.9	14.2	16.1	2.9	241.0
甘　肃	119.2	90.1	26.9	2.2	119.2	96.2	11.6	8.2	3.1	459.3
青　海	26.8	22.2	4.5	0.1	26.8	20.9	2.9	2.6	0.5	457.4
宁　夏	70.4	65.0	5.1	0.2	70.4	62.0	4.4	1.8	2.2	1059.1
新　疆	577.2	456.9	119.4	0.9	577.2	546.4	11.8	13.2	5.8	2478.2

注：1.生态用水仅包括部分河湖、湿地人工补水和城市环境用水。

2.2012年起，生活用水量中的牲畜用水量调整至农业用水量中。

表1—13　分地区废水中主要污染物排放情况（2015年）

地　区	废　水排放总量（万吨）	废水中主要污染物排放量											
		化学需氧量（万吨）	氨氮（万吨）	总氮（万吨）	总磷（万吨）	石油类（吨）	挥发酚（吨）	铅（千克）	汞（千克）	镉（千克）	六价铬（千克）	总铬（千克）	砷（千克）
全　国	7353227	2223.50	229.91	461.33	54.68	15192.0	988.2	79429.5	1080.0	15819.9	23597.6	105288.0	112101.3
北　京	151733	16.15	1.65	3.29	0.44	35.3	0.4	3.6	0.3	0.7	79.5	93.6	11.0
天　津	93008	20.91	2.38	3.60	0.46	53.3	0.3	92.1	98.5	2.1	51.0	292.4	26.3
河　北	310568	120.81	9.73	37.83	4.62	1083.3	35.1	341.4	76.0	13.4	2686.3	6432.9	52.0
山　西	145252	40.51	5.01	8.93	1.06	739.4	423.3	460.9	36.9	110.8	25.6	119.1	290.9
内蒙古	110861	83.56	4.69	18.93	2.15	1214.8	150.3	11870.9	38.2	1621.5	33.1	560.1	19657.9
辽　宁	260045	116.75	9.63	20.78	2.85	524.4	9.6	114.8	4.6	18.8	321.9	871.7	91.2
吉　林	126908	72.42	5.14	12.47	1.52	282.2	4.0	204.0	4.3	28.4	75.6	168.1	1300.8
黑龙江	148595	139.27	8.13	28.46	2.93	212.7	2.5	46.1	3.2	9.5	41.6	94.9	56.4
上　海	224147	19.88	4.25	1.56	0.21	633.7	1.1	152.8	17.8	12.1	540.3	1821.1	89.4
江　苏	621303	105.46	13.77	17.34	1.83	961.6	31.5	1142.6	12.5	26.1	3624.3	9915.3	302.8
浙　江	433822	68.32	9.85	8.43	1.04	391.7	4.2	724.9	11.7	310.3	3704.3	12157.7	246.9
安　徽	280626	87.11	9.68	18.62	2.01	666.2	3.6	1513.0	13.3	141.1	291.4	765.7	2281.6
福　建	256868	60.94	8.51	9.15	1.26	341.0	2.2	3593.8	18.6	624.8	925.1	9962.2	3096.8
江　西	223232	71.56	8.46	10.72	1.52	673.0	14.3	9206.2	88.3	2092.9	676.8	1227.9	9199.6
山　东	559908	175.76	15.22	67.67	8.15	461.8	33.0	924.2	3.1	1043.0	515.6	6786.8	2256.9
河　南	433487	128.72	13.43	42.66	5.05	912.6	108.1	1753.3	17.1	364.1	446.4	26208.0	958.7
湖　北	313785	98.61	11.43	18.55	2.29	940.8	12.5	3989.4	13.7	859.0	2372.0	3379.7	11621.1
湖　南	314107	120.77	15.11	22.25	2.71	580.6	18.5	18172.8	142.3	4593.2	1276.6	8161.2	30887.1
广　东	911523	160.69	19.97	18.73	2.79	433.4	7.8	2724.3	34.8	443.9	2387.6	8177.3	936.1
广　西	220066	71.12	7.67	11.42	1.40	269.6	4.8	4634.6	152.5	631.3	178.6	878.7	3636.4
海　南	39123	18.79	2.10	3.99	0.49	48.1	0.01	3.6	0.3	1.3	3.6	42.4	6.3
重　庆	149799	37.98	5.01	5.38	0.67	350.9	5.4	82.6	0.5	4.2	334.9	706.2	33.9
四　川	341607	118.64	13.14	22.46	2.65	563.8	2.5	3787.5	71.4	206.9	1480.1	2685.4	3395.0
贵　州	112803	31.83	3.64	4.76	0.48	412.8	0.5	72.8	22.5	19.6	36.3	335.4	110.3
云　南	173333	51.03	5.49	7.55	0.76	327.7	1.7	5065.9	23.7	857.1	99.2	167.1	8431.1
西　藏	5883	2.88	0.34	0.73	0.07	1.0	5.4	6.0	0.2	1.3	0.7	2.8	5205.4
陕　西	168122	48.91	5.56	10.02	1.00	633.1	6.1	1456.8	35.4	510.5	138.8	701.0	1195.9
甘　肃	67072	36.57	3.72	5.13	0.47	728.4	21.1	5840.1	107.0	1161.1	721.8	1635.7	4695.9
青　海	23663	10.43	1.00	0.79	0.09	147.1	0.9	1304.5	6.2	93.4	1.2	7.0	1357.9
宁　夏	32025	21.10	1.62	3.60	0.42	161.5	68.7	6.9	2.6	0.8	0.8	106.1	49.2
新　疆	99952	66.03	4.56	15.54	1.30	406.3	9.1	137.3	22.6	16.6	526.4	824.6	620.4

注：本表数据为初步数。

表1–14　主要城市废水中主要污染物排放情况（2015年）

城　　市	工业废水排放量（万吨）	工业化学需氧量排放量（吨）	工业氨氮排放量（吨）	城镇生活污水排放量（万吨）	生活化学需氧量排放量（吨）	生活氨氮排放量（吨）
北　　京	8978	58354	2567	142555	79396	11564
天　　津	18973	113411	6841	73972	77944	15190
石 家 庄	20080	262424	10031	39682	3478	1672
太　　原	3544	26094	1659	24555	6988	2628
呼和浩特	3111	66205	22432	14432	21268	3925
沈　　阳	7990	60752	4012	38758	13321	12234
长　　春	3769	57668	3157	29551	31659	7250
哈 尔 滨	4809	101258	29333	36437	71954	10927
上　　海	46939	280456	9740	176800	141238	37718
南　　京	23206	177672	15406	64873	56258	12565
杭　　州	33807	631613	5692	64350	34386	7673
合　　肥	5335	42046	2104	45022	45297	5539
福　　州	4439	91823	2356	35650	64622	8893
南　　昌	10016	105480	1212	36430	41551	6098
济　　南	7415	69150	1845	32021	34952	5976
郑　　州	17580	49880	2017	55517	19902	7849
武　　汉	15453	79623	5147	76866	81290	11665
长　　沙	5102	41605	1119	53374	45568	7938
广　　州	18959	141521	9394	143112	106270	17518
南　　宁	7198	255150	3055	33236	50842	6755
海　　口	697	6330	125	12417	5088	2853
重　　庆	35524	286138	24743	114118	211324	34629
成　　都	11454	108583	3305	112635	96044	11216
贵　　阳	2700	14713	1356	25968	24074	3942
昆　　明	3917	23432	695	49617	11411	4845
拉　　萨	368	4215	153	2471	7197	1047
西　　安	5204	61186	5316	59348	53427	9226
兰　　州	4138	25891	2963	14186	32937	4570
西　　宁	2200	25502	1581	7776	19313	3749
银　　川	4874	64874	66302	8380	9731	2691
乌鲁木齐	3521	71968	17016	18710	12219	4005

注：本表数据为初步数。

表1-15　分地区废气中主要污染物排放情况（2015年）

单位：万吨

地　区	二氧化硫	氮氧化物	烟(粉)尘
全　国	1859.12	1851.02	1538.01
北　京	7.12	13.76	4.94
天　津	18.59	24.68	10.07
河　北	110.84	135.08	157.54
山　西	112.06	93.08	144.89
内蒙古	123.09	113.90	87.88
辽　宁	96.88	82.81	100.00
吉　林	36.29	50.17	44.73
黑龙江	45.63	64.48	64.41
上　海	17.08	30.06	12.07
江　苏	83.51	106.76	65.45
浙　江	53.78	60.77	33.02
安　徽	48.01	72.10	54.59
福　建	33.79	37.90	34.17
江　西	52.81	49.27	48.06
山　东	152.57	142.39	108.25
河　南	114.43	126.24	84.61
湖　北	55.14	51.45	44.70
湖　南	59.55	49.69	45.45
广　东	67.83	99.69	34.78
广　西	42.12	37.34	35.59
海　南	3.23	8.95	2.04
重　庆	49.58	32.07	20.91
四　川	71.76	52.59	41.26
贵　州	85.30	41.91	28.56
云　南	58.37	44.94	31.26
西　藏	0.54	5.27	1.71
陕　西	73.50	62.74	60.36
甘　肃	57.06	38.73	29.54
青　海	15.08	11.79	24.60
宁　夏	35.76	36.76	22.99
新　疆	77.83	73.65	59.59

注：本表数据为初步数。

表1–16　主要城市废气中主要污染物排放情况（2015年）

单位：吨

城　　市	工业二氧化硫排放量	工业氮氧化物排放量	工业烟(粉)尘排放量	生活二氧化硫排放量	生活氮氧化物排放量	生活烟尘排放量
北　　京	22070	26864	12987	49064	19143	33978
天　　津	154605	150210	73795	13767	9517	21072
石 家 庄	109015	115053	78867	48927	18715	9300
太　　原	64656	74804	53428	46311	9095	26028
呼和浩特	67279	86282	37983	13987	4777	17987
沈　　阳	97839	66522	84871	10428	5049	14000
长　　春	52369	90159	80781	7344	1600	17800
哈 尔 滨	49346	78695	67433	65909	22896	114030
上　　海	104852	121492	111370	29869	10492	3816
南　　京	101021	95682	84128	1750	400	1000
杭　　州	63814	55973	49176	967	358	137
合　　肥	40829	52276	85036	4067	424	3409
福　　州	55370	64751	90911	1726	306	1096
南　　昌	30399	12954	24818	182	57	215
济　　南	70326	63781	92887	29270	3629	13828
郑　　州	78989	92829	47782	15883	3438	14000
武　　汉	75035	75131	106899	6864	1699	1320
长　　沙	15952	12915	11641	4800	203	200
广　　州	48841	44349	9298	2363	1963	214
南　　宁	30678	26156	26008	8748	1068	4631
海　　口	2517	199	854	20	27	241
重　　庆	426800	159085	196416	68991	5051	5382
成　　都	37224	33299	20607	6686	2398	1226
贵　　阳	57192	27657	23545	46365	2774	3133
昆　　明	74017	39199	24533	5574	668	1967
拉　　萨	954	2670	4486	614	56	270
西　　安	38691	22364	16444	53586	16713	15563
兰　　州	61240	54079	45209	8575	2831	5569
西　　宁	57696	39163	61783	8348	3552	22261
银　　川	64883	60491	18795	8685	1748	7867
乌鲁木齐	58978	68015	45969	7551	2218	5439

注：本表数据为初步数。

表1—17　分地区固体废物处理利用情况（2015年）

单位：万吨

地　区	一般工业固体废物产生量	一般工业固体废物综合利用量	一般工业固体废物处置量	一般工业固体废物贮存量	一般工业固体废物倾倒丢弃量	危险废物产生量	危险废物综合利用量	危险废物处置量	危险废物贮存量
全　国	327079	198807	73034	58365	56	3976.11	2049.72	1173.98	810.30
北　京	710	592	118			14.99	7.59	7.37	0.04
天　津	1546	1524	22			12.57	3.15	9.43	0.01
河　北	35372	19900	14729	884		58.17	36.32	21.52	0.82
山　西	31794	17617	11305	2956		20.50	12.95	7.17	0.48
内蒙古	26669	12306	7554	6921	2	155.32	90.75	49.92	16.35
辽　宁	32434	10029	8067	14630	8	72.27	19.96	51.71	1.30
吉　林	5385	2986	1571	843	1	98.66	52.42	45.90	0.61
黑龙江	7495	4308	1273	1979	2	32.55	8.71	23.45	0.55
上　海	1868	1796	72	1		56.97	25.77	30.44	1.22
江　苏	10701	10207	407	98		255.31	127.76	120.34	11.08
浙　江	4486	4263	205	25		192.11	75.00	107.06	18.47
安　徽	13059	11763	1049	518		89.43	64.51	23.34	2.23
福　建	4956	3784	1157	87		37.31	12.05	22.84	6.19
江　西	10777	6152	272	4363	4	71.34	57.67	12.53	3.37
山　东	19798	18309	737	945		757.49	607.07	114.72	43.22
河　南	14722	11456	2786	561		74.35	29.70	42.14	3.35
湖　北	7750	5253	2078	488	1	59.00	21.15	37.22	1.57
湖　南	7126	4683	2014	468	1	258.52	221.81	13.02	26.17
广　东	5609	5103	439	74	1	182.41	75.30	103.69	4.53
广　西	6977	4388	546	2668		104.82	71.89	30.48	4.31
海　南	422	268	42	117		4.01	0.12	3.96	0.12
重　庆	2828	2424	383	57	7	45.23	25.04	19.29	1.23
四　川	12316	5507	4177	2745		111.94	59.08	51.75	1.81
贵　州	7055	4289	1902	1052	7	38.55	30.30	7.89	0.50
云　南	14109	7198	4163	2894	7	223.00	110.13	49.44	71.18
西　藏	400	12	41	367					
陕　西	9330	6102	1977	1265		57.96	11.74	33.10	15.21
甘　肃	5824	3079	2260	914		54.20	19.87	18.42	17.70
青　海	14868	7247	4	7636		499.18	139.47	11.85	354.15
宁　夏	3430	2131	929	439		9.75	5.53	4.17	0.50
新　疆	7263	4133	755	2368	15	328.16	26.93	99.83	202.04

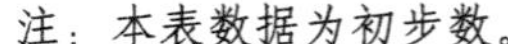
注：本表数据为初步数。

表1–18 主要城市固体废物处理利用情况(2015年)

单位：万吨

城　　市	一般工业固体废物产生量	一般工业固体废物综合利用量	一般工业固体废物处置量	一般工业固体废物贮存量
北　　京	709.86	591.56	118.41	0.12
天　　津	1545.66	1523.97	21.53	0.25
石 家 庄	1604.97	1591.38	14.26	11.75
太　　原	2560.14	1435.14	1040.92	84.09
呼和浩特	1165.20	379.62	565.90	237.25
沈　　阳	692.31	660.39	17.11	19.67
长　　春	387.90	297.85	89.81	0.27
哈 尔 滨	461.42	460.63	0.78	
上　　海	1868.07	1796.18	72.23	1.39
南　　京	1426.02	1290.58	135.08	0.81
杭　　州	649.23	575.25	73.48	1.76
合　　肥	817.96	749.73	10.34	59.07
福　　州	601.73	573.74	27.84	0.15
南　　昌	240.28	233.28	6.95	0.49
济　　南	857.26	851.97	5.30	0.01
郑　　州	1548.05	1175.77	330.76	41.52
武　　汉	1334.23	1324.05	49.23	27.18
长　　沙	107.64	92.71	11.41	4.55
广　　州	459.63	436.00	20.80	3.30
南　　宁	256.89	244.92	152.81	0.21
海　　口	4.60	4.06	0.54	0.00
重　　庆	2827.99	2423.85	382.71	56.51
成　　都	293.07	281.48	11.57	0.03
贵　　阳	1200.98	578.25	593.07	30.88
昆　　明	2396.90	871.48	1501.42	24.00
拉　　萨	331.53	11.86	9.27	312.78
西　　安	235.55	216.40	18.24	0.93
兰　　州	607.75	598.41	7.40	2.07
西　　宁	469.70	469.79	3.78	14.90
银　　川	803.32	353.52	350.66	99.81
乌鲁木齐	778.46	703.53	48.58	26.36

注：本表数据为初步数。

表1-19 环保重点城市空气质量情况（2015年）

城　　市	二氧化硫年平均浓度（μg/m³）	二氧化氮年平均浓度（μg/m³）	可吸入颗粒物(PM10)年平均浓度（μg/m³）	一氧化碳日均值第95百分位浓度(mg/m³)	臭氧(O_3)日最大8小时第90百分位浓度（μg/m³）	细颗粒物(PM2.5)年平均浓度（μg/m³）	空气质量达到及好于二级的天数(天)
北　京	14	50	102	3.6	203	81	186
天　津	29	42	117	3.1	142	70	216
石家庄	47	51	147	4.3	148	89	180
唐　山	49	61	141	4.2	182	85	156
秦皇岛	38	45	99	3.6	107	48	259
邯　郸	45	47	166	3.8	141	91	149
保　定	55	54	174	5.8	183	107	126
太　原	71	38	114	3.1	131	62	230
大　同	44	27	87	2.8	139	40	292
阳　泉	60	41	113	2.8	132	54	265
长　治	50	37	106	3.6	161	65	242
临　汾	64	33	90	4.5	114	59	266
呼和浩特	34	39	103	3.2	145	43	276
包　头	38	41	110	2.9	149	50	249
赤　峰	48	25	88	2.1	106	41	295
沈　阳	66	48	115	2.2	155	72	207
大　连	30	33	81	1.4	161	48	270
鞍　山	49	38	115	2.7	156	72	233
抚　顺	31	34	94	2.5	149	53	260
本　溪	43	41	89	2.9	136	56	274
锦　州	59	38	92	2.3	160	60	243
长　春	36	45	107	1.8	151	66	237
吉　林	30	37	98	2.0	154	59	238
哈尔滨	40	51	103	1.8	106	70	227
齐齐哈尔	26	24	63	1.5	108	38	307
牡丹江	20	25	78	2.0	122	48	278
上　海	17	46	69	1.5	161	53	252
南　京	19	50	97	1.7	171	57	231
无　锡	26	41	94	1.7	171	61	229
徐　州	38	39	122	2.3	153	65	225
常　州	30	45	102	1.8	165	59	245
苏　州	21	54	80	1.5	168	58	240
南　通	29	37	88	1.4	169	58	247
连云港	26	28	94	1.7	160	55	260
扬　州	24	30	101	1.5	176	55	238
镇　江	25	42	83	1.6	185	59	220
杭　州	16	49	85	1.5	169	57	242
宁　波	15	43	69	1.4	152	45	302
温　州	15	45	72	1.4	148	44	312
湖　州	17	41	76	1.5	190	54	219

表1-19 环保重点城市空气质量情况（2015年）（续一）

城　　市	二氧化硫年平均浓度（μg/m³）	二氧化氮年平均浓度（μg/m³）	可吸入颗粒物(PM10)年平均浓度（μg/m³）	一氧化碳日均值第95百分位浓度（mg/m³）	臭氧(O_3)日最大8小时第90百分位浓度（μg/m³）	细颗粒物(PM2.5)年平均浓度（μg/m³）	空气质量达到及好于二级的天数（天）
绍　兴	27	45	80	1.3	162	55	267
合　肥	16	33	92	1.8	108	66	238
芜　湖	20	37	81	1.9	72	58	282
马鞍山	24	35	87	2.2	141	61	272
福　州	6	33	56	1.0	119	29	344
厦　门	10	31	48	0.9	95	29	355
泉　州	10	25	53	1.0	122	28	360
南　昌	19	31	75	1.4	131	43	311
九　江	24	30	78	1.4	134	51	290
济　南	47	53	163	2.7	176	90	124
青　岛	28	36	98	1.8	146	52	263
淄　博	87	63	165	3.5	187	92	88
枣　庄	56	36	156	1.7	179	88	136
烟　台	21	33	80	1.6	150	48	190
潍　坊	44	36	135	2.1	194	72	171
济　宁	57	45	139	2.2	173	81	160
泰　安	39	42	127	2.8	173	69	199
日　照	26	38	105	1.9	160	62	227
郑　州	33	58	167	2.7	159	96	136
开　封	31	41	128	2.7	132	74	220
洛　阳	44	42	125	3.3	132	73	204
平顶山	50	43	143	2.0	173	88	131
安　阳	53	51	152	5.0	148	92	160
焦　作	49	50	150	3.9	150	87	168
三门峡	47	42	134	2.8	146	75	194
武　汉	18	52	104	1.8	170	70	189
宜　昌	20	35	107	1.7	122	70	248
荆　州	26	36	109	1.8	172	70	219
长　沙	18	38	76	1.5	147	61	257
株　洲	26	35	86	1.6	139	55	277
湘　潭	24	41	89	1.4	145	57	268
岳　阳	26	25	92	2.6	154	53	261
常　德	25	24	82	2.0	140	52	275
张家界	10	19	78	2.7	125	53	283
广　州	13	47	59	1.4	145	39	312
韶　关	19	25	50	1.6	134	34	341
深　圳	8	33	49	1.3	128	30	340
珠　海	9	29	51	1.6	142	31	323
汕　头	13	20	52	1.2	141	33	342
湛　江	10	15	45	1.4	137	28	324

表1-19　环保重点城市空气质量情况（2015年）（续二）

城　　市	二氧化硫年平均浓度（μg/m³）	二氧化氮年平均浓度（μg/m³）	可吸入颗粒物(PM10)年平均浓度（μg/m³）	一氧化碳日均值第95百分位浓度（mg/m³）	臭氧（O_3）日最大8小时第90百分位浓度（μg/m³）	细颗粒物(PM2.5)年平均浓度（μg/m³）	空气质量达到及好于二级的天数（天）
南　　宁	13	33	72	1.3	117	41	324
柳　　州	24	24	70	1.6	137	50	303
桂　　林	21	26	70	1.8	138	51	296
北　　海	9	14	48	1.7	132	29	344
海　　口	5	14	40	0.9	103	22	349
重　　庆	16	45	87	1.5	127	57	292
成　　都	14	53	108	2.0	183	64	211
自　　贡	17	31	103	1.5	119	73	233
攀 枝 花	34	32	64	2.7	119	32	353
泸　　州	23	33	89	0.9	121	62	266
德　　阳	13	30	86	1.4	156	53	260
绵　　阳	13	34	72	1.4	137	47	302
南　　充	12	31	90	1.6	96	61	265
宜　　宾	24	29	83	1.4	123	58	282
贵　　阳	17	28	61	1.1	120	39	340
遵　　义	15	29	71	1.2	108	42	321
昆　　明	17	30	56	1.4	110	30	350
曲　　靖	23	19	45	1.4	134	30	352
玉　　溪	18	18	42	2.2	87	24	338
拉　　萨	10	21	59	1.1	142	26	313
西　　安	24	44	126	3.4	145	58	250
铜　　川	25	36	105	2.5	132	58	269
宝　　鸡	15	36	108	2.7	132	57	268
咸　　阳	24	39	118	2.3	138	63	258
渭　　南	23	39	110	2.6	132	60	262
延　　安	28	50	103	3.7	143	49	282
兰　　州	23	53	120	3.1	132	52	252
金　　昌	45	19	106	1.9	135	37	301
西　　宁	31	38	106	2.8	126	49	295
银　　川	64	39	112	2.5	125	51	259
石 嘴 山	71	30	124	1.9	155	48	224
乌鲁木齐	15	52	133	3.6	122	66	218
克拉玛依	8	19	65	2.0	121	32	316

注：本表数据为初步数。

表1-20　分地区城市生活垃圾清运和处理情况（2015年）

地区	生活垃圾清运量（万吨）	无害化处理厂数（座）				无害化处理能力（吨/日）			
			卫生填埋	焚烧	其他		卫生填埋	焚烧	其他
全国	19141.9	890	640	220	30	576894	344135	219080	13679
北京	790.3	26	14	6	6	23821	8621	10400	4800
天津	240.7	9	4	4	1	10200	5100	4800	300
河北	635.9	47	35	11	1	22864	12104	10600	160
山西	447.0	24	18	6		13971	9529	4442	
内蒙古	329.1	28	26	1	1	11253	9803	1350	100
辽宁	933.2	31	26	2	3	24687	21876	1780	1031
吉林	490.3	25	20	4	1	13243	8893	3850	500
黑龙江	523.0	33	26	4	3	13673	10330	1800	1543
上海	613.2	12	5	5	2	20530	11230	8300	1000
江苏	1456.1	61	30	31		52816	20679	32137	
浙江	1332.6	59	25	33	1	47855	15220	32435	200
安徽	491.9	27	18	9		17187	9437	7750	
福建	608.1	27	13	14		19105	6805	12300	
江西	329.3	17	17			9740	9740		
山东	1377.5	62	39	21	2	37648	17838	18350	1460
河南	891.8	45	40	5		24307	19457	4850	
湖北	832.2	41	28	11	2	22826	10480	11421	925
湖南	638.2	32	30	2		21233	19633	1600	
广东	2320.4	73	47	21	5	70206	43226	25770	1210
广西	385.5	21	18	3		8851	7651	1200	
海南	160.1	11	7	4		4557	2172	2385	
重庆	440.0	18	16	2		9350	5750	3600	
四川	823.6	45	33	12		22565	13505	9060	
贵州	268.3	17	14	3		7520	5320	2200	
云南	371.0	24	19	5		9109	3909	5200	
西藏	32.9								
陕西	522.7	20	17	1	2	17591	15641	1500	450
甘肃	262.7	18	18			5061	5061		
青海	82.2	6	6			1930	1930		
宁夏	132.2	8	8			3990	3990		
新疆	380.0	23	23			9205	9205		

表1-20　分地区城市生活垃圾清运和处理情况（2015年）（续）

地　区	无害化处理量（万吨）				粪　便清运量（万吨）	粪便无害化处理量（万吨）	生活垃圾无害化处理率（%）
		卫生填埋	焚　烧	其　他			
全　国	18013.0	11483.1	6175.5	354.4	1436.8	673.7	94.1
北　京	622.4	325.8	209.4	87.3	204.7	188.8	78.8
天　津	223.2	109.1	114.2		28.1	7.3	92.7
河　北	610.5	384.9	220.4	5.2	95.7	32.4	96.0
山　西	434.3	309.5	124.9		34.0	0.8	97.2
内蒙古	321.6	294.4	26.3	1.0	37.8	17.4	97.7
辽　宁	888.7	777.9	70.3	40.5	89.4	17.4	95.2
吉　林	415.2	290.6	114.5	10.1	67.6	38.8	84.7
黑龙江	409.2	316.9	38.6	53.7	122.1	30.4	78.2
上　海	613.2	329.2	250.0	34.0	172.8	60.0	100.0
江　苏	1456.1	407.3	1048.8		72.5	43.0	100.0
浙　江	1322.2	548.9	773.3		81.5	58.6	99.2
安　徽	489.7	287.8	201.9		15.7	3.4	99.6
福　建	603.1	237.1	366.0		4.1	2.9	99.2
江　西	311.0	311.0			7.9	7.9	94.5
山　东	1377.5	749.8	562.2	65.4	108.0	37.7	100.0
河　南	856.1	704.2	151.9		36.6	11.7	96.0
湖　北	761.5	348.4	389.6	23.4	15.8	4.3	91.5
湖　南	636.9	591.2	45.7		6.7	4.8	99.8
广　东	2124.6	1388.0	708.2	28.4	85.5	49.0	91.6
广　西	380.3	354.6	25.7		8.7	5.4	98.7
海　南	159.8	69.3	90.5		5.7	0.3	99.8
重　庆	433.9	285.6	148.3		61.3	10.6	98.6
四　川	797.1	517.7	279.4		17.2	6.2	96.8
贵　州	251.7	226.4	25.3		1.0		93.8
云　南	334.1	146.5	187.6		21.0	9.6	90.0
西　藏					0.1		
陕　西	512.4	504.3	2.7	5.4	9.1	7.8	98.0
甘　肃	168.7	168.7			18.0	11.9	64.2
青　海	71.7	71.7			1.4		87.2
宁　夏	118.9	118.9			6.8	5.4	89.9
新　疆	307.4	307.4			0.1	0.1	80.9

表1-21 环保重点城市道路交通噪声监测情况（2015年）

城　市	等效声级 dB(A)	城　市	等效声级 dB(A)	城　市	等效声级 dB(A)
北　京	69.3	温　州	67.2	深　圳	69.3
天　津	67.7	湖　州	66.9	珠　海	67.2
石家庄	66.8	绍　兴	68.0	汕　头	68.5
唐　山	65.2	合　肥	67.7	湛　江	65.5
秦皇岛	65.6	芜　湖	68.3	南　宁	68.8
邯　郸	68.3	马鞍山	68.0	柳　州	62.8
保　定	70.3	福　州	68.4	桂　林	70.3
太　原	68.3	厦　门	67.9	北　海	68.7
大　同	67.9	泉　州	68.6	海　口	68.3
阳　泉	66.6	南　昌	67.1	重　庆	67.3
长　治	66.9	九　江	65.3	成　都	69.0
临　汾	69.1	济　南	70.0	自　贡	68.7
呼和浩特	69.1	青　岛	68.5	攀枝花	67.5
包　头	66.3	淄　博	66.8	泸　州	68.3
赤　峰	66.8	枣　庄	68.0	德　阳	66.2
沈　阳	70.0	烟　台	67.7	绵　阳	68.8
大　连	67.2	潍　坊	66.8	南　充	68.3
鞍　山	66.8	济　宁	66.5	宜　宾	64.8
抚　顺	66.9	泰　安	72.8	贵　阳	69.5
本　溪	65.5	日　照	64.7	遵　义	70.0
锦　州	69.5	郑　州	66.4	昆　明	68.8
长　春	69.5	开　封	69.3	曲　靖	63.2
吉　林	69.7	洛　阳	65.5	玉　溪	64.7
哈尔滨	73.5	平顶山	67.7	拉　萨	70.0
齐齐哈尔	69.9	安　阳	68.2	西　安	68.3
牡丹江	65.0	焦　作	67.7	铜　川	66.6
上　海	69.8	三门峡	65.0	宝　鸡	68.3
南　京	67.9	武　汉	69.6	咸　阳	65.4
无　锡	66.7	宜　昌	68.3	渭　南	65.6
徐　州	69.0	荆　州	68.7	延　安	65.1
常　州	68.2	长　沙	69.6	兰　州	68.9
苏　州	65.8	株　洲	65.5	金　昌	64.0
南　通	68.6	湘　潭	67.6	西　宁	69.3
连云港	67.1	岳　阳	69.1	银　川	67.1
扬　州	66.3	常　德	69.8	石嘴山	62.9
镇　江	66.9	张家界	69.8	乌鲁木齐	66.2
杭　州	68.6	广　州	69.0	克拉玛依	64.9
宁　波	68.3	韶　关	66.9		

注：本表数据为初步数。

表1-22 环保重点城市区域环境噪声监测情况（2015年）

城　　市	等效声级 dB(A)	城　　市	等效声级 dB(A)	城　　市	等效声级 dB(A)
北　　京	53.3	温　　州	54.8	深　　圳	56.8
天　　津	54.2	湖　　州	53.7	珠　　海	54.1
石 家 庄	50.8	绍　　兴	54.3	汕　　头	56.5
唐　　山	52.2	合　　肥	54.4	湛　　江	53.8
秦 皇 岛	55.5	芜　　湖	54.8	南　　宁	53.2
邯　　郸	53.6	马 鞍 山	55.0	柳　　州	55.8
保　　定	56.9	福　　州	56.6	桂　　林	54.3
太　　原	52.9	厦　　门	56.0	北　　海	57.1
大　　同	52.4	泉　　州	54.9	海　　口	55.0
阳　　泉	55.0	南　　昌	53.6	重　　庆	53.6
长　　治	51.9	九　　江	53.9	成　　都	54.2
临　　汾	51.9	济　　南	53.6	自　　贡	57.0
呼和浩特	54.1	青　　岛	56.7	攀 枝 花	51.6
包　　头	54.0	淄　　博	54.7	泸　　州	54.2
赤　　峰	54.0	枣　　庄	56.0	德　　阳	52.4
沈　　阳	55.6	烟　　台	54.0	绵　　阳	54.4
大　　连	54.2	潍　　坊	55.7	南　　充	54.7
鞍　　山	53.0	济　　宁	51.3	宜　　宾	53.4
抚　　顺	53.5	泰　　安	54.2	贵　　阳	58.9
本　　溪	56.6	日　　照	52.4	遵　　义	54.6
锦　　州	52.9	郑　　州	55.0	昆　　明	53.5
长　　春	56.1	开　　封	52.6	曲　　靖	51.3
吉　　林	53.2	洛　　阳	52.9	玉　　溪	54.9
哈 尔 滨	58.3	平 顶 山	54.9	拉　　萨	49.0
齐齐哈尔	52.0	安　　阳	54.3	西　　安	54.7
牡 丹 江	54.5	焦　　作	52.9	铜　　川	55.5
上　　海	56.2	三 门 峡	52.4	宝　　鸡	55.6
南　　京	54.2	武　　汉	55.9	咸　　阳	57.4
无　　锡	57.2	宜　　昌	55.0	渭　　南	55.6
徐　　州	55.5	荆　　州	56.4	延　　安	53.7
常　　州	52.4	长　　沙	54.9	兰　　州	54.6
苏　　州	53.2	株　　洲	54.8	金　　昌	49.9
南　　通	57.7	湘　　潭	52.6	西　　宁	52.2
连 云 港	53.0	岳　　阳	50.9	银　　川	53.1
扬　　州	54.3	常　　德	53.9	石 嘴 山	51.0
镇　　江	53.9	张 家 界	51.7	乌鲁木齐	53.7
杭　　州	56.2	广　　州	55.2	克拉玛依	53.3
宁　　波	57.0	韶　　关	55.9		

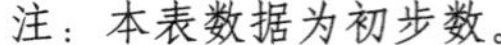

注：本表数据为初步数。

表1–23　分地区耕地面积

单位：千公顷

地　区	2010	2011	2012	2013	2014	2015
地方合计	135268.3	135238.6	135158.4	135163.4	135057.3	134998.7
北　京	223.8	222.0	220.9	221.2	219.9	219.3
天　津	443.7	441.1	439.3	438.3	437.2	436.9
河　北	6551.4	6565.0	6558.3	6551.2	6535.5	6525.5
山　西	4064.2	4064.5	4064.2	4062.0	4056.8	4058.8
内蒙古	9187.6	9189.4	9186.9	9199.0	9230.7	9238.0
辽　宁	5031.2	5013.2	4998.9	4989.7	4981.7	4977.4
吉　林	7017.4	7021.2	7013.7	7006.5	7001.4	6999.2
黑龙江	15858.0	15849.1	15845.9	15864.1	15860.0	15854.1
上　海	188.2	187.6	188.2	188.0	188.2	189.8
江　苏	4595.5	4587.8	4584.7	4581.6	4574.2	4574.9
浙　江	1983.7	1981.6	1979.4	1978.5	1976.6	1978.6
安　徽	5894.9	5886.5	5881.3	5883.1	5872.1	5872.9
福　建	1338.3	1337.9	1338.4	1338.7	1336.4	1336.3
江　西	3085.0	3085.3	3083.5	3087.3	3085.4	3082.7
山　东	7658.1	7646.9	7635.7	7633.5	7620.6	7611.0
河　南	8177.5	8161.9	8156.8	8140.7	8117.9	8105.9
湖　北	5312.3	5301.5	5290.0	5281.8	5261.7	5255.0
湖　南	4137.5	4138.0	4146.2	4149.5	4149.0	4150.2
广　东	2569.4	2601.3	2614.4	2621.8	2623.3	2615.9
广　西	4424.7	4421.5	4414.2	4419.4	4410.3	4402.3
海　南	729.9	726.6	726.7	726.7	725.7	725.9
重　庆	2442.9	2449.7	2451.3	2455.8	2454.6	2430.5
四　川	6720.1	6735.6	6732.1	6734.8	6734.2	6731.4
贵　州	4566.2	4560.7	4552.2	4548.1	4540.1	4537.4
云　南	6240.1	6233.5	6224.9	6219.8	6207.4	6208.5
西　藏	442.4	442.4	442.2	441.8	442.5	443.0
陕　西	3991.7	3989.9	3985.5	3992.0	3994.8	3995.2
甘　肃	5396.5	5388.0	5383.5	5378.8	5377.9	5374.9
青　海	587.9	588.3	588.5	588.2	585.7	588.4
宁　夏	1286.7	1285.0	1282.7	1281.1	1285.9	1290.1
新　疆	5121.5	5135.4	5148.1	5160.2	5169.5	5188.9

注：本表数据来源于国土资源部，为当年全国土地变更调查数据。

表1-24　分地区土地利用情况（2015年）

单位：千公顷

地　区	农用地	#园　地	#牧草地	建设用地	居民点及工矿用地	交通运输用　地	水利设施用　地
全　国	645456.8	14323.3	219420.6	38593.3	31429.8	3591.4	3572.1
北　京	1147.8	134.9	0.2	357.0	304.4	32.1	20.6
天　津	696.4	29.9		411.9	329.1	29.5	53.3
河　北	13084.3	837.2	401.7	2187.4	1891.5	188.2	107.8
山　西	10029.6	407.0	33.8	1026.0	884.5	103.8	37.6
内蒙古	82897.3	56.7	49547.5	1621.9	1340.0	213.5	68.5
辽　宁	11535.6	468.6	3.2	1623.5	1331.7	154.3	137.5
吉　林	16606.2	65.8	237.2	1089.9	861.8	92.3	135.8
黑龙江	39922.7	44.7	1096.3	1622.0	1223.4	155.0	243.6
上　海	314.6	16.7		307.1	274.4	30.0	2.8
江　苏	6497.0	301.1	0.1	2270.8	1886.3	219.3	165.2
浙　江	8613.3	585.1	0.3	1282.0	998.3	143.4	140.3
安　徽	11153.8	351.0	0.5	1980.8	1636.6	137.5	206.8
福　建	10880.2	773.0	0.3	819.7	628.2	119.8	71.7
江　西	14437.0	326.1	0.7	1272.4	961.0	109.1	202.3
山　东	11528.5	721.2	5.8	2820.1	2376.9	211.7	231.5
河　南	12681.2	220.6	0.3	2586.5	2218.4	181.3	186.8
湖　北	15765.8	482.9	2.0	1696.0	1305.6	121.0	269.5
湖　南	18194.0	664.4	13.5	1619.9	1327.3	140.2	152.4
广　东	14972.9	1271.3	3.1	2004.6	1631.3	179.4	193.9
广　西	19557.0	1084.7	5.2	1217.7	902.8	134.2	180.6
海　南	2973.9	921.5	18.0	340.7	258.3	24.8	57.6
重　庆	7080.4	270.9	45.5	659.8	560.1	61.2	38.5
四　川	42180.6	732.0	10958.5	1809.0	1543.8	147.5	117.7
贵　州	14759.1	164.6	72.6	681.2	544.9	94.9	41.3
云　南	32944.0	1633.9	147.3	1065.2	837.7	111.7	115.7
西　藏	87240.1	1.6	70692.3	145.0	100.3	37.5	7.2
陕　西	18613.1	819.7	2178.5	941.4	801.2	104.0	36.1
甘　肃	18549.5	257.1	5920.6	895.7	775.3	81.7	38.8
青　海	45101.5	6.1	40808.9	343.8	230.9	49.2	63.6
宁　夏	3809.9	50.4	1494.0	313.7	267.6	37.0	9.1
新　疆	51689.5	622.9	35732.6	1580.3	1196.2	146.2	237.9

表1-25 分地区森林资源情况

地 区	林业用地面积（万公顷）	森林面积（万公顷）	#人工林	森林覆盖率（%）	活立木总蓄积量（万立方米）	森林蓄积量（万立方米）
全 国	31259.00	20768.73	6933.38	21.63	1643280.62	1513729.72
北 京	101.35	58.81	37.15	35.84	1828.04	1425.33
天 津	15.62	11.16	10.56	9.87	453.98	374.03
河 北	718.08	439.33	220.90	23.41	13082.23	10774.95
山 西	765.55	282.41	131.81	18.03	11039.38	9739.12
内蒙古	4398.89	2487.90	331.65	21.03	148415.92	134530.48
辽 宁	699.89	557.31	307.08	38.24	25972.07	25046.29
吉 林	856.19	763.87	160.56	40.38	96534.93	92257.37
黑龙江	2207.40	1962.13	246.53	43.16	177720.97	164487.01
上 海	7.73	6.81	6.81	10.74	380.25	186.35
江 苏	178.70	162.10	156.82	15.80	8461.42	6470.00
浙 江	660.74	601.36	258.53	59.07	24224.93	21679.75
安 徽	443.18	380.42	225.07	27.53	21710.12	18074.85
福 建	926.82	801.27	377.69	65.95	66674.62	60796.15
江 西	1069.66	1001.81	338.60	60.01	47032.40	40840.62
山 东	331.26	254.60	244.52	16.73	12360.74	8919.79
河 南	504.98	359.07	227.12	21.50	22880.68	17094.56
湖 北	849.85	713.86	194.85	38.40	31324.69	28652.97
湖 南	1252.78	1011.94	474.61	47.77	37311.50	33099.27
广 东	1076.44	906.13	557.89	51.26	37774.59	35682.71
广 西	1527.17	1342.70	634.52	56.51	55816.60	50936.80
海 南	214.49	187.77	136.20	55.38	9774.49	8903.83
重 庆	406.28	316.44	92.55	38.43	17437.31	14651.76
四 川	2328.26	1703.74	449.26	35.22	177576.04	168000.04
贵 州	861.22	653.35	237.30	37.09	34384.40	30076.43
云 南	2501.04	1914.19	414.11	50.03	187514.27	169309.19
西 藏	1783.64	1471.56	4.88	11.98	228812.16	226207.05
陕 西	1228.47	853.24	236.97	41.42	42416.05	39592.52
甘 肃	1042.65	507.45	102.97	11.28	24054.88	21453.97
青 海	808.04	406.39	7.44	5.63	4884.43	4331.21
宁 夏	180.10	61.80	14.43	11.89	872.56	660.33
新 疆	1099.71	698.25	94.00	4.24	38679.57	33654.09

注：1.本表为第八次全国森林资源清查（2009—2013)资料。
2.全国总计数包括台湾省和香港、澳门特别行政区数据。

表1-26 造林面积

单位：公顷

年份 地区	造林总面积	按造林方式分				
		人工造林	飞播造林	新封山育林	退化林修复	人工更新
2000	5105138	4345008	760130			
2005	3647942	3231556	416386			
2006	2717925	2446122	271803			
2007	3907711	2738521	118671	1050519		
2008	5354387	3684913	154065	1515409		
2009	6262330	4156293	226337	1879700		
2010	5909919	3872762	195948	1841209		
2011	5996613	4065693	196931	1733989		
2012	5595791	3820704	136409	1638678		
2013	6100057	4209686	154400	1735971		
2014	5549612	4052912	108055	1388645		
2015	7683695	4362589	128390	2152877	739334	300505
北京	20331	8133		7798	4338	62
天津	8032	8032				
河北	366523	284083		58840	18338	5262
山西	285944	220945		59999	5000	
内蒙古	704054	360896	79389	227733	26774	9262
辽宁	215277	102615		100257	840	11565
吉林	199851	112003		4667	59633	23548
黑龙江	134972	41093		67038	24775	2066
上海	3241	3241				
江苏	45216	42576		400	299	1941
浙江	71595	20985		31739	6931	11940
安徽	236941	146000		80002	7954	2985
福建	253824	33919		139412	26308	54185
江西	233694	141678		59368	27129	5519
山东	221207	206552		1333	10417	2905
河南	216820	154749	13332	31931	16808	
湖北	288117	186022		98177		3918
湖南	559829	215728		188577	134710	20814
广东	401331	118463		124885	76846	81137
广西	197575	100764		47959	7185	41667
海南	23385	11003			1493	10889
重庆	246695	150853		88921	6921	
四川	408942	264567		59496	82328	2551
贵州	483246	329509		153737		
云南	582529	350510		151574	74864	5581
西藏	82786	29436		53350		
陕西	379086	222564	34670	69799	52053	
甘肃	319364	254308		62283	2773	
青海	112668	53042		59626		
宁夏	81313	37895		36743	6675	
新疆	279615	149553	999	87233	39122	2708
大兴安岭	19692	872			18820	

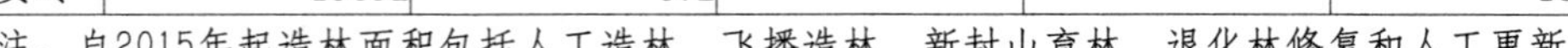

注：自2015年起造林面积包括人工造林、飞播造林、新封山育林、退化林修复和人工更新。

表1-27　分地区草原建设利用情况（2015年）

单位：千公顷

地　区	草原总面积	累计种草保留面积	当年新增种草面积	草原鼠害		草原虫害		草原火灾受害面积
				危害面积	治理面积	危害面积	治理面积	
全　国	392832.7	23083.6	7569.9	29084.2	6154.3	12547.3	4619.6	118.1
北　京	394.8	5.5	5.5					
天　津	146.6	3.8	0.8					
河　北	4712.1	636.3	119.4	291.3	116.5	435.6	272.0	
山　西	4552.0	392.9	210.0	326.0	100.7	323.1	102.1	
内蒙古	78804.5	4892.2	2186.5	4318.8	1167.0	4435.9	1379.1	106.9
辽　宁	3388.8	824.0	365.0	276.6	172.1	288.1	125.2	
吉　林	5842.2	637.5	249.0	320.7	196.7	281.9	104.9	0.7
黑龙江	7531.8	430.9	134.9	171.3	65.4	245.1	95.0	9.3
上　海	73.3							
江　苏	412.7	30.8	24.3					
浙　江	3169.9							
安　徽	1663.2	100.1	84.0					
福　建	2048.0	10.4	10.4					
江　西	4442.3	214.3	136.5					
山　东	1638.0	112.7	62.3					
河　南	4433.8	81.2	50.8					
湖　北	6352.2	214.1	74.1					
湖　南	6372.7	227.3	39.7					
广　东	3266.2	43.9	23.4					
广　西	8698.3	102.4	34.2					
海　南	949.8	18.5						
重　庆	2158.4	81.2	38.8					
四　川	20380.4	2555.9	743.0	2920.4	893.9	861.0	334.9	0.4
贵　州	4287.3	568.3	120.7					
云　南	15308.4	1271.1	344.3					
西　藏	82051.9	1025.0	268.0	2840.0	153.3	81.3	60.2	
陕　西	5206.2	997.9	154.8	700.0	265.4	246.7	63.2	
甘　肃	17904.2	3092.3	716.0	4053.3	406.7	1277.3	306.7	0.1
青　海	36369.7	1564.5	326.7	7547.3	436.7	1189.2	551.9	0.5
宁　夏	3014.1	778.4	172.7	215.1	593.9	351.3	102.9	0.1
新　疆	57258.8	2170.3	874.1	5103.3	1586.1	2531.0	1121.6	0.1

表1—28　分地区湿地面积

地　区	湿地面积（千公顷）	天然湿地					人工湿地	湿地面积占辖区面积比重（%）
			近海与海岸	河　流	湖　泊	沼　泽		
全　国	53602.6	46674.7	5795.9	10552.1	8593.8	21732.9	6745.9	5.56
北　京	48.1	24.2		22.7	0.2	1.3	23.9	2.86
天　津	295.6	151.1	104.3	32.3	3.6	10.9	144.5	23.94
河　北	941.9	694.6	231.9	212.5	26.6	223.6	247.3	5.04
山　西	151.9	108.1		96.9	3.1	8.1	43.8	0.97
内蒙古	6010.6	5878.8		463.7	566.2	4848.9	131.8	5.08
辽　宁	1394.8	1077.7	713.2	251.5	2.9	110.1	317.1	9.42
吉　林	997.6	862.9		223.5	112.0	527.4	134.7	5.32
黑龙江	5143.3	4953.8		733.5	356.0	3864.3	189.5	11.31
上　海	464.6	409.0	386.6	7.3	5.8	9.3	55.6	73.27
江　苏	2822.8	1948.8	1087.5	296.6	536.7	28.0	874.0	27.51
浙　江	1110.1	843.3	692.5	141.2	8.9	0.7	266.8	10.91
安　徽	1041.8	713.6		309.6	361.1	42.9	328.2	7.46
福　建	871.0	711.2	575.6	135.1	0.3	0.2	159.8	7.18
江　西	910.1	710.7		310.8	374.1	25.8	199.4	5.45
山　东	1737.5	1103.0	728.5	257.8	62.6	54.1	634.5	11.07
河　南	627.9	380.7		368.9	6.9	4.9	247.2	3.76
湖　北	1445.0	764.2		450.4	276.9	36.9	680.8	7.77
湖　南	1019.7	813.5		398.4	385.8	29.3	206.2	4.81
广　东	1753.4	1158.1	815.1	337.9	1.5	3.6	595.3	9.76
广　西	754.3	536.6	259.0	268.9	6.3	2.4	217.7	3.20
海　南	320.0	242.0	201.7	39.7	0.6		78.0	9.14
重　庆	207.2	87.7		87.3	0.3	0.1	119.5	2.51
四　川	1747.8	1665.6		452.3	37.4	1175.9	82.2	3.61
贵　州	209.7	151.6		138.1	2.5	11.0	58.1	1.19
云　南	563.5	392.5		241.8	118.5	32.2	171.0	1.43
西　藏	6529.0	6524.0		1434.5	3035.2	2054.3	5.0	5.35
陕　西	308.5	276.2		257.6	7.6	11.0	32.3	1.50
甘　肃	1693.9	1642.4		381.7	15.9	1244.8	51.5	3.73
青　海	8143.6	8001.0		885.3	1470.3	5645.4	142.6	11.27
宁　夏	207.2	169.5		97.9	33.5	38.1	37.7	4.00
新　疆	3948.2	3678.3		1216.4	774.5	1687.4	269.9	2.38

注：1.本表为中国第二次湿地调查资料。
　　2.全国总计数包括台湾省和香港、澳门特别行政区数据。

表1−29　分地区自然保护基本情况（2015年）

地　区	自然保护区个数（个）	#国家级	自然保护区面积（万公顷）	#国家级
全　国	2740	428	14702.8	9648.8
北　京	20	2	13.4	2.6
天　津	8	3	9.1	3.8
河　北	44	13	70.0	25.6
山　西	46	7	110.3	11.7
内蒙古	182	29	1271.0	426.9
辽　宁	104	17	275.4	97.8
吉　林	51	20	252.5	110.7
黑龙江	251	36	750.2	303.1
上　海	4	2	13.6	6.6
江　苏	30	3	53.0	29.9
浙　江	35	10	20.0	14.7
安　徽	105	7	45.8	13.9
福　建	92	16	44.5	24.0
江　西	200	14	122.6	23.1
山　东	88	7	111.9	22.0
河　南	33	12	74.1	43.7
湖　北	77	18	105.0	42.8
湖　南	128	23	130.9	63.5
广　东	384	15	184.9	32.6
广　西	78	22	141.9	38.8
海　南	49	10	270.7	15.8
重　庆	57	6	82.7	25.5
四　川	168	30	828.6	293.6
贵　州	124	8	89.3	24.4
云　南	159	20	287.3	150.3
西　藏	47	9	4136.9	3715.3
陕　西	60	22	113.1	60.0
甘　肃	60	20	916.8	687.7
青　海	11	7	2166.5	2073.4
宁　夏	14	9	53.3	46.0
新　疆	31	11	1957.5	1218.9

注：本表数据为初步数。

表1—30 地区自然灾害损失情况(2015年)

单位：千公顷

地 区	农作物受灾面积合计		旱 灾		洪涝、山体滑坡、泥石流和台风	
	受灾	绝收	受灾	绝收	受灾	绝收
全 国	21769.8	2232.7	10609.7	1046.1	7341.3	841.0
北 京	6.2	0.9	0.2	0.2	0.7	
天 津						
河 北	1798.8	169.5	1112.7	81.7	282.2	31.1
山 西	1142.6	140.4	1023.4	126.0	31.4	6.7
内蒙古	2700.8	315.0	2171.7	254.0	185.2	21.2
辽 宁	1482.8	240.5	1429.5	233.0	6.8	0.9
吉 林	846.2	74.0	700.0	60.0	24.2	3.9
黑龙江	1175.3	68.8	484.1	10.1	481.7	40.2
上 海	12.3	1.1			12.3	1.1
江 苏	615.5	41.0			459.7	33.4
浙 江	393.2	58.0			392.4	58.0
安 徽	966.7	149.0			789.9	141.0
福 建	203.3	26.5			203.1	26.4
江 西	455.3	39.5			439.3	38.6
山 东	1379.0	98.9	883.2	65.4	245.1	8.4
河 南	225.1	12.2			52.6	2.8
湖 北	1115.6	90.5	117.7	12.1	873.7	74.4
湖 南	765.1	88.5			752.6	88.0
广 东	846.3	92.9	147.7	19.0	694.2	73.9
广 西	545.7	32.3	160.0	3.1	382.5	28.9
海 南	41.2	3.7	4.2		37.0	3.7
重 庆	70.8	9.1			60.6	7.6
四 川	562.7	57.0	222.9	10.7	258.1	33.3
贵 州	224.4	29.5	18.9	2.2	160.6	20.7
云 南	1028.3	111.6	514.9	47.9	231.6	42.0
西 藏	11.8	1.8	1.3	0.3	7.6	1.2
陕 西	744.3	73.7	561.6	38.1	90.9	19.7
甘 肃	1011.2	76.2	533.1	47.5	80.6	7.0
青 海	220.5	21.6	126.5	5.4	9.8	3.8
宁 夏	218.8	27.2	172.1	22.6	4.6	1.8
新 疆	960.0	81.8	224.0	6.8	90.3	21.3

表1-30　地区自然灾害损失情况(2015年)(续)

单位：千公顷

地　区	风雹灾害		低温冷冻和雪灾		人口受灾		直　接
	受灾	绝收	受灾	绝收	受灾人口(万人次)	死亡人口(含失踪)(人)	经济损失(亿元)
全　国	2918.0	309.1	900.3	36.5	18620.3	967	2704.1
北　京	5.3	0.7			5.5		1.3
天　津							
河　北	346.8	54.7	57.1	2.0	1699.5	12	107.5
山　西	55.8	5.1	32.0	2.6	863.3	10	103.3
内蒙古	301.5	37.9	42.4	1.9	584.4	26	113.5
辽　宁	46.5	6.6			715.6	10	65.1
吉　林	121.8	10.1	0.2		450.5		81.9
黑龙江	146.5	15.1	63.0	3.4	249.7	3	39.5
上　海					16.9	1	3.5
江　苏	97.0	6.0	58.8	1.6	534.8	10	84.9
浙　江	0.8				704.6	79	228.2
安　徽	118.7	6.5	58.1	1.5	1069.7	27	118.9
福　建	0.2	0.1			370.9	50	189.1
江　西	16.0	0.9			628.3	50	69.7
山　东	207.6	23.4	43.1	1.7	1173.2	11	80.7
河　南	152.6	8.9	19.9	0.5	516.5	19	44.0
湖　北	50.5	2.7	73.7	1.3	1100.2	54	82.2
湖　南	11.8	0.3	0.7	0.2	1221.4	32	126.7
广　东	4.4				848.7	36	315.3
广　西	3.2	0.3			768.3	60	48.5
海　南					144.9	6	14.2
重　庆	10.2	1.5			189.2	32	22.0
四　川	71.7	12.8	9.7	0.2	997.5	88	132.0
贵　州	40.8	6.5	4.0	0.1	588.0	68	72.6
云　南	112.0	13.8	169.7	7.9	1279.2	104	141.9
西　藏	1.4	0.3	1.5		55.4	38	107.2
陕　西	75.5	10.7	16.3	5.2	583.0	104	72.7
甘　肃	263.0	20.2	134.5	1.5	658.0	3	61.6
青　海	49.8	11.9	34.4	0.5	189.5	15	12.0
宁　夏	38.1	2.8	4.0		131.0		8.3
新　疆	568.5	49.3	77.2	4.4	282.6	19	155.8

注：死亡人口(含失踪)和直接经济损失含森林、海洋等灾害。

表1-31 地质灾害及防治情况

年份 地区	发生地质灾害数量(处)	#滑坡	#崩塌	#泥石流	#地面塌陷	人员伤亡(人)	#死亡人数	直接经济损失(万元)	地质灾害防治项目数(个)	地质灾害防治投资(万元)
2000	19653	13431	2945	1958	347	27697	1179	494201	429	33197
2005	17751	9367	7654	566	137	1223	578	357678	3179	166860
2006	102804	88523	13160	417	398	1227	663	431590	2914	193570
2007	25364	15478	7722	1215	578	1123	598	247528	3492	244885
2008	26580	13450	8080	843	454	1598	656	326936	5325	529939
2009	10580	6310	2378	1442	326	845	331	190109	28061	542368
2010	30670	22250	5688	1981	478	3445	2244	638509	28106	1159813
2011	15804	11504	2445	1356	386	413	244	413151	20871	928085
2012	14675	11112	2152	952	364	636	293	625253	26882	1024183
2013	15374	9832	3288	1547	385	929	482	1043568	36984	1235363
2014	10937	8149	1860	554	307	637	360	567027	32019	1634039
2015	8355	5668	1870	483	292	422	226	250528	26289	1762663
北　京	22	4	16		2			130	59	10000
天　津									3	630
河　北	5		1		2			102	287	13332
山　西	5	1	3					333	81	56411
内蒙古	5	3	1		1	11	7	9	1	1060
辽　宁	5		2		3			3	36	7238
吉　林	21	1	6	11	3			132	14	4590
黑龙江									6	4375
上　海	1								1	5322
江　苏	43	35	6		2			2096	115	10899
浙　江	385	268	73	44		50	47	7743	1507	55342
安　徽	616	312	272	19	13	2	1	13679	492	14205
福　建	225	201	23	1		14	13	3928	698	51369
江　西	2470	1766	656	24	24	18	12	8598	112	18455
山　东	18	1	1		16			30	53	16488
河　南	30	5	2	1	22	4	4	256	4	2682
湖　北	340	252	60	14	14	41	21	7170	286	12951
湖　南	2323	1971	228	59	50	27	18	43363	980	242912
广　东	191	60	111	5	12	13	6	3666	2501	64245
广　西	357	76	178	1	100	54	17	2936	668	25329
海　南	2		1		1			58	18	2302
重　庆	63	44	12	3	3	15	7	7750	375	38000
四　川	349	153	75	121		4	3	26231	14652	220972
贵　州	163	123	31	2	4	42	27	15980	2000	179462
云　南	516	328	63	99	15	44	26	32101	982	225886
西　藏	82	9	11	62		5	3	7904	20	11418
陕　西	38	16	17	1	1	71	12	51197	121	263957
甘　肃	44	22	16	3	3	4		14003	197	194288
青　海	18	14	2	2		3	2	746	16	5754
宁　夏	5	2	2					39	1	1000
新　疆	13	1	1	10	1			345	3	1790

表1－32　森林火灾情况（2015年）

地　区	森林火灾次　数（次）	一　般火　灾	较　大火　灾	重　大火　灾	特别重大火灾	火　场总面积（公顷）	受害森林面　积（公顷）	伤亡人数（人）	其他损失折　款（万元）
全　国	2936	1676	1254	6		33077	12940	26	6371.4
北　京									
天　津	1	1				1			
河　北	74	66	8			471	86		9.0
山　西	10	1	9			814	172		708.7
内蒙古	123	41	77	5		3847	3254		3380.5
辽　宁	116	50	66			1922	885	7	88.0
吉　林	125	94	31			541	226		128.8
黑龙江	94	87	7			787	158		0.3
上　海									
江　苏	8	8				1			
浙　江	67	9	58			854	301	3	
安　徽	22	21	1			19	5		0.6
福　建	114	5	108	1		2147	1416	2	144.9
江　西	40	9	31			1617	335		224.5
山　东	10	5	5			75	34		1.0
河　南	45	45				210	3		3.5
湖　北	70	57	13			293	29	1	10.7
湖　南	51	22	29			534	285	3	188.1
广　东	273	61	212			3044	1300	2	177.3
广　西	949	591	358			7785	1769	5	397.7
海　南	137	65	72			1033	574		117.2
重　庆	8	8				14	5		13.3
四　川	220	183	37			1408	303	2	187.4
贵　州	153	110	43			1964	607		73.3
云　南	130	71	59			3024	806		206.7
西　藏	3	2	1			186	23		
陕　西	53	34	19			135	85	1	11.2
甘　肃	8	5	3			15	11		0.9
青　海	6	5	1			163	143		285.3
宁　夏	7	5	2			33	9		
新　疆	19	15	4			144	117		12.5

表1－33　林业有害生物防治情况

单位：万公顷

年份 地区	合计			森林病害		森林虫害		森林鼠害		有害植物	
	发生面积	防治面积	防治率(%)	发生面积	防治面积	发生面积	防治面积	发生面积	防治面积	发生面积	防治面积
2000	851.86	574.19	67.4	93.45	61.95	669.28	456.59	89.12	55.65		
2005	961.03	640.75	66.7	101.20	70.62	726.09	498.51	133.73	71.62		
2006	1100.67	735.47	66.8	103.87	71.80	829.87	557.20	166.93	106.47		
2007	1209.68	801.20	66.2	110.95	85.88	887.72	604.53	211.02	110.79		
2008	1141.84	783.96	68.7	116.83	90.48	843.19	590.23	181.81	103.25		
2009	1141.97	819.38	71.8	103.12	81.88	850.30	638.14	188.55	99.36		
2010	1164.24	812.36	69.8	129.06	89.56	852.32	628.70	182.86	94.11		
2011	1168.14	728.50	62.4	119.72	79.23	845.91	546.58	202.51	102.69		
2012	1176.90	782.59	66.5	131.16	84.26	846.29	572.93	199.45	125.41		
2013	1223.05	766.83	62.7	139.17	89.88	847.46	589.56	224.25	82.97	12.16	4.43
2014	1206.45	787.43	65.3	137.28	86.71	841.28	599.54	211.60	96.03	16.29	5.16
2015	1218.35	877.77	72.0	139.05	97.71	846.64	620.92	214.82	150.19	17.84	8.94
北　京	3.95	3.95	100.0	0.20	0.20	3.74	3.74				
天　津	4.63	4.62	99.8	0.65	0.65	3.98	3.97				
河　北	48.25	37.90	78.5	2.79	2.36	41.60	31.97	3.87	3.57		
山　西	23.90	11.90	49.8	0.30	0.20	19.01	9.29	4.52	2.34	0.07	0.07
内蒙古	122.84	64.56	52.6	21.51	9.45	75.63	39.06	25.70	16.05		
辽　宁	65.05	56.32	86.6	6.62	5.64	57.90	50.30	0.53	0.38		
吉　林	19.54	13.74	70.3	2.18	1.92	14.49	9.42	2.88	2.41		
黑龙江	41.74	35.59	85.3	3.53	2.94	18.63	15.72	19.58	16.93		
上　海	0.45	0.44	96.5	0.04	0.04	0.41	0.40				
江　苏	9.81	8.37	85.2	0.87	0.79	8.84	7.47			0.10	0.10
浙　江	11.53	10.15	88.0	1.36	1.30	10.17	8.85				
安　徽	39.11	32.75	83.8	4.98	4.27	34.12	28.48				
福　建	21.87	20.56	94.0	0.98	0.95	20.89	19.60				
江　西	24.46	13.21	54.0	4.69	2.23	19.77	10.98				
山　东	46.05	45.08	97.9	8.13	7.84	37.92	37.24				
河　南	59.79	50.55	84.5	12.11	10.30	47.67	40.24				
湖　北	44.93	32.40	72.1	3.93	2.93	28.68	23.42	0.27	0.15	12.06	5.90
湖　南	40.17	32.25	80.3	3.29	2.50	36.87	29.75	0.01			
广　东	29.07	13.20	45.4	1.44	1.31	24.80	9.96			2.83	1.93
广　西	39.61	8.29	20.9	3.91	0.49	35.48	7.60	0.02	0.02	0.20	0.17
海　南	2.56	0.70	27.4	0.04	0.010	1.05	0.48			1.47	0.21
重　庆	29.27	21.33	72.9	2.17	1.74	20.88	16.80	6.22	2.80		
四　川	71.61	50.69	70.8	8.46	4.48	58.61	43.70	4.54	2.50		
贵　州	20.04	18.70	93.3	1.51	0.98	17.99	17.24	0.53	0.47		
云　南	46.24	43.23	93.5	8.24	7.89	36.51	34.43	0.39	0.38	1.10	0.54
西　藏	28.07	17.12	61.0	8.04	4.91	14.24	9.65	5.79	2.56		
陕　西	42.48	32.70	77.0	2.93	2.43	30.49	22.39	9.05	7.89		
甘　肃	37.46	20.21	53.9	7.90	5.26	16.13	8.25	13.44	6.70		
青　海	28.42	10.96	38.6	0.51		8.83	2.11	19.09	8.85		
宁　夏	26.02	20.83	80.1	3.32	2.45	10.78	8.68	11.91	9.69	0.01	0.01
新　疆	176.08	133.35	75.7	10.60	7.63	86.63	65.85	78.85	59.87		
大兴安岭	13.34	12.12	90.9	1.81	1.60	3.88	3.87	7.65	6.65		

表1-34　突发环境事件情况(2015年)

地　区	突发环境事件次数(次)	特别重大环境事件	重　大环境事件	较　大环境事件	一　般环境事件
全　国	334		3	5	326
北　京	15				15
天　津	1				1
河　北	6		1		5
山　西	3				3
内蒙古					
辽　宁	13				13
吉　林					
黑龙江					
上　海	10				10
江　苏	27			1	26
浙　江	22				22
安　徽	8				8
福　建	19				19
江　西	7				7
山　东	10		1		9
河　南	10				10
湖　北	10			1	9
湖　南	16				16
广　东	29				29
广　西	7				7
海　南	2				2
重　庆	9				9
四　川	14			2	12
贵　州	9				9
云　南	4				4
西　藏					
陕　西	58			1	57
甘　肃	12		1		11
青　海	3				3
宁　夏	2				2
新　疆	4				4

注：本表数据为初步数。

表1-35　地震灾害情况

年　份 地　区	地震灾害次数（次）				人员伤亡（人）		直接经济损失（万元）
		5.0-5.9级	6.0-6.9级	7.0级以上		#死亡人数	
2000	10	7	2		2987	10	146792
2005	13	9	2		882	15	262811
2006	10	9			229	25	79962
2007	3	1	1		422	3	201922
2008	17	6	4	2	446293	69283	85949594
2009	8	5	2		407	3	273782
2010	12	4		1	13795	2705	2361077
2011	18	11	2	1	540	32	6020873
2012	12	8	3		1279	86	828757
2013	14	10	3	1	15965	294	9953631
2014	20	14	4	1	3666	623	3326078
2015	14	13	1		813000	30	1791918
内蒙古	1	1			23000		33714
四　川	1	1			27000		18900
贵　州	1	1			75000		51704
云　南	2	2			171000		107900
西　藏	3	3			229000	27	1030200
青　海	2	2					
新　疆	4	3	1		288000	3	549500

表1-36　主要海洋灾害情况（2015年）

灾　种	发生次数（次）	人员死亡、失踪（人）	直接经济损失（亿元）
合　计	79	30	72.74
风暴潮	10	7	72.62
赤　潮	35		
海　浪	33	23	0.06
海　冰	1		0.06

表1—37　全海域未达到第一类海水水质标准的海域面积（2015年）

单位：平方公里

项　目	第二类水质海域面积	第三类水质海域面积	第四类水质海域面积	劣于第四类水质海域面积
总　计	54120	36900	23570	40020
渤　海	12010	8090	4750	4060
黄　海	15570	9490	8020	4680
东　海	22050	9410	9000	26670
南　海	4490	9910	1800	4610

表1—38　环境污染治理投资

指　　标	2011	2012	2013	2014	2015
环境污染治理投资总额(亿元)	7114.0	8253.5	9037.2	9575.5	8806.3
#城镇环境基础设施建设投资	4557.2	5062.7	5223.0	5463.9	4946.8
#燃气	444.1	551.8	607.9	574.0	463.1
集中供热	593.3	798.1	819.5	763.0	687.8
排水	971.6	934.1	1055.0	1196.1	1248.5
园林绿化	1991.9	2380.0	2234.9	2338.5	2075.4
市容环境卫生	556.2	398.6	505.7	592.2	472.0
工业污染源治理投资	444.4	500.5	849.7	997.7	773.7
当年完成环保验收项目环保投资	2112.4	2690.4	2964.5	3113.9	3085.8
环境污染治理投资总额占国内生产总值比重(%)	1.45	1.53	1.52	1.49	1.28

注：1.城镇环境基础设施建设投资中增加了县城基础设施建设投资。

2.2015年工业污染源治理投资和当年完成环保验收项目环保投资为初步数。

表1-39　工业污染治理投资完成情况

单位：万元

年份 地区	工业污染治理完成投资	治理废水	治理废气	治理固体废物	治理噪声	治理其他
2000	2347895	1095897	909242	114673	13692	214390
2005	4581909	1337147	2129571	274181	30613	810396
2006	4839485	1511165	2332697	182631	30145	782848
2007	5523909	1960722	2752642	182532	18279	606838
2008	5426404	1945977	2656987	196851	28383	598206
2009	4426207	1494606	2324616	218536	14100	374349
2010	3969768	1295519	1881883	142692	14193	620021
2011	4443610	1577471	2116811	313875	21623	413831
2012	5004573	1403448	2577139	247499	11627	764860
2013	8496647	1248822	6409109	140480	17628	680608
2014	9976511	1152473	7893935	150504	10950	768649
2015	7736822	1184138	5218073	161468	27892	1145251
北　京	99958	2702	66834	75		30347
天　津	240072	16532	205875	1737		15928
河　北	541596	7127	411968	1880	24	120597
山　西	278738	39539	160538	8265		70397
内蒙古	438935	39568	367591	10396	319	21061
辽　宁	189950	22070	143078	19530	617	4656
吉　林	121203	9027	84530	212	3820	23615
黑龙江	193396	30914	134902			27580
上　海	211726	19673	74012	100	4726	113251
江　苏	621741	108843	400802	3711	1149	107236
浙　江	586017	128726	373553	4552	708	78478
安　徽	179450	25237	131551	860	757	21046
福　建	446910	136020	219105	9784	550	81450
江　西	147833	44770	78110	2010	144	22799
山　东	945934	66436	781673	32912	258	64655
河　南	330143	44387	234181	7862	53	43660
湖　北	157976	26099	120301	1360	275	9942
湖　南	261425	35689	126053	2056	277	97350
广　东	347103	164863	149437	4178	504	28121
广　西	247152	15940	187490	26722	50	16950
海　南	13161	893	10681		1300	287
重　庆	59885	11891	44432	2813	120	629
四　川	118259	55112	46884	200	10079	5985
贵　州	107033	7940	92753	1204	625	4511
云　南	215878	39474	133478	8464	587	33875
西　藏	2950	1231	273	45		1401
陕　西	279915	26875	172682	1690	750	77919
甘　肃	40526	5703	23862	40	200	10721
青　海	49343	13115	24762	5050		6416
宁　夏	104318	15719	83045	3433		2121
新　疆	158263	22025	133639	328		2271

注：本表数据为初步数。

表1-40 林业投资资金来源情况(2015年)

单位：万元

地区	林业投资本年资金来源	上年末结余资金	本年资金来源						
				国家预算资金	国内贷款	债券	利用外资	自筹资金	其他资金
全国	42574507	969388	41605119	19104453	3754865	1885	231514	16292156	2220246
北京	1980469	135090	1845379	1573149			839	143388	128003
天津	165355		165355	165355					
河北	907361	8454	898907	600666	48268		1018	205344	43611
山西	1312256		1312256	818023				494233	
内蒙古	1619430	72958	1546472	1405627	512			92704	47629
辽宁	738269	200	738069	492366			425	239756	5522
吉林	1177656	119507	1058149	595145	149745			236790	76469
黑龙江	1288210	3757	1284453	1199004	616			37247	47586
上海	148966		148966	141275				7354	337
江苏	998046	5300	992746	277226	5530		4000	695784	10206
浙江	860690	6151	854539	573099	69938		1969	175849	33684
安徽	869538	124	869414	236129	30812		1490	564785	36198
福建	2674623	10792	2663831	368337	2181323		21362	72989	19820
江西	582521	3840	578681	331250	27149		22058	73991	124233
山东	2662336	5933	2656403	494970	6446		485	1894579	259923
河南	1239647		1239647	766900	109600		47	363100	
湖北	1172342		1172342	478263	120645			545431	28003
湖南	2049738	7923	2041815	806706	87736		16720	973172	157481
广东	976822	46817	930005	829512	8789		6525	48091	37088
广西	9919920	48188	9871732	606179	610650		112356	7873092	669455
海南	225690	66850	158840	154066				1741	3033
重庆	660875	52700	608175	500139	7625	1885		82220	16306
四川	2260027	15043	2244984	1056883	100914		26826	808898	251463
贵州	504471		504471	451048				53423	
云南	1120612	156208	964404	795416	29536		1201	45806	92445
西藏	310030		310030	310030					
陕西	1118397	3910	1114487	916779			2358	150601	44749
甘肃	913962		913962	812500	84358		7091	8486	1527
青海	348088		348088	316859	28930		2299		
宁夏	218420		218420	117612	45347		137		55324
新疆	1014325	99809	914516	500484	396		2308	396686	14642
大兴安岭	327170	18409	308761	303682				5079	

注：全国合计数包含国家林业局直属单位的固定资产投资数据(下表同)。

表1—41　林业投资完成情况（2015年）

单位：万元

地　区	本年完成投资	生态建设与保护	林业支撑与保障	林业产业发展	林业民生工程	其他投资
全　国	42901420	20172014	2272730	15646727	1030254	3779695
北　京	1591985	993954	88634	54792		454605
天　津	165355	149495	5011	2200	550	8099
河　北	942518	692550	67062	66003	10622	106281
山　西	1312256	1073425	78146	39788	21602	99295
内蒙古	1604223	1253300	88161	37800	57881	167081
辽　宁	761304	638324	35327	29259	5215	53179
吉　林	850582	461745	76473	42372	92074	177918
黑龙江	1280583	989569	37020	12198	137879	103917
上　海	174443	153857	13329	2633		4624
江　苏	1253879	878211	80222	282912	1439	11095
浙　江	892099	468052	71636	172163	60281	119967
安　徽	1034419	702463	67353	219723	4215	40665
福　建	2552359	908987	16879	1495414	1037	130042
江　西	727465	342287	71586	103196	51536	158860
山　东	2887127	791051	398348	1614223	23001	60504
河　南	1239647	786161	19969	316288	1010	116219
湖　北	1241861	518484	72289	537786	44471	68831
湖　南	2049405	950864	103926	812934	60897	120784
广　东	967229	655391	104612	25918	22545	158763
广　西	10382580	1583069	259127	7827500	197412	515472
海　南	143742	84976	17633	7197	6356	27580
重　庆	620641	385835	44521	83279	11380	95626
四　川	2260027	877312	80517	1103698	56305	142195
贵　州	450848	411823	11992	3000	1803	22230
云　南	1210178	627336	111431	303089	23042	145280
西　藏	310030	295348	8164	1826	2833	1859
陕　西	1144133	638939	35728	163395	35889	270182
甘　肃	913962	500769	67116	113770	30852	201455
青　海	348088	276998	17778	34580	18732	
宁　夏	173236	148050	7674	11525	1979	4008
新　疆	974063	624610	71815	126242	22954	128442
大兴安岭	310088	275513	5517	20	24462	4576

二、能源

表2-1 能源生产总量及构成

年 份	能源生产总量（万吨标准煤）	占能源生产总量的比重（%）			
		原 煤	原 油	天然气	一次电力及其他能源
1978	62770	70.3	23.7	2.9	3.1
1980	63735	69.4	23.8	3.0	3.8
1985	85546	72.8	20.9	2.0	4.3
1990	103922	74.2	19.0	2.0	4.8
1991	104844	74.1	19.2	2.0	4.7
1992	107256	74.3	18.9	2.0	4.8
1993	111059	74.0	18.7	2.0	5.3
1994	118729	74.6	17.6	1.9	5.9
1995	129034	75.3	16.6	1.9	6.2
1996	133032	75.0	16.9	2.0	6.1
1997	133460	74.3	17.2	2.1	6.5
1998	129834	73.3	17.7	2.2	6.8
1999	131935	73.9	17.3	2.5	6.3
2000	138570	72.9	16.8	2.6	7.7
2001	147425	72.6	15.9	2.7	8.8
2002	156277	73.1	15.3	2.8	8.8
2003	178299	75.7	13.6	2.6	8.1
2004	206108	76.7	12.2	2.7	8.4
2005	229037	77.4	11.3	2.9	8.4
2006	244763	77.5	10.8	3.2	8.5
2007	264173	77.8	10.1	3.5	8.6
2008	277419	76.8	9.8	3.9	9.5
2009	286092	76.8	9.4	4.0	9.8
2010	312125	76.2	9.3	4.1	10.4
2011	340178	77.8	8.5	4.1	9.6
2012	351041	76.2	8.5	4.1	11.2
2013	358784	75.4	8.4	4.4	11.8
2014	361866	73.6	8.4	4.7	13.3
2015	362000	72.1	8.5	4.9	14.5

注：电力折算标准煤的系数根据当年平均发电煤耗计算(下表同)。

表2-2 能源消费总量及构成

年 份	能源消费总量（万吨标准煤）	占能源消费总量的比重（%）			
		煤 炭	石 油	天然气	一次电力及其他能源
1978	57144	70.7	22.7	3.2	3.4
1980	60275	72.2	20.7	3.1	4.0
1985	76682	75.8	17.1	2.2	4.9
1990	98703	76.2	16.6	2.1	5.1
1991	103783	76.1	17.1	2.0	4.8
1992	109170	75.7	17.5	1.9	4.9
1993	115993	74.7	18.2	1.9	5.2
1994	122737	75.0	17.4	1.9	5.7
1995	131176	74.6	17.5	1.8	6.1
1996	135192	73.5	18.7	1.8	6.0
1997	135909	71.4	20.4	1.8	6.4
1998	136184	70.9	20.8	1.8	6.5
1999	140569	70.6	21.5	2.0	5.9
2000	146964	68.5	22.0	2.2	7.3
2001	155547	68.0	21.2	2.4	8.4
2002	169577	68.5	21.0	2.3	8.2
2003	197083	70.2	20.1	2.3	7.4
2004	230281	70.2	19.9	2.3	7.6
2005	261369	72.4	17.8	2.4	7.4
2006	286467	72.4	17.5	2.7	7.4
2007	311442	72.5	17.0	3.0	7.5
2008	320611	71.5	16.7	3.4	8.4
2009	336126	71.6	16.4	3.5	8.5
2010	360648	69.2	17.4	4.0	9.4
2011	387043	70.2	16.8	4.6	8.4
2012	402138	68.5	17.0	4.8	9.7
2013	416913	67.4	17.1	5.3	10.2
2014	425806	65.6	17.4	5.7	11.3
2015	430000	64.0	18.1	5.9	12.0

表2–3 综合能源平衡表

单位：万吨标准煤

项　　目	1990	1995	2000	2005	2010	2013	2014
可供消费的能源总量	96138	129535	144234	254619	365588	417415	426095
一次能源生产量	103922	129034	138570	229037	312125	358784	361866
回收能		2312	3087	7452	8958		
进口量	1310	5456	14327	26823	57671	73420	77325
出口量(-)	5875	6776	9327	11257	8803	8005	8271
年初年末库存差额	-3219	-491	-2424	2564	-4363	-6784	-4825
能源消费总量	98703	131176	146964	261369	360648	416913	425806
在总量中：							
农、林、牧、渔、水利业	4852	5505	4233	6860	7266	8055	8094
工　业	67578	96191	103014	187914	261377	291131	295686
建筑业	1213	1335	2207	3486	5533	7017	7520
交通运输、仓储和邮政业	4541	5863	11447	19136	27102	34819	36336
批发、零售业和住宿、餐饮业	1247	2018	3251	5917	7847	10598	10873
其他行业	3473	4519	6118	10484	15052	19763	20084
生活消费	15799	15745	16695	27573	36470	45531	47212
在总量中：							
终端消费	94289	124252	140476	250877	337469	403814	413162
#工业	63239	89473	96871	177775	238652	278514	283420
加工转换损失量	2264	3634	2472	3882	14294	15994	17020
#炼焦	905		526	855	1595	2433	2731
炼油	326		781	1273	1960	1899	2115
回收能						13333	14578
损失量	2150	3289	4016	6610	8885	10439	10201
平衡差额	-2565	-1641	-2730	-6751	4940	502	289

注：1.电力、热力按等价热值折算，因此加工转换损失量中不包括发电、供热损失量。村办工业包括在工业中(下表同)。

2.进口量包括我国飞机、轮船在国外加油量；出口量包括外国飞机、轮船在我国加油量。

表2-4 石油平衡表

单位：万吨

项　　目	1990	1995	2000	2005	2010	2013	2014
可供量	11435.0	16072.7	22631.4	32539.1	44178.4	49993.9	51861.8
生产量	13830.6	15005.0	16300.0	18135.3	20301.4	20991.9	21142.9
进口量	755.6	3673.2	9748.5	17163.2	29437.2	34264.8	36179.6
出口量(-)	3110.4	2454.5	2172.1	2888.1	4079.0	4176.7	4213.9
年初年末库存差额	-40.8	-151.0	-1245.0	128.8	-1481.2	-1086.1	-1246.8
消费量	11485.6	16064.9	22495.9	32547.0	44101.0	49970.6	51814.4
在消费量中：							
农、林、牧、渔、							
水利业	1033.6	1203.2	788.5	1451.7	1382.5	1650.3	1717.7
工　业	7321.6	9349.3	11248.5	14030.4	18555.0	17594.6	18217.5
建筑业	327.3	242.8	840.6	1502.2	2483.1	3090.6	3311.9
交通运输、仓储							
和邮政业	1683.2	2863.6	6399.0	10928.5	15079.3	18967.6	19546.9
批发、零售业和							
住宿、餐饮业	77.6	333.9	247.0	375.6	481.0	565.4	563.2
其他行业	757.8	1390.3	1635.9	1974.2	2578.2	3349.7	3152.0
生活消费	284.5	682.0	1336.5	2284.4	3541.9	4752.4	5305.2
在消费量中：							
终端消费	9304.7	13676.3	19950.1	29495.6	41243.4	47458.8	49134.0
#工　业	5180.4	7095.5	8860.0	11107.5	15857.8	15235.4	15584.5
中间消费							
(用于加工转换)	1630.4	2230.0	2352.9	2896.0	2663.3	2295.7	2570.0
发　电	1234.4	1358.5	1178.2	1306.4	385.3	265.1	254.1
供　热	356.3	399.9	427.0	429.1	593.1	448.2	521.3
制　气	39.7	51.6	25.9	14.4			
炼油损失量	295.8	420.1	721.9	1146.1	1684.8	1582.4	1794.6
损失量	254.7	158.6	192.9	155.4	194.4	216.1	110.3
平衡差额	-50.6	7.8	135.4	-7.9	77.4	23.3	47.4

注：1.生产量为原油产量。

2.进口量包括我国飞机、轮船在国外加油量；出口量包括外国飞机、轮船在我国加油量。

表2–5　煤炭平衡表

单位：万吨

项　　目	1990	1995	2000	2005	2010	2013	2014
可供量	102221.1	133461.7	131894.5	235507.7	355577.6	425014.8	411833.5
生产量	107988.3	136073.1	138418.5	236514.6	342844.7	397432.2	387391.9
进口量	200.3	163.5	217.9	2621.6	18306.9	32701.8	29122.0
出口量(-)	1729.0	2861.7	5506.5	7173.1	1910.6	750.8	574.1
年初年末库存差额	-4238.5	86.8	-1235.3	3544.6	-3663.4	-4368.4	-4106.2
消费量	105523.0	137676.5	135689.7	243375.4	349008.3	424425.9	411613.5
在消费量中：							
农、林、牧、渔、							
水利业	2095.2	1856.7	1050.9	1801.7	2147.1	2450.6	2578.8
工　业	81090.9	117570.7	121806.7	224766.1	329728.5	403157.0	390497.4
建筑业	437.6	439.8	536.8	603.6	730.6	811.4	913.6
交通运输、仓储							
和邮政业	2160.9	1315.1	882.2	811.2	639.2	615.4	558.0
批发、零售业和							
住宿、餐饮业	1058.3	977.4	1461.0	2626.7	3192.0	3966.2	3767.0
其他行业	1980.4	1986.7	1495.1	2727.3	3411.6	4135.6	4045.5
生活消费	16699.7	13530.1	8457.0	10039.0	9159.2	9289.8	9253.2
在消费量中：							
终端消费	60205.9	66156.1	50511.0	86385.6	114825.7	119491.4	116043.8
#工　业	35773.8	46050.3	36628.0	67776.3	95545.9	98222.5	94927.7
中间消费							
（用于加工转换）	41257.8	69487.6	81987.4	152207.7	222947.9	282355.3	272194.5
#发　电	27204.3	44440.2	55811.2	103662.9	153742.5	195177.4	184525.3
供　热	2995.5	5887.3	8794.1	13542.0	17553.1	22709.5	22444.9
炼　焦	10697.6	18396.4	16496.4	33445.7	49950.4	62535.6	62893.9
炼油及煤制油					213.4	459.3	650.3
制　气	360.4	763.7	960.0	1277.0	1040.1	845.6	948.4
洗选损耗	4059.3	2032.8	3191.2	4782.1	11234.6	22579.2	23375.2
平衡差额	-3302.0	-4214.8	-3795.1	-7867.8	6569.3	588.8	220.0

注：生产量为原煤产量。

表2–6　电力平衡表

单位：亿千瓦小时

项　　目	1990	1995	2000	2005	2010	2013	2014
可供量	6230.4	10023.4	13472.7	24940.8	41936.5	54204.1	56381.8
生产量	6212.0	10077.3	13556.0	25002.6	42071.6	54316.4	56495.8
水　电	1267.2	1905.8	2224.1	3970.2	7221.7	9202.9	10643.4
火　电	4944.8	8043.2	11141.9	20473.4	33319.3	42470.1	42686.5
核　电		128.3	167.4	530.9	738.8	1116.1	1325.4
风　电					446.2	1412.0	1560.8
进口量	19.3	6.4	15.5	50.1	55.5	74.4	67.5
出口量(-)	0.9	60.3	98.8	111.9	190.6	186.7	181.6
消费量	6230.4	10023.4	13472.4	24940.3	41934.5	54203.4	56383.7
在消费量中：							
农、林、牧、渔、							
水利业	426.8	582.4	533.0	776.3	976.5	1026.9	1013.4
工　业	4873.3	7659.8	10004.6	18521.7	30871.8	39236.9	40802.7
建筑业	65.0	159.6	159.8	233.9	483.2	675.1	721.7
交通运输、仓储							
和邮政业	105.9	182.3	281.2	430.3	734.5	1000.9	1059.2
批发、零售业和							
住宿、餐饮业	76.2	199.5	418.7	752.3	1292.0	1876.9	1995.6
其他行业	202.4	234.2	623.2	1340.9	2451.8	3397.6	3615.0
生活消费	480.8	1005.6	1452.0	2884.8	5124.6	6989.2	7176.1
在消费量中：							
终端消费	5795.8	9278.9	12535.7	23233.8	39366.3	51062.7	53283.8
#工　业	4438.7	6915.3	9067.9	16815.2	28303.5	36096.2	37702.8
输配电损失量	434.6	744.5	936.7	1706.5	2568.2	3140.7	3099.9

表2–7 能源生产弹性系数

年 份	能源生产比上年增长（%）	电力生产比上年增长（%）	国内生产总值比上年增长（%）	能源生产弹性系数	电力生产弹性系数
1985	9.9	8.9	13.4	0.74	0.66
1990	2.2	6.2	3.9	0.56	1.59
1991	0.9	9.1	9.3	0.10	0.98
1992	2.3	11.3	14.2	0.16	0.80
1993	3.6	15.3	13.9	0.26	1.10
1994	6.9	10.7	13.0	0.53	0.82
1995	8.7	8.6	11.0	0.79	0.78
1996	3.1	7.2	9.9	0.31	0.73
1997	0.3	5.1	9.2	0.03	0.55
1998	-2.7	2.7	7.8		0.35
1999	1.6	6.3	7.7	0.21	0.82
2000	5.0	9.4	8.5	0.59	1.11
2001	6.4	9.2	8.3	0.77	1.11
2002	6.0	11.7	9.1	0.66	1.29
2003	14.1	15.5	10.0	1.41	1.55
2004	15.6	15.3	10.1	1.54	1.51
2005	11.1	13.5	11.4	0.98	1.18
2006	6.9	14.6	12.7	0.54	1.15
2007	7.9	14.5	14.2	0.56	1.02
2008	5.0	5.6	9.7	0.52	0.58
2009	3.1	7.1	9.4	0.33	0.76
2010	9.1	13.3	10.6	0.86	1.25
2011	9.0	12.0	9.5	0.95	1.26
2012	3.2	5.8	7.9	0.40	0.73
2013	2.2	8.9	7.8	0.28	1.14
2014	0.9	4.0	7.3	0.12	0.55
2015		0.3	6.9		0.04

注：国内生产总值增长速度按不变价格计算(下表同)。

表2–8 电力平衡表

年 份	能源消费比上年增长（%）	电力消费比上年增长（%）	国内生产总值比上年增长（%）	能源消费弹性系数	电力消费弹性系数
1985	8.1	9.0	13.4	0.60	0.67
1990	1.8	6.2	3.9	0.46	1.59
1991	5.1	9.2	9.3	0.55	0.99
1992	5.2	11.5	14.2	0.37	0.81
1993	6.3	11.0	13.9	0.45	0.79
1994	5.8	9.9	13.0	0.45	0.76
1995	6.9	8.2	11.0	0.63	0.75
1996	3.1	7.4	9.9	0.31	0.75
1997	0.5	4.8	9.2	0.05	0.52
1998	0.2	2.8	7.8	0.03	0.36
1999	3.2	6.1	7.7	0.42	0.79
2000	4.5	9.5	8.5	0.54	1.12
2001	5.8	9.3	8.3	0.70	1.12
2002	9.0	11.8	9.1	0.99	1.30
2003	16.2	15.6	10.0	1.62	1.56
2004	16.8	15.4	10.1	1.67	1.52
2005	13.5	13.5	11.4	1.18	1.18
2006	9.6	14.6	12.7	0.76	1.15
2007	8.7	14.4	14.2	0.61	1.01
2008	2.9	5.6	9.7	0.30	0.58
2009	4.8	7.2	9.4	0.51	0.77
2010	7.3	13.2	10.6	0.69	1.25
2011	7.3	12.1	9.5	0.77	1.27
2012	3.9	5.9	7.9	0.49	0.75
2013	3.7	8.9	7.8	0.47	1.14
2014	2.1	4.0	7.3	0.29	0.55
2015	0.9	0.5	6.9	0.13	0.07

表2–9 能源加工转换效率

单位：%

年 份	总效率	发电及电站供热	炼 焦	炼 油
1983	69.93	36.94	91.18	99.16
1984	69.16	36.95	90.08	99.17
1985	68.29	36.85	90.79	99.10
1986	68.32	36.69	90.63	99.04
1987	67.48	36.75	90.46	98.81
1988	66.54	36.34	90.77	98.76
1989	66.51	36.74	90.30	98.57
1990	66.48	37.34	91.28	90.19
1991	65.90	37.60	89.90	98.10
1992	66.00	37.80	92.70	96.80
1993	67.32	39.90	98.05	98.49
1994	65.20	39.35	89.62	97.48
1995	71.05	37.31	91.99	97.67
1996	70.19	36.63	94.07	97.46
1997	69.76	35.89	94.01	97.37
1998	69.28	37.09	94.97	96.41
1999	69.25	37.04	96.13	97.51
2000	69.38	37.78	96.20	97.32
2001	69.70	38.15	96.47	97.60
2002	68.99	38.67	96.63	96.73
2003	69.38	38.46	96.13	96.38
2004	70.60	38.64	97.10	96.48
2005	71.11	38.97	97.14	96.94
2006	70.87	39.08	97.02	96.90
2007	71.23	39.80	97.54	97.17
2008	71.46	40.47	98.46	96.22
2009	72.41	41.23	98.00	96.74
2010	72.52	41.99	96.38	97.00
2011	72.19	42.13	96.30	97.41
2012	72.68	42.81	95.65	97.11
2013	72.96	43.12	95.60	97.65
2014	73.49	43.55	95.07	97.54

表2–10 平均每天能源消费量

能源品种	1990	1995	2000	2005	2010	2012	2013	2014
合计 (万吨标准煤)	270.4	359.4	401.5	716.1	988.1	1098.7	1142.2	1166.6
煤炭 (万吨)	289.1	377.2	370.7	666.8	956.2	1124.9	1162.8	1127.7
焦炭 (万吨)	18.9	29.4	29.6	68.8	106.0	122.4	125.6	128.5
原油 (万吨)	32.2	40.8	58.0	82.4	117.5	127.5	133.3	141.2
燃料油 (万吨)	9.2	10.2	10.6	11.6	10.3	10.1	10.8	12.1
汽油 (万吨)	5.2	8.0	9.6	13.3	19.1	22.3	25.7	26.8
煤油 (万吨)	1.0	1.4	2.4	3.0	4.8	5.3	5.9	6.4
柴油 (万吨)	7.4	11.8	18.6	30.1	40.3	46.4	47.0	47.0
天然气 (亿立方米)	0.4	0.5	0.7	1.3	3.0	4.1	4.7	5.1
电力 (亿千瓦小时)	17.1	27.5	36.8	68.3	114.9	136.0	148.5	154.5

表2–11 生活能源消费量

能源品种	1990	1995	2000	2005	2010	2012	2013	2014
合计 (万吨标准煤)	15799	15745	16695	27573	36470	42306	45531	47212
煤炭 (万吨)	16700	13530	8457	10039	9159	9253	9290	9253
煤油 (万吨)	105	64	72	25	21	26	28	29
液化石油气 (万吨)	159	534	858	1329	1537	1635	1846	2173
天然气 (亿立方米)	19	19	32	79	227	288	323	343
煤气 (亿立方米)	29	57	126	145	167	137	107	97
热力 (万百万千焦)	8972	12637	23234	52044	67410	77608	81472	86482
电力 (亿千瓦小时)	481	1006	1452	2885	5125	6219	6989	7176

表2-12　人均生活能源消费量

年　份	平均每人生活消费能源（千克标准煤）	煤　炭（千克）	电　力（千瓦小时）	液化石油气（千克）	天然气（立方米）	煤　气（立方米）
1983	106.6	127.7	13.4	0.6	0.1	1.5
1984	113.5	134.9	15.3	0.6	0.4	1.6
1985	126.7	148.7	21.2	0.9	0.4	1.3
1986	127.3	148.3	23.2	1.1	0.6	1.3
1987	132.1	152.1	26.4	1.1	0.7	1.6
1988	141.0	159.1	31.2	1.2	1.4	1.6
1989	139.3	152.4	35.3	1.4	1.5	2.4
1990	139.2	147.1	42.4	1.4	1.6	2.5
1991	139.0	143.0	47.2	1.8	1.6	3.2
1992	134.2	126.9	54.9	2.1	1.8	4.4
1993	133.5	123.2	62.5	2.5	1.5	4.6
1994	129.3	109.5	72.7	3.2	1.7	6.3
1995	130.7	112.3	83.5	4.4	1.6	4.7
1996	120.5	83.0	87.7	5.9	1.7	6.4
1997	119.3	77.2	98.6	6.2	1.7	8.9
1998	119.0	73.1	104.2	6.9	1.9	9.7
1999	121.8	69.9	108.6	6.8	2.1	9.3
2000	132.0	67.0	115.0	6.8	2.6	10.0
2001	136.0	66.1	126.5	6.7	3.3	9.4
2002	146.0	65.7	138.3	7.6	3.6	9.8
2003	166.0	69.9	159.7	8.6	4.0	10.1
2004	191.0	75.4	184.0	10.4	5.2	10.7
2005	211.0	77.0	221.3	10.2	6.1	11.1
2006	230.0	76.6	255.6	11.5	7.8	12.7
2007	250.0	74.1	308.3	12.4	10.9	14.1
2008	254.0	69.1	331.9	11.0	12.8	13.9
2009	264.0	68.5	366.0	11.2	13.3	12.5
	273.0	68.5	383.1	10.5	17.0	12.5
2010						
2011	294.0	68.5	418.1	12.0	19.7	10.9
2012	313.0	69.0	460.4	12.1	21.3	10.2
2013	335.0	68.0	515.0	13.6	23.8	7.9
2014	346.1	67.8	526.0	15.9	25.1	7.1

注：计算消费量所使用的人口数为平均人口数。

表2–13　分地区电力消费量

单位：亿千瓦小时

地　区	1995	2000	2005	2010	2014	2015
北　京	261.74	384.43	570.54	809.90	937.05	952.72
天　津	178.99	234.05	384.84	645.74	794.36	800.60
河　北	602.68	809.34	1501.92	2691.52	3314.11	3175.66
山　西	399.16	501.99	946.33	1460.00	1822.63	1737.21
内蒙古	186.83	254.21	667.72	1536.83	2416.74	2542.87
辽　宁	622.81	748.89	1110.56	1715.26	2038.73	1984.89
吉　林	267.60	291.37	378.23	576.98	667.81	651.96
黑龙江	409.38	442.28	555.85	747.84	859.42	868.97
上　海	403.27	559.45	921.97	1295.87	1369.03	1405.55
江　苏	684.80	971.34	2193.45	3864.37	5012.54	5114.70
浙　江	439.59	738.05	1642.31	2820.93	3506.39	3553.90
安　徽	288.97	338.93	582.16	1077.91	1585.18	1639.79
福　建	261.28	401.51	756.59	1315.09	1855.79	1851.86
江　西	181.21	208.15	391.98	700.51	1018.52	1087.26
山　东	741.07	1000.71	1911.61	3298.46	4223.49	5117.05
河　南	571.48	718.52	1352.74	2353.96	2919.57	2879.62
湖　北	414.99	503.02	788.91	1330.44	1656.54	1665.16
湖　南	374.76	406.12	674.43	1171.91	1430.88	1447.63
广　东	787.66	1334.58	2673.56	4060.13	5235.23	5310.69
广　西	220.77	314.44	510.15	993.24	1307.99	1334.32
海　南	32.00	38.37	81.61	159.02	251.88	272.36
重　庆		307.61	347.68	626.44	867.24	875.37
四　川	582.85	521.23	942.59	1549.03	2014.79	1992.40
贵　州	203.70	287.78	486.97	835.38	1173.74	1174.21
云　南	223.71	273.58	557.25	1004.07	1529.38	1438.61
西　藏				20.41	33.98	40.53
陕　西	239.68	292.76	516.43	859.22	1226.01	1221.73
甘　肃	241.06	295.33	489.48	804.43	1095.48	1098.72
青　海	69.02	109.10	206.56	465.18	723.21	658.00
宁　夏	92.38	136.17	302.88	546.77	848.75	878.33
新　疆	119.67	182.98	310.14	661.96	1900.24	2160.34

注：2000年及以后为电力企业联合会数据。

表2–14 发电装机容量

单位：万千瓦

年　份	发电装机容　量						
		火电	水电	核电	风电	太阳能发电	其他
2000	31932	23754	7935	210	34		
2001	33849	25301	8301	210	38		
2002	35657	26555	8607	447	47		
2003	39141	28977	9490	619	55		
2004	44239	32948	10524	696	82		
2005	51718	39138	11739	696	106		
2006	62370	48382	13029	696	207		
2007	71822	55607	14823	908	420		
2008	79273	60286	17260	908	839		
2009	87410	65108	19629	908	1760	3	3
2010	96641	70967	21606	1082	2958	26	3
2011	106253	76834	23298	1257	4623	212	19
2012	114676	81968	24947	1257	6142	341	20
2013	125768	87009	28044	1466	7652	1589	8
2014	137018	92363	30486	2008	9657	2486	19
2015	152527	100554	31954	2717	13075	4218	9

注：本表数据根据中国电力企业联合会统计数据整理。

表2-15　平均每万元国内生产总值能源消费量

年　份	万元国内生产总值能源消费量（吨标准煤/万元）	万元国内生产总值煤炭消费量（吨/万元）	万元国内生产总值焦炭消费量（吨/万元）	万元国内生产总值石油消费量（吨/万元）	万元国内生产总值原油消费量（吨/万元）	万元国内生产总值燃料油消费量（吨/万元）	万元国内生产总值电力消费量（万千瓦小时/万元）
国内生产总值按1980年可比价格计算							
1980	13.14	13.30	0.94	1.91	2.01	0.67	0.66
1981	12.33	12.56	0.81	1.93	1.81	0.59	0.64
1982	11.81	12.20	0.76	1.56	1.65	0.53	0.62
1983	11.34	11.80	0.71	1.44	1.56	0.49	0.60
1984	10.57	11.18	0.66	1.29	1.37	0.43	0.56
1985	10.08	10.72	0.62	1.21	1.25	0.37	0.54
1986	9.75	10.38	0.63	1.17	1.23	0.36	0.54
1987	9.36	10.03	0.62	1.11	1.15	0.34	0.54
1988	9.03	9.65	0.59	1.08	1.09	0.31	0.53
1989	9.04	9.64	0.59	1.08	1.08	0.32	0.55
1990	8.85	9.47	0.62	1.03	1.06	0.30	0.56
国内生产总值按1990年可比价格计算							
1990	5.23	5.59	0.37	0.61	0.62	0.18	0.33
1991	5.03	5.36	0.35	0.60	0.60	0.17	0.33
1992	4.63	4.84	0.33	0.57	0.56	0.15	0.32
1993	4.32	4.51	0.33	0.55	0.52	0.14	0.31
1994	4.05	4.24	0.30	0.49	0.46	0.12	0.31
1995	3.90	4.09	0.32	0.48	0.44	0.11	0.30
1996	3.66	3.79	0.32	0.48	0.43	0.10	0.29
1997	3.36	3.41	0.27	0.48	0.43	0.09	0.28
1998	3.13	3.10	0.26	0.45	0.40	0.09	0.27
1999	3.00	2.97	0.23	0.45	0.40	0.08	0.26
2000	2.89	2.67	0.21	0.44	0.42	0.08	0.26
国内生产总值按2000年可比价格计算							
2000	1.47	1.35	0.11	0.22	0.21	0.04	0.13
2001	1.43	1.32	0.11	0.21	0.20	0.04	0.14
2002	1.43	1.30	0.11	0.21	0.19	0.03	0.14
2003	1.51	1.41	0.12	0.21	0.19	0.03	0.15
2004	1.60	1.48	0.13	0.22	0.20	0.03	0.15
2005	1.63	1.52	0.16	0.20	0.19	0.03	0.16
国内生产总值按2005年可比价格计算							
2005	1.40	1.30	0.13	0.17	0.16	0.02	0.13
2006	1.36	1.28	0.13	0.17	0.15	0.02	0.14
2007	1.29	1.20	0.13	0.15	0.14	0.02	0.14
2008	1.21	1.14	0.12	0.14	0.13	0.01	0.13
2009	1.16	1.12	0.13	0.13	0.13	0.01	0.13
2010	1.13	1.09	0.12	0.14	0.13	0.01	0.13
国内生产总值按2010年可比价格计算							
2010	0.87	0.84	0.09	0.11	0.10	0.01	0.10
2011	0.86	0.86	0.09	0.10	0.10	0.01	0.10
2012	0.82	0.84	0.09	0.10	0.10	0.01	0.10
2013	0.79	0.81	0.09	0.10	0.09	0.01	0.10
2014	0.75	0.73	0.08	0.09	0.09	0.01	0.10